刑事政策の新たな潮流

石川正興先生古稀祝賀論文集

[編集委員]
吉開多一
小西暁和

成文堂

石川正興先生

謹んで古稀をお祝いし
石川正興先生に捧げます

執筆者一同

はしがき

　石川正興先生は、2019年3月3日、めでたく古稀をお迎えになられました。ご承知のとおり、石川先生は長きにわたり、早稲田大学で精力的に学生を指導され、大学の運営にも尽力された一方で、刑事政策学の領域で数多くの業績をあげられ、日本更生保護学会理事、日本司法福祉学会理事等を歴任されました。こうした教育者・研究者としてのご活躍にとどまらず、早稲田大学社会安全政策研究所（WIPSS）を設立され、研究者と実務家との共同研究体制を構築されるなど、学界と実務界との「架け橋」となられ、両者のさらなる発展に多大な貢献を果たしてこられました。

　そこで私どもは、石川先生が古稀を迎えられるにあたり、先生の古稀を心よりお祝いすべく論文集の刊行を企画してまいりました。幸いにも、先生とゆかりのある国内外の多くの研究者の方々のご協力を得ることができ、この度、本論文集を刊行し、これを石川先生に捧げる運びとなりました。ご多忙のなか玉稿を寄せてくださった先生方に深く感謝申し上げるとともに、本論文集を献呈して、石川先生のご業績を記念し、先生のご学恩に報いることができればと願う次第であります。

　本論文集に収録されている23編の論稿は、刑事司法システムの流れも念頭に置きつつ、刑事政策学の総論的な内容から各論的な内容へと、できるだけ体系的に割り付けさせていただきました。また、巻末には、石川先生のご略歴及び主要業績目録を掲載させていただいております。この主要業績目録を作成するにあたっては、早稲田大学法学学術院助手の石田咲子氏にご助力をいただきました。

　本論文集の出版につきましては、成文堂の阿部成一社長より、手厚いお力添えをいただきました。また、個別の編集作業につきましては、WIPSSの刊行物でも大変お世話になっております成文堂の田中伸治氏より、きめ細かなご協力をいただきました。この場を借りて、心より感謝申し上げたいと思います。

はしがき

　石川正興先生におかれましては、古稀を迎えられました後も、引き続き後進の私どもに変わらぬご指導を賜りますよう、また、ますますご健康でご活躍をされますよう、お願い申し上げる次第です。

　2019年5月1日

編者

吉　開　多　一
小　西　暁　和

目　　次

はしがき

「犯罪効能論」に関する考察——エミール・デュルケムによる「犯罪」概念の意味論的・論理的分析—— ……………………………………… 蘇　　明　月
　　はじめに（*1*）
　Ⅰ　必要な前提作業：判断前提の整理と考察視点の確定　（*2*）
　Ⅱ　デュルケムが観る「犯罪」（*6*）
　Ⅲ　デュルケムの仮説に対する反論　（*15*）

「犯罪」概念と刑事政策「学」の連関 ……………………… 高　橋　則　夫
　Ⅰ　はじめに——刑法における「犯罪」概念——　（*21*）
　Ⅱ　刑事政策における「犯罪」概念　（*22*）
　Ⅲ　修復的司法における「犯罪」概念　（*25*）
　Ⅳ　犯罪の３面構造——被害者・加害者・コミュニティ——　（*28*）
　Ⅴ　刑事政策における「犯罪」概念の規範論的構造　（*34*）
　Ⅵ　おわりに　（*38*）

刑法／刑罰制度の正当化根拠論と犯罪化論／犯罪論 ………… 松　澤　　　伸
　Ⅰ　序説　（*41*）
　Ⅱ　刑罰理論の変遷と刑法理論——justice model　（*44*）
　Ⅲ　刑法／刑罰制度の正当化根拠——why punish at all?　（*49*）
　Ⅳ　犯罪化論の構造——criminalization　（*53*）
　Ⅴ　犯罪論——その１　harm, offense and paternalism　（*55*）
　Ⅵ　犯罪論——その２　wrong　（*59*）
　Ⅶ　犯罪論——その３　prospective blame　（*61*）
　Ⅷ　量刑論——proportionality　（*63*）
　Ⅸ　結語　（*67*）

人口減少・犯罪減少時代の犯罪対策――問題解決型警察活動、エビデンスに基づく犯罪予防、行動経済学―― ………………………… 島田　貴仁

 I はじめに：効果的な犯罪対策の必要性　*(69)*
 II 問題解決型警察活動　*(71)*
 III エビデンスに基づく犯罪予防　*(76)*
 IV 行動経済学的手法――ナッジとリバタリアン・パターナリズム――　*(82)*
 V 終わりに　*(89)*

ドイツにおける通信関連情報の予備的保存について ………… 内藤　大海

 I はじめに　*(93)*
 II 通信データの保存義務の制度化に至る経緯および現状　*(95)*
 III 保存義務の概要　*(98)*
 IV 問題の所在　*(101)*
 V 連邦憲法裁判所および欧州司法裁判所判例の動向　*(103)*
 VI むすびにかえて　*(108)*

起訴猶予に伴う再犯防止措置 ………………………………… 川出　敏裕

 I 議論の経緯　*(111)*
 II 法制審議会における議論　*(115)*
 III 制度導入の当否　*(127)*
 IV 制度の基本的枠組み　*(133)*

誰のための「再犯防止」か――「清く正しく生きる」ことが求められる時代に―― ………………………………………………… 丸山　泰弘

 はじめに　*(139)*
 I 再犯防止推進法と推進計画　*(142)*
 II 起訴猶予と宣告猶予　*(147)*
 III アメリカの問題解決型裁判所　*(151)*
 IV 「再犯防止」の視点　*(155)*
 むすびにかえて　*(159)*

目　次

刑事政策の新たな潮流としてのソーシャルインパクト・ボンド――英国ピーターバラでの試行を契機とした序論的考察―― ……………吉　開　多　一
- I　はじめに　*(161)*
- II　SIBの特徴と限界　*(163)*
- III　ピーターバラでの試行　*(168)*
- IV　犯罪者処遇におけるSIBの可能性　*(179)*
- V　結びに代えて　*(188)*

「ケア」と「制裁」――北欧の犯罪者処遇に関する一試論――
………………………………………………………………………小　西　暁　和
- I　はじめに　*(191)*
- II　犯罪者処遇の基盤となるシステム　*(193)*
- III　司法的処遇　*(204)*
- IV　施設内処遇　*(206)*
- V　社会内処遇　*(212)*
- VI　むすび　*(216)*

アメリカ合衆国の刑務所における義務的教育プログラム………佐　伯　仁　志
- I　はじめに　*(219)*
- II　アメリカにおける矯正教育　*(220)*
- III　義務的教育プログラム　*(224)*
- IV　義務的教育プログラムに関する議論　*(231)*
- V　おわりに　*(240)*

非行・犯罪臨床におけるシステムズ・アプローチ――社会内処遇における家族支援・多機関連携―― ……………………………………生　島　　　浩
- 　はじめに　*(241)*
- I　非行・犯罪臨床におけるシステムズ・アプローチ　*(241)*
- II　社会内処遇における家族支援　*(244)*
- III　精神医療・社会福祉と刑事司法とのシステム連携　*(251)*

Ⅳ 社会福祉と連携した処遇プログラムの開発 （*255*）

おわりに （*259*）

犯罪者の社会再統合──社会的連帯経済による就労支援の意義と可能性── ………………………………………………………… 小長井　賀與

Ⅰ　はじめに──本稿の目的と視座── （*261*）

Ⅱ　社会的連帯経済とは何か （*262*）

Ⅲ　犯罪者処遇における就労支援 （*269*）

Ⅳ　犯罪者を雇用している社会的連帯経済の事例 （*278*）

Ⅴ　結び──包摂的なコミュニティ形成の中での犯罪者の社会再統合── （*284*）

更生保護施設における処遇に関する序論的考察 ……………… 石田　咲子

Ⅰ　はじめに （*289*）

Ⅱ　更生保護施設における処遇の概要 （*290*）

Ⅲ　更生保護施設における処遇概念の検討 （*295*）

Ⅳ　おわりに （*312*）

少年法の展開──スウェーデンの若年者に対する特則の概要── ………………………………………………………… 廣瀬　健二

Ⅰ　はじめに （*315*）

Ⅱ　スウェーデンの概況 （*317*）

Ⅲ　刑事手続の概要 （*321*）

Ⅳ　少年・若年者に対する刑事上の特則 （*323*）

Ⅴ　刑事手続上の特則等（LUL法） （*325*）

Ⅵ　関係機関との協力義務 （*332*）

Ⅶ　触法少年に対する手続の特則 （*332*）

Ⅷ　少年・若年者に対する保護の措置等について （*335*）

Ⅸ　スウェーデンの少年保護法制の特徴 （*338*）

責任主義と保護主義──中国における犯罪少年の扱いの過去・現在と未来を考える視座として── ………………………………………… 李　　　程

　　はじめに（*341*）
　Ⅰ　責任の固守と保護の考量（*342*）
　Ⅱ　責任主義を考える意義（*344*）
　Ⅲ　保護的試み（*346*）
　Ⅳ　保護主義の徹底から見る今後の方向（*366*）
　　むすびにかえて（*367*）

責任能力に問題のある少年に対する精神科医療処分──保護処分の多様化と医療観察制度── ………………………………………… 柑　本　美　和

　Ⅰ　はじめに（*369*）
　Ⅱ　少年法における保護処分と精神科治療（*372*）
　Ⅲ　責任能力に問題のある少年と第3種少年院（*380*）
　Ⅳ　責任能力に問題のある少年と一般精神科医療・医療観察法の医療（*388*）
　Ⅴ　責任能力に問題のある少年と医療観察法（*394*）
　Ⅵ　おわりに（*396*）

発達障害を有する非行少年に対する法的対応策の一考察──犯罪少年の少年審判例の分析を中心に── ………………………………………… 宍　倉　悠　太

　Ⅰ　はじめに（*399*）
　Ⅱ　非行少年に占める発達障害者の割合（*402*）
　Ⅲ　発達障害を有する犯罪少年の少年審判例の分析（*405*）
　Ⅳ　む　す　び（*424*）

児童虐待事案への警察の刑事的介入とその統制 ……………… 田　村　正　博

　　はじめに──石川プロジェクトと田村プロジェクト──（*429*）
　Ⅰ　児童虐待事案への警察の刑事的介入の変化（*431*）
　Ⅱ　刑事的介入の判断構造と児童虐待の場合の特徴（*434*）
　Ⅲ　個人保護型捜査の統制（*440*）

おわりに　(445)

高齢犯罪者への対応――万引き被疑者の類型化からみた常習化予防策――
.... 辰野　文理
 Ⅰ　問題の所在　(447)
 Ⅱ　調査の概要　(452)
 Ⅲ　分析結果　(453)
 Ⅳ　考　察　(464)
 Ⅴ　結　論　(466)

預金通帳内薬物犯罪収益の没収に関する比較研究――台湾法と日本法を中心として――.. 李　傑清
 Ⅰ　問題の所在　(471)
 Ⅱ　台湾における預金通帳内薬物犯罪収益の没収に関する法制度と事例　(472)
 Ⅲ　日本における預金通帳内薬物犯罪収益の没収に関する法制度と事例　(478)
 Ⅳ　台湾において預金通帳内薬物犯罪収益の剥奪が抱える困難性　(484)
 Ⅴ　結　語　(489)

サイバー犯罪の実態と犯罪の転移について――サイバー犯罪被害実態調査の結果から――.. 金山　泰介
 Ⅰ　はじめに　(491)
 Ⅱ　サイバー犯罪被害実態調査結果　(493)
 Ⅲ　先行調査研究　(500)
 Ⅳ　考　察　(503)
 Ⅴ　結　論　(513)

中国における医療従事者などの収賄に対する刑法的対応 .... 于　佳佳
 Ⅰ　概　観　(517)
 Ⅱ　公務員などの収賄に関する犯罪　(521)
 Ⅲ　非公務員の収賄に関する犯罪　(528)

Ⅳ　結　　語（534）

石川正興先生　略歴・主要業績一覧 …………………………………… *537*

「犯罪効能論」に関する考察

―― エミール・デュルケムによる「犯罪」概念の意味論的・論理的分析 ――

蘇　明　月[*]

　はじめに
Ⅰ　必要な前提作業：判断前提の整理と考察視点の確定
Ⅱ　デュルケムが観る「犯罪」
Ⅲ　デュルケムの仮説に対する反論

はじめに

　犯罪効能論に関する多くの論述によると、犯罪には、普遍的に認められる「社会危害性」だけでなく、社会の発展に一定の有益性があることが強調されている。通常、有益なことに対しては、これを根本から排除する必要はなく、我々にとって有利な範囲内で、一定の量と質の犯罪を残してもよいのではないかと考えられる。こうした理論によれば、我々は犯罪を取り締る一方、一定の程度と範囲内で犯罪を「保護」するという刑事政策に修正すべきである、ということになる。このようなことから、筆者は「犯罪が有益である」という理論を検討する必要があると考え、この理論の淵源を探り検討することにした。その際、犯罪有益論の出発点といわれるデュルケム（Emile Durkheim,1858-1917）の犯罪に対する効能分析に遡って再考したが、周知のとおり、デュルケムは以下三つの重要な論点を提起している。
　1　犯罪は正常な現象であり、どの社会においても犯罪がある。

---

[*]　北京師範大学法学部・刑事法律科学研究院準教授、早稲田大学比較法研究所外国人研究員（2005〜2007年）。

2　犯罪は必然的なものであり、社会生活の基本条件に関連しているため、有益なものである。
　3　犯罪と密接に関連するこの基本条件自体は、道徳と法律の正常な進化に欠かせないものである(1)。
　ただ、注意しなければならないのは、デュルケムは、犯罪の効能について専門的に論述したことはなく、彼の犯罪に対する認識は、社会現象（例えば、社会分業・自殺・道徳などの現象）に関する研究成果、例えば、『社会分業論』（1893年）、『社会学的方法の規準』（1895年）、『自殺論』（1897年）、「犯罪と社会健康」（論文）（1895年）に散在している。これらの研究過程をみると、デュルケムは社会学の研究方法として確立した基準を犯罪研究に適用している。そこで、本稿ではデュルケムの犯罪効能論について検討するにあたり、デュルケムの確立した社会学研究の方法から全体を把握する方法をとって分析してみたい。

I　必要な前提作業：判断前提の整理と考察視点の確定

1　価値判断の前提

　「科学的証明の第一歩である最重要の条件は、研究しようとする物事に対し、明確に定義し、自分の研究するものが一体何かを明確にし、同時に他者にも分からせること」である(2)。ここで犯罪を概念化することは「犯罪が有益である」という理論にとって必要となる前提である。犯罪は「色」と違

（1）　See. Durkheim, Emile:The Rules of Sociological Method, Translated by Sarah A. Solovay and John H. Mueller;Edited by George E. G. Catlin, The Free Press 1964. Eighth Edition, pp. 67-71.「仏」エミル・デュルケム／胡偉訳『社会学的方法の規準』（華夏出版社1999年版）54～57頁、「仏」エミル・デュルケム／狄玉明訳『社会学的方法の規準』（商務印書館1995年版）85～88頁。
　　この三つの訳書はデュルケムの同一の著書を翻訳したものであり、前者が英文版で、後者の二つの訳書が中国語版である、具体的な言語表現については、翻訳の内容に若干異なる部分があるので、本稿を作成する上では、三つの訳書を参照することとした。脚注については、参照の頻度が高い順に掲載しているため、各脚注におけるこの三つの訳書の順序が異なっている。なお、本文中の翻訳部分は筆者による。
（2）　デュルケム・前掲注(1)『社会学的方法の規準』華夏版28頁、商務版54頁。

い、「純粋な自然属性」を現すものではなく、一種の評価事実であり、事実行為と規範評価という二要素から構成されるもので、客観行為と主観評価の統一である。価値事実は、一種の事実として、客観性の他、同時に主体による価値判断を含み、鮮明な主観性を有する。これが価値事実の基本的な特徴である。価値事実については、客観的な事実が価値判断の基礎であり、価値事実性を決定するのが価値判断である。価値判断は、主体の客体に対する需要に応じ、主体によりなされるものである。主体の判断基準は、主体にとっての価値の性質と程度により決められるものである。従って、価値事実にとって、独立させてみれば、価値判断はその性質を決定する意味を持っている[3]。社会学的な意味の上での犯罪は一般人の理解・倫理と価値的な観点によるものである[4]。これは、異なる主体が同一の事実に対し、全く異なる評価を出すことを意味している。謀殺は、今日の我々からみるときわめて残酷で不道徳なものであるが、「多くの民族の習慣によれば、報復のための謀殺は、容認できないものではなく、殺された者の後継者にとって、最も神聖な責任でもある」。「歴史的に見ても、ある時期の決闘は重い刑を科されるが、他の時期では合法的なものであり、法的な手続の主要な形式でもある。また、かつて異教徒、巫女および冒瀆者は犯罪であると認定されていたが、今日になって、すべての文明国家の法典から削除された」[5]。そこで、フランスの学者であるブリュールは、「人間のいかなる行為にも、無罪や有罪はない」[6]とまで主張する。

　犯罪という言葉の背後には、価値基準の主体が鮮明に存在している。犯罪という言葉を使う人の価値的立場と用語の環境を常に表明・反映し、また、主体や言語の違いにより、犯罪概念の内在的・外在的な意味での差異をもたらしている。従って、犯罪概念は科学的な研究の中において、最も敏感で、最も混乱しやすい概念になる[7]。異なる主体間において、「犯罪とは何か」

（３）　王牧「犯罪概念──刑法の内と刑法の外」『法学研究』2007年2期4頁。
（４）　王牧『犯罪学』（吉林大学出版社1992年版）37頁。
（５）　「伊」ガロファロ／耿偉＝王新訳『犯罪学』（中国大百科全書出版社1996年版）20頁。
（６）　「仏」ブリュール／許均訳『法律社会学』（上海人民出版社1987年版）29頁；馮亜東『理性主義と刑法方式』（中国政法大学出版社1999年版）13～14頁。
（７）　王牧・前掲注(3)「犯罪概念──刑法の内と刑法の外」5頁。

という質問については、「空気や水とは何か」という質問のように理解を一致させることはできない。

「犯罪とは何か」という質問には強烈な価値意識が含まれており、価値選択と価値判断に関わる。ある人が行う価値判断は、決して理性的な分析と理論からの推理により完全に決定されるようなものではなく、その目的、信念、態度や好悪などの要素もきわめて重要な役割を果たしている[8]。例えば、「妊娠中絶は、可知論者からみると一種の医療行為に過ぎないが、カトリック教徒から見ると謀殺である」[9]。

ここで検討する目的は、思想を統一し、一般的な犯罪概念を確立することではなく、考えを明確にし、これからの検討のための基礎付け、視点の検討のための土台を作ることである[10]。犯罪を正確かつ有効に研究し検討するために、犯罪という言葉を使う際には、まず、当該主体の言う「犯罪」とは、そもそも「誰」が評価・研究したものか、研究者の言う犯罪概念に合致しているか、を明確にしなければならない。犯罪概念の価値性に対する正確で具体的な判断と認識がなければ、犯罪に対する正確な認識と表現がなく、混乱に至る場合すらある。なぜなら、研究者が「犯罪」という言葉を使うときには、評価主体として研究者の立場を表明することになる、すなわち、「私」が認識した犯罪になるからである。ここには、他人の指摘する犯罪概念と実質上同一性があるか否か、という問題が生じる。そうでなければ、問題を議論する有効な言語的環境が失われてしまい、あるいは議論が進行できなくなり、あるいは混乱した議論になってしまうからである。従って、明確で統一的な犯罪「主体」性、つまり犯罪概念の実質的同一性を保つことは、犯罪の問題を議論する上での必要な前提の一つである[11]。

（8）　鄭成良『法律のうちの正義——司法公正に関する法律実証主義の解読』（法律出版社2002年版）57頁。
（9）　「仏」ジョージ・ピカ（Georges Picca）／王立憲＝徐徳瑛訳『犯罪学の思考と展望』（LA CRIMINOLOGIE）（中国人民公安大学出版社1992年版）46頁。
（10）　ドイツ古典哲学の礎であるカントは、哲学を「地盤整理」の仕事として考え、「自ら分かる」熟知しているものに対し分析を行い、「認識とは何か」という前提を追求することを提唱している。ここでは、筆者はその思想を借りることにした。孫正聿『哲学導論』（中国人民大学出版社2000年版）175頁を参照。

2　犯罪概念における「同情的」観察者

　価値判断をする場合、我々は二つの考え方を選択することができる。一つは、先ず、自らの立場（価値的な立場と用語の環境）に立脚し、自分と同じ意見を直接受け入れ自分と異なる意見を排斥するという視点である。もう一つは、他者の立場・用語の環境に立脚して、その考え方における論理の連続性を検討する。この分析方法は、一種の価値判断というより、語義や論理の実証分析と言ってもよいだろう。例えば、「足ることを知れば常に幸せである」という観点を検討するならば、前者の思考方法を取ると、次のようになる。「まず、我々の思う『足ることを知る』の内在的・外在的な意味確立することが求められる。ここでの『足ることを知る』に関する理解は、我々の信念・態度・願望・趣味・目的・好悪などの感情的・価値的要素に依存している。次に、この主観的な理解に基づき『足ることを知る』の効能に対し事実的考察を行った結果、『足ることを知れば常に幸せである』または『足ることを知れば常に幸せというわけでもない』という結論」に至る。このような思惟方法は我々にとり明晰なものである。しかし、これは、一方の立場の説明と主張には適しているものの、他者の観点の弁明に不利なものである。なぜなら、自己と他者が使用している「足ることを知る」の価値的な立場と用語の環境を明確にしていないからである。従って、議論に供する土台を作っておらず、議論の相対性もなく、その結果、自らの主張を述べるだけで、問題が真に解決されていない。我々が自己の価値的な立場を表明するだけで、他者を説得できるのであれば、問題を容易に解決できるが、このようなことはあまりないと思われる。

　後者の思考方法をとるならば、我々は多少譲歩しなければならない。「足ることを知る」についての自らの定義を放棄し、他者の用語の環境を適用する。他者の思弁する「足ることを知る」に対して、意味論的・論理的な分析を行い、論理の中断と矛盾が存在するか否かを検討する[12]。このような思惟方法は、上述したような、問題を議論する時に必要な前提を確定しており、

---

(11)　王牧・前掲注(3)「犯罪概念——刑法の内と刑法の外」6頁。
(12)　鄭成良・前掲注(8)『法律のうちの正義』60頁。

明確で統一的な犯罪評価の主体性を保持している。そのため、議論の対象となる事柄の実質的同一性は、我々が客観的に問題を検討することにとって、有利な状態にある。従って、論者としては、「同情的」とも言うべき、他者の視点の上に立つ立場に立脚して、デュルケムによる犯罪の定義を認識することにしたい。以上の考察に従い、論者は、本稿での検討を開始するにあたり、「犯罪は有益である」という価値判断を「犯罪は有益である」という命題の語義と論理に関する判断に転換することとしたい。

Ⅱ　デュルケムが観る「犯罪」

1　通常概念に対する不信

　デュルケムは、研究対象を概念化することを非常に重視している。彼のすべての論証と検討に最も欠かせない主要な条件が、その研究対象が何であるのかということであり、彼が何を研究しているのかを自己と他者に分からせることである。いかなる科学的研究でも、同一の定義に符合する一連の現象がある。実際、一種の理論については、人々がその解釈しようとする事実を確認した後、はじめて検討を行えるものである。また、科学的研究の対象自体は、この基本的な定義により規定されたものであり、この対象が果たして科学的に研究されるものであるのか否かは、この基本的な定義によることになる[13]。同時に、デュルケムは、日常言語の科学的研究における利用を信頼していない。彼は『自殺論——社会学研究』（1897年）において、このような懐疑を表明した。「自殺という言葉が日常言語で多く用いられているため、人々は、この言葉の意味を誰でも知っており、これを定義することは不要であると思っている。しかし、実際に、日常言語は、この言葉の表す概念と同じく曖昧なものである。学者たちが、通常の意味でこれらの言葉を使い、別途詳細に説明をしないと、極度の混乱に陥ってしまう可能性がある」。「従って、学者は日常言語に符合する既成事実を研究対象にすることができない。自らその研究しようとする事実を確定すべきで、これらの事実が科学的に検

---

(13)　デュルケム・前掲注(1)『社会学的方法の規準』商務版54頁。

討されるために必要な同質性と特殊性を具備させなければならない」⑭。デュルケムは著書『社会学的方法の規準』（1895年）において、あらかじめ確定的で厳格な定義をしていない学者たちを批判した。「社会学が検討する家庭・財産・犯罪などの問題は、我々が通常よく話しているものであり、社会学者は、これらに対して、あらかじめ確定的で厳格な定義をしなくてもよいと考えている。我々は日常生活に反復出現する言葉を使うことに既に慣れ、通常、用語の語義を明確にする必要がなく、通常の意味のみで解釈すればよいと考えるが、通常の意味が非常に曖昧不明なもので、いつも異なるものと混同し、一つの名称を称し、同じ解釈をするため、整理できない混乱を招く」⑮と述べている。

通常概念への不信に基づき、デュルケムは、「科学の需要と専門用語を借りて、新しい概念を作ることにより、関連する物事を明晰に解釈する」と主張する。しかし、デュルケムは日常用語の概念が学者にとってまったく意味がないとは考えていない⑯。「通常概念は、時には、研究者の導き手として、一種の『指示灯』となる」。「これを通じて、我々は、同様な名称で結合し、必然的に共同の特性を持つ一連の現象がとこにあるかを知ることができる。また、それが現象と終始一定の関連性を持つため、時には、我々に大体どこへ行けば、これらの現象を探せるかを教えてくれる」という。注目に値することに、デュルケムは、「通常概念の構成が非常に粗末なものであるため、必要性に応じ作られた科学概念と完全に一致することは不可能である」⑰と強調している。

どのような条件の下で通常概念を使用できるか、どのような場合に新しい専門用語を作るかについて、デュルケムは更に「実際に、我々はいつも通常概念と常用の言語を先に使う。これらの曖昧な言語表現で指した物事から、共通の外在的特徴を探る。これらの物事が存在し、このような類似した事実による概念は、不完全なもの（この場合が少ない）であっても、その大多数

---

(14) 「仏」エミル・デュルケム／冯韵文訳『自殺論』（商務印書館1995年版）7～8頁。
(15) デュルケム・前掲注(1)『社会学的方法の規準』商務版56～57頁、華夏版30～31頁。
(16) デュルケム・前掲注(1)『社会学的方法の規準』商務版56頁。
(17) デュルケム・前掲注(1)『社会学的方法の規準』商務版56頁、華夏版30頁。

が通常概念と一致すれば、我々は通常概念を使って、これらの類似事実を表明することができ、社会学において日常用語の言葉を保持することになる。しかし、両者の間に大きな差があり、通常概念が区別すべき大多数の事柄と混乱されることになれば、新しい専門用語を作らなければならない」[18]と説明した。ここで注意しなければならないのは、彼の研究する社会現象を通常概念で表明する際に、通常概念が含んでいる物事の範囲は、一般に、彼が研究する物事の範囲と完全に一致することはできない、ということである。すなわち、確定された研究範囲は、我々が日常用語で指した物事を含まないことも、他の名称を冠した物事を含むこともあり得る。また、デュルケムが物事の研究範囲を確定する基準は、物事の共通の外在的特徴であり、つまり、全てに存在する特徴を有している物事をある通俗的概念の下に集めることである。人々が通常の使用法によりある言葉でこれらすべての物事を包容できると認めなくてもよい。これはデュルケムが社会現象の研究のために確定した規則である。

　デュルケムの「自殺」についての定義を例にして、デュルケムが社会学研究の中において、これらの規則をどのように運用しているのかを説明することにしたい。デュルケムは、『自殺論』において、「我々の最初の任務は、自殺という定義の下で研究しようとする事実の範疇を確定することである。これについて少し考えると、異なる死亡の種類の中に、すべての誠実な観察者に分かる共通の客観的な特徴があることに加えて、その他の死亡では見られない特殊性があるかということになる。しかし、同時に、人々が通常、自殺の定義の下に帰する死亡に近づくよう、我々は、この言葉を保留し、この言葉の通常の用法を曲解しないことが必要となる。このような情況になると、我々は例外なくこれらの特殊性をあらわすすべての事実をこの定義の下に置くことになる。たとえ、このような分類が、人々が通常称するところの自殺を含まず、もしくは、ほかの名称における死亡を含んでも、我々は不安を感じることもない。というのは、これは、普通の人が自殺という時に使う概念を適切に表現することではなく、ある物事の範疇を確定することだからであ

---

(18)　デュルケム・前掲注(1)『社会学的方法の規準』商務版56頁注釈(1)、華夏版30頁注釈(1)。

る。この範疇を難なくこの種類に帰属させることもでき、客観的に確定させることもできる。すなわち、物事の特殊性に符合させることでもあると言える」⑲。

　デュルケムは、犯罪を正常な社会現象として捉え、犯罪に対する研究において同様な原則を使った。

2　形式的な定義：犯罪と刑罰の共生態

　前述のように、デュルケムによる犯罪に関す記述は、彼の社会現象に対する研究の主要著書と論文に散見される。ここでは、筆者の整理に基づいて、前述の「同情的」な思惟方法に従い、デュルケムの視点から彼の研究方法を受け入れ、彼の前提仮説によりつつ、客観的にデュルケムによる犯罪の定義を考察する。

　デュルケムによる研究対象の範疇は一つの基本的な定義によるものであることは、既に上述の箇所⑳で言及したが、次に、デュルケムは、「この基本的な定義を客観的にするため、人々の概念により現象を明らかにするのではなく、現象そのものの固有の特性により明らかにする」㉑と述べた。続いて、なぜ「現象そのものの固有の特性」を確定させるのかについて、デュルケムは、研究を開始したばかりの階段では、研究者が研究対象の本質的特徴を客観的に認識することができないからである、と述べた。彼は、「一部の人は、研究しようとする物事に対し、これを細かく定義できるが、共通の外在的特徴を有するすべての現象を同一定義・同一名称のもとに収めることなく、その中から良いと思われる部分を選択するだけで、このような特徴を有する独特な現象として認識してしまう。その他の現象に至っては、このようなはっきりした特徴の領域を超える選択を考慮する余地もない。しかし、このような方法では主観的な、不完全な観念しか選択できない。実は、このような選択方法は先入観によるもので、研究の始まりには、いかなる研究もこのような選択方法を定めることができない。選択された現象は、他の現象よりこの

---

(19)　デュルケム・前掲注⑭『自殺論』8頁。
(20)　デュルケム・前掲注⑴『社会学的方法の規準』華夏版28頁、商務版54頁。
(21)　デュルケム・前掲注⑴『社会学的方法の規準』商務版54頁、華夏版28頁。

ような現実による思想概念に最も符合するため、選別されたものである」[22]という例を挙げた。

　デュルケムは、上述した「選別」の定義方法が科学的研究の客観性に反し、先入観により客観的な事実を変えてしまうことになる、と述べている。彼は、物事の共通の外的な特徴により社会事実を定義することを堅持する。「研究を始める階段では、事実に対し何らの分析もしておらず、唯一触れることのできる事実の特徴は、直接的に観察できる外的な特徴である。内部に内蔵されている特徴は最も根本的な特徴であり、高い解釈能力を有するが、科学の展開するこの階段では、これらの特徴が認識されておらず、人々がある思想観念で現実を置き換える時になってから認識されることになる。従って、我々は外在的な特徴から基本的な定義の内容を探す。また、この定義は例外なく、区別なしで、同じ特徴を有するすべての現象を含む。我々には、その中から選択するいかなる理由および方法もない。我々の研究する物事は、我々が既に知っている実在する物事であり、これらの物事を定義するには、その形状以外に、他の基準がない。ここから、一組の共通する外在的特徴を有する定義の現象を予め研究の対象とし、この定義に符合するすべての現象を同一の研究に収めることであるという準則を得ることができる」[23]。従って、デュルケムは犯罪を定義するには、すべての犯罪現象に共通する外在的特徴によるべきだと考えていた。彼は、『社会分業論』において、「犯罪の内在的構成を知るには、異なる社会形態にある各種の犯罪現象から共通な特徴を抽出しなければならず、どの社会類型をも省略してはならない」[24]という内容を記載した。デュルケムは特に、ガロファロ（Baron Raffaele Garofalo,1852-1934）の著書『犯罪学』における犯罪に対する定義を批判している。デュルケムは、ガロファロの考え方を「社会にある、あるいは各社会における犯罪を比較せず、その中から一部の現存する道徳に抵触する行為を採用するのみで、若しくは大多数の人に害を与えるある行為を犯罪現象に定

---

(22)　デュルケム・前掲注(1)商務版31～32頁、華夏版58頁。
(23)　デュルケム・前掲注(1)商務版55頁、華夏版28～30頁。
(24)　「仏」デュルケム／渠東訳『社会分業論』（生活・読書・新知三聯書店2000年版）33～34頁。

義し、時代の進歩による変化あるいは道徳を犯罪事実として考慮しない」として認識している。ガロファロは、永久には存在できないような犯罪現象は犯罪の特徴を有するものではない、と考えていた。従って、これまでの社会で発生した犯罪行為は、現在の社会に存続しない限り、ただの犯罪の変種若しくは偶然の現象であり、真の犯罪性を有しないものとされる。これに対し、デュルケムは、このような選択方法をとれば道徳概念に対する個人的な認識になってしまう、と批判した。道徳の進化は、川に有る流水と同じく、最後になればなるほどきれいである。すべての不純・不完全な物質が途中で淘汰され、最後に残ったものこそ道徳である。これにより、更に、現行の道徳に抵触したものこそが真の犯罪である。ガロファロのこのような論述について、デュルケムは、「ただの仮定であり、正確な定論ではなく、真理でもなく、研究の理論的根拠にする必要もない」[25]と認識していた。ここに至って、デュルケムは自らの犯罪に関する外形的定義を行った。彼は、「これらの外在的な特徴を有するすべての現象を探し出すことができる。そして探し出した後に、社会に必ずこれらに対し『処罰』と思われる反応行為を引き起こすことになる。我々はこれらの行為を一つの特別（sui generis）な類に帰し、共通の名称を与え、処罰を受けるべき全ての行為を犯罪というのである」[26]と述べた。

　しかし、物事の外観で定義することには、表明的現象を物事の根本にするという弊害がないか、論理の一般的な規律に反し、物事の一面のみを追求し、その他の基本面を求めないという問題が発生するのではないか、という疑問が呈される。この問題について、デュルケムは、著書『社会学的方法の規準』で、人々による質問に対して回答している。彼は、「このような推理では、人々が刑罰をもって犯罪を定義する時に以下のような弊害があると指摘される。すなわち、犯罪を刑罰から生み出されたものとするという指摘である。しかし、このような疑問は、上述した『物事の外形から物事を考察する』という意味を十分に理解していない。この定義は、物事を研究し始めた

---

(25)　デュルケム・前掲注(1)『社会学的方法の規準』華夏版32頁、商務版58～59頁。
(26)　デュルケム・前掲注(1)『社会学的方法の規準』商務版55頁、華夏版29頁。

ときに、物事の外形から物事を考察することを意味するのであって、研究中又は研究後のいずれにおいても、外形考察の結果で物事の本質を解釈するということではない。物事の外形で定義を下す目的は、物事の本質を解釈することではなく、我々を当該物事に接触させるためである。ある物事について、我々が最も接触しやすい部分が外形である。物事の外形に関する定義の効用は、物事の外形を解釈できることにある。しかも、物事のすべての外形を解釈することなく、我々の研究に十分な解釈を提供できればよいのである」[27]と言及している。

　デュルケムの分析は一理あるものの、我々も「外形から木の葉を観察する場合、木の葉についている蝶を研究分野に入れる可能性もあるのではないか」という疑問を抱いている。

　この疑問について、デュルケムは、「話を戻すと、定義の根拠とする外形は、その性質に偶然性があり、又は物事の基本的な属性に関係なければ、上述した反対意見が成立し得る。この場合、科学が更に進歩することはできない。物事の外形と物事の実質との間に確定した関係がなく、このような研究が物事の真相を究明することはできないからである。逆に、物事の外形と実質とが完全に一致して例外もなければ、物事の真実の現象に密接に関係している。結果として、因果関係の原則を認める限り、これによる定義は信用できるものである」[28]と回答した。

　では、犯罪の外在的な特徴としての刑罰は、犯罪と一体どういう関係があるのか。この点について、デュルケムは、「当然、処罰から犯罪を創造したのではないが、犯罪は処罰により我々の目の前に暴露されるものである」[29]と考えた。デュルケムにとって、刑罰という外在的な特徴は例外なく異なる社会形態における各種の犯罪現象に同時に存在している。従って、彼は、刑罰と犯罪現象の本質とは密接な関係があり、この本質に符合すると考えている。彼は「物事の外形が表面的なものであっても、これを詳細に考察すれば、科学者に更に詳細な研究ルートを示すことができる。これらは科学がそ

---

(27)　デュルケム・前掲注(1)『社会学的方法の規準』華夏版34～35頁、商務版61頁。
(28)　デュルケム・前掲注(1)『社会学的方法の規準』商務版61頁、華夏版34～35頁。
(29)　デュルケム・前掲注(1)『社会学的方法の規準』商務版61頁、華夏版35頁。

の後の解説過程において絶えず延長する部分に不可欠な連鎖である」[30]と言及した。デュルケムは、「犯罪とは何か」という質問に答えるには、刑罰から着手しなければならない、と述べた[31]。彼は、「いかなる程度においても、犯罪人に対して正に行われるいかなる打撃的な措置も、常に人々の言う処罰なのだ」と考え、「このような処罰の起因を考察する。更に言うと、これこそ、犯罪の本質的構成である」[32]と考える。

続いて、我々は、このようなデュルケムの考え方に従いつつ、犯罪概念を認識することにしたい。

3 犯罪定義の深化：集団意識との分岐

ここで指摘する必要があるのは、デュルケムが制裁を二種類に分けたということである。第一の種類の制裁は、苦痛に依拠したもので、その目的は犯人の財産・名誉・生命と自由若しくは犯人が享受できる物事の一部を損なうことである。このような制裁は「抑圧的な制裁」と言われる。第二の種類の制裁は、必ずしも違反者に対し苦痛を与えるものではなく、その目的は現状回復である。即ち、攪乱された秩序を新たに正常な状態に戻すことである。このような制裁は「純粋な修復的な制裁」と言われる。これに対応して、法律には、主に二種類のものがある。第一の種類は刑法で、第二の種類は民法・商法・訴訟法・行政法と憲法を含む。デュルケムによれば、すべての犯罪行為は例外なく刑罰を受けることになるが、刑罰という「抑圧的な制裁」は刑法にのみ定められるものである[33]。

それでは、刑法は何を根拠にして刑罰を規定し、また更に犯罪を定義するのか。行為そのものの固有の悪性若しくは不道徳によるものなのだろうか。

デュルケムは、行為の悪性若しくは危害性が犯罪の本質的特徴であることを否定している。彼は、「かつて、また現在でも、犯罪と見做される大量の

---

(30) デュルケム・前掲注(1)『社会学的方法の規準』商務版62頁、華夏版35頁。
(31) デュルケム・前掲注(1)『社会学的方法の規準』商務版61頁、華夏版35頁。
(32) デュルケム・前掲注(24)『社会分業論』33頁。
(33) Durkheim, Emile:Durkheim and the Law, Edited by Steven Lukes and Andrew Scull, Basil Blackwell Publisher Ltd. 1984, p. 39。デュルケム・前掲注(24)『社会分業論』33頁。

行為は、実際には社会への危害を有してはいない。例えば、ある人が禁忌に触れたとか、ある不潔な若しくは神聖な動物・人間に触れたとか、聖火を消したとか、ある肉を食したとか、生き物を殺し祖先に祭を捧げなかったとか、正々堂々と祈禱文を読まなかったとか、ある祭日を祝わなかったとか、これらのような行為は本当に社会に危害を加えたものなのか」[34]という例を挙げた。ここから、デュルケムが全ての犯罪に危害性があるとは考えていない、ということが分かる。すなわち、行為の悪性は犯罪の共通した性質ではない。従って、社会危害性により犯罪を定義することは、デュルケムの定義原則（前述の箇所で述べた）に符合しないのである。

それでは、刑法及び「抑圧的な制裁」の基礎を構成するものは何か。

デュルケムは「犯罪に相応する集団的な感情」という仮説を設けた。彼は、犯罪に相応する集団的な感情が他の集団感情と異なっていると考えている。「ある固有の平均強度に達しなければならず、人々の意識にあるだけでなく、更に意識の底になければならない。不確定で表面的なもの又は常に変化している意志と異なり、人々の内心に植えられている感情と傾向である」[35]。社会の構成員はこのような信仰および感情を有し、自ら明確な生活体系を構成している。我々はこれを集団意識若しくは共同意識と呼ぶ。明確で強烈な共同意識は刑法の基礎を構成している[36]。ある行為が犯罪と認定されるのは、行為そのものの固有の特性によるのではなく、社会評価の結果であるとデュルケムは認識している[37]。すべての犯罪も特定の集団感情と対抗し、この対抗が犯罪から来たものではなく、逆に犯罪を構成するとデュルケムは認識した。言い換えれば、「ある行為が犯罪であるために集団意識を犯しているというよりも、集団意識を犯したために犯罪であると言わなければならない。犯罪であるために我々が責めたのではなく、責めたので犯罪に

---

(34) デュルケム・前掲注(24)『社会分業論』35頁。
(35) デュルケム・前掲注(24)『社会分業論』40頁。Durkheim, Emile:Durkheim and the Law, p. 46.
(36) デュルケム・前掲注(24)『社会分業論』42・113頁。Durkheim, Emile:Durkheim and the Law, p. 51.
(37) 'Introduction' by Steven Lukes and Andrew Scull, in Durkheim and the Law, p. 21.

なったということである」⁽³⁸⁾。これについて、デュルケムは明確な例を挙げた。すなわち、抽象的な理論から言えば、我々は人間が肉を食べることを禁じてはいないが、この肉に対する嫌悪が共通意識の一部分となり、且つ、集団意識が強烈または正確に一定の程度に達した場合、これに触れるすべての行為が犯罪として見なされるべきである、というものである。

如何なる物事も我々が好きだからより美しくなり、美しくなってから好きになるということではないとスピノザは考える。デュルケムの考えでは、同様な理論を犯罪に関する概念化にも適用できるのである⁽³⁹⁾。これまでの分析により、デュルケムは、「ある行為が強烈且つ明確な集団意識（conscience collective）に違反した場合、この行為が犯罪である」⁽⁴⁰⁾という結論を下した。これに対し、フランスのある著名な犯罪学者、ジョージ・ピカ（Georges Picca）は、「ある行為が犯罪となるのは、それ自体の客観的な特性によるものではなく、社会からのそれに対する批判によるものだ」⁽⁴¹⁾と評価している。

Ⅲ　デュルケムの仮説に対する反論

前述の箇所で、我々は、自己の観点を措き、「同情的」観察者として、デュルケムの主要著書における犯罪定義に関する原型を描いた。ここでは、論者は再度、彼の定義を強調したい。

第一に、デュルケムは、まず外形的な定義を行った。「これらの外在的な特徴を有するすべての現象を探し出すことができる。探し出してから、社会から必ずこれらに対し『処罰』と思われる反応行為を引き起こすことになる。我々はこれらの行為を一つの特別（sui generis）な類に帰し、共通な名称を与え、処罰を受けるべきすべての行為を犯罪という」⁽⁴²⁾と述べた。

---

(38)　Durkheim, Emile:Durkheim and the Law, p. 48. デュルケム・前掲注⑷『社会分業論』44頁。
(39)　デュルケム・前掲注⑷『社会分業論』69・44頁。
(40)　デュルケム・前掲注⑷『社会分業論』43頁。Durkheim, Emile:Durkheim and the Law, p. 51.
(41)　ジョージ・ピカ（Georges Picca）・前掲注⑼『犯罪学の思考と展望』3頁。
(42)　デュルケム・前掲注⑴『社会学的方法の規準』商務版55頁、華夏版29頁。

第二に、デュルケムは、更にこの外形的な定義を深化させた。つまり「ある行為が強烈且つ明確な集団意識（conscience collective）に違反した場合、この行為は犯罪である」[43]とするのである。

　この二つの関連する犯罪定義から、以下の二つの仮説をみることができる。

　１．犯罪と刑罰は共生態を形成しており、処罰を受けない犯罪はない。デュルケムは『社会分業論』において、「犯罪がいかに変化するかに関わらず、いつどこにおいても同様な性質を有し、同様な結果がもたらされる。これこそが処罰である」[44]と明言している。

　２．人々の心には集団感情が存在しており、この集団感情が一定の程度に達する場合に、この集団感情と違背するいかなるものも犯罪性を有する[45]。

　仮説１について、デュルケムは刑罰から犯罪を定義しており、刑罰が犯罪の本質的特徴とは認めていないものの、定義の客観的効果は、刑罰があるからこそ犯罪があるというものである。静態的な規範からいうと、危険性を有する行為が、必ず犯罪として扱われるというわけではない。このような行為は、刑法により規制されず、刑罰と分離されている。最も典型的なものは、フランスの犯罪学者であるジョージ・ピカが述べた「金めっきの犯罪」[46]である。すなわち、公民と団体の権利を侵害する政権者の行為が処罰を受けないということである。デュルケムは、このような行為を犯罪の範疇に入れなかった。また、動態的な規範からいうと、有罪と無罪の境界が不変的なものではなく、社会道徳観・経済・政治・文化などの条件の変化に応じて、かつて犯罪とみなされた行為が刑法典から消えていった。人々は、これらの行為（例えば、神への冒瀆・不倫・堕胎などの行為）を犯罪として捉まえないが、デュルケムの定義規則によれば、「現在の社会にない犯罪行為が犯罪学上の特徴を有しないと考えても、このような行為を犯罪という名詞から排除して

---

(43)　デュルケム・前掲注(24)『社会分業論』43頁。Durkheim, Emile:Durkheim and the Law, p. 51.
(44)　デュルケム・前掲注(24)『社会分業論』46頁。
(45)　Durkheim, Emile:Durkheim and the Law, p. 48.
(46)　ジョージ・ピカ(Georges Picca)・前掲注(9)『犯罪学の思考と展望』33頁。

はならない」⁽⁴⁷⁾ということになる。

　当然、集団意識の違反若しくは犯罪が有する危害性により、犯罪が処罰されるべきではあるが、実証的な面から、すべての犯罪人が刑罰的制裁を受けている訳ではなく、社会において大きな暗数が存在している。しかし、我々は未発見または未処罰により、その犯罪性を否認してはならない。

　上述した理論上の欠点については、デュルケムもこれを認識しているが、「常態こそが犯罪と刑罰との分割不可の要素である」⁽⁴⁸⁾と考える。刑罰と分離した犯罪現象は、偶然的なもので、病的なものである。デュルケムは犯罪現象を正常な社会現象として研究すると主張している。従って、偶然的な異常現象は、デュルケムの研究範疇に入らない。

　デュルケムは犯罪と刑罰が共生するものだと主張するだけでなく、刑罰が正常な作用を発揮した場合、社会に危害をもたらした犯罪はこれに抵触することになるとする。デュルケムは、物事の効能に関する用語の環境を強調し、犯罪による悪い結果を起こさせず、無害行為の状態の下では、犯罪が積極的な作用を発揮することができると考えていた⁽⁴⁹⁾。例えば、デュルケムは犯罪が人々の正義感・社会の団結を向上させることができると考えた⁽⁵⁰⁾。ただし、同時にデュルケムは、「犯罪は非難及び鎮圧を受けるときに有用なものとなる。一部の人は、犯罪を正常な社会学的現象に帰することは、犯罪行為を容赦することを意味するという誤った認識をするが、一部分の犯罪行為が正常なものであれば、これらの犯罪行為が処罰を受けるのも正常なものである。処罰と犯罪は不可分なものであり、どれ一つ欠けてはならない。鎮圧制度のいかなる不正常な弛緩も結果として犯罪行為を奨励することになり、犯罪行為を不正常な強度にまで達するものとさせることになる」⁽⁵¹⁾と強調している。実際に、フランスの犯罪学者であるガブリエル・タルド（Gabriel

---

(47)　デュルケム・前掲注(1)『社会学的方法の規準』商務版59頁、華夏版33頁。
(48)　E. Durkheim, 'Crime and Social Health', in Durkheim and the Law, p. 97. デュルケム「犯罪と社会健康」デュルケム／汲喆等訳『乱倫禁忌及びその起源』〔デュルケム文集　第六巻〕（上海人民出版社2003年版）464頁。
(49)　デュルケム・前掲注(1)『社会学的方法の規準』商務版第一版の序言註釈(1)、3頁。
(50)　デュルケム・前掲注(24)『社会分業論』65頁。
(51)　デュルケム・前掲注(14)『自殺論』397頁。

Tarde)⑸の指摘したように、デュルケムの定義が指したのは、厳格な犯罪ではなく、犯罪と刑罰との結合体（the coupling of crime and punishment）である⒀。犯罪から刑罰を必然的に導き出し、刑罰の効力を発揮して、活力に満ちた共同意識の擁護を通して懸命に社会的凝集力を維持する。ここから社会の団結を推理できたのである。

語義と論理から分析すると、デュルケムの分析については申し分ない。だが、問題は、我々が現実を考察せずに、デュルケムの犯罪と刑罰との共生態の仮説を受け容れ、犯罪は有益であるという結論に全く異議を唱えないことが可能なのかということである。

仮説2について、我々はデュルケムの本意をたどって、それを「明確化」したい。

　ア　社会には、統一的で、且つ人々の心の底に定着している共同意識がある。

　イ　この意識は法律に反映されるものであり、刑法は集団意識を体現した精髄である⒁。

　ウ　人々は法律を守り、それを正当且つ合理的に判断し、法律に対する無知及び法律に従わない行為について、これを病的状態だと考えた⒂。

こうして、集団意識に違反する行為は刑法に違反する行為に転化される。

---

(52)　フランスの犯罪学者・社会学者。主要著書には、『比較犯罪学』、『模倣法則』、『社会心理学研究』がある。「犯罪行為と社会健康」という著作では犯罪は有益であるというデュルケムの観点に反発した。

(53)　Gabriel Tarde：'Criminality and Social health', in Durkheim and the Law, p. 76.

(54)　'Introduction' by Steven Lukes and Andrew Scull, in Durkheim and the Law, pp. 1, 7, 51

(55)　デュルケム・前掲注(24)『社会分業論』37頁。原文は「刑罰は制裁を通じ、犯罪行為を禁止する規範である。これを、『法律に無知な人はいない』という法律箴言に纏めることができる。これは決して大げさな話ではない。各規範が人々の意識に刻まれた以上、すべての人がそれを理解し、合理的なものだと考える。通常からいうと、少なくとも事実に符合するものである。ある成人がこれらの基本的な規範にまったく無知で、それの権威を拒絶する場合、このような無知と抵抗が人々に躊躇なく病態だと言われることになる。ある刑法が、遍く拒否されているが、存続した場合、これは、これと同時に一部例外の状況があるということである。これは、通常に反するもので、──長期的には存続しないはずだ」である。

これにより、犯罪は、刑法（異なる歴史的時期と社会制度における刑法を含む）に違反する行為である。デュルケムは、ガロファロによる道徳感——基本感情（どの社会にも存在する道徳感、例えば、同情感および誠実感）と非基本感情（異なる時代・国・人々により異なる感情）との区別——が主観的なものであり、「正確な定論ではなく、真理でもない」と考えていた。デュルケムは、ガロファロの「自然犯」の定義をも否定し、これはガロファロが「人類社会におけるある時代の環境、事件若しくは立法者の特定観点」の状況の下で行った犯罪に対する定義である、と考えていた。デュルケムからみると、ガロファロの仮説は「物事を研究する理論根拠にならない」ものであったのである[56]。

　本時点で、我々は、デュルケムの共同意識に関する仮説をそのまま受け入れるべきかという問題に直面する。

　まず、現実から見ると、社会には、統一的で、人々の心の底にあり且つ一定程度正確な集団感情が有されているのか。

　次に、歴史を考察すると、いかなる歴史的時期、また異なる社会形態における法制度が人々に真に尊重され、正当で合理的なものだと考えられていたのか。

　上述の疑問を無視すれば、集団感情に違反し、刑法に違反する如何なる行為も犯罪だと泰然と認められるが、法律が正義に符合するものであること、そして正義の法律に違反する犯罪の有益な作用を本当に議論できるのだろうか。ここでの矛盾について、デュルケムも注意を喚起した。彼は、どの特定の時期における刑法においても、ある特定の集団感情に相応することは、刑法が不変を保持する意味ではなく、「このような感情が生き生きと活躍している状況の下での規範はその存在の理由がある。このような感情がなくなり、我々が人為的な手段でそれを維持しようとしたとしても、それは結果的に無駄になり、それどころか有益さより弊害の方が多い。更に言うと、ある法律手続が以前に通用していたが、現在は通用しなくなり、新しい法律の障害物になる。その場合には、我々はそれを覆す必要がある」[57]と補足した。

───────────────────────

(56)　「伊」ガロファロ・前掲注(5)『犯罪学』20頁。

ここでは、デュルケムは例を用いて彼の上述の観点を更に明確化させる。集団感情がなくなり、法律が現実に符合しない、通じなくなるおそれがあるような場合でも、依然として自らの犯罪定義は堅持されるものとして、デュルケムは、ソクラテスを例にとって、「アテネの法律によれば、ソクラテスは犯罪者であり、彼に対する判決も正しいものである。しかし、彼の罪、すなわち、彼の独立思想は全人類に対し有益なものであるばかりではなく、彼の祖国にも有益なものである。彼の罪は、古い道徳に違反するだけでなく、アテネ人が新しい道徳と信仰を形成することにっとて必要でもあった。当時のアテネ人の伝統が彼らの生存条件に既に符合しなくなっていたからである」[58]と述べている。

　以上のことから、本考察では、デュルケムの二つの基本的仮説を堅持しながら、デュルケムの論理における破綻や矛盾を発見できなかった（少なくとも、本文における分析によれば）のであり、彼の論理における「犯罪は有益である」という理論を受け入れることができるものと言えよう。ただ、ここには尚一つの問題が残される。つまり、現実の考察や価値の分析を考慮せずして、デュルケムによる犯罪定義の語義と論理の分析に満足し、デュルケムによる犯罪効能の分析の結論に賛成できるのか、という問題である。本文の最初に確立した語義や論理の実証的分析方法では、この問題については更なる考察を進めることはできないが、筆者は本稿を終えるにあたり、今後の課題として、デュルケムによる犯罪概念の基本的仮説の分析に、理性、価値、若しくは感情を融合すると、その結論はどうなるのか、ということを自問していきたいと考える。

(SU, MINGYUE)

---

(57)　デュルケム・前掲注(24)『社会分業論』70頁注釈(1)。
(58)　Durkheim, Emile:The Rules of Sociological Method, p. 71. デュルケム・前掲注(1)『社会学的方法の規準』商務版88頁、華夏版57頁。

「犯罪」概念と刑事政策「学」の連関

高 橋 則 夫

　Ⅰ　はじめに——刑法における「犯罪」概念——
　Ⅱ　刑事政策における「犯罪」概念
　Ⅲ　修復的司法における「犯罪」概念
　Ⅳ　犯罪の３面構造——被害者・加害者・コミュニティ——
　Ⅴ　刑事政策における「犯罪」概念の規範論的構造
　Ⅵ　おわりに

Ⅰ　はじめに——刑法における「犯罪」概念——

　刑法学が犯罪論体系という形で体系的に整序されてきたのは、刑法学の対象である「犯罪」概念が、殺人、窃盗、放火というような「個別類型的な概念としての犯罪」（刑法各論の対象）と、個々の犯罪類型を包括する上位概念としての「一般概念としての犯罪」（刑法総論の対象）に限定されていることに起因するように思われる。すなわち、刑法学は、後者の刑法総論において、犯罪の一般概念を明らかにすることによって、第１に、犯罪と非犯罪とを限界づける基準を明らかにし、第２に、犯罪の成否に統一的な原理を設定し、処罰・不処罰の根拠に体系的意味が付与されることになる。このようなことから、「犯罪とは、構成要件に該当する違法・有責な行為である。」という犯罪論体系が構築されたわけである。

　これに対して、刑事政策の対象たる「犯罪」概念については、その対象の範囲が必ずしも明らかとされておらず、したがって、その体系的整序も行われていない。しかし、刑事政策の体系が構築されなければ、刑事政策を刑事政策「学」として位置づけることは不可能といわざるを得ないだろう[1]。

　本稿は、刑事政策が刑事政策「学」として確立されるための一つの視点として、「犯罪」概念に着目することによって、一つの方向性を模索するもの

である。

Ⅱ　刑事政策における「犯罪」概念

(1) 小川博士の分析

　小川博士は、刑事政策における「犯罪」概念を詳細に論じた数少ない刑事政策学者の一人である。すなわち、「わたくしは、犯罪概念を、三つの過程、すなわち法律過程、理論過程、および臨床過程のそれぞれに前提となる根本的仮説としてとらえたいとおもう。作業過程がちがうのであるから、それぞれにちがう犯罪概念があってさしつかえないはずである。」[2]として、「3つの過程」を出発点として設定する。

　この3つの過程のうち、まず、法律過程における犯罪概念は、前述した、刑法学における犯罪概念と同義であるが、小川博士によれば、法律「過程」とは、犯罪捜査から裁判までの過程と位置づけられている。次に、理論過程における犯罪概念について、小川博士によれば、「理論過程においては、犯罪とは、社会に害悪を与え、それがために社会から非難され、何らかの強制処遇の加えられる行為」[3]とされる。さらに、「社会に害悪を与える行為」とは、「第一に、犯罪は形式的に、その社会の定める命令禁止に反する意味で、その社会にとって害悪であ」り、「第二の要素として、害悪の実質が備わることが求められる。すなわち、集団またはその成員に実質上の害悪を生じることが必要である。」[4]。最後に、臨床過程における犯罪概念について、小川博士は以下のように説く。すなわち、「臨床過程においては、犯罪とは社会に危険な偏倚的行動である。この場合の犯罪概念は、犯罪者処遇の実際における臨床作業の前提となりうるものでなければならない。そこでは、犯罪者はかくかくの原因から犯罪をおかすものであるから、かくかくの処置を

---

(1)　さらに、刑事政策の対象範囲や体系化などが構築されなければ、刑事政策と、社会政策・教育政策などの様々な政策との異同も明らかとならず、これでは、刑事政策の限界を画することもできないであろう。
(2)　小川太郎『刑事政策論講義（第2分冊）』(1978年、法政大学出版局) 9頁参照。
(3)　小川・前掲注(2)16頁参照。
(4)　小川・前掲注(2)16頁以下参照。

施せばその者を犯罪をくりかえすことから救うことができるという端的なプロセスが期待せられる。だからこの場合、原因的定義とよばれるものが前景にでてくる。犯罪はその犯罪者の行動として考えられ、それがいかなる原因にもとづくかに焦点がしぼられ」、「この犯罪概念においては、人格に結びついた社会危険性とその社会的適応性とが問題になる。」と[5]。

以上の分析の中で注目すべきは、理論過程における犯罪について、行為者の行為、被害者への侵害、社会からの反動という3者のダイナミックスが指摘されている点である。

(2) 須々木教授の分析

小川博士の分析を基礎にして、「犯罪」概念をさらに分析したのは、須々木教授であった。まず、法律過程における犯罪概念につき、刑法学における犯罪の観念は重視されるとしても、刑事政策論の出発点とはならないとして以下のように論じる[6]。第1に、刑法上の犯罪概念は限定されすぎている。すなわち、たとえば、売春対策において、売春行為それ自体は刑法上の犯罪ではなく、売春防止法上の犯罪は売春の周辺行為であり、それらを処罰対象とすることによって売春対策を実現しようとするものである[7]。第2に、刑法上の犯罪は行為刑法であるから、行為者の主観的諸条件による類型化に馴染みにくい。すなわち、たとえば、下着泥棒は刑法上窃盗罪の問題であり、財産犯として位置づけられているが、痴漢対策（性犯罪対策）の一場面として処置すべきである。第3に、犯罪対策上、刑法的行為類型をさらに細分化する必要がある。すなわち、たとえば、窃盗罪における「すり」や置引き、詐欺罪における取込み、無銭飲食などがこれである。

（5） 小川・前掲注(2)28頁参照。
（6） 須々木主一「刑事政策の世界性について——その限界に関する試論的素描——」比較法学22巻2号（1989年）10頁以下参照。
（7） さらに、少年の虞犯行為も刑法上の犯罪ではないが、刑事政策の対象としての「犯罪」に含まれている。この点につき、米山哲夫『公権力を監視する——国民のための刑事政策原論』（2013年）85頁参照。なお、虞犯少年概念と前述の小川博士の犯罪概念との連関を探るものとして、小西暁和「『虞犯少年』概念の構造——公正さと教育的配慮の矛盾相克する場面として——（6・完）」早稲田法学82巻1号（2006年）149頁以下参照。

次に、小川博士の臨床過程における犯罪概念について、それが処遇過程に限定されている点を問題として、以下のように論じる。すなわち、「確かに処遇過程は一つの典型的な臨床過程であるが、しかし、これは、犯罪の予防・抑止・制圧、それに続く善後措置の各場面における種々の一連の行動過程の中の一つにすぎない。他の活動領域、例えば、犯罪抑止・制圧の場面では、逸脱行為（犯罪）の社会的・客観的な現象の側面が、まさに実体的意味合いをもって働く。」のであり、臨床過程という表現ではなく、「まずもって客観的・現象的な犯罪概念を求めようとするこの場所では、原因論的説明に執着せず、より包括的な、（犯罪）対処過程という表現を用いることの方が適当であろう。」と[8]。そして、須々木教授によれば、犯罪概念をめぐる諸問題を整理するためには、「小川博士のいう理論過程における犯罪の概念に学びながら、それを手掛かりとして検討を進めるのが適当である」[9]とされる。

　小川博士は、前述のように、理論過程における犯罪概念の構成要素として、行為者の行為、被害者への侵害、社会からの反動という３者のダイナミックな過程を提示した。須々木教授は、この３者のダイナミックスと、小川博士の「理論過程においては、犯罪とは、社会に害悪を与え、それがために社会から非難され、何らかの強制処遇の加えられる行為」であるという定義との関係を問題とした[10]。すなわち、第１に、定義における「社会に害悪を与え」ということと被害者への侵害との理論的関係であり、第２に、定義における「社会から非難され」、「強制処遇の加えられる」ことと３者との関係であり、第３に、定義における「社会」と個々人との関係、その「社会」と「強制処遇を加え」るべき地位に立つものとの関係がこれである。この第３の「社会」というものの本質的特徴が重要であるとして、社会レベルの視点は、国家レベルに近いところで、また時には個々人レベルに近いところで捉えられる可能性をもつことを前提として、国家レベルの視点の重要性を指摘し、次のように結論づける。第１に、被害者への侵害については、個別具

（８）　須々木・前掲注(6)17頁参照。
（９）　須々木・前掲注(6)19頁参照。
（10）　須々木・前掲注(6)34頁以下参照。

体的な被害者のいない犯罪があり、この場合、最終的には国家・国家意思だけが残ること、第2に、社会からの反動については、社会的逸脱行為が犯罪とは限らず、国家的反動の向けられる行為が犯罪であること、第3に、行為者の行為については、国家意思による最終的な条件付けが必要であることから、国家的視点、すなわち、公権力の所在である国家なるものを、小川博士の「理論過程における犯罪概念」に付加して再構成するわけである。

以上の検討から、須々木教授によれば、犯罪とは、「社会の秩序を維持実現するうえに有害であるとされ、公権力による防圧を正当化しうるとされている行為」であると定義づけられる[11]。

以上の、小川博士と須々木教授の問題意識はきわめて重要であったにもかかわらず、これを継承する論者がほとんどいなかったことが、刑事政策「学」の構築に至らなかったことの要因の一つであったように思われる。

Ⅲ 修復的司法における「犯罪」概念

犯罪概念を再構成して、新たな構想を示したのが、修復的司法（Restorative Justice）である。修復的司法とは何かについては、大きく2つの定義がある。すなわち、1つは、修復的司法とは、「当該犯罪に関係するすべての当事者が一堂に会し、犯罪の影響とその将来への関わりをいかに取り扱うかを集団的に解決するプロセスである」という定義がこれであり、もう1つは、修復的司法とは、「犯罪によって生じた害を修復することによって司法の実現を志向する一切の活動である」という定義がこれである。前者は、純粋モデル（Purist Model）、後者は、最大化モデル（Maximalist Model）と称されている[12]。

もっとも、本稿で問題とする「犯罪概念」については、どちらのモデルも同じ定義に従っている。なぜなら、修復的司法の思想は、まず第1に、「犯罪とはなにか」ということについて、従来の考え方と異なるのであり、その

---

(11) 須々木・前掲注(6)38頁参照。
(12) 高橋則夫『修復的司法の探求』（2003年、成文堂）85頁以下、同『対話による犯罪解決——修復的司法の展開——』（2007年、成文堂）7頁以下参照。

出発点こそが、修復的司法の中核を形成しているからである。すなわち、犯罪とは「害（Harm）」であるという理解がこれであり、人々およびコミュニティに加えられた「害」を対象とするのが修復的司法である。法規範に違反するという側面だけを捉えているだけでは、犯罪の現実性を隠蔽する結果になってしまうというわけである。それが、従来、刑事司法において被害者が2次的な関心の対象でしかなかった理由でもある。「害」を中心に設定することによって、「害」からの回復という被害者のニーズを出発点に位置づけることができることになる。第2に、修復的司法においては、「害」に焦点を向けることから、「害」に対する「責任（accountability and responsibility）」を加害者が履行するということが要請される。従来の刑事司法は、この責任は、「法益」侵害に対する責任であり、国家刑罰権が発動し得るための要件でしかなかった。これに対して、修復的司法においては、この「責任」とは、加害者が「害」を理解し、その「害」を修復する義務を負うことを意味するのである。

　前述したように、修復的司法の定義づけについて争いはあるものの、「害」と「責任」を志向するという2本の柱は、修復的司法の中核的要素であり、これに基づかなければ、それは修復的司法ではないということはいえるだろう。

　要するに、「修復的司法とは何か」については、次のようにまとめることができよう[13]。

　第1に、犯罪行為は、法に違反する以上のこと、すなわち、害を惹起するのであり、社会の第1の反作用はこの害を修復することにある。これは、被害者に対する支援の提供によって行われる。修復的司法の原理の出発点は、犯罪をまず、人間関係に対する違反と理解し、次に、法の違反と理解するのである。

　第2に、加害者が特定された場合、加害者に対して、可能な限り害を修復することが要請される。修復は、被害者自身あるいはコミュニティに対して

---

(13)　高橋・前掲注(12)『修復的司法の探求』122頁以下、同・前掲注(12)『対話による犯罪解決』1頁以下参照。

行われる。これは、金銭的形態である必要はない。被害者あるいはコミュニティのための労働も可能である。

　第3に、被害者および加害者に対して、彼らが望む場合には、話し合いの機会が提供される。この場合、単に修復の手段を議論するだけではなく、たとえば、被害者は、加害者に対して、自己の感情を表明したり、被害状況を説明したりする。他方、加害者は、自己の責任を受容し、謝罪し、修復のために努力する意向を示すのである。どちらか一方が直接的な対面を望まない場合、間接的な損害回復（公益労働）や仲介者を通じた和解も可能である。

　第4に、コミュニティは、被害者を支援すること、および、加害者が修復を履行でき、コミュニティに再統合されることに対して、重要な役割を果たすことになる。

　第5に、このプロセスによる帰結の情報を刑事司法機関にフィードバックする。修復的司法は、犯罪に対する問題解決的なアプローチを採用する。

　このように、修復的司法は、犯罪に対応する方法として、これまでの刑事司法とは異なる構想をもつものである。すなわち、修復的司法は、加害者によって惹起された害を、加害者に対するさらなる害（刑罰）によって調整しようとするのに代えて、修復、回復、そして、癒しを目的とするのである。修復的司法によって、被害者、加害者およびコミュニティに対する利益がもたらされると考えるのである。

　以上の修復的司法は、前述した、刑法学における犯罪概念、刑事政策における犯罪概念に対して、真っ向から対立するものである。すなわち、犯罪概念から、国家的視点、公権力の視点をまったく排除するわけである。もっとも、前述した、修復的司法の最大化モデルによれば、修復的司法に基づいた制裁、たとえば、刑事和解や社会奉仕命令なども構想されており、制裁のレベルにおける国家的視点は排除されていないことに注意しなければならないだろう。また、注目すべきは、修復的司法が、前述した、刑事政策における犯罪概念と同様に、被害者・加害者・コミュニティの3者を包含した構想であることである。

Ⅳ　犯罪の3面構造──被害者・加害者・コミュニティ──

(1) 理論的基礎

　以上のように、刑事政策および修復的司法における「犯罪」概念は、刑法学における「犯罪」概念とは異なり、犯罪は、被害者・加害者・コミュニティの3者を包含するものであり、どちらも「犯罪」を「被害者・加害者・コミュニティの3面構造」として捉える点については共通している。しかし、この3面構造は、加害者の違反した行為規範に制裁規範が結合されていることを前提としている。すなわち、この制裁規範の内容が刑罰である場合にはじめて当該行為は犯罪となるのであり、この犯罪概念に固執することによって、刑事政策の対象範囲を明確にすべきであるように思われる。

　刑事政策における「犯罪」概念を刑法上の犯罪概念より拡大する必要性について、たとえば、売春行為それ自体を処罰すべきか否かは、刑事（立法）政策の問題であり、たとえば、窃盗行為の具体的行為類型（すり、置き引き等）は、犯罪予防政策の問題であり、臨床過程における犯罪は犯罪者処遇の問題である。すなわち、刑事政策は、刑法上の犯罪概念を中核として、犯罪原因と犯罪対策を検討し、犯罪予防（犯罪対処活動、刑事立法政策など）と犯罪者処遇を包括した政策であると位置づけることができる。さらに、修復的司法の提示する「犯罪」概念は、以上の刑事政策を遂行する場合の一つの重要な視点として位置づけられるべきだろう。要するに、刑事政策は、刑法上の犯罪概念を中核にしつつ、それを拡大するという方向を意識的に採用すべきであるように思われる。

　以上の点につき、ベンノ・ツァーベルは、「所為（Tat）から紛争（Konflikt）へ」という注目すべき構想を展開している[14]。これによれば、伝統的な刑法学は、法益保護を中核に置いて、法益保護を通した社会保護を志向するものであるが、これは、刑法の規範的秩序を作動させる力学を覆い隠すものであり、そもそも法益保護思想は、刑法の排他的な実定法的視点を特徴づける形

---

(14) Zabel, Von der Tat zum Konflikt?-Zum Funktionswandel des Schuldstrafrechts, Festschrift für Neumann, 2017, S. 733ff. ;ders., Die Ordnung des Strafrechts-Zum Funktionswandel von Normen, Zurechnung und Verfahren, 2017, S. 546ff. 参照。

式的な枠にすぎないのである。所為（Tat）を紛争（Konflikt）に拡大することとは、機能的にプログラム化された利益調整へと移行することであり、それによって、伝統的な行為構成、犯罪構成は、新たな答責構想によって混合され、いわば、「刑法の秩序」というものが示される必要があるというのである[15]。

　ツァーベルは、「紛争帰属」あるいは「紛争類型化」について次のように説明している。すなわち、これによって、「新たなパラダイムを記述できる。なぜなら、『古典的な帰属』に対して、ダイナミックで作用関係的な判断図式が備えられるからである。さらに、意図的所為は、確かに、不法評価の結節点であり続ける。しかし、それを超えて、『所為から切り離された』側面の開かれたセットによってばらされる。これは、たとえば、個人的あるいは社会的利益、期待、情報請求、種々の態度選択、リスク先取りなどである。決定的なのは、関与した登場人物（被疑者）は、行為者、被害者、社会によって規範および手続特有的に判断図式の中で考慮され得ることである。その点で、紛争パラダイムは、多極的で、多面的に方向づけられる。紛争プログラムは、規範的次元と経験的次元とを、すなわち、具体的な不法帰属の要素と統制確実性の要素とを統合する。個人的な不法帰属を規範的に根拠づけられるべきであることは自明である。これに対して、統制の要素によって、問題となる所為の利益、あるいは、紛争克服の利益を、経験的に方向づけて加工することが可能となる。」と[16]。

　このようなツァーベルの構想は、これまでの所為刑法を駆逐するものではなく、刑法学の射程を拡大するものと位置づけることができよう。すなわち、ツァーベルは、この構想を基礎として、解釈論的な展開を試みている。たとえば、刑罰法規を「不安定を支配する規範」と位置づけることによって、抽象的危険犯を適切に説明することができるというのである。抽象的危険犯においては、安全というものが規範の目的となり、それは、まさに「紛争パラダイム」という構想に依拠することになる。さらに、制裁を柔軟にす

（15）　Zabel・前掲注(14) Von der Tat, S. 734f., ders.・前掲注(14) Die Ordnung, S. 699ff. 参照。
（16）　Zabel・前掲注(14) Von der Tat, S. 738参照。

ることである。たとえば、ドイツ刑法46条aの「行為者・被害者・和解（Täter-Opfer-Ausgleich）」のような損害回復規定や「刑事手続における被害者の地位」の向上なども積極的に展開されることになる[17]。

　以上のように、犯罪を「被害者・加害者・コミュニティの３面構造」で捉える場合、その基礎を形成するのは、加害者と被害者の関係であり、さらに、加害者と被害者を包含するコミュニティである。

（2）　加害者と被害者の関係

　加害者の行為が犯罪とされるのは、刑法的評価による国家的な視点からの判断であるから、加害者と被害者との関係としては、加害者は被害者の権利・利益を侵害するという点が問題となる。この場合、民法上、被害者は加害者に損害賠償を請求できるが、その実効性はほとんどないだろう。そこで、新たなシステムの構築が必要となり、諸外国ではいくつかの損害回復形態が制度化されている。すなわち、損害回復的側面を実体法上考慮する刑法的モデル、手続法上の処理を行う刑事手続内モデル、さらに、刑事手続関連モデルなどがこれである[18]。

---

(17)　Zabel・前掲注(14)Von der Tat, S. 739ff., ders.・前掲注(14)Die Ordnung, S. 621ff. 参照。なお、「加害者と被害者の和解（Täter-Opfer-Ausgleich=TOA）」について、ドイツ刑法46条aは、「加害者が、１．被害者と和解するための努力（加害者と被害者の和解）において、自らが犯した行為の全部若しくは大部分を修復、若しくは、その修復に真摯な努力をしたとき、又は　２．損害回復が、多大な個人的給付若しくは個人的断念を要とする場合において、損害の回復若しくは大部分を補償したとき、裁判所は、刑法第49条１項に基づく減軽、若しくは、１年以下の自由刑及び360日までの日数罰金額を上まわらない刑である場合に限り、刑の免除ができる。」と規定する。このTOAの実施は、捜査手続の開始後、被疑者自身、（たとえば、和解仲介所のような）第三者、または、担当の検察官や裁判官の提起によって開始される。しかし、TOAの適用例は少なく、これを増やすために、1999年に、ドイツ刑訴法155条aが新設された。すなわち、「検察庁と裁判所は、刑事手続上のどの段階においても、被疑者・被告人と被害者の和解の可能性を審査しなければならない。また、いくつかの事例においては、両者に対して和解の指示を出さなければならない。ただし、被害者の明示された意思に反してまで適正が認められることはない。」と。この問題につき、とくに、Kaspar, Wiedergutmachung und Mediation im Strafrecht:rechtliche Grundlagen und Ergebnisse eines Modellprojekts zur anwaltlichen Schlichtung, 2004参照。
(18)　以下の叙述につき、高橋・前掲注(12)『修復的司法の探求』11頁以下参照。

まず、刑法的モデルにつき、たとえば、オーストリア刑法167条は、財産犯における「行為による悔悟」を規定し、刑事訴追機関の発覚前に、外部的強制なしに、損害回復をした場合を刑罰消滅事由としている。また、同42条は、「所為の当罰性の欠如」を規定し、損害回復および「加害者と被害者の和解」が行われた場合を刑罰消滅事由としており、さらに、同34条14号・15号では、量刑において損害回復が特別な減軽事由として考慮されている。スイス刑法においても、同64条において、「行為による悔悟」による任意的減軽が規定され、同38条、41条および45条において、保護観察のための刑の延期や仮釈放の場合に、損害回復を一定期間内に履行させる命令が付されうる。このような、損害回復的側面を実体刑法において形成しようとする方向は、損害回復的行為を、刑罰消滅事由あるいは量刑事由という形で考慮するものである。すなわち、行為者に利益を付与することによって、その反面として被害者の利益を意図する形態である。

次に、刑事手続内モデルにつき、民事手続を端的に刑事手続内で行う制度として、たとえば、フランスの私訴や英米の損害賠償命令などがある。フランス刑事訴訟法2条によれば、「重罪、軽罪又は違警罪によって生じた損害の賠償を求める私訴権は、犯罪によって直接生じた損害を一身的に受けたすべての者に属する」。私訴によって、被害者は検察官の意思に反して公訴を提起することができ、損害賠償の請求を主張することができる。損害賠償請求を刑事手続に結合することの利点は、手続の簡素化、刑罰請求の補充という刑事政策的意味、被害者の地位の改善、刑事判決と民事判決との矛盾回避などの点にある。無罪の場合にも、重罪公訴の対象である事実の結果である限り、私訴原告人はその賠償を請求することができる（同刑訴法372条）。イギリスの損害賠償命令は、人の生命・身体・財産に対する罪につき有罪判決を言い渡された被告人に対し、裁判所が拘禁刑や罰金刑とともに被害者への損害賠償（罰金刑よりも優先する）を言い渡す制度である。この制度は、被害者に対する賠償の意味と加害者に対する刑罰の意味を併有するが、加害者の刑の減軽と連動させない点に特徴がある。このような刑事手続内モデルは、刑事と民事を統一的に行うシステムとして簡便なものといえるが、刑事司法と民事司法それぞれの原則の統一化を必要とする。フランスの私訴は、

刑法は民法の管轄下にあるというフランスの法確信に依存するところが大といえよう。イギリスの損害賠償命令は、刑罰と共に科すために実効性の点で問題があり、やはりダイバージョンと結合せざるを得ないように思われ、また、わが国のような起訴便宜主義の下では、起訴されない被害者には賠償が不可能となるという問題もあろう。

　最後に、刑事手続関連モデルにつき、たとえば、刑事手続において、犯罪被害回復にかかる請求権を被保全権利として、加害者の財産を保全し、通常の民事保全に移行させる手続、犯罪行為により被害者から得た財産を対象とし、必要があれば保全し、没収・追徴したうえ、被害回復にあてる手続などが考えられる。オーストリアでは、1987年刑法改正法によって、「不当利得の没収」という制裁が導入されたが（同刑法20条）、同刑訴法373条ｂによって、被害者（附帯私訴）が確定判決で補償を認められ、いまだ履行されていない場合、不当利得の没収からその請求を充足できる権利が被害者に付与された。なお、国は、確定判決により認められたが刑の執行のために実現できない被害者の賠償請求を立て替えることができる（同刑訴法373条ａ）。また、スイスでは、同刑法60条において、罰金刑を被害者の賠償請求の充足に当てるという、被害者の利益を志向した制度が規定されている。すなわち、「60条（被害者のための支出）（１項）重罪または軽罪により損害が生じ、それが保険で補填されず、加害者による損害の賠償が予期できないとき、裁判官は被害者にその要求に応じて訴訟により、または和解により定められた損害賠償額まで、(a)有罪宣告を受けた者によって支払われる罰金、(b)没収された物件および資産ならびに国の所有に帰属した寄付、もしくは換価費用を控除した国の換価収益金、(c)賠償請求権、(d)平和維持担保金、を与えることができる。（２項）しかし、裁判官がこれを命令できるのは、被害者が自己の請求権の対応部分を国に譲渡する場合に限られる。（３項）州は、被害者への帰属認定がすでに刑事判決で可能でない場合に対し、簡略かつ迅速な手続を定める。」。

　以上、「加害者と被害者の関係」は、修復的司法の中心的な適用場面であるが、「被害者・加害者・コミュニティの３面構造」としての犯罪の基礎を形成するのであり、これを踏まえて、刑事政策における「犯罪」概念を構築

する必要があろう。

(3) 加害者・被害者とコミュニティとの関係

　犯罪概念におけるコミュニティの重要性を指摘したのは、修復的司法の考え方である。修復的司法の展開過程において、当初は、第三者の仲介者が、加害者・被害者を調整するという形態であったのに対して、その後、家族、友人、隣人、先生などが参加する形態に移行してきた。前者が、市民一般、社会一般を対象とするのに対して、後者は、犯罪によって影響を受けた人々が対象としており、前者は、人的関係ではなく、地理的、会員的なものであるのに対して、後者は、人的関係のネットワークであり、地理的なものに依存しないのである。前者は、マクロ・コミュニティ（macro-community）と、後者は、ミクロ・コミュニティ（micro-community）と称されている[19]。

　両者は、犯罪の捉え方の点で異なる。ミクロ・コミュニティの視角によれば、犯罪とは特定の人々・関係を害することとされ、修復的司法の本来の考え方を貫徹するものである。これに対して、マクロ・コミュニティの視角によれば、犯罪とは集合的な害を生じさせ、特定の個人に限定されず、たとえば、近隣、社会への累積的な影響、安全感の喪失などが問題とされる。このような、犯罪理解の相違から、ミクロ・コミュニティとマクロ・コミュニティは、修復的司法の目標、修復的司法の実践などについて、異なった帰結に至るのである。

　まず、修復的司法の目標について、ミクロ・コミュニティの視角によれば、加害者によって惹起された害の修復が第1の目標となる。その他の効果たとえば再犯の減少などは副次的なものとされる。犯罪が人々・その関係に対する害と解するので、被害者、その家族などが関与者となって、修復の手段を決定することになる。これに対して、マクロ・コミュニティの視角によれば、修復的司法の主たる目標は、犯罪の集合体的な結果を回復し、加害者の将来の行動によって社会に対して与える脅威を減少させることにある。したがって、個人およびその関係に対する害の修復は、2次的な目標となる。

---

(19)　以下の叙述につき、高橋・前掲注(12)『対話による犯罪解決』93頁以下参照。

これによれば、修復的司法の関与者としては、たとえば、地域社会の代表者などが考えられる。

次に、修復的司法の実践について、ミクロ・コミュニティによれば、修復的司法は、いかに司法が実現されるか、誰が関与者か、誰が決定をするかというプロセスに主たる関心がある。関係が害された人々の積極的な関与によって修復が意図され、手段が結果よりも重要となる。これに対して、マクロ・コミュニティによれば、その主たる関心は、害を修復するためにとられた一定の措置である結果にあり、その達成のために用いられた手段は副次的な問題とされる。たとえば、裁判所による修復的な制裁も包含されるし、被害者・加害者の対話が実現するしないにかかわらず、加害者が被害者基金に寄付したり、社会奉仕をしたりすることも社会に対する象徴的な修復ということになろう。

このような、ミクロ・コミュニティとマクロ・コミュニティとの対置は、純粋モデルと最大化モデルの対置に相応するように思われる。しかし、コミュニティ概念に対しては、コミュニティの定義が不可能であるとか、コミュニティは、抑圧的で、体制順応的で、権威主義的であるなどの批判がある。たしかに、コミュニティが、このような抑圧性、権威性などを帯びる危険性はつねにあることを意識しなければならない。コミュニティは善であるというのは幻想であろう。コミュニティが不合理な統制を行うことは依然として事実としてある。また、コミュニティの内と外というカテゴリーが生じることによって、コミュニティに属する人と属さない人というように排他性を帯びる危険性も少なからずある。しかし、修復的司法は、伝統的なコミュニティを復活させることを意図するものではなく、参加と対話を通じて、それぞれの価値の実現を可能にするコミュニティの建設を志向するものである。もっとも、これらの、コミュニティに対する批判は傾聴に値するものである。リベラルで開かれたコミュニティの構築こそが最大の課題であろう。

V　刑事政策における「犯罪」概念の規範論的構造

刑罰法規は、行為規範の違反に対して制裁規範としての刑罰が設定されて

いるものであるから、刑事立法においては、行為規範設定の必要性、それに対する制裁規範の必要性、そして最後に制裁規範としての刑罰の必要性という判断が行われなければならない。「行為規範と制裁規範の結合」は、刑事（立法）政策においても貫徹されなければならない[20]。

　この点で、前述したツァーベルの提唱する「紛争パラダイム」が示唆に富む。まずは、何らかの紛争が生じ、その紛争解決のために、利益調整をすることが出発点となる。そして、その利益を保護することが必要ということになれば、利益を法によって保護するべきという判断に至る。

　利益を法益に昇華させることが問題となる以上、法益とは何かという法益論は依然として重要であるが、利益を確定するためには、法益以前の問題であることから、法益論から帰結されるものではない。アッペルは、法益保護につき、以下のような段階づけを行った。すなわち、第1に、保護されるべき価値、状態あるいは機能統一体の問題（憲法上許容される規制の問題）、第2に、この保護のために、行為規制（命令あるいは禁止）が行われていいか、いかなる要件でこの規制は適切なものとなるか（とくに行為規範の比例性という合憲性の問題）、第3に、行為規範によって保護された価値、状態あるいは機能統一体を保護するために刑法の導入が必要か、法益保護の達成のために、いかなる要件で刑罰賦課は適切なものとなるのか（とくに刑罰賦課の比例性という合憲性の問題）、という3段階がこれである[21]。

　このような段階づけの試みはきわめて重要であるが、前述したように、これは、法益保護の対象となる利益の確定について答えるものではない。この点、利益の確定を含め、犯罪化論を体系的に整序したのは、髙橋直哉教授であり、そこでは、第1段階として「国家の介入の正当性」、第2段階として「犯罪化の必要性」、第3段階として「全体的な利益衡量」、第4段階として「刑罰法規施行後の検証」という4段階構造が提示されている[22]。すなわち、

---

(20) 制裁規範の中には、刑罰のみならず、保護処分や医療観察法なども含まれることはいうまでもないが、制裁規範が刑罰の場合に「犯罪」となることを中核に設定すべきということである。

(21) Appel, Rechtsgüterschutz durch Strafrecht, KritV Heft 3, 1999, S. 284ff. ; ders., Verfassung und Strafe, 1998. S. 336ff. 参照。

第1段階においては、①国家的介入の正当化根拠としていかなる原理（危害原理、不快原理、法的パターナリズム、法的モラリズム）を採用すべきかを明らかにすること、②その採用した原理の範囲内に当該行為の規制が含まれることが求められる。第2段階においては、①犯罪化が規制手段として有効であること、②犯罪化が規制手段として相応しいものであること、③望まれる効果の実現が犯罪化以外の手段では期待できないことが求められる。第3段階においては、利益衡量の考慮要因として、①資源の有効性、②社会的コスト、③道徳的コスト、④既存法規との矛盾、⑤犯罪化による特別な利権の創出を考慮しつつ、犯罪化によって生ずるプラスとマイナスを衡量し、その結果が、犯罪化しない場合と比べてよりプラスをもたらすことが求められる。そして、第4段階においては、立法段階での評価・判断の当否と、制定された刑罰法規それ自体の客観的な正当性が問題とされることになる。

　このような段階づけは、さらに、行為規範というルールの存在をどのように考えるかという点に依拠せざるを得ないだろう。この点につき、上田正基助教は、ルール遵守・ルール違反の分析を通して、結局、①何をどのような侵害から保護しているのか、自分たちにどのような利益がもたらされるのか不明確な法や政策は望ましくない。②立法の契機となった事件や立法過程での説明から本来想定される規制対象よりも、広い範囲の行為を規制することができる文言となっている法は望ましくない。③規定形式が複雑で、一般人が一見してどのような行為が規制されているのか理解できないような法は望ましくない。④違反する行為の多くが実際には摘発・訴追され得ず、またそのために、当局に大きな訴追裁量を与える結果となるような法や政策は望ましくないと結論づけている[23]。

　以上を踏まえれば、結局、刑事（立法）政策においても、「行為規範と制裁規範の結合」が問題となることが示されたように思われる。法益保護は行

---

(22)　髙橋直哉『刑法基礎理論の可能性』（2018年、成文堂）58頁以下[初出：同「犯罪化論の試み」法学新報121巻11・12号（2015年）1頁以下]参照。
(23)　上田正基「『合理性』とルールの遵守、その刑事政策への含意について」神奈川法学51巻1号（2018年）257頁参照。さらに、同『その行為、本当に処罰しますか――憲法的刑事立法序説――』（2016年、弘文堂）参照。

為規範の設定によって可能であるが、にもかかわらず、なぜ制裁規範として刑罰を賦課するのかという点が問われなければならない。刑罰は、基本的に、事後処理という機能を有している。なぜなら、刑罰は、犯罪後に行為者に科すからである。もっとも、刑罰賦課によって、これから新たな犯罪が発生しないようにするという予防目的があることも否定できない。刑の宣告によって、今後、一般人が犯罪をしないように威嚇するとか、刑の執行によって、受刑者を改善更生させ、当該本人が犯罪をしないようにするとかがこれである。このように、刑罰賦課は、一般予防および特別予防という事前的機能を果たすことになるが、これらは、事後処理の派生的機能にすぎず、その実質的内容は空虚である。これに対して、事前予防として位置づけられるのは、条文に刑罰規定を置くという法定刑レベルにおける刑罰の機能である。すなわち、当該行為に対して刑罰という法効果を設定することによって、一般人に対して威嚇するという側面（消極的一般予防）がこれであり、犯罪を抑止する事前的な役割を刑罰が果たすのである。危険社会とも称される現代社会では、刑罰の機能が、事後処理機能から事前予防機能へとシフトせざるを得ないとして、「処罰の早期化」が推し進められることになる。

　しかし、問題は、刑罰による予防にどの程度効果があるのかという点である。犯罪予防は、近代学派に遡るまでもなく、環境や素質などについての実証研究によって犯罪原因を解明し、それに基づいて実践されるほうがより効果的であることは自明である。たとえば、少年の非行を減少させるために、厳罰化するよりも、少年の人格形成・変容、家庭教育、学校教育などの立て直しを試みることが先決であろう。すなわち、犯罪予防は、個別具体的な行為に対処するのみならず、社会構造的な視点に立って行われなければならないのである。ここでも、犯罪予防は、刑法の特権ではないという帰結に至る。さらに、犯罪予防に法が介入する場合にも、行為をコントロール手段として、第一次的には民法や行政法上の処理が行われるべきであり、これらの法が第一次的規範性を有するとすれば、刑法は、第二次的規範性を有することになる。

　犯罪対策は、被害者、加害者、コミュニティの３者に目を配って行われなければならない。刑事立法も同様であり、これら３者にとって必要な立法で

なければならない。たとえば、被害者については、経済的支援、精神的支援の充実、加害者については、社会復帰・更生・治療のための社会的支援の充実、コミュニティについては、市民の安全を守るための人的・地域的なつながりの充実などが考えられ、これらを志向した立法が是非とも必要である。その際、「司法と福祉・医療との連携」、すなわち、警察段階、検察段階、裁判段階、矯正・保護段階における福祉的、医療的措置の導入、さらに、それぞれの段階の連携の強化などが前提となることから、それらを整備する立法も必要となる。これからの刑事立法の課題は、まさに以上のようなものでなければならないであろう。

Ⅵ　おわりに

　以上、制裁規範の内容が刑罰である場合に、当該行為は犯罪とされるのであり、犯罪とは、「行為規範と制裁規範の結合」であり、それを基礎として、被害者・加害者・コミュニティの連関を刑事政策において構築していくことが重要であるという当然の結論に至った。したがって、試論として、刑事政策における「犯罪」概念の定義は次のようになる。すなわち、刑事政策における「犯罪」とは、「被害者・加害者・コミュニティに対する害であり、この害を修復・予防するために『行為規範の設定と制裁規範の発動』が正当化される行為である」と。

　一定の分野が「学（Wissenschaft）」として確立されるためには、体系化が是非とも必要であり、刑事政策もその例外ではない。その体系的構造とは、刑事政策の主体（担い手）、刑事政策の客体（対象）、刑事政策の目的、刑事政策の方法、刑事政策の限界などの諸要素の整序や、一定の刑事政策を遂行するための判断基準と判断順序などの枠組みなどであり、これらがすべての施策において貫徹されなければならないだろう[24]。この中でとくに、刑事政策の目的は、刑法および刑罰の目的・機能を踏まえて考察しなければなら

---

(24)　このような体系化を志向したのは、須々木主一『刑事政策論の解説（第1分冊）』（1983年、成文堂）であったが、惜しむらくは、刑事政策の主体までの叙述で終わっている。

Ⅵ　おわりに

ず、刑法の目的が法益保護にあり、刑罰はこの法益侵害行為・結果に関わる被害者・加害者・コミュニティ（人的・地域的）の3者を射程距離において実現されなければならず、この3者の視点は、犯罪予防の様々な施策に妥当するのである。また、合目的的であることがすべて正当であるわけではないことはいうまでもない。刑事政策における正当性の基準をつねに念頭におくべきであろう。すなわち、侵害原理、責任主義、法治国家原理（法的安定性）、人間の尊厳から派生する手段の比例性・相当性や平等原則、人道主義などの諸原則との関係で、それぞれの施策を検証することを忘れてはならないだろう。刑事政策「学」は、まさに、このような視点を基礎として構築されるべきであるように思われる。

（たかはし・のりお）

刑法／刑罰制度の正当化根拠論と
犯罪化論／犯罪論

松　澤　　伸

「他の人たちがここで示した分析に反対するであろうことは疑いない。」
　　　　　　──A.P. シメスター＆A.v. ハーシュ　"犯罪・危害・不正"
「この講義は誰にとっても間違っていることを言っているように思えるであろう。」
　　　　　　──P.F. ストローソン　"自由と怒り"

　Ⅰ　序説
　Ⅱ　刑罰理論の変遷と刑法理論──justice model
　Ⅲ　刑法／刑罰制度の正当化根拠──why punish at all?
　Ⅳ　犯罪化論の構造──criminalization
　Ⅴ　犯罪論──その1　harm, offense and paternalism
　Ⅵ　犯罪論──その2　wrong
　Ⅶ　犯罪論──その3　prospective blame
　Ⅷ　量刑論──proportionality
　Ⅸ　結語

Ⅰ　序説

1　問題の所在

　本稿は、刑法あるいは刑罰の正当化根拠論から見た犯罪論あるいは犯罪化論のあるべき理論構成について、体系的に考察するものである。
　この問題は、刑法学におけるいわゆる古典学派と近代学派の対立においては深刻な論点であった。しかし、近代学派刑法学が衰退していくにつれて、我が国の学界での興味が漸次薄れていき、現在では、ほぼ忘れられた論点となっている。そして、その間、相対的応報刑論が圧倒的な通説となったことで[1]、犯罪論を展開するについて、刑罰論から示唆を得ようという研究手法

そのものが、廃れていったようにも思われる[2]。

　しかし、相対的応報刑論は、古典学派刑法理論と近代学派刑法理論という一時代前のパラダイムの統合を目指すものであって、現代的な問題意識をまったく反映していない。そもそも、相対的応報刑論という試み自体が、応報と予防という全く逆の方向を向いたベクトルを統合しようとする極めてチャレンジングなものであるにもかかわらず、その理論的検討は極めて不十分であり、重大な問題があることが指摘されているのが現状であって、こうした不十分な刑罰論を基礎にすえたまま犯罪論を論じていれば、犯罪論の発展は望むべくもない。

　一方、我が国の犯罪論が相対的応報刑論の基礎の上に安穏としている間、世界の刑罰理論には多様な変化が現れている。特に、アングロアメリカ法圏における刑罰理論の発展はめざましいものがある[3]。また、これらの刑罰理論の発展は、アングロアメリカ法圏の研究者に、どのような行為に刑罰を科するべきかという問題意識の発展を促し、近年は、犯罪化論（theories of criminalization）と呼ばれる領域の飛躍的な発展が見られる[4]。こうした犯罪化論は、我が国においても、いかなる行為が処罰されるべきなのかを明らか

---

(1) 井田良『講義刑法学・総論［第2版］』（2018年、有斐閣）605頁注(10)に掲げられた諸学者の理論を参照。

(2) 林幹人『刑法総論［第2版］』（2007年、東京大学出版会）「はしがき」は、「刑法総論における理論とは、本来、刑法ないし刑罰の目的についての基本思想が、刑法総論の全体を支配するというものだったはずである」とし、「刑法総論における本来の意味での理論の重要性を、改めて思い起こすべきである」とする。また、井田良『刑法総論の理論構造』（2005年、成文堂）も同様な問題意識から犯罪論を構想する（特に、同書・15頁はその視点を明確に示している）。なお、刑法雑誌46巻2号「特集　犯罪論と刑罰論」所収の諸論文も参照。

(3) このアングロアメリカ法圏で展開されている法理論というのは、裁判所で用いられるコモン・ローとは別の、純粋に理論的なものであることに注意しなければならない。我が国においてもこれを踏まえた刑罰論研究の進展が見られる（たとえば、髙橋直哉『刑法基礎理論の可能性』〈2018年、成文堂〉は極めて重要な業績である。本稿で論じる問題の多くがすでにそこで論じられており逐一引用は避けるが是非とも参照を乞う）。なお、ドイツ語圏における刑罰論も大きく進展しているが（たとえば、飯島暢『自由の普遍的保障と哲学的刑法理論』〈2017年、成文堂〉参照）、本稿がインスピレーションを得る犯罪化論においては、アングロアメリカ法理論の方が、我々にとってより新しく、また、より興味深い発展が見られる。

にすること、すなわち、法理学的な意味での違法・責任論の構築に、重要な意味を持つものと思われる。

本稿は、以上のような問題意識のもと、アングロアメリカ法圏の刑罰論の発展をふまえつつ、現代アングロアメリカの刑罰論を、ドイツ法型をとる我が国の犯罪論にいかに反映させるべきか、その基本的な構図を、両理論をうまく取り入れている北欧（スウェーデン、デンマーク）を理論的補助線としつつ、明らかにしようとするものである[5]。

2　前提とする価値判断

本稿は、刑法あるいは刑罰の正当化根拠論から見た犯罪論あるいは犯罪化論のあるべき[6]理論構成について、体系的に考察するものであるから、当為（sollen）の問題について論じるものであって、刑法解釈論（strafferetsdogmatik）ではなく[7]、刑法政策（strafferetspolitik）、すなわち、広い意味での刑事政策について論じるものである。その際、いわゆる法解釈論争の到達点に従い、当為の前提となる価値判断を（理論の外にくくり出して）明確にする必要があ

---

(4)　犯罪化論の基礎には、どのような場合に刑法が介入すべきかという問題について論じたJ. S. Millの危害原理（harm principle）が置かれるが（後述）、我が国やドイツの理論刑法学が法益（Rechtsgut）という概念に固執するうちに、アメリカにおいて、1980年代後半から90年代にかけて、Joel Feinbergによる『刑法の道徳的限界』（the Moral Limits of Criminal Law）と題する全4巻の研究が公刊され（Oxford University Press, 1984, 1985, 1986, 1988）、危害原理を基礎に据えつつそれに限定されない犯罪化理論が発展する素地が整えられた。

(5)　筆者は、後述するリベラリズムの観点と機能主義の立場から、均衡刑論が妥当だと考えている。均衡刑論が妥当だと述べると、筆者がかつて論じたこととと矛盾するように見えるかもしれない（松澤伸「違法性の判断形式と犯罪抑止」早稲田法学78巻3号〈2003年〉235頁以下参照）。これについては、刑罰の本質を均衡刑と理解しつつ、犯罪論においては予防を基礎に据えることで（その構成については後述）、その議論内容は、現在も維持できると考えている。

(6)　あるべき理論構成を論じるのは法解釈学ではなく法政策である。筆者の考える法解釈学と法政策の概念については、松澤伸『機能主義刑法学の理論』（2001年、信山社）267頁以下、さらに117頁以下参照。

(7)　したがって本稿はヴァリッド・ロー（valid law）について記述するものではなく、実体論としての犯罪（松澤伸「野村稔教授の刑法理論について」『野村稔先生古稀祝賀論文集』〈2015年、成文堂〉445～446頁参照）について論じるものである（なお、本稿では、後述するように、「法理学的な意味での犯罪／違法性／責任」と表記する）。

るが[(8)]、本稿の前提とする価値判断は、リベラリズム（liberalism）であり、そこから導かれるリベラル・クリミナル・セオリー（liberal criminal theory）と総称される立場に立つ。

II　刑罰理論の変遷と刑法理論——justice model

1　刑罰理論の変遷

　現代に至る刑罰論の出発点は、いわゆる旧派（古典学派）刑法理論にある。旧派刑法理論によれば、刑罰とは、理性的な主体である個人が、自由意思のもとで犯罪行為を選択し、犯罪結果をもたらしたことに対する応報である。応報としての刑罰は、なんらかの違法行為・違法結果に対する反動であるから、犯罪概念においては、客観的な要素に重点が置かれることになる。すなわち、なんらかの権利を侵害したこと、あるいは法に規定された義務に違反する行為を行ったことが犯罪であり、そこでは、外部的に現れた事象に対する評価が犯罪論の本質をなす。権利侵害に重点を置く立場を前期旧派、義務違反に重点を置く立場を後期旧派といったりすることもあるが、いずれも客観主義犯罪論を展開することについては同じである。

　これを批判するのが新派（近代学派、実証主義）刑法理論である。新派刑法理論によれば、刑罰とは、素質と環境によって生み出された危険な個人が、自己の抑制力の効かない犯罪行為を行ったことに対し、その行為者の内部に巣食う原因を除去するための改善刑である。新派刑法学の出発点は科学的な実証主義にある。それは、行為者の内部に存在する要因に着目する。すなわち、そうした内部的要因を徴憑するのが犯罪であり、そこでは、行為者の危険性に対する評価が犯罪論の本質をなす。初期の新派は生物学的要因に着目したが、のちになると、社会学的要因に着目する見解が一般的になっていく。しかし、いずれにしても、主観的犯罪論に至ることは同じである。

　以上のように、旧派と新派の刑罰論における対立は、犯罪論における客観

（8）　これにつき、所一彦『刑事政策の基礎理論』（1994年、大成出版社）12頁以下、松澤伸「機能的刑法解釈論再論」早稲田法学82巻3号（2007年）145頁参照。

主義と主観主義の対立としてあらわれ、戦前・戦中の我が国の刑法論争の花形でもあった。これが、戦後に至り、戦中の国家刑罰権の行使がでたらめなものとなった反省をふまえて国家刑罰権は慎重に運用しなければらないという認識から、基本的には、古典学派、すなわち客観主義犯罪論から出発するのが通説となる。しかしながら、古典学派の応報刑論は無意味な刑罰を科するものである、という近代学派からの批判はクリティカルなものとみなされ、基本的に応報刑論の立場に立ちつつ、可能な限り予防の要請を考慮しようとする相対的応報刑論が通説となったのは周知のところである[9]。

その後、日本の通説は、ほぼ一致して相対的応報刑論を支持してきた。しかし、相対的応報刑論には、決定的な矛盾が存在している。すなわち、予防と応報という相矛盾する要請を同一のレベルで考慮するため、結局、刑法／刑罰の正当化根拠が明らかにならない。もし予防によって刑罰が正当化されるならば、なぜ応報によって処罰の上限が画されなければならないのか。もし応報によって刑罰が正当化されるならば、結局、刑罰は無目的なものへと堕するのではないか[10]。この批判がクリティカルなものであることは、日本の通説も承知しているはずである。そうであるとすれば、こうした理論を基礎として犯罪論を組み立てるわけにはいかない。

一方で、アングロアメリカ法の刑罰論は、日本と同様な旧派的・新派的な理論による対立を経て、新たな展開を遂げるに至った。アメリカでは、新派的な実証主義の刑罰論は、70年代に入ると衰退する。新派的な改善刑の効果に強い疑いが向けられることになったからである。そこで、刑罰論は再び応報刑の方向へ向かう。ただ、今度の応報刑は、古典学派のような観念的なものではない。そこでは、ジャスティス・モデルと抑止モデルの二つの方向性が示される。この二つの方向性には、「党派的な政治レベルでの刑罰の目的

---

(9) 前掲注(1)参照。
(10) この点で、ドイツを中心に応報刑論のルネサンスと呼ばれる状況が生じていることは理解しうる事態である。しかし、刑法／刑罰制度は、結局のところ、予防以外では正当化され得ないように思われる。すなわち、「応報による正義の実現は，国家の任務ではない……絶対的応報刑論だけでなく，相対的応報刑論であっても，国家の刑罰制度を応報の観点から基礎づけようとする見解は,とりえない」(佐伯仁志『刑法総論の考え方・楽しみ方』〈2013年、有斐閣〉2～3頁)のである。

をめぐる対立が反映されていると考えることもできる」(11)ともいわれる。

　ジャスティス・モデルは、リベラルな立場に基づくもので、大要以下のような考え方である。改善刑が失敗した以上、犯罪の原因に刑罰で応じることは誤りである。ならば、手続の公正を確保し、判断の裁量を少なくし、恣意的な刑罰（量刑）を排除することが重要である。裁量が少なくなる分、犯罪行為の重大性に厳密に応じた刑罰が科されることになる。こうして、刑罰は、責任相応刑ということになる。

　抑止モデルは、保守的な立場に基づくもので、大要以下のような考え方である。改善刑が失敗したことからわかるように、犯罪の原因がどこにあるのかを明らかにすることはできない。しかし、刑罰によって威嚇し、犯罪を抑止するという政策目標それ自体は依然として意義がある。そうなると、抑止したい行為を犯罪として規定して刑罰で威嚇し、犯罪行為を犯した者を威嚇した刑罰に応じて処罰することで、一般予防をはかることが重要となる。こうして、刑罰は、抑止刑ということになる。

2　分　　　析

　以上の刑罰論を、犯罪学の実証的知見を踏まえて機能的に考えた場合、アメリカの２つの刑罰論の潮流には、正しい方向性がある。すなわち、刑罰の予防効果は実証されていないのであるから、この２つの理論のどちらかが正しいということになる。では、それは、ジャスティス・モデルと抑止モデルのどちらであろうか。

　２つの点でジャスティス・モデルが優れている。ひとつは、抑止モデルは依然として有効かどうかわからない抑止効果に頼っている点である。刑罰には、改善効果がないのはもちろん、一般予防効果もないというのが犯罪学的な知見である。ならば、予防効果に一切期待しないことが理論的に一貫している。

　もうひとつは、ジャスティス・モデルの政策論的妥当性である。ジャス

---

(11)　松原英世『刑事制度の周縁』（2014年、成文堂）29頁。また、以下のジャスティス・モデルと抑止モデルの整理については、同書・29〜30頁参照。

ティス・モデルは、リベラルな政治的立場を前提としており、「防御的刑法観」と呼ばれる考え方を導く。防御的刑法観とは、スウェーデンの刑法学者 Nils Jareborgが提唱する概念である。彼は犯罪と刑罰について2つの対立する考え方があるとする[12]。

法的安定性	効率性
均衡性	予防
人道性	ロー＆オーダー
進歩主義	集産主義
自己批判的刑法倫理	道徳的刑法倫理

左側の見解が「防御的刑法観」[13]である。Jareborgはいう[14]：

> 「ヴァリッド・ロー（gällande rätt）が越えられない壁として障害物とならない限りは、以下のような思想に基づいて議論する。核心となる問題は、刑法の任務（換言すれば存在理由）が、社会問題の解決にあるのかどうか、ということである（そして、その答えは「否」である）。この点につき、我々の理解によれば、それを支える経験的事実は1つもない。たとえ刑法の存在理由が望ましくない行為を抑え込むことだとしても、より重要なのは、権力の濫用を防止することにある。刑法は、犯罪の妨害物であると同時に、国家機関や政治家の妨害物でもなければならない。これを、『防御的刑法観』と呼ぶ。」

「防御的刑法観」は、社会問題解決のための事前介入に消極的に見える。

---

(12) Petter Asp, Magnus Ulväng och Nils Jareborg. Kriminalrättens Grunder. 2. upplagan. Justus. s. 57. なお、本書はJareborgの教科書をAspとUlvängが改訂したものであり（同書はしがき参照）Jareborgがオリジナルのため以下本稿ではJareborgの理論として紹介する。
(13) 対立概念は、右側の見解をとる「攻撃的刑法観」である。効率性と予防を重視し、ロー＆オーダーをとる見解で、抑止モデルの基礎となる考え方といえる。
(14) Asp, Ulväng och Jareborg前掲注(12)s. 58.

とすれば、刑法は事後的な紛争処理システムということになるのであろうか。そうではない。防御的刑法観に立とうとも、刑法というシステムが、「犯罪という人間の行動を心理的にコントロールする」[15]ために組み立てられていること、すなわち、意思の制御を通じて犯罪を抑止しようとするものであるということは疑いない。よって、犯罪論としては、抑止的犯罪論をとらなければならない。

確かに、犯罪に対する法的効果としての刑罰について、予防効果は実証されていない。しかし、刑法において犯罪が定められ、刑罰が予告されることで、警察をはじめとした公権力による犯罪防止活動が現実的に起動するのであって、そうした犯罪防止活動それ自体には、明白な犯罪予防効果が存在するのである。刑罰に犯罪予防効果がないということと、刑法や刑罰の存在が犯罪予防のための起点となるということとはまったく異なる。刑法や刑罰に、こうした犯罪予防の起点としての意味合いがある以上、どのような行為が——刑罰ではなくて犯罪防止活動によって——抑止されるべきかを示す機能を持つ抑止的犯罪論がとられなけばならないのである。

もうひとつ指摘しておかなければならない重要なことは、刑罰に犯罪予防効果が証明されていない以上、抑止的犯罪論を取ったとしても、その予防についての考慮を刑罰論に直結させることは要請されない、ということである。別の表現でいえば、予防効果がわからない以上、量刑、すなわち刑の配分においては、不明確で印象に左右される予防について考慮することは、たとえ抑止的犯罪論に立とうとも、正義にかなった刑罰という要請に反することになる。これが均衡刑論がとられるべき理由である。

ここで、本稿は、ジャスティス・モデルをベースとした均衡刑的刑罰論と機能主義による抑止的犯罪論という一見矛盾する理論の結合をいかにして図るべきかという問題に突き当たる。いわば、相対的応報刑論が直面した問題に、再度、しかしながら一周してより高いステージで直面するのである。この問題に正しく回答するには、刑法／刑罰の正当化根拠論を正面から問題とせざるをえない。

---

(15) 西田典之『刑法総論［第2版］』(2010年、弘文堂) 5頁。

Ⅲ　刑法／刑罰制度の正当化根拠——why punish at all?

1　相対的応報刑論とH.L.A.Hartの二段階論

　刑罰制度の「存在根拠」はなにか。国家がそれを可能とするからである。しかしそれを問うだけでは足りない。その「正当化根拠」が論じられなければならない。正当化根拠によって刑罰のあり方が変わり[16]、刑罰のあり方が変われば犯罪の概念も変わる。刑法／刑罰制度の正当化根拠が論じられなければ、およそ犯罪とはなにか、ひいては犯罪論を論じることはできない[17]。

　この問題について、我が国では、いわゆる相対的応報刑論が通説となっている。しかし、上記でも述べたように、相対的応報刑論には重大な問題がある。

　この点で、近時、佐伯仁志が注目すべき見解を提示している。佐伯は、イギリスの分析法理学者H.L.A.Hartの見解を参照し、以下のように述べる[18]：

>　「ハートは，国家の制度としての刑罰制度の正当化（マクロレベルの正当化）と特定の個人の処罰の正当化（ミクロレベルの正当化）を区別したうえで，刑罰制度の正当化としては一般予防論を採り，個人処罰の正当化としては応報刑論を採る。このように考えることで，刑罰論と国家観との整合，法的非難としての刑罰の本質，罪刑均衡の要請，消極的責任主義という課題をすべて充たすことができるのである。」

　この説明は確かに非常に興味深い。しかし、Hart自身は、このようには述べていない。Hartがいおうとしているのは、刑罰制度一般の正当化のレベルと刑罰の配分のレベルは異なるのだということだけであって、佐伯のいう「ミクロ正当化」については何も述べていない。Hartは次のようにいう[19]：

---

(16)　須々木主一『刑事政策論の解説（第一分冊）』（1983年、成文堂）3頁。
(17)　吉岡一男『刑事制度論の展開』（1997年、成文堂）150～151頁のようなニヒリスティックな立場をとることはできない。
(18)　佐伯・前掲注(10) 6頁。
(19)　H. L. A. Hart, Punishment and Responsibility, Oxford University Press, 2nd. ed., 2008. p. 9.

「システムの一般的正当化目的を示すため、刑罰の原理の説明として、この段階で応報という語を用いるということと、「刑罰は誰に対して科されるべきだろうか（配分の問題）」という問題への回答が、「犯罪を犯した者に対してだけである」ということをはっきりさせるために応報という語を用いるということとは、全く別のことだというのが、ここで私が言いたいことである。一般的正当化目的としての応報と、法を破った者だけが——それも自発的にそれを破った者だけが——処罰されうるという単純な主張としての応報とを、多くの論者がうまく区別できていないようである。……我々は、後者を、「配分における応報」として、一般的目的における応報から区別することとする。……刑罰を科することの一般的正当化目的はその有益な結果にあること、そして、この一般的目的の遂行は犯罪者のみに刑罰を科することを要求する配分の原理に従うことにより制約されあるいは質的な担保が与えられるということ、この両者をともに主張することには、まったく矛盾はないのである」。

相対的応報刑論は、「相矛盾する原理」を、一つの理論の、しかも同一のレベルで統合しようとした点で無理があった。Hartは、「相矛盾する原理」を、「有益な結果」すなわち予防効果を得ることと、「その目的の遂行」、すなわち刑罰を正しく配分することという異なるレベルにおいてとりあげることで、相対的応報刑論が陥った誤りを回避し、明らかに優れた理論を提供している。

この二段階論が基本的に妥当である。すなわち問題は分割されるべきである。刑罰制度それ自体は予防により正当化される。刑の配分は均衡刑[20]の見地から行われる。

2　Hartの二段階論から見た犯罪論

では、こうした見地から、犯罪化論／犯罪論を見るとどうなるか。

均衡刑論を犯罪論に直結させると、事後的・客観的犯罪論モデルに繋がることがすぐに想起される。実際に、そうした主張として、吉岡一男の理論がある[21]。また、結果無価値論型の犯罪論が、均衡刑論と比較的親和性がある

---

(20) かくしてハートの二段階論は均衡刑論／デザート・モデルの理論的基盤を提供する。

III 刑法／刑罰制度の正当化根拠——why punish at all?

とする考え方もありえよう[22]。

　しかし、上で述べたように、刑法／刑罰制度の正当化根拠と、刑の配分は、フェイズの異なる問題である。したがって、これを直結させてはならない。制度それ自体の正当化と犯罪論の指導原理の理論的な関係を明らかにするには、これをつなぐための数段階のステップが必要となる。

　そもそも、Hartの理論では、刑罰の対象となる行為の選択がいかにして正当化されるか、すなわち、犯罪化論の視点が不十分である。犯罪化に関するHartの議論は、Lord Devlinとの法と道徳に関わる論争が有名であるが、そこではもっぱら非犯罪化論が論じられているだけで、理論的にもJ.S.Millが提示した枠組の域を出ていない。それはすなわち犯罪論の構成についても特段なんらかの指針を示すわけではないということになる。

　その点で参考となるのがJareborgの見解である。Jareborgは、基本的にHartにならって、二段階論に立つ。そして、そこから導かれる犯罪化論の指針を示している。すなわち、Jareborgによれば、それぞれ、刑事立法は予防、刑の配分は均衡、行刑は特別予防、がその指針となる[23]。

　Jareborgが犯罪化論の基本視点を予防においたことは重要なことである。しかし、Jareborgの理論では、犯罪論の基本的視点がどこにあるかは明らかではない。Jareborgは刑法の体系書を書いており、そこでは犯罪論を体系的に論じているのだから、そうした基本的視点もわかりそうなものだが、刑罰論から見た犯罪論という形では、明示的に述べられてはいない。

3　犯罪論の法的性質

　そこで、本稿は、デンマークの法哲学者Alf Rossの理論、機能主義法解

---

(21)　吉岡・前掲注[17]160頁以下、特に172頁。逆に、抑止刑論を犯罪論に直結させると、事前的・行為統制的犯罪論モデルに繋がることが想起される（そうした試みとして、所一彦「抑止刑の科刑基準」『団藤重光先生古稀祝賀論文集 第二巻』（1982年、有斐閣）107頁以下）。

(22)　井田良『入門刑法学・総論［第2版］』（2018年、有斐閣）93頁は、絶対的応報刑論をとれば結果無価値論に至ることを指摘するが、それは、予防を考えない刑罰論が事後的・客観的犯罪論モデルに至ることを示唆するものと理解できる。

(23)　Asp, Ulväng och Jareborg 前掲注[12] s. 30ff. 行刑まで考えれば三段階論ともいえる。

釈学方法論を援用し、犯罪論の分析視角を定位する。Rossは、法解釈学（Retsdogmatik）の任務を、現に妥当する法（valid law）を客観的に記述することにあるとし、その対象を、裁判官のイデオロギーであるとした[24]。個々の法規は、裁判所で適用されることによって、具体的な効力を守ることになる。Rossは、これをリアリスティックにとらえたのである。そして、現に妥当する法が、裁判官の思考にその源泉を有するのだとすれば、裁判官による法解釈、すなわち「判例による法解釈は、法の定立機関内部の法生成過程そのもの」[25]、すなわち法創造であり、立法だということになる。

ところで、Jareborgによれば、犯罪化論の正当化根拠は予防である。そして、犯罪化論とは、刑事立法論のことである。刑事立法論の正当化根拠が予防にあるのだとすれば、その法的性質が立法であるところの解釈も、予防という観点を基礎に行われなければならない、ということになる。

以上の検討の結果明らかになるのは次のことである。国家は犯罪とされるべき行為を予防／抑止する必要があり、その手段としてのシステムの存在が、刑法／刑罰制度の正当化根拠である、ということである。

4　検討の指針

これまでのアングロアメリカ法理論の犯罪化論では、犯罪とされるべき行為が何かについて、議論がなされてきた。これは、犯罪論における違法性の概念に関わる議論である。たとえば、スウェーデン刑法学は、すでに、こうしたアングロアメリカ法理論の知見を導入しつつ、違法論において、新たな理論的展開を行っている。

これに対し、責任概念について、アングロアメリカ法理論では、非難（censure）という概念は用いられているものの、規範的責任論における非難とは意味合いを異にしている点が多く、そのまま日本に導入することができるような形で論じられているわけではない。ただし、我が国には、均衡刑論の主張者であるvon Hirschの見解を応答責任論から分析する瀧川裕英の研

---

(24)　Rossの見解については、松澤・前掲注(8)149頁参照。
(25)　田宮裕「刑法解釈の方法と限界」『平野龍一先生古稀祝賀論文集　上巻』（1990年、有斐閣）48頁。

究⑯があり、瀧川の責任論は、平野龍一と所一彦の責任論と（やわらかな決定論、さらには決定論と他行為可能性の両立可能論という意味において、ある程度）整合するものであるから、平野および所の責任論から（ある程度）示唆を受けることが可能であろう⑰。

Ⅳ　犯罪化論の構造——criminalization

1　問　題　点

ここからⅧまでは、上記の知的資源をもとに、法理学的な意味⑱での犯罪についての検討に移る。

2　犯罪化されるにふさわしい行為

どのような刑罰論に立ったとしても、刑法というシステムが、「犯罪という人間の行動を心理的にコントロールする」⑲ために組み立てられている以上、犯罪論の指導原理は、（基本的に）一般予防、犯罪抑止ということになる。

ある行為をやめさせること、というわけであるが、しかし、ある行為が何か、については、自明ではない。では、「ある行為」とはなにか。ⅤとⅥにおいてこれについてに論じるが、ここで見取り図を示しておくと以下のようになる。

まずはJ.S.Millの危害原理が出発点となる。Millはいう⑳：

---

(26)　瀧川裕英『責任の意味と制度』（2003年、勁草書房）197頁以下。
(27)　ただし、瀧川の応答責任論の本体は、犯罪論における責任の問題ではなく、むしろ、犯罪論において刑事責任が認められた者にどのように対処するかという刑罰論レベルの問題であるように筆者には思われる（後述）。
(28)　小野清一郎『新訂刑法講義総論』（1948年、有斐閣）83頁は、「犯罪の法律的概念は其の法理的本質観に即して構成される」と述べる。本稿はこの意味での犯罪／違法／責任を法理学的な意味での犯罪／違法／責任と呼ぶ。
(29)　西田・前掲注(15) 5頁。
(30)　John Stuart Mill, On Liberty. 1859. John W. Parker and Son. 21-22頁。侵害原理ともいわれる。本稿では、法益侵害説との区別をはっきりさせるために、「危害」原理という訳の方をとる。

「文明社会の一員に対し、その意思に反して力を行使するのが正当だといえるのは、他者に対する危害（harm to others）を防ぐことを目的とする場合だけである。本人自身の利益は、物理的なものであろうと道徳的なものであろうと、十分な理由とはならない」。

危害原理の展開・修正・補充・限界確認は、アングロアメリカの刑法哲学の蓄積、特にJoel Feinbergの研究によってなされた（前述）。それを基礎として、アングロアメリカ法理論では、最近、犯罪化論は重要なトピックとなっており、多くの研究が積み重ねられてきている。ただ、均衡刑論との整合性という観点では、やはり、Simester & von Hirschの犯罪化論[31]が最も重要と思われる。Simester & von Hirschの理論は、危害原理に基礎をおきつつ、morally wrongという視点を組み合わせる。ただ、この理論は、アングロアメリカ法理論の伝統に基づく形式によるものであるから、それを、ドイツ法系の刑法理論をもつ我が国に応用するには、もう一段、工夫が必要となる。

3　犯罪化論と犯罪論

ところで、犯罪論（刑法解釈論）の本質は立法論であり、どの行為を犯罪としうるかという問題についての回答、すなわち、犯罪化論と不可分一体であった。とすれば、犯罪化論──危害を与える・社会的に否定される行為をとりあげこれを犯罪化するための理論──を前提として、個々の具体的な行為に対して、一般予防を試みるのが、犯罪論の機能だということになる。そこで、以下、犯罪化論からの示唆を受けつつ、法理学的な意味での違法・責任について論じていくこととする。

---

(31) Simester, Andrew & von Hirsch, Andreas. Crime, Harms, and Wrongs. Hart, 2011.

V　犯罪論——その1　harm, offense and paternalism

1　犯罪化論からの示唆

　法理学的な意味での違法性の検討に移る。

　アングロアメリカの犯罪化論において、基本に置かれるのはJ.S.Millの危害原理である。すなわち、我が国のいい方では、危害を生じさせることが違法である、ということになる。日本の通説もそれにならっているように見える。法益侵害説はドイツに起源を有するが、侵害という点で、危害原理と類似した面があり、特に、我が国では、リーガル・モラリズムの排除のためにHartとLord Devlinの論争を経由して（刑法学の考え方として）紹介され[32]、その後、その基本思想を元に、法益侵害説ないし結果無価値論が有力化したため、同じようなものとして理解されてしまっている節がある。

　実際、当時、決定的に重要だったのは、リーガル・モラリズムの排除であり、それが果たされた以上、法益侵害説は、ひとまずは成功したといってよい。その点で、人々の立ち居振る舞いの処罰である義務違反処罰を排除する法益保護、というパラダイムは、いまなお意味を失っていない。

　しかし、法益概念の空洞化がいわれて久しく、その限界づけ機能は、事実上失われている。たとえば、一部の経済犯罪やクローン人間規制を法益概念で説明すると、法益の内容が無内容になってくる。処罰の早期化の問題も、原理的には、法益侵害説それだけでは解決できない。この問題は、法益概念を用いる国々（端的にはドイツ法系の国々。ドイツ、日本。北欧も含まれる）に限らず、アングロアメリカ法理論においても重要な問題である。

　Simester & von Hirschはいう：

> 「現在、刑法で禁止されるものの圧倒的多数は、本来的ではない犯罪である。現代の犯罪化論は、いずれも、そうした犯罪について、どのような場合に、また、なぜそれが正統なものとなるのかを述べつつ、説明しなければならない。その任務は容易ではない。……しかし、疑う余地がないのは、優れた犯罪化論だといえるために

---

(32)　平野龍一『刑法の基礎』（1966年、有斐閣）101頁以下参照。

は、本来的ではない要素の説明がしっかり含まれていなければならないということである。難問は、なにゆえ個人は、時として、遠因的危害（remote harms）を予防するために自由を否定されてよいのかを正当化することである。」[33]

日本では、極めて雑多な内容を、法益の名のもとに統合しているのが現状である。法益概念には、危害概念よりもはるかに広い基礎が含まれている。実際には、危害と法益侵害は相当に異なった内容である。たとえば、不快をもたらす行為等においては危害はないとされる。では処罰しないのか、というとそうではない。もちろん、危害原理が犯罪化論の基礎に置かれるべきことは疑いないが、犯罪化は危害原理だけで行われるわけではない（危害原理は犯罪化の適切な理由ではあっても必要条件というわけではない[34]）。犯罪化を認める原理としては、ほかにも、リーガル・モラリズム、パターナリズム、不快原理がありうる。

重要なのは、リーガル・モラリズムを排除しなければならないということであるが、これは、20世紀に解決済みの問題である。21世紀の刑法理論において解決しなければならないのはそれ以外の上記3つの原理をどう位置づけ、どのように法理学的な意味での違法性を構成するか、という問題である。

2　検討──基本構想の提示──

上記の犯罪化論を、我々が持っている法益概念に落とし込むことで、新たな法益侵害説を構想することが可能になるように思われる。

基礎となるのは危害（harm）である。危害がいかにして生じるのか、その発生構造を明らかにすることで、法益侵害の内実の明確化を構想する。犯罪化論の基礎となるのは、こうした内容であり、これは、アングロアメリカ

---

(33) Simester & von Hirsch 前掲注[31]88頁。
(34) Feinbergは、危害原理を以下のように再定式化する：「行為者以外の他者への危害を防止（除去、減少）するのに効果があると思われること、また、それ以外の同様に他の価値を大きく損ねない効果的な方法がないと思われることは、刑事立法を支援する適切な理由となる」（Joel Feinberg, Harm to Others. Oxford University Press, 1984. p. 26）。これを裏から見れば、犯罪化の原理は危害原理だけではないことになる（Feinbergは危害原理を犯罪化論の条件のひとつに位置づけている）。

V 犯罪論——その1　harm, offense and paternalism

法理論では、不正性（wrongfulness）と呼ばれている。

　不正性の構造を考えることで解決できる問題にはたとえば以下のようなものがある。ひとつは、危害が生じるがそれが遠因的である場合、もうひとつは、直接的な危害が存在しない場合である。前者は、処罰の早期化が許される場合はどのような場合か、その判断基準を提供する。ただ危害があるというだけではなく、その侵害構造を明らかにすることで、なぜ処罰か可能なのかが明らかとなるのである。後者は、直接的な危害が存在しないのだから、犯罪化はできないという考え方もありうるが、そうは考えない。むしろ、不正性が肯定されるためには、直接的な危害は存在しなくてもよいと考える。しかし、その場合には、危害関係的な侵害構造がなければならない。直接的危害なくして不正性が肯定される場合であっても、その侵害が危害と全く無関係ではあってはならない。

　重要なのは、不正性を構成する侵害構造である。この侵害構造については、Simester & von Hirschが次のように述べているのが参考になる：

> 「最終的な侵害が刑法上の禁止を正当化する性質を有していないかぎり、さかのぼった初めの行為によって行われる本来的ではない犯罪を肯定する論拠は有効に機能しえない。帰属要件を付加すること、および最終的な侵害が生じないあらゆるリスクを斟酌することは、そうした論拠の説得力を弱めうるだけである。
> 　ここでは以下の点に留意すべきである。すなわち、直接的に禁止するという形で強制することには、そこから仮定される本来的な犯罪が最終的な侵害を、不正に（wrongfully）もたらすことを含むことが必要となる、という点である。このような原理の組み立て方は、行為の不正性はそのやり方に左右されるということをを明らかにするのに有益である。例えば（ハラスメントのように）その行為が繰り返されるかどうか、あるいは、個人により行われるよりむしろ、（例えばギャングによって）集団により行われるかどうか、というのがこれである。単独で行為するひとりの者によって行われる場合には、それ自体不正でない、あるいは少なくとも重大とはいえない行為について、場合によっては、他者と共謀するのを禁止することが正統とされることもあろう。実際のところ、このような可能性が、詐欺の共謀に関するコモン・ロー上の犯罪を支えている。……最終的な危害が不正（wrong）の唯一の源泉

である必要はない。」[35]

　以上の記述は次のようなことを述べているといえる。そもそも、本来的ではない犯罪（直接危害が生じていない行為）を処罰するには、それによって最終的に危害が生じることが必要であるが、それに加えて、その危害の生じ方（不正な形で危害が生じるかどうか）を問題とする必要がある。第1に、不快はそれ自体では危害を生じさせるものではないから、犯罪化の理由とはならない。しかし、不快の累積が危害を構成していくような場合、犯罪化は可能となる（不正性の累積的構造）。第2に、処罰の早期化に関わる遠因的危害（remote harm）は、それ自体では犯罪化の理由とはならない（原則として処罰の早期化は許されない）。しかし、一定の不正な組織構造が存在し、その行き着く先に重大な危害がある場合、犯罪化は可能となる（不正性の組織的構造）。第3に、単独では可罰的な危害を生じさせ得ないような行為は犯罪化しえない。しかし、他人と共同することで危害性が増加する場合、犯罪化は可能となる（不正性の複合的構造）。

　ただ、これは、あくまで例であって、危害の侵害構造はこれに限られないであろう。パターナリズムが問題となる場面においても、同様の侵害構造の定式化が考えられる[36]。その場合に最も問題となるのは自傷行為の犯罪化だと思われるが、基本的には危害の発生に同意している以上、危害は存在し得ず犯罪化は認められないというのが出発点となる。しかし、十分な検討を経ずして行われた同意に関しては、将来、それを危害であったと自己評価する可能性がありうる。こうした構造を持つ自傷行為については、危害関係的な不正性を認めることが可能である（不正性の留保的構造）[37]。

　これらのすでに見つかっている構造をより精密に構成すること、また、他にどのような構造があるかを明らかにすることが、法益侵害の内実の明確

---

(35)　Simester & von Hirsch前掲注(31)74頁。
(36)　ただし、リーガル・モラリズムは危害関係的とはなりえないこと、また、それ以前においても、リベラル・クリミナル・セオリーの前提たる価値判断であるリベラリズムの帰結として、完全に排除される。
(37)　これについては、Simester & von Hirsch前掲注(31)152頁以降参照。

化、すなわち、法理学的意味での違法論の今後の重要な課題となる[38]。そして、その不正な侵害構造の明確化のためには、次章で述べるように、その不正性の内容が重要となってくる。

Ⅵ　犯罪論——その2　wrong

1　不　正

　Simester & von Hirschによれば、犯罪化には行為が道徳的に不正（wrong）であることが必要である。彼らは以下のように述べる[39]：

> 「われわれは、あらゆる犯罪化を探究する基礎的原理について以下のように主張した：禁止される行為はいずれも不正なものでなければならない。このことは、まさに非難する制度としての刑事法の性質から帰結する。不正な何かを行わなければ、適切には非難されえない。刑事法上の有罪判決を含む正式な非難の判断はいずれも規範に違反した行為に基礎を置くべきであり、つまりその判断は、すべての非難の評決のように、規範に違反した行為を行なった人に対する道徳的な叱責（moral reproof）を表しているのである。

　こうした視点は、刑罰論から考えた時に初めて導かれる。すなわち、刑罰は非難であり、非難は不正（wrong）なものにしか向けられえないからである。すなわち、前節で述べた、危害関係的な侵害構造は、その不正を確認するプロセスを通じて確定される。そして、不正でない行為の禁止については——社会的非難を集約したものとしての——刑法を投入するべきではないということになる。

2　思考形式の理論化

　次に、こういった思考形式をどのように理論化するかが問題となる。危害

---

(38)　いわゆる行為無価値論・結果無価論とはまったく異なる構造が構想されることになるが、危害だけでなく危害侵害構造をも考慮するという点では行為無価値論に類似する。
(39)　Simester & von Hirsch前掲注(31)71頁。

は法益侵害とは別のもの、正確にはその一部を構成するものであるから、日本のこれまでの刑法理論に落とし込むには、不正性に関わるすべての要素を合わせて法益侵害と呼び、それをより構造的に明らかにする構成を考えるのがのがよいであろう[40]。

　刑法は不正な行為に対して非難を寄せるものである。不正行為でなければ、人は非難を寄せることはできない。つまり、危害原理だけでは非難の契機を導くことができない[41]。換言すれば、単に他者に危害を与える行為というだけでなく、不正な行為として社会から否定的な評価を与えられるべき行為であることが必要であるということである。

　こうした社会からの否定的な評価というのは、アングロアメリカ法理論にしか存在しないものではない。古くは、デュルケームが述べていることも同様である。デュルケームによれば、犯罪は、「あらゆる同一タイプの社会にとって、健康的な意識の持主なら、そのだれもがもつ諸感情を傷つけ」[42]る行為である。別の言葉でいえば、「犯罪とは集合意識を傷つけること」である。もちろん、その集合感情は、「すべての人びとの意識に……深く刻みこまれてなくてはならない。それはけっして、うわべだけの、ふらついた気持ちではない」[43]。こうした集合感情から帰結するのは、ここで筆者が述べた不正な行為としての社会からの否定的評価と同じものである。こうした視点は、アングロアメリカ法独特のものではなく、刑法に対する考察を深めていけば、場所・時代を超えて獲得されるものであると思われる。

　処罰の早期化に対する歯止めとしての法益概念の実質的な機能は、こうした不正（wrong）概念が担うべきである。近時、我が国では、処罰の早期化

---

(40)　実質的法益侵害説とでも呼びうるであろう。もちろん、別の図式化・理論化も可能である。重要なのは、どのような思考形式・判断形式を取るかであって、理論的な位置付けではない。
(41)　すなわち、危害（harm）なき不正、不正（wrong）なき危害が存在するということである。そして、不正は非難（censure）を導くが、不正なき危害は非難を導くことはできない。後述のように、いわゆる法的責任論の内容が空虚なのは、違法性に不正（wrong）の観点が欠けていることに由来する。
(42)　内藤完爾編訳『デュルケム法社会学論集』（1990年、恒星社厚生閣）31頁。
(43)　内藤編訳・前掲注(42)35頁。

を説明する原理として比例原則が挙げられることがあり(44)、一応、参考になるが、その内容は十分に示されていない。比例原則だけだと、結局は、抑止モデルに到達することになる。均衡刑論は、刑法の権威／アイデンティティ(45)を維持する。それを犯罪論のレベルで示すのが、この不正（wrong）の理論である。

Ⅶ 犯罪論――その3 prospective blame

1 責任非難の伝達

法理学的意味での責任の検討にうつる。

上述の違法な行為について、行為者は問責される。問責とは、違法な行為が行われたことについて、刑罰権の主体が行為者に伝達（communicate）することであり、そのためには、責任の伝達先が確定されなければならない。すなわち、違法行為の主観的帰属判断が必要となる。では、主観的帰属の要件とはなにか。それは、その者が当該行為・結果について、非難が寄せられうる者であるということである。

2 展望的非難

責任の本質は（不正性に対する）非難(46)であるが、それには、非難が可能でなければならない。つまり、非難がなされる前提として、期待可能性、すなわち、「他行為可能性」(47)が存在することが必要である。前提としての期待可能性と非難をあわせて、非難可能性ということもできる。責任の本質を非

---

(44) 代表的なものとして、井田・前掲注(1)26頁以下。
(45) 松原・前掲注(11)163～164頁参照。
(46) 行為の不正評価にウェイトをおけば、その内容は道義的非難であり、道義的責任論という帰結に至る。道義的責任論は強い批判にさらされたが、それはその主唱者であった小野清一郎が国家道義を強調してリーガル・モラリズムと結びついたからであって、責任は不正な行為に対する非難であるという意味においては、道義的責任論は誤っていない。道義的責任論という響きが気に入らないならば、正義責任論といってもよい。重要なのは、責任は無色透明な法的責任ではない、ということである。
(47) 西田・前掲注(29)206頁参照。

難可能性と解するのが、心理的責任論を克服⁽⁴⁸⁾した規範的責任論の帰結である⁽⁴⁹⁾。

では、非難はどのような性質をもつものであろうか。一般に、非難は犯罪行為者に対して回顧的に加えられるものであるから、予防とは無関係と考えられがちである。確かに、多くの理論は、非難を予防とは別のものと考えているようである（v. Hirschは、刑罰の目的を予防と非難にわけている）。

もともと、非難の事実的基礎には悪意に対する「怒り」（resentment）があり、その「怒り」は、本質的に自然で人間的な反応である⁽⁵⁰⁾。その点で非難は合目的的なものではないと理解されがちである。しかし、先に見たように（Hartの二段階論におけるように）、刑罰制度それ自体の正当化根拠は予防に一元化されるべきである。そうなると、非難も予防の観点から説明されなければならない。

実は、非難は、抑止（予防）に役立つ。すなわち、抑止に役立つから刑法のシステムに組み込まれている、という説明が可能である。所一彦は、心理学や人類学の知見を参照しつつ、次のように述べる⁽⁵¹⁾：

---

(48) 心理的責任論が克服された以上、故意過失は必然的に責任要素となるわけではない。法律学的な犯罪概念として、非難可能性の徴憑としての故意・過失という類型化がなされているだけである。故意過失は非難可能性を徴憑するものであるが、徴憑するに過ぎないものであるから、現実には、故意過失があっても非難可能性がない、あるいは低い場合もある。その場合は、故意過失があっても責任非難を寄せることができない、あるいは低くなる場合もある。非難可能性が正しく捕捉できるのであれば理論的には故意過失を要求する必要はない。ただし、過失は予見可能性であるから、非難可能性の最小限度を画すのは過失であるとはいえるであろう。
(49) 近時、他行為可能性について、これを責任判断の基準としては不要であるとする見解もある（竹川俊也『刑事責任能力論』〈2018年、成文堂〉139頁参照）。確かに、他行為可能性が責任判断基準として機能する場面はほとんどないかもしれない。しかし、規範的責任論の理論的基礎である他行為可能性概念それ自体は（仮に基準としては機能しない理論的なものにとどまるとしても）放棄することできないであろう（無論、前掲書も他行為可能性原理が不要であるとまでは述べていない）。
(50) Strawsonのいういわゆる反応的態度（reactive attitude）である。P. F. Strawson, "Freedom and Resentment" in Freedom and Resentment and Other Essays. 2008. Routledge. 10頁参照。
(51) 所・前掲注(8)85頁以下。

「非難や称賛の対象となる行動は、それぞれの社会で期待される行動が何であるかによって異なるが、それぞれの社会で期待される行動の動機づけに非難や称賛が一定の役割を果たす現象は、おおよそ普遍的に見られるところであるといってよいであろう。のみならず非難は、人類の長い経験のなかで、期待される行動の動機づけとして効率的に作用しうるように、次第に洗練されて来たと推測される。……処罰は非難に基づかねばならない。しかし非難が正当化されるのは、それが先験的倫理であり、あるいは非難感情に基づくからではなく、期待に背く行為を抑止するからである。……処罰が非難に基づかねばならないのは、それによって処罰が先験的倫理や本能的な感情に基づくものになるからではなく、国家的処罰が社会的非難に基づく民主的なものになるからであり、またひいては、それによって円滑に抑止機能を発揮できるようになるからである。」

このように、非難は予防に基づいて正当化することが可能である。これが展望的非難と呼ばれる理論の本質である[52]。

ただし、展望的非難といっても、非難それ自体は行為者に対して回顧的に向けられていることに注意しなければならない。そうでなければ、行為者の処罰を犠牲として抑止を図ることになってしまうからである。回顧的に向けられた処罰が展望的に抑止に役立つ、ということが、展望的非難の理論の本質であり、刑罰論においては、この回顧的非難を行為者に伝達することが問題となるのである。

Ⅷ　量刑論——proportionality

1　コミュニケーションとしての刑罰

犯罪論の構成は、犯罪化論と同じ原理、すなわち予防によって指導される

---

(52) 展望的非難の理論は、平野龍一によって主張されたが（平野・前掲注(32)24頁以下）、その内容が必ずしも明らかではなく、平野の犯罪論がのちに有力となったにもかかわらず、これを明示的に採用する論者は少なかった。所一彦は、本文で示したような理論を展望的非難の理論の説明として提示しているが、平野の意図したものと同じかどうかは明らかではない。

が、犯罪が成立した後、すなわち刑の量定においては、問題の解決は、配分の原理によって指導されることになる（Hartの二段階論から導かれる帰結である）。配分の原理が均衡に基づくことは、非難の伝達にとって最も適切であるから、ということになるように思われる。

 刑罰について、たとえば、v. Hirschは、非難を犯罪者へのメッセージ、すなわち、国家からの犯罪者へのコミュニケーションとしての特徴から把握している[53]。こうした理解は、犯罪者に非難を正確に伝えるという観点から、デザート・モデル（desert model）の刑罰論、すなわち、犯罪に均衡した刑罰を科することが要請されるとする刑罰論（均衡原理、principle of proportionality）の理論的基礎を提供することになる。犯罪論で評価・確定された帰結を、犯罪者に正確に伝える。刑罰とは非難の伝達であり、その伝達を正確に行うため、量刑論は、デザート・モデルに基づいて行われることになる[54]。

 これを犯罪者の側から見ると、国家が刑罰の科することに対して、応答しうることが必要となる。応答できない犯罪者にはコミュニケーションが成立し得ないからである。刑の量定段階においては、犯罪論において確定された非難に対する犯罪者からの応答可能性が問題とされなければならない。こうして、刑事責任とは、公権力の側から見れば非難の伝達、犯罪者の側から見れば非難に応答できること、ということになる[55]。

---

(53) Andreas von Hirsch, Censure and Sanctions. 1993. Oxford University Press. 9–10頁。Duffの理論（A. Duff, Punishment, Communication and Community. 2001. Oxford University Press）も著名であるが、コミュニタリアニズムを前提とする点でリベラリズムを政策的前提とする本稿からこれをとるのは困難である。
(54) なお、非難を伝達する理由は応報ではない。ここが誤解されると思われる点であるが、デザート・モデルが示しているのは刑の配分方法であって、刑罰制度の正当化根拠は予防である。刑を伝達する理由は、犯罪論における犯罪予防目的の貫徹のためであり、刑法の規定が現に妥当していることを示すためである。Jareborgが量刑・行刑段階における正当化の理由を「条文による」（Asp, Ulväng och Jareborg前掲注(12) s. 30.）としているのはそうした趣旨であると思われる。
(55) 滝川裕英の応答責任論はこのレベルの問題であると考えられる。そのことはvon Hirschの見解を応答責任論と位置づけていることから推察される。滝川・前掲注(25) 197頁参照。

2 デザート・モデル

デザート・モデルの量刑基準は、いわゆる「均衡原理」(principle of proportionality) である。「均衡原理」については、さまざまなニュアンスがあり得るが、最大公約数的に定義すれば、犯行に均衡した刑罰を科さなければならないとする原理ということができよう。この原理の源流は、古くはタリオの思想、近くは応報思想が想起されるが、ここでいうところの「均衡原理」は、第二次大戦後に分析倫理学を基礎として展開されるに至ったものであり、タリオの思想や応報思想とは異なる性質をもつものである。誤解を恐れずにいえば、正義にかなった刑罰とは犯行に均衡する刑罰である、という思想であり、その基礎には、復讐や応報とは異なる視点が置かれる。そして、犯行に均衡した刑罰を科するという原理であるから、一切の予防的考慮は、原理的に排除される。刑罰の特別予防効果・一般予防効果は立証されていない。予防的考慮を排除することは、実証不能な事情を量刑から排除することであるから、量刑基準の明確化にとって、極めて有益な成果をもたらすことが期待できる。

デザート・モデルの量刑論は、スウェーデンの量刑法が理論的にも実際的にも世界で最も洗練されている。スウェーデン量刑法の内容については別稿に譲るが[56]、これにならい、およそ以下のようなモデルをとるべきであろう。

まず、当然の前提となるのが、犯罪論における当該犯罪行為に対する評価である。これは、罪名の決定と、その重大性／軽微性の確認ということになる。ここで軽微だと判断されれば、可罰性を欠くことから、犯罪行為ではないと評価されることもありうる。これが、抽象的なレベルでの「刑罰価値」(抽象的刑罰価値：abstrakt straffvärde) である。犯罪論の課題は抽象的刑罰価値の確定にあるといってもよい。

抽象的刑罰価値が確定されると、犯罪が成立し、それにみあった量刑がな

---

(56) 松澤伸「スウェーデンにおける刑罰の正当化根拠と量刑論」罪と罰51巻3号（2014年）76頁以下。その他、我が国における紹介として、坂田仁「スウェーデン刑法における制裁の量定」人間科学論集（常磐大学）20号（2012年）49頁以下、岡上雅美「いわゆる『罪刑均衡原則』について」川端博ほか編『理論刑法学の探究②』（2009年、成文堂）9頁以下、等。

されることになる。まず、量刑の第一段階では、抽象的刑罰価値を基礎に、犯罪行為・犯罪結果の重大性、端的には、その違法・責任の重さについて、より詳細に見ていくことで、具体的刑罰価値（konkret straffvärde）を導くことになる。これは、「犯情」と呼ばれる判断と一致する。すなわち、犯情とは、刑罰価値を具体的に絞り込む作業であり、具体的刑罰価値を確定し、責任刑をピンポイントに近づけていく作業ということができる。

　量刑の第二段階では、「一般情状」が考慮される。一般情状について、我が国では特別予防の考慮ということがいわれる。しかし、繰り返すように、刑罰には特別予防効果は期待できないことは経験的事実として明らかである。特別予防を考慮するということは、結局、効果のわからないものを印象に応じて使うということである。この場面では、特別予防の考慮をするべきではない。考慮すべきなのは、「衡平理由」（billighetsskäl；equity reason）である。

　衡平理由というのは、スウェーデンの量刑法において導入されている概念である。

　ここに定められた衡平理由は、刑罰価値と無関係に刑を減軽する方向で働く事情であり、その前提となる均衡原理が予防的考慮を原理的に排除することから、予防的考慮とも無関係の事情として位置づけられる。問題となるのは、こうした事情の理論的基礎づけであるが、ここでは、ヒューマニティに基づくという理由が有力である[57]ことだけ述べておくことにしよう。

　デザート・モデルの量刑論というと、均衡原理に基づく量刑論であるから、刑事責任に相応する刑罰を科するということだけの硬直的な量刑論というような印象を受けるが、そうではない。むしろ、実質的な考慮を加えつつ、責任相応刑を正確に判定するのに役立つものである。そこには２つの理由がある。第１に、いわゆる「犯情」においては、犯罪論における違法・責任を基礎にしつつも、それに完全に還元されない要素が考慮されるからである。犯罪行為に至る事情、犯罪行為から発生した予想外の重大な結果などの考慮は、犯罪論において行ってはならないが、犯情レベルにおいては考慮可

---

(57) スウェーデンにおける通説的見解である。詳細は、松澤伸「スウェーデンの刑罰理論について：刑罰文化を踏まえた一考察」高塩博編『刑罰をめぐる法文化』（2018年、国際書院）248頁以下参照。

能である。第2に、いわゆる一般情状において、実質的な衡平理由が考慮されることで量刑の調整が行われ、これにより、より犯罪者の実態にあったものとなるからである。以上のように、犯罪論における刑事責任の内容が種々の量刑事情によって調整されていく中で、責任に相応した量刑が定まってくるのである。これは、責任相応刑は一点に決まらず予防を考慮することで量刑が決まるという、いわゆる幅の理論に似ているように聞こえるかもしれないが、均衡原理が幅の理論と決定的に違うのは、量刑においては特別予防をまったく考慮しないということである[58]。

IX　結語

　現在、我が国では、犯罪論におけるリサーチ・スペースはほぼなくなった状態にあるという認識が大半であるように思う。しかし、本稿で示したように、あるべき犯罪論の構成方法は、問題設定の仕方によっては、全く違った様相を見せる。それは、現状においては、「わからないことだらけ」である。

　本稿の主題は、刑法／刑罰論の正当化根拠から見た犯罪化論であり、さらには刑法／刑罰の正当化根拠論から見た犯罪論であった。それは、現在の我が国の刑法理論において何が不十分なのかという問いに対する回答の試みでもある。我が国においては、刑罰論の検討が明らかに不十分である。あるべき新しい刑罰論に応じた、あるべき新しい犯罪論の構成が試みられなければならない。刑罰論が未発達であることは、結局、犯罪論が未発達であることに帰結する。

　ここで示したのは、あるべき新しい刑罰論と、それを反映した法理学的な意味での犯罪論の新たなディシプリナリー・マトリックスの全体像である。その細部を詰めていく作業（puzzle-solving）は、今後に委ねることとしたい。

（まつざわ・しん）

---

(58)　なお、犯情と一般情状の体系的位置づけについての研究はあまり存在しない。そもそも、両者の内容について、厳密に区別している研究も少ないように思える。しかし、犯情と一般情状はそれを考慮すべき理論的理由が異なるのであって、両者の体系的位置づけは重要な問題と考えられる。

人口減少・犯罪減少時代の犯罪対策
―― 問題解決型警察活動、エビデンスに基づく犯罪予防、行動経済学 ――

島　田　貴　仁

I　はじめに：効果的な犯罪対策の必要性
II　問題解決型警察活動
III　エビデンスに基づく犯罪予防
IV　行動経済学的手法 ―― ナッジとリバタリアン・パターナリズム ――
V　終わりに

I　はじめに：効果的な犯罪対策の必要性

　日本で警察が取り扱った犯罪認知件数は1990年代後半から増加し、2004年には戦後最高の285万件を記録した。それ以来毎年、減少しているが、それでも年間に100万件近い犯罪被害が警察に報告されている（**図1**）。年間の被害者総数も87万人に及び、年間の犯罪被害総額は1,600億円に及ぶ。さらに、犯罪は、ストレスやトラウマなどの負の心理作用や、被害の届け出や回復にかかる時間や費用など直接測ることができないコスト（intangible cost）をもたらす。これらのことを考えると、犯罪発生や犯罪情勢に対して刑事司法が応答的に対応するよりは、犯罪の未然防止はより社会にとって有益だと考えられる。

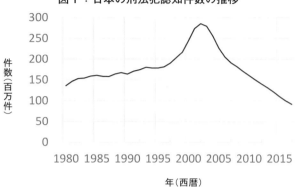

図1：日本の刑法犯認知件数の推移

　犯罪未然防止のための犯罪対策は、警察や行政などの公的機関が実施するもの、地域社会が実施するもの、個人や世帯が実施するものなど、さまざまな種類がありえる。2004年以降、多くの犯罪対策が実施されてきたが、ピーク時に比べて犯罪認知件数が約1／3に減少していることを考えると、当時と同じだけの労力をかけて犯罪対策を行うことは社会的に合理的といえるか疑問である。かといって、実施する対策の種類を絞ろうとしても、どの対策に効果があって、どの対策に効果がなかったかが分からないようでは心もとない。加えて、これまでの犯罪減少期に実施された対策によって、より削減が容易な犯罪から減少していることを考えると、現在、発生している犯罪は、既存の対策が必ずしも有効でなかった、また、新しく起きてきた新興の犯罪問題といえる[1]。すなわち、人口減少・犯罪減少時代のこれから起きる犯罪への対策は、かつての犯罪多発時代に起きていた犯罪以上に工夫が必要だといえる。

　本稿では、この犯罪減少時代に対応するために、問題解決型警察活動、エビデンスに基づく犯罪予防、行動経済学的手法に基づく社会政策の3つについて議論する。「問題解決型警察活動」は、発生した犯罪に対して応答的に対応しようとする従来型の警察活動とは一線を画し、犯罪発生の背景にある

（1）　リスク管理では、リスクレベルが低下するに従い、単位リスクを削減するための限界費用は飛躍的に増大することが知られている。

問題に着目し、それを除去することで、問題に対してより的確に対応できるようにするものである。個別の犯罪対策の効果に対する知見を蓄積して犯罪対策の選択に役立てようとする「エビデンスに基づく犯罪予防」は、海外の刑事司法では一定の蓄積を有してきたが、近年、日本の行政一般でエビデンスに基づく政策立案が注目を集める中、日本の刑事司法でも今後ますます重要性が増すと思われる。「ナッジ」や「リバタリアン・パターナリズム」といった言葉に代表される行動経済学的手法は、2000年代以降、法規制や強制に頼らない緩やかな社会政策として、経済や健康、人間開発といった多くの分野で実績を挙げ注目を集めることになった。行動経済学的手法は、現在のところは世界的に見ても犯罪対策ではさほど適用されていない。しかし、もともと諸外国に比べて社会統制機能が高いといわれ、かつ、今後、社会が少子高齢化・人口減少を迎え、刑事司法に限らず公的な政策に割ける人員や資源の確保が困難な日本では、行動経済学的手法の導入は有望だと思われる。

II　問題解決型警察活動

1　警察活動の4類型

　National Research Council (2004) は、警察活動を、対象の絞込み度と対策の多様性の2軸から分類している[2] (図2)。まず、従来型警察活動は、通報された事件に対してその事件の解決のために警察力を投入するもので、対象の絞込み度、対策の多様性はともに低い。

　これに対し、「ホットスポット(犯罪多発地点型)警察活動」は、活動の主体が警察であることには変わりはないが、犯罪分析によって見出した犯罪多発地点に対して的を絞った警察活動を行うという点で、伝統型警察活動に比べて発展が見られる。

　「コミュニティ警察活動」は、警察がコミュニティに入って地域住民や社会との協働のもとに、防犯に強い地域社会を作っていく取組みである。対策

---

(2) National Research Council. 2004. Fairness and Effectiveness in Policing: The Evidence. Washington, DC: The National Academies Press.

や関与者に多様性が見られる、という点では受動型警察活動に比べて発展しているが、活動の対象が絞り込まれていないために、即効性に欠ける欠点がある。

問題解決型警察活動（Problem-Solving Policing、または問題指向型警察活動 Problem-Oriented Policing[3]）は、ホットスポット型警察活動とコミュニティ型警察活動の良い部分をともに取り入れたものと位置づけられる。すなわち、単なる市民の通報のみにとどまらず、分析によって対象を絞り込んで活動を行っている点と、単なる警察の検挙・抑止活動にとどまらず、犯罪を効果的に削減する対策を実施している点の双方で、受動的警察活動から発展しているといえる。1979年に米国・ウィスコンシン大学のゴールドシュタインが提唱したものであり、犯罪集中の背景にある問題を突き止めて、その問題を取り除くことで犯罪を減らそうというものである。1999年に米国司法省の援助のもと、問題指向型警察活動センター（Center for Problem-Oriented Policing）が設置され、犯罪類型に関するガイドが多数出版されるとともに、各地で取組みが行われている。

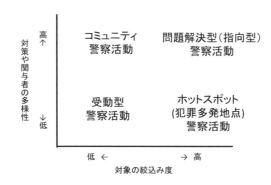

図2　警察活動の類型
（National Research Counsil, 2004）

---

(3) 警察活動の一環として取り上げる際には、Problem-Solving Policingに比べ、Problem-Oriented Policingが頻出のようであるが、本稿では、問題解決型犯罪分析（Problem-Solving Crime Analysis）との連続性のために、Problem-Solving Policingの表記を採用する。

2 問題解決型警察活動の4つのプロセス

　問題解決型警察活動には4つのプロセスがある（Santos, 2012）[4]（図3）。第1段階（洗い出し）では、犯罪統計等のすぐ入手できる業務データから、注目すべき犯罪類型を見つけ出す過程である。注目すべき犯罪類型としては、他の地域に比べて相対的に割合が多い犯罪類型、増加している犯罪類型、被害が特定地区や特定の被害対象に集中している犯罪類型などが挙げられる。

　第2段階（分析）は、洗い出しで抽出された犯罪類型の背景にある問題を、実態調査、現場実査、他の統計分析との突合せ等を行って、突き止めるものである。犯罪統計といった定型的なデータの分析で、その多発時間帯・曜日、多発場所が判明したとしても、その時間帯や曜日、場所に多発している問題や原因までは分からない。このため、被害がどのように発生しているかを詳細に見てゆく必要がある。

　第3段階（対策）では、分析の結果判明した問題に対して、その原因を取り除くための対策を考え、実行する。問題解決型活動では、第二段階（分析）で問題が絞り込まれているため、その対策も集中して行うことができる。一般に、日本の犯罪対策では、問題になっている犯罪類型に対して、「できることは全て行う」という総合対策がとられがちだが、総花的であり、なりがちであるが、問題解決型活動では、問題を的確に、効果的に軽減できる対策から優先順位をつけて対策を実施する。このため、対策の費用対効果が大きいといえる。

　第4段階（評価）では、対策の実施状況を、対策が対象にきちんと届いているか（プロセス評価）、対策によってその問題が解消して犯罪が減少したか（アウトカム評価）の両面から検証する。分析によって見出した問題が間違っている場合は、そもそも対策を行っても犯罪は減少しない。また、分析が見出した問題が正しくても、対策によって問題が軽減しなければ犯罪は減少しない。また、計画通りに対策が進まないこともありうる。

（4） Santos, R.B（2012）., Crime analysis with crime mapping（3rd ed.）., SAGE Publications, Thousand Oaks.

このように、犯罪対策は実施したら実施したきりにするのではなく、対策が間違いなく実行されているかをチェックして、対策による犯罪変化をモニタリングすることが重要である。企業活動の評価にはPDCAサイクル（Plan Do Check Action）が活用されているが、その警察活動版ともいえる。

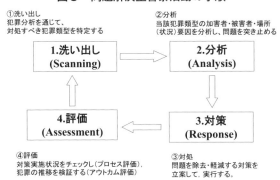

図3　問題解決型警察活動の手順

3　日本における取組み

日本においては、問題解決型活動の認知度は必ずしも高いわけではなく、その取組みは黎明期にある。しかし、犯罪分析に基づいて問題を特定し、問題を軽減させるという取組みそのものは、これまでも実施されている。たとえば、ロードサイドに展開する特定の飲食チェーン店が、深夜時間帯の店員の一人配置による犯行の容易性のために店舗強盗が多発した問題を見出して、当該チェーンのフランチャイズ元に対して、店員の二人以上配置や防犯訓練を要請した例[5]、自動車盗の被害リスクを車種別に分析して、海外での盗難車売りさばきのために特定車種の被害リスクが特に高いという問題を見出して、車両メーカーに改善を要請した例、特殊詐欺被害の水際阻止率を金融機関別に算出したところ、特定の金融機関での阻止率が低いという問題を見出して、阻止率が低い金融機関に改善を要請した例が挙げられる。

また、性犯罪対策では、京都府警察本部[6]や警視庁[7]における事例が挙げ

（5）　読売新聞「すき屋狙った強盗頻発　1人勤務中に被害集中」2011年10月14日付朝刊

られる（図4）。京都府警察本部での問題解決型警察活動における第1段階の「洗い出し」では、強姦・強制わいせつ、痴漢、盗撮、公然わいせつの認知統計を、年齢層、時間帯、発生場所で集計し、加害者と被害者間に面識関係のない強姦・強制わいせつについては、被害者層が13-18歳に集中している、発生時間帯が22-1時に集中している、発生場所が道路上・集合住宅に集中している、ということを見出した。

第2段階の「分析」では、性犯罪に特化した被害実態調査や屋外での歩行者の観察調査を行い、集合住宅の共用部分、深夜での徒歩移動、歩行者のながら歩き等のリスク行動という3つの問題を見出した。

そして、第3段階での「対策」では、賃貸の共同住宅に対する認証制度の創設、タクシー会社と連携しての割引制度の創設、大学の新入生に対する教育や公共広告での注意喚起といった対策が実施された。

第4段階の「評価」の指標としては、防犯性能認証制度については、登録物件数や物件の入居率・入居者数、タクシーの割引制度についてはその利用者数、大学での防犯教育では、その実施校数や受講学生数が挙げられる。

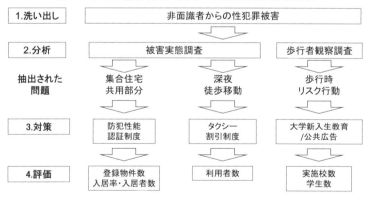

図4　性犯罪被害防止のための問題解決型警察活動

（6）　島田貴仁「性犯罪の実態調査と問題解決型犯罪対策」京都府警察犯罪抑止対策調査研究会 性犯罪対策研究部会編「京都府警察犯罪抑止対策調査研究会（性犯罪対策部会）報告書 資料編」(2015年) 15〜33頁。
（7）　「警視庁警視庁子ども・女性の安全対策に関する有識者研究会提言書」(2017年)。

このように、問題解決型警察活動は、治安指標の変化に応答的に対応するのではなく、犯罪発生の背景にある問題に着目し、それを除去するため、より効果的であり、かつ、持続可能であるといえる。ただし、問題解決型警察活動を実施するためには、犯罪情勢を分析する、問題を突き止める、対策を合理的に選択した上で、その効果を評価するという各段階で分析的な能力を必要とする。このため、海外では問題解決型警察活動を実施するための研修制度や教科書が存在し、人材育成や分析者の認証制度が存在する。日本でも、各都道府県生活安全部門の警察官に対する研修[8]が実施されており、今後の普及が期待される。

Ⅲ　エビデンスに基づく犯罪予防

1　エビデンスとは

　問題解決型警察活動では、犯罪統計の分析を通じて対処すべき犯罪類型を選択し、その犯罪類型の背景にある問題と原因を見出して、原因を軽減するための対策（response）を実施する。その対策はさまざまであるが、実務家にとっては、問題に対応する対策を考えることは必ずしも容易ではない。また、実務家が考慮して実行した対策によって問題が解決されないこともありえる。このため、問題解決型活動では必ず対策の評価を行うが、その評価結果は自らの教訓にするだけではなく、対策に関わる実務家の間で評価結果を共有し、効果のある対策はそれを普及させ、効果がない対策は取りやめて実施しないようにすると、より少ない資源で犯罪に対応できるといえる。

　このような個別の犯罪対策の効果についての知見を算出・蓄積する取組みは、欧米では「エビデンスに基づく犯罪予防（Evidence-based Crime Prevention）」として知られている。エビデンスとは、「因果関係に関する命題についての評価研究を経た判断結果」と定義される。ここでの「因果関係」とは、ある防犯対策を実施すると犯罪が減る（または、実施しても減らない）という知見

（8）　島田貴仁＝原田章＝齊藤知範「警察官に対する犯罪情勢分析手法の研修の試み」科学警察研究所報告 64巻1号（2015年）24～34頁。

であり、基本的には社会実験によって導き出す必要がある。単なる犯罪件数の変化や介入量の記述では、エビデンスということはできない。

　エビデンスに基づく犯罪予防の重要性が認識されるきっかけとなった研究としては、少年非行防止のためのスケアード・ストレイト（scared straight）が有名である。スケアード・ストレイトとは、少年が刑務所を見学し受刑者の人生失敗談を聞くというプログラムであり、刑事司法実務家や一般市民からの人気を集めていた。しかし、対象少年をランダム（無作為）に2群に分け、その片方の群のみにスケアード・ストレイトを受講させ、受講しないもう1群とその後の非行率を比べる社会実験（ランダム化統制実験）からは、スケアード・ストレイトは少年非行防止には効果がなく、場合によれば、受講によってかえって非行率が高まることが示された（Farrington et. al. 2002[9]）; Petrosino et. al., 2003[10]）。

　すなわち、刑事司法実務家や一般市民が持っていた、少年が受刑者の人生失敗経験を聞くことが非行を抑止するだろうという素朴な信念は、実際にはそうではなかったといえる。このように、人間が有望だと思った対策が必ずしもそうは働かないことは十分にありえる。社会政策の立案から人間の思い込みや予断を廃して、真に効果がある対策を優先づけて実施することで、より少ない財政・人的資源で目的を達成することができる。

2　エビデンスに基づく犯罪予防に関する海外の取組み
(1)　キャンベル共同計画

　エビデンスに基づく犯罪予防を国際的に具現化した例として、キャンベル共同計画（campbell collaboration）[11]が知られている。キャンベル共同計画は、2000年に開始され、現在、刑事司法、福祉、教育の各分野で、さまざまな

---

(9)　Farrington, D. P., MacKenzie, D. L., Sherman, L. W., & Welsh, B.（2002）. Evidence-based crime prevention Routledge.（津富宏＝小林寿一監訳『エビデンスに基づく犯罪予防』〈2008年、（財）社会安全研究財団〉）

(10)　Petrosino, A., Turpin-Petrosino, C., & Buehler, J.（2003）. Scared straight and other juvenile awareness programs for preventing juvenile delinquency:A systematic review of the randomized experimental evidence. The Annals of the American Academy of Political and Social Science, 589(1), 41–62.

テーマで系統的レビューによるエビデンスの確立やその普及活動を行っている（**表1**）。系統的レビューとは、ある個別の対策（たとえば、街頭防犯カメラの設置や犯罪集中地区でのパトロール）について、その対策の効果について実証的に調べた評価研究をインターネットの研究データベース等から網羅的に収集し、その中から方法論的な質[12]が担保された研究を抽出した上で、メタ分析と呼ばれる方法によってその結果を統合するものである。ある個別対策についての一ヶ所での評価研究（一次研究）を見るだけでは、取組みが行われた地域の住民特性の影響や、偶然要素によって、効果をもたらした取組みとそうでない取組みとが混在する場合があるため不十分である。系統的レビューや、その中で用いられているメタ分析の手法は、ある個別対策についてより多くの一次研究を収集した上で、その結果を統合することで、効果の有無についての知見を見出そうとするものである。現在、キャンベル共同計画の日本語版のサイトでは、警察の法執行、少年非行防止、裁判、矯正での介入、再犯防止、被害者支援などさまざまな分野にわたる約40のテーマについて、系統的レビューの結果やその手続文書が公開されている。

---

(11) Webサイトは、https://campbellcollaboration.org/。日本語版サイトは長年、静岡県立大学に設置されており、現在は、龍谷大学に設置されている。https://crimrc.ryukoku.ac.jp/campbell/library/index.html
(12) 方法論的な質は、低いものから順に以下の6段階となる。0．専門家の論評や感想。1．介入群（対策を受けた人間や地区）と対照群（対策を受けない人間や地区）の単一時点での比較。2．介入群のみの事前事後比較。3．対象を単一の介入群と単一の対照群とに任意に割り付けた事前事後比較。4．任意に割り付けられた複数の介入群と対照群の事前事後比較。5．対象をランダムに介入群と対照群に割り付けた事前事後比較（ランダム化比較実験）。3〜5に関して、対象となる人間や地区を、介入群と対照群とに割り付ける方法が、任意なのか、ランダム（無作為）なので、方法論的な質は大きく異なってくる。これは、割り付けが任意だと政策決定者が介入しやすい対象を選んでしまうことによって良い結果が出てしまうといった思わぬ結果を排除できないのに対し、割り付けがランダムであるならば、このような懸念は一切なく、実験群と対照群との差異は、対策を実施するか否かのみに帰着できる、という考えに基づく。このため、無作為化比較試験は社会実験の「ゴールドスタンダード」といわれる。

表1　キャンベル共同計画・刑事司法分野の系統的レビュータイトル

区分	テーマ
法執行	防犯カメラの監視：犯罪抑止効果
	繰り返し起こる家族暴力事件に対する二次対応者プログラムの効果
	犯罪多発地域における集中的警察活動：犯罪に対する効果
	近隣監視
	問題志向型警察活動：犯罪と秩序の乱れへの効果
	地理的に集中した警察活動における空間的な移転と便益の拡散
	企業犯罪：法律と規制は企業に対してわずかな効果しかない
	警察の正当性を高めるための介入は、警察に対する市民の満足感と信頼を高め、再犯を減少させる
	焦点を絞った抑止戦略「引張レバー」は、犯罪を減らすのに効果的である
	街頭レベルでの薬物関係法の執行
	街路照明の改善：犯罪に対する効果
	銃の不法所持と携帯に対する警察の対策
	反テロリズムの対策
少年	重大（暴力および常習的）少年犯罪者：矯正下の処遇効果
	家族ないし親の早期訓練プログラムが反社会的行動と非行に与える効果
	親の刑務所収容：子どもの反社会的行動とメンタルヘルスに与える影響
	少年の公的システムによる措置：非行への効果
	サイバー加害の予防・減少のための子供、若者、親への介入
	個人指導プログラム
	少年非行の防止のための「スケアード．ストレート」等少年の自覚を促すプログラム
	学校を基盤とする、いじめと被害化を減らすためのプログラム
	セルフコントロールと非行・問題行動を改善するための10歳未満の子どもに対するセルフコントロール介入
	学校からの排除は、介入によって減らすことができるが、その効果は一時的である
	青少年の夜間外出禁止は犯罪や犯罪被害の減少に効果がない
	低所得国や中所得国においてギャングと若者の関係を絶つ予防的介入に関する厳密な研究は存在しない
裁判	拘禁的判決と非拘禁的判決：再犯に対する効果
	対面式の修復的司法カンファレンスは、再犯の減少と被害者の満足の促進という点で、費用対効果が高い
	ドラッグコート：青少年よりも成人の薬物の使用と再犯の減少に効果的である
	判決の費用便益分析

区分	テーマ
矯正	薬物代用プログラム：再犯に対する効果
	拘禁下における薬物濫用治療の犯罪行為に対する効果
	性犯罪者への処遇は再犯を減少させるが、効果的な介入を特定するには、さらなる検討が必要である
	矯正的ブートキャンプ：犯罪への効果
	施設内暴力：暴力に対する状況要因の影響に関する系統的レビューとメタ．アナリシス
	犯罪者に対する認知行動プログラム
	刑務所・拘禁施設の入所に伴う、少年・若年犯罪者の自殺・自傷のリスクの査定に用いるスクリーニング及びアセスメント・ツール
再犯防止	非拘禁雇用プログラムについての系統的レビュー: 前科者の再犯率への影響
	電子監視の再犯に対する効果
	非拘禁雇用プログラムの効果：元犯罪者の再犯率への影響
被害者支援	犯罪被害者支援のために用意された介入：心理的アウトカム

2　米国司法省司法研究所の犯罪対策の格付けサイト

エビデンスを基づく犯罪対策を普及させるためには、一次研究の蓄積のみならず、効果があるとされた対策を分かりやすく実務に普及させる取り組みが必要となる。米国の司法省司法研究所（National Institute of Justice）は、犯罪対策をその効果によって「有効（effective）」「有望（promising）」「効果なし（no effects）」の３種類で格付けしたサイト https://www.crimesolutions.gov/ を運営している（**図５**）。2019年３月現在で573の対策（プログラム）が登録され、うち、17%が有効、59%が有望、24%が効果なし、と格付けされている。

図５　米国司法省の防犯対策格付けサイト

https://www.crimesolutions.gov/

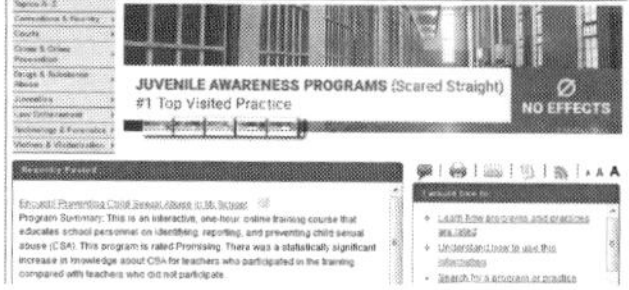

その格付けの方法としては、系統的レビューが実施されており、各対策の評価研究を検索した上で、①刑事司法の現場でランダム化比較試験または準実験が少なくとも1回以上行われている、②犯罪・非行、被害、警察活動の指標が用いられている、③査読つきの学術誌または完全な評価報告書で1980年以降に出版されている、という条件を満たす対策が格付けの対象になっている。そして、厳密な実験によって、対策の実施が評価指標を改善させることが立証されているものは「有効」、それほど厳密な実験ではないが有効性が示されているものは「有望」、厳密な実験によって対策の実施が評価指標を改善させない（あるいは悪化させる）ことが立証された対策は「効果なし」と分類されている。

　「効果なし」とされた対策の中には、先述のスケアードストレイトのように一見効果があるように思えるが、厳密な評価研究によってその有効性が否定されたものも多い。「効果なし」と格付けされた対策を実施しても、予算の無駄になるばかりか、犯罪状況をかえって悪化させる可能性がある。

　エビデンスに基づく犯罪予防の先進国であり、刑事司法実務家に対する教育制度が整備された米国であっても、個別の犯罪対策に関するエビデンスの収集は、高価な学術雑誌の購読や高度な知識を要するため、必ずしも容易ではない。このため、政府内に設けられた中立的な研究機関が、傘下の刑事司法機関の実務家に対して、より分かりやすく、アクセスしやすい形で個別の犯罪対策のエビデンスを提供することは重要であるといえよう。

3　日本での取り組み——エビデンスに基づく政策形成

　近年の日本でも、人口減少に伴う財政資源・人的資源の縮退への懸念が背景となって、限られた資源を有効活用し、行政に対する国民の信頼を高めるため「エビデンスに基づく政策形成（Evidence-based Policy Making, EBPM）」が取り組まれることようになった。2017年に内閣官房にEBPM推進委員会が発足し、各省庁に政策立案過程総括審議官が設置されるなどの取組みが始まっている。

　キャンベル共同計画や米国司法省の格付けサイトでは、個別の対策の因果効果を導き出すために、対策実施前にその対象を実施群と未実施群にランダ

ムに振り分けるランダム化比較実験（RCT）を重視しているが、ランダム化比較試験は、評価デザインの構築にかかるコストや、人為的に未実施群を設けることの倫理的な問題から、必ずしも容易ではない。このため、日本におけるEBPMでは、各地で実施した対策による結果指標の変動を、各地での対策導入時期と関連づけて事後的に分析する自然実験など、必ずしもRCTに依存しない手法を視野においている。

　現在、日本では犯罪対策の評価研究は必ずしも多くない。このため、エビデンスに基づく政策形成を行うためには、段階的な手順を踏む必要があると思われる。まず、各地で実施した対策の実施時期、投入した資源内容、そして、その対策による指標の変化を包括的に収集・記録することが必要であろう。次に、対策ごとに、投入した資源が、どのような過程で結果につながるかをモデル化（ロジックモデル）することが求められる。その上で、個別の対策を実験的に実施し、結果指標の変化を対照群と比較することで、その対策の効果についてのエビデンスが得られる。そして、その個別の対策を、その結果とともに整理し、普及することで、新たな問題に直面した実務家が、過去の教訓に学ぶことが可能になるであろう。

Ⅳ　行動経済学的手法——ナッジとリバタリアン・パターナリズム——

1　犯罪の一次予防における課題

　犯罪予防のための手段は一次～三次予防に大別され、このうち、一次予防は、被害リスクの高低に関わらない一般市民を対象とする。犯罪の一次予防では教育、啓発、講話は主要な方法となっており、たとえば、学校での被害防止教育や薬物乱用防止教室のほか、地域での高齢者に対する防犯教室など年齢にかかわらず実施されている。

　しかし、犯罪の一次予防ではいくつかの問題点が存在する。第一に、介入で行われていた教育内容が馴化してしまい、教育を受けているのに予防行動に移らない場合がある。たとえば、特殊詐欺の被害者調査では、手口そのものを知っているのに騙された例が頻繁に報告されている。

Ⅳ　行動経済学的手法──ナッジとリバタリアン・パターナリズム──

　第二の問題点は、ハイリスク層に対策が届かないことである。防犯教室の受講や特殊詐欺対策機器のモニター利用といった、希望者のみや先着順の個人・世帯対象の対策では、防犯意識が高く、すでに他の予防行動を取っている個人や世帯が追加で新しい対策を申し込むことがしばしばある。このような場合、予防行動を取っておらず、真にリスクが高い個人や世帯に、対策が届かない結果になる。また、自治体が、区域内の自治会や町内会に対して実施する防犯カメラ設置の設置費用の補助事業でも、自己負担に同意が得られる町内会や自治会が対象になって、住民間の合意形成が難しかったり、金銭負担が難しい町内会や自治会に対してはその対策が行き届かないことになる。

　第三の問題点は、広報啓発や教育で実施される予防行動の勧告に反発を受けるといったことから、対策が対象者に届かないことである。特に性犯罪対策での予防行動の勧告では、深夜帰宅時のタクシー利用や歩行時の注意といった被害リスクを低減するための行動が、パターナリズム、過度の自己規制や被害者非難として反発を受けることが珍しくない。

　このような公的主体から受け手に対して、片方向的に、ともすれば強制的なニュアンスを伴う介入を行った際の問題は、犯罪問題に限らず、医療や福祉、教育（人間開発）など公共政策の多くの分野で発生する。

2　行動経済学的介入
(1)　ナッジとリバタリアン・パターナリズム

　このような問題を解決するために、近年、ナッジ（肘で軽く突く）に代表されるような行動経済学的な手法が注目されている。行動経済学では、人間は合理的な判断を行って行動を選択するというこれまでの人間観を前提とせずに、人間の判断は、心理的なバイアスや感情的な反応に左右されて、行動も必ずしも合理的ではないという人間観に基づいている。

　セーラーとサンスティーン（2008）によると、ナッジとは、人々の行動を、選択肢を制限したり、経済的なインセンティブを著しく変更することなく、予見可能なものとするような「選択アーキテクチャ」の総体である[13]。ナッジは命令ではない。たとえば、健康果物を人の目の高さにとることはナッジ

であるが、ジャンクフードを禁止するのはナッジではないとしている。すなわち、人々を強制させることなく望ましい行動に誘導するようなシグナル、または「仕掛け」といえる。

また、ナッジの考え方の背景には「リバタリアン・パターナリズム」の考え方がある。従来の公共政策では、個人や企業の自由意志や自己決定を尊重するリバタリアンと、政府や公的機関・教育機関による個人や企業に対する介入・指導を重視するパターナリズムとは厳しい対立関係にあった。それに対し、行動経済学は、政府や公的機関が、個人に対して個人の判断に必要な情報と選択肢を提供し、かつ、単一の選択肢を推奨する場合でも、その選択肢を取らない自由（オプトアウト）を保証することで、リバタリアンとパターナリズムを止揚し、社会にとっての福利を最大化しようという考え方に立っているといえる。

(2) **選択アーキテクチャの変更**

行動経済学に基づく介入のうち、最も主要なものである選択アーキテクチャの変更（またはデフォルトの変更）は、個人の自由意志を尊重しながら、選択する際の仕組みを変更することで、より望ましい行動を喚起させようというものである。世界的なナッジの普及のきっかけになった取組みとしては、米国における企業年金制度（401K）の申し込みを、従来は興味をもつ従業員が自発的に申し込む形であったのを、制度変更によって自動申込みとして、加入率を向上させたことが有名である。また、臓器移植カードを配布する際の意思表明の初期値（デフォルト）が、提供する、提供しないのいずれかにあるかで、同意率が大きく異なるとした研究も著名である[14]。これらはいずれも、人間はもともと必ずしも熟慮して物事を決定するわけではないので、最初に提示する選択肢によって選択が変わりうる、という洞察に基づいている。

犯罪対策では、特殊詐欺対策でのATM振込利用制限がこれにあてはまる[15]。特殊詐欺のひとつである還付金詐欺の対策では、これまで、利用者の

---

(13) Thaler, R. H., & Sunstein, C.（2008）.*Nudge: Improving decisions about health, wealth, and happiness.* New Haven, CT : Yale University Press.
(14) Johnson & Goldstein（2003）Science, 302, 1338-1339.

申し込みによってＡＴＭの出金額をあらかじめ小額に設定しておくことがあったが、この申込みは低調であった。この状況に対して、金融機関側が、過去のＡＴＭの利用実績が少ない高齢者の預金口座について、振込額を制限して、もしだまされても被害額が発生しえなくしたものである。

(3) 意図の二重性

ナッジのもうひとつの大きな特徴は、対策を実施する側の意図と、対策を受ける側の意図とが必ずしも一致しないことである。たとえば、南アフリカの健康増進対策「HOPE SOAP」では、玩具が中に埋め込まれた石鹸を児童に与え、それをもらった児童は中の玩具を取り出そうとしてその石鹸を喜んで使い、その結果、児童に手洗い習慣をつけさせるという政策立案者の目的が達成される仕掛けとなっている。また、北欧でのまちづくり「The Fun Theory」では、都市の鉄道駅に踏み面を踏むと音が鳴る階段を設置して、利用者が音が鳴るという楽しみのために階段を利用することで、健康行動の増進という政策立案者の目的が達成されることになっている。日本の防犯では、ジョグパトや見守りフラワーポットといった取組み[16]がこれに関連する。ジョギングを行う、地域住民で鉢植えを植えるといった別の目的が防犯に役立つというものである。

(4) ゲーミフィケーション

これに関連して、ナッジでよく用いられる手法であるゲーミフィケーションでは、ゲームや競争の導入により目的を達成することが行われる。たとえば、屋外でのスマートフォンによるゲームである「ポケモンGO」によって、若者の運動時間が増え健康増進につながったことが報告されている[17]。日本の防犯では、学校対抗の鍵かけコンテストである「鍵―１ＧＰ」が行われている[18]。これは京都府内で自転車通学を実施している高校が学校単位で参加し、自転車の施錠キャンペーンを行うものであり、期間中の施錠率を競うこ

---

(15) 「特殊詐欺被害防げ！ 高齢者のATM利用制限」毎日新聞2017年10月17日。
(16) 樋野公宏＝雨宮護「はじめよう！安全なまちづくり 地域の危険箇所点検と環境改善の手引き」（2015年）http : //ua. t. u-tokyo. ac. jp/others/tenken_tebiki. pdf
(17) Howe, K. B, . Suharlim, C, Ueda, P, Howe, D, Kawachi, I., Rimm, E. Gotta catch'em all! Pokémon GO and physical activity among young adults:difference in differences study BMJ 2016 ; 355 doi : https : //doi. org/10. 1136/bmj. i 6270

とで、自転車の施錠習慣を身につけるという目的が達成されるものである。

また、ナッジの特徴としては、物理的な環境デザインが多用されることがある。たとえば、カフェテリア方式の食堂の入口に近いところに野菜の皿を置くことで、野菜の摂取量を増やすことを期待したり、大量飲酒防止のために酒のグラスを小さくするといった仕掛けが知られている。広義の意味での状況的犯罪予防や環境デザインによる犯罪予防と類似しているといえる。

(5) **インセンティブ**

望ましい行動を取った対象者に対して、他の割引や金券などのインセンティブを与えるということも行われる。たとえば、静岡県東部地域では、地元企業と協働して、健康診断を受診した市民に対して、金券を支給するという取組みが行われている。また、大学生に対して朝食を食べる習慣を身につけさせるために、朝食を100円で提供するという取り組みが実施する大学もある。防犯場面では、防犯性能を満たした物件を公的機関が認証することで、より消費者に受け入れられるようにするという制度が当てはまる。また、警察本部と地元のタクシー会社とが協働して、大学生の深夜帰宅時のタクシーの割引制度が導入されている。

3 ハイリスク層への「出前」

ナッジなどの行動経済学的手法では、対象者を層別した上で、ハイリスク層や低関心層に対策を届ける工夫が行われる。漫然と幅広い対象者を対象に対策を実施するよりは、ハイリスク層や低関心層に絞って対策を届けた方が、結果的に社会の厚生を向上できるという考え方に基づいている。たとえば、健康場面では、パチンコ店といった娯楽施設の来場者に対して、低価格で健康診断を届ける試みが行われている[19]。また、福祉では、繁華街に居場所を求めてやってくる女子少年に対して、バスを改装した支援を届ける「Tsubomi Cafe」の取組みが行われている[20]。繁華街で時間を過ごす女子少

---

(18) 京都府警察ウェブサイト「鍵―1グランプリ2018」(2019年1月15日最終閲覧)。https://www.pref.kyoto.jp/fukei/anzen/bohan/kagi1/kekka2018.html

(19) ケアプロ株式会社「パチンコ店舗での健康チェックイベントが年間5,000名規模」(2013年)。http://carepro.co.jp/about/press20130812.pdf (2019年1月15日最終閲覧)

年は、性的搾取や福祉犯の被害リスクが高いといえる。これらの女子少年に対して、補導的な取組みにとどまらず、ピンク色のデザイン性に富むバスを用いることも仕掛けだといえる。

　防犯場面では、大阪府警では、女性が深夜に帰宅する機会が多い業態に対して、深夜帰宅時の予防行動を呼びかけるといった萌芽的な取り組みがみられる[21]。このように、ハイリスクな対象を見極めて対策を届けることは、問題解決型警察活動や、反復被害防止のための介入とも親和性が高く、非常に重要だと思われる。

　ここまで取り上げた行動経済学的手法の類型と犯罪対策での適用例を**表2**に示す。いずれも画一的な広報啓発・教育やキャンペーンといった従来型の犯罪の一次予防とは異なり、個別具体的な対策となっている。犯罪対策でも特に、潜在被害者や社会を対象とした取組みは、強制力を伴いにくい。このことからも、犯罪の一次予防では、個人に強制を伴わず、必ずしも関心が高くない対象の行動変容が期待できる行動経済学的な対策は有望だといえよう。

表2　行動経済学的手法の類型と犯罪対策での適用例

区分	犯罪対策での例
選択アーキテクチャの変更	特殊詐欺対策のためのATM利用制限
意図の二重性	ジョグパト，見守りフラワーポット
ゲーミフィケーション	学校間コンテストによる施錠行動促進
インセンティブ	防犯性能の高い住宅の認証制度
	タクシー運賃の割引制度
ゲーミフィケーション	学校間コンテストによる施錠行動促進
ハイリスク層への普及	深夜就業の女性に対する防犯教室

(20)　「少女のために『巡回バス』無料で食事・相談」朝日新聞（2018年）。https://www.asahi.com/articles/DA3S13713167.html（2019年1月15日最終閲覧）　支援につなぐ国と東京都による「若年被害女性等支援モデル事業」の一環である。
(21)　「防犯教室キャバレーで　府警、寸劇で解説」毎日新聞2018年7月8日（大阪・地方版）。

4　小括──犯罪インフラと安全インフラ──

　近年、組織犯罪、詐欺、サイバー犯罪など犯罪対策の多くの分野で、「犯罪インフラ」対策が行われている。犯罪インフラとは、犯罪を助長し、又は容易にする基盤であり、他人名義の携帯電話や預貯金口座、犯罪に関わるインターネットサイトなど、一般国民のために開発されたにもかかわらず犯罪の基盤として悪用されている合法的な技術、サービス、制度であり、犯罪インフラ対策とは法改正や業界団体に対する働きかけによって、これらの犯罪インフラを削減し、犯罪をより困難にしようという取組みである。すなわち、法執行は、犯罪者の中核的活動を検知して犯罪者を除去しようとするのに対し、犯罪インフラ対策は、犯罪者の活動の周辺にある状況や環境を変えて犯罪を抑止しようとする試みである。

　これに対し、潜在被害者を対象とした介入では、防犯教育の場合は受け手に明確に犯罪を意識させ、住民パトロールや子どもの見守り活動などの地域安全活動でも、その実施者は明確に犯罪を意識している。すなわち、防犯教育や地域安全活動では、対象者を意図的・積極的に防護するといえる。これに対し、対象者が日常生活の中での行動の中に、安全の要素を埋め込むことにより、犯罪被害防止のことを意図しなくても守られる仕組みが構築可能であろう。犯罪者の中核的活動に対する「犯罪インフラ」に倣って、市民を意図的・積極的に防護する中核活動に対して、市民が日常生活の中で意図的に守られる仕組みのことを「安全インフラ」と呼ぶことができる（**図6**）。これらの仕組みとして、本節で扱った行動経済学的手法を位置づけることができる。

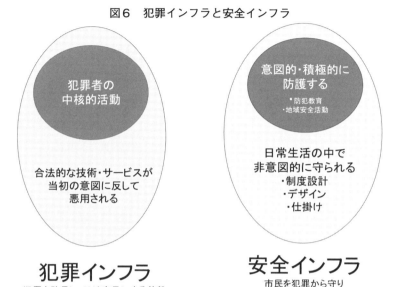

図6 犯罪インフラと安全インフラ

Ⅴ　終わりに

　本稿では、社会の犯罪リスク水準が減少する局面では、従来の総量抑止型の犯罪対策が必ずしも有効ではないことを述べ、犯罪減少時代の犯罪対策のあり方として、問題解決型警察活動、個別対策の効果に関するエビデンスの蓄積と発信、行動経済学的手法の導入の3つについて議論した。

　これら3つは相互関連している（図7）。まず、問題解決型警察活動は、犯罪の背景に存在する問題を発見してからその問題を除去するために特化した対策を実施するため、他の警察活動と異なって個別対策の効果に関するエビデンスを得やすいといえる。また、キャンベル共同計画や米国司法省の格付けサイトのように、個別対策の効果に関するエビデンスが蓄積され、実務家にも分かりやすく入手しやすいように発信されると、問題解決型警察活動における対策立案の際には、問題に見合った効果的な対策を選択することができる。

図7 本稿で取り扱った3つの概念の相互関係

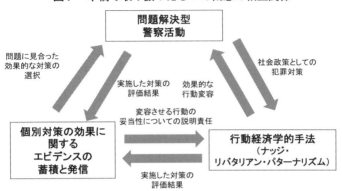

　また、問題解決型警察活動は、問題に応じて多種多様な対策が求められ、その際には、必ずしも犯罪問題に対して意識が高くない個人（集団）や、犯罪の加害・被害のリスクが高い個人（集団）が対象になりうる。この際は、従来の犯罪の一次予防で行ってきた教育啓発だけでは不十分であり、市民の行動を直接的に変容させる行動経済学に基づく手法は有望であろう。また、警察活動の4類型の中でも、問題解決型警察活動は、犯罪の背景にある問題解決を目指すため、結果的に他の社会的問題も軽減することが見込まれる。このため、健康や福祉、人間開発など多くの社会政策分野で用いられている行動経済学的手法との親和性はとりわけ高いといえよう。

　ただし、行動経済学的手法では、政策実施者が、個人が政策実施者の意図を知らないままに行動を変容させてしまうため、市民の自由意思を奪ってしまうという倫理的な問題も指摘されている。このため、行動経済学的手法で変容を目指す行動が、その個人に福利をもたらすという実証的なエビデンスを確認した上で、説明責任を果たすことは犯罪対策に限らず必須であろう[22]。また、行動経的手法も社会の資源を使って行われる以上は、その手法によって対象となった個人や集団の行動をどの程度変容できるかについてのエビデンスが必要である。たとえば、犯罪の一次予防として行動経済学的手法を導入する際には、その手法で普及させようとする市民の行動（たとえば、特殊詐欺対策のための録音機能つき電話の設置）がその個人の将来の被害リス

V　終わりに

クを減らすというエビデンスと、その普及方法そのものの効果についてのエビデンスの双方が求められる。

　日本では人口減少時代を迎え、社会構造も変革を余儀なくされている。犯罪対策や刑事司法に関しても、これまで確保されていた人員や予算といった資源がそのまま利用可能であり続けることは困難である。犯罪発生水準が低くなったことは社会にとって福音であるが、それだけに単一の重大事件によって、犯罪対策に投入される資源が左右される可能性も高まるといえるかもしれない。今後は、従来の刑事政策が主眼としてきた犯罪者・非行少年や犯罪現象に加え、犯罪には直接的には関与しない一般市民や社会に対する視座と、それに伴う新たな犯罪対策が求められる。

（しまだ・たかひと）

---

(22)　アメリカのリスク学者フィッシュホフ（Fischhoff, B）は、性的暴行の一次予防について、自己防護対策が当人の被害リスクに及ぼす効果についての研究はほとんどないとした上で、米国の多くの大学に設置されている護身術講座は、受講者の自信を高めるかもしれないが、実際の性的暴行のリスクを低下させず、自分でリスクを管理できると過剰に思い込んでも、事態を悪化させるだけである、と痛烈な批判を加えている。Fischhoff, B. Kadvany, John／中谷内一也訳『リスク――不確実性の中での意思決定――』（2015年、丸善出版）。

ドイツにおける通信関連情報の
予備的保存について

内 藤 大 海

I はじめに
II 通信データの保存義務の制度化に至る経緯および現状
III 保存義務の概要
IV 問題の所在
V 連邦憲法裁判所および欧州司法裁判所判例の動向
VI むすびにかえて

I はじめに

　近年、組織犯罪およびテロ対策は、わが国のみならず国際的な急務となっている。また、サイバー犯罪に代表されるように、犯罪の情報化、デジタル化に適切に対応すべく、警察活動もまた高度の情報化が進められている。わが国では2011年の刑訴法改正により、電磁的記録媒体に対する捜索・差押えの新たな執行方法が導入されることとなった。その際、刑訴法197条3項が新設され、通信履歴の保全要請が規定されることとなった。これは、同時に新設された記録命令付差押えが実施されることが予想されながら、すぐに令状が得られないときに、プロバイダ等の電気通信事業者に対し、通信履歴等保存する義務を課す処分である。証拠保全の目的で実施されるものであるが、差押えのための仮的、一時的、補助的な処分であるとされている[1]。
　この背景には、2001年に採択されたサイバー条約の影響がある。2003年に

（1）　保存要請について、杉山徳明＝吉田雅之「『情報処理の高度化に対処するための刑法等の一部を改正する法律』について（下）」曹時64巻5号（2012年）117頁参照。

は、条約の批准に向け、法制審に「ハイテク犯罪に対処するための刑事法の整備に関する諮問」が付託され、同年「ハイテク犯罪に対処するための刑事法の整備に関する要綱（骨子）」が採択された。これには最長90日のログの保全要請も含まれていたが、立法は見送られた。翌2004年、第159回国会に「犯罪の国際化及び組織化並びに情報処理の高度化に対処するための刑法等の一部を改正する法律案」が提出された。本法案には記録命令付差押え等も含まれていたが、その導入は結局2011年の刑訴法改正を待つこととなる。同年、わが国はサイバー条約の締結を承認し、その後発効することとなる。そして、2011年の刑訴法改正により、記録命令付差押え（99条の2、218条）とともに197条3項に通信履歴の保全要請が新設されることとなった。

　他方、欧州においてもとりわけ1990年代以降、組織犯罪対策およびテロ対策のための法整備が急ピッチで進められた。例えば、ドイツにおける代表的な法改正としては、1992年の組織犯罪対策法[2]で潜入捜査官（verdeckter Ermittler）の投入をはじめさまざまな捜査手法が刑訴法に新設された。加えて、警察法領域においては2008年の連邦刑事庁法改正では、潜入捜査官の投入、通信傍受、オンライン捜索など予防警察のためのさまざまな処分が新たに導入されている[3]。他方、電気通信法[4]113条aは、電気通信に関する履歴等の記録を数週間[5]間保存することを義務づける[6]。これは、上述したわが国における通信履歴の保全要請と類似した処分であるものの、端的にいうとより広範な処分であり、その基本法適合性をめぐってはドイツ国内においても長い間議論のあるところであった。具体的な犯罪捜査の必要性が生じる前のこのような情報保全処分の正当性は、わが国ではまだ喫緊の問題とはなっ

---

(2) Gesetz zur Bekämpfung des illegalen Rauschgifthandels und anderer Erscheinungsformen der organisierten Kriminalität (=OrgKG) vom 15.7.1992. [BGBl. I S. 1302].
(3) 山口和人「ドイツの国際テロリズム対策法制の新たな展開――『オンライン捜索』を取り入れたドイツ連邦刑事庁法の改正――」外国の立法247号（2011年）54頁以下。
(4) Telekommunikationsgesetz (=TKG) vom 22.6.2004 [BGBl. I S. 1190], das zuletzt durch Artikel 1 des Gesetzes vom 29.11.2018 [BGBl. I S. 2230] geändert worden ist.
(5) 保存期間については、後掲・表【保存義務の概要】参照。
(6) ただし、後述するように、法律施行後この義務の実施に向けて設定された移行期間の経過前に連邦ネット庁は義務の停止を通達した。

ていない。しかしながら、ドイツにおける議論は犯罪捜査のみならず、テロ対策等の予防警察における情報戦略をも巻き込んだ議論となっており、組織犯罪対策、テロ対策が叫ばれるわが国においてもその概要を紹介しておくことは有益であろう。

以下、本稿ではドイツにおける通信履歴の予備的保存およびこれを巡る議論の状況を概観する。なお、以下本稿ではとくに断りのない場合はドイツの事象を指すものとする。

II　通信データの保存義務の制度化に至る経緯および現状

通信データを予備的に保存することをプロバイダ等の電気通信事業者に義務づけることについては、以前からドイツでも一定の支持があったとされる。ただし、予備的なデータ保存に対しては、その犯罪解明効果あるいは危険防除（Gefahrenabwehr）効果に対する疑念が投じられていた。さらに、実際に保存されたデータが使用されるのはごく限られたわずかな事案においてであるにも関わらず、理由なしに、包括的に、そして例外なく膨大な通信データが保存されることの不権衡（Unverhältnismäßigkeit）に対する批判も存在した。そのような状況の下、予備的保存制度の導入に向けた度重なる試みが行われたものの、憲法上の懸念から頓挫していた。他方、欧州議会は、2005年7月7日にロンドンで発生した同時爆破テロ後の2006年3月15日に、通信データの予備的保存義務に関する指令を採択した[7][8]。

これを受けたドイツでは、2007年12月21日に電気通信の監視のための新規則に関する法律を立法することで国内法整備が図られることになった。なお、この法改正により新たに導入されたのは、通信関連データのプロバイダ等の事業者における保存義務であり、実際に刑事訴追（捜査）や犯罪予防の場面での必要なデータの所轄機関（検察、警察あるいは連邦刑事庁等）への引

（7）　Directive 2006/24/EC of the European Parliament and of the Council of 15 March 2006.

（8）　*Alexander Roßnagel*, Die neue Vorratsdatenspeicherung—Der nächste Schritt im Ringen um Sicherheit und Grundrechtsschutz, NJW 2016, 533.

渡しについては、刑訴法100条gのような個別の法律によることとなっていた。しかし、この法律に対しては34,000人を超える憲法異議が申し立てられることとなる。これを受け、連邦憲法裁判所2010年3月2日判決は、予備的データ保存措置を違憲、無効と判断した[9]。通信データの予備的保存義務については欧州議会で採択された条約に基づき、加盟各国は2014年までに国内法の整備をしなければならないことになっており、事実、ドイツ以外のすべての締結国において国内法の整備が終わっていた。ドイツ国内でも前記連邦憲法裁判所判決を考慮した新たな立法案が持ち上がったものの、当時の法務大臣であったロイトホイサー＝シュナレンベルガーは、これを拒否した[10]。

　他方、すでに通信関連データの保存義務に関する法整備は終了していた欧州連合加盟各国においても、一部の国からこの措置の基本権憲章適合性に疑問が呈されることとなる。アイルランド高等法院およびオーストリア憲法裁判所による先行判決（preliminary ruling）の照会がそれである。この要請を受けた欧州司法裁判所2014年4月8日判決[11]は、予備的データ保存はそもそも欧州連合基本権憲章7条および8条に反しているとして、無効と判断した。欧州司法裁判所は、欧州議会の出した予備的データ保存に関する指令の比例原則不適合性を明言したのである[12]。しかしながら、このような欧州連合における情勢にもかかわらず、2015年春に大連立政権において連邦副首相

---

(9) BVerfG, Urt. v. 2. 3. 2010—1BvR 256/08 u. a., BVerfGE 125, 260.
(10) *Roßnagel*, a. a. O. （Fn. 8）, S. 534.
(11) Judgement of the Court（Grand Chamber）, 8 April 2014—C-293/12, C-594/12.
(12) 　欧州司法裁判所は、予備的データ保存に伴う権利侵害は重大であるとして、問題を以下のように指摘する。すなわち、それが密行的に行われるという状況は、まさに「対象者をして自らの私的生活が絶え間ない監視対象となっているという感情を生じさせるものである（S. 2170, Rn. 37）。「世界平和および国際安全保障のための国際テロリズムとの戦い」ならびに「公共の安全を守るための重大犯罪との戦い」は、たしかに公共の福祉のために従事するこの共同体の目標である（S. 2171, Rn. 42, 44, S. 2172, 51）。しかしながら、だからといって、そのために必要なデータの保存処分が当然に正当化されるわけではない（S. 2172, Rn. 51）。むしろ、「私的生活の尊重に関する基本権の保護は、……個人情報の保護に関する例外ないし制限が絶対的に必要な場合に限定されなければならないことを要求する」（S. 2172, Rn. 52）。したがって、データ保存の射程範囲と使用に明確かつ適切な規範を定め、被処分者（対象者）が十分な保障を受けられるように、保存データの濫用の危険ならびにあらゆる不当な利用等からの個人情報を実効的に保護するための最低限度の要件を定めなければならない（S. 2172, Rn. 54）、と。

Ⅱ　通信データの保存義務の制度化に至る経緯および現状

であったドイツ社会民主党党首ガブリエルは、予備的データ保存は必要であるとし、同年6月9日には法案が提出された。この法案は、同年10月16日連邦議会で、翌11月6日に連邦参議院で議決され、通信データの保存義務および長期保存の導入に関する法律[13]が成立することとなった。この法律は同年12月17日に公布、翌18日に施行された。

　しかし、このようなドイツ国内の動きとは反対に、欧州司法裁判所では予備的データ保存を取り巻く状況はより厳しいものへと変化する。欧州司法裁判所は、2014年判決に続き、2016年12月21日判決で、イギリスおよびスウェーデンにおけるデータ保存義務規定が欧州連合基本権憲章に適合しないとの判決を示した[14]。

　欧州司法裁判所によるこれらの判断は直接的にはドイツに対するものではなく、拘束力を伴うものではなかったが、判断の内容自体はドイツにおける予備的データ保存にも妥当する。このような状況のなか、ミュンスター上級行政裁判所2017年6月22日判決は、欧州司法裁判所2016年判決と同様の立場から、電気通信法113条b1項および2項と関連した113条a1項は欧州連合基本権憲章7条、8条、11条および52条1項との関係で問題がある旨の決定を下した[15]。さらに、予備的データ保存に関する責任監督官庁である連邦ネット庁（Bundesnetzagentur）は、この決定の直後に予備的データ保存義務の停止を通達した[16]。これにより、ドイツにおける予備的データ保存をめぐる長年にわたる紆余曲折の議論に一応の終止符が打たれたことになる。なお、目下、予備的データ保存に対しては数多くの憲法異議が申し立てられているが、判断はまだ下されていない。そのため、現状としては法律上の規定は存在するが、それらの規定から電気通信事業者に対する法的義務は何ら存在しない[17]。

---

(13)　Gesetz zur Einführung einer Speicherpflicht und einer Höchstspeicherpflicht für Verkehrsdaten vom 10. 12. 2015 [BGBl. I S. 2218].
(14)　Judgement of the Court, 12 December 2016—C-203/15, C-698/15.
(15)　OVG Münster, Beschl. v. 22. 6. 2017—13 B 238/17, NVwZ-RR 2018, 43.
(16)　Verkehrsdatenspeicherung, Mitteilung zur Speicherverpflichtung nach § 113b TKG （URL：https://www.bundesnetzagentur.de/DE/Sachgebiete/Telekommunikation/Unternehmen_Institutionen/Anbieterpflichten/OeffentlicheSicherheit/Umsetzung110TKG/VDS_113aTKG/VDS.html）.

【予備的データ保存義務をめぐる欧州およびドイツの動向】

年月日	欧州連合	ドイツ国内
2006年3月15日	欧州議会で予備的データ保存の義務化に関する指令採択	
2007年12月21日		予備的データ保存に関する立法
		34,000人を超える憲法異議
2010年3月2日		連邦憲法裁判所／違憲判決
～2014年	ドイツ以外の加盟国では国内法整備完了	
2014年4月8日	欧州司法裁判所判決／EU指令は基本権憲章7条、8条に反する	
2015年春		SPD党首ガブリエル／予備的データ保存は必要→立法化へ
2015年12月18日		「通信データの保存義務および長期保存の導入に関する法律」施行（＊2017年6月30日までは移行期間／§150 Abs. 13 TKG）
2016年12月21日	欧州司法裁判所判決／イギリス、スウェーデンにおける予備的データ保存義務規定は基本権憲章に反する	
2017年6月22日		ミュンスター上級行政裁判所決定／電気通信法113条a以下の規定は基本権憲章7条等に反する
2017年6月28日		連邦ネット庁、保存義務を停止を発表[18]

Ⅲ 保存義務の概要

　以上みてきたように、通信データの予備的保存義務は、犯罪訴追および犯罪予防の分野において非常に強力な武器となる一方で、比例性の観点から、

---

(17) なお、本稿を執筆するに当たっては、マールブルク大学のイェンス・プシュケ (*Jens Puschke*) 教授による情報提供を受けるとともに、同教授の就任講義 (Antrittsvorlesung, am 22.6.2018 in der Aula der Alten Universität, Universität Marburg) の内容を参考にさせていただいた。この内容は *jens Puschke*, Die Vorratsdatenspeicherung als Spielball höchstgerichtlicher Rechtsprechung, ZIS 2019, 308 ffにて公表されている。

(18) *Jürgen-Peter Graf*, Beck'scher Online-Kommentar StPO (BeckOK StPO), Stand 15.10.2018, §100a, Rn. 220.

Ⅲ 保存義務の概要

ドイツ国内のみならず、欧州司法裁判所によっても懸念が示されている。本稿では、その問題の所在について紹介し、若干の分析を加えるが、その準備段階として、本法によって義務づけられる保存義務の内容等について概要を明確にしておくこととする。

予備的データ保存は電気通信法によって規定される処分であり、インターネットプロバイダ等の電気通信事業者が、SMSあるいはインターネットアクセス・サービスに関する通信データを保存する措置をいう（113条a1項）。モバイル通信サービスについては、位置情報もこの保存対象に含まれる。ただし、ここでいう通信データにはコミュニケーションの内容等は含まれず、保存義務の対象とはなっていない点に留意が必要である（113条b5項）[19]。保存対象となるのはインターネット利用者に割り当てられたインターネットプロトコル・アドレス（IPアドレス）や、インターネット利用の開始および終了日時（113条b3項）といったコミュニケーションの外延情報であり、コミュニケーションの中核情報は含まれない。

これらの情報を予備的に保存する目的は、後に刑事訴追や犯罪予防のために必要となったときに証拠保全等を確実に行うことができるようにすることである[20]。例えば、薬物の売人としてある被疑者を検挙した後で、その組織性あるいは流通経路等を明らかにしようとするとき、当該被疑者の通信履歴を確認し、いつ、誰と、どのくらいの頻度で、どのくらいの時間通話が行われたか、あるいはメールのやり取りがあったかという情報を取得することができれば、その事実が重要な間接証拠となりうるばかりでなく、密売グループのリーダーや共犯者の存在の有無などについても推測しやすく捜査上有益な情報となる。しかし、売人を検挙した時点でプロバイダが通信履歴等を保存していなければ、これらの情報を得るための要件（裁判所による命令等[21]）

---

(19) Vgl. *Werner Beulke und Sabine Swoboda,* Strafprozessrecht, 14. Aufl., 2018, S. 187, Rn. 254a.
(20) Vgl. zB. OVG Münster, Beschl. v. 22. 6. 2017―13 B 238/17, NVwZ-RR 2018, 43, 43.
(21) § 100g Abs. 2 S. 1 StPO i. V. m. §§ 100b und 100e Abs. 1 StPO. その前提として、犯罪の嫌疑、対象者の存在、比例原則適用性といった実体要件が満たされているかが問題となる（Vgl. *Jürgen-Peter Graf,* Beck'scher Online-Kommentar StPO（BeckOK）、§ 100g, Rn. 13 ff.）。

99

が満たされたとしても、その目的は達成されない。そのため、実際の利用の蓋然性の如何に関係なく、予備的な処分として全体のデータを一定期間保管することをプロバイダに義務づけているのである。このように考えた場合、例えば、訴追目的のためのデータの取得（刑訴法100条 g）を本意的処分、予備的保存は文字通り予備的処分ということができる[22]。

【保存義務の概要】 ＊なお、条文は電気通信法のもの。

		内　　容	条文等
対象となる通信		SMS、その他インターネットアクセス・サービス	§ 113a Abs. 1
目的		刑事訴追、犯罪予防（危険防除）のために電気通信事業者が取得した情報を利用できるようにすること	Vgl. § 113c Abs. 1
保存すべきデータ――主なものとして	一般	位置情報	§ 98
		電話番号、その他接続の送信元、送信先を識別できるコード等	§ 113b Abs. 2 S. 1 Nr. 1
		インターネット利用の開始および終了日時	Nr. 2
	モバイル通信	送信元および送信先端末の国際識別コード（IMEI）	Nr. 4
		通信サービスの開始日時（プリペイド端末の場合）	〃
		送信元および送信先接続のIPアドレス	〃
		SMS、MMS、その他類するサービスによる情報伝達の送受信の日時	§ 113 b Abs. 2 S. 2 Nr. 1
		送信元、送信先の接続が利用した基地局を識別するもの（携帯位置情報）	§ 113 b Abs. 4
		コミュニケーションの内容、接続サイトに関するデータ（URL等）、Eメール・サービス関連情報＊を予備的に保存することはできない。	§ 113b Abs. 5
保存期間		113条 b 2項および3項の処分については10週間	§ 113b Abs. 1 Nr. 1
		113条 b 4項（携帯位置情報）については4週間	Nr. 2
消去		保存期間経過後遅滞なく、少なくとも1週間以内	§ 113b Abs. 8

＊政府草案によれば、保存禁止はEメール通信の内容のみに該当するものではなく、むしろ電気通信法113条 b 5項は、Eメール・サービスに関するあらゆるデータを保存義務の対象から除外しているとされる（BT-Drucks.18/5088, 23. Vgl. Klaus-Dieter Scheurle und Thomas Mayen, Telekommunikationsgesetz, 3. Aufl.,2018, § 113b, Rn. 29）。

(22) 他方で、危険防除の領域においては、例えば、バイエルン連邦擁護法15条3項が、電気通信法113条 b に基づきデータを保存する電気通信事業者から通信データについて照会することができる旨規定する（後述、本稿Ⅳ）。

Ⅳ　問題の所在

　予備的データ保存は、刑事訴追および犯罪予防（危険防除）の双方を目的とした処分である。通例、これらの両法領域における各種処分は、過去または将来における犯罪事実の存在を根拠に授権される。刑事訴追の場合、国家による私的領域への干渉は犯罪の嫌疑を根拠に行われる。他方、危険防除においては、犯罪が行われる具体的危険が存在する場合に、その回避を目的に国家による介入が認められる。しかし、予備的データ保存は処分対象となる具体的犯罪が存在する前に実施される処分であり、処分の正当化根拠をどこに求めることができるのかが問題となる。まず、刑事訴追における予備的保存データの使用の場面からみておこう。

　電気通信法113条ｃ１項１号は、刑事訴追機関がとくに重大な犯罪の訴追を目的に法律上の授権規定を示して、113条ｂに掲げられたデータの引渡し要求を行うときに、これを認める。データ引渡しを認める規定としては、刑訴法100条ｇが存在する。同条１項によれば、一定の事実に基づき、何者かが行為者または共犯者として個別の事案についてみても重大な犯罪を行ったこと、あるいは電気通信を用いてある犯罪行為を行ったことに関する嫌疑が根拠づけられるとき、事案の調査あるいは被疑者の所在地の捜査のために必要である場合は、対象者に告知せずに通信データ（電気通信法96条１項、113条ａないし113条ｇ）を取得・調査することができる旨規定する。さらに、刑訴法100条ｇ２項は、同項第２文に一覧として掲げられたとくに重大な犯罪が行われたこと（あるいは、未遂処罰規定がある場合は未遂）に関する嫌疑が、一定の事実により根拠づけられる場合で、具体的な事案についてみても当該犯罪がとくに重大である場合に、保存データの取得・調査を認めている。さらに、訴追目的で予備的データを使用する場合は、検察官の請求に基づき裁判所がその調査を命じる（刑訴法101条ａ１項）。

　他方、電気通信法113条ｃ１項２号は、州の危険防除所轄官庁[23]が、身体、生命または自由あるいは連邦または諸州の存続に対する具体的な危険を避けるために113条ｂに掲げられたデータの引渡しを認める法律の規定を示して要求するときに引渡しを認める。例えば、バイエルン憲法擁護法[24]15条３項は、

州憲法擁護庁[25]は、電気通信法113条aにより予備的データ保存義務を負う者から、同113条bにより、同113条c1項2号の条件に従い通信データについて情報照会を受けることができる旨規定する。バイエルン憲法擁護法17条は、同15条の処分を行う際の手続きは、「信書、郵便および電信電話の秘密の制限に係る新規定のための法律」[26]（以下、「G10法」[27]とする）9条以下の条文に従う旨規定する。G10法9条1項は、同法による権利制約を伴う処分は各州の憲法保障機関等による申請[28]に基づいて命じられなければならないとしている。また、州の憲法保障機関からの処分実施申請に対する命令については、州における最上級の所轄官庁（die zuständige oberste Landesbehörde）、その他、連邦内務省（Bundesministerium des Innern）が管轄権を有する（G10法10条1項）。

　このように、予備的に保存されたデータに関して生じる権利制約は、予備的保存段階ではなく、実際の使用の段階で統制される制度になっている。な

---

(23)　なお、危険防除のための利用については、電気通信法113条c1項2号は、各州の危険防除所轄機関（Gefahrenabwehrbehörde der Länder）にのみ保存データの引渡しを認めている。この点について、*Klaus-Dieter Scheurle und Thomas Mayen,* Telekommunikationsgesetz, 3. Aufl., 2018, § 113c, Rn. 14.
(24)　Bayerisches Verfassungsschutzgesetz（=BayVSG）vom 12.7.2016 [GVBl. S. 145] BayRS 12-1-I. 条文については、下記のバイエルン州内務省（Staatskanzlei）ウェブサイトで参照可能（URL：http://www.gesetze-bayern.de/Content/Document/BayVSG/true［最終確認：2019年4月24日］）
(25)　Bayerisches Landesamt für Verfassungsschutz. 憲法擁護庁は、憲法保障に関わる情報機関であり、連邦憲法擁護庁（Bundesamt für Verfassungsschutz）に加え、各州の憲法擁護庁（Landesamt für Verfassungsschutz）が置かれている。危険防除との関係では、例えば、右派・左派・外国人の過激派やテロ等の対策に取り組む機関の1つであり、そのための諜報活動を行う。憲法擁護庁を含む憲法保障機関を取り巻く近年の状況について、武市周作「憲法保障機関の正当性──連邦憲法擁護庁を中心に」東洋法学61巻3号（2018年）49頁以下。
(26)　Gesetz zur Beschränkung des Brief-, Post-und Fernmeldegeheimnisses（Artikel 10-Gesetz-G10）vom 26.6.2001 [BGBl. I S. 1254, 2298 ; 2007IS. 154], das zuletzt geändert durch Artikel 12 des Gesetzes vom 14.8.2017 [BGBl. I S. 3202].
(27)　本法律は、基本法10条の保障する基本権を制約するものであるため、基本法10条関連法という意味でG10と略称される。G10の概要について、渡邉斉志「ドイツ『信書、郵便及び電信電話の秘密の制限のための法律』の改訂」外国の立法217号（2003年）115頁以下。
(28)　Zum Antragsberechtigen sieh § 9 Abs. 2 G10.

るほど、予備的保存段階では情報は未だ訴追あるいは危険防除を所轄する国家機関の支配下にはなく、通信事業者のもとに存在する。そのためか、事実上の権利制約の発生時点を情報の利用時とみて、各所轄機関による情報取得時に規制を掛ければよいと考えられていたようである。しかし、すでにこれまでの経緯をみて確認したように、欧州司法裁判所、ドイツ国内裁判所のいずれも、予備的保存段階ですでに比例原則との関係で問題が生じるとする。以下、問題の所在を明らかにし、各裁判所における判断の分析を行う。

Ⅴ 連邦憲法裁判所および欧州司法裁判所判例の動向

1 連邦憲法裁判所2010年3月2日判決[29]

　予備的データ保存が最初に問題となったのは、連邦憲法裁判所2010年判決であった。これは、予備的データ保存に関する2007年法に対して唱えられた34,000人を超える憲法異議に応えるものであった。そのため、本来であれば2007年法を詳細に紹介した上で、連邦憲法裁判所の判断を確認すべきところである。しかしながら、予備的データ保存に関して最終的に問題となっていたのは2015年法であり、本稿ではこちらを重点的に検討の対象とする。そのため、ここでは2010年判決で明らかにされた予備的データ保存制度の問題性について確認しておくこととする。

　連邦憲法裁判所は、通信関連データに関連して生じる権利侵害は、データの使用時に初めて生じるものではなく、すでにデータの（予備的）保存の段階で生じるとする[30]。加えて、データが理由なく包括的に保存され、私的領域、むしろより内密的領域（Intimsphäre）を逆推論することが可能となるセンシティブ情報が対象とされる点も問題である[31]。これについて、本措置の侵害強度がとくに強いとされる理由として、密行的監視により市民が基本権の行使を妨げられる可能性があるという威嚇効果（萎縮効果）が考慮されている[32]。以上の点は、2015年法にも共通する基本的な問題といえよう。さら

---

(29) BVerfG, a. a. O.（Fn. 9）.
(30) BVerfG, a. a. O.（Fn. 9）, 318.

に、当時の立法について、データの使用がとくに重大な犯罪との闘争に限定されていなかったことなどが指摘されるとともに[33]、保存データの消去、登録、信頼関係の保護[34]、調査の透明性、事後の告知等の権利保護に関する準則が連邦憲法裁判所によって要求された[35]。

ただ、以下で紹介する欧州司法裁判所判決が通信データが理由なく保存されることになる点についてとくに強い懸念を示しているのとは異なり、この点に関する改善は要求されていない。

2 欧州司法裁判所2014年4月8日判決[36]および欧州司法裁判所2016年12月12日判決[37]

すでにみてきたように、その後連邦議会では予備的データ保存に関する新しい法案を議決し、2015年12月に新たなデータ保存制度が施行されることとなる。しかし、これと前後して欧州司法裁判所では、予備的データ保存に関する逆風が吹き始めることとなる。

欧州司法裁判所2014年4月8日判決は、欧州議会によって採択された2006年の指令自体について無効であるとし、同2016年12月21日判決は、イギリスとスウェーデンにおける予備的データ保存規定が欧州連合基本権憲章に違反するとした。この判断は、実質的に連邦憲法裁判所2010年判決と同様の前提に立つものであり、大部分において比肩可能な結論に至っている[38]。欧州司

---

(31) BVerfG, a. a. O. (Fn. 9), 319. この点について連邦憲法裁判所は、「通話の受信者、〔関連〕データ、時間および場所といった情報は、その監視期間が長くなれば、それらが取り合わされることにより、接続データを利用される者の社会的あるいは政治的所属、ならびに個人的な偏愛、嗜好および弱みに関する詳細が明らかになることを可能にする」と述べる（S. 319）。このような見解は、連邦憲法裁判所2005年4月12日判決（BVerfG, Urt. v. 12. 4. 2005-2 BvR 581/01, NJW 2005, 1338.）などで示された総合的監視（Totalüberwachung）に対する懸念を背景とするものと思われる。

(32) BVerfG, a. a. O. (Fn. 9), 320.

(33) BVerfG, a. a. O. (Fn. 9), 328 f.

(34) 例えば、弁護人と被疑者・被告人の通信など、守秘義務者が関連する通信が問題となるものと思われる。

(35) BVerfG, a. a. O. (Fn. 9), 332 ff.

(36) Judgement of the Court (Grand Chamber), 8 April 2014 (Fn. 11).

(37) Judgement of the Court, 21 December 2016 (Fn. 14).

法裁判所は、比例原則の考慮の枠内において、また基本権憲章7条に基づく私的生活および家庭生活の尊重と同8条に基づく個人情報の保護に関する基本権に鑑みて、広範に及ぶデータの保存によりすでに侵害はとくに重大なものとなっており、コミュニケーション自体の内容から導き出されるのとまったく同じ様に保存データからセンシティブ情報が引き出される可能性があるとした[39]。

さらに欧州司法裁判所は、基本権憲章11条の保障する表現の自由および情報の自由（Right of Information）を指摘しつつ、先行する連邦憲法裁判所判決と同様に「威嚇効果（chilling effects）」（萎縮効果）について次のようにいう。

電気通信サービスの利用者が認識することのないままデータの予備的保存が行われる状況は、対象者に自らの私的生活が恒常的な監視の対象となっているという感覚を生じさせる[40]。

そして、データ保存が特定の根拠に基づかずに実施されること、公権力による侵害の可能性が十分に限定されていないことそしてデータの保存の必要性の乏しさは、欧州司法裁判所によれば結果として予備的データ保存に関する諸規定が比例性を有しておらず、基本権憲章に反するという結論を導く[41]。

以上は、連邦憲法裁判所2010年判決と共通する。しかし、さらに欧州司法裁判所は、データ保存義務は絶対的に必要なものに限定されたものである必要性を強調する。そして、連邦憲法裁判所が、データ保存自体のとくに高い侵害強度を認めてはいるものの、その侵害強度はとくにデータ利用のための厳格な要件によって十分に限定可能であるとみなしているのに対し、欧州司法裁判所はこれを十分であるとはみていない。欧州司法裁判所は、この点に

---

(38) *Puschke*, a. a. O.（Fn. 17）, S. 312.
(39) See Judgement of the Court, 21 December 2016(Fn. 14), Para. 98.; Judgement of the Court（Grand Chamber）, 8 April 2014（Fn. 11）, Para. 26 f.
(40) Judgement of the Court, 21 December 2016(Fn. 14), Para. 100; See Judgement of the Court（Grand Chamber）, 8 April 2014(Fn. 11), Para. 28.
(41) Judgement of the Court（Grand Chamber）, 8 April 2014(Fn. 11), Para. 56 .; Judgement of the Court, 21 December 2016(Fn. 14), Para. 97.

ついて以下のように論じている。

　そのような規定〔すなわち、スウェーデンとイギリスにおける予備的データ保存の基準〕は、保存することが定められているデータと公共の安全に対する脅威との関係性を要求していない。とくにその規定は、予備的保存を時間および／または地理学上の位置および／または何らかの方法で重大犯罪を実現する可能性のある人的集団に関するデータに限定することもなければ、予備的に保存されたその人物のデータが他の理由から犯罪との闘争（fighting crime）に貢献する可能性のある人物に限定されているわけでもない……。したがって、ここで問題となった国内法規定は、絶対的必要性（strictly necessary）の限界を超えており、民主主義社会において正当なものとみなすことはできない[42]。

　連邦憲法裁判所も、欧州司法裁判所も、少なくとも公式には予備的データ保存のための規定の可能性を完全には排除していないのだが、欧州司法裁判所によって示された実体的基準は、完全に理由のないデータ保存は基本権憲章の基準とは調和しえないという結論を導く。連邦憲法裁判所によって要求された制限を広範に具体化したとしても[43]、さらに現在の危険状態と無関係に通信データの保存を要求するドイツの規定は、ここで示された基準を満たしていない[44]。

3　ミュンスター上級行政裁判所2017年6月22日決定[45]

　ドイツほか欧州の企業を顧客としてインターネット・サービスを提供する事業者である申立人は、法定の移行期間経過後、2017年7月1日に生じる電気通信法113条a等によるデータ保存義務に対して権利保護の仮申請（vorläufig Rechtsschutz）を申し立てた。その主張は、欧州司法裁判所2016年

---

(42)　Judgement of the Court, 21 December 2016 (Fn. 14), Para. 106.
(43)　例えば、業務上守秘義務を負うべき者との連絡に関して保存義務に制限が設けられていない点に対する批判として、*Anna Oehmichen und Christina Mickler*, Die Vorratsdatenspeicherung-Eine never endign story?, NZWiZt 2017, 298, 304.

判決を根拠にしたものであった。これに対し、ケルン行政裁判所2017年1月25日決定(46)はこの申立を却下したが、ミュンスター上級行政裁判所は、前述の欧州司法裁判所の判決に同調し、この申立を認めた。これを受け、所轄官庁である連邦ネット庁は予備的データ保存義務を停止することを通達した(47)。

4 小　　括

ドイツでの予備的データ保存義務の実施が差し止められることとなった直接の契機は、ミュンスター上級行政裁判所決定であったが、すでに2010年の連邦憲法裁判所判決および2014年、2016年の欧州司法裁判所判決でも、ほぼ一貫して同様の問題が指摘されていた。むしろ、ミュンスター上級行政裁判所決定は、新たな判断というよりも、これらの判断（直接的には欧州司法裁判所2016年判決）を国内においてそのまま反映させたものであった。

これらの判断において、予備的データ保存の問題性としてとくに指摘されたのは、狭義の比例原則との不適合性であった。各裁判所とも自由の重要性と安全上の問題とのバランシングについて理解を示していたが、比例原則はこれらの利益のバランシングにとって重要な役割を担う。そして、問題とされた予備的データ保存との関係では、データ保存が具体的根拠に基づかずに広範に実施されるという特別の侵害強度が指摘されている。また、これに起因する萎縮効果も問題視されている。そして、このような侵害性質を伴うが

---

(44) *Oehmichen* und *Mickler*, a. a. O. (Fn. 43), S. 306 f.；*Alexander Roßnagel*, Vorratsdatenspeicherung rechtlich vor dem Aus?, NJW 2017, 696, 698；*Wolfgang Ziebarth*, Die Vorratsdatenspeicherung im Wandel der EuGH-Rechtsprechung, ZUM 2017, 398, 404 ff.；offener *Roland Derksen*, Unionskonforme Spielräume für anlasslose Speicherung von Verkehrsdaten?, NVwZ 2017, 1005, 1009；*Aqilah Sandhu*, Anm. zum EuGH, Urt. v. 21. 12. 2016-C-203/15-Tele 2 Sverige AB u. a./Post-och telestyrelsen u. a., EuR 2017, 453, 468 f.；*Ferdinand Wollenschläger*, Die Erga-omnes-Wirkung von EuGH-Urteilen in Vorabentscheidungsverfaren und die TK-Verkehersdatenspeicherung, NJW 2018, 2532, 2535.

(45) OVG Münster, a. a. O. (Fn. 15).

(46) VG Köln, Beschl. v. 25. 1. 2017- 9 L 1009/16, BeckRS 2017, 102147.

(47) Mitteilung vom 28. 6. 2017. Vgl. *Jürgen-Peter Graf*, Beck'scher Online-Kommentar StPO（BeckOK）, § 100a, Rn. 220.

ゆえに、データ保全、データ利用のための制限的な規定が必要であるとされる。両裁判所が示したデータの保存および使用の各段階における制約は、私的領域、情報自己決定および情報保護に高い価値を認めるものである。

ただし、両裁判所の判断には違いも存在する。それは、連邦憲法裁判所は、データ保存、データ利用のための規定をより厳格にすれば、予備的データ保存が正当化されるとする一方で、欧州司法裁判所はそう考えていないからである。というのも、欧州司法裁判所は、現実化された根拠とはまったく無関係に通信データを予備的に保存する義務を制度化することを否定するからである。そのため、仮に予備的データ保存義務の制度化が再度議論の対象になるとしても、この点をクリアする必要があり、少なくともこれまで通り電気通信サービスの全利用者の通信関連データを無差別に保存することはできない。欧州連合における予備的データ保存は、当初構想されたものよりも大幅に譲歩せざるをえない状況にある。

VI　むすびにかえて

予備的データ保存にかかる最大の問題は、おそらく具体的な根拠によらずにあらゆる利用者の通信関連データを包括的に対象とする点であろう。これに対し、冒頭で触れたわが国における通信履歴の保全要請は、「差押え又は記録命令付差押えをするため必要があるとき」に限定され、保存が必要な記録を特定し、書面で行われなければならず（刑訴法197条3項）、両者にはこの点で大きな違いがあるといえるかもしれない。ただし、連邦憲法裁判所が予備的保存の段階で権利制約を認めた点は、情報をめぐるわが国の議論にとっても注目に値しよう。というのも、ドイツにおいては予備的データ保存義務は当面のところ凍結されたわけだが、仮に欧州司法裁判所の要求に従い、一定の人的グループに限定するなどしたデータ保存が義務化されるようなことがあるとしても、通信データの保存自体に侵害性質が認められるという見解は共通すると考えられるからである。そうなったとき、つまり具体的な根拠に基づき特定の人的グループを対象にした通信履歴の予備的保存が実施される場合、それが捜査機関等の要請の下で行われるのか、義務化される

のか、その要請または義務が裁判官留保に服するのかは、わが国の制度を考える上でも非常に興味深い。

　また、わが国の保全要請では、その対象がどの範囲に及ぶのかはとくに明文では規定されていない（刑訴法197条3項、4項）。これに関して保全要請の対象はライフログを対象とするという見方もある（緑大輔「強制処分法定主義（197条）」法教411号〈2014年〉17頁）。このライフログには、一般にウェブサイトの閲覧履歴も含まれるとされるため、コミュニケーションの内容自体も含むことになり、この点ではドイツ（欧州）での予備的保存と比べ私的生活の内部をより深く垣間見ることになる。ドイツにおいてもわが国のように一定の嫌疑に基づき保全対象が限定されるとしても、閲覧履歴の保全まで許されるかは明らかでない。この点でも、ドイツにおける今後の議論の展開が待たれる。

　わが国における通信履歴の保存要請は、令状審査を要しない（なお、インターネット・サービス事業者等は、罰則を伴わないものの観念的義務を負う）。冒頭でも触れたように、おそらく立法者は（記録命令付）差押え等を本位的処分と考え、そのための予備的処分に過ぎない本措置は、捜査機関の現実の情報取得を可能にするわけではないため、令状審査を要する強制処分とは考えなかったのだろう。近年、わが国でも捜査上の個人情報の取扱いに関する権利制約は、取得時にのみ認められるものではなく、その後の保存、利用等の段階でも生じるものであるという見解が広く支持を集めている。第三者をして行われる情報の一時保存それ自体は、国家による個人情報の取得とはいえないが、国家機関による利用を目的としたそのような第三者保管が司法審査に服す必要のない性質ものであるか、今一度検討する時期にあるように思われる。

（ないとう・ひろみ）

起訴猶予に伴う再犯防止措置

川出　敏裕

Ⅰ　議論の経緯
Ⅱ　法制審議会における議論
Ⅲ　制度導入の当否
Ⅳ　制度の基本的枠組み

Ⅰ　議論の経緯

1　起訴猶予制度の歴史的変遷

　わが国で起訴猶予制度が明文化されたのは、大正11（1922）年制定の旧刑事訴訟法が最初である。しかし、実務上は、それ以前から起訴猶予処分は行われており、その性質も、単に軽微な事件を不起訴にするというだけではなく、対象者による再犯の可能性を考慮した特別予防の観点からの処分へと変わっていった。旧刑事訴訟法における起訴猶予権限の明文化によって、その傾向はさらに強まり、起訴猶予とされた者を民間の更生保護団体による保護措置に付すなどの積極的な措置も講じられるようになった[1]。
　現行刑事訴訟法には、旧刑事訴訟法の規定がほぼそのまま受け継がれた。唯一の差異は、現行法の248条には、旧法の279条にはなかった「犯罪の軽重」という文言が新たに加えられたことであり、これは、起訴猶予にするか否かの判断において、事件自体の性質を看過すべきでないことを明示し、特別予防主義への過度の傾斜を戒め、検察官による裁量権の行使に多少の限定を付加しようとする趣旨であったとされる[2]。これにより、実務の運用が多少なりとも変化するという見方もあったが、結局、特別予防の観点を最も重

（1）　戦前における起訴猶予制度の歴史的変遷については、三井誠『刑事手続法Ⅱ』（2003年、有斐閣）24頁以下参照。
（2）　松尾浩也『刑事訴訟法　上［新版］』（1999年、弘文堂）164頁。

視するという運用には目立った変化をもたらさなかった。それまでも、起訴猶予にするか否かの判断において犯罪の軽重が無視されていたわけではなく、前記の文言の挿入は、犯罪が重大であれば起訴を猶予するのに慎重さを要するという当然のことを確認したにすぎないと理解されたからである[3]。

　ただし、起訴猶予の判断にあたって、旧法下と同様に特別予防の観点が重視されるといっても、現行法上、起訴猶予した場合に対象者に行いうる措置は、本人の申出に基づく更生緊急保護（更生保護85条）にとどまり、旧刑訴法のもとで行われたように、起訴猶予にしたうえで保護措置に付すという制度は存在していない。もっとも、かつて昭和30年代半ばから40年代にかけて、それに近い運用が、横浜地検を中心にいくつかの検察庁でなされたことがあった[4]。その内容は、20歳から25歳未満の青年層で、財産犯、粗暴犯を犯した者のうち、従来の基準であれば起訴相当とも考えられるが、更生が期待できる者について、起訴を猶予したうえで、保護観察所長に本人の補導を委ね、保護観察官と保護司の指導のもとで、原則として6か月間、刑の執行を猶予された者に対する保護観察に準ずる処遇（更生補導）を行い、再犯の虞がないと判断されれば手続を終了し、その虞が認められれば起訴するというものである。この制度の適用にあたっては、本人及び保護者からの申出を受けるというかたちがとられた。形式上は、更生保護の申出というかたちをとったため、更生保護措置付起訴猶予と呼ばれていたが、その実質は、保護観察付起訴猶予であるといってよいであろう。起訴猶予とする場合には積極的な処遇措置がとれないという現行制度上の問題点に対処すべく、編み出された制度であった。

　こうした制度については、裁判所において有罪と認定されたわけでもない者に対して、自由の制約を伴うかたちで積極的な処遇を行うことができるのかという問題がある。そのため、本人及び保護者からの申出を受けるというかたちをとったわけであるが、本人の同意をとっているといっても、同意しなければ起訴されるわけであるから、それは真の意味の同意とはいいがた

（3）　三井・前掲注(1)29頁。
（4）　三井誠「検察官の起訴猶予裁量（5・完）」法学協会雑誌94巻6号（1977年）121頁以下。

く、結局、法律の根拠なしに、対象者の意思に反してその人権を制約することになるのではないかという批判があった。このことに加えて、正式な制度ではなかったために人的・財政的な制約があったことも一因となって、本制度は次第に実施されなくなった[5]。

その後、長らく、起訴猶予に伴って検察官が積極的な措置を行うという試みはなされてこなかったが、最近になって、刑事司法と福祉の連携という観点から、起訴猶予に関しても、「入口支援」と総称される新たな取組が行われるようになった。

2 「入口支援」の展開

「入口支援」は、高齢者や障害者等の福祉的支援が必要な被疑者について、その再犯防止と社会復帰のためには、刑罰を科すよりも福祉的支援につなげることが有効であるという認識のもとに、起訴猶予段階において行われている一定の措置の総称である[6]。法令上の根拠を持つ制度ではなく、現在は、地方検察庁ごとに取組が行われている段階であって、その方法も様々である[7]。

一つの方法は、更生緊急保護の枠組みを用いたものであり、検察庁と保護観察所が連携し、起訴猶予処分が見込まれる勾留中の被疑者につき、検察官からの申入れを受けた保護観察所が、起訴猶予処分前から調査・調整を行い、起訴猶予後に更生保護施設等への宿泊保護を委託して、継続的かつ重点的に生活指導等を行い、福祉サービスの調整、就労支援等の社会復帰支援を行うというものである。「更生緊急保護の重点実施」と呼ばれる。

---

(5) 三井・前掲注(4)140頁、百瀬武雄ほか「戦後（現行刑訴法施行後）における起訴猶予制度運用の実態と起訴猶予者の再犯」法務総合研究所研究部紀要29号（1986年）8～9頁。
(6) 入口支援は、起訴猶予とされる被疑者だけでなく、公判において執行猶予付きの判決が見込まれる被告人に対しても行われている（和田雅樹「検察における再犯防止・社会復帰支援の取組」法時89巻4号（2016年）20頁）。
(7) 和田・前掲注(6)19頁以下、稲川龍也「検察における再犯防止・社会復帰支援の取組」罪と罰53巻4号（2016年）5頁以下、廣澤英幸「罪を犯した障がい者等に対する検察庁の取組——再犯防止・社会復帰支援に関する取組」自由と正義68巻1号（2017年）50頁以下。

このほかに、検察庁に採用された社会福祉アドバイザーが、福祉事務所や地域生活定着支援センター等の関係機関と連絡・調整を行い、起訴猶予とされた被疑者を、福祉施設への入所等の福祉的支援につなげるということも行われている。この場合、事案が軽微であるなどの理由により当初から起訴猶予処分が見込まれることを前提に、被疑者を起訴猶予処分としたうえでこうした措置を行う事例と、被疑者を処分保留で釈放したうえで、その同意のもとで遵守項目を定め、その履行状況等を確認し、その結果等も踏まえて起訴猶予処分にするかどうかを決定する事例がある。

さらに、検察庁によっては、例えば、同種前歴はあるが前科のない高齢の万引きの被疑者に対し、遵守事項を設定のうえ、月1回、検察庁に来庁させて検察官が面談を行い、3か月間問題がなければ起訴猶予とするプログラムや、児童虐待の被疑者について、検察庁が関係機関とカンファレンスを実施し、再加害のリスク・アセスメントや家庭再構築の可能性に関する検討を行ったうえで、一旦、処分保留とし、被疑者に対する児童相談所の指導や相談の経過を見たうえで、検察官が処分決定を行うといった運用を行っているところもある[8]。これらは、被疑者を福祉的支援につなぐという目的を超えた、より積極的な被疑者の改善更生を目的とした施策であり、その点で、前述した横浜方式と共通する面があるといえよう。

3　若年者に対する刑事法制の在り方の検討

こうした実務上の運用の展開と並行して、起訴猶予に伴う再犯防止措置は、少年法の改正問題との関係でも問題とされることになった。少年法の適用対象年齢の引下げの当否と併せて、若年者に対する処分や処遇の在り方について検討を行った、法務省の「若年者に対する刑事法制の在り方に関する勉強会」は、平成28 (2016) 年12月に、取りまとめ報告書を公表した。報告書では、若年者に対する刑事政策的措置の一項目として、「罰金又は起訴猶予となる者に対する再犯を防止するための刑事政策的措置」が取り上げられ

---

(8)　太田達也「条件付起訴猶予に関する一考察」井田良ほか編『新時代の刑事法学 上巻——椎橋隆幸先生古稀記念』(2016年、信山社) 264頁。

ている。

　そこでは、罪を犯した若年者については、その問題に早期に対応することが改善更生・再犯防止にとって有用であり、起訴猶予となった者に対しても再犯防止に必要な処遇を行うことが適切な場合があるという前提のもと、少年法の適用対象年齢が18歳未満に引き下げられた場合、現行法のもとであれば、保護処分に付され、又は家庭裁判所における試験観察や保護的措置を経て不処分・審判不開始になる18歳、19歳の者の一部が起訴猶予となることが想定されることから、これらの者に対する再犯防止や改善更生のための措置として、起訴猶予等に伴う再犯防止措置が考えられるとされている。具体的には、被疑者を起訴猶予等とする場合に、再犯防止に向けた働き掛けを行うため、現在、実務で行われている「入口支援」や更生緊急保護の運用をさらに充実させるほか、現行法上は、身体拘束された後に起訴猶予処分となった者が対象とされている更生緊急保護について、検察官による起訴猶予の処分前にも実施しうることとするなど、その対象範囲を拡大すること、検察官が起訴猶予等とするときに、被疑者に訓戒、指導等をすることができる旨を明文化すること、被疑者の生活環境や生活態度の改善状況等により、検察官の終局処分の内容が変わりうる場合に、検察官が、同処分の決定に際してその改善状況等を把握するため、被疑者の意思に反しないことを前提に、終局処分前に、保護観察所その他の公私の団体に対し、帰住先の確保を含めた生活環境の調整等を依頼することを可能とする仕組みを導入することなどが考えられるとしている。そして、その際に、検察官においてより適切な措置をとることを可能にするため、例えば、少年鑑別所の鑑別技官等が身柄事件・在宅事件の被疑者と面接した結果や保護観察所の保護観察官が家族等との調整を行った結果を活用するなど、現在の少年鑑別所や保護観察所等の調査・調整機能をさらに積極的に活用することが考えられるとされている。

Ⅱ　法制審議会における議論

1　検討項目の内容

　前述の取りまとめ報告書の公表後、平成29（2017）年3月から、法制審議

会少年法・刑事法（少年年齢・犯罪者処遇関係）部会（以下、「部会」という）が開始され、「起訴猶予等に伴う再犯防止措置の在り方」も部会での検討項目の一つとされた。この項目については、第3分科会において具体的な制度の仕組みについて検討がなされることとなったが、そこでは、取りまとめ報告書における指摘も踏まえて、大きくは、①現在、実務で行われている「入口支援」の取組をさらに進めていくための方策と、②検察官が、改善更生のために働き掛けが必要と判断する被疑者に対し、その者が再犯に及ぶことなく健全な社会生活を送るために一般的に遵守すべき事項や犯行の背景となっている特性や問題性を改善するために対象者が履行すべき事項を設定し、一定期間、指導・監督を行う仕組みの導入の2つが取り上げられた。

2　「入口支援」の取組の推進
(1)　分科会における議論

　分科会では、福祉的支援が必要な被疑者について現在の「入口支援」の取組をさらに進めることに異論はなかった。そのうえで、かつての横浜方式が行われなくなった理由の一つとして、正式な制度ではなかったために人的・財政的な制約があったことが指摘されていることから、これらの取組について、法律に明文の根拠規定を置くべきとする意見が示された。

　また、法律上の根拠規定がある「更生緊急保護の重点実施」についても、勾留中の被疑者に係る調査・調整についての明文規定がなく、それらは、運用上、更生緊急保護の準備行為として行われていること、さらに、現在の更生緊急保護の対象には起訴猶予処分前の者が含まれていないため、例えば、身柄の拘束を解かれたものの、まだ起訴猶予処分がなされていない者に対して、更生緊急保護を行うことができないという問題が指摘された。さらに、身柄が拘束されていない被疑者についても、それを更生緊急保護の対象とすべきとする意見もあった。

　また、取りまとめ報告書で指摘されていた、検察官による訓戒等について根拠規定を設けることについては、訓戒自体についてはその必要性が認められないとしても、現在、事実上行われている他機関への協力要請や他機関との連携については、明文規定を置くことにより、それをよりスムーズに行う

ことができるようになるため、明文化が必要であるという意見があった。

(2) 部会における議論

　分科会での議論に基づき、その検討結果をまとめた「考えられる制度・施策の概要案」が部会に提示された[9]。概要案に対して特に異論は出されず、その内容が、そのまま「検討のための素案」[10]に盛り込まれた。

　素案において提示されている施策は、大きくは、①起訴猶予処分前の者に対する更生緊急保護、②勾留中の者に対する更生緊急保護、③検察官による関係機関に対する協力依頼、の３つからなる。①は、現在、更生緊急保護の対象となるのは起訴猶予処分がなされた後とされているのを、刑事上の手続による身体の拘束を解かれた被疑者であって、犯罪をしたと検察官が認めたものについて、起訴猶予処分前であっても、その者が希望し、かつ、緊急の保護が必要な場合には、更生緊急保護の対象に加えるとするものである。②は、現在、更生緊急保護の対象となるのは身柄拘束を解かれた後とされているのを、保護観察所の長が、勾留されている被疑者であって、犯罪をしたと検察官が認めたものについて、その者から申出があった場合に、身体の拘束を解かれた後に緊急に保護することが改善更生のために必要であると認められるときに、更生緊急保護として、その者の家族その他の関係人を訪問して協力を求めるなどの方法により、釈放後の住居、就業先その他の生活環境の調整を行うことができるとするものである。これまでは更生緊急保護の準備措置として行われていた生活環境調整を、更生緊急保護の内容に組み込み、明文化するものである。また、③は、被告人又は被疑者が身体の拘束を解かれる際に、その者の改善更生及び再犯防止を図るため必要があるときは、検察官が、公務所又は公私の団体に対し、必要な協力を求めることができるとするものである。これも、従来、事実上行われていた活動に明文の根拠規定を設けるものである。

　前述のとおり、福祉的な支援が必要な被疑者を起訴猶予とするとともに福祉につなぐという意味での「入口支援」については、部会において、それを

（9）「分科会における検討結果（考えられる制度・施策の概要案）」（部会第８回会議配付資料）。
（10）「検討のための素案」（部会第12回会議配付資料）。

推進する仕組みを設けることに対して特に異論は出されておらず、おそらくは、上記の内容の改正がそのまま実現するものと考えられる[11]。

3 検察官が働き掛けを行う制度
(1) 分科会における議論
ア 制度導入の当否

本制度の趣旨・目的は、起訴に伴う負担を回避して、被疑者の早期の社会復帰を実現しつつ、その確実な更生を担保することにある。このことには異論はなかった。そのうえで、こうした制度を導入することの当否については、今回の部会が始まる以前から様々な見解が示されていたところであり[12]、分科会においても鋭い意見の対立が見られた。

その導入を支持する立場からは、犯した罪が軽微で起訴猶予相当であっても、福祉的支援とは異なるかたちでの改善更生のための働き掛けが必要な者がおり、そのような者に対しては、検察官が、対象者が再犯に及ばずに健全な社会生活を送るために遵守すべき一般的事項や、犯行の背景となっている特性や問題性を改善するために対象者が履行すべき事項などを設定し、一定期間、指導・監督を行う仕組みを設けることが必要であるとの意見が述べられた。そして、この要請は、少年法適用対象年齢が引き下げられた場合における18歳、19歳の者を含む若年者に特に妥当するという意見もあった。

これと関連して、積極的な処遇を行うためには裁判所による有罪認定を経ることが必要であるという意見に対しては、そうすると、現在の基準のもと

---

(11) もっとも、現在の運用に関しては、例えば、被疑者が、検察庁が協力を依頼した社会福祉士による面談において提案された生活保護の受給を拒んだところ、その後、検察官が被疑者を起訴したうえ、論告において、福祉の支援を断った旨を不利な情状として主張した事例など、福祉を受けることを事実上強制している事例があるという指摘もなされている(日本弁護士連合会「検察官による『起訴猶予に伴う再犯防止措置』の法制化に反対する意見書」(2018年3月)5頁)。

(12) 三井・前掲注(4)134頁以下、平野龍一『犯罪者処遇法の諸問題[増補版]』(1982年、有斐閣)62頁以下、太田達也「福祉的支援とダイバージョン——保護観察付執行猶予・条件付起訴猶予・微罪処分」研修782号(2013年)3頁以下、土井政和「刑事司法と福祉の連携をめぐる今日的課題」犯罪社会学研究39号(2014年)67頁以下、吉開太一「検察官の訴追判断に対する一考察」国士舘法学48号(2015年)77頁以下等。

で起訴猶予相当な事案をあえて起訴することになるため妥当ではないという批判や、起訴した場合にも、裁判所が単純執行猶予を言い渡す事案がありうるため、前記の必要性に必ずしも対応できないという批判がなされた。

他方で、本制度の導入に反対する立場からは、犯罪事実を認定したうえで改善更生に向けた働き掛けを行うことは、刑罰的な性質を持つため、検察官限りの判断でこのような措置を行う仕組みは適当ではないという意見や、それが刑罰とは性質の異なるものであるとしても、司法的関与のないまま、検察官のみの判断で、保護観察に類似するような社会内処遇を行うことは認めるべきでないという意見が示された。

これに対しては、改善更生に向けた検察官による働き掛けという点では、現在検察官が行っている訓戒等も同じではないかという疑問も出されたが、訓戒は、被疑者側から見れば、それを聞くだけという意味で受動的なものであるのに対し、ここで問題とされている働き掛けは、被疑者の意思とは関係なく、一定の事項を守って指導監督を受けるように求めることにほかならないから、それは刑罰にも等しい人権制約であるという反論がなされた。そして、仮に被疑者の同意を必要とするとしたとしても、この場合、検察官が起訴猶予の条件として指導・監督を行うわけであるから、それに従うことが事実上強制されることになるとの主張もなされた。

また、起訴に伴う負担を考えると、起訴猶予に伴う措置のほうが対象者にとっても有利ではないかという意見に対しては、仮に起訴相当事案を対象とするとしても、長期間にわたって指導・監督がなされ、場合によってはその後起訴されるということになると、かえって被疑者の負担が増大するという反論がなされた。

さらに、導入に反対する立場からは、検察官の地位・役割との関係での反対理由も挙げられた。すなわち、現行法において、起訴猶予権限を定めた刑訴法248条に「犯罪の軽重」の文言が加えられた趣旨は、特別予防主義への過度の傾斜を戒めるという点にあったと考えられるから、検察官が、特別予防主義の最たるものといえる保護観察に類似するような処遇を行うことは許されないというのである。また、検察官が、自ら犯罪事実を認定し、その認定に見合った処分を行うということは、訴追者と判断者の役割を兼ね備えた

糾問官としての検察官を認めることにほかならず、そのような立場にある者の判断は恣意的にならざるをえないため妥当でないとする意見も示された。

  イ　制度の内容
　(a)　基本的枠組み

被疑者を一旦起訴猶予処分にしたうえで、指導・監督に付し、その結果により再起するかどうかを決めるという仕組みなのか、それとも、処分保留の状態で被疑者を指導・監督に付し、その結果により、起訴するか起訴猶予にするかを決定する仕組みなのかについては、明確に決めないままに議論がなされた。起訴猶予となった事件が再起されるのは、犯罪の情状に決定的な影響を及ぼす新たな証拠が発見されたというような特別の事情がある場合に限られるという現在の運用[13]を維持するのであれば、どちらの仕組みにするかは重大な意味を持つが、「検察官が働き掛けを行う制度」のもとでは、仮に起訴猶予処分が先行する仕組みにしたとしても、被疑者が守るべき事項を守らなかった場合には、現在よりも再起が積極的になされることになろうから、どちらの仕組みにしても違いはないという認識によるものであろう。

　(b)　対象者

起訴猶予相当事案の被疑者を本制度の対象とした場合、守るべき事項を守らなかったときは起訴されることになり、いわば処分が格上げされることになってしまい妥当ではないから、起訴相当事案の被疑者のみを対象とすべきだとする意見があった。

これに対しては、起訴相当か起訴猶予相当かは、犯罪後の状況を見たうえでなければ決められない場合もあるため、最初から対象者をどちらかに決めることは適当でないという反論がなされた。また、そもそも、犯罪を行った者は本来起訴されて刑罰を受けるのが原則なのであり、検察官が一定の働き掛けをすることにより再犯が防止できる場合には、その例外が認められると考えるべきであって、最初から起訴猶予相当事案というカテゴリーがあることを前提にすべきではないという意見もあった。こうした立場からは、端的

---

(13)　伊藤栄樹ほか編『注釈刑事訴訟法〔新版〕第3巻』(1996年、立花書房) 373頁〔臼井滋夫〕。

に、再犯防止のために働き掛けが必要な被疑者を本制度の対象とすべきだということになろう。

(c) 被疑者の同意

本制度が、裁判所による有罪認定なしに検察官が働き掛けを行い、被疑者の権利を制約するものである以上、対象者の同意はそれを正当化するための条件となるとする意見もあった。しかし、それに対しては、検察官が守るべき事項を設定し、被疑者がそれを遵守しなかった場合に起訴されることになるとしても、それは、被疑者に当該事項を守る法的義務が生じ、その義務違反の効果として起訴がなされるというわけではなく、守るべき事項を守らなかったことが、被疑者の改善更生の可能性を示す事情が乏しいというかたちで、検察官の起訴の判断にあたって考慮されるにとどまるから、理論上は、被疑者の同意が必要とされるものではないという反論がなされた。

これに対しては、さらに、法的な義務は生じないとしても、守るべき事項を守らなければ起訴されるということであると、それは事実上の義務づけ（強制）になるのであり、それを正当化するものとして同意が必要になるとする再反論があった。しかし、この指摘に対しては、仮にそうであるとすると、同意自体が任意でなくなってしまうから、同意によって働き掛けを正当化することはできないのではないかという疑問が提起された。

このように、被疑者の同意が、本制度の正当化のために必要とされるものかどうかには争いがあったが、仮に、理論上は被疑者の同意を要しないとしても、被疑者が指導・監督に応じる気がない場合には、守るべき事項を設定しても意味がないから、守るべき事項の遵守に向けた実効性を確保するという観点から、被疑者の同意を得ることが適当であるという意見があり、これに異論はなかった。

(d) 弁護人の関与

検察官による働き掛けが被疑者にとってどのような意味を持つか（それに応じることの利益と不利益）を理解させ、被疑者の同意の有効性を担保するという観点から、弁護人の関与を必要的とすべきとする意見があった。他方で、被疑者の同意が、守るべき事項の遵守に向けた実効性を確保するという観点から要求されるものだとすれば、弁護人の関与が必要とはいえないとし

つつも、弁護人も被疑者の改善更生に関わるという観点から、例えば、守るべき事項の設定につき意見を述べるといったかたちでの関与が考えられるという意見もあった。

(e) 裁判官の関与

守るべき事項の適正さや、被疑者の同意の任意性を裁判官がチェックする仕組みを設けるべきだとする意見があった。これに対しては、守るべき事項の適正さを判断するためには、事案の具体的内容に加えて、被疑者の身上、経歴等を把握するために、裁判官が不起訴記録等を精査する必要があり、そうした判断は困難ではないかという疑問のほか、それは、検察官の訴追裁量の当否に踏み込むことになるため妥当ではないとする反対意見があった。

(f) 守るべき事項の基準

検察官の訴追裁量権の行使という枠組みのもとでは、守るべき事項の基準を法律に定めるのは相当ではなく、検察内部の運用指針で足りるという意見と、守るべき事項の恣意的な設定を防ぐために、基準の大枠を法定化すべきだとする意見があった。後者の立場に立った場合の具体的な内容として、犯罪事実との関連性、改善更生及び再犯防止のための必要性並びに内容の相当性が認められるものでなければならないという基準が提案された。

(g) 指導・監督の主体と期間

指導・監督を行う機関は、守るべき事項の内容にもよるが、一般的には保護観察所が想定されるという意見があった。

また、その期間については、法律で上限を定めたうえで、その枠内で個別に期間を決定する方式も考えられるが、予めどの程度の期間が必要かを決めるのが困難だとすれば、例えば、原則6か月としたうえで、必要があれば1年まで延長できるようにするのが適当ではないかという提案があった。他方で、起訴に伴う負担を回避して早期の社会復帰を図るという本制度の目的からすると、公判の平均審理期間が2か月半であることと比較して、6か月という期間は長すぎるという意見もあった。しかし、これに対しては、本制度は、犯罪を行い刑罰を受けるべき者につき、それを回避して一定期間の指導・監督に付すものであるから、それに伴う負担を、刑罰を科す前の公判での審理によって生じる負担と比較するのはおかしいのではないか、むしろ、

改善更生のためにどの程度の期間が必要かという観点こそが重要であるという反論がなされた。

(h) 期間満了の効果

被疑者が守るべき事項に違反することなく期間を経過したときには、違反が後に判明したような場合を除いて、起訴できないという仕組みにすべきであるという意見があった一方で、違反が後に判明した場合だけでなく、元々の犯罪事実について新たな証拠が発見されたような場合にも起訴の可能性を残すべきではないかという意見があった。さらに、原則は起訴できないが例外的に起訴できるというかたちにした場合、例外事由を適切かつ明確に定めることができるのかが疑問であり、また、起訴するか否かは、守るべき事項を守ったかどうかだけで判断されるものではないとして、期間の満了に起訴制限の効果を持たせること自体に反対する意見もあった。

(i) 不良措置

本制度は、守るべき事項を守ることを起訴猶予の条件とするものでなく、守るべき事項を守ったかどうかということを、検察官が起訴するか否かの判断材料にするものであるから、守るべき事項を守らなかったからといって、直ちに起訴がなされるわけではないという指摘がなされた。それを前提に、守るべき事項を守らなかった場合には、起訴するという選択肢に至る前に、期間の延長や、守るべき事項の変更等により、社会内での処遇を継続することを認めるべきであるという意見があった。

(j) 不服申立て

不服申立ての対象として、当該被疑者を本制度の対象とし、一定の守るべき事項を設定したことを想定しているのであれば、そもそも、それらに被疑者の事前の同意を必要とする以上、不服申立てを認める必要はないということで意見が一致した。他方で、被疑者が守るべき事項を守らなかったとして起訴がなされた場合に、そのことを不服申立ての対象とすることも考えられるが、その場合、守らなかったという事実自体ならばともかく、そのうえで起訴に至った検察官の判断の当否を審査するとなると、訴追裁量自体の当否を判断することになり、相当でないとする意見があった。

(k) 調　　査

　被疑者がどのような問題を抱えており、いかなる働き掛けが必要かつ有効なのかを判断するためには、被疑者に関する詳細な調査が必要となるが、それは検察官が十分になしうるものではないので、少年鑑別所による調査や、保護観察官による生活環境的な調査を行うことが必要であることに異論はなかった。ただし、その場合に、調査によって得られた資料につき、その後、被疑者が起訴された場合に、その公判において不利な資料として使うことができるかについては意見が分かれた。

(2) 部会での議論

　以上のとおり、分科会においては、そもそもこうした制度を導入することに反対する意見もあったが、分科会に与えられた使命は、仮に制度を導入するとした場合の概要案を示すというものであったことから、そのような趣旨で、検察官が働き掛けを行う制度の導入について、以下のような「考えられる制度・施策の概要案」が作成され、部会に提出された。この概要案自体も、前述のような意見の対立を反映して、多くの部分で２つの案が併記されたかたちとなっている。基本的に、A案は、本制度は、守るべき事項を守らなかった場合には起訴されるという心理的強制を背景に、被疑者に対して働き掛けに従うことを事実上義務付けるものであり、被疑者の同意があることによってはじめて正当化されるという考え方を基礎とするものである。これに対し、B案は、本制度は、検察官が、被疑者に対して、その改善更生に向けた働き掛けをするとともに、それに対する被疑者の対応を見ることにより、起訴するか否かの判断材料を得ようとするものであって、被疑者に対して法的義務を課したり、その権利を制約したりするものではないという考え方を基礎とするものである。

1　検察官は、被疑者が罪を犯したと認める場合において、必要があると認めるときは、被疑者が守るべき事項を設定し、所定の期間、被疑者を保護観察官による指導・監督に付する措置をとることができるものとする。

2　手続
　(1)　被疑者の同意
　　　1の措置は、被疑者の同意がなければ、とることができないものとする。
　(2)　弁護人の同意
　　　A案　1の措置は、弁護人の同意がなければ、とることができないものとする。
　　　B案　弁護人の同意は、要しないものとする。
　(3)　裁判官の関与
　　　A案　1の措置は、守るべき事項が適正であり、かつ、被疑者が任意に同意したと裁判官が認めた場合に限り、とることができるものとする。
　　　B案　裁判官の関与は、要しないものとする。
3　守るべき事項の基準
　　A案　1の守るべき事項は、犯罪事実との関連性、改善更生及び再犯防止のための必要性並びに内容の相当性が認められるものでなければならないものとする。
　　B案　守るべき事項について、基準は法定しないものとする。
4　守るべき事項の変更
　　検察官は、必要があるときは、守るべき事項を変更することができるものとし、その手続は、守るべき事項の設定の手続に準ずるものとする。
5　指導・監督の期間及び延長・解除
　(1)　A案　1の指導・監督の期間は、3月を超えない範囲内で検察官が定めるものとし、検察官は、必要があると認めるときは、通じて6月を超えない範囲内で、これを延長することができるものとする。
　　　B案　1の指導・監督の期間は、6月とするものとし、検察官は、通じて1年を超えない範囲内で、これを延長することができるものとする。

(2)　検察官は、相当と認めるときは、(1)の期間の満了前に、1の措置を解除することができるものとする。
6　期間の満了の効果
　A－1案　被疑者が1の守るべき事項に違反することなく1の期間を経過したときは、検察官は、公訴を提起することができないものとする。
　A－2案　被疑者が1の守るべき事項に違反することなく1の期間を経過したときは、検察官は、1の措置をとった後に重要な証拠を発見した場合を除き、公訴を提起することができないものとする。
　B案　期間の満了は、公訴の提起を制限する効果を生じさせないものとする。
7　検察官は、1の措置をとるについて必要があるときは、少年鑑別所に調査を依頼することができるものとする。

　このような概要案が示されたものの、部会では、複数の委員・幹事から、分科会におけるのと同様の理由に基づき、こうした制度を設けること自体に強く反対する意見が出されたため、制度案の具体的な検討に入ることができなかった。

　そのような状況を踏まえて、こうした制度の刑事政策上の意義を認めつつも、今回の諮問の趣旨からは、仮に少年法の適用対象年齢を引き下げるとした場合に、起訴猶予となる18歳及び19歳の者について特に手当てが必要となるところ、こうした者については、「若年者に対する新たな処分」の制度案が提示されていること、そして、「若年者に対する新たな処分」と「検察官が働き掛けを行う制度」とを比較した場合、18歳及び19歳の者の問題性や特性を踏まえた処分を行うという観点からは、それらの者に対するノウハウが十分蓄積されている家庭裁判所における手続を経たうえで処分が決定される「若年者に対する新たな処分」によることの方が適当であることから、今回は、「検察官が働き掛けを行う制度」の導入は見送り、今後の検討課題とするのが妥当ではないかという意見が出された。これに反対する意見はなく、

その結果、「検察官が働き掛けを行う制度」は、部会での検討対象から外れ、今後の検討課題とされたのである。

このように、今回は実現に至らなかったものの、本制度は、今後改めて立法課題となることが予想され、その際には、今回の部会での議論がその出発点となるものと考えられる。そこで、以下では、分科会で意見が対立した、制度の導入の当否及び仮に導入するとした場合の基本的な制度の内容について検討を加えることにしたい。

Ⅲ 制度導入の当否

1 導入反対論の根拠

前述のとおり、「検察官が働き掛けを行う制度」については、部会において、それを導入すること自体に反対する意見が強く主張された。部会の場以外でも、同様の反対論が少なからず見られる。それらの見解が導入に反対する根拠として挙げる点は多岐にわたるが、大きくは、次のように整理できるであろう。

第1は、裁判所による有罪認定がなされていないにもかかわらず、被疑者の権利や自由の実質的な制約を伴うような積極的な処遇を行うことへの批判である[14]。これと関連して、その処遇の内容は一種の刑罰としての性格を帯びており、それを裁判所による有罪認定前に行うのは無罪推定の原則に反するという主張もなされている[15]。

第2は、検察官の地位とそれに伴う起訴猶予権限の性格という観点からの批判である。つまり、検察官が準司法官として位置づけられていた旧刑訴法下とは異なり、現行刑訴法のもとでの検察官は訴追官としての性格を強めたのであるから、起訴猶予についても、起訴放棄型の運用を行うべきであり、特別予防を目的とした処遇の一手段として位置づけるべきではないというのである。また、上記の第1点と関連して、介入的なダイバージョンにおける

---

(14) 葛野尋之「検察官の訴追裁量権と再犯防止措置」法時89巻4号（2017年）15頁。
(15) 日本弁護士連合会・前掲注(11)7頁。

措置は、一種の刑罰としての性格を帯びており、そうすると、「検察官が働き掛けを行う制度」に基づく措置は、捜査官であり、訴追官である検察官が、自ら判断者として犯罪事実を認定し、一種の刑罰を定めて、その執行をするに等しいから、検察官の本来の地位・役割から大きく逸脱するという批判もなされている[16]。

　第3は、こうした措置を導入することに付随する対象者の不利益に着目した批判である。つまり、起訴猶予に伴って積極的な処遇を行うためには、これまで以上に、被疑者に関わる詳細な調査が必要とされることになるが、それはプライバシー領域への介入の度合いが大きいから、裁判所による有罪認定を経たうえでなければ許されないというのである[17]。

　第4に、第3点と関連して、詳細な調査が必要となることに伴い捜査が長期化、肥大化するとともに[18]、被疑者は、その後も一定期間の指導・監督を受けることになるため、結果として、長期間、脆弱かつ不安定な地位に置かれ、速やかに起訴される場合よりもはるかに大きな負担を負わされることになるという指摘もなされている[19]。

2　裁判所による有罪認定を経ない負担の賦課

　反対論が挙げる理由の第1点については、まず、「検察官が働き掛けを行う制度」のもとで行われる措置が、その名称いかんに関わらず、刑罰と同視できるものかどうかが問題となる。仮にそのように評価できるのであれば、刑罰は裁判所しか科すことができない以上、たとえ被疑者がそれに同意したとしても、検察官の判断でそのような措置を行うことは認められないからである。

　この点について、「検察官が働き掛けを行う制度」に反対する見解からは、その処遇の内容が一種の刑罰としての性質を帯びるという指摘がなされてい

---

(16)　日本弁護士連合会・前掲注(11)7頁、葛野・前掲注(14)15頁、林大悟「入口支援の現状と検察主導の入口支援の是非」季刊刑事弁護97号（2019年）108頁。
(17)　三井・前掲注(4)137頁、日本弁護士連合会・前掲注(11)8頁、葛野・前掲注(14)15頁。
(18)　葛野・前掲注(14)15頁、林・前掲注(16)108頁。
(19)　日本弁護士連合会・前掲注(11)8頁。

る。しかし、同制度のもとで想定されている、守るべき事項を設定したうえでの保護観察官による指導・監督は、被疑者の改善更生を目的としたものであって、応報を主たる目的とする刑罰とは異質なものである。このことは、その内容が保護観察類似のものであったとしても変わることはない。それゆえ、「検察官が働き掛けを行う制度」のもとでの措置が刑罰と同視できるという理由で、それが許されないということはできない。

もっとも、仮に刑罰と同視できるものではないとしても、検察官が、一方的に、被疑者の権利を制限したり、被疑者に一定の行為をする法的義務を負わせたりする措置を行うことは、やはり許されないであろう。刑事手続において、犯罪を行ったことを理由として対象者の意思に反した不利益を負わせるには、裁判所による有罪認定が前提となるべきだと考えられるからである。しかし、「検察官による働き掛けの制度」は、被疑者に対して、守るべき事項として設定されたものを遵守する法的義務を負わせるものではないとされているから、この観点からも問題はないことになろう。

これに対して、分科会においては、被疑者に対して指導・監督に従う法的義務が課されるわけではないとしても、それに従わないと起訴されてしまう以上、事実上義務が課される状態になるとして、そこから、それを正当化するために被疑者の同意が必要となるとする意見もあった。しかし、起訴される可能性があることにより被疑者に心理的強制が働き、それが事実上の義務づけにつながるというのであれば、仮に指導・監督を受けることに被疑者が同意したとしても、その同意も心理的強制のもとでなされたということにならざるをえない。それゆえ、同意を要求することによって、事実上の義務づけの問題を解消しようとするのは背理であろう。

この場面に限らず、これまで、起訴猶予に伴う措置において同意の必要性が問題とされる文脈においては、同意しなければ起訴される可能性がある以上、起訴の威嚇による心理強制が働くため、そうした状況のもとでの同意は真の同意とは言えないとする指摘が繰り返しなされてきた[20]。

確かに、同意しない場合には、同意した場合よりも不利な地位に置かれる

---

(20) 三井・前掲注(4)138頁、葛野・前掲注(14)15頁、林・前掲注(16)107頁。

とすれば、そのことが被疑者の意思決定に影響を与えることは否定できないであろう。しかし、そのことゆえに同意の任意性が失われるとか、それが希薄化するとまでいえるのかは疑問がある。被疑者・被告人が特定の事項に同意することによってその負担が軽減されるという事態は、例えば、略式手続や即決裁判手続への同意など、刑事手続の様々な場面で存在するが、それらの場面でも、およそ意思決定に影響が及んでいないという意味での純粋な同意が要求されているわけではない。それは、この場面にも同様に妥当するであろう[21]。

3 検察官の法的地位と起訴猶予権限の性質

　検察官の法的地位とそれに伴う起訴猶予権限の性質の変化を根拠に「検察官が働き掛けを行う制度」に反対する見解は、旧刑訴法下では、司法官的地位を有する検察官が、再犯防止のための積極的措置として起訴猶予を活用していたが、現行刑訴法においては、検察官は行政官と位置づけられ、起訴猶予も起訴放棄型に変化したから、「検察官が働き掛けを行う制度」は、現行刑訴法における起訴猶予の在り方と整合しないとする。その根拠の一つとして、旧刑訴法279条を引き継いだ現行刑訴法248条に、「犯罪の軽重」が加えられたことを挙げる見解もある。

　しかし、前述のとおり、「犯罪の軽重」の文言の追加は、起訴猶予権限の性格を変更するまでの意図を持ったものではなかった。現に、その248条自体が、検察官は、犯罪の軽重だけでなく、犯人の性格、年齢及び境遇、犯罪後の情況等を考慮して起訴するかどうかを決定するものとして、特別予防の観点からの起訴猶予権限の行使を前提としており、実際にも、そのような権限の行使がなされてきた。つまり、現行刑訴法は、検察官を単なる訴追官とは考えていないのであって、上記のような見方は一面的にすぎるであろう[22]。

　もっとも、政策論として、検察官に特別予防を目的とする権限の行使を認めるべきかについては、議論がありうるところである。この問題は、結局、検察官に対して、被疑者の改善更生を通じた再犯防止の役割を期待すべきか

---

(21)　太田・前掲注(8)274頁。

否かに帰着する。わが国の検察官が歴史的に担ってきた役割と、最近における刑事司法制度全体での再犯防止への取組の強化に鑑みれば、検察官には、他機関との連携のもとに再犯防止に向けた活動を積極的に行うことが求められているといってよい思われる。

　こうした見解に対しては、これまで起訴猶予とされてきた者に対して、刑罰を科すことなく、再犯防止のために一定の処遇を行うことが必要な場合があるとしても、それは、検察段階ではなく裁判段階で行われるべきだとする考え方もあろう[23]。そのための仕組みの一つとして考えられるのが、いわゆる宣告猶予制度である。宣告猶予制度は、裁判所による有罪認定を前提とするものであるため、「検察官が働き掛けを行う制度」に批判的な立場をとる論者の中には、その導入を支持する意見もある[24]。

　そうした意見を受けて、部会においても、宣告猶予は検討項目の一つとされ、分科会によって制度概要案が示されたが、導入に反対する意見が強く、導入は見送られることになった。反対論からは、執行猶予に加えて宣告猶予を設ける必要性が明らかでないという批判のほか、起訴猶予相当事案について宣告猶予制度を導入することに対しては、この場合、検察官は、本来訴追を必要としないと考えられる事案について、有罪判決を得ることを目的とせず、専ら社会内処遇を行うために公訴を提起することになり、それは刑罰権の実現を求めるという公訴提起の意義と整合しないのではないかという疑問も提起された[25]。

---

(22)　検察官が起訴猶予権限を特別予防の観点から行使するかどうかは、訴訟構造が職権主義か当事者主義かによって決まるわけではない。実際に、当事者主義に基づくアメリカやイギリスの刑事手続においても、特別予防の観点からの起訴段階でのダイバージョンは行われている（吉開多一「米国連邦法における条件付き刑事訴追猶予制度」比較法制研究39号（2016年）57頁以下、同「英国における条件付き刑事訴追猶予制度」比較法制研究38号（2015年）1頁以下参照）。
(23)　福島至「裁判所が関与する更生支援の可能性」法時89巻4号（2017年）26頁以下。
(24)　葛野尋之「猶予制度──刑事司法の基本原則と刑事手続の基本構造に適合した猶予制度のあり方」本庄武＝武内謙治編著『刑罰制度改革の前に考えておくべきこと』（2018年、日本評論社）141頁以下。
(25)　法制審議会における議論の経緯については、川出敏裕「宣告猶予制度について」法学新報125巻11＝12号（2019年）35頁以下参照。

このように、部会で提案された宣告猶予制度に対しては、様々な制度的問題点が指摘され、その導入に至らなかったわけであるが、制度の内容以前の問題として、これまで、わが国の裁判所が、量刑判断を超えて、被疑者・被告人の処遇に直接に関わることに消極的であったことも、宣告猶予制度の導入が実現しなかった理由の一つとして挙げられると思われる。このような裁判所の姿勢の当否については、刑事司法制度の中での裁判所の地位・役割をどのように考えるかという問題と関係して様々な意見がありうるところであるが、少なくとも、こうした現状のもとで、裁判所に対し、検察官が行う起訴猶予に伴う再犯防止措置に匹敵する活動を期待することは現実的ではないであろう。

4　調査に伴うプライバシー侵害と捜査の肥大化

　反対論が指摘するとおり、起訴猶予に伴って積極的な処遇を行うためには、被疑者のプライバシーに関わる詳細な調査が必要とされることは確かである。しかし、調査の対象が被疑者のプライバシーに関わる領域に及ぶということは、現在の起訴猶予の運用においても妥当し、積極的な処遇を行う場合との差は程度問題にすぎない。仮に、裁判所による有罪認定の前にプライバシーに関わる調査を行うことが無罪推定の原則に反するというのであれば、現在の運用も許されないことになるが、そのようには考えられていない。つまり、特別予防の観点からの起訴猶予を認める以上は、その判断のための調査も許容されているといわざるをえないのである[26]。もちろん、それは、被疑者が罪を犯したことについて、検察官が十分な心証を得た場合にのみ行うべきものであるし、実際にも、そうした調査が行われるのは、被疑者が犯行を認めている場合に限られるであろう。そうであれば、実質的にも、上記の点を理由に積極的な処遇を認めるべきでないとはいえないと思われる。

　また、捜査の長期化、肥大化という点についても、それが調査に真に必要

---

(26) 太田達也「起訴猶予と再犯防止措置――積極的活用と条件付起訴猶予の導入に向けて」法時89巻4号（2017年）7頁。

な期間であれば、それを不当な長期化というべきものではないことになろう。

　以上のとおり、反対論が挙げるいずれの根拠についても、「検察官が働き掛けを行う制度」の導入が許されないとする説得的な理由にはならないと考えられる。そこで、次に、仮にそれを導入するとした場合の、制度の基本的枠組みについて検討することにしたい。

Ⅳ　制度の基本的枠組み

1　制度の目的

　「検察官が働き掛けを行う制度」の目的は、起訴に伴う負担を回避して、被疑者の早期の社会復帰を実現しつつ、その確実な更生を担保することにある。それゆえ、守るべき事項として設定されるものも、それを明文化するかどうかはともかく、被疑者の改善更生に必要な内容であることが前提とされている。これに対し、諸外国の制度においては、起訴猶予に伴う措置が、被疑者を起訴して刑罰を科すことの代替手段として位置づけられている場合もある[27]。このような性格の制度においては、そこで設定される遵守事項も制裁的な性質を持ったものとなる[28]。

　しかし、こうした制度に対しては、刑罰そのものではないにしても、それと共通の性質を持つ処分を、対象者の同意があるとはいえ、裁判所による有罪認定なしに課すことが許されるのかという疑問がある。制度の背景を見ても、例えば、ドイツにおいて、制裁としての性質を持った遵守事項が課されるのは、必ずしも軽微でない犯罪について起訴法定主義の例外を正当化するためという理由があるが[29]、わが国には、その前提があてはまらない。また、アメリカで訴追の代替手段としての公判前ダイバージョンが行われるようになった背景には、裁判所の過重負担や矯正施設への過剰収容を軽減するとい

---

(27)　アメリカの連邦検察官マニュアルでは、公判前ダイバージョンの主要な目的は、①特定の犯罪者を、伝統的な手続からコミュニティにおける指導監督と援助に移行させることにより、それらの者による将来の犯罪を防止すること、とならんで、②訴追や裁判のための資源を省力化し、重要事件に集中させること、③適切な場合には、コミュニティ又は犯罪被害者への補償の手段を提供することにあるとしている（United States Attorneys' Manual, 9-22.010）。

う要請があったとされるが、少なくとも現在のわが国にはそのような事情はなく、あえてこのような制度を導入する必要性も認められない[30]。それゆえ、起訴猶予に伴う措置は、あくまで、被疑者の改善更生を通じた再犯防止を目的とする措置として位置づけるべきであろう。

2 制度の法的基礎づけ

部会では、「検察官が働き掛けを行う制度」の導入を支持する見解から、本制度のもとでの検察官の働き掛けは、検察官の訴追裁量権に基づき行うものであるとの説明がなされた。確かに、検察官による働き掛けは、例えば、被疑者が、守るべき事項を守ったか否か、保護観察官による指導・監督に従ったか否かという「犯罪後の情況」を見ることにより、被疑者を起訴するか否かの決定のための判断資料を得るという側面を有している。しかし、起訴猶予に伴う「再犯防止措置」という名称に現れているとおり、本制度のもとでの検察官による働き掛けは、判断資料の収集にとどまるものではなく、守るべき事項の設定と、保護観察官による指導・監督というかたちでの、検

---

[28] ドイツでは、検察官が、軽罪の事件につき、裁判所及び被疑者の同意のもとに、公訴の提起を暫定的に猶予したうえで、被疑者に対して、指示事項（Weisung）又は遵守事項（Auflage）を課すことが認められている（刑事訴訟法153条a）。このうち、指示事項は、被疑者の改善更生を目的とするものであるのに対し、遵守事項は、違法行為の償いに役立つものであり、特別の制裁としての性質を有するとされている（Thomas Fischer, Strafgesetzbuch, §56b Rdn.2 (66. Aufl. 2019); Meyer-Goßner/Schmitt, Strafprozessordnung, §153a Rdn.12 (61. Aufl. 2018)）。遵守事項には、犯罪によって生じた損害を回復するために一定の給付を行うこと（153条a第1項第1号）、公益的施設又は国庫のために金銭を支払うこと（同2号）などがあるが、例えば、国庫への金銭の支払いは、罰金に代わる制裁と位置づけられている（Meyer-Goßner/Schmitt, §153a Rdn.19）。

また、イギリスの条件付き注意処分においては、条件の目的は、①対象者の更生に資すること、②対象者による被害の弁償を確実にすること、③対象者を処罰すること、にあるとされており（2003年刑事司法法22(3)）、具体的な条件の内容としても、薬物・アルコール乱用防止プログラムへの参加や、被害者への謝罪や賠償とならんで、③に対応するものとして、制裁としての金銭の支払いが認められている（同法22(3 A)(a)）。

[29] 刑訴法153条aでは、「所定の遵守事項又は指示事項が刑事訴追による公の利益を消滅させるのに適している」ことが要件とされている。

[30] 吉開多一「起訴猶予等に伴う再犯防止措置の在り方」法時90巻4号（2018年）32頁。

察官による積極的な処遇という側面を有している。それゆえ、現行法上、特別予防の観点から起訴猶予権限を行使できるということだけからは、本制度が想定する検察官の働き掛けが行いうるという結論を導くことはできない。部会において提起された、なぜ、こうした働き掛けが、訴追裁量権の行使として検察官の権限の範囲内で行いうるといえるのか、という疑問[31]は、そこを捉えたものであろう。

　確かに、文言上は、刑訴法248条が定める起訴猶予権限の中に、検察官が積極的に処遇を行う権限が含まれているというのは難しいように思われる。しかし、仮にそうだとしても、同条は、現行法が、起訴法定主義ではなく起訴便宜主義を採用したものであることを示すものであって、それ以上に、検察官が積極的な処遇を行うことを否定する趣旨を含むものではないであろう。それは、現在の「入口支援」において行われている、福祉的支援につなぐための措置が、起訴猶予権限自体に含まれているものではないとしても、それを行うことが現行法禁じられているわけではないと解されるのと同様である。現行法の制定経過を見ても、旧法下においては保護措置付きの起訴猶予の運用が行われていたのであり、仮に、そのような積極的な処遇を認めないというのであれば、その旨を明記した規定が置かれたはずであるが、現行法にはそのような規定は存在していない。刑訴法248条への「犯罪の軽重」という文言の挿入も、そのような強い意味を持ったものではなかったことは、前述のとおりである。

　もちろん、その処遇を受けることを被疑者が義務づけられるようなものであれば、明文の根拠規定が必要になるであろうが、そうでなければ、それはあくまで任意の働き掛けにとどまるから、明文規定がなくても行いうると思われる。前述のとおり、現在いくつかの地検で行われている、被疑者を処分保留で釈放したうえで、その同意のもとで遵守項目を定め、その履行状況等を確認し、その結果等も踏まえて起訴猶予処分にするかどうかを決定するという運用は、そのような考え方に基づくものであろう。ただ、明文規定がない以上は許されないとする考え方もありうることからすれば、このような措

---

(31)　部会第10回会議議事録34頁［田鎖麻衣子幹事発言］。

置を行うことができることを法律に明記するのが望ましいと思われ、「検察官が働き掛けを行う制度」の導入論はそれを目指したものと位置づけることができる。その意味では、今回は制度の明文化は見送りになったが、それは、これまで行われていた前記のような運用が許されないことを意味するものではないということができよう。

3 被疑者の同意の必要性

　部会でも指摘があったように、検察官の働き掛けが被疑者に法的義務を負わせるものではないとすれば、制度を正当化するという観点からの被疑者の同意は不要であろう。ただ、例えば、検察官が、被疑者の改善更生にとって有効だと考え、守るべき事項を一方的に設定したとしても、被疑者にはそれを守る義務はないわけであるから、被疑者がそれを受け入れなければ、検察官の働き掛けは意味をなさない。それゆえ、この制度が機能するためには、いずれにしても、被疑者の同意が必要となる。そして、被疑者の同意が、この観点から必要とされるものであって、検察官が働き掛けを行うための要件ではないとすれば、あえてそれを法律に規定する必要はないともいえるが、働き掛けの受入れが強制されるものではないことを明確にするという観点から、それを明記しておくことにも意味があろう。

　こうした制度とは異なり、被疑者の同意を得ることを前提に、設定された事項を遵守する法的義務が発生するという制度設計もありうる[32]。一般に、「条件付起訴猶予」という言葉が使われる場合には、そのような仕組みが前提とされているとも考えられる。

　しかし、このような制度については、被疑者の同意を得るとはいえ、裁判所による有罪認定なしに、被疑者に法的義務を負わせることができるのかという疑問が拭い難い。また、この場合に法的義務を認める実際上の意味を考えてみると、それは、義務違反があった場合に、それを理由に起訴ができるという法的効果と結びつけることにある。前述のとおり、諸外国には、例え

---

(32) ドイツでは、被疑者が起訴猶予に同意した場合には、遵守事項及び指示事項を守る義務が生じるとされている（Meyer-Goßner/Schmitt（Anm. 28）, §153a Rdn.12）。

ば、国庫への一定の金銭の支払いなどのように、被疑者が守るべき事項が、その改善更生とは関係のない負担ないし制裁を内容とする場合があり、そのような場合には、守るべき事項の不遵守に、起訴を可能とする効果を持たせる意味がある。しかし、守るべき事項が被疑者の改善更生を目的としたものである場合には、それを守らないことは、被疑者に改善更生の可能性が乏しいことを示す資料として、被疑者を起訴する方向で考慮されることになるから、法的義務があるかどうかは、その限りでは意味をなさない。それゆえ、今回の「検察官が働き掛けを行う制度」のように、被疑者の改善更生を目的とした検察官の働き掛けを想定するのであれば、それにより法的義務を負うという制度設計にする実際上の必要性も認められないことになろう。

（かわいで・としひろ）

誰のための「再犯防止」か
―― 「清く正しく生きる」ことが求められる時代に ――

丸山　泰弘

　はじめに
Ⅰ　再犯防止推進法と推進計画
Ⅱ　起訴猶予と宣告猶予
Ⅲ　アメリカの問題解決型裁判所
Ⅳ　「再犯防止」の視点
　むすびにかえて

はじめに

　日本の自由刑は、「自由」という法益を受刑者[1]からはく奪するものであることが指摘されている。その際に、はく奪・制限されるものとして、石川は「生活の本拠が一般社会生活の場から刑務所へと強制的に移されるという意味での『移住の自由の剥奪』」があり、さらにそれに付随して「『移住の自由の剥奪』の確保の必要性」、「刑務所社会の構成員（受刑者・刑務官）の安全・衛生を確保する必要性」、「刑務所施設の人的・物的資源の制約に由来する管理運営上の必要性」、さいごに「『改善・社会復帰』・『特別威嚇』・『排害』の必要性」があることから、国は受刑者の自由を制限すると指摘する[2]。

---

(1)　犯罪者処遇である一方で、あくまで受刑者でしかなく、依然として再審請求が残されている以上、真の意味で「犯罪者」でないことが指摘されている。たとえば、吉岡一男「監獄法の改正と刑事収容施設の展望」前野育三先生古稀記念祝賀論文集刊行委員会編『刑事政策学の体系――前野育三先生古稀記念祝賀論文集』（2008年、現代人文社）3〜17頁。
(2)　石川正興「受刑者の改善・社会復帰義務と責任・危険性との関係序説」早稲田法学57巻2号（1982）1〜2頁。

ただし、石川がこれらを指摘していた時代背景には、アメリカや北欧での改善・社会復帰思想への疑問が生じている時であったために、そうではなく、改善・社会復帰を行刑目的として推進すべきであるという指摘であった[3]。その後、40年近く経つ間に、受刑者を取り巻く環境の変化が目まぐるしく起きている。たとえば、監獄法が全面改正されて「刑事収容施設及び被収容者の処遇に関する法律」（平成17年法律第50号）が成立したことによって、より改善指導に注目がなされるようになり、執行猶予と仮釈放は更生保護法（平成19年法律第88号）に統一されることになった。また、矯正施設外の取組みとしては、「再犯の防止等の推進に関する法律」（平成28年法律第104号）（以下「再犯防止推進法」）が登場し、再犯を防ぐために従来の厳罰化とは異なる視点で議論がなされるようになっている[4]。さらに、「若年者に対する刑事法制の在り方に関する勉強会の取りまとめ報告書」（以下「報告書」）が2016年12月発表された。この報告書において、若年者に対する法制度の改革を中心に議論が行われている。とくに、少年法の適用年齢のあり方や若年者に対する措置が取り上げられており、年齢引下げの議論とともに20歳以上の若年者についても改善更生と再犯防止に資する場合に①「受刑者に対する施設内処遇を充実させる刑事政策的措置」、②「施設内処遇と社会内処遇との連携を強化するための刑事政策的措置」、③「社会内処遇を充実させるための刑事政策的措置」、そして④「罰金又は起訴猶予となる者に対する再犯を防止するための刑事政策的措置」が検討課題とされた[5]。ここでは、自由刑のあり方と起訴猶予および宣告猶予の可能性も視野に入れた議論が行われていた。なお、法制審議会少年法・刑事法部会では「起訴猶予に伴う再犯防止措置」については法制化を見送る旨の議論がすでに行われているが、今後も「再犯」や「福祉的ニーズ」を必要とする被疑者・被告人への介入のあり方として何度も議論されることが予想される。さらに、すでに検察段階での社会福

（3）　石川・前掲註(2)3～4頁。
（4）　認知件数が激減している昨今において、2018年末には法務省より「再犯防止推進白書」が刊行されるなど「再犯防止」は注目される用語になっている。http://www.moj.go.jp/content/001277939.pdf（2019年1月31日閲覧）
（5）　「若年者に対する刑事法制の在り方に関する勉強会の取りまとめ報告書」http://www.moj.go.jp/content/001210649.pdf（2019年1月31日閲覧）4～16頁。

祉士の配置や各弁護人が各自で更生支援計画書を作成するといった現場レベルでの動きは活発となっているために、引き続き生きづらさを抱えた人への刑事司法での対応として起訴猶予や宣告猶予が議論されると思われる。

こういった議論が盛んに行われているのは、なにも犯罪が増えているからではない。むしろ、刑法犯の認知件数は2002年以降激減しているが、マスコミ各社は「犯罪」を取り巻く問題として、再犯者率に注目をするようになっている。とくに、犯罪白書の内容が公表される年末年始には、毎年のように「過去最高の再犯者率」であるとして、再犯防止の必要性を訴える記事が目立つ[6]。しかし、「再犯者率」は、刑法犯で検挙された者のうち再犯者が占める割合を指しているにすぎない。上述のように刑法犯の認知件数が戦後最低の数字にまで激減する中で、確実に減少している再犯者の数を上回る勢いで初犯者が激減しているために、全体の検挙人員に占める再犯者の人員の比率が「上昇」しているのである。このように再犯者率の上昇が実際には減少している「再犯」の上昇を懸念させるが、一方で全体の事件のうちの大半を再犯者が行っていることも指摘されており、再犯の対策が望まれていることも事実である。つまり、犯罪も再犯者も減っているが依然として刑事政策の課題として再犯の問題に焦点が当てられているのである。しかし、それらの要請は、かつての厳罰化時代のそれとは大きく異なっている。それは、報告書や法制審議会でも語られるように自由刑のあり方をより改善処遇に重きを置いたものにするといった議論であったり[7]、入口および出口の支援によって再犯を減らそうと目指されていることからもわかる。

そこで、本稿では、目まぐるしく刑事政策の分野において活発となってい

（6）報道の中には「再犯率」と「再犯者率」を間違って報じているものも存在する。両者の違いに詳しいものとして、岡邊健「計量分析からみるわが国の少年非行：再非行の状況を中心に」『刑政』126巻6号（2015年）46〜59頁。
（7）改善指導を義務化できるかどうかについては依然として議論がなされている。義務化できるとするものとしては、川出敏裕「自由刑の単一化」『日髙義博先生古稀祝賀論文集 下巻』（2018年、成文堂）461〜481頁など。また、義務化について依然として問題があるとするものについては、石塚伸一「教育的処遇（矯正処遇）〜被収容者の処遇改革の歴史と主体性の確立〜」本庄武＝武内謙治編著『刑罰制度改革の前に考えておくべきこと』（2017年、日本評論社）49〜53頁などがある。

る「再犯」を取り巻く議論の中で入口支援となる部分に注目する[8]。それに伴う立法や条例を概観しつつ、そこで考えられている「再犯」のとらえ方と、その問題点について考察をする。その際に、報告書で取り上げられているような起訴猶予や宣告猶予を「再犯防止」の観点から行うことの問題点についてアメリカの問題解決型裁判所の取組みを参考に考察を試みる[9]。

I　再犯防止推進法と推進計画

1　再犯防止推進法の施行

　近時の刑事政策の柱として2016年12月に「再犯防止推進法」が公布・施行された。法務省によれば、安全で安心して暮らせる社会を構築する上で、犯罪や非行の繰り返しを防ぐことが課題であると指摘している[10]。その基本理念の概要として同法第3条には、①「犯罪をした者等の多くが安定した職業に就くこと及び住居を確保することができないこと等のために円滑な社会復帰をすることが困難な状況にあることを踏まえ、犯罪をした者等が、社会において孤立することなく、国民の理解と協力を得て再び社会を構成する一員となることを支援する」（1項）、②「犯罪をした者等が、その特性に応じ、矯正施設……に収容されている間のみならず、社会に復帰した後も途切れることなく、必要な指導及び支援を受けられるよう」にする（2項）、③「施策は、……調査研究の成果等を踏まえ、効果的に講ぜられるものとする」（4項）とされている。このように本法律によって犯罪をした者が円滑に社

---

(8) 筆者自身は自由刑の純化論の立場から改善指導を義務化できるとすることには反対の立場である。自由刑の単一化の問題については、拙稿「自由刑の単一化と薬物事犯」『犯罪と刑罰』27号（2018年）51～72頁を参照。
(9) 筆者は、2018年8月よりカリフォルニア大学バークレー校において海外研修の機会を得た。さらに同年9月よりアラメダ郡オークランドにある問題解決型裁判所（Corroborative Court at Superior Court of California, County of Alameda）のチームに調査メンバーとしてDrug CourtおよびBehavioral Health Courtに合流し、調査を行っている（2019年2月現在）。そこで、本稿では、このオークランドのCorroborative Court得られた情報などを基にして、アメリカの問題解決型裁判所について言及したい。
(10) 法務省「再犯の防止等の推進に関する法律 概要」。http://www.moj.go.jp/content/001212699.pdf（2019年1月31日最終閲覧）

会復帰できるように促進することで、再犯の防止に関する基本を定め、計画を促進し、もって「国民が犯罪による被害を受けることを防止し、安全で安心して暮らせる社会の実現に寄与すること」(同法第1条)を目的とするとしている。

　この立法は、そもそも課題となっている近年の「再犯」の実態を確認することなしには語れない。ここ数年の犯罪白書においても「再犯」については度々特集が組まれるようになっていた。数字に着目すれば、毎年減り続ける認知件数と検挙人員により2013年以降は戦後最小の数を更新している状態である。この大幅な減少が幸か不幸か日本の刑事政策の重要なテーマとして「再犯」が取り上げられるようになっていく。何が「不幸」なのかといえば、繰り返しになるが再犯者の数そのものは減少しているにもかかわらず、初犯者の数がそれを上回る勢いで減少しているために、全体の中で再犯者が占める割合である再犯者率が増えているのである。そのため、これをもって日本の刑事政策の喫緊の課題が「再犯の防止」であるとするには、やや早計であろう。一方で、『平成19年版（2007年版）犯罪白書』の特集では次の様なことが指摘されている。すなわち、当時の統計では検挙された人の数では初犯者が7割で再犯者が3割であることに対し、全体の犯罪件数においては初犯者が4割にとどまるものの再犯者が6割程度を占めているということであった[11]。つまり、再犯者の数そのものは減少しているが、事件の総数からみれば、事件の多くを再犯者が行っているということの指摘である。もちろん、言及するまでもないが、これも割合でいえば再犯者が行っている割合が大きいということであって、数そのものは減少している。しかし、少ない再犯者で多くの犯罪を起こしているということになり、そういった意味では再犯対策をする必要性が高まっているのである。

　このような、近時の再犯に関する研究や言論を受けて、その効果を踏まえつつ、途切れることなく社会復帰への支援を行いつつ、国民が犯罪による被害を受けることを防止するために行われるのが再犯防止推進法による「再犯防止」の目的とされるのである。これらは、刑事政策に社会復帰の視点が乏

---

(11)　法務総合研究所『平成19年版 犯罪白書』222頁。

しくなった1990年代後半から2000年代にかけて受刑者などに向けられた厳罰化時代とは異なり、そこでいう「犯罪者対策」は、「本人の社会復帰のために」という要素が含まれている点で少し異なるように思われる。なぜならば、2000年代前半の犯罪対策閣僚会議で議論されていたような犯罪情勢の悪化や2003年に閣議決定がなされた「犯罪に強い社会の実現のための行動計画」などでは、治安回復のための施策ばかりが謳われていたが、2008年ごろには、その行動計画においても出所時の再犯防止を効果的に行うためには、長期にわたる社会復帰をする人への取組みが必要であることが言及されたからである。さらに2014年の犯罪対策閣僚会議では「宣言：犯罪に戻さない・戻さない～立ち直りをみんなで支える明るい社会へ～」を決定し、その再犯を防ぐ重要なタームとして「就業」と「住居」があり、その確保に向けて尽力することが宣言されている。

詳しくは後述するが、以上のように、従来の厳罰化の流れとは異なるものの、決して小さな失敗も許されない「社会復帰」の要請をし、改善のためのプログラムを強制するかのような過度に包摂型社会へと向かいつつあるようにもみえる。しかし、矯正施設では同意のない改善処遇が提供され、入口支援では社会復帰支援のために刑事司法の枠内でプログラムが強制されることが本当に「本人の社会復帰のために」本人が主体となる支援の体制となっているのであろうか。それらを検討する前提として以下では、再犯防止推進法が取り組んでいる地方公共団体との連携を概観し、近時の「再犯防止」の議論でどこに注目がなされているのかを見ていく。

2　地方公共団体との連携

再犯防止推進法では、国だけでなく地方公共団体においても、再犯の防止に向けた施策を実施する責務があることを第4条に謳っている。さらに、国と地方公共団体は、再犯防止に関する施策が円滑に実施されるように相互に連携をとることが目指されている（同法第5条）。とくに、注目を集めている市町村といえば、兵庫県の明石市がその一つとして挙げられるであろう。明石市では、更生支援に福祉的な要素が必要であるという考えのもと、2017年の7月より更生支援ネットワークとして会議を重ね、更生支援のための条例

づくりとまちづくりにあたっている。そのネットワーク会議の構成メンバーも、警察や刑務所などの司法や保安の立場の関係者だけでなく、社会福祉関係者、障がい者関係団体、地域活動団体などにも広く声をかけている。その問題意識としては、高齢受刑者における認知症患者の存在や新規受刑者の約２割がIQなどに問題を抱えている可能性が高いこと、そして新規の知的障害のある受刑者の約６割が再犯者であるといったことを踏まえ、基礎自治体が更生支援に取り組む意義があるとする[12]。そのため、縦割りの支援や監視では社会復帰の目的を果たすことが困難であることや、最終的には各地域で受け入れ、支え、つなげていくということが必要であるという問題意識があり、更生支援を推進するために2018年度より更生支援担当を設置している市として明石市は注目されている。これらは、いわゆる「出口支援」としての市町村のかかわり方について、一つの例を示している。

　また、いわゆる「入口支援」の興味深い取組みとしては、福岡県が薬物事犯の初犯者に対し、本人の同意を得て検察庁から情報を得、勾留中に回復プログラムにつなげるというものがある[13]。その内容としては、検察庁が本人の同意をえた初犯者の氏名や罪名などを県に提供し、県警OBや看護師などのコーディネーターが本人と面談をし、釈放後に精神保健福祉センターでの回復プログラムにつなげるというものである。記事によれば、全国初とされているが、県が執行猶予になった初犯の人を支援するということ自体は、すでに10年以上前から行われており、逮捕の段階で釈放後の支援の在り方を民間の支援団体が説明に行くということも行われていた。これの長所としては、刑罰として回復プログラムを受けるわけではなく、本人の希望によってそれらに繋がっているということになる[14]。もっとも、刑事司法外の取組みとしては以前から厚生労働省が「薬物問題・相談員マニュアル」というものを作成し、各精神保健福祉センターや役所の相談窓口で対応する人に配布し

---

(12)　第１回明石市更生支援ネットワーク会議（資料）https://www.city.akashi.lg.jp/fukushi/fu_soumu_ka/kousei_shien/torikumi/h28/documents/06.pdf（2019年１月31日最終閲覧）
(13)　毎日新聞「薬物事犯者を福岡県が支援　全国初、本人の同意のうえ検察庁から情報」https://headlines.yahoo.co.jp/hl?a=20190206-00000050-mai-soci（2019年２月６日最終閲覧）

ている。そこでは、捜査機関や保安施設と異なる場面で、薬物問題を抱えて相談に来る人にどのように対応をすればいいのかが記されていた。他害行為などが疑われ警察等の捜査機関につなぐ必要があることも記載されているが、基本的には、まず医療施設につながるように指針が示されており、通報義務との兼ね合いで迷いを抱えている相談員のために作成したものと思われる。つまり、逮捕をきっかけに回復プログラムや医療につながることも必要であるが、こういった刑事司法の問題となる前に解決できる道を探るのも必要であろう。

　以上のように、徐々にではあるが、いわゆる「犯罪をした者」への介入のあり方が「再犯」の問題を通して、意識されるようになり、一方的な厳罰化では解決しないことが認識されるようになってきている。とくに、近年の傾向としては、「福祉的ニーズ」を必要としている人であったり、社会的弱者とされる人の社会復帰の支援の必要性が訴えられ、矯正施設にいる段階からの支援や、市町村での受け皿のあり方など幅広い議論がなされるようになってきた。そのために、検察段階や裁判段階においても何らかの支援が行えないかという検討が活発に行われている。そこで、次章では、現在「法制審議会少年法・刑事法（少年年齢・犯罪者処遇関係）部会」（以下「部会」）において議論が行われている社会的弱者に対する起訴猶予および宣告猶予について刑事政策的な検討を行う。上述のように、本制度については法制化を見送ることとされてはいるが、引き続き「再犯」の議論の中で重要な問題として再燃する可能性が高い。そこで次章では起訴猶予と宣告猶予に関する近時の議論を概観し、最後に「入口支援」や「出口支援」の議論にある刑事政策的問題を試みたい。

---

(14)　薬物事犯者の自己使用および自己使用目的の所持罪については、そのほとんどが初犯であれば執行猶予判決となることが指摘されている。しかし、この逮捕や裁判のきっかけに説得を試み、回復につながりたいという希望者に対して回復プログラムにつなげられる取組みとして注目される。

Ⅱ 起訴猶予と宣告猶予

1 検察段階での再犯防止への取組み

　検察庁は、積極的な再犯防止への取組みに力を入れ始めている。福祉的な支援が必要とされる高齢者や障がい者、そして薬物依存症のような問題にも関心が広まっている。いわゆる起訴猶予を利用した更生保護措置付きの起訴猶予については、すでに1960年代に「横浜方式」と呼ばれるものが存在していた。これは、起訴相当と思料される者であっても、本人の更生と再犯の防止が出来る者については、起訴を猶予し保護観察官の補導に服させるといったものであったが、10年ほどで運用は停止されている。この横浜方式とは方法が異なるが、その後、刑事司法と福祉の連携が叫ばれるようになり、とくに検察段階においては、起訴猶予の積極的な運用によって、個別の事件に対応するということが実務のレベルでは行われるようになっている。これら福祉的な支援が必要とされる被疑者・被告人に対し、その再犯の防止には根本にある問題を解決すべきであるという視点が採られるようになってきているのである。これまでも、検察官の訴追裁量権により広く起訴猶予が用いられてはいるが、それを再犯防止措置と結び付けて積極的に運用することには、依然として適正手続および無罪推定法理との矛盾があることが手続法上の問題として指摘されている[15]。入口支援に注目が集まる中、検察庁に社会福祉士が配置され、福祉的ニーズがあるかどうかを調査および調整をさせた後に、起訴猶予決定後に福祉的支援へとつなぐという試みはすでに行われてきた。これは、新長崎モデルや更生緊急保護事前調整モデルともいわれ、更生緊急保護の重点実施へと引き継がれていく。このモデルについては、処分決定後に措置が行われるために、検察官が一旦起訴猶予と決定した者に対し再び起訴する可能性も低いことから、起訴に対する威嚇力が弱く、予定されていた再犯防止措置や回復プログラムが不十分のままに終わる可能性も高いなどが指摘されている[16]。一方で、虐待やDV関連の事件については、被疑者

---

(15)　葛野尋之「検察官の訴追裁量権と再犯防止措置」法律時報89巻4号（2017年）12〜18頁。
(16)　葛野・前掲註(15)13頁。

の同意を得てから、回復プログラムを含めた措置が講じられることがある。その起訴猶予後の措置に対する調整が行われた後に、起訴か不起訴が決定されるモデルも存在する。こちらについても葛野からは、「起訴の威嚇力が働き、そのことから、調査および措置受け入れへの同意を獲得しやすく、したがって再犯防止の効果をあげやすいといえよう。反面、調査および措置受入れへの同意の任意性が希薄化する。」という指摘がなされている[17]。さらに、前者の処分決定後のモデルであっても調整段階での措置への同意が求められることになる可能性が高いために、これらの回復プログラムなどは実質的な起訴猶予の条件になるであろう。そうなれば、この更生支援や回復プログラムといった表面上の福祉的支援は、刑罰を土台として余地のない選択を迫り、実質的な刑罰を一方当事者でしかない検察官が決定するということになる。

　この他にも、地域によっては地域生活定着支援センターが中心となって行う入口支援や弁護人が各自で更生支援計画書などを作成し支援を行うこともあるが、何れにしても検察官が主導する起訴猶予を利用した更生支援のあり方には数多くの問題が存在する。このように検察による入口支援については、その限界もあるように思われる。しかし、裁判所が介入する宣告猶予を利用した更生支援については、起訴猶予を利用する際の問題点であった無罪推定法理への疑問や処分決定前での任意性の問題、処分決定後の積極性の問題等いくつか重なりあうものの、別の可能性と課題が生じる。いずれにしても裁判所がこれまで主体となっていないことが指摘されている[18]。それでは裁判段階での宣告猶予を用いた更生支援はどのようなものが想定されうるであろうか。

---

(17) 葛野・前掲註(15)13頁。また、葛野尋之「猶予制度〜刑事司法の基本原則と刑事手続の基本構造に適合した猶予制度のあり方〜」本庄＝武内編著・前掲注(7)147〜153頁も参照。
(18) 福島至「裁判所が関与する更生支援の可能性」法律時報89巻4号（2017年）26〜32頁。

2　裁判段階での再犯防止への取組み

　これまでは、その制度上の問題からも裁判所は積極的にかかわっているわけではなかった。社会のニーズとして、今後は裁判所も福祉的なニーズへの支援への関与が求められる可能性があることが福島から指摘されている。ただし、裁判所で行うようになったとしても、依然として日本の裁判運用では、更生支援の必要性が手続打ち切りの理由とはならないこと、事実認定手続と量刑手続が二分されていないこと、そして判決前調査制度が整備されていないために、人間科学に基づいた適正の判断ができる体制が整えられてない、ということが指摘されている[19]。

　手続が二分化されておらず、判決前調査も必要的に行われていない日本においても1950年代頃から執行猶予制度のあり方をめぐって「判決前調査」の導入をめぐる議論がなされていた。それは、売春防止法の改正の時期に特に活発に行われていた。売春防止法の運用に関しては保安処分的要素が含まれていることから、江里口によると「一般犯罪と性質を異にするものであることおよび売春婦の中には精神薄弱者や精神異常者が多く、また転落するに至つた動機、境遇からいつても特殊なものであるため、売春婦に対しては、刑罰の外に、広く特別な保安処分を設け、罰するよりはむしろ法五条の罰によつて拾い上げ、まず適切な保安処分に付して本人を保護更生させるようにつとめ、真にやむを得ない者にのみ、刑罰を適用することにする必要がある」として同法第5条の説明を行っている[20]。この時期に衆参両院の法務委員会において速やかに裁判所調査官による判決前調査制度の法制化を検討すべきであると附帯決議がなされたが、その調査をどこが中心となって行うかについて裁判所だけでなく検察および弁護士会でも意見が分かれ、今なお実現するに至ってはいない[21]。しかし、日本では裁判員裁判が行われ、市民の司法参加が謳われている。英米の陪審裁判とは異なり、裁判員裁判では市民によ

---

(19)　福島・前掲註(18)28頁。また、葛野・前掲註(17)153〜160頁も参照。
(20)　江里口清雄「補導処分と判決前調査」法律のひろば11巻5号（1958年）9〜10頁。
(21)　丸山泰弘「日本における判決前調査制度導入をめぐる歴史的経緯」須藤明＝岡本吉生＝村尾泰弘＝丸山泰弘編著『刑事裁判における人間行動科学の寄与』（2018年、日本評論社）182〜197頁。

る量刑の判断も必要とされる。従来の責任主義だけに重きを置いた量刑相場に従うのではなく、目の前にいる被告人が今後どのような刑罰を受けるのかを知らないままに判決を言い渡すことは無責任ではないだろうか。そうであれば、被告人がどのように更生をしていくのか、事実認定はとは異なるレベルであり、かつ責任評価の判断のための鑑定とは異なるレベルの判決前調査制度が必要となるであろう。

上述のように福祉的ニーズがあるからという理由だけで、いま語られているような新長崎モデルなどの「入口支援」を行うことは、手続法上の問題としては多くの問題が依然として残る。たとえば、被告人が起訴事実に争いがなく自認している場合であっても、意思決定の場面では弁護人が必ず付されるようにするなどの手続法上の立法論が必要となるであろう。しかし、冒頭で述べたように、本稿の目的は刑事訴訟法上の論点を検討することではなく刑事政策的な観点からの検討である。再度の執行猶予の条件の緩和などを用いた裁判所の運用のための立法論も必要となろうが、刑事政策上の課題も残されている。そもそも更生支援を行うためのアセスメント自体が不十分な体制のままでは立法が行われても効率的な運用はなされない[22]。

たしかに、手続法上の問題が山積みとなっている状態ではあるが、検察における社会福祉士の配置や弁護人の更生支援計画書作成の動きなど福祉的ニーズを必要としている人への支援が実務の場面で始まっているのも現実である。この動きがある中で、福島が指摘するように裁判所はあくまで消極的であったようにみえる。では、検察官主導ではなく、本人の同意に基づいた更生支援であれば、問題は生じないのであろうか。

裁判の段階で参加者の「同意」をとり、福祉的ニーズへのアセスメントを裁判所に所属するソーシャル・ワーカーなどを積極的に取り込んでいくこと

---

(22) 現に、検察庁に社会福祉士が配置され、社会的ニーズが高い被疑者・被告人がいた場合でも、検察官の第一命題はそこにはないと考えざるをえない事例が多い。たとえば、帰住先の確保や継続した治療体制が整えられた場合であっても、再度の執行猶予は前例として少ないという理由で控訴がなされ、実刑が言い渡されるケースがある。詳しくは、拙稿「執行猶予中の覚せい剤取締法違反（所持・使用）に対し、医療や回復支援の体制が整えられたとした原審の再度の執行猶予判決を破棄し、実刑を言い渡した事例」『新・判例解説 Watch vol. 17』（2015年、日本評論社）207〜210頁。

によって、社会的弱者への支援を行っているアメリカの問題解決型裁判所が今後の日本に何らかの示唆を与えてくれるであろう。そのために、以下ではこれを掘り下げてみたい。

Ⅲ　アメリカの問題解決型裁判所

1　ドラッグ・コートについて

　再犯の防止策として自由刑のあり方や再犯の防止の手段として出口支援や入口支援の議論が犯罪対策閣僚会議において行われている。犯罪類型別にみてみれば、高齢者や知的に障害のある人に加え、薬物事犯者もその対策の中で対象となっている。再犯防止等推進計画作成の際の議事録においては見られないが、一部の新聞報道によると薬物問題を抱えている人への更生支援のあり方の１つとしてアメリカの薬物専門裁判所（ドラッグ・コート）が議論されていたようである[23]。

　アメリカではドラッグ・コートをはじめ、犯罪行為として現れているものを罰するだけでは本当の解決にはならず、その背景にある問題の解決に向けて運営を行う問題解決型裁判所（Problem Solving Court）がある。ドラッグ・コートはその１つとして考えられているが、数ある問題解決型裁判所の中で真っ先にドラッグ・コートが誕生しているために、まずはドラッグ・コートの経緯を概観しつつ、問題解決型裁判所の取組みについて確認したい。

　ドラッグ・コートは、1989年にアメリカで裁判官を中心に実務家の実践として始められた薬物事犯者のための裁判所である。それまでは自己使用者（自己使用目的所持も含む）に対し、厳罰化の態度をとっていたが、何度も繰り返される再使用に頭を悩ませていた。そこで、通常の刑事裁判手続のルートとは別に、治療プログラムを中心に置いた裁判の運用を始めたのである。裁判所の監視下のもとで、治療プログラムを受けるかどうかの選択肢が与えられ、被告人（クライアント）がプログラムを受けることに同意した際に開

---

(23)　毎日新聞「再犯防止計画：薬物依存者を社会内で更生　中間案公表」（2017年９月26日）https://mainichi.jp/articles/20170927/k00/00m/040/015000c（2019年１月31日最終閲覧）

始される[24]。

　たとえば、筆者が研修を行っているカリフォルニア州アラメダ郡にあるドラッグ・コートでは、答弁前（Pre-Plea）の期間に行われ、4つのフレーズに分けられている。第1フレーズは、約1か月をかけて、毎週2回の尿検査と3回のトリートメントプログラムへの参加、そしてケース・マネージャーとの面接などが課される。第2フレーズは、第1フレーズにおいて30日以上に渡り尿検査で陰性反応であった場合に進むことができ、裁判所には2週間おきに出廷が求められる。また、第1フレーズと同じく週に2回の尿検査と回復プログラムへの参加、そしてケース・マネージャーとの面談が行われる。第3フレーズはさらに少なくとも30日の陰性反応であった場合に進むことができ、就職や住居のサービスなども併せて行われる。第4フレーズでは、頻繁に裁判所に呼び出されることはなく、予後の経過の確認が行われる。その後、6か月にわたるアフターケアが行われて、1つのサイクルとなっている。

　多くのドラッグ・コートでは薬物の再使用や不出頭について、いくつかのサンクションも用意されている。そのサンクションの内容は、他のクライアントの審理も観察するように命じられたり、1日中ドラッグ・コートのセッションを観察し、回復していく人と立ち止まっている人の違いについて観るように命じられたりする。さらに、週に2回行われる尿検査の陽性反応が何度も繰り返されると徐々にそのサンクションは厳しくなり、1日のJailへの収容が言い渡されることもある。最終的にはドラッグ・コートでの審理は打ち切られ、通常の刑事裁判で裁かれ刑務所などの矯正施設に収容されることもある。しかし、アラメダ郡のドラッグ・コートでは、こういったサンクションは利用されず、各自のフレーズでの進行が止まることがサンクションとして運用されている。何よりも重要なことは、違法薬物の再使用があったり、尿検査を拒否することなどが日本のように即刑事罰として再収容の対象とならない点である。これについては、後述する。

---

(24)　ドラッグ・コートについて、詳しくは、拙著『刑事司法における薬物依存治療プログラムの意義〜「回復」をめぐる権利と義務』（2015年、日本評論社）を参照。

こういったドラッグ・コートの取組みが注目され、社会的な問題を抱えている被告人たちに対し、従来の刑事罰では本当の問題解決にはならないことが徐々に認知されていった。実務でのドラッグ・コートの成功と同時期に注目が集まっていたのが、「治療的司法（Therapeutic Jurisprudence）」である。治療的司法は、David WexlerとBruce Winickによって1987年から提唱されていたもので、精神保健法分野の理論であった[25]。治療的司法の考え方では、裁判がもたらす影響力はその被告人にとって「治療的」にも「反治療的」にも起こりうるものであり、その際に社会科学の知見を活かしながら、適正手続などの諸価値を侵すことなく、より「治療的」な効果をもたらす運用をすべきであるとする。薬物依存の問題でいえば、ただ闇雲に刑罰を与えるだけでは、その根本にある薬物依存症の回復がないのであって、その回復プログラムを中心に添えた裁判のあり方を模索したといえる。この運用面でのドラッグ・コートと理論面での治療的司法が合わさることにより、その活躍の幅を大きく広げていくことになる。それらの総称を問題解決型裁判所という。たとえば、繰り返される窃盗がギャンブル依存による金銭問題からくるものであれば、窃盗に対して刑罰を科していても根本にあるギャンブル依存が解決されない限り繰り返される可能性が高い。そのため、問題解決型裁判所の1つであるギャンブリング・コートでは、従来の裁判と拘禁刑ではなく、ギャンブル依存の回復プログラムを裁判の段階で取り入れ、クライアントが抱えている社会問題の解決を図るのである。こういった問題解決型裁判所の展開は、既存のルールに対しオルタナティブとなるようなものであって、裁判のあり方だけでなく、裁判関係者をも巻き込んだムーヴメントとなっていった[26]。「治療的」と訳されることが定訳となっているが、ここでいう「治療」とは、医療行為そのものではない。むしろ社会問題の解決のために、クライアントが抱えている「生きづらさ」を解消するためにソーシャ

---

(25) Bruce J. Winick and David B. Wexler *"Judging in a Therapeutic Key : Therapeutic Jurisprudence and the Courts"*, Carolina Academic Press, 2003, p3.
(26) Peggy Fulton Hora, William G. Schma and John T. A. Rosenthal *"Therapeutic Jurisprudence and The Drug Treatment Court Movement : Revolutionizing the Criminal Justice System's Response to Drug Abuse and Crime in America"*, Notre Dame Law Review, Vol. 74, Issue 2, （1999）, p442-443.

ル・ワーカーなどが中心になって行われる支援やケアの意味合いが強い。このように司法専門にソーシャル・ワークを行うフォレンジック・ソーシャル・ワーカーの存在がとても大きなものとなる。1989年の誕生の時点でこそフロリダ州マイアミ市の1つの裁判所の取組みでしかなかったドラッグ・コートの運用は、しだいに大きくなり、薬物問題以外の被告人の生きづらさの支援を行う裁判所として全米に拡大し大きなムーヴメントとなっている[27]。

2　薬物再使用の捉え方

　再使用の概念については、日本と大きく異なるために、ここで言及しておきたい。ドラッグ・コートのクライアントは、薬物依存症からの回復に主眼が置かれているために、審理期間中に回復支援施設やNA・AAなどに行くことが促されている。多くの回復プログラムでは認知行動療法をベースとしたものが多く、トライ＆エラーを繰り返して、薬物を使用しないでも生活できるように練習を積み重ねている。よく利用される12ステップも「薬物に対して自分は無力である」ということを知ることから最初のステップが始まる。「自分ではいつでも止められる」と思い込んでいる人が、「自分ではやめられない依存症なのだ」と知るためには、再使用が必要となる場合がある。さらに、どうしても薬物を使用してしまう場面や時期があれば、それに対してどのように対処をするかソーシャル・スキルを身に着けていくことが重要であるとされている。上述のように、ドラッグ・コートでは確かにサンクションとしての罰が課されることがあるが、それは再使用が1度起こっただけで罰するために行われることはない。むしろ、繰り返される陽性反応が出ているにもかかわらず、それに対して回復プログラムに繋がろうとしていないなどの行動があった場合や、そもそも尿検査を継続して受けていない場合

---

(27)　全米ドラッグ・コート専門家会議（National Association of Drug Court Professionals）Fact Sheetsによれば、2019年1月現在のデータでは、全米に3,316の問題解決型裁判所が存在し、その修了者の75％が再犯を行っていないとされる。https://www.nadcp.org/wp-content/uploads/2018/11/US-Drug-Court-Fact-Sheet-2018.pdf（2019年1月31日最終確認）

に少しずつ重く課されていくのであって、ドラッグ・コートでは、クライアントの少数の再使用が犯罪として罰せられることはない。つまり、失敗があることは前提にして、何度も挑戦が可能な回復プログラムを用意しており、それを司法専門のソーシャル・ワーカーが中心となって行われているということを忘れてはならないのである。日本の「再犯防止」の議論の中で、こういった視点があるようには思われない。むしろ、社会復帰の捉え方が過度に「清く正しく」あることを求めすぎてはいないだろうか。人が生きていく上で、成功も失敗もあるという前提を無くして、こういった問題解決型裁判所の運用はありえない。ここで重要なのは、福祉的ニーズを必要としていたり、社会的な問題を抱えたクライアントに寄り添って、成功も失敗も繰り返しながら、犯罪をしないでも生きていける生活につなげていくという姿勢そのものにある。

Ⅳ 「再犯防止」の視点

1 過剰な包摂へと向かう社会

極度に個人化が進む社会において、Jock Youngは「構造的な失業者が生まれていく中で、犯罪は起こり、それらを反社会的な行為に対して排除が起こる」と指摘する[28]。この社会構造では、社会復帰思想が根強かった1970年代から80年代にかけて行われた包摂型社会と真逆の現象が起きると指摘されていた。日本では1990年代後半から2000年代にかかる厳罰化の時代を経た今日、再び「司法と福祉」の連携が注目されるようになってきた。とくに、高齢者や薬物事犯者、知的に障害をかかえる人やクレプトマニアの人などは、従来の刑事司法の対象者とは異なり、支援が必要な「社会的弱者」であり、「病人」として捉えられるようになっている。そして、「犯罪者」を「病人化」することで非難の対象から保護の対象へと変化をもたらすが、根本的には合理的判断が欠如した危険な要因としての位置付けが変わることはない。

---

(28) Jock Young *"The Exclusive Society:Social Exclusion, Crime and Difference in Late Modernity"*, Sage Publications, 1999.（翻訳：青木秀男ほか『排除型社会：後期近代における犯罪・雇用・差異』〈2007年、洛北出版〉28〜30頁。）

昨今の日本の社会復帰支援の議論は、本稿でこれまで述べてきたような治療や処遇が必要な人に対し、「再犯の防止」として社会復帰を支援するという文脈で語られるようになっている。効果的であり、「本人のため」であるとされる支援は、本人の同意とは関係なく強制性を帯び、それらを受容しない者へのさらなる社会的排除をもたらしうる。これらは、過剰な包摂への揺戻しが起ることも同じくJock Youngが指摘している[29]。

　上記で取り上げた、問題解決型裁判所への批判も紹介しておきたい。それは、いわゆる司法が決定的で支配的な役割を担っていいのかといった問いである[30]。ドラッグ・コートは、一見すれば、「福祉的」であり「治療的」であるとされるが、それらの言葉を用いることで本来存在する刑罰性を隠している。いかに治療的で福祉的であるという文句を使おうとも刑事司法の土台の上で行われている「支援」であることには変わりがないのである。

　刑事司法の問題にもなる逸脱行為を病気や社会的弱者であるという認識をすることで、病気なのだから仕方がないと非難が緩和することがある。しかし、それと同時に当然に治療を受けるべきであるという強制的な圧力が生じる。日本で議論がなされている自由刑の単一化や入口支援での回復プログラムの受講に関しては、刑罰の一種としての運用がありえながら、表面上は「本人のため」であるといった表情をしている。とくに、刑事司法の枠内で行われることで将来の危険性に対し刑事罰の運用で対応するという保安処分とどう向き合うのかといった議論が不十分であろう。むしろ、刑の一部執行猶予の条文を見る限り、将来の危険性を判断するとなれば、すでに現実には保安処分のような運用がなされているという見方も可能かもしれない[31]。

2　誰のための「再犯防止」なのか

　再犯防止推進法では、前述のように（Ⅰ2）、国だけでなく地方公共団体

---

(29) すでに、こういった現象が起こりうることも「排除型社会」を訴えたジョック・ヤングによって指摘されていた。Jock Young *"The Vertigo of Late Modernity"*, Sage Publication, 2007. （翻訳：木下ちがや他『後期近代の眩暈』〈2008年、青土社〉280頁。）

(30) John Petrila *"Paternalism and the Unrealized Promise of Essays in Therapeutic Jurisprudence"*, in Law in Therapeutic Key, pp686.

においても、再犯の防止に向けた施策を実施する責務があることを第4条に謳っている。2019年に福岡県議会では18歳未満への子どもへの性犯罪等で受刑した者が、出所後に福岡県に居住する場合、住所の届け出が必要とする条例を可決している[32]。同様の条例については、2012年の大阪に次いで2例目となるが、福岡県弁護士会などからの人権侵害にあたるとする批判もある中、「再犯防止や社会復帰の目的以外に利用することや警察、地域などに漏らすことはない」と主要会派の担当者が集まる検討会議の議長が応えている[33]。このように、「再犯防止」や「社会復帰」という言語を用いれば、その運用によっては、憲法にも抵触する恐れのあるような条例が可決されていく傾向にある。そもそも、そこで使われている「社会復帰」という言葉自体が、ただ「本人のためであれば良いことである」といった意味合いで使われている。さらに踏み込めば、本当に「本人のために行う社会復帰」であるのかどうかも疑問が残る。つまり、社会に迷惑をかけないことを「社会復帰」と定義し、それこそが「再犯防止」であるのだから、そのためには、届け出が必要な人の人権が侵害されても問題はないという運用もありうるからである。これは、1つの都市に限ったことではない。既に存在する各都市の条例もこれから制定される条例も同様の問題を含んでいる。そもそも、地域との共同を謳っている再犯防止推進法自体がその問題を含んでいるからである。

　浜井は1990年代後半から2000年代にかけての刑事政策の暗黒時代には犯罪

---

(31)　刑法第27条の2（刑の一部の執行猶予）第1項「次に掲げる者が3年以下の懲役又は禁錮の言渡しを受けた場合において、犯情の軽重及び犯人の境遇その他の情状を考慮して、再び犯罪をすることを防ぐために必要であり、かつ、相当であると認められるときは、1年以上5年以下の期間、その刑の一部の執行を猶予することができる。」としており、条文の中で「再び犯罪をすることを防ぐために必要であり」かつ「相当」であれば、できるとしている。
(32)　2019年2月の段階での名称は「福岡県における性暴力を根絶し、性被害から県民等を守るための条例」（案）とされている。18歳未満の子どもへの性犯罪等で出所した人が刑期の満了から5年以内に県内に住む場合、氏名、住所、性別、生年月日、過去の罪名などを知事に届けることを義務付けたものである。怠ったり、虚偽の届け出については5万以下の過料の対象となる罰則もある。県外に転出する際にも届け出が必要とされている。
(33)　朝日新聞「性犯罪の元受刑者に住所届け出義務付けへ　福岡県議会案」（2019年1月31日最終確認）https://www.asahi.com/articles/ASM1K41YPM1KTIPE00Q.html

者の立ち直りといった論点は議論されてこなかったが、近年に司法福祉が注目され支援が注目を浴びるようになってきたとしても、それは社会安全のための「再犯防止」であって、対象となる人が主体となった「再犯防止」ではないことを指摘する[34]。2012年の犯罪対策閣会議が公表した「再犯防止に向けた総合的対策」[35]では、個々の特性に応じた支援を強化し、社会における居場所や就労の確保が必要であること、そして、国民に支えられた社会復帰が必要であることが打ち出されている。ただし、この「再犯防止に向けた総合的対策」では、同時に「犯罪被害者の置かれている状況や視点を踏まえ、国民の理解の下で進めるべき」であり、「国民の安全・安心に対する期待に応えるという点において、再犯防止対策の効果等を適時適切に示すことは大きな意義がある。」とも言及している。たしかに、厳罰化の一途を辿った時代の刑事政策からは、福祉的なニーズを必要としている人が存在していることが認知されるようになり、様々な支援へと繋げる動きが生じているやに見える。しかし、浜井が指摘するように、果たして入口支援や出口支援の受け皿となる社会の側が、1990年代の厳罰化の中にあった市民と異なる市民へとなっているであろうか。むしろ、依然にも増して「再犯の防止」は本人のためにあるのではなく、傷つけられるかもしれない社会のためにあるのではないだろうか[36]。

最終的には刑事罰が用意されている土台の上、または威嚇力を用いた上で行われている「支援」を保安処分的な運用であるにもかかわらず、「福祉」や「医療」といった言葉で覆い隠し、あたかも本人のための「社会復帰」のように見せながら、マジョリティが考える「社会復帰」の枠に押し込めたいだけのように思われる。

再犯防止推進法も各地の条例もその目的に「国民が安全・安心に暮らすことができる社会の実現」であるとする。つまり、これは「再犯防止」の主役が対象者ではなく国民であることを表しているのである[37]。

---

(34) 浜井浩一「再犯防止と数値目標」季刊刑事弁護72号（2012年）135〜142頁。
(35) 犯罪対策閣僚会議（2012年7月）「再犯防止に向けた総合対策」（2019年1月31日最終閲覧）http://www.moj.go.jp/content/000100471.pdf
(36) 浜井・前掲註(34)135〜142頁。

むすびにかえて

　本稿では、いわゆる「入口支援」を中心として、近時の福祉的ニーズが必要な被疑者・被告人に対する「積極的な社会復帰の要請」について検討を行った。周知のとおり、これは矯正段階でも同様な問題が生じている。つまり、公職選挙法の選挙権年齢の引下げに伴って、少年法適用対象年齢の引き下げが議論され、そこで公表された報告書では若年者に対する刑事政策的措置として自由刑の単一化が取り上げられている。ここでは、懲役刑と禁錮刑を一本化し、受刑者に作業だけでなく改善処遇などの矯正処遇を義務付けることができるように法制上の措置をとることが議論されている。とくに、「再犯の防止」の観点から、「本人のために有益である」ということで推し進められる刑罰は、松宮が指摘するように被収容者への「拡大された懲役刑」へと変容する恐れがある[38]。

　本稿では、近時の「再犯の防止」の語られ方に批判的な検討を行った。しかし、福祉的なニーズが必要な人への支援が必要ないと言っているのではない。そうではなく、本人が主体となった回復のあり方を慎重に検討すべきであるというのが本稿の趣旨である。かつて石川は厳罰化へと舵を切り始めた日本の刑事政策への警鐘として、社会復帰への支援の必要性を説いた。少なからず、「社会復帰」や「再犯の防止」といった動きが政府や各都市に見ら

---

(37)　2012年の犯罪対策閣僚会議で出された「再犯防止に向けた総合対策」では、10年間で矯正施設などへの再入率を20%減少させるという数値目標が掲げられている。成果が見えにくい分野であることから、数値目標を立てて効果のある政策を実施することは重要なことであろう。2020年に日本で開催されるオリンピックや第14回国際連合犯罪防止刑事司法会議に向けて再犯への取組みを国際的にアピールしているように見えるが、これは諸刃の刃でもあると思われる。たとえば、数値目標が達成するために、本稿で危惧するような本人の福祉的ニーズの本質に届く支援ではなく社会の安全のために「社会復帰」が利用される可能性や、数値目標が達成しない場合は、福祉的ニーズを満たす刑事政策には意味がないという烙印が押され、再び厳罰化への道へと進みかねない可能性を秘めている。

(38)　松宮孝明「『自由刑の単一化』と刑罰目的・行刑目的」法律時報89巻4号（2017年）79頁。

れるようになった今、誰のための「社会復帰」であり「再犯の防止」なのかを掘り下げて再び議論を行う必要があるように思われる。みんなが考える「社会復帰」を押し付けてはいないだろうか。かつてのラベリング論は、犯罪者であるというレッテルを貼ることで更なる犯罪者を生み出すことがあるという指摘であった。一方で、昨今の「再犯防止」は、「これこそが社会復帰である」という社会の価値観に当てはまる人だけが「社会復帰」した人であり、社会のために「清く正しく生きる」ことを求め、それに見合わない人をさらなる排除に向けるものとなってしまっているように思われる。

(まるやま・やすひろ)

刑事政策の新たな潮流としての
ソーシャルインパクト・ボンド
―― 英国ピーターバラでの試行を契機とした序論的考察 ――

吉開　多一

Ⅰ　はじめに
Ⅱ　SIBの特徴と限界
Ⅲ　ピーターバラでの試行
Ⅳ　犯罪者処遇におけるSIBの可能性
Ⅴ　結びに代えて

Ⅰ　はじめに

　英国では、2010年9月から、ピーターバラ（Peterborough）刑務所を出所する短期受刑者の再犯防止を目的として、世界で初めてのソーシャルインパクト・ボンド（Social Impact Bond：SIB）の試行が実施された。

　SIBに関しては、まだ確定的な定義も存在していない状況にあるが、わが国の代表的な先行研究によれば、①特定の問題を抱えたターゲットグループなどへの介入プログラムの資金を、②政府資金からではなく民間投資家から調達し、③プログラムによって期待される社会的アウトカムのうち、計測可能なアウトカムを単一または複数設定し、④そのアウトカムの達成度を政府から投資家への支払いにリンクさせる一連の契約である、という認識では一致しているとされる[1]。

　これをピーターバラでの試行に当てはめると、①「高い再犯率」という問

（1）　塚本一郎「ソーシャルインパクト・ボンドとは何か」塚本一郎＝金子郁容編著『ソーシャルインパクト・ボンドとは何か』（2016年、ミネルヴァ書房）50頁（本文中の丸数字は筆者が付した）。

題を抱えた「短期受刑者」への「再犯防止に向けた支援」という介入プログラムの資金を、②「法務省」（Ministry of Justice）からではなく「慈善団体や財団等」から調達し、③期待される社会的アウトカムのうち、計測可能な「再犯率」というアウトカムを設定し、④「再犯率の減少」というアウトカムの達成度を「法務省」から「慈善団体や財団等」への支払いにリンクさせる一連の契約である、ということができる。

　再犯防止を目的としてSIBを利用した取組みには、ピーターバラでの試行のほか、①米国ニューヨーク市でのライカーズ島SIBプロジェクト[(2)]、②米国ニューヨーク州での雇用促進・再犯防止SIBプロジェクト[(3)]、③オランダでのワークワイズ・ダイレクト（Work-Wise Direct）[(4)]、④オーストラリア・ニューサウスウェールズ州でのOn TRACC（Transition, Reintegration and Community Correction）[(5)]などがある。しかし、①は目標達成が見込めず中途で打ち切られ、②から④は最終的な結果報告が出されていない段階にある。ピーターバラでの試行は、2017年6月に最終評価も公表され、わが国にも多くの先行研究があることから[(6)]、まず検討の対象とするのに適切であろ

（2）　森俊博「ニューヨーク市ライカーズ島SIBの事例」塚本＝金子編著・前掲注(1)170頁以下参照。
（3）　吉岡貴之「ニューヨーク州雇用促進・再犯防止SIBプロジェクト」塚本＝金子編著・前掲注(1)215頁以下参照。
（4）　https://work-wise.nl/（2018年11月1日アクセス）
（5）　T Gotsis, *Social Impact Bonds and recidivism: A new solution to an old problem?*, (2017), NSW Parliamentary Research Service e-brief Issue 1/2017.
（6）　ピーターバラでの試行に関する先行研究としては、勝又英博＝塚本一郎「インパクト・インベストメントによる公共サービス改善の可能性――ソーシャル・インパクト・ボンド（SIB）を中心に――」塚本一郎＝関正雄編著『社会貢献によるビジネス・イノベーション』（2012年、丸善出版）143頁以下、明治大学非営利・公共経営研究所『2014年度英国調査　英国におけるソーシャルインパクト・ボンド（SIB）と社会的インパクト評価に関する研究　報告書』（2015年）、松本典子＝朴恩芝「サード・セクター組織に対する持続可能な社会的インパクト投資」比較経営研究40号（2016年）57頁以下、山縣宏寿＝山崎憲「ソーシャル・インパクト・ボンドの動向に係る海外事情調査――イギリス、アメリカ――」独立行政法人労働政策研究・研修機構資料シリーズ189号（2017年）など。刑事政策との関連でSIBを論じたものとしては、細野ゆり「ソーシャル・インパクト・ボンドの成立過程と日本における再犯防止への適用に関する考察」早稲田大学社会安全政策研究所紀要8号（2015年）107頁以下。

うと考えた。

　もっとも、これまでのわが国の先行研究は、経営、公共政策、労働あるいは金融の立場からのものがほとんどで、刑事政策の立場からのものは決して多くない。そもそもSIBに関しては、なお賛否両論があって評価が定まっておらず、引き続きエビデンス・ベースでその可能性が検証されなければならないというのが共通認識になっている[7]。これまでにわが国で試行されたSIBは、医療関係の 2 事例のみで[8]、英国以上に今後の展開が定かでない。こうした状況において刑事政策の立場からSIBについて議論をするのは、やや時期尚早であるかもしれない。

　しかし、2017年12月に閣議決定された再犯防止推進計画では、民間の団体等が行う再犯の防止等に関する活動における「社会的成果（インパクト）評価」に関する調査研究を行い、 2 年以内を目途に結論を出すものとされていて[9]、今後、再犯防止という刑事政策における重要なテーマに関連し、インパクト評価を踏まえた議論が必要になることも予想される。このインパクト評価は、後述するようにSIBの基本的なコンセプトの一つである。そうだとすると、SIBに関しても刑事政策の立場から議論を開始しておくことは、現時点でも意味があるように思われる。そこで本稿では、序論的な考察にとどまるものではあるが、ピーターバラでのSIBの試行を刑事政策の新たな潮流と位置付け、犯罪者処遇における可能性を検討してみることにしたい。

II　SIBの特徴と限界

1　ソーシャルインパクトの概念

　SIBは、その名が示すとおり、「ソーシャル（社会的）インパクト」を最大化することを企図したスキームの一種である[10]。この「インパクト」概念の

---

(7)　S Galitopoulou and A Noya, *Understanding Social Impact Bonds*, 2016, OECD, p3.
(8)　https://www. sib. k-three. org/2（2018年11月 4 日アクセス）
(9)　同計画第 6 ・ 1 ・(2)・④・イ（www. moj. go. jp/content/001242753. pdf：2018年11月 1 日アクセス）
(10)　塚本一郎「ソーシャルインパクト・ボンドの社会的意義」塚本＝金子編著・前掲注(1) 4 頁。

前提として、ロジックモデルがある。ロジックモデルは、一定のプログラムや事業が成果を上げるために必要な要素を体系的に図示化したもので[11]、例えば図1のように示される。

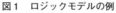

図1　ロジックモデルの例

出典：マーク・J・エプスタイン＝クリスティ・ユーザス著(鵜尾雅隆＝鴨崎貴泰監訳, 松本裕訳)『社会インパクトとは何か』(2015年, 英治出版社)150頁。

ここでインプット（投入）とは、事業実施のために必要な資金や人材等の資源を、アクティビティ（活動）とは、事業を通じて提供するサービス等を生み出すための具体的な事業活動を、アウトプット（結果）とは、事業を通じて提供するサービスなど、事業や活動の直接の結果を、アウトカム（成果）とは、アウトプットがもたらす変化、便益、学びその他の効果を意味する。それぞれを結ぶ矢印は因果関係を表しており、インプットによってアクティビティが、アクティビティによってアウトプットが、アウトプットによってアウトカムが生じるという論理的な関係を明らかにしている[12]。

アウトカムの結果として生じるインパクトは、「社会経済的変化あるいは波及効果」と理解されている[13]。あるいは、アウトカムと区別せず、「事業が実施されなかったら生じなかったと認められる正味のアウトカム」として理解する見解もある[14]。SIBは、こうした社会的インパクトの最大化を企図したスキームである。

2　SIBの特徴

インパクトはアウトカムの結果として生じるから、SIBではインプットや

---

(11)　マーク・J・エプスタイン＝クリスティ・ユーザス／鵜尾雅隆＝鴨崎貴泰監訳、松本裕訳『社会的インパクトとは何か』（2015年、英治出版社）148〜153頁、G8社会的インパクト投資国内諮問委員会「社会的インパクト評価ツールセット実践マニュアル」（2016年）4〜11頁
(12)　G8社会的インパクト投資国内諮問委員会・前掲注(11)4〜11頁

アウトプットではなく、アウトカムが重視される。SIBは介入プログラムなどの公共サービスを民間に委託するものであるから、アウトカム志向の公共調達・契約（commissioning）の一種である[15]。

　金銭的リターンに加えて、社会的・環境的インパクトを生み出すことを意図して、企業や団体、ファンドに対してなされる投資を「インパクト・インベストメント」というが、SIBはこうしたインパクト・インベストメントの一種である[16]。インパクト・インベストメントにより、投資家は金銭的リターンのみならず、社会貢献ニーズの充足という社会的リターンを得ることができるが、この両者を結びつけることを混合的価値（blended value）という[17]。SIBは、財団や慈善団体等、混合的価値を求める投資家に適した投資形態であるといえる。もっとも、SIBで投資家に金銭的リターンが支払われるのは、成果の達成度が一定程度に達した場合のみである。その点で、SIBは成果報酬型（Payment by Results：PbR）の公共調達・契約の一種である[18]。

　SIBでは、投資家から調達された資金が介入プログラムの実施団体に前払いで提供される。PbRの方式によっては、実施団体が成果を達成できなかっ

---

(13)　エプスタイン＝ユーザス・前掲注(11)36頁。例えば、安全な遊び場がない地帯に遊び場を作る活動であれば、インプット（資金及びボランティア）→アクティビティ（遊び場の建設）→アウトプット（遊び場の完成）→アウトカム（遊び場で遊ぶ子供たち）→インパクト（より健全な子どもたちとコミュニティ）となる。アウトプットとしての遊び場の完成により、子どもたちが近所の路地裏でぶらつくのではなく遊び場で遊び、親が子どもを眺めながらお互いに人間関係を構築するというアウトカムが生じ、それによって、より健全な子どもたちとより強い地域のつながりというインパクトが生じることになる（同・152〜153頁参照）。
(14)　キャロル・H・ワイス／佐々木亮監修、前川美湖＝池田満監訳『入門評価学』（2014年、日本評論社）10〜11頁。
(15)　塚本・前掲注(1)43頁。これまでの公共調達・契約との違いは、すでにわが国の犯罪者処遇にも導入されているPFI（Private Finance Initiative）と比較すると理解しやすい。すなわち、PFIでは、犯罪者処遇として何をやったかというアウトプットが求められるのに対し、SIBでは、犯罪者処遇の結果としてどれだけ再犯率が低下したかというアウトカムの実現が求められる（高木麻美「PFIとソーシャルインパクト・ボンド」塚本＝金子編著・前掲注(1)85〜86頁）。
(16)　塚本・前掲注(1)42頁、塚本・前掲注(10)4頁。
(17)　勝又＝塚本前掲注(6)148〜149頁、塚本・前掲注(1)53頁。
(18)　塚本・前掲注(10)10〜11頁。

た場合に損失を負担するものもあるから、SIBのように前払いで資金が提供されれば、実施団体はこうした負担から解放される[19]。その反面、SIBでは、成果を達成できなかった場合の損失は投資家が負担する。投資家には元本も保証されておらず、SIBの性質は債権（bond）というよりも株式（equity）に近い[20]。

　投資家がリスク負担をすることにより、政府は効果が期待できないサービスに公金を支払うリスクを投資家に移転することができ、財政節約につながる。サービスが一定のアウトカムを達成した場合、政府はこの財政節約分から、投資家に金銭的リターンを支払うことができる[21]。また、政府が資金を調達しづらい、既存のサービス供給のギャップを埋めるサービスや、成果の出にくい予防的活動への資金調達が可能になる。予防・早期介入のサービスに政府が重点を置くことができれば、社会的に最もぜい弱な立場にある人たちの生活を改良する機会が生まれ、長期的には公共サービスの需要を減少させることができる[22]。さらに、投資家から集められた活動資金が前払いされるため、政府・自治体の予算における単年度主義の壁がなく、複数年度でのサービス提供が可能となる[23]。

　SIBは、官民の多様な主体（調達機関としての政府、投資家、サービス実施団体としてのNPO・社会的企業、中間支援組織等）が、社会的課題の解決という目的を共有して参加するパートナーシップの新たな形態であり[24]、多機関連携を促進するのに有効なスキームだといえる。また、公共セクターの契約を、インプットやアウトプットを重視した従来型のアプローチから、SIBのようにアウトカムを重視したアプローチへと転換することによって、公共サービスの質やアウトカムが改善される可能性がある。より成果志向のマネ

---

(19)　塚本・前掲注(1)54頁。
(20)　塚本・前掲注(1)44〜45頁。
(21)　勝又＝塚本・前掲注(6)150頁．
(22)　勝又＝塚本・前掲注(6)150頁、University of OXFORD, Go Lab, *An introduction to social impact bonds（SIBs）*,（2017）、p6.
(23)　金子郁容「ソーシャルインパクト・ボンド推進における政府・中間支援組織・投資家の役割」塚本＝金子編著・前掲注(1)122〜123頁。
(24)　塚本・前掲注(10)47頁。

ジメントが組織に浸透することで、単に財政削減だけではなく、公共サービスのイノベーションをもたらす効果も期待される[25]。

3 SIBの限界

他方、SIBの限界として、反対論者から以下のような批判がなされている[26]。

開発コストがかかる。SIBは複雑で、公共セクターが容易に利用できないような能力とコミットメントを要求し、他のサービスの質を落とす可能性もある。多くはオーダーメイドで、つねにサービスを改善してコストを減らすとは限らない。

また、SIBは公共サービスの提供・実行の場面で、真のイノベーションを育成していない。投資家はリターンが付いて投資した金が戻ってくるのを確実にするため、すでに存在している有効なモデルを好む傾向があるからである。

透明性が欠如していて、調達が行われた後、コスト、支払い及び投資家へのリターンが可視化されていないため、より明快な他の契約の方法と比較して、SIBに投資効果（value for money）があったのかを判断するのが困難である。

公共セクターの「金融化」（financialisation）をもたらす。「金融化」とは、経済政策・公共政策の策定を金融セクターの利益に従属させるプロセスのことをいうが、SIBは同様に、慈善・非営利セクター（VCSE／non-profit sector）をして、社会的使命よりも商業的利益を追及する動機付けを与えかねない。

公共サービスの価値観と一致するのかという批判もある。成果主義を強調すれば、公共サービスの価値観が有益な方向に変化するのか、あるいはサービス提供の人間的要素を減らし、目標達成ばかりを考える（あるいはそのように強要する）ことになるかは、明らかでない。

これまでのところ、賛成・反対論者の双方を支持する様々なエビデンスが

---

(25) 勝又＝塚本・前掲注(6)152〜154頁、馬場英朗「ソーシャルインパクト・ボンドにおけるインパクト評価」塚本＝金子編著・前掲注(1)275頁。
(26) University of OXFORD, Go Lab, *op. cit.*, pp6–7.

刑事政策の新たな潮流としてのソーシャルインパクト・ボンド（吉開 多一）

あり、さらなる実験と評価が必要とされている。

Ⅲ　ピーターバラでの試行

1　プロセス評価

　ピーターバラでの試行に関しては、非営利の独立した調査機関であるランド・ヨーロッパ（RAND Europe）[27]が、2011年、2014年及び2015年の3回にわたり、英国法務省から委託を受けて実施したプロセス評価[28]のレポートを公表している[29]。このレポートは、主に試行に関わった関係者へのインタビューを中心にまとめられたものであるが、本稿でもこのレポートを参照して試行の詳細を把握した。

　また、筆者は2018年3月に英国を訪問し、英国法務省でピーターバラでの試行の開始あるいは終結を担当したジェイミー・ポール氏及びジェイムズ・スミス氏、セント・ジャイルズ・トラスト（St Giles Trust）のコミュニティ・サービス長であるエヴァン・ジョーンズ氏にインタビュー調査をする機会を得た。紙幅の関係もあってその全容は記載できないものの、一部を前記レポートに補足して引用する。なお、この調査にあたっては、在英国日本国大使館前田直哉一等書記官及び英国で在外研究中の法務省矯正局山下幸太郎専門官に多大なご協力とご助言をいただいた。ここで改めて感謝申し上げるが、文責はすべて筆者にあるのはもちろんである。

---

(27)　https://www.rand.org/randeurope.html（2018年9月17日アクセス）
(28)　前述したロジックモデルを前提として、プログラムがどの程度当初のデザインどおり実施されているか、プログラム実施によって計画された質と量のサービスがどの程度提供されているかの2点を明らかにする体系的な評価活動をいう。龍慶昭＝佐々木亮『「政策評価」の理論と技法 [増補改訂版]』（2004年、多賀出版）38頁参照。
(29)　E Disley, J Rubin, E Scraggs, N Burrowes and D Culley, *Lessons learned from the planning and early implementation of the Social Impact Bond at HMP Peterborough*（2011）, E Disley and J Rubin, *Phase 2 report from the payment by results Social Impact Bond pilot at HMP Peterborough*（2014）, E Disley, C Giacomantonio, K Kruithof and M Sim, *The payment by results Social Impact Bond pilot at HMP Peterborough:final process evaluation report*（2015）.

2　選定の経緯

ピーターバラでの試行において、中間支援組織（intermediary）として主導的な役割を果たしたのは、ソーシャル・ファイナンス（Social Finance、図2①）である[30]。

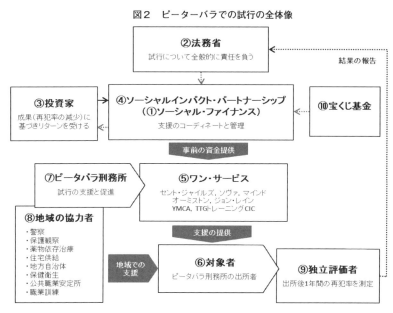

図2　ピーターバラでの試行の全体像

出典：Disley *et al., op. cit.*, (2015), p12を参考に筆者が作成。

ソーシャル・ファイナンスは、かねて政府側とSIBの試行について協議をしていたが、2010年3月にピーターバラでSIBを試行することとなり、法務省（図2②）と契約を結んだ[31]。

SIB試行の対象として、その他にも要保護児童、教育、ニート、医療といった多数の政策分野が検討されていたが、最終的に刑期1年未満の短期受

---

(30) 政府、ソーシャル・セクター及びファイナンス業界のパートナーとして、英国のみならず世界各地での社会問題を解決するため、2007年に設立された非営利組織。https://www.socialfinance.org.uk/（2018年9月17日アクセス）

(31) Disley *et al., op. cit.*, (2011), Appendix E.

刑者の問題が選定されたのは、(a)2010年1月から12月までに釈放された刑期1年未満の受刑者の再犯率は57.6％で、1万7,560人の再犯者によって8万3,107件の犯罪が実行され、(b)英国監査局（National Audit Office）の試算では、こうした再犯による損失は95億から130億ポンドにもなり、(c)それにもかかわらず短期受刑者は保護観察の対象になっておらず、再犯を防止するための機会がほとんどなかったためである[32]。

ピーターバラ刑務所が試行地として選定されたのは、対象となる受刑者の数が十分に確保でき、そのまま地域内に帰住する受刑者の割合が多かったからである[33]。同刑務所は、2005年に英国東部のケンブリッジシャー・ピーターバラに開設された男女別収容の民営刑務所で、現在はソデクソ・ジャスティス・サービス（Sodexo Justice Service）が運営しており、収容定員は1,228名、うち男性868名、女性360名である[34]。保安のための分類カテゴリーはBで、非常に高度な保安条件までは必要としないが、逃走をかなり困難なものとしなければならない受刑者を収容している[35]。

3　投資家の勧誘

ソーシャル・ファイナンスは、法務省との協議と並行して投資家（図2③）を勧誘し[36]、慈善団体あるいは財団を中心として[37]、500万ポンドの資金を調達した[38]。これらの投資家の半数以上は、それまで刑事司法関連の寄附又は投資をしたことがなかったという[39]。

---

(32) *Ibid.*, p10, Ministry of Justice, *Transforming Rehabilitation—A revolution in the way we manage offenders*, (2013), pp7-8.
(33) Disley *et al., op. cit.*, (2011), pp10-11.
(34) http://www.justice.gov.uk/contacts/prison-finder/peterborough （2018年9月17日アクセス）
(35) 英国の刑務所のカテゴリーについては、拙稿「英国の無期刑(2)」国士舘法学50号（2017年）92～94頁参照。
(36) Disley *et al., op. cit.*, (2011), pp27-28.
(37) *Ibid.*, p25には、こうした慈善団体あるいは財団として、the Barrow Cadbury Trust, Esmée Fairbairn Foundation, Friends Provident Foundation, The Henry Smith Charity, Johansson Family Foundation, LankellyChase Foundation, The monument Trust, Panahpur, Paul Hamlyn Foundation, the Tudor Trustが列挙されている。
(38) *Ibid.*, p3.

4 支援の提供

ソーシャル・ファイナンスは、無限責任社員（general partner）となってソーシャルインパクト・パートナーシップ（図2④）を設立した上、対象となる受刑者への介入プログラムを「ワン・サービス」（One Service、図2⑤）と名付け、管理・運営を行った[40]。ワン・サービスは、対象者のニーズに対応して再犯を防止するため、刑務所内から対象者に関与し、釈放後はコミュニティでの実用的かつ個別化された支援を提供した[41]。

実際に支援の提供を担当したのは、セント・ジャイルズのほか、ソヴァ（Sova）、マインド（Mind）、オーミストン・チルドレン・アンド・ファミリーズ・トラスト（Ormiston Children & Families Trust）、ジョン・レイン・トレーニング（John Laing Training）、YMCA、TTGトレーニングCICといった民間団体であった[42]。ワン・サービスの概要は**別表**を参照されたい。なお、ワン・サービスの支援の提供は、当初からこれらに固定化されていたものではなく、受刑者のニーズに合わせて変更や修正を繰り返し、最終的に**別表**のような形になったものであり、このような「進化」もワン・サービスの強みの一つと考えられている[43]。

こうした民間団体の活動資金として、ソーシャル・ファイナンスが投資家から集めた資金が前払いで支払われた。それによって各団体は結果にとらわれずに支払いを受けることができ、伝統的な成果主義型の公共サービス契約と異なり、成果不達成のリスクを負担しなかった。また、複数の異なる団体が関与でき、成果向上に結び付くサービス提供を可能にしたとされる[44]。

---

(39) *Ibid.*, pp25-26.
(40) Disley *et al., op. cit.*, (2014), p10.
(41) Disley *et al., op. cit.*, (2011), p44.
(42) Disley *et al., op. cit.*, (2015), pp11-12.
(43) Disley *et al., op. cit.*, (2014), pp35-36.
(44) Disley *et al., op. cit.*, (2011), p2. なお、一部には支援の提供に応じて（Fee-For-Service:FFS）、支払われたものもあった。Disley *et al., op. cit.*, (2015), p7.

別表　ワン・サービスによる介入モデル及び主要なパートナー・支援提供者の役割の概観

支援提供者の役割	刑務所内	釈放当日	釈放から数週間・数か月後
委託された支援提供者			
セント・ジャイルズ・トラスト ―常勤ケースワーカー6名	ソヴァのマネージャーとともに，刑務所内で対象者と面談（通常は入所から1週間以内）。リスクとニーズのアセスメントを実施。対象者が刑務所内又は釈放時に支援にアクセスできるよう照会を実施。	対象者と刑務所のゲートで会い，対象者が予定どおりに行動し，住居を確保できるように援助。	対象者から報告されたニーズに合わせて各種支援にアクセスできるよう，実地での助言支援を提供。ワン・サービスに連絡をしていない者にも積極的に関与。支援及び関連情報を提供するため，裁判所に出廷することもあった。
セント・ジャイルズ・トラスト ―ボランティア6名まで（保護観察中，受刑中又は刑事司法システムの経験者）			管理業務を行い，直接的な支援を対象者に提供するため，セント・ジャイルズのケースワーカーと一緒に活動。離脱した対象者との連絡を試みることも担当。
ソヴァのマネージャー	ボランティアとのマッチング，リスクとニーズのアセスメントのため，刑務所内で対象者と面談（セント・ジャイルズのケースワーカーとともに）。		ソヴァのボランティア，家主連絡ケースワーカーの管理と支援。
ソヴァのボランティア ソヴァがリクルート，訓練，管理している約50人の一般ボランティア	刑務所内で対象者と面談することもある（ソヴァのマネージャー及びセント・ジャイルズ・トラストのケースワーカーの面談，リスクとニーズのアセスメントが実施された後）。		個別化された実地での支援を対象者に提供。一般に低リスクとアセスメントされた対象者と活動。有意な活動をしている間に，時間を選択的かつ生産的に使い，関係を構築するため，対象者に寄り添い，機会を提供。
ソヴァの家主連絡ケースワーカー（2013年に創設）	刑務所にいる対象者が，よい賃借人になるための公認準備コースを開発し，提供。		住宅の賃借を継続できるように対象者に援助を提供。住宅の賃借支援に関して，家主及び住宅扶助を担当する部署との連絡窓口として行動。ワン・サービスが利用できる新たな住宅資源を割り出すことも目標とされた。
マインド ―非常勤のリカバリー・ワーカー1名	釈放前に対象者と面談，あるいはコミュニティでの介入を開始したが刑務所に戻ってきた対象者と面談		週に1日，各人との取り決めによって，ワン・サービスの事務所で立ち寄り支援の提供。ストレス・マネジメント，コーピング，アンガー・マネジメントやモチベーション改良といった課題に対処するためのグループワークを担当。
オーミストン ―非常勤の家族関係の専門家2名	育児コース及び対象者を1対1で支援する立ち寄りサービスの提供。家族と一緒に過ごす日の運営。		対象者に1対1での支援，育児コース，立ち寄りセッション，（対象者が服役している間の）家族への支援を提供。地域での「問題を抱えた家族プログラム」その他法令上の関係チームと調整。
ジョン・レイン・トレーニング ―トレーナー1名	選ばれた対象者に対し，建築関係の技能コースを複数提供（刑務所内で開始され，コミュニティ内でも継続）。宿泊施設のあるトレーニング・センターの提供。2015年1月からはTTGトレーニングCICに委託。		
ピーターバラ刑務所			
再定住支援スタッフ	対象者が刑務所内で適切な介入にアクセスできるようにする。リスク情報へのアクセスを含め，ワン・サービスからの質問に対応する単一窓口を提供。多機関でのミーティングを促進。コネクション・ピア・アドバイザーを管理。	釈放許可と旅行許可証の発行	かつての受刑者とのアクセスポイントとして，刑務所外部に2つの連絡場所を提供。
コネクション・ピア・アドバイザー	対象者の入所時に面談，ワン・サービスについての情報を伝え，基本的なニーズ・アセスメントを実施（通常は入所から24-48時間以内）。	釈放が近くなった時期と釈放当日に対象者を支援。	

支援提供者の役割	刑務所内	釈放当日	釈放から数週間・数か月後
その他のパートナー			
YMCA 非常勤のフィットネスコーチ1人	健康なライフスタイルについてのセッションを実施。		YMCAのピーターバラにあるジムで，補助金により実施される運動のセッションを実施。試行の初期は，対象者を支援するボランティアの派遣。後にソヴァに移譲。
公共職業安定所 アドバイザー及び連携マネージャー	釈放時に対象者が補助金を受給できるよう調整。		対象者の補助金継続中にワン・サービスの訓練を受けられるよう，ワン・サービス及びワーク・プログラムと連絡調整。ワン・サービスのスタッフへの助言。
ジョブ・ディール 週に1日，ワン・サービスに派遣される，就労支援ケースワーカー1名	就労のための助言と支援の提供。		就労のための助言と支援の提供，就労に向けた旅行，身分証明や衣類を用意するための資金調達といった実用的な援助の手伝い。2015年まで，ワン・サービスの建設業向けプログラムなど，訓練の場所に資金提供。
アスパイア・ドラッグ・サービス ワン・サービスにパートタイムで派遣される，非常勤のワーカー1名	対象者のアセスメントと，臨床的介入の提供も含んだ釈放に向けた支援。	対象者に必要な処方せんの準備。	コミュニティでの回復の支援，必要があれば薬物テストの準備。
地方自治体 住居アドバイザー	ホームレス支援の申込み可能性アセスメントのため服役中の対象者にインタビュー。	有資格者であれば一時的な住居の提供。	より長期間にわたる住居及び助言へのアクセスを提供。
警察 警察官，犯罪者統合管理チーム，警察コミュニティ・サポート担当官，上級職員			情報の共有と協力。対象者が逮捕されるか，警察とその他の関わりがあったときには，ワン・サービスに連絡。犯罪者統合管理の対象になっている対象者に集中支援を提供。
保護観察			保護観察の対象にもなっている対象者に関する情報の共有と協力。

出典：Disley *et al., op. cit.*, (2015), pp24-26, Table 4.1に基づいて筆者作成。

5　対　象　者

ワン・サービスの対象者（図2⑥）は、(a)刑言渡し時に18歳以上、(b)連続した刑期が1年未満、(c)ピーターバラ刑務所で服役後に同刑務所から釈放される、という条件を満たした男性であった[45]。

対象者は、約1,000人ごとにコホート（集団）に分けられた。第1コホートは、2010年9月から2012年6月までの間にピーターバラ刑務所から釈放された約1,000人で、釈放後1年間の支援が提供された。第2コホートは、2012年7月から2014年6月までの間に同刑務所から釈放された約1,000人で、同様に釈放後1年間の支援が提供された。なお、試行当初はさらに第3コホー

(45)　Disley *et al., op. cit.*, (2011), p34.

トが対象になる予定であったが、後述する政策変更により、第2コホートまででSIBの試行は終結した[46]。

支援を受けるかは対象者の任意とされたが、社会復帰が容易な受刑者を選んで支援を提供し、成果を向上させる「いいとこどり」（cherry pick）のリスクを無くすため、支援を受けなかった出所者も全て各コホートの対象者として算入された[47]。

6　協力者との連携

ワン・サービスの中心となったのが、セント・ジャイルズによって提供されていた「刑務所のゲートを通り抜ける」（Through-The-Gate）支援である[48]。この支援は、服役中の対象者と刑務所内で信頼関係を構築し、その関係を出所後にそのままコミュニティに移して、対象者が再犯を防止するために必要な支援や資源のサポートとアドバイスをするものである。

前述したとおり、支援チームは有給のスタッフやボランティアから構成されていたが、刑務所内でのボランティアには、アドバイスと指導に関する国家職業資格（NVQ）レベル3を取得した長期受刑者（コネクションワーカー）が含まれ、対象者のサポートとアドバイスを担当した。

対象者が釈放される当日には、セント・ジャイルズのメンバーが刑務所のゲートに待機し、支援を受け入れた対象者には、宿泊先の確保、福祉へのアクセス、その他必要と認められた支援を受けるためのサポートを、支援を拒否した対象者には、将来支援が必要になった時の連絡先と、必要であれば宿泊先を確保するサポートを行った。

一般にセント・ジャイルズによる介入は、対象者のニーズと、対象者との関係に重点を置き、ケースワーカーがベストと考えるやり方よりも、対象者自身が認識しているニーズを優先するものであった。これによって、対象者が支援を受け入れる確実性を高め、セント・ジャイルズのチームが、雇用や薬物依存治療といった他のニーズに重点を置けるようになることが期待され

---

(46)　Disley *et al., op. cit.*,（2015）, p13.
(47)　*Ibid.*, p14.
(48)　同支援の詳細は、Disley *et al., op. cit.*,（2011）, Appendix C.

た。

　こうした支援を実行するには、ピーターバラ刑務所（図2⑦）のほか、対象者が出所後に生活する地域コミュニティでの協力者（図2⑧）との連携が不可欠となる。刑務所との間では、ワン・サービスのスタッフが刑務所内で受刑者と接触することの協力が得られており[49]、地域の協力者との間では、ワン・サービスの常勤ディレクターが良好な関係を築き、その関係を維持するために献身的に努力するなど、重要な役割を果たした[50]。

　なお、「刑務所のゲートを通り抜ける」支援は、ピーターバラでのSIBの試行によって誕生したものではない。エヴァン氏によれば、セント・ジャイルズは2001年に刑務所内での活動を開始しており、「刑務所のゲートを通り抜ける」支援も、すでに2008年からロンドンで展開していて、相当の実績が認められていた[51]。ピーターバラでのSIBの試行に投資した団体の中には、こうしたセント・ジャイルズの実績を知っていて投資したところもあって[52]、前述したように、SIBによる「イノベーション」によって生まれたというよりも、「すでに存在している有効なモデル」であった。

7　独立評価者

　英国法務省は、入札の結果、ピーターバラでの試行の成果を測定する独立評価者（図2⑨）として、評価調査会社であるQinetiQ（キネティック）と、レイチェスター大学を採用した。独立評価者は、支援を受けた対象グループと、支援を受けていない他の刑務所の出所者から、対象グループに合致する者を選び出して比較グループを構成し、対象グループと比較グループ両者の比較を行った[53]。

　成果測定の基準は、ピーターバラ刑務所を出所してから1年以内の再犯率であるが、単純な再犯の「有無」ではなく、再犯の「頻度」（frequency）と

---

(49)　Disley *et al., op. cit.,*（2014), pp27–29.
(50)　*Ibid.,* p29–32.
(51)　Pro Bono Economics, *St Giles Trust's Through the Gates—An analysis of economic impact,*（2009).
(52)　Disley *et al., op. cit.,*（2011), p28.
(53)　*Ibid.,* p3.

された。再犯の「有無」では、いったん再犯があればその後は支援の対象から外れてしまうが、再犯の「頻度」とすれば、かりに支援の対象となる期間内に再犯に及んでも、再び支援の対象とすることが可能になるためである。また、再度の有罪判決（reconviction）を受けた場合に、再犯があったとされた[54]。

8　投資家への支払

第１から第３までの各コホート単体で、対象グループの再犯率が比較グループよりも10％以上低下したと認められれば、早期に投資家へのリターンが支払われることになっていた。他方、各コホート単体で10％以上低下したと認められなくても、第１から第３までの各コホートを合計し、全体で再犯率が比較グループより7.5％以上低下したと認められれば、投資家へのリターンが支払われることになっていた[55]。

SIBが再犯率を低下させることによって、政府のみならず社会全般に利益をもたらし、さらに政府は、警察、裁判所、刑務所等の経費を削減できるから、リターンの費用は法務省及び宝くじ基金（Big Lottery Fund、図２⑩）が拠出するものとされた。他方で、独立評価者によって再犯率の低下が認められなかった場合、法務省及び宝くじ基金が費用を拠出する必要はなく、投資家が前払いで提供した資金を失うため、政府はSIBの試行が失敗した場合のリスクを免れることができた[56]。こうしたリスクの移転は、前述したSIBの特徴の一つである。

9　中間評価

2014年８月、第１コホート対象者の再犯率は、比較グループよりも8.4％減少したとの評価結果が公表された[57]。第１コホート単体の結果のみでは投資家へのリターンは支払われず、第２コホート以降の結果を待つことになった。

---

(54)　*Ibid.*, pp33-36.
(55)　*Ibid.*
(56)　*Ibid.*, p3 and p18.
(57)　Disley *et al., op. cit.*, (2015), p14.

10 政策変更

 一方、英国政府は2013年1月、「更生保護の転換」（Transforming Rehabilitation）政策の諮問文書を公表した[58]。この政策は、(a)更生保護事業に多様な事業者を参入させるための市場開放、(b)再犯を減少させた場合に限定した事業者への支払い、(c)保護観察の対象を拡大して刑期1年未満の短期受刑者も含む、(d)「刑務所のゲートを通り抜ける」支援の全国展開、(e)国家保護観察局（National Probation Service）に新しい公共セクターを創設、といった内容で[59]、2014年更生保護法（Offender Rehabilitation Act 2014）に反映され、同法は2015年2月から施行された[60]。

 こうした政策変更により、ピーターバラでの試行が全国的に展開されることになったが、その結果インパクト評価をする上で不可欠な比較グループを確保することができなくなり、ピーターバラでの試行は第2コホートまでで打ち切られることになった。英国法務省のポール氏及びスミス氏によれば、この政策変更は法務省がピーターバラでの試行に満足していなかったことによるのではなく、2012年10月に就任したクリス・グレイリング法務大臣が、PbRと短期受刑者の取扱い変更を非常に急速に決定したためのものであったという。こうした政治的な状況変化により、支援の対象となっていない比較グループを確保しなければ試行が継続できないSIBの技術的、機械的な問題が生じ、ピーターバラでのSIBの試行は第2コホートまでで終結することを余儀なくされたというのが、両氏の見解であった。なお、第3コホートについては、2014年7月から2015年6月までの間、支援の提供に応じた支払い（Fee-For-Service：FFS）によって、支援が継続された[61]。

 このように、英国政府の政策変更によってピーターバラでの試行が打ち切りになったため、政府が関与するSIBプロジェクトはリスクが高い投資案件であるという印象を投資家に与えてしまったとの批判がなされている[62]。し

---

(58) Ministry of Justice, *op. cit.*, (2013).
(59) Disley *et al., op. cit.*, (2014), pp13–14.
(60) 英国における更生保護改革の詳細は、明石史子「英国（England & Wales）における更生保護改革について」更生保護学研究（2016年）3頁以下参照。
(61) Disley *et al., op. cit.*, (2015), p13, J Anders and R Dorsett, *HMP Peterborough Social Impact Bond-cohort 2 and final cohort impact evaluation*, (2017), pp3–4.

かし、ポール氏及びスミス氏は、ピーターバラでの試行はその後の「更生保護の転換」政策に大きな影響を与えており、途中で終結したために悪い評価をされているわけではなく、むしろレガシーになっているとの見解であった。両氏は、試行がその後の政策に影響を与えた主要な4点として、(a)PbRの基本的な考え方、(b)ボランティア団体の果たす役割、(c)地域の関係組織との連携、(d)短期受刑者が法令上の処遇の対象になったことをあげていた。ピーターバラでの試行は、再犯率の低下を実現し、法務省は試行の基本的な考え方と長所をその後の政策に活用して、一地域での試行から全国規模での実施につなげており、契約上も早期終結条項が認められていて法的な問題もなかったとのことであった。確かに政治的な状況変化がやや拙速で、投資家に悪い印象を与えたことは否定できないが、犯罪者処遇の面から見れば、それまで処遇の対象になっていなかった短期受刑者への処遇が拡大された成果は評価することができ、政策変更のリスク面のみをピーターバラでの試行の結果であるように強調しすぎるのは、相当でないように思われる。

11　最終評価

　2017年6月、第2コホート対象者の再犯率は、比較グループより9.74％低下したとの評価結果が公表された。第2コホート単体でも10％に届かなかったが、同時に第1・第2コホート合計の評価結果も公表され、合計で9.02％の低下が認められた[63]。その結果、投資家には元本に加え、年3％の利子付きで金銭的リターンが支払われることになった[64]。

---

(62)　明治大学非営利・公共経営研究所・前掲注(6)44頁、金子・前掲注 (23) 114～115頁、松本＝朴・前掲注(6)62～63頁、山縣＝山崎・前掲注(6)13頁、細野・前掲注(6)115頁。
(63)　Anders et al., *op. cit.*, pp13-14.
(64)　http://www.socialfinance.org.uk/Peterborough-social-impact-bond （2017年12月18日アクセス）

Ⅳ 犯罪者処遇におけるSIBの可能性

1 試行での犯罪者処遇の特徴

プロセス評価のレポートが指摘するワン・サービスの特徴としては、以下のようなものがある。

(1) アセスメントの実施

個々の対象者のニーズに合致した個別性・実用性を実現するためには、ニーズ・アセスメントが不可欠になるが、ワン・サービスでのニーズ・アセスメントは二段階で行われていた。第一段階のアセスメントは入所から24―48時間以内に、刑務所内でボランティアを担当する受刑者（コネクションワーカー）が簡潔なアセスメントを実施してスクリーニングをした。その後、通常は入所後1週間以内に第二段階のアセスメントとして、セント・ジャイルズのケースワーカーやソヴァのマネージャーによる詳細なアセスメントが実施された。第1段階のアセスメントを受けた対象者は、第1コホートで全体の74％、第2コホートで86％であり、第2段階のアセスメントを受けた対象者は、第1コホートで50％、第2コホートで73％であった[65]。アセスメントの結果、把握された主なニーズとしては、両コホート合計で、宿泊先が全体の40％、金銭・生活保護・借金が39％、教育・訓練及び雇用が36％、依存症が25％、健康及び福祉が19％、子ども及び家族が15％であった[66]。

なお、ワン・サービスでは、主として支援者の安全のため、対象者のリスク・アセスメントも必要に応じて実施しており、その結果により、ソヴァのボランティアが低リスクの対象者を、セント・ジャイルズのケースワーカーが高リスクの対象者を担当していた。こうしたリスク・アセスメントのため、ピーターバラ刑務所が収集したリスク・アセスメント情報も提供されていた[67]。

---

(65) Disley *et al., op. cit.,* (2014), p22によれば、第1コホートで第2段階のアセスメントを受けた対象者が少ないのは、まだ早い時期であったためケースワーカーがデータの取扱いに慣れておらず、過少に申告されたのではないかとされている。アセスメントを受けなかった対象者には、支援の提供を望まなかった者のほかに、アセスメントを実施する前に釈放された者も含まれる。

(66) Disley *et al., op. cit.,* (2015), p31.

(2) データベースの活用

　収集された個々のケース・マネジメント情報は、データベース化されていた。こうしたデータベースは、既存の支援で対応できていない対象者のニーズを明らかにし、新たな支援の導入に役立ったほか[68]、介入活動と再犯との間の相互関係を分析したり、ケースワーカーが日常的に自らの活動経過や、対象者の参加状況を振り返る記録になった。さらに月次報告書化され、毎月開かれていたワン・サービスの常勤ディレクターとの会議において、支援提供側の活動を見直す際の資料として、あるいは投資家への説明責任を果たすための報告に利用されていた[69]。後には地域の協力者や刑務所のスタッフも、このデータベースに直接アクセスできるようになり、さらに効果的になったという[70]。

(3) ボランティアの活用

　セント・ジャイルズのボランティアには犯罪歴がある者がいたが、彼らは対象者との関係を構築しやすかった上、それまでの経験から、住居、生活保護及び刑事司法システムについての知識があって、有効であった。彼らにとっても、自信が付き、スキルが開発され、就職準備力が向上するといった利点があった。もっとも、彼らも立ち直り（desistance）の過程にあり、対象者を支援する役割を果たすのに適した段階にいるのか、慎重な監督とマネジメント・サポートに基づくリスク管理も重要であったとされている[71]。

　ソヴァが管理・訓練していた一般ボランティアも重要な資源として多くの関係者から肯定的に評価されていたが、彼らが低リスクの対象者を担当することで、ケースワーカーがより複雑なケースに集中することができた。ソヴァのマネージャーによれば、ボランティアの予備要員をチェックし、男女

---

(67) *Ibid.*, p32.
(68) Disley *et al., op. cit.*,（2014), p36によれば、例えばマインドは、精神疾患の問題がある対象者への介入のため、ワン・サービスに後から新たに加わった支援であったほか、既存の法令上の支援が十分でないことを地域の協力者とディスカッションするときにデータが共有され、エビデンスとして利用された。
(69) *Ibid.*, p36–37.
(70) Disley *et al., op. cit.*,（2015), p55.
(71) Disley *et al., op. cit.*,（2014), pp32–33.

とも十分な人数がいて、年代も多様なものとなるように積極的なリクルート活動をしてギャップを埋めていくことが重要であったが、ボランティアを集めることには大きな困難を感じなかったという[72]。一般ボランティアは、大学生、退職者、元治安判事及び警察官といった様々なバックグラウンドを有していたが、犯罪歴・受刑歴のある者もいた[73]。

(4) 刑務所・地域との連携

　ピーターバラ刑務所は、ワン・サービスのスタッフによる対象者との接触、リスク・アセスメント情報へのアクセス、対象者が釈放される日時の情報提供、対象者向けのコースやセッションへの参加者確保、受刑者の中からワン・サービスの対象になり得る者を特定するといった協力をしており、試行の関係者からは、こうした刑務所側の協力が「刑務所のゲートを通り抜ける」支援を実施するにあたって中心的な役割を果たしていたと評価されている[74]。刑務所内でコネクションワーカーが果たした役割も非常に大きく、彼らは対象者の入所時にワン・サービスの情報を提供し、受刑中には支援を受けるよう働き掛け、釈放前に面談をしていたが、対象者の仲間として経験談を語ることができた上、刑務所内にいるので距離的にも対象者に近く、外部のケースワーカーやボランティアよりも対象者を訪問するのが容易であった。コネクションワーカーもSIBの試行前から存在していたが、試行後は全員がNVQの資格取得に取り組むようになった[75]。エヴァン氏によれば、彼らがNVQの資格を取得するためのトレーナーはセント・ジャイルズが派遣していた。

　地域コミュニティでの協力者との間で、効果的な連携が機能した要因は、関係構築を可能にするほど試行期間が長かったことや、前述したデータベースの活用などのほか、ワン・サービスの常勤ディレクターが地域の各種会議に出席するなどして、地域の関係機関と十分なコミュニケーションをとり、各機関との関係の構築・促進のために献身的な努力をしていたことが高く評

---

(72) *Ibid.*, p33.
(73) Disley *et al., op. cit.*, (2015), p33.
(74) Disley *et al., op. cit.*, (2014), pp27–28.
(75) *Ibid.*, p29.

価されている(76)。エヴァン氏によれば、この常勤ディレクターはソーシャル・ファイナンスに在籍している女性で、セント・ジャイルズ、刑務所あるいは地方自治体等での勤務経験があるとのことであり、多機関連携を実現するコーディネーターとして適任だったようである。

(5)　「案内標識」にとどまらない支援

ワン・サービスの重要な構成要素になっていたのは、住居、生活保護、ヘルスケア、薬物依存治療といったコミュニティでの支援に対象者がアクセスできるように援助することであった。ワン・サービスのスタッフは、こうした支援を提供する協力機関に対象者をつなげるため、「案内標識（signposting）」にとどまらない関与をしていた。すなわち、対象者に紹介、助言するだけではなく、現実的な障壁を乗り越えさせるため、支援を受けるために必要な場所までの移動手段を対象者に用意したり、時にはスタッフが同行していた。このように対象者が支援につながるよう調整する役割を果たしていたことが、ワン・サービスの介入が成功した主たる理由とされている(77)。

(6)　支援受諾に向けた働きかけ

ワン・サービスの支援を受けるかは対象者の任意であり、拒絶する権利が認められていた。ワン・サービス及び刑務所のスタッフの認識でも、対象者とケースワーカーとの関係に影響するため、支援は任意に提供されることが重要だと考えられていた(78)。

とはいえ、ワン・サービスのスタッフは、任意だからといって支援から外れた対象者を放置していたわけではなく、対象者が支援を受諾するよう積極的な努力をしていた。例えば、刑務所内でのリーフレットやコネクションワーカーによって情報を提供したり、釈放当日のニーズに対応して約束の場所まで対象者に同行したり、ワン・サービス事務所での立ち寄り型セッションや有意な活動の機会を提供したり、手紙、電話や自宅訪問を含む対面の方法での積極的な連絡をするといった方法がとられていた(79)。関係者は、支援

---

(76)　*Ibid.*, pp30-32.
(77)　Disley *et al., op. cit.*, (2015), p38.
(78)　*Ibid.*, p23.

Ⅳ　犯罪者処遇におけるSIBの可能性

を拒否している対象者に対しても、繰り返し定期的に関わりを持ち、その特徴的な例として、かりに対象者が支援は不要と意思表示をしていても、釈放当日には刑務所のゲートで面会していた。ケースワーカーにとっては、支援を拒否する権利と、支援を受けるように働き掛けることとのバランスに挑戦することが課題であると認識されていた[80]。

実際にワン・サービスの支援を受けた対象者の割合は、下表のとおりである。釈放後１年間支援を受けることができたが、大半は３か月以内で支援を終了している[81]。

2015年に実施されたプロセス評価では対象者へのインタビューも実施され、ほぼ全員がワン・サービスを非常に肯定的に評価したとの結果が出た。提供された支援で最も一般的だったのは、住居、雇用及び生活保護で[82]、対象者が支援を受けるのを終了した理由のほとんどが、ニーズに対応できたので支援不要と考えるようになったか、他の支援につながってワン・サービスの支援が不要になったからだった[83]。

ワン・サービスの段階	第１コホートでの割合＊	第２コホートでの割合＊＊
第１段階のアセスメント	74%	87%
第２段階のアセスメント	50%	70%
釈放当日に刑務所のゲートで面会	64%	86%
支援を受けた者の割合		
釈放から１か月後＊＊＊	37%	55%
釈放から３か月後＊＊＊＊	10%	20%
釈放から６か月後	5%	13%

＊　　　　第１コホートには2010年９月から2012年までに釈放された約1000人を含む。
＊＊　　　第２コホートには2012年７月から2014年６月までに釈放された約1000人を含む。
＊＊＊　　ソーシャル・ファイナンスは釈放から１か月後に支援を受けたとして計上するのに、２段階の基準を用いた。まず１か月を均等に２分割し、次に対象者が分割された期間双方で少なくとも１つの活動を終えていれば、釈放から１か月後に支援を受けたとされた。例えば、前半の期間に２つの活動を終えていても、後半の期間に何もしていなければ計上されない。当初の１か月では連絡してこなかったものの、その後に支援を受けた対象者がいる可能性がある。
＊＊＊＊　同様の計上方法が釈放後３か月及び６か月の割合についても使用されている。

出典：Disley et al., op. cit., (2015), p29を参考に筆者が作成。

---

(79)　*Ibid.,* p27.

2　わが国における犯罪者処遇への示唆
(1)　わが国との共通性
　ピーターバラでの試行で実施されたワン・サービスによる支援は、わが国ですでに実施されている「特別調整」に類似している[84]。ただし、特別調整が高齢又は障害のある刑務所出所者を対象としているのに対し、ワン・サービスでは短期受刑者を対象にしているという違いがある。
　ワン・サービスの特徴を見ると、ボランティアの活用、刑務所・地域との連携、釈放後の同行支援など、すでにわが国の犯罪者処遇でも実施あるいは試行されているものが少なくない。とりわけピーターバラでの試行において、地域の諸機関との関係構築のために常勤ディレクターが果たした役割が高く評価されているが、多機関連携におけるコーディネーターの重要性に関する指摘が[85]、国を問わない普遍性を有するものと理解できる。こうした共通性からは、ピーターバラでの試行で有効であった犯罪者処遇に関する知見を今後わが国でも参考にできることが示唆されるであろう。

(2)　犯罪者処遇とSIB
　一方で、犯罪者処遇におけるSIBの可能性を考えるとき、ピーターバラでの試行で実施された処遇は、SIBでなければ実現できないのかという問題がある。
　最終的なプロセス評価のレポートでは、ピーターバラでの試行によるイノベーションとして、世界初のSIBであったこと、それまで支援の対象となっていなかった刑期1年未満の者を対象にしたことのみが挙げられている[86]。試行に関わった関係者からは、資金調達・実行の柔軟性、成果重視型のサー

---

(80)　*Ibid.*, pp27-28.
(81)　*Ibid.*, p29.
(82)　*Ibid.*, p40.
(83)　*Ibid.*, p46.
(84)　特別調整については、石川正興編著『司法システムから福祉システムへのダイバージョン・プログラムの現状と課題』（2014年、成文堂）ⅰ～ⅳ頁参照
(85)　石川正興編著『子どもを犯罪から守るための多機関連携の現状と課題』（2013年、成文堂）224～225頁。
(86)　Disley *et al.*, *op. cit.*,（2015), pp51-52.

Ⅳ　犯罪者処遇におけるSIBの可能性

ビス提供も、SIBによるイノベーションと考えられるとの声があったが、プロセス評価のレポートは、これらは他のPbRやブロック契約（block contracts）でも実現可能であるとして、SIBによるイノベーションと評価することに否定的である。むしろイノベーションは、サービスを委託された関係者が、サービスの提供を「新鮮な目」で見て、伝統的なやり方を疑い成果を重視して、変化を厭わず、新しい仕事のやり方を試す自由をもって、計画や構想を実行した場合に育成されると考えるのが、結論としてより妥当であって、こうした特徴がSIBで実現しやすいとしても、他の資金調達やサービス提供モデルで実現できないものではないとしている[87]。エヴァン氏も、ピーターバラでの試行の成果がSIBのメカニズムでなければ実現できなかったとは言えず、むしろ再犯を防止するために重要なのは、対象者の再犯防止に向けた「動機付け」であって、対象者が変化に向けた「動機付け」を維持するために、実用的かつ感情面に訴えかける支援をするのがセント・ジャイルズの仕事であると強調していた。

　こうした指摘は、わが国の犯罪者処遇におけるSIBの可能性を検討する上で、重要な意味を持つ。かりにSIBでなければ育成できないイノベーションを期待するのであれば、犯罪者処遇でSIBを試行する機会は相当小さくなるように思われる。

　また、SIBでは投資家への金銭的リターンにも関係するから、独立評価者による評価が不可欠であり、厳格な評価をするためには、ピーターバラでの試行のように、支援の対象になったグループとそうでないグループとを比較する方法によるべきとされている[88]。そうだとすると、すでに全国規模で展開されている犯罪者処遇は比較グループを見つけることができないから、SIBの対象にすることが困難になる。

　犯罪者処遇においてSIBを試行することは、犯罪・非行をした者に対する社会感情の面からも障壁が高い。例えば、刑務所収容の代替策の方が安価で利益があるとしても、多くの人は犯罪者を処罰するために刑務所に収容して

---

(87)　*Ibid.*, p59.
(88)　馬場・前掲注(25)270〜274頁。

ほしいと考えているから、SIBによって実現される社会的価値の測定が困難になっているという指摘がある[89]。犯罪・非行をした者に特化したSIBは、SIBそのものの未成熟さに加え、社会の人々の納得という障壁を乗り越えなければ実現が困難であろう。英国でも、ピーターバラでの試行の後、2018年7月時点までに45のSIBが実行されているが、再犯防止を目的としたSIBはピーターバラでの試行しかなく、教育を受けていない若者支援、ニート向けの雇用・訓練、法的なケアを要する子ども支援、ホームレス支援など、社会政策的な支援を目的としたものが中心になっている[90]。

(3) 社会政策と刑事政策

　もっとも、こうした社会政策的な支援は、犯罪・非行をした者の一部が対象となる可能性がある。むしろ、SIBが真の社会的インパクトをもたらすものとして「いいとこどり」を認めないのであれば、犯罪・非行をした者であっても、社会政策的な支援の対象となる資格がある以上、こうした支援の対象にできるはずである。例えば、フランスのソーシャルファームであるジャルダン・ド・コカーニュでは、「障がい者」、「女性」、「男性」、「犯罪者」といったカテゴリー別ブロックを廃止し、あらゆる人たちを一つにまとめて支援を行っている[91]。犯罪者処遇にSIBを利用する可能性があるとすれば、まずは犯罪・非行に特化したSIBの試行を目指すよりも、こうした社会政策的なSIBの試行において、犯罪・非行をした者も排除せずに対象とすることから検討していくのが適切であるように思われる。こうした取組みが拡充していけば、社会政策と刑事政策との垣根を低くすることにもつながり、それこそがわが国の犯罪者処遇にイノベーションをもたらすものといえよう。エヴァン氏は、受刑者の多くは様々な問題性とぜい弱性を抱えており、犯罪性のみが問題となるような「単なる犯罪者」ではなく、このことは特に軽微な

---

(89)　G Mulgan, *Measuring Social Value*, Stanford Social Innovation review（2010）.
(90)　University of OXFORD, Go Lab, *op. cit.*, pp2-4.
(91)　ジャン-ギィ・ヘンケル「ジャルダン・ド・コカーニュにおける就労支援について──『犯罪を行った者』に対する就労支援を中心に──」更生保護学研究10号（2017年）45頁、南谷桂子「ジャルダン・ド・コカーニュが取り組む未来社会への挑戦」NPO法人コミュニティシンクタンクあうるず編『ソーシャルファーム──ちょっと変わった福祉の現場から』（2016年、創森社）169頁。

犯罪で服役している受刑者に顕著であると指摘していたが、わが国にも共通するのではなかろうか。

(4) 犯罪者処遇の評価基準

SIBの実現可能性とは別に、冒頭で述べた再犯防止推進計画にも明記されているとおり、SIBの基本的なコンセプトであるアウトカム重視の考え方を、犯罪者処遇の現場に今後導入していくことが考えられる。今後、インパクト評価についての調査研究が進展し、わが国の犯罪者処遇に合致する形でのアウトカム重視の考え方について、議論が深まることが期待される。

これまでは犯罪者処遇のアウトカムに関する評価基準として、再犯率が使用されることが一般であった。ピーターバラでの試行も再犯率が評価基準とされていたし、わが国の犯罪対策閣僚会議が平成24年7月に公表した「再犯防止に向けた総合対策」においても、「刑務所出所後2年以内に再び刑務所に入所する者等の割合を今後10年間で20％以上削減する」という数値目標が掲げられていた[92]。しかし、他国での再犯防止に関するSIBの試行を参考にすると、犯罪者処遇の評価基準を再犯率のみとすることには、再検討の余地があるように思われる。例えば、米国ニューヨーク州の雇用促進・再犯防止SIBプロジェクトでは、(a)再犯率（刑務所から出所した後、観察期間終了までに再び罪を犯して刑務所で過ごした1人当たりの平均日数）に加えて、(b)労働プログラムに参加した人数あるいは平均労働時間、(c)刑務所から出所した後、第4四半期時点における対象者の所得も、投資家への金銭的リターンを決定する評価基準としている[93]。また、社会政策的なSIB、例えばホームレス支援においては、路上生活者の減少、長期の居住、雇用された期間等が評価基準とされる[94]。

エヴァン氏は、再犯率は信頼できる評価基準ではあるが、支援を受けてから一定期間が経過するまでの再犯を測定しなければならないため、成果が分かるまでに時間がかかりすぎ、支援との関係が明確でなく、支援の本質を直

---

(92) http://www.moj.go.jp/content/000100471.pdf（2018年11月6日アクセス）
(93) 吉岡・前掲注(3)221〜225頁。
(94) 吉岡貴之「ロンドン・ホームレスSIBプロジェクト」塚本＝金子編著・前掲注(1)128〜131頁。

ちに評価しているとは言い難いと指摘していた。犯罪・非行をした者であっても、再犯率だけではなく、生活状況の変化によってアウトカムを評価することは可能であるはずで、今後のSIBの進展により、犯罪者処遇のアウトカムに関する評価基準にも変化がもたらされるかもしれない。この点も犯罪者処遇におけるSIBの可能性の一つとして、指摘しておきたい。

V 結びに代えて

　国家は刑事政策の責任主体として、社会情勢の変化に対応しながら最善の犯罪対策を追求し続ける責任がある[95]。とりわけ犯罪の加害者に焦点を当てた犯罪対策を考えるとき、国家は法治国家原理に基づいて強制的な権力活動を「適正な枠」に制限・抑制しつつ、社会国家原理に基づいて加害者の福祉に資するよう改善・社会復帰目的を追求しなければならない[96]。このように考える立場からは、加害者を適正に処罰するだけではなく、加害者に有効な「処遇」を提供することが不可欠であって、犯罪者処遇は、刑事政策の責任主体である国家が、最善の犯罪対策を追求する過程において、犯罪者を含む国民に提供すべき公共サービスの一つと位置付けることができる。ところが今日の社会国家では、教育、医療、福祉、交通、消防、警察など、幅広い公共サービスを国民に提供しなければならない。少子高齢化と低成長経済のもと、増大する公共サービス需要とそのコストを賄う財源調達との間のミスマッチの解消が、先進諸国が共通して直面する政策課題になっている[97]。その結果、犯罪者処遇に多くの国家的資源を割くことは、事実上困難な状況にあると認識せざるを得ない。

　刑事政策が社会情勢の変化に対応しつつ、常に最善の犯罪対策を追求するものであるならば、こうした困難な状況に対応できる可能性を常に検討の対象にしていく必要がある。SIBは、その可能性を秘めた方策の一つであると

---

(95)　石川正興「犯罪者対応策に関する法的規制の在り方」早稲田法学29巻3号（2003年）2頁、須々木主一『刑事政策論の解説（第一分冊）』（1991年、成文堂）109頁。
(96)　石川・前掲注(95)25頁。
(97)　勝又＝塚本・前掲注(6)143頁。

Ⅴ　結びに代えて

いえる。本稿ではピーターバラでの試行からいくつかの示唆を得たものの、今後の実現可能性や有効性については、まだ最終的な評価ができる段階にないことが改めて確認できたにとどまる。現在も実施されている諸外国での試行結果を踏まえ、さらに検討を続けていくことにしたい

　最後に、刑事政策学の立場からSIBを研究テーマとするよう御指導いただいたことを含め、石川正興先生のこれまでの御学恩に深く感謝し、謹んで本稿を先生に献呈する。

（よしかい・たいち）

「ケア」と「制裁」

―― 北欧の犯罪者処遇に関する一試論 ――

小 西 暁 和

Ⅰ　はじめに
Ⅱ　犯罪者処遇の基盤となるシステム
Ⅲ　司法的処遇
Ⅳ　施設内処遇
Ⅴ　社会内処遇
Ⅵ　むすび

Ⅰ　はじめに

　わが国の犯罪者処遇を考える上でも、比較法的な観点からの考察は有意義であると考えられる。

　この点、北欧の国々は、人口10万人当たりの刑事施設被収容者数（刑務所人口）が日本と同水準である。2016年における人口10万人当たりの刑事施設被収容者数は、ノルウェーが74人（9月28日時点）、デンマークが59人（9月1日時点）、フィンランドが57人（5月1日時点）、スウェーデンも57人（10月1日時点）、日本が45人（9月30日時点）、そしてアイスランドが37人（9月1日時点）であった[1]。それ故、こうした点以外における犯罪者処遇の相違点をあえて浮き彫りにすることによって、有用な洞察が得られるかもしれない。また、北欧諸国は、高度の福祉国家としても知られており、少子高齢化がさらに進む将来の日本を見据えた上で、犯罪者処遇に関連して何らかの示

（1）　See Institute for Criminal Policy Research, *World Prison Brief : World Prison Brief data*（http://www.prisonstudies.org/world-prison-brief-data ［2018年10月31日最終閲覧］）.

唆が得られるのではないかと考えられる。

2017年に、フィンランド・デンマーク・スウェーデンにおける犯罪者処遇に関する調査研究に参加させていただいた[2]。そこで、本稿では、北欧として、フィンランド・デンマーク・スウェーデンを中心に、適宜ノルウェーにも触れながら近時の特質を論じていく。なお、アイスランドについては他日に期すことにする。上記の調査研究を通じて得られた知見を踏まえて、あくまでも一つの試論として本稿を執筆していきたい。

なお、本稿の構成として、まず、北欧各国における犯罪者処遇の基盤となるシステムを確認する。その後、司法的処遇・施設内処遇・社会内処遇といった犯罪者処遇の段階毎に検討していく。

また、本稿では、成人を主たる対象とし、少年の処遇については別稿に譲る。

（2） 独立行政法人日本学術振興会科学研究費助成事業・基盤研究（B）「非行少年・犯罪者に対する就労支援システムの展開可能性に関する考察」（課題番号：15H03297）（研究代表者：石川正興教授（早稲田大学法学学術院））による北欧3か国での本調査研究日程は次の通りであった。
　1　フィンランド（2017年3月8日～11日）
　　（1）3月8日：刑事制裁庁中央行政局、ヘルシンキ大学犯罪学・法政策研究所（以上、ヘルシンキ市）視察・意見交換
　　（2）3月9日：矯正保護研修所（刑事制裁領域研修所）、ウーシマー県地区社会内制裁事務所（以上、ヴァンター市）視察・意見交換
　　（3）3月10日：リーヒマキ刑務所（リーヒマキ市）、ヴァナヤ刑務所（ハメーンリンナ市）視察・意見交換
　　（4）3月11日：マッティ・ライネ氏（矯正保護研修所主任講師）を囲んだ意見交換会（ヘルシンキ市）実施
　2　デンマーク（2017年9月13日～15日）
　　（1）9月13日：司法省刑事局、同省研究部（以上、コペンハーゲン市）視察・意見交換
　　（2）9月14日：司法省矯正保護局（コペンハーゲン市）視察・意見交換
　　（3）9月15日：コペンハーゲン保護観察所視察・意見交換、オーレ・ハッセル氏（ハイ・ファイブ事務局長）を囲んだ意見交換会（以上、コペンハーゲン市）実施
　3　スウェーデン（2017年9月18日～20日）
　　（1）9月18日：スヴァットシュー刑務所（エーケレ市）視察・意見交換
　　（2）9月19日：矯正保護庁、ノルショーピング保護観察所（以上、ノルショーピング市）視察・意見交換
　　（3）9月20日：フェンニンゲ刑務所（ミョルビー市）視察・意見交換

Ⅱ　犯罪者処遇の基盤となるシステム

まず、犯罪者処遇の基盤となるシステムを確認していきたい。

1　「ケア」と「制裁」

北欧における犯罪者処遇の性格について、犯罪者処遇の執行機関の名称を通して考えていくことにする。

(1)　「刑事ケア」

矯正・保護の担当部局について、デンマークでは"Kriminalforsorgen"、スウェーデンでは"Kriminalvården"、またノルウェーでは"Kriminalomsorgen"と呼んでおり、直訳するなら「刑事ケア」となる名称を用いて、「ケア」を前面に出している。これらの国々における矯正・保護の担当部局の概要は次の通りである（なお、数値は2017年12月時点のものである）。

まず、デンマークでは、司法省（Justitsministeriet）の下に、矯正保護局（刑事ケア局）（Kriminalforsorgen）がある。その本局の下に全国4つの管区（コペンハーゲン大都市圏、シェラン島、南デンマーク、中央及び北ユトランド）に分かれている。全国に、刑務所（fængsel）が13庁、うち閉鎖刑務所が5庁で開放刑務所が8庁ある。また、拘置所（arresthus）が36庁ある。さらに、保護観察所（afdeling af Kriminalforsorgen i Frihed（KiF））が12庁、ハーフウェイ・ハウス（pension）も7庁ある。

次に、スウェーデンでは、司法省（Justitiedepartementet）の下に矯正保護庁（刑事ケア庁）（Kriminalvården）が置かれている。矯正保護庁の本部があり、その下に6つの管区（北部、中央、ストックホルム、東部、西部、南部）がある。全国に46庁の刑務所（anstalt）、33庁の拘置所（häkte）、34庁の保護観察所（frivårdskontor）、3庁のハーフウェイ・ハウス（halvvägshus）がある。なお、刑務所は、セキュリティ・レベルで3つのレベルに分けられている。レベル1（Klass 1）は7庁、レベル2（Klass 2）は27庁、レベル3（Klass 3）は17庁が指定されている。1つの施設で複数のレベルが指定されることもある。また、レベル数が少ないほどセキュリティ度が高くなる。

そして、ノルウェーでは、司法公安省（Justis- og beredskapsdepartementet）

の下に矯正保護局（刑事ケア局）（Kriminalomsorgen）がある。本局の下に5つの管区（北部、東部、南部、南西部、西部）に分かれている。全国に刑務所（fengsel）が43庁、保護観察所（friomsorgskontor）が17庁ある。刑務所の種類はセキュリティ・レベルによって分けられ、高セキュリティ・レベル（høyt sikkerhetsnivå）の刑務所（閉鎖刑務所）と低セキュリティ・レベル（lavere sikkerhetsnivå）の刑務所（開放刑務所）がある他、ハーフウェイ・ハウス（overgangsbolig）も刑務所の一種としてある。

こうした意識は別の呼称にも現れている。スウェーデンにおいては、刑務官を指して「受刑者をケアする者」（fångvårdare）という言葉でも表記している。また、デンマークにおいては、保護観察官の職にある者を「ソーシャル・ワーカー」（socialrådgiver）と呼んでいるという。かつてのように「保護観察官」（tilsynsførerende）とは呼ばなくなったとされる。

このように、犯罪者処遇の領域における活動について、「治療」（cure）でなく、「ケア」（care）として捉えることには意義があるだろう。この点、石川正興教授は、「近年医療活動の場で『治療（cure）』と並んで、とくに治療の見込みのない患者に対する終末医療の場面で『看護（care）』の重要性が指摘されているように、犯罪者処遇の場でも『改善・社会復帰を目的とする処遇』とは別に、『犯罪者のさらなる悪化の防止を目的とする処遇』を強調する必要性がある」と指摘されている[3]。

こうした「ケア」の場面では、処遇を受ける者の「自己治癒力」が大きな力を持つ。このため、須々木主一教授は、次のように論じられている。

> 処遇関係における事態の推移について言えば、常識的・「科学」技術的な意図・作為を超えた全体の自己展開の過程のことであるから、一方において、「治療」者は、その中に意識的に身を置きつづけるということ・常に醒めた状態に在って全体を意識的に把握するというそのことに大変なエネルギーを費やしながら、いわば触媒のように作用することにな

（3） 石川正興「犯罪者対応策に関する法的規制の在り方」早稲田法学78巻3号（2003年）25～26頁。

り、他方においてクライエントは、常識的には説明しようのない「自己治癒力」によっておのずからにして立ち直る・立ち直った、という具合に、われわれ第三者の目には映るはずである。犯罪者処遇の処遇関係の根底には人間関係が在る、という理解の仕方からすれば、…きわめて重要な意味を持つものであると思われる。対象者の「自覚に訴える」処遇の在り方なるものを解明する緒が、この辺りに在りそうである。(4)

　そこでは、須々木教授も示唆されるように、「コンステレーション（布置）」（constellation）の意味を考えることは重要であろう。河合隼雄によれば、ユング心理学では、「ある人の内的状況と外的状況が著しい一致を示すこと」を「コンステレーション」と呼ぶ(5)。そして、「コンステレーションは星座という意味もあるが、星座が『できている』ように、いろいろな現象がひとつの布置をなしている」という。例えば、「まったく偶然に不幸に陥ってしまった」と見えるものでも、「因果的に見れば、まったくの偶然であろうが、共時的に見れば、まさに必然的に生じているとも言える」とされている(6)。犯罪者処遇の場面でも、こうしたクライエントたる犯罪者と刑務官等の処遇関係者との間での非因果的関係性を通じて、クライエントに変化が生じることにもなり得るだろう。そこでは、あくまでも「ケア」としての姿勢を保つことが重要であると言える。

(2)　「刑事制裁」

　一方、矯正・保護の担当部局について、フィンランドでは、"Rikosseuraamuslaitos"と呼んでおり、「制裁」(seuraamus)を明記している。

　フィンランドでは、司法省（Oikeusministeriö）の行政部門の下での部局として、刑事制裁庁（Rikosseuraamuslaitos（RISE））がある。刑事制裁庁が、

（4）　須々木主一「刑事政策の世界性について（二）――その限界に関する試論的素描――」比較法学23巻1号（1990年）59頁。
（5）　河合隼雄『イメージの心理学』（1991年、青土社）79頁。
（6）　河合・前掲注(5)80頁。

フィンランドにおける刑事制裁の執行機関となっている。刑事制裁庁では、中央行政局の他、全国を３つの刑事制裁管区に区分している。それらが、南部フィンランド刑事制裁管区、西部フィンランド刑事制裁管区、東部・北部フィンランド刑事制裁管区である。矯正に関する執行機関として、刑務所（vankila）が、全国に26庁（本所）ある。そのうち閉鎖刑務所が15庁、また開放刑務所が11庁である。また、保護に関する執行機関として、社会内制裁事務所（yhdyskuntaseuraamustoimisto）が、全国に14庁（本所）ある。この機関は、日本の保護観察所に相当する。

　なお、スウェーデンにおいても、「制裁（帰結）」（påföljd）が刑法典において犯罪に対する法効果として規定されている。

　逆に、勿論フィンランドでも「ケア」は重視されてきた[7]。

　このように、各国で「ケア」と「制裁」のいずれも捨象し得ないものとして存在している。行為者に対する配慮に焦点を当てるのが「ケア」だとすると、行為に対する公正さに焦点を合わせるのが「制裁」である。この点、トマス・ウゲルヴィックは、次のような示唆に富む指摘をしている。

> 古い絵画や埃をかぶった小像の中に、いつもの目隠しをしておらず片胸をはだけた正義の女神ユスティティア（*Justitia*）の見慣れない姿を見つけるかもしれない。これが、ノルウェーのユスティティアの外見と考えられるはずのものである。そこでは、必要性に従ってあらゆる者を評価し、そして彼女の手の中にあるその鋭い剣と彼女の胸からもたらされる滋養のある母乳との間の（実際には常に不安定で非常に矛盾しているが）バランスを見出すよう努めている。これが、北欧の福祉国家の合理的で（目隠しをしていない）人道的な（胸をはだけている）ユスティティアなのである。[8]

（７）　元々、2010年に刑事制裁庁が設置されるに当たり統合された矯正担当部局の名称は、"Vankeinhoitolaitos"であり、直訳で「受刑者ケア局」であった。

（８）　Tomas Ugelvik, "The Dark Side of a Culture of Equality : Reimagining Communities in a Norwegian Remand Prison," in Thomas Ugelvik and Jane Dullum (eds.), *Penal Exceptionalism? Nordic Prison Policy and Practice*, Routledge, 2011, p. 128.

このように、北欧における正義／司法のあり方としても、「母乳」に象徴される「ケア」と「剣」に象徴される「制裁」との間の対立が内包されたものとして論じられているのである。

 本稿では、刑事司法システムとしてその各プロセスを通して考える。そのいずれのプロセスにおいても「ケア」と「制裁」の対立が残ると言える。

 なお、これらの国々では、執行機関において矯正と保護が統合されている。そのため、施設内処遇と社会内処遇でプログラムが一貫している。ここには規模がそれほど大きくない国家故の合理性も働いていよう。

2 刑事処分の内容

 次に、これらの4か国の刑事処分の内容を確認しておく。

(1) フィンランド

 フィンランドでは、「刑」（rangaistus）の種類（刑法（Rikoslaki）6章1条）として、まず一般の刑が6種ある。それは、①「科料（微罪罰金）」（rikesakko）、②「罰金」（sakko）、③「刑務所収容の執行猶予（条件付刑務所収容）」（ehdollinen vankeus）、④「社会奉仕」（yhdyskuntapalvelu）、⑤「電子監視（監視刑）」（valvontarangaistus）、⑥「刑務所収容の実刑（無条件刑務所収容）」（ehdoton vankeus）である。

 なお、上記⑥「刑務所収容の実刑（無条件刑務所収容）」に関しては、無期刑（「終身刑」というよりも実態としては）又は有期刑がある（刑法2c章2条1項）。有期刑は、14日以上12年以下（刑を併合して宣告する場合には15年以下）である（同条2項）。

 その他に、⑦18歳未満の者によって行われた犯罪についての特別な刑として、「少年刑」（nuorisorangaistus）がある。⑧重大な再犯についての特別な刑として、刑法2c章11条の下で言い渡される「複合刑」（yhdistelmärangaistus）もある。また、⑨公務員についての特別な刑として、「戒告」（varoitus）及び「免職」（viraltapano）が定められている。そして、⑩兵士及び軍法違反に係る他の者達に対する軍規上の刑として、「訓告」（muistutus）、「特別軍務」（ylimääräinen palvelus）、「戒告」（varoitus）、「兵舎への監禁」（poistumiskielto）、「軍規上の罰金」（kurinpitosakko）及び「営倉」（aresti）が

ある。軍法違反に係る者達以外の者に対して軍規上の刑を要求する規定を適用する際には、本人は軍規上の刑の代わりに罰金を言い渡されるものとしている。さらに、⑪法人は、「企業罰金」（yhteisösakko）を言い渡される。

(2) デンマーク

デンマークでは、通常の「刑」（straf）として、①「刑務所収容」（fængsel）及び②「罰金」（bøde）が定められている（刑法（Straffeloven）31条）。

この「刑務所収容」は、無期刑又は有期刑とされ、有期刑の場合には、7日以上16年以下である（刑法33条）。加重された場合には、最長20年となる。

また、条件付判決として、「刑務所収容の執行猶予（条件付刑務所収容）」（betinget fængsel）もある（刑法56条）。なお、値するとされる刑の一部（ただし、6月以下）は実際に受けなければならないが、その残りの部分に関しては執行猶予（条件付判決）が言い渡されるといった複合判決もある（同法58条）[9]。こうした条件付判決に付随して「社会奉仕」（samfundstjeneste）も定められている（同法62条）。

一方、「処罰すべき行為の他の法的帰結」（andre retsfølger af den strafbare handling）として、次のものが規定されている。それは、まず、①法違反行為者を精神科病院又は他の適当な施設若しくは療養所に引き渡すことに関する裁判所の決定（精神疾患のある法違反行為者のみ（刑法68条））である。また、②居住又は労働の場所、中毒の治療等に関する裁判所の決定（精神疾患のある法違反行為者（同法68条、69条）、又は条件付判決に対する条件（同法57条））もある。さらに、③「保安監置」（forvaring）（同法70条）、④「少年制裁」（ungdomssanktion）（同法74a条）、⑤「没収」（konfiskation）（同法75条）、⑥権利の喪失（同法78条）が定められている。

(3) スウェーデン

スウェーデンでは、上述の箇所で触れた「制裁」として、5種が規定されている（刑法（Brottsbalken）1章3条）[10]。まず、①「罰金」（böter）がある。また、②「刑務所収容」（fängelse）もある。この「刑務所収容」には、終身

（9） See Lars Bo Langsted, Peter Garde and Vagn Greve, *Criminal Law in Denmark*, 4th ed., Kluwer Law International, 2014, p. 103.

Ⅱ　犯罪者処遇の基盤となるシステム

(livstid) 刑 (「無期刑」というよりも形式としては) 又は有期刑がある (同法26章1条)。終身刑の場合には、仮釈放はないが、10年以上服役した後には、受刑者は所定の裁判所 (エレブルー地方裁判所) に刑期を定めるよう申請することができる (終身の刑務所収容の変換に関する法律 (Lag om omvandling av fängelse på livstid) 3条、6条)。有期刑は、14日以上10年以下とされる (刑法26章1条)。また、加重された場合には18年が上限となる (同章2条、3条)。さらに、③「条件付判決」(villkorlig dom)、④「保護観察」(skyddstillsyn)、⑤「特別なケアへの委託」(överlämnande till särskild vård) が「制裁」であるとされている。このうちの①「罰金」及び②「刑務所収容」が「刑」(straff) を構成している。

(4)　ノルウェー

ノルウェーの刑法典における主たる形式の「刑」(straff) は、①「刑務所収容」(fengsel)、②「保安監置」(forvaring)、③「社会内刑」(samfunnsstraff)、④「少年刑」(ungdomsstraff)、⑤「罰金」(bot)、⑥「市民的自由の喪失 (権利の喪失)」(rettighetstap) である (刑法 (Straffeloven) 29条)。なお、上記①「刑務所収容」の刑期は、原則として14日以上21年以下のものとされている (同法31条2項、79条) (ただし、テロリズムのような特定の法違反行為については30年以下とされる)。

一方、「他の刑事司法上の応答」(andre strafferettslige reaksjon) として、①「宣告猶予」(straffutmålingsutsettelse)、②「宣告の停止」(straffutmålingsfrafall)、③「強制的な精神科治療への委託」(overføring til tvungent psykisk helsevern)、④「強制的なケアへの委託」(overføring til tvungen omsorg)、⑤「没収」(inndragning)、⑥「起訴の却下」(påtaleunnlatelse)、⑦「紛争解決委員会 (紛争協議会) における調停、紛争解決委員会 (紛争協議会) における経過観察、又は紛争解決委員会 (紛争協議会) における少年の経過観察への事件の委託」(overføring av saken til mekling i konfliktråd, oppfølging i konfliktråd eller til ungdomsoppfølging i

---

(10)　スウェーデンの「制裁」に関する近時の文献として、廣瀬健二「外国少年司法事情4　北欧(3)スウェーデンの刑事司法制度」家庭の法と裁判10号 (2017年) 132～136頁等参照。

konfliktråd)、⑧「自動車等を運転する権利の喪失」(tap av retten til å føre motorvogn mv.) 及び「有償で乗客を車に乗せて運ぶ権利（商用運転免許）の喪失」(tap av retten til å drive persontransport mot vederlag (kjøreseddel))が規定されている（刑法30条）。

3　保安処分の位置づけ

　これらの国々には、保安処分が設けられたりしているが、差異も見られる。そこでは、再犯の危険性への対応の工夫が看取される。

(1)　フィンランド

　フィンランドでは、予防拘禁は廃止された。2006年まで、「予防拘禁」(pakkolaitos) の制度を重大な暴力的累犯者に対して利用することが認められていた[11]。実際には、予防拘禁は、法違反行為者が満期前に釈放されないということを意味していたとされる。ただ、本制度の利用は比較的に限定されてきた。予防拘禁による被収容者の毎年の数は、20名から25名辺りで変動してきた。しかし、予防拘禁の利用は限定されていたものの、刑事制裁を与えるに際して再犯の危険性の評価を基盤とすることを余り受け入れたがらないフィンランドの支配的な量刑の考え方と相反していた。そこで、2006年に施行された刑務所法制の全面改正に伴って、予防拘禁は廃止されることになった。そして、それは、重大な暴力的犯罪者に自らの刑期を全部服役するよう命じる権限を裁判所に与える制度に取って代わられた。この制度は、以前の予防拘禁の制度と同様に限定的な仕方で利用されるように意図されていた。

　さらに、2017年に刑法が一部改正され、上述の権限に関する規定が改められることとなり、重大な暴力的犯罪者に対する、満期まで収容する実刑及びその後の1年間の監督を組み合わせた「複合刑」が導入された（刑法2c章11条）。「複合刑」には、後述の仮釈放（条件付釈放）も監督下の試験的自由

---

(11)　See Tapio Lappi-Seppälä, "Imprisonment and Penal Policy in Finland," *Scandinavian Studies in Law*, 54, 2009, p. 346 ; *idem*, "Preventive Detention and Life Imprisonment in Four Nordic Countries," in Britta Kyvsgaard, Jørn Vestergaard, Lars Holmberg and Thomas Elholm（eds.）, *Kriminalistiske Pejlinger : Festskrift til Flemming Balvig*, Jurist- og Økonomforbundets Forlag, 2015, p. 199.

も適用されない。また、監督には、足首にタグを付けるような電子監視も利用される。本制度は2018年から施行されている。上述の以前の権限の下では、刑期終了後の監督が不十分であったことが本制度導入の背景にある。

なお、触法精神障害者に対する強制的治療は精神衛生法（Mielenterveyslaki）による。刑法典は、強制的治療について言及していない[12]。そして、全てのケア命令は医療当局によってのみ出されるのであり、規制は精神衛生法において規定されている。

また、上述のようにフィンランドには無期刑はある。

(2) デンマーク

デンマークでは、「処罰すべき行為の他の法的帰結」といった特別な措置として予防拘禁も治療処分も存在する。なお、無期刑もある。

予防拘禁である「保安監置」は、重大事犯の行為者に対してのみ用いられ得る[13]。不定期の制裁であり、期間の制限は短期も長期も定められていない。「保安監置」は、刑罰としてではなく、「措置」（foranstaltning）として分類されており、刑事責任能力のある法違反行為者に対しても無い法違反行為者に対しても科されてよい[14]。「保安監置」を受ける法違反行為者は、ヘアステズヴェスタ刑務所（Herstedvester Fængsel）又は時に他の刑務所において収容されることになる[15]。ヘアステズヴェスタ刑務所には、特定の精神科ケアを必要とする長期受刑者のみならず、無期刑で服役している受刑者もまた収容されている[16]。この施設では、抗ホルモン療法を受ける性犯罪者が、特定の法違反行為者の集団の一つを形成している。個人の同意が、そうした処遇を受ける前提条件となっている。

(3) スウェーデン

スウェーデンでは、予防拘禁はないものの、「制裁」として治療処分があ

---

(12) See Tapio Lappi-Seppälä, "Life Imprisonment and Related Institutions in the Nordic Countries," in Dirk van Zyl Smit and Catherine Appleton (eds.), *Life Imprisonment and Human Rights*, Hart Publishing, 2016, p. 497.
(13) See Lars Bo Langsted, Peter Garde and Vagn Greve, *supra* note 9, pp. 108–109.
(14) See Tapio Lappi-Seppälä, *supra note* 12, p. 486.
(15) See Lars Bo Langsted, Peter Garde and Vagn Greve, *supra* note 9, p. 109.
(16) See Tapio Lappi-Seppälä, *supra* note 12, pp. 487–488.

る。なお、上述のように、スウェーデンには、終身刑もある。この終身刑には仮釈放はないが、その受刑者は、10年以上服役した後には刑期を定めるように所定の裁判所へ申請することが可能となる。

予防拘禁に関しては、1962年の刑法の改革により、「保安監置」(förvaring) と「戒護」(internering) が組み合わさって、この時は「戒護」の名称の下で単一の措置となった[17]。その措置は、一定の条件の下で、2年以上の刑務所収容刑を言い渡された全ての常習的な暴力的法違反行為者に適用できた。

スウェーデンでは、刑法上、そもそも刑事責任能力の規定がない。というのも、1962年の刑法によって、刑事責任能力の概念を完全に廃止するという、別の、より一層根本的な変化をも、もたらされたからである[18]。ある意味で、誰にも責任能力があるものと考えられた。しかし、精神疾患のある法違反行為者は、刑務所に収容される代わりに、「制裁」として、司法精神医学上のケアを言い渡され得た。

だが、その刑法の制定の間に、刑事政策上の考え方は、既に新たな展開を見せていたとされる[19]。事実上、その新たな刑法が施行された年である1965年は、スウェーデンにおける不定期制裁の実施の最高潮を示していた。1年間で科される戒護命令（初めてこの制裁を言い渡された法違反行為者について）は、1960年代半ばの150件から、1970年代半ばの30件辺りにまで減少したとされる。一方、安全な戒護下にある法違反行為者の数も、1965年の600名から1970年代終わりの150名にまで下落したという。このように、運用上、こうした予防拘禁の適用数は減少していった。その後、他の北欧諸国が予防拘禁の適用を制約等するにつれて、スウェーデンでも批判の声がより大きくなった。そこで、「戒護」は、最終的に、1981年に廃止された。

しかしながら、これを埋め合わせるために、重大な暴力的累犯者に対する処罰が強化されたという[20]。実際に、「戒護」の廃止の後には、終身刑の適用件数が増加している。1970年から1979年までの間で、裁判所は11件の終身

---

(17) See *Ibid.*, p. 471.
(18) See *Ibid.*, p. 471.
(19) See *Ibid.*, p. 471.
(20) See *Ibid.*, pp. 471–472.

刑を科したが、1980年から1989年までの間では、その数は3倍の37件になっていたとされる。

(4) ノルウェー

ノルウェーでは、「刑」、又は「他の刑事司法上の応答」という特別な措置として予防拘禁も治療処分もある。ただし、無期刑はない。

予防拘禁である「保安監置」は、完全責任能力の者及び限定責任能力の者に対して科されるが、治療処分は、責任無能力の者に対して科される[21]。2005年の全面改正による新刑法（2015年から施行）以前の刑法では、「保安監置」は、「刑」及び特別な措置の両者に位置づけられていたが、現行刑法では、「刑」としてのみ位置づけられている。

この「保安監置」は、2001年の改革までは、ドイツの「保安監置」（Sicherungsverwahrung）と同様に、刑の執行終了後に継続して拘禁するためのものであった[22]。

また、「保安監置」については長期と短期の期間が決められる。

刑法は、「保安監置」の継続する期間に関して最初の限界を定めている[23]。裁判所は、刑期を特定しなければならないが、その刑期は、通常15年を超えるべきではなく、また21年を超えてはならない（刑法43条1項）。長期30年の刑務所収容の刑期を有する特定の法違反行為については、「保安監置」の上限もまた30年となる。しかしながら、長期の刑期は、検察官の申請に応じて、1回につき5年までの間で延長されてもよい。

短期の刑期もまた、10年を超えない範囲で決定されるべきものとしている（刑法43条2項）[24]。しかしながら、「保安監置」の長期の刑期が15年を超えることになる法違反行為の事案においては、短期についての上限は、14年となる。長期が21年を超える事案においては、短期の刑期の上限は、20年となる。

---

(21) See *Ibid.*, p. 483.
(22) See Jørn Jacobsen and Vilde Hallgren Sandvik, "An Outline of the New Norwegian Criminal Code," *Bergen Journal of Criminal Law and Criminal Justice*, 3 (2), 2015, p. 176.
(23) See Tapio Lappi-Seppälä, *supra* note 12, p. 484.
(24) See *Ibid.*, p. 484.

結局、「保安監置」の長期の刑期を服役する場合でも、その制裁は、同様の理由で引き続き延長され得るのであり、終身の可能性もある[25]。

(5) **検　　討**
　トーマス・エルホルムは、フィンランド及びスウェーデンにおいては均衡を重視する量刑となっており、デンマーク及びノルウェーとは差異があることを指摘している[26]。確かに、上述の比較において、前者2か国における予防拘禁の廃止の経緯からも、そうした傾向が看取され得る。
　また、無期（終身）刑が予防拘禁的な機能を果たしているとも言える。須々木教授が指摘されたように、刑においても刑罰的要素のみならず処分的要素が事実上混在し含まれている（不定期刑はその最たる例であろう）[27]。逆に、保安処分においても刑罰的要素が含まれる。このように、観念としての「刑罰」や「保安処分」とは別に、実際の刑や保安処分は刑罰的要素と処分的要素の濃淡から構成されていると言えるのではないだろうか。こうした観点から無期（終身）刑を捉えるならば、予防拘禁的な機能を果たしているとしてもおかしくはないであろう。

Ⅲ　司法的処遇

　始めに、司法的処遇の段階に関わる特質から検討していきたい。
　この点、「被害者・加害者調停」のような修復的正義／司法の観点に基づいた制度が大きな役割を果たしていること[28]や、検察官の要請により保護観察所によって判決前調査制度が担われていること[29]も見られるだろう。ただ、ここでは、とりわけ量刑に焦点を当ててみたい。
　上述のように、フィンランド及びスウェーデンと、デンマーク及びノルウェーとで量刑に関する考え方に違いが見られるとされる。デンマーク及びノルウェーでは、裁判官の裁量の余地が広いとされている。一方、フィンラ

---

(25)　See Jørn Jacobsen and Vilde Hallgren Sandvik, *supra* note 22, p. 176.
(26)　トーマス・エルホルム／松澤伸＝木崎峻輔＝岡田侑大（訳）「北欧（ノルディック）諸国における刑罰と量刑」比較法学48巻3号（2015年）138～140頁参照。
(27)　須々木主一『刑事政策』（1969年、成文堂）119頁参照。

ンド及びスウェーデンでは、行為の重大性と有責性に応じて、より重い又は軽い種類・量の刑事制裁が付与される。量刑における均衡が図られているのである。例えば、フィンランドでは、刑の量定における一般原則として、「刑は、法違反行為の侵害性及び危険性、行為の動機並びに法違反行為に現れている法違反行為者の他の有責性と正しく均衡しているように量定されるものとする」（刑法6章4条）と定められている。ただ、死刑もなく、刑事制裁の種類・量は日本に比べても軽いと言えるだろう。

また、量刑における均衡とともに、制裁付与の確実性が強調される。社会統制の一手段として刑事制裁が利用されている。フィンランドを含む北欧の裁判官や学者は、法を基本的な社会規範を強化する仕組みとして捉えるエミール・デュルケムの考えに類似した考えに賛同しているとの指摘もある[30]。この点、法の役割は、二次的なものであり、家庭・学校・地域社会・教会等が社会規範の教化及び強化を主として担う。そこで、フィンランドでは、刑罰は、国際的な比較から見ても厳しくはないが、一方で他の国よりも科される可能性がより高く、また他方で非常に均衡しているものとされている。前者では、「正しくない行動は良くない帰結を招くように」、また後者では、「誤った行為の相対的な重大性に関する規範が損なわれないように」意図されている[31]。

---

(28) 例えば、フィンランドでは、刑法及び刑事訴訟法において「調停」（sovittelu）による合意・和解を不起訴（刑事訴訟法（Laki oikeudenkäynnistä rikosasioissa）1章8条1項）や刑の免除（刑法6章12条）の正当化事由になり得るものとしても又刑の減軽事由（同章6条）としても認めている（See Tapio Lappi-Seppälä, "Alternatives to Custody for Young Offenders: National Report on Juvenile Justice Trends—Finland," International Juvenile Justice Observatory, p. 12.（https://www.oijj.org/sites/default/files/baaf_finland1.pdf ［2018年10月31日最終閲覧］））。また、ノルウェーでは、上述のように、刑法においても刑事処分の一つとして定位されており、「紛争解決委員会（紛争協議会）」（konfliktråd）が重要な役割を果たしている。
(29) 例えば、フィンランドでは、少年刑を科すプロセスとして、検察官が社会内制裁事務所に少年刑のための判決前調査報告書を作成するよう依頼することで始まる。そこで、社会内制裁事務所は、少年刑の量刑の適合性を評価しなければならない。
(30) See Michael Tonry, "Punishment," in Michael Tonry (ed.), *The Oxford Handbook of Crime and Criminal Justice*, Oxford University Press, 2011, p. 111.
(31) *Ibid.*, p. 111.

従って、調停等により社会統制の機能が果たされていれば、刑事制裁を科す必要がないということにもなろう。そこには、機能主義的な刑罰理解が背景にあると言える。この点、日本における「示談」にも類似した機能があるようにも考えられる。

　加えて、自由刑の量刑に関しては、短期間の刑務所収容刑の言渡しが多い[32]。短期自由刑でも多くの場合、一般予防を図る社会統制の機能を果たし得ると考えられている。そして、短期間の刑務所収容刑を社会奉仕・電子監視等の社会内制裁に換えるなどしている。

　なお、スウェーデンの矯正保護庁の基本的哲学として、言い渡された刑が刑罰であり、自分達はそれ以上処罰するためにそこに存在するのではないものとされている[33]。

　わが国では、猶予制度の多用もあり、本稿冒頭で挙げた人口10万人当たりの刑事施設被収容者数が他国と比べても少ないと言える。北欧諸国では、同様に刑事施設被収容者数が少ないのは、修復的正義／司法の観点に基づいた制度が役割を果たしている点、短期自由刑が科せられている点、刑務所収容の代替手段（社会奉仕・電子監視等）が活用されている点などの司法的処遇のあり方にも背景因が見られるであろう。

Ⅳ　施設内処遇

　次に、施設内処遇の段階に関わる特質を見ていこう。

---

(32)　See, e.g., Kriminalforsorgen, *Statistik 2016*, Justitsministeriet, Direktoratet for Kriminalforsorgen, 2017, p. 9 ; Brottsförebyggande rådet, *Kriminalstatistik 2016 : Personer Lagförda för Brott : Slutlig Statistik*, Brottsförebyggande rådet, 2017, pp. 34-35.
(33)　この点、矯正保護庁長官のニルス・オーベリは、「我々の役割は、処罰することではない。刑罰は、言い渡された刑務所収容刑である。つまり、受刑者は自らの自由を奪われてしまっているのだ。刑罰は、受刑者が我々と一緒にいるということである」と述べている。(Erwin James, "Interview : 'Prison is not for punishment in Sweden. We get people into better shape'," *The Guardian*, November 26, 2014.（https://www.theguardian.com/society/2014/nov/26/prison-sweden-not-punishment-nils-oberg［2018年10月31日最終閲覧］))。

Ⅳ 施設内処遇

1 施設の規模

刑務所は、小規模施設であり、職員比率が高い。例えば、スウェーデンでは、最も大きな刑務所であるクムラ刑務所（Anstalten Kumla）でも435名の収容定員である。職員比率は、ほぼ1対1であるとされる。この点、わが国でも、若年成人の受刑者に関して、少年院の今後の活用可能性を示しているとも考えられる。

2 段階的に自由度を持たせた処遇

とりわけフィンランドで強調されたのは、閉鎖刑務所から開放刑務所へ、さらには社会内制裁へと処遇の自由度に段階を持たせていることである。

フィンランドでは、開放型施設への直接の収容に関して、次のようになっている。罰金の換刑として刑務所収容を受ける場合と、2年以下の刑務所収容刑の場合には、開放型施設に直接収容され得る（刑務所収容法（Vankeuslaki）4章9条1項）。ただし、断酒・断薬及びその監督を受けることを誓約するのが前提条件である。しかしながら、①開放型施設が用意若しくは承認した活動に適していない、②開放型施設の規律に従わない、③自らの犯罪活動を継続する、④許可なしに開放型施設を立ち去る、又は⑤断酒・断薬若しくはその監督への同意に従わない、といったことが疑われる正当な理由がある場合には、閉鎖刑務所に収容される（同条2項）。また、開放型施設に収容の余地がない場合、又は受刑者本人が要請する場合にも、閉鎖刑務所に収容される（同条3項）。

閉鎖刑務所と開放刑務所との間の移動に関しては、次のようになっている。まず、閉鎖刑務所から開放刑務所への移動について、処遇計画の遂行を促進する、開放型施設によって用意された又は承認された活動に適している、また開放型施設の規律に従うものと考えられるなどといった場合である（刑務所収容法6章1条）。一方、開放刑務所から閉鎖刑務所への移動については、犯罪を行う、懲戒違反行為（開放型施設からの許可なき外出も（同法15章3条1項2号））を行う、開放型施設によって用意された又は承認された活動に適していない、又は開放型施設の規律に従わないなどといった場合である（同法6章2条1項）。

以上のような刑務所を利用して、仮釈放（条件付釈放）に向けた段階的自由化が図られている。
　こうしたフィンランドの開放刑務所は、わが国では、更生保護施設（とりわけ自立更生促進センター）に近いように見える。他国の「ハーフウェイ・ハウス」に類した役割を果たしているのではないかとも思われる。なお、ノルウェーでは、上述のように、「ハーフウェイ・ハウス」が刑務所の一種として位置づけられている。このように、「刑務所」概念の外延にわが国との差異が見られる。
　また、フィンランドにおいては「監督下の試験的自由」（valvottu koevapaus）（刑法２ｃ章８条、刑務所収容法21章１条２項）も取り入れられている。2005年に制定され2006年に施行された新しい刑務所収容法は、新しい形態の早期釈放プログラム「監督下の試験的自由」もまた導入した[34]。この新しい早期釈放プログラムは、特に長期受刑者向けに立案されている。長期受刑者は、より多くの支援やより集中的なプログラム上の活動を必要としているからである。試験的自由は、通常の仮釈放（条件付釈放）より前に最大６か月間利用できる。自宅における刑の執行であり、自由への制約度が高い。社会内制裁事務所ではなく、刑務所が監督を行う。その際には電子監視が利用される。

3　施設外とのつながり

　施設内処遇において施設外（社会・家族）とのつながりも重視される。社会内と同一水準の生活の維持が図られている。社会復帰した際に円滑に社会生活を送ることができるようにするためである。
　そのため、家族と宿泊を伴う面会が可能とされている。また、配偶者等と二人で休憩可能な面会も見られる。例えば、スウェーデンのミョルビー（Mjölby）市には、フェンニンゲ刑務所（Anstalten Skänninge）という男子刑務所（レベル２）がある。スウェーデンでは、面会に来た受刑者の子ども向

---

(34)　See Tapio Lappi-Seppälä, *supra* note 11, "Imprisonment and Penal Policy in Finland," p. 347.

けに、「お父さんの元への訪問のために――あなた自身のぬり絵本」といったぬり絵の本が作成されており、子どもに渡されている。ぬり絵をしながら父親の生活について理解が深まるようになっている。この刑務所でも、面会室に家族が泊まれる。1か月に1回で、24時間である。単なる面会だけの時間から、宿泊を伴う面会への進展は、受刑者に親としての姿勢が整えられた上で可能になる。配偶者等と二人での面会の部屋は3時間利用ができる。

なお、フィンランドの女子刑務所には「家族ユニット」(perheosasto) がある[35]。例えば、ハメーンリンナ（Hämeenlinna）市にあるヴァナヤ刑務所（Vanajan vankila）は、女子の開放刑務所である。2010年に10名定員（各々子どもの数が加えられる）の家族ユニットが設置された。子どもとともに生活することができる。原則として、子どもが2歳になるまでである（ただし、子どもの最善の利益にかなう場合には、3歳になるまで延長が可能である）。フィンランドでは児童福祉の専門家と協議して、2010年に児童福祉法（Lastensuojelulaki）に規定されることになった（37条3項）。小さいうちは母親と一緒に過ごした方が子どもの発達にもいいという考えが基にある（一般に、3歳になれば、他の子とコンタクトを取るようになる）。また、母親である受刑者の社会復帰に向けた動機づけにとってもいいという。閉鎖刑務所では、こうしたユニットはない。また、勾留中は家族ユニットの利用があり得る。

4　作業の位置づけ

いずれの国においても、作業は刑法において規定されていないが、行刑法において義務的活動の一つとして規定されている。

フィンランドにおける刑務所収容（vankeus）について見ていこう。刑務所収容刑の内容として、「刑務所収容刑の内容は、自由の喪失又は制限である。刑務所収容法が、刑務所収容刑の執行に関する規定を含む」とされる（刑法2c章1条）。

---

(35)　本取組みについては、齋藤実「フィンランドにおける女子受刑者処遇の現在（いま）――子どものいる女子受刑者の処遇（「家族ユニット」）を中心にしつつ――」獨協法学96号（2015年）181～206頁も参照。

受刑者は、健康状態・勉学を根拠として、又は他の理由のために責務を免除されていない限り、作業を行う、又は職業訓練若しくは他の活動に参加するよう義務づけられている[36]。この点、刑務所収容法上では、「受刑者は、確定された作業時間及び活動時間に刑務所によって用意された又は承認された活動に参加するよう義務づけられている（「参加する責務」）」と規定されている（8章2条1項）。そして、「受刑者は、その者の健康状態、機能的能力又は年齢によって必要とされるならば、参加する責務を全部又は一部免除されるものとする」とされている（同条2項）。この義務違反は、本法の規定の違反として、懲戒違反行為となる（同法15章3条1項3号）。懲戒違反行為が認められた受刑者は、懲罰（①戒告、②自由時間の活動に参加する権利、金銭若しくは他の支払い手段の利用又は私有物の所持に関する最大30日間の制限、あるいは③最大10日間の閉居）が科され得る（同章4条1項）。

　なお、作業に関して、「受刑者は、実際の作業時間の間に刑務所の外部で作業をする又は職業訓練に参加することを許されてもよい（「民間による作業」）」とされている（刑務所収容法8章6条1項）。さらに、「受刑者の参加する責務を果たすために、受刑者は、刑務所において実施されるのに相応しい容認可能な作業を自分の責任で実施することを刑務所において許されてもよい（自己作業）」ものとされる（同章7条1項）。

　また、作業のみならず、教科学習・処遇プログラムの受講に対しても「報奨金」が支払われる。そうした「報奨金」額は、平均的に日本よりも高いものとなっている。行刑法により、いずれも拘禁刑の下での義務的活動として位置づけられる。

　フィンランドでは、受刑者には基本的に「出費手当」（käyttöraha）が支払われる（刑務所収容法9章6条1項）。「出費手当」は、1日当たり1.60ユーロとされている（刑務所収容に関する政令（Valtioneuvoston asetus vankeudesta）31条1項）。その他に、作業等の活動に参加する受刑者に対しては活動に参加する期間に「活動手当」（toimintaraha）が支払われ得ることになっている

---

(36) See Tapio Lappi-Seppälä, *supra* note 11, "Imprisonment and Penal Policy in Finland," p. 344.

(刑務所収容法9章6条2項)。これには、受刑者の刑期中の計画で設定された目標の達成度並びに参加の規則正しさ及び継続期間に応じて3等級あり、開放型施設では上位2等級、閉鎖刑務所では下位2等級が適用される。「活動手当」は、1日当たり、第1級が3.01ユーロ、第2級が4.62ユーロ、また第3級が7.35ユーロとされている（刑務所収容に関する政令29条3項）[37]。また、受刑者が刑事制裁庁以外の下で開放型施設における作業に参加する場合には、「活動手当」の代わりに「賃金」(palkka)が支払われ得る（刑務所収容法9章6条3項）。これには、作業の要求度及び受刑者個人の実績に基づいて2等級ある。「賃金」は、1時間当たり、第1級が4.70ユーロ、また第2級が5ユーロとされる（刑務所収容に関する政令30条3項）。

刑法上で加えられるのは移動の自由の剥奪のみである。従って、作業の強制性は日本の現行制度ほどではない。

5 教科学習と処遇プログラム

施設内処遇において、教科学習が重視されている。これは、社会復帰の上での重要な条件と考えられている。

また、処遇プログラムについては、英語圏諸国の影響の下、リスク・ニーズ・反応性（Risk-Need-Responsivity（RNR））モデルを導入している。施設内では、12ステップ・プログラム等も行われている。同一部局が担当しているため、社会内処遇も共通している。

なお、キリスト教を基盤とした施設が刑務所に見受けられる。これらの国々では、プロテスタント（福音ルーテル派）の信者が多数を占める。

スウェーデンでは、刑務所の中に「修道院」(kloster)が設けられている。長期受刑者を一時的に「修道院」に移し、精神的な安定を図るという。実質的には、キリスト教色が非常に強く、犯罪者処遇における宗教への回帰を思わせる。

例えば、上述の箇所でも触れたミョルビー市にあるフェンニンゲ刑務所に

---

(37) また、「活動手当」に加えて、最大で「活動手当」の20パーセントの額の諸給付が支払われる場合がある（刑務所収容に関する政令29条3項）。

は、18室の居室がある「修道院」が設けられている。2009年から本所で「修道院」を始めたという。宗教を問わないとされ、仏教徒等なら瞑想だけを行う。どの宗教も精神統一が大事なので、「修道院」と言っているという。

V　社会内処遇

続いて、社会内処遇の段階における特質を見ていく。

1　社会内制裁としての性格

いずれの国においても社会内制裁としての性格が強い。スウェーデンでは、刑法上の「制裁」として保護観察が位置づけられている。

刑罰としての社会奉仕・電子監視（短期自由刑を換えるものとしても）もある。とりわけフィンランドでは、刑務所収容と連続性を持った「刑」・「制裁」として位置づけている。やはり行為との均衡を保った上でこれらの制裁が付与される。「社会奉仕」は1990年から（1996年までは試行期間）、「電子監視（監視刑）」は2011年から実施している。

フィンランドにおいて、社会内制裁には、5種類ある。次の各制裁は、順に重いものとなる。それは、①「若者に対する刑の監督付執行猶予（刑の執行猶予を受けた若者の監督）」（ehdollisesti rangaistujen nuorten valvonta）、②「少年刑」、③「社会奉仕」、④「電子監視（監視刑）」、⑤「仮釈放者の監督（条件付釈放者の監督）」（ehdonalaisesti vapautuneiden valvonta）である。基本的に、社会内制裁に関しては、判決前に検察官からの要請により社会内制裁事務所で調査を行う。ごく僅かだが、本人又は裁判所からの要請により調査を行うこともある。

スウェーデンでは、保護観察所において執行する「制裁」として、「社会奉仕活動付の条件付判決」（villkorlig dom med samhällstjänst）及び「保護観察」があり、裁判により決定される。後者は、さらに次のものと組み合わせて行われ得る（刑法28章2条以下）。それは、①罰金、②刑務所収容（14日以上3月以下）、③社会奉仕命令、④例えば治療・禁絶ケア又は他のケアについての特定の命令、⑤特定の処遇計画（契約上のケア）についての命令であ

る。また、保護観察所の大きな仕事の一つが監督（övervakning）とされる。拘置の後に監督をするもの（「仮釈放（条件付釈放）」（villkorlig frigivning））と、拘置の代わりに監督が付くもの（「保護観察」）の２通りがある。

なお、ノルウェーでも「刑」としての「社会内刑」が導入されている（刑法48条以下）。こうした形式の「刑」が、2002年に社会奉仕に取って代わった[38]。「社会内刑」は、原則として１年以下の刑務所収容刑に代替する場合にのみ科され得る。内容としては、社会奉仕活動、保護観察（指定された時間・場所での面会、遵守事項の遵守、プログラム受講など）等の組み合わさったものと言える。

このように、受刑者に対する社会内での自由の剥奪・制限が大幅に採り入れられるようになってきており、「自由刑」の観念の変容が見られるであろう。

また、上述のように見ていくと、日本の「更生保護」の特殊的地位が際立つ。そこでは「制裁」としての意味づけは弱い。再犯の危険性の除去という面では、「保安処分」的性格は残っているだろう。この点、社会奉仕命令の日本型の変容が、特別遵守事項としての社会貢献活動に現れている。

2　電子監視の定着と拡大

これらの国々では、電子監視が定着しているとともに、拡大している。いわゆる「RF（Radio Frequency）型」と「GPS（Global Positioning System）型」（あるいは「固定型」と「移動型」）があるが、フィンランド・デンマーク・スウェーデン・ノルウェーいずれも主として「RF型」の利用が見られる。しかし、「GPS型」の採用に向けた動きが看取された。デンマークでは、2018年から、GPSに対応した足首に装着されるタグを試行的に導入している。

また、刑務所収容刑に換えて科される際に対象となる刑期の範囲が拡大している。デンマークで最初に2005年に導入された時は、酒酔い運転の者のみを対象としており、３月以下の刑務所収容刑であった。その後、４月以下の

---

(38)　See Jørn Jacobsen and Vilde Hallgren Sandvik, *supra* note 22, p. 177.

刑務所収容刑に拡大された。現在は、いずれの国も、６月以下の刑務所収容刑とされる。ただ、ノルウェーは、４月以下の刑務所収容刑である。また、デンマークでは、８月以下の刑務所収容刑とすることの議論も見られる。

なお、フィンランドにおいて、「刑」としての「電子監視（監視刑）」は、新たな制裁の形態であり、2011年に導入された。上述のように、刑期が６月以下であることが必要とされる。社会奉仕で違反を繰り返していて、再犯で刑務所収容になる前に電子監視を行う意味があると考えられる場合に科される。ただ、本人及び社会に対する効果が不明確なため、裁判官は、電子監視ではなく、結局、短期間の刑務所収容の実刑を科す傾向がある。全て科学技術に依存するのは行き過ぎであると考えられている。

刑務所収容刑に換えて科される電子監視は、フィンランドでは、「刑」として裁判所が決めるが、デンマーク・スウェーデン・ノルウェーでは、矯正保護局・矯正保護庁が決めている。

スウェーデンでは、６月以下の刑務所収容刑を言い渡された上で、施設外において強化監督（intensivövervakning）に付される者、又は仮釈放（条件付釈放）前の釈放代替策に付される者に対して、電子監視が利用され得る。後者については、「外部活動」（frigång）（（下記改正後の）55条）と「ケアのための滞在」（vårdvistelse）（（下記改正後の）56条）に加えて、2006年に、1974年制定の犯罪者の施設内処遇に関する法律（刑務所における刑事ケアに関する法律）（Lag om kriminalvård i anstalt）が一部改正され、2007年に、二つの新たな釈放代替策が導入された。それが、「ハーフウェイ・ハウス」での滞在（57条）と「延長外部活動」（utökad frigång）（58条）である。後者は、自宅での刑の執行であり、残りの刑期を管理（電子監視を伴う監督）のもと自宅で過ごすというものである（他の釈放代替策では、電子監視の利用は必須とはされていない）。現在、2010年に制定（2011年に施行）された刑務所収容法（Fängelselag）において、「外部活動」（11章２条）、「ケアのための滞在」（同章３条）、「ハーフウェイ・ハウス」（同章４条）及び「延長外部活動」（同章５条）が規定されている。

ただ、電子監視の利用においても、科学技術に頼るのではなく、「人」とのつながりが不可欠であろう。

3　必要的仮釈放

また、必要的仮釈放制度が採用されている点も見られる。

フィンランドにおける「仮釈放（条件付釈放）」(ehdonalainen vapauttaminen) に関して見ていきたい。これは、「半自動的」仮釈放とも言われる。

基本的に、有期刑の受刑者は自動的に仮釈放される。有期刑の受刑者は刑期の2分の1経過後に、ただし過去3年以内に刑務所収容刑で服役したことのある再入者は刑期の3分の2経過後に仮釈放される。また、法違反行為時に21歳未満であった有期刑の受刑者は刑期の3分の1経過後に、ただし同上の再入者は2分の1経過後に仮釈放される（刑法2c章5条2項）。なお、少なくとも14日間は服役している必要がある（同条3項）。

フィンランドには、仮釈放審査委員会のような行政機関は存在しない。

また、無期刑の受刑者も、ヘルシンキ控訴裁判所の決定を経て仮釈放され得る。この場合、最低12年間の服役が必要である（刑法2c章10条1項）。なお、法違反行為時に21歳未満であった者に関しては、刑務所での最低10年間の服役が必要となる。

仮釈放期間は残刑期間である（刑法2c章13条1項）。しかし、仮釈放期間は、最長3年とされる。

さらにその前にも釈放する制度がある。前述したフィンランドにおける「監督下の試験的自由」などである。

4　保護観察

条件付判決を受けた者（執行猶予者等）・仮釈放者の全員に保護観察（監督）が付く訳ではない。保護観察（監督）の有無は、必要性に応じている。

保護観察（監督）における市民の関与として、デンマークにおける「メンター」(mentor) やスウェーデンにおける「市民監督者」(lekmannaövervakare) がある。いずれも僅かではあれ有償とされている。わが国の保護司制度への示唆が看取されよう。

また、これらの国々では、社会福祉との強い連結が見られる。

フィンランドでは、短期の仮釈放の場合には仮釈放者を保護観察（監督）

対象から除外して自治体の福祉行政に委ねている。仮釈放者が監督下に置かれるのは、①仮釈放期間が1年以上である場合、②21歳未満の者によって法違反行為が行われた場合、③仮釈放者本人が要請する場合、又は④仮釈放者が所定の薬物療法並びにそれに付随する可能性のあるその他の治療及び支援に関する条件の遵守を約束している場合である（社会内制裁執行法（Laki yhdyskuntaseuraamusten täytäntöönpanosta）12章70条1項）。ただし、仮釈放者に予想される国外退去、重篤な疾病、その他の特別な理由によって明らかに不要である場合には、仮釈放者を監督下に置かないことができる（同条2項）。

加えて、デンマークの社会内処遇におけるソーシャル・ワーカーの位置づけも指摘しておきたい。保護観察所では、ソーシャル・ワーカーが保護観察官として勤務している。市等の自治体のソーシャル・ワーカー経験者もいるので市等とも連携が上手くいくという。

Ⅵ　むすび

以上で検討してきた北欧の犯罪者処遇の特徴に関しては、英語圏諸国との比較研究が見られる。そこで、北欧における刑事司法の運用は、いわゆる「厳罰化」が進行してきた英語圏諸国と対比して、「北欧例外主義」（Nordic exceptionalism）としても指摘されている[39]。こうした「北欧例外主義」には、以下の特徴が挙げられるだろう[40]。まず、刑事政策が、北欧の福祉国家を支える諸政策と密接な結び付きを有している。また、刑務所収容刑が最も厳しい刑罰であるとするなら、それを慎重に利用する。というのも、多くの場合に他の選択肢が一般予防の、さらには応報の必要性を満たしていると考えら

---

(39) 刑罰の「北欧例外主義」に関する文献として、Thomas Ugelvik and Jane Dullum (eds.), *Penal Exceptionalism?: Nordic Prison Policy and Practice*, Routledge, 2011 ; John Pratt and Anna Eriksson, *Contrasts in Punishment : An Explanation of Anglophone Excess and Nordic Exceptionalism*, Routledge, 2013.
(40) この点、Matti Laine, "Some Old and Some New Experiences : Criminal Justice and Corrections in Finland," *UNAFEI Resource Material Series*, 54, 1999, pp. 271-282. も参照。

れるからである。従って、刑務所収容刑をできるだけ回避し、社会内制裁等を科す。そして、制裁の確実性が、制裁の厳しさよりも重要であるとされる。加えて、刑事司法システムを可能な限り小規模なものに保っている。この点については、デザインの領域と同様に、「北欧ミニマリズム」（Nordic minimalism）とも呼ばれる。その上、刑務所が、幾分小さく、ゆったりしたものとなっている。

　このような共通点を挙げることもできるだろうが、それぞれの国で違いも多く見られる。例えば、本稿では、保安処分の位置づけにおける相違に触れた。

　ただ、これらの国々では、前述のように、「ケア」と「制裁」の両側面を組み合わせながら犯罪者処遇を実施していることが分かる。これらの「ケア」と「制裁」というあり方は、場合によっては鋭く対立し得るだろう。また、これらのあり方は、わが国においても共通して観念し得るものとも考えられる。

　わが国における福祉との連携や保護司制度の将来等については、本稿で触れた内容からも示唆が得られる点があるのではないだろうか。

　犯罪者処遇において合目的的活動も重要である。だが、犯罪者処遇の基本にある「人を人として遇する」という理念が、北欧の犯罪者処遇には明確に見られるだろう。

（こにし・ときかず）

アメリカ合衆国の刑務所における義務的教育プログラム

佐伯　仁志

Ⅰ　はじめに
Ⅱ　アメリカにおける矯正教育
Ⅲ　義務的教育プログラム
Ⅳ　義務的教育プログラムに関する議論
Ⅴ　おわりに

Ⅰ　はじめに

　2018年12月現在、法制審議会少年法・刑事法（少年年齢・犯罪者処遇関係）部会において審議されている検討事項の中に、懲役刑と禁錮刑の区別を廃止する「自由刑の一本化」がある。部会の議論においては、自由刑を一本化すること自体については異論がないものの、「新自由刑」の内容として矯正に必要な処遇を位置づけるべきかについて意見が分かれている[1]。
　近時この問題を検討された川出敏裕教授は、「欧米諸国の制度を見ても、作業を含む矯正処遇を義務づけているところと、そうでないところがあり、必ずしも、それを義務づけないのが大勢であるとはいえない。また、処遇を受けることを義務づけている場合にも、その対象は国によって異なっている」と指摘された上で、「自由刑の執行方法として矯正処遇を受けることを受刑者に義務づけることができるのは、処遇を行うこと自体が自由刑の内容

（1）法制審議会少年法・刑事法（少年年齢・犯罪者処遇関係）部会第12回会議配付資料21「検討のための素案」参照。自由刑の一本化を巡る議論については、文献の引用を含めて、川出敏裕「自由刑の単一化」高橋則夫ほか編『日髙義博先生古稀祝賀論文集（下）』（2018年、成文堂）461頁以下参照。

に含まれているからにほかならない。そうであれば、矯正処遇の義務づけについての疑念を解消するという観点からは、改正刑法草案の懲役刑に関する規定のように、作業その他の矯正のために必要な処遇を行うことを、自由刑の内容として刑法に明記するのが望ましい」と主張されている[2]。

処遇の義務づけ、特に、刑罰としての義務づけに最も異論のあり得る処遇の一つとして、矯正教育があると思われるが、アメリカ合衆国（以下では、単に「アメリカ」と呼ぶ）では、連邦および多数の州において、受刑者に教育プログラムの受講が義務づけられている。本稿では、わが国における議論の参考資料として、アメリカにおける義務的教育プログラムについて紹介することとしたい。

石川正興先生には、日中の犯罪学学術交流において大変お世話になり、貴重なご指導をいただいた。先生が古稀をお迎えになられるにあたり、感謝を込めて、ささやかではあるが本稿を捧げたい。

II アメリカにおける矯正教育

1 矯正教育の歴史

アメリカの矯正教育の初期の歴史について、ある論者は、次のように述べている[3]。

「アメリカの刑務所制度の歴史における教育の初歩的始まりは、ときどきやってくる牧師や訪問者による何らかの指導であったが、教育と呼んで真剣に検討するには値しないものであった。教育的行刑学（pedagogical penology）は、1870年代半ばの、〔ニューヨーク州〕エルマイラ（Elmira）矯正院におけるブロックウェイ（Brockway）に始まる[4]。しかし、この行刑学の発展期は、ブロックウェイが去ると、長くは続かなかった。……制度のみ

（2） 川出・前掲注(1)478頁、480頁。
（3） Benjamin Frank, The Correctional Education Association-Looking Backward, 1951 Proc. Ann. Cong. Correction Am. Prison Ass'n 6. アメリカ行刑思想史の概観として、藤本哲也『刑事政策の新動向』（1991年、青林書院）3頁以下参照。

すばらしさは、1929年から30年のマコーミック（MacCormick）の調査によって明らかにされている。彼の調査が示しているように、当時の教育的行刑学は、わずかな例外を除いて、ひどいものであった。彼の調査が矯正教育の契機となったが、その成果が現れるには数年を要した。矯正教育の復活は再度ニューヨークを中心としていた。サム・ルイソン（Sam Lewisohn）のような指導者の影響の下で、ニューヨーク州の1935年矯正法は、広範な教育プログラムを規定し、提供した。……同時期に、連邦矯正局が、サンフォード・ベイツ（Sanford Bates）を長として組織され、教育が矯正プロセスの主要な機能的要素として承認され、矯正制度全体の中で適切な財政的・専門的支援を受けるようになっていった。進歩的行刑学の発展の中で教育により広い影響力を与えるために、1930年に、アメリカ矯正協会に教育に関する常設委員会が設置された。」

　上記で言及されているマコーミックも、1937年の論文において、この10年間で矯正教育に大きな進歩があり、今日では、教育プログラムが高いレベルに達している幾つもの刑務所制度と施設を指摘することができる、と述べている[5]。

　1950年代、1960年代は、社会復帰思想の隆盛期であった。続く、1970年代前半は、矯正教育が、受刑者の改善更生のための最も重要な方策と考えられ、刑務所内での高等教育が発展したことから、矯正教育の「黄金時代」と呼ばれている[6]。

（4）　1876年、ニューヨーク州に、当時の行刑学のリーダーであったブロックウェイ（Zebulon Brockway）を運営責任者として、エルマイラ矯正院（Elmira Reformatory）が設置された。トーステン・エリクソン（犯罪行動研究会訳）『犯罪者処遇の改革者たち』（1980年、大成出版社）122頁以下参照。同書によれば、エルマイラ矯正院では、「全収容者を対象とする文盲教育から大学教育に至るまでの、最も進歩した実施方法による完全な教育計画」が行われていた。

（5）　See, Austin H. MacCormick, Present Status of Penal Education, 1937 Proc. Ann. Cong. Am. Prison Ass'n 189（1937）. See, also, Thorsten Sellin, Quarter Century's Progress in Penal Institutions for Adults in the United States, 24 Am. Inst. Crim. L. & Criminology 140, 144–145（1933）〔連邦の各刑事施設に人員の整った教育部門が設けられ、訓練を受けた教育責任者が配置されたことを指摘している〕。

（6）　See, Thom Gehring, Post-Secondary Education for Inmates:An Historical Inquiry, 48 J. of Correctional Education 46（1977）.

しかし、1970年代後半から1980年代になると、処遇プログラムの効果に対する懐疑（「矯正ペシミズム」）が広まり、社会復帰思想が支持を失って、代わりに厳罰主義が一般的となっていった。これにより、矯正教育に対する一般人と政治家の支持も失われ、矯正教育のための予算は大幅に減額された。特に、刑務所内での高等教育に対する批判が強くなり、1994年には、大学教育のペル（Pell）奨学金に対する受刑者の応募資格が否定された[7]。

　1980年代、90年代の厳罰主義によってアメリカの刑事施設収容人員は急増したが、21世紀になると、時計の振り子が反対に振れ始め、オバマ政権の下では、社会への再統合が行刑の目的として強調されるようになった[8]。この時期になると、矯正教育の再犯防止効果が一般に認められるようになり、連邦では、刑事施設内に半独立の学区を設置して、識字・基本能力プログラム、高校卒業資格プログラム、高校卒業後教育プログラム、学習障害を有する者に対する機会拡大プログラムを実施することとなった。2016年2月には、矯正教育の専門家であるエイミー・ロペス（Amy Lopez）が初代学区長に任命された。高等教育についても、連邦教育省によって、受刑者にペル奨学金の受給を可能にするパイロット事業が始められ、7つの連邦刑務所がこれに参加した[9]。

　しかし、トランプ政権の下で、2017年3月にロペス氏は解任され[10]、連邦

---

(7) The Violent Crime Control and Law Enforcement Act of 1994. See, Gehring, supra note 6, at 46 ; Sylvia G. McCollum, Prison College Programs, 74 Prison J. 51 （1994）.
(8) 近時の行刑思想の変遷は、司法省の委託を受けてボストン・コンサルティング・グループが行った処遇プログラムに関する調査報告"Reducing Recidivism through Programming in the Federal Prison Population FINAL REPORT : BOP Programs Assessment, September 19, 2016, https://www.justice.gov/archives/dag/page/file/914031/downloadに簡潔にまとめられている。
(9) See, Prison Reform : Reducing Recidivism by Strengthening the Federal Bureau of Prisons, https://www.justice.gov/archives/prison-reform（Updated March 6, 2017）.
(10) See, Lucy Walke Junee, Education Behind Bars : How Education is Failing Incarcerated Youth, 2, 2018, http://www.brownpoliticalreview.org/2018/06/education-behind-bars-education-failing-incarcerated-youth/ ; Ryan J. Reilly and Julia Craven, Federal Bureau of Prisons Fires Head of An Obama-Era Education Effort, Putting Reform under Trump in Doubt, https://www.huffingtonpost.com/entry/bureau-of-prisons-education-reform_us_591f2289e4b094cdba53c398.

刑務所における矯正教育が、今後どのような方向に進むかは不透明である。

2　矯正教育の再犯防止効果

前記のように、矯正教育を含めた刑務所における処遇プログラム一般に対する懐疑的見方が隆盛になった時期もあったが、現在では、矯正教育の再犯防止効果が一般に認められるようになっている。

矯正教育プログラムの効果に関しては多くの研究が発表されているが、最近の包括的研究として、司法省の委託を受けて行われ、2013年に報告書が公表された、ランド・コーポレーションの研究がある[11]。同研究は、1980年から2011年に発表された多くの研究のうち、統計学的に信頼できるものを対象としてメタ分析を行い、矯正教育には再犯防止効果があるとの結論を示している。同報告書の内容は、以下のようなものである。

2004年に、州刑務所に収容された受刑者のうち約36％が高校教育修了程度未満の教育しか受けていなかった（16歳以上の一般人では約19％）。受刑者の多くが、職業上の技術や継続的職歴を有しておらず、社会に戻った後に大きな困難をもたらしている。

矯正教育プログラムに参加した受刑者は、そうでない受刑者と比べて、再犯のオッズが43％低い。高校教育を修了していない受刑者が多いことから、最もよく実施されている矯正教育は、高校教育プログラムないし一般教育発達プログラム（general education development (GED) programs）への参加であるが、このプログラムへの参加者は、非参加者と比べて再犯のオッズが30％低い。教育プログラムへの参加者が、釈放後に職を得るオッズは、非参加者よりも13％高い。

受刑者が3年以内に刑事施設に再収容される費用と刑事施設内での教育プログラムの費用を、100人の仮想受刑者について比較すると、教育プログラムを受けなかった受刑者の再収容費用が294万ドルから325万ドルであるのに

---

(11) Lois M. Davis, Robert Bozick, Jennifer L. Steele, Jessica Saunders, Jeremy N. V. Miles, Evaluating the Effectiveness of Correctional Education: A Meta-Analysis of Programs That Provide Education to Incarcerated Adults (2013), https://www.rand.org/pubs/research_reports/RR266.html.

対して、教育プログラムを受けた受刑者の再収容費用は207万ドルから228万ドルであり、後者の方が87万ドルから97万ドル低い。一方、受刑者に教育を提供する費用は、受刑者100人について14万ドルから17万4,400ドルと推定されるので、教育プログラムの実施は、費用節約効果を有している（受刑者100人について約70万ドルから80万ドル）。この比較で用いた再収容費用は、収容に伴う直接費用だけを考慮しており、再犯による被害者の財産的・精神的被害や刑事司法制度全体に対する費用は考慮されていないので、教育プログラムの実際の費用節約効果はより大きいと考えられる。

III 義務的教育プログラム

1 義務的教育プログラムの導入

　アメリカにおける矯正教育の大きな特徴の一つは、連邦および多くの州において、一定の学力水準に達しない受刑者に対して教育プログラムの受講が義務づけられていることである。

　このような義務的教育プログラムの導入のきっかけは、1981年5月に、ジョージ・ワシントン大学ロースクールの卒業式において、連邦最高裁長官バーガー（Warren E. Burger）が行ったスピーチであると言われている。バーガー長官は、スピーチにおいて、すべての受刑者に最低限の識字能力と社会での就業に役立つ技術を身につけさせる教育を行うことを推奨した。このスピーチを聞いた連邦矯正局長カールソン（Norman A. Carlson）によって、矯正教育に関するタスクフォースが設置され、1981年11月に報告書が出された。報告書は、1年内に成人矯正教育基本ポリシーを設定し、①スタンフォード・アチーブメント・テスト（SAT）で第6グレイド（grade）レベル未満の受刑者には成人基本識字（Adult basic literacy）プログラムに参加することを要求すること、②第6グレイドレベルに達しない受刑者は最低限以上の仕事に昇進できないようにすること、③刑事施設は、個々の受刑者の進捗状況をフォローし、その必要事項リストを作成すること、④刑事施設は、学習の満足できる進捗に対するインセンティブのシステムを設けることを提案し、この提案は、翌年から実施された[12]。

2 義務的教育プログラムの発展

(1) 連邦の状況

1982年に連邦刑務所で始まった義務的教育プログラムにおいては、当初、要求された識字レベルの水準は第6グレイドレベルで、義務的出席日数は90日間であった。しかし、第6グレイドでは、社会のニーズに応えるには低すぎるとされ、1986年には、第8グレイドになった。さらに、1991年には、高校卒業資格またはGED証書（General Education Diploma）の取得が基準となり、出席日数は120日間となった[13]。現在では、次で見るように、高校卒業資格またはこれと同等の資格が基準となり、義務的出席時間が240時間となっている。

(2) 州 の 状 況

義務的教育プログラムは、州の刑務所においても採用されている。1990年に行われた全米の矯正教育に関する調査[14]によれば、50州中13州が、成人受刑者に対して一定の要件の下で教育プログラムの受講を義務づけていた。13州は、アーカンソー、カリフォルニア、フロリダ、ハワイ、イリノイ、メリーランド、ミシガン、モンタナ、ニューメキシコ、ノースキャロライナ、オハイオ、テキサス、ヴァーモントである。そのうちの8州は矯正局の規則で、5州は法律で義務づけていた。さらに、デラウェア、ミシシッピー、サウスキャロライナ、ウィスコンシンの4州が、近い将来の実施に向けて準備中であり、コネティカット、オレゴン、ペンシルベニアの3州が導入を考慮中であった。

教育プログラムへの参加が免除される学力水準は、アーカンソーが第4.5グレイドまたは高校卒業資格、フロリダが第9グレイド、イリノイが第6グレイド、メリーランドが第8グレイドまたは高校卒業資格、ミシガンが第8

---

(12) See, Sylvia G. McCollum, Mandatory Literacy for Prisons, 1 Fed. Prisons J. 9-10 (1989) ; Sylvia G. McCollum, Mandatory Programs in Prisons―Let's Expand the Concept, 54 Fed. Probation 33 (1990). アメリカの学校制度では、学年をグレイドと呼び、日本の小学校1年から高校3年に相当する12年間がグレイド1から12に当たる。

(13) Sylvia G. McCollum, Mandatory Literacy, 3 Fed. Prisons J. 33 (1992).

(14) Robert J. Di Vito, Survey of Mandatory Education Policies in State Penal Institutions, 42 J. of Correctional Education 126 (1991).

グレイド、モンタナが第10グレイドまたは高校卒業資格、ニューメキシコが第12グレイド（91年7月から）であった。

教育プログラム参加の主たるインセンティブは刑期の短縮であり、他に、給付金、処遇上の優遇、給与のより高い、あるいはより地位の高い作業への配置などがある。他方、義務的教育プログラムに参加しないことに対する制裁としては、アーカンソー、フロリダ、イリノイ、モンタナ、ニューメキシコ、ノースキャロライナ、オハイオ、テキサスでは、通常の懲戒手続が用いられ、ヴァーモントでは、善時制のクレジットを剥奪する懲戒手続が用いられている。カリフォルニアでは、作業報酬をゼロにまで減らすことができる。ミシガン、メリーランドでは、作業資格を失い得る。ハワイでは、仮釈放局に通知するだけである。

その後、2002年に行われた調査によると、少なくとも26州が、何らかの標準テストで一定水準以下の成績であった受刑者に対して矯正教育プログラムへの参加を義務づける法律を有していた。その多くは、第8グレイドレベル未満の成人に一定期間または規定のレベルに達するまで教育プログラムへの参加を義務づけるものであるが、しだいに、多くの州が、高校卒業資格またはGED証書の取得レベルに移行してきている。ほとんどの州が、教育プログラムへの参加について、ポジティブあるいはネガティブなインセンティブを提供している[15]。

3　連邦法の規定

連邦法第18章3624条（18 U.S.C.§ 3624）は、受刑者の釈放日に関する規定であるが、そのf項は、次のように定めている。

---

(15)　Michelle Tolbert, State Correctional Education Programs-State Policy Update, 7 (National Institute for Literacy, 2002) 最近のミネソタ州の制度については、Grant Duwe & Valerie Clark, The Effects of Prison-Based Educational Programming on Recidivism and Employment, 94 Prison J. 454（2014）、カリフォルニア州の制度については、次章で紹介する Terry v. Babcock, 2016 WL 226129（D. CA）参照。

(f) 機能的識字の義務的要求（Mandatory Functional Literacy Requirement）
(1) 司法長官は、矯正局に対して、本法律施行後6月以内に、精神能力のある受刑者で機能的識字能力のないすべての者に対する、連邦矯正施設における義務的な機能的識字プログラム（a mandatory functional literacy program）を、各連邦矯正施設において実施すべきことを指示しなければならない。
(2) 機能的識字プログラムは、機能的識字を獲得するのに適切な機会を提供するのに十分な期間、参加を要求するものでなければならない。また、当該プログラムを成功裡に修了することにつながる適切なインセンティブが開発、実施されなければならない。
(3) 本節において「機能的識字」とは、以下を意味する。
　(A) 全国的に認められた共通テストで、読むこと及び数学について第8グレイドレベル同等であること、
　(B) 全国的に認められた標準学力テストで、機能的能力（functional competency）又は識字能力（literacy）が認められること、又は、
　(C) (A)と(B)の組み合わせ
(4) 英語非使用受刑者は、全国的に認められた教育達成度テストで第8グレイドレベル同等に達するまで、第2言語としての英語プログラムに参加を義務づけられなければならない。
(5) 各施設の最高運営責任者は、決定され記録された正当な理由に基づき、受刑者にプログラムへの参加を免除する権限を有する。

　連邦法3624条b項1号は、いわゆる善時制に関して、「終身刑以外の1年以上の刑期の受刑者は、受刑者が施設の懲戒規則を1年間模範的に遵守したとの矯正局の決定に基づき、その刑期について、実際の収容期間に加えて、1年毎に54日までのクレジットを得ることができる。」「クレジットの決定に際して、矯正局は、受刑者が、高校卒業資格又は同等の学位を取得したこと、あるいは、取得に向けて満足のいく進歩を示したことを考慮しなければならない。」と定めている。
　同規定を受けて、連邦規則28章523.20条c項は、収容者が、高校卒業資格

もしくは同等の学位を取得した場合、または、その取得に向けた満足のいく進歩を示した場合は、1年につき54日のクレジットを与え、これを取得できず、かつ、取得に向けた満足のいく進歩を示すことができなかった場合には、1年につき42日のクレジットを与える、と規定している。

　上記の法規定に基づいて、連邦規則第28章544.70条から544.75条は、次のように定めている。

§544.70　目的及び範囲
　　連邦施設に収容された者で、認証されたGED証書又は高校卒業資格を有していない者は、§544.71に規定する場合を除いて、成人識字プログラムに、少なくとも240時間、又は、GEDを取得するまで、参加しなければならない。

§544.71　識字プログラム参加の例外
(a)　以下の受刑者は、プログラムに参加しなくともよい。
　(1)　有罪判決前の収容者
　(2)　18 U.S.C. 4205(c), 4241(d)、又は、1987年11月1日施行の18 U.S.C. 3552(b)に基づき観察のため収容されている者
　(3)　国外退去となる有罪外国人
　(4)　職員により、自己に責任のない特別の事情（例えば、病気、移送、待機リストなど）により、一時的にプログラムに参加することができないと判断された者。そのような者は、特別の事情がなくなれば、プログラムに参加することが要求される。
(b)　正式の診断評価に基づき、感情的・精神的・身体的学習障害を有すると判断された収容者は、正式の診断評価により現実的とされる達成レベルを超えて識字プログラムを修了することを要求されない。
(c)　職員は、収容者の教育ファイルに、プログラムへの参加ないし修了を要求しない理由を記載しなければならない。

Ⅲ　義務的教育プログラム

§ 544.72　インセンティブ

　　刑務所長は、GED証書を取得することを収容者に奨励するインセンティブ制度を設けなければならない。

§ 544.73　プログラムへの参加

(a)　刑務所所長又はその委任を受けた者は、その施設の識字プログラムをコーディネイトする教育スタッフを任命しなければならない。最初に、同スタッフは、収容者を識字プログラムに参加させるために、収容者と面接をしなければならない。その後、識字プログラムに参加している個別の収容者について、その進展に伴う割り当てを決定するため、公式の面接を行わなければならない。職員は、収容者の教育ファイルに、これらの面接に関する記録を編綴しなければならない。

(b)(1)　連邦法第18章に関して、1994年暴力犯罪の規制及び法執行法（the Violent Crime Control and Law Enforcement Act of 1994（VCCLEA））又は1995年刑務所訴訟改革法（the Prison Litigation Reform Act of 1995（PLRA））が適用される収容者は、以下の事実を認定する進捗評価を受けない限り、GED証書又は高校卒業資格の取得に向けて満足のいく進歩をしていると看做される。

　(i)　識字プログラムへの参加を拒否したこと、

　(ii)　参加した識字プログラムの直近240授業時間以内において禁止行為を犯したと認められたこと、又は、

　(iii)　識字プログラムから離脱したこと。

(2)　VCCLEA又はPLRAの適用を受ける収容者が、満足のいく進歩を示していないとの進捗評価を受けた時は、当該収容者が、識字プログラムに少なくとも240授業時間継続して参加し、かつ、現在も参加していなければ、満足のいく進歩に評価を変更することができない。さらなる離脱又は識字プログラムの直近240授業時間内の禁止行為の実行があった場合は、再度、満足のいく進歩をしていないとの進捗評価となる。

(c)　病欠、休暇、その他の欠席期間を除いた240授業時間の最後のプロ

グラム評価セッションにおいて、ユニット・チームは、収容者と面会し、GED証書又は高校卒業資格を取得するまで、識字プログラムへの参加を継続するよう収容者を奨励しなければならない。この面会において、収容者は、懲罰を受けることなく、識字プログラムへの参加を終了させることができる。法律で参加を義務づけられている場合は、参加を継続しなければならない。

§ 544.74 作業配置制限

544.71条によって識字プログラムへの参加を免除されている者を含めて、作業配置の任命及び昇進に関し、以下の制限が適用される。

(a) 任命
 (1) 識字要求を満たさない収容者は、識字プログラムへの継続的参加を条件として、第4級の地位に配置される。
 (2) 最低賃金を上回る販売作業、第4級報酬を上回る施設作業、第4級報酬を上回る工場作業、又は、等級のない出来高払を受けることのできる地位への配置を考慮されるためには、収容者は、原則として、GED証書又は高校卒業証を取得していなければならない。
 (3) 雇用状況が必要とする場合は、識字要求を満たしていない収容者であっても、識字又は類似のプログラムに参加していることを条件として、等級のない出来高払いを受けることのできる工場作業に配置することができる。識字プログラムから離脱した者は、配置を終了しなければならない。連邦刑務作業地方事務所（Local Federal Prison Industry (FPI) management）は、再配置された収容者を、時給4級の地位で雇用することを決定することができる。

(b) 昇進　収容者は、最低給与レベルを超える報酬を受け、又は、販売作業、施設作業、工場作業の等級について昇進を得るためには、原則として、GED証書又は高校卒業資格を取得していなければならない。

(c) 例外　刑務所長は、個別の判断に基づき、正当な理由があれば、収容者を、作業配置の割当あるいは昇進のための識字要求から免除することができる。その場合は、教育ファイルと中央ファイルにその理由

§ 544.75（懲罰）

　GED証書又は高校卒業資格を有しない収容者が、義務づけられた240時間の識字プログラムへの参加を拒否し、あるいは、その修了を拒否した場合は、作業割当など他の義務的プログラムの場合と同様、懲罰（disciplinary action）を行うことができる。

Ⅳ　義務的教育プログラムに関する議論

1　憲　法　論

(1)　Rutherford v. Hutto 事件判決

　義務的教育プログラムの合憲性について判断を示した判決として、アーカンソー西地区連邦地方裁判所のRutherford v. Hutto, 377 F. Supp. 268（1974）がある。

　事案は、次のようなものである。

　アーカンソー州刑務所に収容されていた申立人ラザフォードは、アーカンソー州法が刑務所内に設置された学校区のクラスへの参加を強制していることが、連邦憲法修正1条によって保障された申立人の権利を侵害し、修正8条、14条によって禁止された「残酷で異常な刑罰」に当たる、と主張して、連邦地区裁判所に提訴した。43歳の白人である申立人は、多少の識字能力を有してはいるが、文盲（illiterate）であり、その原因は、正式の教育を全く受けていないことにあった。

　アーカンソー州では、法律とこれに基づく規則によって、刑務所内に通常の学校と同じ12学年制の学校が設置され、第4グレイドレベルの能力を有していない受刑者は、その能力を習得するまで授業への参加が義務づけられていた。授業は、週1回、午前と午後の各4時間、計8時間行われる。授業に参加しないと懲罰の対象となる。

　この授業への参加を義務づけられた申立人は、自分は文盲でいる憲法上の権利を有していると主張すると共に、教室で座っていると不安になる、文盲

であっても、人生と人間を理解しており、刑務所の外の社会で遵法生活をおくるのに必要な技術を有している、などと主張した。
　裁判所は、以下のように判示した。

　申立人は、授業への出席を望んではないが、出席することが無意味なわけではない。申立人は、第2グレイドレベル程度に文字を読むことができるようになり、算数で多少の進歩を示している。授業の参加によって申立人に健康上の害が生じているとは認められず、申立人が授業で経験する不安が「残酷で異常な刑罰」になるほど重大なものとは認められない。
　受刑者に学ぶことを強制することはできないので、本件での問題は、州は、成人の受刑者に授業への出席を強制することが憲法上できるか、言い換えれば、馬に水を飲ませることができなくても、馬を水場まで連れて行くことができるのか、というものである。改善プログラムの効果が望むほどのものでないとしても、州が受刑者を改善する権利を有していることは明らかである。州は、州の利益のために、受刑者に無報酬で労働を強制することができるのであるから、受刑者の利益のために設計された改善プログラムに参加することを強制することは、なおさらできるはずである。もちろん、改善の名において、州ができることには限界がある。受刑者の生命や健康に危険のあるプログラムを実施すること、収容生活全体を不当に苛酷で厳格なものとすること、宗教・人種などを理由とする差別をすること、連邦法で保護された受刑者の権利を侵害することなどは許されない。しかし、これらの（他にもあるかもしれない）限定を除けば、受刑者は、作業を拒否したり、刑務所職員の合法的命令を拒否したりできないのと同様、改善プログラムから利益を得る機会を拒否する権利を持たない。申立人が主張する、無知でいる憲法的権利、教育を受けないでいる憲法的権利などは存在しない。他方、州は、受刑者の文盲を解消することに十分な利益を有している。受刑者が識字をできるようになれば、その達成が、さらなる改善の動機づけになるかもしれないし、外の世界で法を守り生産的な市民として生きていくのに必要な自尊心を与えることになるかもしれない。
　以上から、本件申立は却下される。刑務所当局は、申立人に授業への出席

を要求し、申立人がこれを拒めば合理的な懲罰を行うことができる。重い懲罰を課すことも可能である。しかし、法的問題を離れて言えば、当局が申立人に教育プログラムに参加して利益を得てもらいたいと本当に望んでいるのであれば、そのようなことは賢明でないかもしれない、と裁判所は考える。一方、申立人に対しては、教育プログラムに対する態度を再考し、それが自分に利益を与えるように設計されていることを理解するよう、裁判所は助言する。

　本判決は、義務的教育プログラムの合憲性について明確に判示した公刊判例として、現在でも価値を有している。本判決が、義務づけることができるプログラムの内容には限界があり得ることを的確に指摘していること、法的問題を離れた実際上の運用としては、自主的な参加を確保する努力が重要であることを指摘していることも傾聴に値しよう。

(2)　Terry v. Babcock事件判決

　より最近の判決としては、カリフォルニア州の制度の合憲性について判断を示したカリフォルニア中央地区連邦地方裁判所のTerry v. Babcock, 2016 WL 226129（D. CA）がある。

　カリフォルニア州では、法律とこれに基づく規則により、高校卒業資格またはGED証書を取得していない受刑者は、教育プログラムへの参加が義務づけられており、これを拒否した申立人Terryは、15日の善時クレジットを失う懲罰を課された。申立人は、自分の学習障害とエホバの証人としての宗教的信条を考慮すると、教育プログラムへの参加の強制は、申立人の連邦憲法修正1条で保障された権利と連邦公民権法で保障された権利を侵害している、と主張して、連邦地区裁判所に提訴した。申立人は、学習障害により、教育プログラムへの長年の参加によっても成果があがっておらず、また、その宗教的心情から、礼拝と創造者の教えを含まない教育プログラムに参加することはできない、と主張した。

　本判決は、修正1条が保障する受刑者の信仰を実践する権利は、拘禁それ自体と正当な矯正目的および刑務所の保安目的のために、必要な限度で制約を受ける、とする連邦最高裁のTurner v. Safley事件判決（482 U. S. 78（1987））

に従って、カリフォルニア州刑務所の申立人に対する教育プログラム参加の義務づけは合憲であると判示した。本判決は、Turner判例が示した4つの判断基準について、以下のように判断を行っている。

判例の第1の判断基準である、問題となっている規則が正当な行刑の利益に合理的に関連しているかという点については、矯正職員は、施設の保安と受刑者の改善に正当な行刑の利益を有している、と認定した。第2の判断基準である、受刑者に宗教を実践する他の手段があるか、それとも宗教的表現のすべての手段が否定されているのか、という点については、申立人は宗教的表現のすべての手段が否定されているわけではなく、世俗的教育プログラムの枠外で宗教的教誨を受けることも否定されていない、と認定した。第3の判断基準である、受刑者の権利行使を認めることが、他の受刑者、看守、施設の資源に与える影響については、申立人の個人的宗教信条にあわせた特別の宗教教育プログラムを設けることは、刑務所職員の時間と資源を消費し、他の受刑者が自分に特化したプログラムを要求することにもつながるので、潜在的に、施設の緊張を高めて、看守を危険にさらすことになる。また、宗教を信仰するすべての受刑者を、宗教教育を含まない義務的作業や教育プログラムから免除することは、ほとんどすべての刑務所作業と教育プログラムの存続可能性に影響を与えることになる、と認定した。第4の判断基準である、正当な行刑の利益をほとんど損なうことなく、受刑者の権利を満足させる他の手段が存在するかという点については、申立人の宗教的信条にあわせた教育プログラムを設けることは容易ではない、と認定した。本判決は、4つの判断基準について以上のように認定して、申立人の修正1条違反の主張は認められないと結論づけた。

2 効 果 論
(1) 教育は任意でなければ効果がない？

教育プログラムの義務づけに対する主たる批判は、本人にやる気がなければ、教育プログラムを義務づけても効果が上がらないというものである。処遇プログラム一般について、参加者が任意に参加することがプログラムの効果を上げるためには必要であり、強制的に処遇プログラムに参加させても効

IV　義務的教育プログラムに関する議論

果を上げることはできない、という考えが強いが[16]、教育については、そのような考えがいっそう強かった。

(2)　アメリカ法曹協会「受刑者の法的地位に関する基準」

処遇プログラムは任意でなければ効果が上がらないという考えは、アメリカ法曹協会（ABA）の刑事司法部会合同委員会が1977年に公表した「受刑者の法定地位に関する基準」暫定草案[17]が、改善プログラム（Rehabilitative Programs）の強制を否定した理由づけによく現れている。

アメリカ法曹協会の刑事司法部会合同委員会が1977年に公表した「受刑者の法定地位に関する基準」暫定草案は、基準3.4「受刑者[18]のプログラムへの参加」において、「受刑者は、施設の維持運営に不可欠なプログラム又は活動への参加を強制される。矯正当局は、受刑者が、その他のプログラムや活動への参加を拒否したことを理由に、懲罰を加えてはならない。」と規定した。そして、基準5.7「改善プログラムの利用可能性」は、「矯正当局は、受刑者が希望する自己改善・教育プログラムを選択することができるよう、収容者およびその代表者と協議し、可能な限り多くのプログラムを提供するよう努めるべきである」と規定した。

基準3.4の注釈は、理由として、「合同委員会は、善時（good time）の喪失その他の懲罰措置によって担保された強制的な作業やプログラムは、逆効果であると考えている」と述べている[19]。また、基準5.7の注釈は、改善プログラムに関する研究は、一般に、効果がないことを示しているが、これらのプログラムは、施設から強制されたもの、あるいは、受刑者から、もっぱら早期の仮釈放やよりよい分類への手段と見られているものである。委員会は、

---

(16)　See, James J. Gobert, Psychosurgery Conditioning and the Prisoner's Right to Refuse Rehabilitation, 61 Va. L. Rev. 155, 196 (1975); Carol A. Veneziano, Prison Inmates and Consent to Treatment: Problems and Issues, 10 Law & Psychol. Rev. 129 (1986).

(17)　Criminal Justice Section Project on Standards Relating to the Legal Status of Prisoners (Tent. Draft No. 1), 15 Am. Crim. L. Rev. 377 (1977).

(18)　草案は、prisonerという用語を、刑事施設に収容されているすべての者を指す広い意味で使用しているが、ここでは、本稿のテーマとの関係から、「受刑者」と訳すことにする。

(19)　Criminal Justice Section Project, supra note 17, at 455.

仮釈放や分類をプログラムへの参加に依拠させないことを提案しているので、真に参加意欲のある収容者だけがプログラムに参加するようになり、その効果が直ちに高まるであろう、と述べている[20]。

注意が必要なのは、当時は、処遇プログラムに効果がないとの矯正ペシミズムが隆盛であったことである。暫定草案の起草者たちは、処遇プログラムに効果がないとの実証研究は、そのようなプログラムが強制的なものであることに原因があると考えたのである。

アメリカ法曹協会の「受刑者の地位に関する刑事司法基準（ABA Criminal Justice Standards on the Legal Status of Prisoners）」は、4つの草案の作成を経て、1981年に、代議士会で最終的に採択されたが[21]、改善プログラムへの参加の任意性を規定する基準3.4は途中で削除されている。これが改善プログラムの強制を是認する趣旨であったかどうかは明確でない[22]。

2010年2月にアメリカ法曹協会の代議士会で採択された現在の基準（ABA Standards for Criminal Justice Third Edition, Treatment of Prisoners）は、改善プログラムについて、以下のように規定している。

　基準23-8.2　改善プログラム
　　(c)　矯正当局は、すべての受刑者に対して、基本的な識字、数学、及び職業技術の基礎を習得する機会を提供しなければならない。6月以上の収容が予定されている受刑者に対しては、個々の受刑者の必要に応じた教育プログラムを提供しなければならない。矯正当局は、高校と同等のクラス、高卒後教育（post-secondary education）、釈放後の再就職を促進する見習い制度（apprenticeships）、その他の同様のプログラ

---

(20) Criminal Justice Section Project, supra note 17, at 487.
(21) See, B. J. George Jr., Standards Governing Legal Status of Prisoners, 59 Denv. L. J. 93 (1981).
(22) 採択案でも基準5.7は維持されており、また、自営作業を義務づけることができると規定する基準23-4.1もあるので、基準23-4.1を反対解釈すれば、その他のプログラムへの参加は任意でなければならないと解することも可能である。George, supra note 21, at 108は、採択案に関する解説として、受刑者は、自己改善・教育プログラムへの参加を矯正されるべきではない、と述べている。

ムを提供しなければならない。施設内のプログラムが望ましいが、そのための資源を持たない矯正当局は、通信コース、オンライン教育、外部機関によるプログラムを提供すべきである。矯正当局は、受刑者が適切な教育プログラムに参加することを積極的に奨励すべきである。

(f) 矯正当局は、受刑者が、作業、教育、治療、その他のプログラムへの参加によって、クレジット取得のすべての機会を得ることを認めなければならない。

(3) **実 証 研 究**

矯正教育の再犯防止効果に関する実証研究のほとんどは、義務的教育プログラムと任意的教育プログラムを区別していない。しかし、任意でなければ教育プログラムの効果は期待できないという主張が矯正教育の義務づけに対する反対論の主たる根拠であったので、この点は、重要な研究課題である。この点に関する数少ない研究として、サウスキャロライナ州少年司法局の1990年から91年のデータを使用して、矯正教育プログラムへの参加者について、義務的プログラムと任意的プログラムで差異があるかを分析した研究があり、同研究は、2つのプログラムの参加者間で学業成績に統計的に意味のある差はないという結論を導き出している[23]。

3 刑罰論から積極的に支持する見解

矯正教育を含めた処遇の義務づけを認めるとしても、それを刑罰の内容として認めるのかどうかは、さらに問題となり得る。この点に関する議論はほとんど見られないが、稀な例として、矯正教育を含めた矯正処遇を刑罰として位置づけることを積極的に擁護する論文が発表されているので、紹介しておきたい。

ドナルド・ブレイメンは、2006年の「処罰と答責性（accountability）」と題する論文において、矯正教育を含めた義務的処遇プログラムを刑罰として位

---

(23) T. A. Ryan & Kimberly A. McCabe, Mandatory versus Voluntary Prison Education and Academic Achievement, 74 Prison J. 450（1994）.

置づけることを積極的に擁護している(24)。ブレイメンは、インタビュー調査を通じて、国民は、犯罪者が、自らが犯したことの責任を自覚し、家族や社会に対する責任を果たすことを望んでいる、とする。このような国民の考えを反映させるためには、刑罰を「責任応答強化的制裁（accountability-reinforcing sanctions）」に変える必要がある。教育を含めた処遇プログラムの有効性が一般に認識されているにもかかわらず、これらがひろく用いられていないのは、処遇プログラムが受刑者に対する恩恵として観念されているからである。処遇プログラムを義務化することによって、受刑者が自らの責任を果たす手段として意味づけることが可能になり、受刑者はその義務の履行によって、社会に対して責任の清算を示すことができる。そうすることで、社会の処罰要求を満たすことができ、保守、リベラルを問わず広く処遇プログラムの実施に対する政治的支持を獲得することが可能になる。義務的処遇プログラムを刑罰と位置づけることによって、過度の拘禁を避けることも可能になる。

　厳罰主義が強い社会状況下で、処遇プログラムへの参加を受刑者に義務づけ、これを刑罰として位置づけることによって、国民の支持を獲得し、過度の拘禁を避けようという主張は、傾聴に値すると思われる。

4　若干のコメント

　教育を含めた処遇プログラムの義務づけに関する議論を紹介してきたが、最後に若干のコメントを加えておきたい。

　第1に、1970年代後半以降の、教育を含めた処遇プログラムへの参加を義務づけることに反対が強かった時期は、矯正ペシミズムの時代であったことに注意が必要である。周知のように、リプトン（Douglas Lipton）、マーティンソン（Robert Martinson）、ウィルクス（Judith Wilks）の「矯正処遇の有効性」と題する1975年の論文と、関連して執筆された、マーティンソンの「何が有効か？（What Works)」と題する1974年の論文が、処遇プログラムは無効であるという考えを広め、アメリカの行刑に大きな影響を与えることに

---

(24)　Donald Braman, Punishment and Accountability : Understanding and Reforming Criminal Sanctions in America, 53 UCLA L. Rev. 1143 (2006).

なった[25]。しかし、現在では、一定の処遇プログラム、特に教育プログラムの再犯防止効果が広く認められるようになっており、議論状況は大きく変わっている。

第2に、処遇プログラムの義務づけに対する反対が強かった1970年代後半には、受刑者の人格に深く介入してこれを変容させようとする処遇、特に向精神薬を用いた処遇が試みられ、人権保護の観点からの懸念が強かった[26]。そのような批判は、通常の学校と同じ矯正教育プログラムには妥当しないものである。

現在では、義務的教育プログラムに対する反対意見は、ほとんど見られないといってよいと思われる[27]。

もちろん、教育プログラムの受講を義務づけることができるということは、いかなるプログラムも、いかなる場合にも、義務づけてよいということではない。例えば、2013年には、連邦矯正局は、刑務所に収容されているアーミッシュの司教とその信者13人について、修正1条の権利を考慮して、義務的教育プログラムへの参加を免除する決定を行ったことが報道されている[28]。

また、教育プログラムへの参加を義務づけることができるとしても、本人に参加意欲がある場合にもっともその効果が期待できることは、言うまでもないことである。そのためには、受刑者のニーズに応え、参加意欲を高める教育プログラムの設置が重要である[29]。さらに、参加を拒む者に対する懲罰

---

(25) 両論文を含めた教育プログラムの有効性に関する実証研究の概観として、Davis et al., supra note 11, at 5 ff参照。
(26) アメリカの裁判所では、受刑者に処遇を拒否する一般的な権利は認められていないが、危険な処遇（特に治療行為）については、一定の範囲で拒否する権利が認められている。例えば、性的異常者として収容された受刑者に対する脳神経手術（psychosurgical operation）は許されない（収容されている者に有効な同意はできない）と判示したKaimowitz v. Department of Mental Health, 42 U.S.L.W 2063（Cir. Ct., Wayne Country, Mich., July 10, 1973）、嫌悪療法（aversion therapy）として刑務所規則の違反者に対して嘔吐剤を使用することを、文書同意がない限り禁止した、Knecht v. Gillman, 488 F. 2d 1136（8th Cir. 1973）など参照。文献として前掲注(16)参照。
(27) Braman, supra note 24, at 1206は、「義務的な教育プログラムや薬物プログラムに対する反対はほとんどない」と指摘している。

賦課はあくまで最後の手段であって、Rutherford 判決が指摘するように、矯正当局は、参加を拒む受刑者の説得に務める必要があることも異論のないところであろう。

Ⅴ　お わ り に

　アメリカの義務的教育プログラム制度は、高校卒業程度の学力のないものに長時間の学習を義務づけ、参加を拒否すれば、懲罰の対象となり、善時制の下で不利な取扱を受け、作業において最下限の職階にしかつけない、などの不利益を受ける点で、極めて強力な制度である。このような制度に対しては、受刑者には、教育プログラムへの参加を拒否する憲法上の権利があるとの主張がなされたが、裁判所で否定されている。また、義務的教育プログラムでは効果があがらないとの批判については、義務的教育プログラムと任意的教育プログラムとの間で学習効果に統計学的に有意味な差はないとの研究結果が出されている。アメリカの刑務所における義務的教育プログラム制度は定着していると評価してよいと思われる。

（さえき・ひとし）

---

(28)　See, https://www.cleveland.com/metro/index.ssf/2013/05/sam_mullet_13_amish_followers.html. 連邦最高裁の Wisconsin v. Jonas Yoder, 406 U.S. 205（1972）判決は、アーミッシュの児童に、第 8 グレイドを超えて義務教育を強制することは、修正 1 条に違反し、許されない、と判示している。事案は、アーミッシュの親が、第 8 グレイドを終了した子どもに学校へ行くことをやめさせ、16 歳まで児童を学校に登校させることを義務づけたウィスコンシン州法に違反したとして罰金を科された、というものである。アーミッシュの信仰によれば、第 8 グレイドより高等な教育は、彼らの素朴な生活に不必要なだけでなく、魂の救済の妨げとなるものとされていた。アーミッシュの司祭らの弁護士は、この判決に依拠して、教育プログラムの義務づけの違法を主張したようである。

(29)　学習障害を有する受刑者に対する矯正教育に特に高い効果が認められるとする近時の研究として、Angela Koo, Correctional Education Can Make a Greater Impact on Recidivism by Supporting Adult Inmates with Learning Disabilities, 105 J. Crim. L. & Criminology 233（2015）参照。

非行・犯罪臨床における
システムズ・アプローチ
―― 社会内処遇における家族支援・多機関連携 ――

生 島　　浩

　はじめに
Ⅰ　非行・犯罪臨床におけるシステムズ・アプローチ
Ⅱ　社会内処遇における家族支援
Ⅲ　精神医療・社会福祉と刑事司法とのシステム連携
Ⅳ　社会福祉と連携した処遇プログラムの開発
　おわりに

は じ め に

　筆者は、保護観察官として20年余り勤務した後に、大学院教員として、ほぼ同じ年数非行・犯罪臨床について講じ、臨床実習を教示しようとしている。そのなかで一貫して追求してきたテーマが、社会内処遇におけるシステムズ・アプローチであり、主に非行臨床における実践が〈システム論に基づく家族療法〉、そして、主に犯罪臨床における実践が〈精神医療・社会福祉と刑事司法とのシステム連携〉である。これらの実践研究の成果である〈窃盗更生支援プログラム〉を提示することにより、筆者が注力している更生保護学創成の一助となり、石川正興教授が主導されている「刑事政策の新たな潮流」にいくらかでも寄与することができれば幸いである。

Ⅰ　非行・犯罪臨床におけるシステムズ・アプローチ

　まず、家族への働きかけ、支援を行う専門的技法が〈家族療法〉と呼ばれ

るもので、その理論的基盤を提供するのが〈家族システム論〉である[1]。

これは、家族をシステムとしてとらえることにより、他領域のシステムに関する知見を活用する方法論が生まれるという「システムズ・アプローチ」に関わる理論の実践系でもある。具体的には、(1)家族の一部の変化が全体に影響する（全体性）、(2)各家族員のデータを単に足しても家族全体は分からない（非総和性）、(3)多様な状態・環境からでも同じ症状・問題が生まれる（等結果性）、反対に同じ状態・環境から異なる症状・問題が生じる（多結果性）、(4)家族の問題は原因が特定されない（円環的因果律）と考えるものである。

システム論に基づく家族支援である家族療法の特質は、他の臨床アプローチが介入対象の病理や問題性に着目するのとは異なり、家族システムにそれらを見いだすのではない。すなわち、個人システムへの介入である疾患・障害への治療や社会システムへの介入である学校への働きかけよりも、家族システムへの介入こそが、「この事例では得策」と臨床的に判断したときに行うものである。家族システムである家庭での居場所感の回復が、個人システムである支援対象者＝本人の心身安定につながり、その結果、社会システムである学校や職場での適応も向上する「開放システム」の特性に着目した介入となっている。また、家族療法は、開放システムの特質である「すべてのシステムが関与している」という、より広いコンテクスト（文脈）を重視する視点が肝要である。多様なシステムに多元的にアプローチすることが非行・犯罪臨床では不可欠であり、家族システムの上位にある学校や地域社会のNPOが運営する子育てプログラムなど「社会環境システム」を視野に入れた生態学的（エコロジカル）なアプローチ、あるいは、多機関連携として展開するものである。

筆者が従事してきた更生保護においては、ファミリー・ケースワークをモデルとして、保護観察少年及びその家族に対する試みは1960年代から導入されてきた。システム論に基づく家族療法は、1980年代から筆者らが導入し、個別ケースにおいても、そして、1990年当時の勤務庁であった横浜保護観察

（1） 日本家族研究・家族療法学会編『家族療法テキストブック』（2013年、金剛出版）。

所では「家族教室」の名称でグループワークが実施、展開されていった[2]。

　家族臨床を公的機関が組織的に実施する上では、2000年に改正された少年法（第25条の2）において、「家庭裁判所は、必要があると認めるときは、保護者に対し、少年の監護に関する責任を自覚させ、その非行を防止するため、調査又は審判において、自ら訓戒、指導その他の適当な措置をとり、又は家庭裁判所調査官に命じてこれらの措置をとらせることができる」と明文化されたことの意義は大きい。また、更生保護法、少年院法でも、同様の保護者に対する措置が明記され、非行臨床機関において法的な裏づけが整ったのである。

　また、犯罪臨床においても、仮釈放者の引受人家族に対して、保護観察所による生活環境の調整の一環として個別対応が、そして、覚せい剤事犯などについては「引受人教室」が開催されている。さらに、薬物事犯者等に対する刑の一部の執行猶予制度が2016年から施行されているが、そこでも家族支援が重視されている。薬物依存症に関する正しい知識を持つことにより、家族の適切な対応がなされるよう、法務省保護局において「薬物依存に関する家族支援の手引」が作成されている。家族の働きかけによって、専門的治療を受けるなど本人の立ち直りへの動機づけが高まり、再犯率の低下が期待されているのである。

　そもそも、更生保護においては、保護観察官と保護司との「協働態勢」がシステムズ・アプローチの原点であり、対象者とその家族に加えて、処遇者やその所属機関を含めた臨床に関わる全体をひとつのシステムとして認識し、その職制や権限を生かすシステムズ・アプローチがさらに展開することが必要なのである[3]。

（2）　生島浩『非行少年への対応と援助』（1993年、金剛出版）。
（3）　生島浩「更生保護におけるシステムズ・アプローチの展開」更生保護学研究創刊号（2012年）96〜104頁。

Ⅱ　社会内処遇における家族支援

1　家族を〈手立て〉とする立ち直り支援

　システムズ・アプローチとしての家族療法とは、薬物療法が薬物を用いて、あるいは箱庭療法が箱庭を道具立てとして治療を行うのと同様に、家族を〈手立て〉として本人の立ち直りを図るものである。すなわち、家族に介入すること自体はツール・方法であって、本人の問題行動を個人の特性や社会のファクターではなく、仮に家族関係や家族状況の側面、つまり《家族の脈絡》で考えてみる方策をあくまで戦略的に採用するアプローチである。

　そして、実際に子どもの社会的成長・心理的発達に最も影響力の大きい家族と協働して立ち直りを支えるストーリーを構築し、その展開を図るサポートに努めるのがシステムズ・アプローチである。繰り返しになるが、家族を〈手立て〉とするとは、家族の変化が治療（処遇）の標的なのではなく、家族のパワーこそが治療の武器＝手立てとなることを意味しており、筆者が多用している家族支援のエッセンスである。リンカーン大統領の有名な言葉にならえば、「therapy of the family, by the family, for the family」ということになろうか[4]。

2　家族を支援するとは

　アセスメントに基づく家族理解と家族への介入が分離されずに同時並行的に行われるのが、システムズ・アプローチとしての家族臨床の特色であり、関われる期間が法的に制約された非行・犯罪臨床の治療構造に合致する。家族療法で重用されるメタファーを用いて、筆者自身の家族理解を含めた、ここでは非行臨床における家族支援の展開過程について説明すると、その全体構造は次のようになる。

(1)　家族に焦点を当てるのは、そこに問題や症状の要因を見いだすからではなく、家族への働きかけが立ち直りや改善のカギになるという意図的な見立てにより、戦略的なアプローチを採用するということを意味して

（4）　生島浩『非行臨床における家族支援』（2016年、遠見書房）。

いる。
(2)　この観点に基づく手法が、家族にも「腑に落ちる」ものであることが肝要であり、問題・症状を家族の力で緩和・改善しようとするものである。そして、〈家族ドラマ〉が面接室や家庭訪問の場で再現されることになるが、その舞台の設営、すなわち、家族の招集こそが治療構造、いや、治療的介入そのものである。
(3)　非行少年に多く見られる《遊離した》家族に対しては、面接の設営自体が治療の基幹部分となり、治療者の権力・権威性が活かされることになる。「うるせえ・カネ・死ね」以外家族では会話の機会もなければ、面接場面においても安心・安全感が持てない場所となるおそれがある。そのために、治療者は仲介・通訳者として、面接場面が「きちんとガタガタする」場となるよう下ごしらえに努めることとなる[5]。
(4)　家族自身もこれまで自らのシナリオで関わりを模索してきたが、問題は悪化する一方、かえってこじれるばかりということもあって、IP（Identified Patient：患者とされた者）と呼ばれるクライエントには腫れ物に触るような、あるいは極端に厳格な対応になってきていることが多い。家族は関わりに疲れ果て、その関係は硬直して行き詰まっている。まずは、家族間の殺人は論外としても、「親子が互いを見限る・見捨てる」最悪の事態を危機介入的手技により回避しなくてはいけない。
(5)　そこで、新しい家族ドラマを家族の《語り＝ナラティブ》によって再構成することになる。しかしながら、両親、子ども、祖父母、それぞれ諸事情があるなかで、家族関係が直截的に反映されたせりふ部分（コンテント：内容）を早急に修正することは困難である。そのときに、ト書き部分（コンテクスト：脈絡）を変えることによって、異なるドラマ展開を図る手法が有用である。例えれば、同じ内容の文章を打っていても、文字数・行数といったページのレイアウト、表示画面の背景を変えると違うものに見えるであろう。少なくとも、家庭崩壊、家出といった

（5）　Minuchin, S.：Families and Family Therapy. Harvard University Press. 1974. 山根常男監訳『家族と家族療法』（1983年、誠信書房）。

危機的場面での回避策につながる介入を目指すことになる。
(6) 家庭とは異なる面接の場、すなわち、脈絡が異なる新たな舞台での家族コミュニケーションの変化は、少年を含めた家族の立ち直りの可能性を家族員それぞれに体感させるものになることは間違いない。具体的には、いわば、家庭内での言動である内面を面接室での社会化された言動である外面に変換する、その舞台作りをサポートするのが家族臨床の基本的機能である。

以上は、公的専門機関、民間臨床機関といった治療構造の相違に関わりなく、非行臨床全般に通底する家族支援のアプローチであると考えている。なお、筆者による非行臨床におけるシステムズ・アプローチとしての家族支援に関わる技法は、実践家の面接室での言動である立ち居振る舞いを強調して〈手技〉と表記している。

立ち直り支援のための家族システムへの着目が本論の眼目であるが、現実には凶悪・重大な非行が起こるたびに、保護者の責任が追及される事態が繰り返されている。非行臨床においてクライエントの家族状況に関心を払うことの根本は、〈支援のための家族の脈絡による理解〉であり、決して〈原因探しのための家族関係への着目〉ではないことを再確認しておきたい。従来の家族病理や家族機能不全といった観点からの「ファミリー・ソーシャルワーク」などの働きかけと本論におけるシステムズ・アプローチとしての家族支援との明確な違いである。

家族に再犯抑止の責任を押しつけ、クライエントが再犯しないための〈監視役〉として家族を捉えがちな非行・犯罪臨床にとって、家族を支援する家族臨床のこの姿勢は、まさに〈生命線〉というほど重要なものである。非行少年を養育した責任者として、監視の役割を暗に期待されていては、どのような支援者の働きかけに対しても、家族（保護者）の協力が得られないことは必然である。支援の前提であるアセスメントにおいても、立ち直りの手立てとして家族を支援するためには、家族の問題点が見えてくるのではなく、端的には〈家族にやさしくなれる〉家族理解が基本となるのである。

3　処遇システム自体も働きかけの対象とする

　システムズ・アプローチは、家族システムだけではなく、処遇者が所属する機関システムも働きかけの対象とする。臨床上の課題に応じて、処遇システム自体を活用することは、システムズ・アプローチの重要な特徴である。

　一例として、かつて筆者は、保護観察所の職制を活用し、行状不良な少年の保護観察官の呼び出し面接に際して、「今日これからどのような措置をとるか、課長や所長の判断を仰ぐから」と言い残して面接室から途中退室し、少年本人にとっては黒幕的存在である管理職の名を持ち出して緊張感を高め、指示や課題の重みづけを増す工夫を試みている。さらには、担当官（筆者）が「君の言葉を信用して、1カ月の努力をみたい」と本人の意欲を認めるのに対し、課長は「その判断は甘い、もっと厳しい措置が必要だ、もし再非行となればどう責任をとるのか」と本人の前で担当官を叱るという役割を演技することによって、硬軟双方の処遇方針を伝えるとともに、担当官と少年とが上下関係から"同じ土俵に立つ"ことが可能となった事例を報告している[6]。

　筆者が20年余り所属していた保護観察所は、非行・犯罪臨床の専門機関ではあっても、あくまで外形上は法務省所管の行政機関であって、公的な専門機関の多くがそうであるように治療に特化した組織編成、すなわちシステムとはなっていない。治療者が思案するのは、面接室内での出来事に限定されるものではなく、面接室外、すなわち、面接室というシステムの上位システムである面接者の所属する組織や機関の構造・環境にまで及ぶ。治療者が所属する組織の特性を活かしたアプローチを工夫する、これもシステム理論に基づく実践であるシステムズ・アプローチの重要な特徴であり、臨床家の職責として所属組織の治療的運用を図るマネジメントを強調したい。一方、《権力を基盤とした支援》であるという治療構造の制約にも敏感であることが肝要で、エビデンスがあれば無条件にどのようなアプローチでも行えるはずはなく、たとえ処遇プログラムの受講は形式的には任意であっても、治療

（6）　生島浩：「『権力』の治療的意味について——治療構造を駆使した治療技法をめざして」更生保護と犯罪予防23巻4号（1989年）17〜39頁。

者として謙抑的姿勢は維持されなければならない。

　その後、筆者は、臨床心理士・公認心理師養成大学院の教員に転じ、非行少年・犯罪者の立ち直り、地域生活支援のスーパーバイズ、ケース・マネジメントが職務に加わり、専門機関のコーディネート、すなわち、多機関連携・多職種連携を核とするマルチ・システムズ・アプローチが可能な立場へと変わった。治療者の立ち位置の特質を活かした新たなシステムズ・アプローチ、すなわち、公的な非行・犯罪臨床機関と連携のもと、地域の専門機関である大学の臨床プログラムをコーディネートして提供するケース・マネジメントによる家族支援を経験できた。そこでは、大学の臨床相談のシステム、具体的には、大学教員による面談、そのスーパービジョンを受けながらの大学院生によるメンタル・フレンド（家庭訪問形式による心理的支援）といった"主従関係"に類した治療構造の特性を踏まえたアプローチを工夫した。具体例として、クライエントである少年が元保護観察官であった大学教員への反発からか、面接からのドロップアウトに際して大学院生のアウトリーチ形式による学習支援で危機的状況を回避した事例があり、その大学院システムの活用は、保護観察所における工夫と同様である。

4　非行・犯罪臨床の治療的制約を特質として活かす：短期集中的な介入

　公的な非行臨床機関では、法的に関われる治療期間が限定されている。しかしながら、非行臨床もほかの領域と同様に、クライエントの洞察力に期待するアプローチ、代表的なものとしては、クライエント中心主義によるカウンセリングや精神分析的アプローチなどが採用されてきた。さらに、非行少年の多くは、自己洞察を継続する能力・気力は乏しく、問題への直面化を厭って、親や友人、教師などへの責任転嫁に流れがちな性格・行動傾向が顕著である。そのため、非行臨床の限定された処遇期間と密度（面接頻度）では、従前の手法ではその効用に制約があったのも事実である。

　対象者と呼ばれるクライエントが、学校や仕事に通っている状態で指導監督を受ける社会内処遇である保護観察を例にとろう。原則として20歳になるまでの法定期間より早期に終了する良好解除の事例でも、その期間は実務上1年程度を目途としており、面接の頻度も通常は1カ月にせいぜい2～3

回の割合である。しかし、パーソナリティの変容までを求める従来の心理療法的アプローチでは治療期間は数年を要すると一般的にいわれ、一方、危機介入的アプローチでは、短期間に濃密な治療関係を持つことが要請されることになる。そのため、双方のアプローチともに、保護観察や家庭裁判所調査官による試験観察など、社会内処遇における非行臨床では組織的（システミック）な適用が困難というのが実状であった。近年は、認知行動療法に基づく処遇プログラムが性犯罪や薬物事犯に組織的に適用されてはいるが、成人犯罪者が中心である。ただし、非行・犯罪臨床共に治療的動機づけに乏しく、実施回数が限定され、その適用が制約されることに変わりはない。

「悪いことをせずに普通に暮らす」という非行・犯罪臨床の原点に戻って、パーソナリティへのアプローチといった大きな目標ではなく、ともかく違法行為に至ることのないよう、家庭や学校での逸脱行動を改善するといった具体的な日常課題の解決に焦点を合わせた手技が臨床現場では求められることになる。そうであれば、次のような短期療法（ブリーフ・セラピー）の基本的視座の有用性は高い。

(1) うまくいっているなら治そうとするな。
(2) うまくいっていることが分かったら、もっとそれをせよ。
(3) うまくいかないなら、二度と繰り返すな。何か違うことをせよ。

以上、三つの簡明、かつ、常識的な治療方針に則って、短期間に治療効果を上げることを目的とする家族療法から派生した短期集中的なアプローチは、公的機関中心の非行・犯罪臨床で極めて実践的な手法である[7]。

さらには、短期療法のエッセンスともいえる「可能性療法」[8]では、短期で治療効果を顕在化させるために、問題の解決に焦点を合わせる手法として、

(1) 見方を変える：問題のないときを考える、ノーマライズする（問題視

---

(7) Cooper, J. F. : A primer of Brief Psychotherapy. W. W. Norton&Company, Inc. 1995. 岡本吉生・藤生英行訳『ブリーフ・セラピーの原則——実践応用のためのヒント集』（2001年、金剛出版）。
(8) O'Hanlon, B., & Beadle, S. : A Field Guide to Possibility Land:Possibility Therapy Methods. Possibility Press, Omaha, Nebraska. 1994. 宮田敬一・白井幸子訳『可能性療法——効果的なブリーフ・セラピーのための51の方法』（1999年、誠信書房）。

しない)、例えや物語を使う、新しい準拠枠を与える（貼られたレッテルを変える）。
(2) 内外の資源をつなぐ：ほかに助けてくれそうな人を探す、どうしてそれ以上悪くならなかったのか、物事が改善したとき何をしたかを尋ねる。
(3) 考え方、経験の仕方を変える：問題が生じているときと、そうでないときの違いを見つける、問題が起こるパターンへ小さな介入をする。

といった創意・工夫を明示している。これまた、病理や問題点に焦点が当たりがちで、その深刻さゆえに現実には進展が見られにくい臨床現場において、変化可能性に賭けるアプローチは魅力的であり、筆者も非行・犯罪臨床における家族へのアプローチのなかで実践してきた。具体的に、非行臨床で用いた自験例としては、次のようなものがある。

(1) 見方を変える：親が子どもの急速な非行化を「理解不能で異常なもの」と捉えがちな保護者や教師に対して、例えば、「幼さからくるわがまま」と発達心理学の知見を用いた心理教育的説示に努める。
(2) 内外の資源をつなぐ：親がいくらいってもきかないが、母方の叔父のいうことは不思議にきくことがあるといったエピソードから、家族関係を尋ねるジェノグラム・インタビューを活用して家族の持てる力を引き出す。
(3) 考え方、経験の仕方を変える：悪いことをした理由ではなく、不良な友人の悪い誘いを断れた「例外」を聞き出す。例えば、夜間の外出を父親が糾弾するのではなく、母親が「心配で眠れないから」と諫めたところ、その日は夜遊びに行かなかったというたまたまの例を拡大解釈していくものである。

短期的に集中してアプローチする療法は、アメリカ・カリフォルニア州にある家族療法のメッカとして著名な「メンタル・リサーチ研究所（MRI）」で創生された。この毎月1回、計10回ほどの面接でも変化が起こり得るという治療理論は、法的に関与できる期間が限定されている保護観察などの非行臨床でも適用可能な実践理論として魅力的なものであった。現にMRIのブリーフ・セラピー・センターで編纂された主著『変化の技法』の著者の一人

であるFischの経歴には、「少年保護観察所の顧問」が見いだされる[9]。

　公的な非行臨床機関の関わりが、短期集中的アプローチによる危機介入中心となるのは、その法的な制約上致し方ない。治療者として関われる処遇期間の制約が、失敗例としての再係属を除いては、長期的予後を見極める可能性を奪うものになっていたことは、公的な非行臨床機関の構造的な側面である。一方で、非行少年のクライエントとしての発達を見守る経験が、臨床家として不可欠であることは間違いない。

　短期集中的アプローチと長期の経過を見守る姿勢は、一見矛盾しているが、臨床的には何らの違和感もない。短距離走の選手が長距離を走る能力があるように、短期療法の実践にも、長期間クライエントに関わる力量が不可欠である。「あえて数回の面接しか行わないこと」と「数回の面接しかできないこと」とは大違いである。　非行臨床機関に限らず、大学などの相談室や民間のクリニックにおいても、保護者や教師が非行のある子どもをどうにか連れて来所する導入部分では、急展開で問題行動が頻発するのに対処する危機介入段階の手技が必須である。それを乗り越えると、表面上の安定期が訪れるものの、治療の動機づけが本来乏しく、アプローチする側の強制力もないことから、中断に至ることが多い。このリスクを回避して、発達過程を保障し、人との出会いなど、非行からの離脱を見守る支援を継続しなくてはならない。そこでは、「長期的予後の見守り：《時間稼ぎ》」の重要性が際だってくるのである[10]。

III　精神医療・社会福祉と刑事司法とのシステム連携

1　先駆としての「医療観察制度」

　刑事司法と社会福祉との多機関連携による支援は、システムズ・アプローチの典型であるが、もちろん、モデルとなった先行例がある。多様な支援

（9）　Fisch, R., Weakland, J. H., &Segal, L. : The Tactics of Change:Doing Therapy Briefly. Jossey-Bass Publishers. 1982. 鈴木浩二＝鈴木和子監訳『変化の技法──MRI短期集中療法』（1986年、金剛出版）。
（10）　生島・前掲注(4)

ニーズのある人々に対する「多職種多機関連携」が法的に整備された最初は、触法精神障害者の〈社会復帰＝立ち直り〉支援を目的とした「医療観察制度」である。2005年から実施されたこの制度は、「心神喪失等の状態で重大な他害行為を行った者の医療及び観察等に関する法律」によって創設されたものだが、その長たらしい法律名で分かるように、触法精神障害者に対するリスク・マネジメントの伴う地域生活支援を、わが国で初めてシステムズ・アプローチの手法を取り入れて、法的制度として実現したものである[11]。さらに、障害福祉サービス事業者が、医療観察対象者を受け入れて支援するための手引書の作成や特別加算の措置などが2018年度にも始まっているが、後述する福祉との連携システムを牽引する役割を担っていることは間違いない。

この「触法障害者の地域生活支援」について、刑事司法に関わるシステムズ・アプローチの観点から説き明かしたい。第一に、精神保健福祉の専門家を「社会復帰調整官」として保護観察所に配置したことである。その対象は医療観察制度における地域生活支援＝「精神保健観察」、すなわち、前述の心神喪失等で殺人・放火・強盗などの重大な他害行為を行った者への支援に限られるが、福祉専門職が犯罪者の地域生活支援を行う保護観察所に常置された意義は大きい。その数は、およそ1,000人の保護観察官に対して社会復帰調整官は200人を超えており、専門的知見、臨床経験は、通常の少年事件も含めた保護観察全般にも活かされているのである。さらに、矯正施設から出所した家族などの引受人がいない者が入所して生活支援が行われる更生保護施設にも、社会福祉士や介護士などの福祉スタッフ、薬物処遇を行う臨床心理士・精神保健福祉士などを置くことが着実に拡大している[12]。

2　成人・少年事件共通のシステムズ・アプローチへ

ところで、医療観察制度では、原則として少年事件を対象としていない。極めて例外的に、成人同様の刑事処分が相当であるとされた非行少年が、刑

---

(11)　生島浩編著『触法障害者の地域生活支援』（2017年、金剛出版）。
(12)　生島浩「社会福祉と刑事司法との連携――見えてきた課題と今後の展望――」社会福祉研究131号（2018年）30～37頁。

事裁判で心神喪失と認定されて無罪などになれば別だが、現実的な話ではない。すなわち、障害があって医療少年院に送致された後の地域生活支援を精神医療と連携して行う少年事件への法的システムは未整備のままである。第二に、刑務所や少年院などの矯正施設から出所者に対する福祉ニーズに対応する専門機関として、「地域生活定着支援センター」が全国に設置されたことである。そこには、社会福祉士、精神保健福祉士などの専門職員が配置され、保護観察所などから依頼を受けて、高齢（おおむね65歳以上）または知的・心身の障害のある、出所後住居のない人について、社会福祉施設のあっせんや福祉サービスの申請支援（コーディネート業務）、受け入れた福祉施設への助言を行う（フォローアップ業務）、本人や関係者への相談・支援業務を専門に行っている。これまでも保護観察所と社会福祉機関との連携は行われていたが、あくまで周辺業務であり、専門機関ができ、保護観察所も「特別調整」を業務とする担当官を置いて、支援対象者の特例化を図っていることが、システムズ・アプローチとして大きな前進と評価できるものである。

　なお、福祉との連携システムでは、少年院出院者などの少年を対象として排除していないが、現実には、〈高齢または障害のある自立の困難な〉対象を念頭に始まった連携システムであり、少年については〈使い勝手の悪い〉方策であることは間違いない。少年の保護者も同様の障害を抱えている場合は少なくなく、家族支援のアプローチが併置されなければ有効に機能しないであろう。第三に、矯正施設からの出所者に対する「出口支援」に加えて、検察庁で起訴猶予となった者で、必要な福祉的支援が受けられずに再犯を繰り返していた事案などに対する「入口支援」が本格的に2018年度から開始されている。具体例として、ホームレス生活を送っていた知的障害のある者が窃盗や無銭飲食（詐欺）を行っていたケースに、更生保護施設への委託、入所中に療育手帳の取得や障害基礎年金受給の手続きといった「更生支援計画」を立て、起訴・裁判・実刑の言渡し・刑務所で服役といったプロセスの代わりに起訴猶予として福祉的支援へ移行するものである。

　これは、刑事司法システムでは「ダイバージョン（diversion）」と呼ばれるものだが、犯罪者を刑事上のプロセスに留めるマイナス、例えば、前科者というレッテル貼り、勾留や服役による失職といったの社会的障害、そし

て、家族の経済的、心理的ダメージを回避することを目的としている。さらに、刑事罰を受けさせるだけでは再犯が防げない、高齢や障害のある犯罪者に対しては、福祉や精神医療へ繋げるシステムが有用であることは自明であろう。ただし、わが国では、刑事司法システムから福祉・精神医療システムへの移行は実現されているものの、福祉・精神医療システムから刑事司法システムへの還流、具体的には、福祉・医療機関からの離脱など支援の拒絶・怠避があれば刑事施設に戻すといったリスク・マネジメントの基本原則が構築されているとはいい難い。

3　刑の一部の執行猶予制度の展開に向けて

　2016年より、服役期間の一部を保護観察に差し替えて十分な地域生活支援が可能となる「刑の一部の執行猶予制度」が実施されている。犯罪臨床の意義として、対象とする薬物乱用者への専門的処遇プログラム受講を定めた遵守事項の違反により執行猶予取消しが可能となるリスク・マネジメントを伴う心理・社会的支援が、わが国でも本格導入されることになる。ここでも、ダルク（DARC：Drug Addiction Rehabilitation Center）や家族会など薬物依存に関わる民間自助組織を含めた福祉・精神医療と刑事司法との機関連携は、制度運用の要となっている。これが、システムズ・アプローチとして機能するには、少年事件に携わる家庭裁判所調査官の行うような「判決前調査」制度が、成人犯罪者に対しても整備されることが必要不可欠である。なぜならば、非行・犯罪臨床に限らず、あらゆる臨床領域に共通する基本であるが、ケース（ケア）・マネジメントを含むアプローチ・プログラムが有効に働くには、支援ニーズを的確につかむアセスメントの実施が前提となるからである[13]。

　この再犯リスクを含むアセスメントが有用となるには、従来の欧米をモデルとした再犯予測を正確に行うためのアセスメント・ツールの活用だけでは十分ではない。エビデンスを示すため処遇効果の上がる対象者を選別、すなわち、〈玉選び〉を厳格化するのでなく、数字で示される有効性よりは、本

---

(13)　今福章二＝小長井賀與編『保護観察とは何か』（2016年、法律文化社）。

人や家族が語る支援ニーズを優先する臨床家の覚悟が問われている。さらに、対象者自身に再犯リスクを自覚させ、社会と折り合いをつける手段を具体的に教示していくための面接技法・心理教育プログラムが必須であり、実施者となる専門職の充分な確保が不可欠であることを強調したい。

IV　福祉と連携した処遇プログラムの開発

1　窃盗に焦点を当てたプログラムの必要性

　『平成29年版 犯罪白書』によると、2016年の刑法犯の犯認知件数は2003年以降14年連続で減少しているものの、窃盗が7割以上を占める罪名別構成比に変化はない[14]。また、『平成26年版 犯罪白書』では、「窃盗犯罪者の再犯」という特集が組まれており、2013年の窃盗の再入受刑者のうち、前回の罪名が窃盗であった者は75.5％を占めていた[15]。そのことから、同種罪名による再入受刑者のうち、他の罪名と比較しても窃盗が極めて高率であることがわかる。さらに、2017年の矯正統計年報によると、窃盗犯の新受刑者の能力検定値（相当値）をみると、IQ70未満である知的障害を疑われる者が約3割を占めているのである[16]。

　以上から、窃盗犯においても、福祉的支援を含む知的障害者への再犯防止プログラムのニーズは高まっており、服役中の矯正教育と連動した保護観察段階におけるプログラムの適用がポイントとなる。さらに、再犯に影響を与える障害があれば、刑事司法による関与が出来る法定期間を超えた継続的な働きかけを行うことが必要である。しかし、窃盗受刑者に対する再犯防止指導については、一部の刑事施設が独自に実施しているものの、保護観察所では、全国的に統一された標準的なプログラムは存在していない。そこで、刑

---

(14)　法務省法務総合研究所編『平成29年版 犯罪白書――更生を支援する地域のネットワーク――』（2017年、昭和情報プロセス）。

(15)　法務省法務総合研究所編『平成26年版 犯罪白書――窃盗犯罪者と再犯――』（2014年、日経印刷）。

(16)　法務省「矯正統計年報2017年」http://www.moj.go.jp/housei/toukei/toukei_ichiran_kousei.html参照。

事施設及び保護観察、さらには福祉施設・機関との機能連携により、刑務所出所後の統合的であり、法定期間終了後も境目のないシームレスな支援ができるシステム化が図られた窃盗に焦点を当てたプログラムを開発することとした[17]。

2 窃盗更生支援プログラム

図　窃盗更生支援プログラムの概要と流れ

第1段階	第2段階	第3段階	第4段階	第5段階
福島刑務所	福島自立更生促進センター			福祉施設・機関
◎プログラム受講への動機づけ ①プログラムの概要と目的の説明 ②出所後の生活スケジュールを立てる	◎ストレス対処法を学ぶ ①ストレスのある状況を考える ②ストレス対処法の振り返りと学習	◎窃盗行為の振り返り・機能分析 ①自分史を作成する ②窃盗行為を振り返る ③「悪いサイクル図」作成	◎再犯抑止計画の作成 ①窃盗を踏みとどまった経験の振り返り ②代替行動の練習 ③「良いサイクル図」作成	◎再犯をしない生活の持続・リスク管理の確立 現在の生活状況に即して、第2～4段階を繰り返す生活場面での面接

　2014年度から福島保護観察所で開催する「窃盗更生支援プログラム研究会」が組織され、福島刑務所、福島大学及び地元の福祉関係者が加わり、全5段階のプログラムの作成を行った。プログラムは、第1段階が福島刑務所、第2段階から第4段階までは刑務所から仮釈放後の地域生活支援を行う国の更生保護施設である福島自立更生促進センターが担当し、さらには、必要なケースには第5段階として刑期満了後の地域生活支援を担う福祉施設において第2段階から第4段階まで内容を繰り返す生活場面での面接を行うことを想定した構成となっている。

　本プログラムは、立ち直りのための地域生活支援を第一目的とし、刑務所や保護観察所がこれまでに薬物や性犯罪を対象としたプログラムの実施で修得してきた認知行動療法に基づく手法を援用、ストレス対処による社会適応

---

(17)　生島浩「触法障害者の地域生活支援――窃盗更生支援プログラムを中心に――」早稲田大学社会安全政策研究所紀要9号（2017年）55～68頁。

能力の向上を目指してロールプレイなども取り入れたグループ・アプローチの形式を採用した。開発者の眼目は、窃盗という犯罪要因への着目よりは刑事施設からの帰住場所である更生保護施設、福祉施設での〈生活破綻としての出奔〉こそが再犯リスクであるという臨床的知見であり、その前提となる集団生活、ひいては地域生活への適応に寄与するストレス対処法などのスキル獲得を狙ったものである[18]。

窃盗更生支援プログラムの概要と流れを説明する（前記図参照）。

第1段階「プログラム受講への動機づけ」では、プログラムの概要と目的を理解し、プログラムに取り組む準備を行う。本プログラム受講者に選定されたこと自体が、大きな「治療的動機づけ」になることを狙ったものである。ここでは、グループのルールを全員で話し合って決定し、第2段階以降で用いる認知行動療法を体験する。最後に、刑務所出所後の生活目標とスケジュールプランを立てる。

第2段階「ストレス対処法を学ぶ」では、自分の行ってきたストレス対処法の良い点と悪い点について振り返る。決して、ストレスが窃盗犯の要因と考えているわけではないが、出所後の集団生活では必ずストレスが生じる。支援者と共に深呼吸法など数種類のストレス対処法を学び、実際に体験する。最後に、プログラムで取り組んだストレス対処法の体験を評価しながら、自分に合ったストレス対処法リストを作成する。

第3段階は「窃盗行為の振り返り・機能分析」では、まず生活歴全体を振り返り、窃盗行為に焦点を当てる。そこでは窃盗をした時の場所や時間、その前後の心境や生活環境を詳細に書きだし、振り返りを行い、「悪いサイクル図」を作成する。ただし、過去の過ちへの直面化、反省や後悔は必要であっても、トラウマ体験のフラッシュバックや新たなストレスとなって、社会復帰からの逃避・退避、すなわち施設からの出奔や再犯につながっては"元も子もない"ことに留意する。支援者は、本人の強みに関心を向けるのは当然だが、その脆弱性のアセスメントが重要であることはいうまでもな

---

(18) 塩田英美＝生島浩「知的障害のある犯罪者に対する処遇プログラムの一考察——窃盗防止プログラムを中心に——」福島大学臨床心理研究11号（2016年）1～6頁。

い。

　第4段階「再犯抑止計画の作成」では、第3段階と対照的に、窃盗行為に至らなかった場面の振り返りと、再犯を抑止するための自分なりのストーリー作りに挑戦する。まず、自分が窃盗を「やらずにすんだ」経験を思い出し、その場面や気持ちについて振り返る。それをもとに今から自分が再犯を抑止するためにできる工夫や手立てを考えてもらう。いくつか自分でアイディアを出し、実際に窃盗をしそうな場面をロールプレイで再現し、その工夫を実践する。ロールプレイの後にグループで話し合い、工夫の良かった点と悪かった点について振り返り、さらにその工夫を現実場面で実践しやすいように改良を加えていく。最後に、再犯しないための立ち直りストーリーでもある「良いサイクル図」を作成し、再犯を防ぐための工夫・手立てを書き留めておく。〈再犯のない普通の生活〉を送るために、対象者の趣味・嗜好も加味して「これからどういう生活をしていきたいのか」、繰り返し問いかけていく支援者の姿勢が重要なポイントとなる。

　第5段階では、仮釈放中の者でない支援対象者への福祉施設での実践経過から、プログラム受講の動機づけと意欲の再確認を励行し、「人への伝え方を考えてみよう～助けて（SOS）が言えるように～」「生活で困っていること、自分の苦手さと向き合おう」「支援者をつくろう」といった内容を付加したプログラム全体の更新版を作成中である。

3　刑事司法システムのなかで福祉心理臨床を実践する

　刑事司法システムの臨床実践の集積から福祉プログラムにおいて実践可能なプログラムを提供する意味合いは大きい。福祉関係者からも、触法入所者はもとより、刑事司法関係者とのコミュニケーション・ツールができたことへの評価が大きかった。ここで、刑事司法という法システムの中で、福祉心理臨床としての処遇プログラムを実践する上での留意事項をまとめておきたい。

(1) 仮釈放というリスク・マネジメントを伴う心理的支援がポイントとなる。地域生活定着支援センターなどが携わる「特別調整」の対象を満期釈放から拡大し、仮釈放、保護観察付き執行猶予者へも支援する専門ス

タッフの充実など条件整備が必須である。
(2) アセスメントが、エビデンスを示すための対象者の「選別」、すなわち"玉選び"に使われるリスクに自覚的配意が必要である。判決前調査の必要性はいうまでもないが、社会資源の開拓を含めた地域生活支援に直結するものでなければ意味がない。
(3) 短期的な再犯抑止やコストパフォーマンスではなく、長期間の紆余曲折・右往左往を支える本人・家族への継続的立ち直り支援を第一と考えたい。そのエビデンスは、プログラム受講後一定期間の再犯率といった数字ではなく、支援対象者・その家族・支援者など関係者の〈立ち直りに関わる語り〉により明示されるものであろう。

　本プログラムは、治療的動機づけを高めるために、刑務所でプログラムをスタートさせ、保護観察が付される仮釈放期間中に実施することを原則とし、現在までに約30例を実施済みである。不良交友から派生する万引きからクレプトマニア（窃盗症）に至る多様な状態像を示す窃盗犯であるが、現在は、実施施設を刑務所でのプログラム受講を経ていない累犯者である福祉施設入所者に拡大し、さらには、民間の更生保護施設において執行猶予・起訴猶予・罰金等の更生緊急保護の対象者にも試行を始めている。

　処遇の有用性を示すエビデンスの一つとして、障害のある窃盗犯の裁判において提出される「更生支援計画書」に、この窃盗更生支援プログラムの実施が明記され、検察官の求刑刑期の7〜8割が判決として言い渡されることが通常といわれるなかで、求刑の半分に近い刑期となる裁判例を続けて経験した。本プログラムへの司法（裁判所）側の理解と期待によるものと考えている。

おわりに

　受容や自己一致が強調される従来のカウンセリングに代わって、近年は認知行動療法が主流であることは他の心理領域と同様であるが、専門的処遇プログラムの義務的受講が拡大している非行・犯罪臨床であればこそ、クライエントが主体的に立ち直り支援を受けるような働きかけに一層努めるのは当

然である。処遇現場では、自らの権能者と支援者という〈ダブルロール〉に自覚的でなくてはならず、かつ、公的機関の権能を治療的動機づけが乏しいクライエントにアプローチしていくための手立てとして、治療的に活用する手法の適用に精進することが求められている。薬物乱用やギャンブル・ゲーム依存、そして、ストーカーやDV、虐待など治療的動機づけが乏しい支援対象への心理・社会的援助が、社会の耳目を集めている今だからこそ、司法・犯罪分野における心理的支援の集積が喫緊の課題なのである。

　最後に、非行・犯罪臨床におけるシステムズ・アプローチを概観すれば、各専門機関の関与できる法定期間や権能をつなぐケース・マネジメントの役割を担う機能や職務が欠けていると言わざるを得ない。わが国でも、立ち直り支援を中核とする「forensic：刑事司法にかかわる」総合的な精神医療、臨床心理学や社会福祉、それに基づく支援方法の確立・展開を図らなければいけない。その人材を養成することが筆者の使命である[19]。

　　　　　　　　　　　　　　　　　　　　　　　（しょうじま・ひろし）

---

(19)　藤本哲也＝生島浩＝辰野文理編著『よくわかる更生保護』(2016年、ミネルヴァ書房)。生島浩編著『公認心理師分野別テキスト4　司法・犯罪分野』(2019年、創元社)。

犯罪者の社会再統合
――社会的連帯経済による就労支援の意義と可能性――

小長井　賀與

Ⅰ　はじめに――本稿の目的と視座――
Ⅱ　社会的連帯経済とは何か
Ⅲ　犯罪者処遇における就労支援
Ⅳ　犯罪者を雇用している社会的連帯経済の事例
Ⅴ　結び――包摂的なコミュニティ形成の中での犯罪者の社会再統合――

Ⅰ　はじめに――本稿の目的と視座――

　2015年度から3年間、石川正興教授を研究代表者とする科研費研究に、連携研究者として参加させていただいた。研究名は「非行少年・犯罪者に対する就労支援システム」であり、就労支援による犯罪者の社会再統合を理論と実践の両面から考察するものであった。この機会を通じて、筆者は大いに啓発された。特に、大陸欧州諸国の「社会的連帯経済」の現場で「労働」や「コミュニティ」の新しいあり方の一旦に触れたことで、犯罪者の更生を考える枠組みが広がった思いがした。

　こうして、石川教授には研究の新たな地平へと導いていただいた。その学恩へ返礼という意味を込めて、本稿では「社会的連帯経済」を通して、改めて犯罪者の社会再統合について考えてみる。誰にとっても充実した人生の基盤となるのは、人間としての尊厳と他者との関係性であろう。これらはまた、犯罪者の立ち直りの要因でもある。就労はこれらの契機となり得る。良質な（decent）仕事は収入のみならず人間としての尊厳の源となり、物理的・精神的な帰属場所となる。さらに、仕事を通じていくばくかの社会貢献ができれば、人は社会にしっかりと組み込まれていく。「社会的連帯経済」は、

これらの要素を犯罪者を含む就労困難者にも提供できる営みである。

　本稿ではこのような視座から、社会的連帯経済による犯罪者の社会再統合を考えてみたい。まず社会的連帯経済が出現してきた時代背景とこの経済領域の内包を確認し、次に、日本の犯罪者を巡る状況を概観する。さらに、社会的連帯経済を活用した犯罪者の就労支援の仕組みの意義を考察し、実践例を示す。最後に、犯罪者の社会再統合に資するものとして、社会的連帯経済の可能性と活用方について展望したい。

Ⅱ　社会的連帯経済とは何か

1　時代背景

　1980年代以降先進国では所得格差が拡大し、1990年代には社会の分断が顕著になったといわれる。グローバリゼーションの結果、産業の空洞化と企業の人員整理、また、産業の知識集約化が進み、失業や不安定な雇用に陥る一群の人々が生じるようになった。彼らの困窮状態は長期化し、安定した職に就いた者との所得格差が広がっている。さらに、雇用の問題は経済面のみならず健康、社会関係、子弟の教育の問題にも連鎖し、一群の人々が問題を複合させて抱えるようになった。これが「社会的排除」といわれる現象であり、2001年にEU（European Union〈欧州連合〉）は次のように定義している[1]。

　「低所得、失業、不健康な状態、不十分な教育歴」に起因する様々な問題が複合して生活の質を悪化させているにも拘らず、社会に参加できていないために、公的・私的な支援を受けていない状態

　加えて、1990年代から一部の地域の衰退、環境破壊の進行、異常気象も目立つようになった。資本主義経済体制を全面的に否定できないまでも、そこから生じてきたこれらの弊害に対し、社会として何らかの対応をすることが

（1）　EU, Report on Indicators in the field of Poverty and Social Exclusion, 2001に依る。

喫緊の課題となった。

 日本では他の先進国に比べ相対的に失業率は低いものの[2]、終身雇用が縮小し、不安定な雇用が増えた。今や全雇用者中の非正規雇用者の割合は4割に近い[3]。正規雇用と非正規雇用の賃金には大きな開きがある。さらに、高齢化も加わって、日本の相対的貧困率が上昇し[4]、2014年頃には明らかにOECD諸国の平均より高い[5]。特にひとり親家庭、高齢者世帯及び教育歴の短い若者層で相対的貧困率が高いことが分かっている[6]。また、地域社会の紐帯の弱体化や世帯規模の縮小のために、社会から孤立する者が増加したといわれる。往々にして貧困や孤立に陥った者は問題を複合させて抱え、世代間で連鎖し、困難な状況から抜け出すのが容易でない。社会の分断化が進んだといわれる所以である。

 以上まとめると、1990年代以降に日本を含む先進国で顕在化した社会問題には、次のものがある。

1) 失業や不安定雇用の増加による所得格差の拡大
2) 経済や関係性に恵まれない人々の増加と固定化による社会的排除と社会の分断の深化
3) 環境破壊や異常気象の亢進

2 社会問題に対処する仕組みとしての社会的連帯経済

 上述のような時代状況に少子高齢化も加わり、先進各国の政府は厳しい財政的困難を抱えている。そのために、従来からの福祉国家のあり方、すなわち雇用制度と税制と社会保障制度の相互補完によるだけでは、国民の生活を十分に保障できなくなった[7]。換言すると、生活困窮のリスクを社会が連帯して分かち合うことが難しくなったといえる。

（2） 2019年1月のOECDの失業率の平均は5.3%で、日本のそれは2.5%である。出所：OECD（2018年）140頁。
（3） 厚生労働省「非正規雇用の現状と課題」(2018年)。https://www.mhlw.go.jp/content/000179034.pdf（2019年2月16日閲覧）
（4） 厚生労働省・前掲注(3)に依ると、2015年の日本の相対的貧困率は15.7である。
（5） 出所：OECD（2017年）22頁。
（6） 厚生労働省・前掲注(3)に依る。

このような状況下で、労働市場や国家の機能不全を補う新しい経済部門として、2000年代に入って「社会的連帯経済」が着目されるようになった。ここでいう「新しさ」には二つの側面がある。活動主体の新しさと、活動内容の新しさである。前者を体現するのが「社会的経済」であり、後者を体現するのが「連帯経済」である。ともにコミュニティにおける社会関係に基礎を置く。以下、具体的に見ていきたい。

3　社会的連帯経済とは何か
(1)　定　　義

社会的連帯経済（Social and Solidarity Economy, Économie Sociale et Solidaire）とは「人々の就労や福利のために創設された連帯・協力・互酬的な性格の活動や組織、さらに、経済を民主的なものへと変容させることを目指す人々の活動」であると、社会的連帯経済の国際組織であるRippesの欧州支部は定めている[8]。利益追求ではなく、「人々や社会の福利の実現」や「社会の再生」を目指す経済部門の一つである。欧州、中南米、東南アジアなどで普及・発展してきた。公共経済や資本主義経済に続く第三の経済部門として既に一定の地歩を固めており、フランスでは、2014年に国内総生産の10％近くを占め、企業数は20万社、雇用者数は200万人に上る[9]。フランスで最もよく理論づけられていることから、本項では主にフランスの社会的連帯経済に関する文献[10]に依って、概観していきたい。

社会的連帯経済は、一つの概念あるいは実践として、2000年頃に社会的に認知されるようになった。2000年代中盤にはUNやILOなどの国際機関でも

---

(7)　現代の社会政策や労働政策の行き詰まりを説く文献に、佐口和郎「就労支援と"雇用の壁"」社会福祉研究126号（2016年）18〜19頁、Rosanvallon, Pierre, La nouvelle question sociale-Repenser l' Etat-providence, 1995（邦訳：ピエール・ロザンヴァロン／北垣徹訳『連帯の新たなる哲学 福祉国家再考』〈2006年、勁草書房〉184〜185頁）、ジャン＝ルイ・ラヴィル（講演の日本語記録、北島健一作成）「連帯経済とフランス福祉社会」立教大学コミュニティ福祉学部紀要15号（2013年）112頁がある。

(8)　Ripess Europe, The Charter of Ripess, http://www.ripess.eu/about-us/ripess-charter/（2019年２月15日閲覧）

(9)　在日フランス大使館「フランスと社会的連帯経済」アクチュアリテ・アン・フランス41号（2013年）に依る。

注目されている⁽¹¹⁾。元々は1960年代に確立した「社会的経済」と1980年代中頃から出現した「連帯経済」を組み合わせた概念である。

社会的経済は、公共組織や営利組織とは異なる形態の「協同組合、共済組合、NPO、財団」などの組織が、「1人1票の運営原則、余剰資金の非配分原則、営利性の限定」⁽¹²⁾といった運営規則によって、会員・組合員や社会のために行う経済活動であると概括できる。一方、連帯経済は、1990年代以降に顕在化した長期失業、社会的孤立、環境破壊などの社会的課題に取り組む地域密着型の非営利団体による経済活動であり、利潤追求を目的としない経済活動のあり方を示している⁽¹³⁾。両者は異なる概念であったが、2000年頃から連結して用いられるようになり、地域レベルで両者が連携して実施される事業もかなり出現するようになった。

そのような中、2014年にフランスで「社会的連帯経済に関する法」⁽¹⁴⁾が制定された。前述のような二つの異なる概念が融合して種々の社会的活動が展開されている現実を法制度の上で追認して、制度と運用を調整するという意味合いがあるとされる。

(2) **事業の担い手**

同法1条は、「社会的連帯経済は次の条件を全て満たす私法上の法人が担い、法人の事業領域は人間のあらゆる活動に渡る」とした。

1) 単なる利益の配分を超えた目的を追求する、
2) 会員、従業員および利害関係者による民主的統治を実現する、
3) 利益は、主に、法人の維持や拡大に利用する、

---

(10) ティエリ・ジャンテ／石塚秀雄訳『フランスの社会的経済』(2009年、日本評論社)、服部有希「【フランス】社会的連帯経済法——利益追求型経済から社会の再生へ——」外国の立法261-2号(2014年11月)、北島健一「連帯経済と社会的経済——アプローチ上の差異に焦点を当てて——」政策科学23巻3号(2016年)など。
(11) 2000年代に入って社会的連帯経済が国際機関で注目されるようになった経緯は、Peter Utting, 2017に報告されている。
(12) Lipietz, Alain, Pour le tier secteur, L'economie sociale et solidaire:pourquoi et comment, La Decouverte, 2001(邦訳：アラン・リピエッツ／井上泰夫訳『サードセクター、「新しい公共」と「新しい経済」』〈2011年、藤原書店〉85頁)。
(13) 北島・前掲注(9)17〜19頁に依る。
(14) LOI n° 2014-856 du 31 juillet 2014 relative à l'économie sociale et solidaire.

    4) 法人の法定準備金を取り崩して分配してはならない、
    5) 解散の場合には、原則として、全財産を他の社会的連帯経済の法人に譲渡する。

(3) **事業の目的**

2014年制定のフランスの「社会的連帯経済に関する法」第2条は、「主要な活動として次の三つの条件のうちの一つ以上を満たす社会的効用を追求しなければならない」と規定している。すなわち、

    1) 事業目的が、経済的・社会的又は健康などの個人的な事情で不安定な状況にあり、社会的・医療的な支援を必要としている者を支援することにある。これらの人々は、法人の被雇用者、顧客、会員又は事業の受益者として支援される。
    2) 事業目的が、社会的排除や健康・社会・経済・文化的な不平等への対策、さらに、市民教育(略)を通じての社会的紐帯、地域の凝集性や一体性の維持や強化に貢献することにある。
    3) 法人の活動が1)又は2)に資するものであり、事業が経済・社会・環境・市民参加の局面で持続可能な開発、エネルギー転換又は国際的な連帯へ貢献するものである。

この第2条の規定には、社会的連帯経済の事業目的が社会経済面あるいは健康面での弱者に対する支援、住民を中心に据えたコミュニティ形成、環境保全にあることが示されている。これらは経済と地域と住民が密着した経済的取組みといえる。

具体的な事業領域は、農業、林業、環境保全、農産加工、建築、工業デザイン、社会福祉、教育、保険、金融、リサイクル、飲食など多岐に渡る。

(4) **追求される価値・理念**

社会的連帯経済の国際組織(RIPESS)は、現代社会のニーズや諸問題に対処することを目的として、その憲章[15]で社会的連帯経済の価値・理念として次のものを掲げている。

---

(15) Ripess Europe, Charter and RIPESS Declarations, http://www.ripess.org/who-are-we/founding-charter/?/ang=en (2019年3月17日閲覧)

ヒューマニズム、民主主義、連帯、持続可能性、多様性、創造性、平等・公平・正義、諸国や人々の統合への敬意、多元性と連帯を基盤とした経済

上記の価値を繋ぐと、社会的連帯経済が経済成長と利潤の追求とは異なる持続可能な経済活動を目指していること、その形態として多様な人々が相互に承認し合い連帯して協働するような労働を目指していることが、読み取れる。また、社会的連帯経済は利潤の追求ではなく、地域での日々の生活でのニーズや課題に応えることを目的とする。生活のニーズや課題は、誰にとっても他人事ではない。つまり、誰しもサービスの提供者や受益者になる可能性があるところから、社会的連帯経済の特徴は「互酬性」にあるとされる[16]。互酬性は目指す価値であり、事業を統治する原則でもある。さらに、事業展開の過程で人々の互酬的な協力と協働が行われることを通じて、社会資源が開拓され、社会関係資本も構築され、強化されていくとされている。

(5) 対　　象

フランスの基本法に規定されているように、社会的排除者・弱者を法人の被雇用者や事業の受益者とすることは社会的連帯経済の条件の一つとされている。その中で、就労困難者の雇用も期待されている。上述のとおり、連帯経済は、1980年中盤から、各地で生活上の必要に応じて行われてきた地域密着型の事業によって発展してきた。元来地域サービスは労働集約的であり、社会的繋がりを形成しつつ提供されるから、結果的に就労困難者の雇用創出と社会統合に役立ってきた。この意味で、「経済活動を通じての社会統合」が可能になる労働統合型の事業である[17]。

欧州の実践例では障害者、長期失業者、職業技能や資格のない若年者、ホームレス、シングルマザー、移民、DVの被害者、薬物依存者、犯罪者など通常の労働市場で職を得難い人々を区別なく一緒に雇用して、就労・心身の調整・職業訓練の機会を提供している。違う類型の弱者が交流すること

---

(16) リピエッツ・前掲注(11)111～112頁、北島・前掲注(9)22頁を参照した。
(17) 北島・前掲注(9)20～21頁に準拠した。

で、抱える困難の相互理解と相互扶助、さらに自分自身のあり方や問題への理解が深まるとされている。そのような交流の基礎にはまさに「互酬性」がある。

ただし、社会的弱者を雇用する事業では、採算を取るために労働市場で不利な条件を抱えている人々の割合は一定に抑え、また、売上による収入を補うために公的資金や寄附金やファンドが投入され[18]、さらにボランティア労働や寄付などの非貨幣資源も投入されている。このように、資金のハイブリッド化も社会的連帯経済の特徴である。

4　コミュニティ再編の営みとしての社会的連帯経済

上述のとおり、現代の社会問題に「社会の分断化」や「地域の衰退」がある。日本でも所得格差の拡大、地方都市のシャッター街や限界集落の増加などの問題が出現している。このような時代状況の中で、社会的連帯経済は「コミュニティ再編成」を事業目標の一つとしている。

北島[19]は、コミュニティを「潜在的な存在も含めた利用者との互酬的な関係、相互承認の関係を作りながらサービス事業を介して徐々に形成されていく、開かれた新しいコミュニティ」と規定し、事業のプロセスを通じて、関係者に「社会的帰属」が「生産」され、雇用の創出が社会の一体性の強化のプロセスと結び付いているとする。そして、コミュニティの人々を結び付けるものとして「共同のインタレスト」を挙げる。「共同のインタレスト」とは、「人々や社会のニーズに応え、社会問題に対処していこうとする思い」を共有して、自分達の生活の基盤として善きコミュニティを協働して作っていくということであると、筆者は解する。「善きもの」の中身は各地の社会

---

(18)　社会的連帯経済の一領域である「Social Firm」の欧州機構（CEFEL）の定義では、従業員の30％以上を社会的弱者とし、収入全体の50％以上を商取引より得る必要があり、すべての従業員に対し、各人の生産性の如何を問わず、仕事に応じて市場相場と同等の適正賃金が支払われるとする。http://socialfirmseurope.org/social-firms/definition/（2017年1月15日閲覧）

(19)　北島健一「連帯経済の視点から連帯社会を考える――経済・コミュニティ・政治のあり方をめぐって――」連帯社会研究交流センター『連帯社会ブックレット06「連帯社会」連続講座2015-16 第4回』（2017年）24〜25頁。

的連帯経済の主体が定めていくのであろうが、社会的連帯経済は単なる生産活動ではなく、当事者や関係者が自ら新しいコミュニティを形成していく社会的プロセスである点に、現代的な意義がある。

　雇用、共同、相互承認、社会的帰属は、人間なら誰しもが望むものである。そして、最も社会的に排除された者の範疇に入る犯罪者の立ち直りには必要不可欠なものである。以下では、犯罪者処遇の仕組みを確認し、さらに、その中で社会的連帯経済がいかに活用されてきたか考えていきたい。

Ⅲ　犯罪者処遇における就労支援

1　刑事司法の目的

　刑事司法制度は「行為者の責任」を基礎に構築されている。刑事法では、犯罪者は物事の是非と善悪を弁別し、かつそれに従って行動する能力を有する合理的な存在であるとし、自律的な意思に基づいて犯罪を行ったと想定している。そこから犯罪の行為者に刑事責任が生じ、犯罪行為の悪質さと責任非難の程度に応じて、国家によって刑罰が科される。行為時に心神の耗弱又は喪失の状態にあれば、その程度に応じて責任非難の大きさが減じられて、刑罰が軽減あるいは免除される。これが応報的刑罰論の基本的な考え方であり、日本の刑事司法の基本的立場でもある。

　国家の主要な責務は社会の平和と秩序を確立し、維持することにある。そこで、他者や社会の法益を犯した者に刑罰を科することで、規範レベルで法的平和を回復しようとする。国家は犯罪者による罪に均衡する罰を科することで、法的な正義を守ろうとするのである。

　また、政策レベルでは、罪に見合った刑罰を科すことで犯罪者の再犯の予防し（特別予防）、潜在的犯罪行為者である一般人に対しては犯罪を事前に抑止する威嚇を行っている（一般予防）。

2　犯罪者処遇の目的と内包

　刑事司法が全体として社会防衛を第一義的な目的とする中で、特別予防を担う犯罪者処遇の目的は、個々の犯罪者の将来の再犯を抑止することであ

る。あくまで社会防衛を実現する一つの方策として、犯罪者に働き掛ける。日本の更生保護法の第一条には、そのことが規定されている。

したがって、犯罪者の福利の実現は犯罪者処遇の直接的な目的ではない。しかし、犯罪者に対し犯罪行為や犯罪につながるような行動を規制するだけでは、再犯を防ぐことは難しい。より確実に再犯を予防するためには、自発的に自らの行動を統制する意欲やスキルを習得させるための介入をすること、また、社会に再統合して物心ともに安定した生活を送る支援をすることも必要となる。換言すれば、犯罪の要因となっている当人が抱える人格や生活上の困難を解消・軽減し、潜在的可能性を発展させて自分らしく社会に参加することを目指して、福祉的な働き掛けをしている。この点で、犯罪者処遇の方向性は、一般福祉や社会的連帯経済と同じである。一方、相違は介入の形態にある。福祉や雇用政策では支援の基礎に本人の自己決定を（少なくとも形式上は）置いているのに対し、犯罪者処遇では、再犯抑止のために必要なら、司法の決定と法の規定に基づいて強制的に本人の精神内面や行動に介入する。

ここで着目すべきは、犯罪者処遇における本人の福利の実現という副次的目標と同人の自律性を無視した強制的な介入方法の間の矛盾である。犯罪者処遇で効果を上げるためには、この不一致は等閑視できない。そこで、その矛盾を合理化する、換言すれば強制的介入を正当化するには、介入の内容が当人の福利の向上という目的に則して適正であること、また、結果的に本人のニーズに応えることが求められる。筆者は、「本人のニーズ」とは、尊厳のある自律的な人間として社会に参加することだと考える。そうであってこそ、強制的介入が正当化され、本人がそれを受け入れ、ひいては自らも更生への動機付けを高めるので、再犯が抑止できる。

3 犯罪者の実態

上述のとおり、現在の刑事司法は、犯罪者が違法行為を自ら抑止するために必要な判断力と行動力を備えた合理的な存在であると想定している。しかし、生身の犯罪者を見ると、合理的存在とはいい難い。大半は、社会経済面のみならず精神内面にも困難を抱える弱者でもある。「子供の貧困」、「児童

虐待」、「社会的排除」の経験者、あるいは精神や知的発達に障害を持つ者も少なくない。つまり、犯罪の背景には行為者の過酷な生育環境、社会化に必要な保護や支援の欠如、社会的機会の剥奪などがあり、違法な行為によって欲求充足や自己表現を行ったことには酌むべき事情がある。そして、社会や国家は彼らの困難に対し適切にケアしてこなかった。こう考えると、犯罪は単なる刑事問題ではなく、社会正義を巡る社会問題でもある。

犯罪者は教育歴や家族関係の点で、貧困のリスクが高い一群といわれる。法務省の資料[20]によると、刑罰執行中の犯罪者の特徴は下表のとおりである。いずれの数値とも、国民一般に比べて犯罪者は恵まれない状況にいることを示している。家族・親族との同居率は50%を超えているが、2017年の国勢調査の結果では、国民全体では単身世帯以外の割合は63.4%なので、やはり相対的に低い。

表1：平成29年新規受理対象者の特徴

	受刑者	保護観察対象者（仮釈放者と執行猶予者の計）
高校中退以下の教育歴	62.6%	58.5%
家族・親族との同居率		56.3%（仮釈放者：56.0%、執行猶予者：57.5%）
生計状況が貧困	―	40.9%
犯行時無職	68.5%	―

また、法務省の統計[21]で歴年の保護観察に付された者中の貧困者の割合の推移を見ると、2006年－25.1%、2007年－24.9%、2008年－25.1%、2009年－26.1%、2010年－27.2%、2011年－28.6%、2012年－30.1%、2013年－29.8%、2014年－29.4%、2015年－29.8%、2016年－29.9%、2017年－29.5%であり、国民全体の相対的貧困率（2015年では15.7%、『平成29年版 厚生労働白書』による）より高く、増加傾向にある。この数値がどれ程の客観的資料に基づいているかは不明であるが、大体の傾向を知ることはできる。犯罪と貧困の相関は高いとしていいだろう。また、下図のとおり、近年犯罪率が著しく減少す

---

(20) 法務省2018年「矯正統計年報」、2018年「保護統計年報」を元に筆者が計算した。
(21) 2006年から2018年までの歴年の法務省「保護統計年報」を元に筆者が計算した。

る中で犯罪者率が高まる趨勢にある。犯罪前歴を重ねるごとに一層安定した雇用からも社会関係からも遠ざかっていくことは、想像に難くない。犯罪者の社会的排除問題は、欧州を中心に1990年代後半から犯罪者処遇領域では大きな争点となってきた[22]。

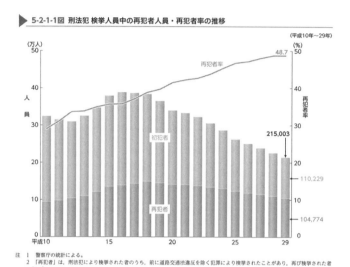

出所：『平成30年版 犯罪白書』

4　犯罪者処遇の内包

犯罪者や刑務所出所者は、UN・OECD・EU等国際機関の社会政策に関する文献において、社会的排除のリスクが高い類型の一つとして捉えられている[23]。そういう認識から、犯罪者に対し刑事責任は厳格に問うが、同時に公的な資金を使って社会再統合のための支援の対象とするというのが、現在の

---

(22)　犯罪者の社会的排除への2010年頃までの政策展開については、イギリスを中心に他書：小長井賀與（2011年、現代人文社）149〜178頁に詳しく論じた。
(23)　例えば、Eurostat, *Combating Poverty and Social Exclusion—A statistical portrait of the European Union 2010,* 2010の9, 90頁には、犯罪者や刑務所受刑者が社会的排除のリスクが高いことが記載されている。

刑事政策や社会政策の趨勢である[24]。社会への再統合なしには、確実な犯罪予防ができないからである。

　犯罪者に対する更生支援は、保護観察制度が19世紀に米英で創設された時[25]から犯罪者の社会内処遇の重要な要素であった。ただし、社会的排除や社会の分断化の文脈で出現してきた現代の犯罪者に対する社会再統合支援は、より公的・体系的なものを想定している。昔も今も犯罪と貧困の相関は強いが、経済が発展基調にある時代には就労の機会は豊富にあり、個人の努力次第で上昇の社会移動ができた。だから、保護観察官やNGOのスタッフや民間篤志家が対象者を情緒的に支え更生を励ませば社会復帰が可能だという前提で、保護観察の制度設計がなされていた。しかし、グローバリゼーションが深化し社会の分断が進んだ現代にあっては、対象者を情緒的に支えるのみならず、社会政策や労働政策など公的な制度を十分に活用して具体的な社会復帰支援をしないと、一旦社会から排除された対象者を社会に再統合するのは難しくなっている。

　しかし、犯罪者処遇機関は刑罰の執行を本来の使命とするから、自ずと支援機能には制約がある。そこで、再犯抑止のために必要で十分な支援をするために、社会政策や地域福祉と繋がるのは必然的な流れであった。さらに、近年欧州では、無償労働命令の執行や就労支援のために、犯罪者処遇と社会的連帯経済が連動する施策も始まっている。

　ただし、生身の犯罪者は合理的存在でないとしても、大半は文字通りの社会的弱者ではない。犯罪はある種の社会的活動であり、行為者に状況判断と行動に関する一定の自律性がなければ敢行できない[26]。犯罪者は社会経済的に弱い立場にあるとしても、行動の自律的な主体である点でエージェンシー（Agency）なのである。犯罪を行ってでも生き抜く力はある。しかし、自ら

---

(24)　European Social Fund, The ESF in the United Kingdom, http://ec.europa.eu/esf/main.jsp?catId=381（2017年11月15日閲覧）
(25)　世界初の保護観察制度は、1841年に米国ボストンで靴屋を営むJohn Augustusが警察裁判所で常習飲酒者を裁判宣告前に引き取って、自ら雇用してその更生を支援したのが始まりといわれる。英国でも1876年に英国国教会の牧師が同様の支援をして、その成果が1907年の犯罪者保護観察法に結実した。詳細は、今福章二＝小長井賀與編『保護観察とは何か』（2016年、法律文化社）58～59頁に論じた。

の生命力やエネルギーを社会から承認される方向や形に水路づけ、他者と協働して物事を成就することを学習していないのである。このことは、犯罪者処遇を考える上で重要な点であり、社会的連帯経済を活用する意義にも繋がる。後で、改めて考察してみたい。

5 先進国で標準化されてきた犯罪者処遇
(1) 犯罪者処遇の構成

現在多くの国で共有されている犯罪者処遇の内容を概観する。先進国の社会のあり様が大枠で収れんしていること、すなわち、国の生活保障機能が十分に機能しなくなり、社会から排除される人々が出現していることと、実証研究の成果に基づいて再犯抑止に資するように実務が組み立てられていることから、犯罪者処遇の構造が標準化されてきた。

現在の犯罪者処遇制度は、主に次の三要素で構成されている。

1) 犯罪者を無害化するための、行動規制や再犯リスク要因に焦点を当てた認知行動プログラムによる介入
2) 人格上の問題を修正し、その成長・発達を助けるためのケースワーク
3) 生活上の困難を緩和し、必要な社会的技能の習得と社会再統合を促進するためのソーシャルワーク

ただし、これはあくまで理念型であり、現実の実務では適宜修正して実施されている。また、現実の個々の働き掛けにはこれらの要素が混在している。

本稿のテーマに関わるのは、2)と3)である。3)については、犯罪者処遇機関は社会政策や地域福祉の関係機関と連携してきた。就労支援は3)の代表的なものであり、その一環としてソーシャルファーム[27]を中心に社会的連帯経済を活用してきた。

なお、1)と2)について、再犯リスク要因、あるいは社会適応の阻害要因と

---

(26) 筆者が2007年にヒヤリングをした元少年鑑別所所長の更生保護施設長は、犯罪者のうち相対的に社会的弱者としての要素の強い触法障害者について「知的障害があっても、罪を犯した点で触法者にはある程度の社会的行動力があり、全く社会適応ができない人は少ない。現実には知的にはボーダーで人格障害が加わったケースが多いと、経験上思う」と語った。詳しくは、小長井賀與「地域生活定着促進事業の成果と課題」生島浩編著『商法障害者の地域生活支援 その実践と課題』(2017年、金剛出版) で論じた。

なっている人格上の問題を修正するのは容易ではないが、3)の働き掛けを通じて社会に再統合されると、その後に、新たに得た自己効力感を基に人格上の問題が解消されることがある。これは、社会的連帯経済を通じた就労支援が目指していることでもある。

(2) 犯罪者処遇における就労支援の方法

前述のとおり、欧米の先進国では1990年頃から刑事政策を社会政策や地域福祉に繋げて一貫した包括ケアを行い、犯罪者を社会に再統合する施策が行われてきた。当時と比べてさらに社会的格差が拡大している現在、貧困・社会的排除と犯罪との相関が更に強まり、時にテロリズムの要因となっているところから、犯罪者処遇では社会再統合を推進するためのソーシャルワーク、特に就労支援に一層力点を置いている。

犯罪者の大半は無職か不安定雇用の状態にあり、貧しい生活を強いられてきた。しかし、公的な職業サービスにアクセスしていないことが明らかにされている[28]。そこから、就労支援のためのいかなる制度を作るか、また、犯罪者をいかにその就労支援の制度に繋ぐかという二つの課題が生ずる。以下で考えてみたい。

ア 就労支援のための制度

近年日本でも、犯罪者のための就労支援の公的な仕組み[29]が整備されている。保護観察対象者のニーズと特性に即した就労支援を行うことを目的に、法務省と厚生労働省の連携による「刑務所出所者等総合的就労支援対策」、犯罪前歴者を雇用する企業が登録する「協力雇用主制度」や「協力雇用主に対する刑務所出所者等就労奨励金」などである。

また、一般人を対象とした厚生労働省の制度としては、雇用保険を受給で

---

(27) 内閣府『平成30年版 子供・若者白書』122頁は、ソーシャルファームを「労働市場で不利な立場にある人々のための雇用機会の創出・提供に主眼を置いてビジネス展開を図る企業・団体など」と定義している。
(28) Home Office, Reducing Re-offending? National Action Plan, 2004に依る。一般の若年者を対象とした日本の調査でも、就労困難者ほど公的な就労支援サービスを活用していないことが検証された（2014年、若者の教育とキャリア形成に関する研究会）
(29) 『平成29年版 犯罪白書』第7編第3章第1節3に、就労支援に関する詳細な説明がある。

きない求職者が職業訓練によるスキルアップを通じて早期の就職を目指すのを支援する「求職者支援制度」や生活保護に至る前あるいは保護脱却の段階での自立を支援する「生活困窮者自立支援事業」がある。犯罪者がこれらの制度を利用することは、更生保護の機関から大いに推奨されている。

これらの制度自体は、国際的に見ても決して劣るものでないと思える。現在の日本の企業の雇用需要は土木・建築業やサービス業を中心に高く、労働意欲のある犯罪者が職を得ることは困難ではない。ましてや、日本で求職時に犯罪前歴を開示する義務のないことは[30]、犯罪者の求職に有利に働く。

問題は、賃金・労働条件・人間関係面で良質な仕事（decent work）に就けるか、仕事に発展性があり将来のキャリア形成の基礎となり得るかにある。概して基礎学力・職業技能・社会性が十分でない犯罪者にとって、「糊口を凌ぐ」レベルを超える職に就くのは容易でないであろう。

　イ　対象者を就労支援へ繋ぐ仕組み

大半の犯罪者が困窮しても公的なサービスを活用してこなかった中で、いかにニーズのある犯罪者を就労支援の制度に繋ぐかは難しい課題である。

保護観察の遵守事項で就労の義務を課し、専ら保護観察のケースワークによって当人の内面の労働への動機付けを高め、その後に上記の公的な諸制度を紹介している。動機付けのある対象者に対しては、保護観察所が民間組織に就労支援を委託する「更生保護就労支援事業」による支援が実施される。また、保護司や更生保護施設が独自に協力的な雇用主や地元の職業安定所の協力を得て、当人に職を紹介することもある。堅固な仕組みが十分でない中でも、実態としては対象者を職に繋ぐという点でかなりの成果をあげていると想像する。

一方、西欧では、自治体やNGOと連携してより体系的・組織的な繋ぎが構築されているようである。公的機関同士、また公的機関とNGOとのパートナーシップが緊密に築かれ、複合した問題を抱える犯罪者に対し、多機関

---

(30)　求職時に犯罪前歴の開示を義務付けている国は多い。例えば、英国では更生に要する期間を「rehabilitation period」とし、刑罰ごとにその期間を定め、その間は求職時には雇用者に犯罪前歴を開示することを法（Rehabilitation of Offenders Act1974, sec.5）で義務付けている。

が連携・協働して包括的なケアを提供できる体制が整えられている。

　例えば、フランスでは、赤池[31]によれば、「刑の個別化」の趨勢の中で、刑罰適用裁判官によって個々の犯罪者の特性とニーズに即応して「刑の修正」がなされ、「家族的・社会的・職業的関係の維持・再構築」の成果が上がっている。それには、更生保護の責務が国から地方に移管され、更生保護官署と地方政府と現地の民間団体との間に緊密な協働関係が築かれていることが大きく寄与しているという。刑の執行の枠組みの中で、その強みを生かした就労支援が行われているということであろう。その一例として、筆者の視察したNPOでは、公益奉仕労働の命令を受けた犯罪者が無償で働き、職業体験を積んでいた。社会的連帯経済について上述したように、フランスにはNPOの実績が蓄積されており、更生保護官と連携して、更生保護対象者に読み書きの指導、職業訓練・就労指導を行っている。

　また、オランダには、刑事司法手続の入口と出口で犯罪者を地域の社会資源に繋ぐ多機関連携組織「Safety House」がある。自治体に属す組織で、犯罪者処遇機関や生活・就労支援関連の機関から専門職が派遣され、事務所と情報を共有して働いている。地域社会に犯罪者が戻ってくる際にはその情報がこの機関に伝えられ、犯罪者が問題を複合して抱えている場合には犯罪者のニーズを評価し、必要な支援を受けさせるために社会資源に繋いでいる[32]。さらに、NGOによる就労支援も活発で、EUの社会基金（Social Fund）や民間からの投資から成るSocial Impact Bondよる資金を活用して刷新的な就労支援も行われている[33]。対象者のニーズが複合していることから、支援の内容は、種々のサービスを提供できる多領域の組織の連携による包括的なものである。オランダでは、新しい施策を展開する場合初めから国からの委託事

---

(31)　赤池一将「フランスの社会内処遇と更生保護における官・民と官・官の協働」更生保護学研究7号（2015年）に依る。
(32)　詳細は、小長井賀與「オランダの再犯防止施策——多機関連携による『入口支援』と『出口支援』の仕組み」罪と罰221号（2018年）で紹介した。
(33)　若年犯罪者の就労支援を行うNGO "Foundation 180"の運営責任者のMs. Irma van der Veenは、Social Impact Bondを用いた事業について、講演「オランダにおける犯罪者の再統合のための革新的方法」を行った（早稲田大学社会安全政策研究所・比較法研究所共催〈2017年9月23日〉）。

業として行わず、まずEUや民間の資金で実験的に試行し、成果があることを検証して、その後に公的な施策に乗せるようである。

フランスとオランダの実践では、支援の包括性と連携先組織の広範さがうかがえる。

Ⅳ　犯罪者を雇用している社会的連帯経済の事例

ここでは、2015年度以降に筆者が見聞した犯罪者雇用の社会的連帯経済の例をまとめてみる。実際に視察した団体はこれより多いが、単に就労困難者を雇用しているだけでなく、社会的連帯経済が標榜している「コミュニティの再編」や現代社会のニーズに応え得る「新しい価値の創造」に寄与していると筆者が考えた例を紹介したい。これらの組織は、犯罪者が立ち直るのに必要な「尊厳・関係性・自己効力感」を与えてくれるビジネスモデルを提供していると感じた。

1　フランスの有機農園 " Jardins de Cocagne"[34]
(1)　事業の概要
犯罪者の社会復帰のための中間施設のスタッフが、1991年に創設した有機農園を営むNPO（フランスではAssociationと称されている）である。犯罪者を含む社会経済的弱者に雇用を提供し、職業訓練を行っている。
(2)　基礎データ（2015年当時）[35]
フランス全土に120の農場と10のプロジェクトを展開し、全土で360ヘクタールの有機農園を経営している。雇用契約者4,000名、近隣の会員22,000世帯で、週に25,000のバスケットによって会員に野菜を提供している。従業員は年に50週稼働して、60から100種類の野菜を栽培している。

---

(34)　英語版HPは、http://www.reseaucocagne.asso.fr/english-version/、2018年12月12日閲覧。筆者は、科研費基盤研究（B）「非行少年・犯罪者に対する就労支援システムの展開可能性に関する研究」（課題番号15H03297：研究代表者：石川正興）の一環として、2016年3月と2017年3月に視察した。

(35)　http://www.reseaucocagne.asso.fr/english-version/（2018年12月12日閲覧）

Ⅳ　犯罪者を雇用している社会的連帯経済の事例

⑶　資　　源
収入源の割合は、国の助成40％、自治体の助成30％、野菜の売上げ30％。
⑷　事 業 目 的
・　ビオ（環境保護、無農薬、地産地消の野菜）の普及・実践
・　就労困難者（就労スキルのない若者、障害者、移民、ホームレス、シングルマザー、DV被害者、薬物依存者、犯罪者など）に、雇用と職業訓練の提供
・　地域住民にビオ野菜の提供
⑸　**事業の効用と社会的機能**
・　就労困難者である被雇用者や職業訓練生は土に触れることで心身の疲れを癒し、生きる意欲を回復する。就労経験を積み、生活再建の契機をつかむ。彼らは種々の生きづらさを抱えている者の混成であることから、他者の抱える困難に対する相互理解と相互扶助を主体的に経験し、人間性と社会性を育んでいく。自らの問題に対しても、仲間から違う視点からの解決法を学ぶ。
・　地域住民は法人の会員として、自らの食生活を豊かにする行為で地域の環境保全に寄与し、さらに、社会経済的弱者の就労を助けることを通じて、コミュニティ形成に貢献する。
・　有機野菜を媒体として、コミュニティに連帯感が醸成される。
⑹　**課題への対処**
・　問題を抱える社会経済的弱者数は増加する一方で、政府からの補助金は縮小している。ビオ農家が増加し直接販売が激化する中で、有能なマネージャーや高度な技能を持つ技術者の採用が難しくなっている。
・　このような課題に対処するため、本体の事業に加えて、次のような新しい活動を企画している。
　　　－メゾンコカーニュ（有機農業の研究開発と職業訓練のためのセンター）、
　　　－グループコカーニュ（企業や地方交付金の受け皿としての組織。未来の経済活動のためのファンドとしての機能も担う。）、
　　　－企業クラブ（企業に関する情報を集積し、ジャルダンと企業のより良いマッチングを探求し、一人でも多くの就労困難者を雇用へと導いていく仕組みを構築する。）

2　パリの地域拠点、NPO "Tout Autre Chose"[36]

(1)　事業の概要（2015年当時）

家庭料理を供するレストランと住民対象の地域活動センターを営むNPO（Association）である。活動拠点を作りたいという要望に基づいて、地域住民自らが2007年に設立した。

(2)　資　　源（2015年当時）

レストランは有料、活動センターへの参加は無料で誰にも公開している。

収入源の割合は、企業・団体からの献金34％、レストランの収益23％、国と市の補助金20％（国から教育支援・就労支援に対し14％、パリ市から6％）、個人の寄付金12％、団体からの寄付金9％、会費収入2％である。

スタッフは、有給職員とボランティア（地域住民と公益奉仕労働命令を受けた犯罪者）。犯罪者の罪種は窃盗・暴行・傷害・不法滞在などで、凶悪犯はいない。公益奉仕労働命令では20から240時間の労働を科されるが、ここで働くのは100時間までとしている。犯罪者の悪風を防ぐために、一度に働く人数を限定し、1人3週間以内の限定期間の受入れとする。地域住民は犯罪者が働いているのを知っているが、これ位なら受入可として黙認している。

(3)　事 業 目 的

- 地域住民の活動拠点として、レストランと地域活動センターの運営
- 活動センターの事業内容
    1)　教育ワークショップ（仏語の識字教育、コミュニケーション技能、PC使用技能、英会話の訓練など）
    2)　日常生活支援ワークショップ（行政・法律相談、金銭管理、融資相談、高齢者世帯の訪問、傾聴のコーチング、孤立防止セッション、軽い運動・身体表現など）
    3)　文化と娯楽のためのワークショップ（裁縫、パリ市内名所探索、ジムでの運動・身体表現、ゲームと会話、お祭り、イベント開催など）

---

(36)　https://www.toutautrechose.fr/L-association_r6.html（2019年2月18日閲覧）。筆者は、科研費基盤研究（C）「犯罪者・触法者の地域社会への再統合支援における課題と地域福祉との連携に関する研究」（課題番号26380784：研究代表者：小長井賀輿）の一環として、2015年3月と9月に視察した。

Ⅳ　犯罪者を雇用している社会的連帯経済の事例

⑷　**事業の効用と社会的機能**
- 活動センターでのワークショップを通して高齢者、移民などの社会統合を支援し、地域住民が抱える問題の解消を助け、地域住民の教養や連帯を深める機会を提供している。利用者の3分の1は地元（パリ9区）住民。その他はパリ全体から来所している。筆者も一般の来所者として、難民とともに地域住民のボランティアから英語による仏語指導を受けた。
- レストランは、地域住民の食の充実や交流の機会となっている。
- 地域住民はボランティアの調理・ワークショップの指導者として事業に貢献し、かつサービスの受益者・客として関与し、結果的に住民が連帯・協働してコミュニティ形成を担っている。
- 若年の公益奉仕労働命令対象者の採用過程は、当NPOが更生保護官署にボランティアの求人を出し、更生保護官が適任者を選び本人の同意を得て推薦し、当NPOの代表が本人の経歴・希望の作業・動機付けを元に採用を決定する。公益奉仕労働の対象者は失業者が多いので、昼間に活動している。作業内容は、レストランの雑役（掃除・買い物・器物の修繕）、小学生の勉強の補助、フランス語教室の補助、孤立している高齢者家庭の訪問、コンピューターを利用した活動補助（老人のFace Book作りなど）を行っている。途中でドロップアウトする人はいない。無断欠勤があると当NPOから更生保護官に連絡する。
- 異なる専門性と強みを持つ他のNPOとネットワークを組み、当NPOが住民のニーズに答えられない場合は、他団体に繋げている。

3　フィンランドのリサイクル・環境保全の社会的企業，"Helsinki Metropolitan Area Reuse Centre Ltd"[37]

⑴　**事業の概要（2016年当時）**

1985年半ばから住民が物々交換の日を定期的に開催するようになり、近隣住民に環境保全への意識が高まり、1990年に自治体と環境保全関係機関・団体が設立した。廃品の修理・リサイクルと環境保全を目的とする有限会社で、6の直営店とオンラインショップを運営している。

(2) **基礎データ**（2015年当時）

70万人の顧客、取扱い物品3400万個（うち1万個は廃棄）にのぼる。

(3) **資　　源**

収入源の割合は、ヘルシンキ市51.3%、ヘルシンキ管区公的ゴミ処理団体26%、ヴァンタ市とエスポ市の計7.7%、ヘルシンキ自然保護Association2.7%、カウニアイネン市1%（以上、すべて補助金）、その他となっている。

年間予算は1万ユーロ。金銭的な利潤はほとんど出ないが、失業手当を削減し、環境保全教育を行い、物は有効利用されているので、非金銭的効用は大きい。

(4) **事 業 目 的**
- 廃品や不要物の回収・再生と加工・販売
- 環境保護思想の普及と実践、自然環境保全活動
- 犯罪者を含む社会経済的弱者の雇用と職業訓練

(5) **事業の効果と社会的機能**
- 環境・経済・社会の問題を並行して解決しつつ、持続可能な社会の構築を追求する。
- 労働市場に参加できない者（＝スキルのない若者、移民、長期失業者、犯罪者など）に良質な職業訓練・雇用・就労支援を提供し、勤労生活に円滑に移行して社会の責任のある一員へと育成する。常勤のジョブコーチ3人が指導・支援に当たる。
- ジョブコーチは対象者にインタビューして特技や長所を探り、仕事を振り分ける。訓練期間は3月間。被雇用者は6月の試用期間を経て、雇用される。犯罪者は社会奉仕命令や6月間の執行猶予期間に、当社で職業訓練と就労支援を受ける。
- 職業訓練の内容は会社内部での仕事を通じた訓練、外部機関での語学

---

(37) 英語版HP, https://www.kierratyskeskus.fi/in_english, 2018年12月12日閲覧。筆者は、科研費基盤研究（B）「非行少年・犯罪者に対する就労支援システムの展開可能性に関する研究」（課題番号15H03297：研究代表者：石川正興）の一環として、2016年9月に視察した。

- の教育訓練、資格の取得、自分に強みと潜在的可能性の覚知などである。求職活動の指導も含む。
- 国に対しては、失業手当を削減することで貢献をしている。自治体は800日以上の継続失業者を出すと、国からペナルティを請求されるので、そのペナルティの削源に寄与している。
- 有名企業の"マルメッコ"やITの専門学校などの他組織と連携し、物品を再生・再利用して新しい商品を作っている。商品は、一般住民だけでなく地域のデイサービスや学校からも購入される。
- 事業を通じて地域住民が連帯し協働して、持続可能で自分達の価値意識に見合う善いコミュニティを形成している。

4　社会的連帯経済三組織の視察から得た示唆

上記の三組織から筆者が得た示唆を、次のように統括したい。
- 三団体による有機農業、地域活動拠点、リサイクルの事業は、環境保全、健康的な食文化、地域の紐帯と連帯の強化といった機能を有し、環境汚染や破壊・社会の分断化・資源の浪費などの後期近代の資本主義経済社会が抱える問題を解決するビジネスモデルを提示している。
- 現代の社会問題を解決する事業を展開するだけでなく、事業を通じて多様な人で構成されているコミュニティに連帯と協働の機会と場を提供し、新しい価値を創出している。
- 社会経済的弱者である就労困難者に雇用先を提供するだけでなく、事業を通じて彼らをコミュニティに包摂している。さらに、彼らが新しい価値の担い手として成長・発展する機会を提供している。
- 地域住民も単なるサービスのユーザーにとどまらず、消費者・会員・ボランティアとして、事業に能動的に関与している。良質な生活・凝集性の高いコミュニティ・持続可能な未来を作るというコミュニティの利益（インタレスト）を共有し、それぞれの立場からコミュニティ形成に寄与している。また、住民の連帯と互酬性を促進しているといえる。
- 犯罪者の就労を支援するに当たっては、犯罪者処遇機関との連携が緊密に行われ、彼らを当該組織が営む事業へと導くルートや仕組みが堅固

に築かれている。
・　資源や資金の造成、事業展開、事業の成果は多角化され、ハイブリッドである。そのことが、組織の基盤を強固にしている。
・　移民・長期失業者・犯罪者などの社会的弱者の就労支援では長所基盤のアプローチを採り、不足分を他者が補っていくチームワーク形成で、事業の生産性を高めている。
・　自組織にない専門性を有する他組織や公的機関と連携して、より高次の体系的な事業を展開している。

V　結び
——包摂的なコミュニティ形成の中での犯罪者の社会再統合——

　本稿では、まず社会的連帯経済の現代社会における意義を確認し、その後に社会的連帯経済を通じた犯罪者に対する就労支援について考察した。

　冒頭に述べたように、充実した人生の基盤となるのは、人間としての尊厳と他者との関係性であり、これは犯罪者の立ち直りの促進要因でもある。この点で、上記で概観した社会的連帯経済は、犯罪者にとって良質（decent）で意義のある雇用と尊厳を持って生活できる機会を提供している。

　上述のとおり現代の犯罪者処遇は、再犯リスク管理・人間としての成長を助けるケースワーク・社会再統合を支援するソーシャルワークのいう三要素で組み立てられている。その三要素全てに通底する処遇理念として、犯罪心理学者のトニー・ワード（Tony Ward）が提唱したGood Lives Model（GLM：善い人生のモデル）が、世界各国の犯罪者処遇領域で強く支持されている。彼は、犯罪者も含め人間は幸せになることを志向し、人生とはそれ自体に価値を有する公共財（Primary Goods）を追求する営みであるとした。GLMがいう公共財（Primary Goods）とは次の11種類[38]の事項である。

---

(38)　Ward, Tony, The Rehabilitation of Offenders:Risk Management and Seeking Good Lives, 2012（邦訳：トニー・ワード／小長井賀與監訳「犯罪者の更生：再犯危険性の管理と良い人生の追求」犯罪社会学研究創刊号（2012年）67頁、87頁。

V　結び──包摂的なコミュニティ形成の中での犯罪者の社会再統合──

①健康的・機能的生活、②生きていく上で必要な知識、③遊びにおける卓越性、④仕事における卓越性（達成経験）、⑤機関としての卓越性（自律性および自己決定）、⑥心の平穏（情緒不安やストレスを管理できる力）、⑦友情（親密な関係、愛情で結ばれた関係、家族関係など）、⑧コミュニティ（親密な関係や愛情で結ばれた関係以外の適度の距離を保った他者との関係）、⑨精神性（広い意味で人生の意義や目的）、⑩幸せ、⑪創造性

社会的連帯経済の事業モデルの意義をこの「公共財」のコンセプトに照らすと、直接的に次の価値を創出していることが改めて確認できる。

　　──①健康的・機能的生活、②知識、④仕事における卓越性、⑧コミュニティ、⑪創造性

さらに、間接的な効用まで広げると、次の価値が含まれる可能性がある。

　　──⑤機関としての卓越性、⑥心の平穏、⑦友情、⑨精神性、⑩幸せ

つまり、社会的連帯経済による就労支援は、雇用の創出、コミュニティの再編にとって有効な経済活動であるだけでなく、人間性の成長と発展にも寄与し得る活動である。犯罪者が社会的連帯経済に参加して、これらの公共財を獲得すると、再犯抑止が一層期待できる。そう考えると、社会的連帯経済は、就労支援のシステムとして非常に有効であると思える。

〈参考文献〉
・あうるず編『ソーシャルファーム　ちっと変わった福祉の現場から』（2016年、創森社）。
・赤池一将「フランスの社会内処遇と更生保護における官・民と官・官の協働、更生保護学研究7（2015年）60～80頁。
・今福章二＝小長井賀與編『保護観察とは何か』（2016年、法律文化社）。
・ECD, OECD経済審査報告書：日本、April 2017年概要（2017年）。
・OECD, OECD Harmonised Unemplagment Rates Updated, March 2019, 2019年。
・北島健一「連帯経済と社会的経済──アプローチ上の差異に焦点を当てて──」政策科学23巻3号（2016年）15～32頁。
・北島健一「連帯経済の視点から連帯社会を考える──経済・コミュニ

ティ・政治のあり方をめぐって――」連帯社会研究交流センター『連帯社会ブックレット06「連帯社会」連続講座2015-16 第4回』（2017年）91〜114頁。
- 小長井賀與「犯罪者の立直りと地域のパートナーシップ：犯罪者処遇の『第三の道』」日本犯罪社会学会編『犯罪者の立ち直りと犯罪者処遇のパラダイムシスト』（2011年、現代人文社）149〜179頁。
- 小長井賀與「イギリスの保護観察と犯罪者の社会的包摂」更生保護学研究7号（2015年）91〜98頁。
- 小長井賀與「地域生活定着促進事業の成果と課題」生島浩編著『商法障害者の地域生活支援　その実践と課題』（2017年、金剛出版）84〜97頁。
- 小長井賀與「罪を犯した人の地域社会への再統合――司法と福祉の連携の課題と可能性」社会福祉研究131号（2018年a）22〜29頁。
- 小長井賀與「被害者の包摂と支援、並びに加害者の再統合」被害者学研究28号（2018年b）145〜157頁。
- 小長井賀與「オランダの再犯防止施策――多機関連携による『入口支援』と『出口支援』の仕組み」罪と罰221号（2018年c）68〜79頁。
- 厚生労働省『平成29年版 厚生労働白書』（2018年）。
- 在日フランス大使館「フランスと社会的連帯経済」アクチアリテ・アン・フランス41号（2013年）。
- 佐口和郎「就労支援と"雇用の壁"」社会福祉研究 126号（2016年）18〜25頁。
- ジャン＝ルイ・ラヴィル（講演の日本語記録、北島健一作成）「連帯経済とフランス福祉社会」立教大学コミュニティ福祉学部紀要15号（2013年）109〜115頁。
- Stiglitz, Joseph E, Making Globalization Work, W. W. Norton & Company, Inc. 2006.（邦訳：ジョセフ・スティグリッツ／楡井浩一訳『世界に格差をバラ撒いたグローバリズムを正す』（2006年、徳間書店）。
- 内閣府『平成30年版 子供・若者白書』。
- ティエリ・ジャンテ／石塚秀雄訳『フランスの社会的経済』（2009年、日本評論社）。

Ⅴ　結び——包摂的なコミュニティ形成の中での犯罪者の社会再統合——

・高田創『日本の格差に関する現状』（2015年、みずほ綜合研究所）。
・高橋則夫『刑法総論［第4版］』（2018年、成文堂）。
・橘木俊詔『格差社会——何が問題なのか』（2006年、岩波書店）。
・土堤内昭雄「中高年男性の社会的孤立について」ニッセイ基礎研レポート2010年12月号。
・服部有希「【フランス】社会的連帯経済法——利益追求型経済から社会の再生へ——」外国の立法261-2号（2014年11月）。
・Home Office, Reducing Re-offending ? National Action Plan, 2004.
・ジャン・ギィ・ヘンケル「ソーシャルファームを日仏で進展させていくために」あうるず編『ソーシャルファーム　ちっと変わった福祉の現場から』（2016年、創森社）212〜216頁。
・宮嶋望「多様な働き方への支援，事業者として問われているもの——共に働く，共に生きる——」社会福祉研究126号（2016年）34〜39頁。
・Lipietz, Alain, Pour le tier secteur, L'economie sociale et solidaire: pourquoi et comment, La Decouverte, 2001.（邦訳：アラン・リピエッツ／井上泰夫訳『サードセクター、「新しい公共」と「新しい経済」』（2011年、藤原書店）。
・Moulaert, Frank and Nussbaumer, Jacues, "Defining the social Economy and its Governance at the Neighbourhood Level : A Methodological Reflection", Urban Studies Vol.11, 2005.
・Ripess Europe（Solidarity Economy Europe）, Co-building/co-designing public policy : a perspective for European SSE stakeholders ? Concept Note, 2017.
・Rosanvallon, Pierre, La nouvelle question sociale—Repenser l' Etat-providence, 1995（邦訳：ピエール・ロザンヴァロン／北垣徹訳『連帯の新たなる哲学 福祉国家再考』（2006年、勁草書房）。
・若者の教育とキャリア形成に関する研究会「若者の教育とキャリア形成に関する調査」最終調査結果報告書（2014年）。
・Ward, T., Mann, R. & Gannon, T. A., 2006, "The good lives model of rehabilitation : Clinical implications", Aggression and Violent Behavior,

12 : 87-107.
・Ward, Tony, The Rehabilitation of Offenders : Risk Management and Seeking Good Lives, 2012（邦訳：トニー・ワード／小長井賀與監訳「犯罪者の更生：再犯危険性の管理と良い人生の追求」犯罪社会学研究創刊号（2012年）77～95頁。
・Peter Utting, Public Policy for Social and Solidarity Economy ― Assesing Progress in Seven Countries, ILO, 2017.

（こながい・かよ）

更生保護施設における
処遇に関する序論的考察

石 田　咲 子

Ⅰ　はじめに
Ⅱ　更生保護施設における処遇の概要
Ⅲ　更生保護施設における処遇概念の検討
Ⅳ　おわりに

Ⅰ　はじめに

1　問題の所在

　更生保護施設は、頼るべき親族や知人がなく、更生するために居住場所もない少年院や刑事施設から釈放された者に、宿泊場所や食事を提供し、併せて自立に必要な生活指導等を行うことにより、円滑な社会復帰を支援する施設である。従来、更生保護施設は満期釈放者などいわゆる更生緊急保護の対象者の保護を主としていたが、現在では仮釈放者の割合が更生緊急保護対象者よりも多く占められており、仮釈放者が主、更生緊急保護対象者が従という位置付けになっている。

　同時に、更生保護施設では2000年の「更生保護施設の処遇機能充実化のための基本計画～21世紀の新しい更生保護施設を目指すトータルプラン」を機に処遇機能の充実化が進められてきた。また、2016年に策定された「再犯防止推進計画」でも更生保護施設の処遇機能の充実を図ることが記載され、2018年4月には「これからの更生保護事業に関する有識者検討会」が設置された。と同時に、法制審議会少年法・刑事法（少年年齢・犯罪者処遇関係）部会第3分科会でも、特別遵守事項の類型の追加や更生保護事業の体系の見直しの議論が俎上に載せられている。しかし、現在更生保護施設に委託されて

いるのはあくまでも補導援護、応急の救護、更生緊急保護のみであり、指導監督までは委託されておらず、処遇施設化とどのように両立させていくのかという問題も残る。さらに、更生保護施設において処遇を行うには、人的・物的・財政的側面からの課題も多い。

更生保護施設における処遇は社会内処遇、さらには犯罪者処遇の一形態であるが、民間が行うということもあり、社会内処遇のなかでも独自の意味が存在するのではないか。そもそも、更生保護施設における処遇の概念は必ずしも明らかになっていないように思われる。

2 本論文の構成

そこで、本論文では、社会内処遇のなかでも特に、更生保護施設における処遇に焦点を当て、その概念を検討し、更生保護施設における処遇とはいかにあるべきなのか、序論的考察を行う。その際、更生保護施設における処遇施設化に向けた展開を立法面・運用面から概観し、処遇の場としての更生保護施設が抱える課題を示し、最後に今後の展望について若干の私見を提示する。

II 更生保護施設における処遇の概要

1 処遇の主体・客体・方法

まず、更生保護施設における処遇とは、更生を援助する過程であり、具体的には宿泊所・食事の供与、教養、訓練、医療又は就職の援助、職業の補導、社会生活に適応させるために必要な生活指導、環境の改善又は調整等の援助活動を指すものであり、宿泊施設の供与、給食、健康管理、職業補導、生活指導、家族等との関係調整など多様な活動から構成されるものである[1]。しかし、この定義は更生保護施設における処遇の内容を述べたにすぎず、どのようにあるべきとされているのかというところまでは述べられていない。

（1） 今福章二『更生保護施設における処遇に関する研究』〔法務研究報告書第89集第3号〕（2000年、法務総合研究所）5～6頁。

Ⅱ　更生保護施設における処遇の概要

　そこで、本項では処遇概念の検討を行う前提として、主体、客体、方法の観点から更生保護施設における処遇に関して基本的な事柄を確認する。

　⑴　主　　　体
　更生保護施設における処遇を行う主体は、更生保護施設であり、実際はそこの職員が行う。各施設には業務を統括する責任者である施設長、被保護者の処遇の責任者である補導主任のほか、補導員、調理員等が配置されている⑵。後述するように、筆者は生活の基本となる衣食住に対する指導・援助をも処遇の一形態であると考えることから、調理員含め更生保護施設に勤務する職員は更生保護施設において処遇を行うことになる。
　主体である更生保護施設は、その前身の更生保護会⑶、そして釈放者保護を行っていた司法保護団体に端を発する民間団体の施設であり、現在では更生保護事業法２条２項の継続保護事業を行うための施設という位置付けである。更生保護事業法２条７項において、「被保護者の改善更生に必要な保護を行う施設のうち、被保護者を宿泊させることを目的とする建物及びそのための設備を有するもの」と、更生保護施設が定義されている。

　⑵　客　　　体
　更生保護事業法２条２項によると、保護観察に付されている者、懲役・禁錮又は拘留の刑の執行終了者・執行免除者・執行停止者、懲役又は禁錮の刑の全部の執行猶予の言渡しを受け、刑事上の手続による身体の拘束を解かれた者、懲役又は禁錮の刑の一部の執行猶予の言渡しを受け、その猶予の期間中の者、罰金又は科料の言渡しを受け、刑事上の手続による身体の拘束を解かれた者、労役場出場者又は仮出場者、起訴猶予処分を受け、刑事上の手続による身体の拘束を解かれた者、少年院退院者・仮退院期間満了者、補導処分終了者、国際受刑者移送法の共助刑の執行終了者等が継続保護事業の対象となる。なお、現に改善更生のための保護を必要としている者が条件である。

（２）　松本勝編著『更生保護［第４版］』（2015年、成文堂）152頁。
（３）　平成８年には、更生緊急保護法に代わって更生保護事業法が施行され、更生保護会は同法の下で認可された更生保護法人が経営する施設として新しく出発した（柿澤正夫「更生保護施設における処遇の現状と課題」更生保護52巻６号〈2001年〉13頁）。

(3) 方　　法

　対象者を更生保護施設に収容して、対象者に対して宿泊場所を供与し、教養訓練、医療又は就職を助け、職業を補導し、社会生活に適応させるために必要な生活指導を行い、生活環境の改善又は調整を図る等その改善更生に必要な保護を行う（更生保護事業法2条2項）。

　処遇は、更生保護施設における処遇の基準に基づいて行われており、更生保護事業法49条の2[4]には、処遇の基準が記載されている。また、更生保護施設における処遇の基準等に関する規則では、3条[5]に処遇過程及び保護の実施、4条[6]に処遇の一般原則について規定されている。保護の開始時には、被保護者自身に具体的な更生計画を立てさせ、被保護者の身上関係、犯罪・非行関係、家族関係等を総合的に判断して処遇計画を作成する[7]。

2　処遇の目的

　更生保護施設における処遇の目的は、「犯罪をした者及び非行のある少年が善良な社会の一員として改善更生することを助け」（更生保護事業法2条2項）と法律上明記されているが、そもそも更生保護施設における処遇は社会内処遇の一形態である。社会内処遇とは、施設内処遇と対比して用いられる

---

(4)　更生保護事業法49条の2では、「更生保護施設における被保護者の処遇は、次に掲げる基準に従って行わなければならない」とあり、「被保護者の人権に十分に配慮すること」（1号）、「被保護者に対する処遇の計画を立て、常に被保護者の心身の状態、生活環境の推移等を把握し、その者の状況に応じた適切な保護を実施すること」（2号）、「被保護者に対し、自助の責任の自覚を促し、社会生活に適応するために必要な能力を会得させるとともに、特に保護観察に付されている者に対しては、遵守すべき事項を守るよう適切な補導を行うこと」（3号）、「その他法務省令で定める事項」（4号）と規定している。

(5)　更生保護施設における処遇の基準等に関する規則3条では、「更生保護施設においては、その施設で行う処遇の方法を明らかにする規程（以下「処遇規程」という。）を定めなければならない」（1項）、「保護観察所の長から法令の規定に基づく保護の委託を受けたときは、委託の趣旨に従い、かつ、法第49条の2及び処遇規程の定めるところにより、速やかにその保護を行わなければならない」（2項）、「被保護者から保護の申出を受けた場合において、当該被保護者が現に改善更生のための保護を必要としていると認めたときは、法第49条の2及び処遇規程の定めるところにより、その改善更生のため最も適切と認められる保護を行うものとする」（3項）と規定している。

用語であり、犯罪者処遇の一形態である。したがって、上位概念である犯罪者処遇の目的は更生保護施設における処遇の目的に関しても参考になると考えられる。そこで、ここでは犯罪者処遇の目的を概観し、そこから更生保護施設における処遇の目的を検討する。

犯罪者処遇には、改善更生を目的とした積極的な処遇目的と悪くならないようにという悪化の防止を目的とした消極的な処遇目的がある。元々、処遇とは、「一般には、人に対する取扱いという意味で用いられるが、刑事政策の場面では、……伝統的に、『改善・社会復帰を目的とした犯罪者に対する取扱い』として理解されてきた」[8]。これは、更生保護事業法2条2項に規定されている内容に他ならない。しかし、改善・社会復帰目的といった言わば積極的な処遇目的を「過度に強調する余り、犯罪者を『人間として取り扱う』という視点」[9]や「人間に相応しく取扱うこと、および……悪化を防止するという、あるいは消極的とも言える処遇目的を忘失することは避けられねばならない」[10]。さらに、消極的な処遇目的は、改善・社会復帰の「必要性が極めて乏しいと思慮される」[11]者や「事実上困難な犯罪者には、処遇の

---

(6) 更生保護施設における処遇の基準等に関する規則4条1項では、「被保護者に対しては、常に懇切で誠意ある態度で接するほか、次に掲げる事項に留意して個別的又は集団的に処遇しなければならない」とあり、「法第49条の2第2号に規定する処遇の計画(以下「処遇計画」という。) に従って、被保護者に最もふさわしい方法を用いて生活指導等を行うことにより、自律及び協調の精神を会得させ、その他健全な社会生活に適応するために必要な態度、習慣及び能力を養わせること」(1号)、「読書の指導、教養講座の開催その他の方法で、被保護者の教養を高めることに努めること」(2号)、「就労の意欲を喚起し、その習慣を身に付けさせるように指導するとともに、被保護者の希望、適性、心身の状況等に十分配慮し、公共職業安定所等の協力を得るなどの方法により、当該被保護者に適した職業が得られるように努めること」(3号)、「浪費を慎み、その所有する金品は、改善更生に役立てるため適切に使用し、又は貯蓄するように指導すること」(4号)、「努めて親族との融和を図るなどして、生活環境の改善又は調整を図ること」(5号) と規定している。
(7) 松本・前掲注(2)151頁。
(8) 石川正興「第15講 犯罪者処遇の目的――犯罪者の処遇(1)」受験新報43巻5号 (1993年) 38頁。
(9) 石川・前掲注(8)39頁。
(10) 石川正興「改善・社会復帰行刑の将来――アメリカ合衆国と日本の場合――」比較法学14巻1号 (1979年) 114頁。

優先目的として考慮されなければならない」[12]。

　更生保護施設における処遇においても、改善更生を目的としながらも、すなわち、積極的な処遇目的のみならず、消極的な処遇目的も同時に含まれるべきであろう。というのも、被保護者はすでに「犯罪者」というレッテルが貼られた者であり、それに伴う弊害は少なからず存在するからである。被保護者のなかには、起訴猶予処分を受けた者など未だ有罪判決を受けていない、厳密に言えば犯罪者ではない者も対象者に含まれるが、一度刑事手続を経たという意味では、社会的に見て「犯罪者」というレッテルが貼られたことは相違ないだろう。また、更生保護施設に入所する者は、帰る場所がない、居場所がない者であり、その時点で厳しい条件下に置かれている。まずはこれ以上悪化しないための処遇が必要になってくるだろう。

　また、被保護者の生活は更生保護施設の処遇で完結するわけではない。退所後も、社会内で生活していくことになる。その際、一人の自立した主体として、歩んでいくことになる。改善更生の視点も重要であるが、その前提として生活をしていく上での基本的な生活習慣を身につけていくことも重要である。

　更生保護施設における処遇の焦点として、「入所中に、被保護者にとって犯罪の背景や原因となっている問題点の解消を図ること、被保護者が自立生活できる能力を高めること（社会適応のための能力・思考・行動パターンの会得）、……自立生活を継続するための条件を整えることに向けた働きかけ」[13]が述べられているが、この記述は処遇の目的として積極面と消極面が含まれているということを示していると言えよう。

　さらに、「処遇は、第1に『衣・食・住の提供』という基本的生活支援要素、第2に『信頼関係の樹立と就職・貯蓄の指導』による自立支援要素、第3に『社会適応能力・薬物・認知行動面の問題等犯罪・非行に導く要素に焦点を合わせた指導・援助』による改善更生支援要素の3層構造からなる」[14]

---

(11)　石川・前掲注(10)114頁。
(12)　石川・前掲注(8)39頁。
(13)　松本・前掲注(2)151頁。

として、「処遇の３層構造」[15]という言葉を用いて更生保護施設における処遇が説明されているが、これも同様のことを示していると言える。従来から「第１層と第２層の充実に向けてサービス提供がなされ」[16]てきた。そして現在、「更生保護施設の処遇をめぐる環境の変化は、新たに第３層の充実を求めている」[17]が、あくまでも「第３層は、……第１層と第２層の確固たる基盤の上に構築されるべきことは忘れてはならないことであり、そのために個別的な処遇をいかに計画し、それをいかに実行するかがかぎを握ると考えられる」[18]とされる。

具体的には、積極的な処遇目的においては、専門的なプログラムや改善更生を目的とする指導が、消極的な処遇目的においては、衣食住や基本的な生活習慣を習得する指導が主に挙げられるが、「改善・社会復帰という積極的な処遇目的を強調するとき、その中に、人間に相応しい取り扱いおよび悪化の防止という消極的な処遇目的を当然包括せしめている」[19]。「積極的な処遇目的と消極的な処遇目的とは互いに相反するものではなく、本来的には一つの連続した方向において理解されるべきものであろう」[20]ということからも、被保護者に対する処遇においても、積極的な処遇目的と消極的な処遇目的が相互に影響し合って、働きかけがなされている。

Ⅲ　更生保護施設における処遇概念の検討

1　更生保護施設における処遇の法的位置付け

更生保護施設における処遇概念を検討する前に、本項において法的位置付けを確認する。

---

(14)　今福・前掲注(1)211～212頁。
(15)　今福・前掲注(1)211頁。
(16)　今福・前掲注(1)212頁。
(17)　今福・前掲注(1)212頁。
(18)　今福・前掲注(1)212頁。
(19)　石川・前掲注(10)115頁。
(20)　石川・前掲注(10)115頁。

(1) 委託の範囲

　更生保護法に規定されているとおり、現状は補導援護[21]、応急の救護[22]、更生緊急保護[23]のみが更生保護施設に委託されている。なお、委託に基づかないで本人の希望を受けて施設が任意に保護する任意保護の対象者もいる。いずれにせよ、指導監督までは委託されておらず、処遇の強制力はない。したがって、更生緊急保護対象者はもちろん、保護観察対象者も更生保護施設における処遇は本人の同意に基づいてなされているのが現状である。

(2) 改正に向けた動き

　上記で見たように、更生保護施設に指導監督が委託されていない現状で、どの程度まで処遇を充実させ、処遇に効果を持たせることができるのか、という疑問が次第に出てきた。それは、刑法改正草案や矯正保護審議会でも提案されてきた内容である。提案の背景としては、「施設内処遇から社会内処遇へ」という国際的な潮流や更生保護会の居住施設としての位置付けが期待されてきたことが挙げられる。「更生保護会は、社会内処遇における収容処遇の機関として、その機能を充分に発揮しなければならない」[24]という見解や「職業を斡旋しなければならない者、親や妻や兄弟との喧嘩争いの絶えない者、家庭内の調整を必要とする者、不良交友および不良環境から隔離しなければならない者等々……これら保護観察対象者を処遇の一環として、保護観察所が積極的に更生保護会に委託し、利用してゆくべきである」[25]という提案は1960年代において、すでになされていた。そして、現在では法制審議

---

(21) 更生保護法61条2項には、「前項の補導援護は、保護観察対象者の改善更生を図るため有効かつ適切であると認められる場合には、更生保護事業法の規定により更生保護事業を営む者その他の適当な者に委託して行うことができる」と規定されている。
(22) 更生保護法62条3項には、「前項の救護は、更生保護事業法の規定により更生保護事業を営む者その他の適当な者に委託して行うことができる」と規定されている。
(23) 更生保護法85条3項には、「更生緊急保護は、保護観察所の長が、自ら行い、又は更生保護事業法の規定により更生保護事業を営む者その他の適当な者に委託して行うものとする」と規定されている。
(24) 岡久雄「更生保護会に期待されるもの——社会内処遇における更生保護会の役割——」更生保護と犯罪予防第3号別冊（1967年）4頁。
(25) 黒田政夫「更生保護会に関する二三の問題」更生保護と犯罪予防2巻2号（1967年）49頁。

会で審議されている内容にまで続いている。

ア　法制審議会刑事法特別部会第二小委員会における議論

　刑法改正草案（1974年）では、居住指定の構想が盛り込まれた。法制審議会刑事法特別部会第二小委員会の審議では、更生保護施設への居住について、規定を設けるべきであるとする立場からは、①宣告猶予を新たに採用しようとすることと関連して保護観察の内容を充実させるためには、施設内処遇と施設外処遇との中間としてプロベイション・ホステルあるいはハーフウエイ・ハウスに居住して指導を受けさせることができるようにしておく必要があること、②宿泊を継続するかどうかは本人の意思に委ねられているので、無断退出その他のため十分な指導ができない場合もあること、③青少年犯罪者や意思の弱い犯罪者については、少なくとも一定の期間は宿泊施設における十分な指導を必要とする者が多いこと、④更生保護施設への居住を命ずることができれば、そのことを条件として従来よりも早期に仮釈放が許される場合も生ずること、⑤更生保護施設に宿泊させることは他の遵守事項に比べて自由拘束の度合いが強いので、刑法に規定しておく必要があること、が挙げられた。それに対して、①更生保護施設への居住を執行猶予や宣告猶予の場合にまで認めてよいか、②物的設備、管理維持、居住者に対する指導などの面でまだまだ問題が多い、③保護観察の場合でも身体の拘束をしてよいという趣旨があまりにも目立ちすぎ、自由刑と保護観察との区別をあいまいにするという非難を招くおそれが大きいので、更生保護関係法に規定すれば足りる、という反対意見が挙げられた[26]。

　最終的に、特別部会第二小委員会では、遵守事項の内容についても実質的な検討を加えて「保護観察の遵守事項に関する要綱案」を作成し、更生保護関係法の立案にあたってその趣旨が十分に考慮されるようにした。裁量による遵守事項として、いわゆる治療命令及び保護施設居住命令を認め[27]、保護観察の遵守事項に関する要綱案には、「更生保護会その他の適当な施設に一時的に宿泊して指導を受けること」[28]と記載された。しかし、居住指定や処

---

(26)　法務省『法制審議会刑事法特別部会第二小委員会議事要録(6)』（1969年）678～679頁。
(27)　法務省刑事局編『法制審議会改正刑法草案の解説』（1975年）140頁。

遇の義務付けは、最終的にいずれも実現には至らなかった。

　イ　矯正保護審議会における議論

　提言「21世紀における矯正運営及び更生保護の在り方について」（2000年11月28日）[29]のなかで、以下の提言がなされた。

　まず、更生保護施設の充実強化である。更生保護施設は、かつては身寄りのない刑余者等に衣食住を提供することを主な役割としてきたが、現在では、委託される者の大多数が保護観察対象者となっていることを挙げ、保護観察における処遇の場として期待されるところが大きいとする。それゆえ、更生保護施設が更生緊急保護にとどまらず、保護観察を行うにふさわしい処遇機能を備えるとともに、法的にも保護観察処遇の中で利用できる施設として明確に位置付けるための措置を講ずることが急がれる、とし、そのために以下の点に留意する必要があるとする。

　第一に、法制度整備への取組である。すなわち、更生保護施設を保護観察処遇に利用できる施設として明確に位置付けることを提言している。犯罪者予防更生法上、保護観察における指導監督及び補導援護は保護観察官又は保護司をして行わせるものとされ、更生保護施設自体は保護観察処遇を行う場としては位置付けられていないが、更生保護施設に委託される者の多くが保護観察対象者で占められている実情にかんがみて、更生保護施設を保護観察処遇に利用できる場として法的に位置付け、その刑事政策上の役割を明確化する法改正を検討する必要がある、としている。

　第二に、処遇における指導監督面の強化を図ることである。保護観察対象者の再犯を未然に防止することは、社会を保護する上で重要なことである、とし、特定の者に対しては、保護観察における指導監督を強化する観点から、一定期間更生保護施設に居住を義務付けること、社会参加活動への参加や保護観察所が実施する集団処遇や講習への参加を義務付けること、覚せい剤事犯対象者に対しては尿の提出を義務付けることなどを可能にするための

---

(28)　法務省刑事局・前掲注(27)附録10頁。

(29)　法務省ウェブサイト「提言『21世紀における矯正運営及び更生保護の在り方について』」（[http://www.moj.go.jp/shingi1/shingi_001128-3-1.html] 最終閲覧日：2018年10月31日）

法整備等について本格的に検討を始める必要がある、としている。

　これら提言された内容は、更生保護法の成立や後述する更生保護事業法の改正へつながるなど立法段階において影響を与えている。

ウ　法制審議会少年法・刑事法部会第３分科会における議論

　第10回会議（2018年）では、考えられる制度・施策の概要として、保護観察・社会復帰支援施策の充実、社会内処遇における新たな措置の導入及び施設内処遇と社会内処遇との連携の在り方が挙げられ、そのなかで①特別遵守事項の類型の追加、②更生保護事業の体系の見直し、③更生保護施設における宿泊の義務付けなどが検討されている。

　その内容は、①特別遵守事項の類型に、「更生保護事業法の規定により更生保護事業を営む者その他適当な者が行う援助であって、特定の犯罪的傾向の改善を目的とするもの（法務大臣が定める基準に適合するものに限る。）を受けること」、「正当な理由なく、一定の時間帯は特別遵守事項により宿泊を義務付けられた施設から、その管理者に無断で外出をしないこと」を加えること、②継続保護事業を宿泊型保護事業とし、更生保護施設に宿泊させて行う社会生活に適応させるために必要な生活指導に「特定の犯罪的傾向の改善を目的とする援助」が含まれることを明文化すること、補導援護の方法及び更生緊急保護の方法について、社会生活に適応させるために必要な生活指導に「特定の犯罪的傾向の改善を目的とする援助」が含まれることを明文化すること、③保護観察官が更生保護施設で指導監督を行うことができる体制の整備を検討し、改善更生のために特に必要と認められるときに、更生保護施設への宿泊を義務付ける運用を行うことである[30]。

　これらはまだ検討されている段階であるが、指導監督の持つ監督的・監視的側面を重視する方向へと検討が進められている。

---

(30)　法務省ウェブサイト「保護観察・社会復帰支援施策の充実、社会内処遇における新たな措置の導入及び施設内処遇と社会内処遇との連携の在り方（考えられる制度・施策の概要）」（[http://www.moj.go.jp/content/001262547.pdf]　最終閲覧日：2018年10月31日）

2　処遇施設化に向けた展開

　本項では、戦後、「保護観察を実施する上での処遇の場としてよりは、社会福祉的観点からいわゆる刑余者等の収容保護を行うために設けられる社会福祉への橋渡し的施設として位置付けられて出発した」[31]更生保護施設の処遇施設化が、その後、どのように進められてきたのか、その展開を立法段階・運用段階から概観する。更生保護会の被保護者のなかには、刑務所収容者の高齢化に伴って高齢者やアルコール、覚せい剤などの薬物乱用者の割合が増えてきたこと、その特性に応じた処遇の充実を図っていく必要があること、そして応急的な保護措置を実施するだけでなく、一歩進んだ専門的な処遇によって、保護観察の充実を図っていくことが期待されていること[32]が言われていたが、実際にどのように具現化されていったのか。すなわち、「住居を提供することを主目的とした居住施設から、積極的に被保護者の改善を図ろうとする処遇施設へとその姿を変えつつある」[33]更生保護施設の展開を整理する。

(1) 立法段階

ア　更生保護事業法成立（1996年）

　更生緊急保護法が廃止され、新たに更生保護事業法が施行された。これは、1995年に更生緊急保護法に関して審議をした際、更生保護事業の充実を図るため、社会福祉事業との均衡にも留意し、被保護者に対する補導援護体制の強化に努める旨が法務委員会の附帯決議のなかに記載されたことを受けて[34]、施行されたものである。これにより、更生保護会は更生保護法人が経営する更生保護施設となり、処遇施設を支える運営体制の強化が図られた。また、更生緊急保護対象者と保護観察対象者が同列に保護対象者として位置付けられ、1973年以降、入所者中に保護観察対象者の占める割合が更生緊急

---

(31)　橋本昇『更生緊急保護をめぐる諸問題』〔法務研究報告書第79集第1号〕（1992年、法務総合研究所）51頁。
(32)　保護局調査連絡課「更生保護会の現状と展望」更生保護44巻10号（1993年）14頁。
(33)　板谷充「更生保護会の果たす役割――処遇施設への展開と問題――」犯罪と非行96号（1993年）150頁。
(34)　第132回国会参議院法務委員会議録第2号（平成7年2月17日）〔下稲葉耕吉理事発言〕。

保護対象者の占める割合を上回っている現状に法律の規定が追いつく形となった[35]。

　イ　更生保護事業法改正（2002年）

後述のトータルプランの一環として、2002年に更生保護事業法の改正が行われた。

改正に至った経緯としては、「矯正施設における収容者の増加等により、出所後に更生保護施設における保護を必要とする者がふえて」[36]いること及び「近時の少年非行の凶悪重大化にかんがみ、非行少年の更生保護など社会復帰のための施策の重要性が高まってきて」[37]いることから「犯罪者及び非行少年の改善更生を実現するため、更生保護施設における処遇の充実強化を図る必要がある」[38]、と説明されている。特に、「高齢犯罪者のように自立に特別な配慮を要する者や、累犯者及び薬物・アルコール依存者等のように、その改善更生には社会生活に適応させるための専門的な働き掛けを要する者の増加が顕著な傾向としてうかがわれる」[39]、としている。

横田尤孝保護局長（当時）は、更生保護施設について、「ある意味では生活困窮者対策的なものから発足しており……、費用がない者については、……住まいと……食べ物を与え」[40]るということから始まっていると説明した後、犯罪に至る原因の一つとして、社会不適応や人との関係がうまくいかずに犯罪・非行に及ぶ傾向が見られること[41]を挙げた。したがって、「ただ更生保護施設に入れて、そして寝るところを確保する、あるいは食事を与えるというだけでは……十分ではなく……、更生保護施設において、……もう

---

(35)　松本・前掲注(2)148頁。
(36)　第154回国会衆議院法務委員会議録第1号（平成14年2月26日）〔森山眞弓国務大臣発言〕。
(37)　第154回国会衆議院法務委員会議録第1号・前掲注(36)〔森山国務大臣発言〕。
(38)　第154回国会衆議院法務委員会議録第1号・前掲注(36)〔森山国務大臣発言〕。
(39)　第154回国会参議院法務委員会議録第6号（平成14年4月2日）〔森山眞弓国務大臣発言〕。
(40)　第154回国会参議院法務委員会議録第7号（平成14年4月4日）〔横田尤孝保護局長（政府参考人）発言〕。
(41)　第154回国会参議院法務委員会議録第7号・前掲注(40)〔横田保護局長（政府参考人）発言〕。

少し社会適応ができるように、……被保護者のある意味では内面に立ち入った分野まで入っていってきちんと指導していく、援助していくということが必要」[42]ではないか、と説明する。さらに、犯罪に至る原因のもう一つとして、更生保護施設に入っても、すべての人が完全に自立できる状況にはなく、その原因として「現下の経済情勢、雇用情勢が非常に厳しいということ……、被保護者が高齢化の人が増えているということ……、アルコール嗜癖が強いとか、元暴力団関係者、あるいは覚せい剤の常習者」[43]といった多様な問題を抱えている者が多いことを挙げ、その上で、「更生保護施設というものが社会内処遇の一つの、処遇施設の専門の施設としてきちっと体制を整備して、もっと良い方法を取るようにしようというのが今回の法改正の趣旨であ」[44]る、と説明している。

結果として、更生保護施設を犯罪者処遇の専門施設として位置付け、従来の宿所及び食事の提供等に加えて、社会適応を促すための積極的な処遇をも更生保護施設に委託可能になった。

ウ　再犯の防止等の推進に関する法律成立（2016年）

検挙人員に占める再犯者の割合である再犯者率が上昇しており、犯罪や非行の繰り返しを防ぐこと、再犯防止が大きな課題となっていることを受けて、基本理念を定めた再犯の防止等の推進に関する法律（以下、「再犯防止推進法」という）が成立した。「社会における職業・住居の確保等」の方策のひとつとして、再犯防止推進法16条には、「国は、犯罪をした者等の宿泊場所の確保及びその改善更生に資するよう、更生保護施設の整備及び運営に関し、財政上の措置、情報の提供等必要な施策を講ずるものとする」と定められている。

---

(42)　第154回国会参議院法務委員会議録第 7 号・前掲注(40)〔横田保護局長（政府参考人）発言〕。
(43)　第154回国会参議院法務委員会議録第 7 号・前掲注(40)〔横田保護局長（政府参考人）発言〕。
(44)　第154回国会参議院法務委員会議録第 7 号・前掲注(40)〔横田保護局長（政府参考人）発言〕。

Ⅲ　更生保護施設における処遇概念の検討

(2)　運　用　段　階

ア　長期刑仮釈放者に対する中間処遇（1979年）

　1979年に「長期刑受刑者に対する仮出獄の審理及び仮出獄者に対する処遇の充実について（昭和53年9月27日保観第416号保護局長通達）」が出された。これは、長期刑仮出獄者の審理や保護観察の実施にあたっては、重大な罪を犯しているため社会の見る目が厳しく、釈放後の生活、就職、家族との折り合いなどに関する困難な問題を抱えていることが多く、特段の配慮が必要であることを踏まえ、その円滑な社会復帰を図るとともに、各対象者の問題点を把握して保護観察の実施に役立てるために導入された制度である[45]。仮釈放後の一定期間、更生保護施設に居住させて、社会生活への適用訓練等の特別な処遇を行う。

イ　「更生保護施設の処遇機能の充実化のための基本計画〜21世紀の新しい更生保護施設を目指すトータルプラン」（2000年）

　トータルプランは、更生保護施設の将来像を指し示すグランドデザインとして、2000年1月に全国更生保護法人連盟と法務省保護局により共同作成された。これは、1999年9月の矯正保護審議会更生保護部会における審議などを経て、三年計画で実施されるところとなった。なお、立案の背景のひとつには、政府全体としての政策評価の流れがあった[46]。これにより、施設ごとに生活技能訓練（SST）の導入など独自に重点目標を定めて処遇の強化に向けた取組が活発化され、更生保護事業法改正へとつながっていった。

ウ　更生保護施設における処遇の基準に関する規則（平成14年法務省令第37号）（2002年）

　更生保護施設の処遇に関する規則には、更生保護会の設備及び処遇の基準並びに幹部職員の資格に関する規則（中央更生保護委員会規則第3号）[47]が存在していたが、更生保護事業法成立に伴って廃止され、新たに、更生保護事業における処遇及び設備の基準並びに幹部職員の資格又は経験に関する規則

---

(45)　法務省法務総合研究所編『平成16年版 犯罪白書』（2004年）344〜345、370頁。
(46)　今福章二「政策形成におけるエビデンスの役割」犯罪社会学研究30号（2005年）50頁。
(47)　内容については、官報第7154号（昭和25年11月14日）参照。

（平成8年3月19日付け法務省令第18号）が定められ、法務省保護局長通達「更生保護事業における処遇及び設備基準並びに幹部職員の資格又は経験に関する規則の運用について」（平成8年3月29日付け法務省保調第339号法務省保護局長通達）が出された。その後、更生保護事業法改正に伴い、更生保護施設における処遇の基準に関する規則が新たに作られた。更生保護事業から更生保護施設へと名称が変更されたほか、主な改正点としては、更生保護施設における処遇の充実を図るため、処遇の一般原則に関する規定を設けたこと、更生保護施設において被保護者の状況に応じて計画的に処遇を実施するため、処遇計画の作成に関する規定を設けたことが挙げられる。

エ　再犯防止推進計画（2017年）

再犯防止推進法において、政府は、再犯の防止等に関する施策の総合的かつ計画的な推進を図るため、再犯防止推進計画を策定するとされたことを受けて作られたものである。具体的施策のひとつとして、①更生保護施設における受入れ・処遇機能の充実、②更生保護施設における処遇の基準等の見直しを挙げている。

①更生保護施設における受入れ・処遇機能の充実の具体的施策の内容は、法務省が、社会福祉法人等といった更生保護法人以外の者による整備を含め、更生保護施設の整備及び受入れ定員の拡大を着実に推進するほか、罪名、嗜癖等本人が抱える問題性や地域との関係により特に受入れが進みにくい者や処遇困難な者を更生保護施設で受け入れて、それぞれの問題に応じた処遇を行うための体制の整備を推進することである。②更生保護施設における処遇の基準等の見直しについては、法務省は、高齢者又は障害のある者や薬物依存症者等を含めた更生保護施設入所者の自立を促進するため、更生保護事業の在り方の見直しと併せ、更生保護施設における処遇の基準等の見直しに向けた検討を行い、2年以内を目途に結論を出し、その結論に基づき所要の措置を講じることが具体的施策として挙げられている。

また、「更生保護事業の在り方の見直し」として、法務省は、更生保護施設が、一時的な居場所の提供だけではなく、犯罪をした者等の処遇の専門施設として、高齢者又は障害のある者、薬物依存症者に対する専門的支援や地域における刑務所出所者等の支援の中核的存在としての機能が求められるな

ど、現行の更生保護施設の枠組が構築された頃と比較して、多様かつ高度な役割が求められるようになり、その活動は難しさを増していることを踏まえ、これまでの再犯防止に向けた取組の中で定められた目標の達成に向け、更生保護事業の在り方について検討を行い、2年以内を目途に結論を出し、その結論に基づき所要の措置を講じることとしている。

3 考　　察

　前項では、補導援護、応急の救護、更生緊急保護のみが委託されている更生保護施設が時の経過とともに、立法段階においても運用段階においても処遇施設として位置付けられてきたことを確認した。確かに、再犯防止という観点から処遇をより効果的に行おうと思えば、指導監督面を強化することが必要であるという見解が考えられる。現在、法制審議会で議論されているのはまさにこの内容であり、「これからの更生保護事業に関する有識者検討会」でも議論されているところである。しかし、監督・監視的側面の強化ということを考える際、そこには民間という特性、本人の主体性という観点から困難が伴う。さらに、人的・物的・財政的などの点からの課題も生じる。これらを踏まえて、更生保護施設における処遇はいかにあるべきなのか、考察を加える。

(1) **民間の特性**

　まず、更生保護施設の民間団体という特性を看過してはならない。あくまでも主体は更生保護施設という民間団体であり、そこで勤務をし、処遇を行う職員は公務員ではない。民間に強制力が馴染むのか、という問題が出てくる。指導監督まで更生保護施設に委託されていない現在、更生緊急保護対象者はもとより、保護観察対象者も本人の同意に基づいて処遇が行われている。また、更生保護施設では特に、更生緊急保護対象者、保護観察対象者と場合分けをして処遇しているわけではない。どちらの対象者でも同じように接しているのが現状である。たとえば、SSTのような集団処遇を行う際に、保護観察対象者と更生緊急保護対象者を、強制力の有無という点から分けることは現実的でないと思われる。さらに、「更生保護施設の処遇……は、職員と施設利用者との間に日常的、葛藤があったり、権威的関係として布置さ

れていると基本的には成り立」[48]たない、とされる。実際、更生保護施設では日常的に職員と被保護者との間で対話が行われている。以上のことからも、更生保護施設における処遇は強制力に馴染まないのではないか。

　これについて、「PFI刑務所のように、従来国固有の作用と見られてきた業務も、極めて権力性の強いものを除き、民間に委託することができるという考え方が指示されるようになった今日、……指導監督の一部を民間に委託することが絶対に認められないとする理屈は立ちにくい」[49]とし、「更生保護法第61条1項を改正し更生保護施設（やその他の専門機関）に対し指導監督を委託することができるようにしたうえで更生保護施設での居住と指導監督を特別遵守事項に設定できるようにすることが望ましい」[50]という見解もあるが、たとえ、立法政策により、更生保護施設に指導監督の委託が可能になったとしても、それはもはや施設内処遇と何ら変わらないことになってしまわないだろうか。社会内処遇は、塀のない自由な一般の社会内において処遇を行うことを前提としており、法律上も「拘置」という文言は現れない。しかし、更生保護施設における処遇は、更生保護事業法2条2項に「更生保護施設に収容」するという文言が使われていることからも、施設収容という形態をとり、「施設的処遇」とも呼ばれる。一方で、以下の点から施設内処遇と異なると言うことができよう。

　まず、更生緊急保護対象者は、遵守事項によって制約されるわけでもなく、またたとえ帰住しなくても処分が下されるわけではない。一般的には「更生緊急保護対象者がその日のうちにいなくなることは珍しいことではない」と言われており、そのことは実態としてある。本人が保護をやめたい場合は、いつでもやめることができ、任意保護の場合も同様である。更生緊急保護が任意的更生保護と呼ばれる所以である。

　また、保護観察対象者については、一般遵守事項として、更生保護法50条4項に、「前号の届出に係る住居に居住すること」とあることから、届け出

---

(48)　山田勘一「処遇施設ということの意味」犯罪と非行147号（2006年）73頁。
(49)　太田達也『仮釈放の理論――矯正・保護の連携と再犯防止』（2017年、慶應義塾大学出版会）199頁。
(50)　太田・前掲注(49)199〜200頁。

た住居に居住しなければならない。社会内において全くの自由の身ではなく、通常であれば認められる居住の自由が制約されており、さらに少年院仮退院者・仮釈放者に対しては、規定する住居に居住しない場合、引致することができる（更生保護法63条2項・3項）。しかし、更生保護施設からの無断外泊であれば、直ちに仮釈放の取り消しといったような反作用効果が加えられるというわけではない。施設内処遇の場合であれば、逃走したり、一定時間や一定期日までに刑務所に帰還しなければ、刑法97条または刑事施設及び被収容者等の処遇に関する法律293条2項により、一年以下の懲役に処せられるが、更生保護施設における処遇は、間接的な支配下に置かれているとは言え、無断外泊をすればすなわち処罰が科されるというわけではない。また、更生保護法51条2項5号には宿泊を義務付ける特別遵守事項として、「法務大臣が指定する施設、保護観察対象者を監護すべき者の居宅その他の改善更生のために適当と認められる特定の場所であって、宿泊の用に供されるものに一定の期間宿泊して指導監督を受けること」が規定されている。しかし、「指導監督を受けること」とあることからも、この規定は民間の更生保護施設を対象としたものではなく、実際には国立の更生保護施設である自立更生促進センターに宿泊して指導監督を受けるという内容であり、民間の更生保護施設へ宿泊を義務付ける運用も現時点ではなされていない。民間の更生保護施設へ監督面を強化することは立法段階においても運用段階においても適切ではないだろう。

　もし指導監督が委託されたり、宿泊の義務が課されるとすれば、生活の本拠を刑務所から更生保護施設に移しただけになりはしないだろうか。本来、自由刑の弊害が指摘され、施設内処遇から社会内処遇への転換がなされてきた。それは、社会内で生活することの意義があってこそである。塀や鉄格子など物理的な設備はないとはいえ、強制力を強める動きは社会内処遇から施設内処遇へ、逆戻りしてしまうことにはならないだろうか。更生保護施設における処遇は、あくまでも施設的処遇であって、施設内処遇ではないのである。

(2) 処遇と強制

　加えて、そもそも処遇は他人から強制されて行われるべきではないだろう。処遇を行う際、そこには本人の主体性が重要であると考える。「処遇という語は『相手を遇する』というその意味あいにおいて相手の主体性をも視野に納めたとも受けとれる語感を伴っている」[51]。また、「ケースワークは、調査、診断、処遇の三段階にわかれる。本人に面接し、これを記録にとり他の諸情報を併せて評価をなし、本人の行動や態度について診断を与え、環境との適応を得せしめるための処置を講ずることが、大筋であ」[52]り、「ケースワークは任意的更生保護においては、本人の申出によつて行われる。有権的更生保護である保護観察においても、むろん、本人の納得がなければならない」[53]のである。「更生保護施設における処遇は、……施設利用者自身が納得のうえで社会復帰するための援助手段として用いられるべきもの」[54]という見解は同様の趣旨を述べていると言えよう。

　一方で、一切の強制力を排除すべきなのか、完全に本人の自発性に任せてよいのか、という問題が浮かび上がってくるが、本人の同意が必要なことは放任すること、何もしないことを意味するわけではない。遵守事項のような法的拘束力を背景にしたものではなく、本人に対する助言や指導まで否定する必要はないと思われる。その点、「人間を媒介とする、助言・説得——同意・納得の関係」[55]の原則は、更生保護施設における処遇の場面においてもあてはまるだろう。

(3) 処遇施設化に向けた課題

　更生保護施設の処遇施設化に向けた課題は古くから指摘されてきた。それ

---

(51) 安形静男「更生保護における処遇史の点描の試み」更生保護と犯罪予防76号（1985年）3頁。
(52) 小川太郎『更生保護法』（1954年、一粒社）62〜63頁。
(53) 小川・前掲注(52)63頁。
(54) 金澤真理「更生保護施設の機能に関する一考察」山形大学法政論叢37・38合併号(2007年) 17頁。
(55) 石原明「受刑者の法的地位考察の方法論——将来の行刑のために——」刑法雑誌21巻1号（1976年）11頁。なお、「助言・説得——同意・納得」という基本原理の下に処遇を推進していくことの正当性を説いたものとして、石川・前掲注(10)113頁参照。

は、更生保護会が保護観察処遇にとって不可欠のものとなっていることに対する課題や欧米の保護観察過程における居住施設利用の活発化に関連した、更生保護会の保護観察対象者に対する積極的活用の要請に対する課題であり、具体的には経営難、処遇能力の減退、民間性の減少、地域社会との摩擦の問題[56]である。そして現在、処遇施設化に向けて、更生保護施設が抱える課題は以下にまとめられるだろう。

ア 人的課題

まず、更生保護施設の人員や職員体制である。職員の平均年齢は高く、第一線を退職した年金生活者が多い。さらに、SSTやコラージュ療法、薬物依存者に対する処遇を行うことのできる社会資源が全更生保護施設にあるわけではなく、それゆえ各施設によって処遇ノウハウが異なる。たとえば、全国103施設ある更生保護施設のうち、2016年度においては、SSTが実施されているのが35施設、酒害・薬害教育が実施されているのが44施設である[57]。また、指定更生保護施設（特別処遇の役割を担う施設）は71施設[58]、薬物処遇重点実施更生保護施設（薬物専門職員と呼ぶ専門スタッフを配置して、薬物依存がある保護観察対象者等への重点的な処遇を行う施設）は25施設である[59]。

さらに、当直は一人体制が現状であり、たとえば宿泊等を義務付ければその分職員体制も充実させることは必須であるが、現在の体制で実行可能性があるかどうか疑問が残る。

イ 物的課題

具体的にはハード面である。老朽化が進んだ施設もあり、効果的に専門的な処遇を行うとなると、それだけハード面の充実が必要になってくる。しかし、いまだに個室や面接室がなく、被保護者との面接や指導を職員が働く事務所で行っている施設も存在する。

ウ 財政的課題

更生保護施設への委託費は、更生保護委託費支弁基準（平成20年法務省令

---

(56) 瀬川晃『犯罪者の社会内処遇』（1991年、成文堂）248〜253頁。
(57) 法務省法務総合研究所編『平成29年版犯罪白書』（2017年）78頁。
(58) 法務省法務総合研究所編・前掲注[57]304頁。
(59) 法務省法務総合研究所編・前掲注[57]295頁。

第41号）に基づき、各更生保護施設へ費用が支弁されている。ただし、「被保護者一人一日につき〇円」といったように、その日の収容人員数によって委託費が決まる仕組みであり、社会福祉施設のような体制とはなっておらず、不安定とならざるを得ない。さらに、収容率は月ごとに一律ではなく、その数は上下する。また、収入源となる収容率も各施設によって様々である。

　　エ　その他の課題
　そもそも、更生保護施設は就労自立のための施設である。昼間は働きに出かけ、自立のための資金を貯蓄することを目標としている。したがって、専門的な処遇を行うとすれば、更生保護施設にいる時間でしか行えなくなり、夜仕事から帰ってきた後の時間帯、あるいは休日にある程度時間を取って行うことになろう。しかし、それで果たして期待される効果が伴うのか疑問である。また、東京都のような一都に19施設あるようなところもあれば、埼玉県、千葉県といった関東圏でも一か所しかないところもあり、地域による格差は大きい。
　以上の課題を踏まえると、全国すべての更生保護施設に処遇施設化を求めるのは、過度な期待をかけることになりはしないだろうか。

(4)　結　　論
　本項では、補導援護、応急の救護、更生緊急保護が委託されている更生保護施設が、処遇施設化へと位置付けられてきている展開に対し、民間の特性、本人の主体性、更生保護施設が抱える課題から、すべての更生保護施設を処遇施設へと位置付けるのは困難が伴うと述べた。では、更生保護施設における処遇はどのように定義すればよいのであろうか。
　そもそも、処遇について、「わが国では、『処遇』というと、専門的な理論・技術に裏打ちされた科学的な処遇をすぐ連想しがちであり」[60]、更生保護施設における処遇を検討する際にもこうした傾向がみられる。
　一方、小川太郎が犯罪の概念[61]で示したように、臨床過程において、「犯罪者についての臨床とは、……犯罪者の危険性について、診断をし、予測を

---

(60)　瀬川・前掲注(56)432頁。

し、そして、その危険性をのぞくために処遇するプロセスである」[62]。「犯罪者はかくかくの原因から犯罪をおかすものであるから、かくかくの処置を施せばその者を犯罪をくりかえすことから救うことができるという端的なプロセスが期待せられる」[63]。通常、処遇というとこのプロセスに基づいて行われると考えられており、特に近年ではRNRモデルによる処遇、それと併せて認知行動療法に基づく処遇が矯正段階でも保護段階でも行われており、それ自体は重要である。

しかし、処遇というのは、前述したとおり、改善・社会復帰を目的とする処遇だけではなく、当然にその者の悪化の防止も含まれる。特に、更生保護施設は収容を伴い、被保護者の生活の本拠となる。すなわち、基本的な生活の条件である衣食住が重要となる。更生保護施設における処遇には基本的な生活の援助が前提にあり、その上で専門的ないわゆる犯罪性の除去といった専門的処遇が含まれる。再犯防止を前面に出している処遇のみを扱っているわけではない。その点、「『適切な援助の供与』を中心とした処遇が基本的に支持されるべきである」[64]、「対象者は、……住居や仕事の斡旋を中心とした物質的な援助を必要としている場合が多い」[65]という指摘は参考になろう。

以上を踏まえると、更生保護施設における処遇とは、衣食住を基本とし、その上で各人のニーズに合わせて就労、福祉、医療、教育といった支援をしていくことであると考える。なお、その際、本人の主体性を等閑視したものではあってはならない。

---

(61) 小川太郎は、「ひとつのものでも、操作をするプロセスによって、その定義がちがってもかまわないのではないか」として、犯罪概念を法律過程、臨床過程、理論過程の三つの過程から捉えた(小川太郎『刑事政策論講義(第二分冊)』〈1968年、法政大学出版局〉13頁)。
(62) 小川・前掲注(61)17〜18頁。
(63) 小川・前掲注(61)34頁。
(64) 瀬川・前掲注(56)433頁。
(65) 瀬川・前掲注(56)433頁。

Ⅳ　おわりに

　従来、更生保護施設における処遇は、衣食住といった基本的な生活と就労支援を軸に行われてきた。それは、更生保護施設が「就労自立が可能な」更生緊急保護対象者を中心として考えられてきたからである。しかし、次第に多様な問題を持つ被保護者が認識され、医療や福祉の必要性が唱えられ始めてきた。と同時に、改善更生を図る専門的な処遇として教育的な処遇が行われ始め、その重要性が認識されている。現在では、指定更生保護施設や薬物処遇重点実施更生保護施設が新たな施策として存在していることからも、更生保護施設のなかで分類・類型処遇が行われており、今後もその方向へと進んでいくべきであろう。したがって、すべての更生保護施設に均一な機能を持たせ、遍く均等な更生保護施設が求められるのではなく、その設立背景や処遇ノウハウ、法人形態、地域資源も様々であるのだから、分類・類型処遇という視点から、すなわち、各々の更生保護施設が施設ごとの独自性を活かしていくという観点から、更生保護施設の処遇施設化としての展開可能性が考えられるのではないか。そして、改善更生はあくまでも教育的なものであって、そこに強制力が伴うとすれば、更生保護施設における処遇とは相容れないだろう。さらに、処遇施設化が発展していくとしても、更生保護施設の出発点である、更生緊急保護の対象者の「受け皿」としての意味合いも看過してはならない。更生緊急保護対象者は、帰る場所がなく、どこにも行き場がない。そのため、更生緊急保護対象者にとって、衣食住の確保をはじめとした基本的な生活の援助はより重要になってくるだろう。消極的処遇目的からも、更生緊急保護対象者を保護する施設としての更生保護施設の必要性が導かれるのである。

　加えて、更生保護施設における処遇だけで本人の社会復帰は完結するものではない。すなわち、施設的処遇にも限界がある。そこで、入所中及び退所後においても、地域との連携を踏まえたスルーケアの重要性が出てくるだろう。この点、更生保護施設は、「①基本的生活援助機能（食・住・自立資金の準備等を助けて基本的な生活条件を確保させる機能）」[66]、「②社会復帰援助機能（協力雇用主を活用して就労を援助したり、病院や社会福祉施設へ橋渡しをしたり、

更には退所者の相談に応じるなどにより、社会復帰を円滑にする機能)」[67]、「③教育的機能（中間処遇における社会適応プログラム、アルコール依存症からの回復支援プログラム、近年急速に普及し始めたSST等を通して本人の問題性に応じた教育・訓練を行う機能)」[68]、「④集中的指導機能（きめ細かく行動を見守りより集中的な指導を行う機能)」[69]、「⑤保護環境調整機能（不適切な家族関係や不良交友関係から本人を遠ざけつつ調整を図るもの)」[70]、「⑥ネットワーク機能（更生保護施設を中心に様々な機関・団体・地域社会との連携)」[71]の六つの機能を持つとされている。これを先述した処遇の定義に当てはめると、基本的な生活の援助が「①基本的生活援助機能」及び「④集中的機能」、就労・福祉・医療といった支援が「②社会復帰援助機能」、専門的な処遇が「③教育的機能」を担っていると考えられる。「⑤保護環境調整機能」及び「⑥ネットワーク機能」は、更生保護施設の一時的な住居としての限界を表しており、その解決策としては地域社会との連携が挙げられるだろう。更生保護施設はそもそも、塀のない社会内における施設であり、社会資源の一要素として考えられる。したがって、今後の展望として、地域との連携を視野に入れた処遇の展開も求められるのではないか。

　また、更生保護施設の収容には限界があることなどから、社会の中に多様な受け皿を確保する方策として、「緊急的住居確保・自立支援対策」が2011年度から開始され、自立準備ホームが設立された。自立準備ホームは、あらかじめ保護観察所に登録した民間法人・団体等の事業者に、保護観察所が、宿泊場所の供与と自立のための生活指導のほか、必要に応じて食事の給与を委託するものであり[72]、ホームレス等の生活困窮者支援を行うNPO法人が所有するアパート、社会福祉法人等が運営する障害者のグループホーム、薬物依存者の自助グループが管理する施設、更生保護施設を営む更生保護法人

(66)　今福・前掲注(1)29頁。
(67)　今福・前掲注(1)30頁。
(68)　今福・前掲注(1)30頁。
(69)　今福・前掲注(1)30頁。
(70)　今福・前掲注(1)31頁。
(71)　今福・前掲注(1)31頁。
(72)　法務省法務総合研究所編・前掲注(57)78頁。

がアパートを借りるなどして運営している施設などが登録されている[73]。こういった、被保護者の多様なニーズに応える資源を持つ自立準備ホームが住居を提供する状況のなか、更生保護施設と自立準備ホームの異同や更生保護施設に求められる役割について、改めて検討しなければならないだろう。これらについては今後の検討課題として本論文を閉じる。

(いしだ・さきこ)

---

(73) 松本・前掲注(2)153頁。

少年法の展開

―― スウェーデンの若年者に対する特則の概要 ――

廣瀬　健二

Ⅰ　はじめに
Ⅱ　スウェーデンの概況
Ⅲ　刑事手続の概要
Ⅳ　少年・若年者に対する刑事上の特則
Ⅴ　刑事手続上の特則等（LUL法）
Ⅵ　関係機関との協力義務
Ⅶ　触法少年に対する手続の特則
Ⅷ　少年・若年者に対する保護の措置等について
Ⅸ　スウェーデンの少年保護法制の特徴

Ⅰ　はじめに

「少年法」、「少年」の意義自体の一つの論点というべきであるが[1]、本稿では、「未成年者・若年者の犯罪やそれに準じる問題行動を規律する刑事法の特則」と位置付けて論じていくこととする。少年法は、刑事法と教育・福祉法の双方の側面を持つことが特徴とされ、犯罪対策と保護教育の調和が課題とされているが[2]、この点は、刑事法と社会法の調和の問題と言い換えてもよいと思われる。

また、刑事法の近代化の中で年少者に対する特則として少年法は生成し、

---

(1) 我が国では、これまで少年＝未成年者、少年法＝未成年者の犯罪等の刑事規制の特則が当然とされてきた感があったが、公職選挙法、民法の成年年齢の引下げに伴う少年法改正の論議において、少年の意義、少年法の規制対象・規制根拠等を中心とした議論が本格化している。この点は少年法制の根本問題として重要な点であるが、本稿ではこれ以上立ち入らない。
(2) 廣瀬健二＝田宮裕『注釈少年法［第4版］』（2017年、有斐閣）3頁以下参照。

その歴史も浅く、未だに流動性が高いこと、そのため、少年法の現状を正確に位置付け、将来を展望するために、比較法制的な研究の有用性が特に高いと思われる[3]。私の調査研究は、裁判官時代の在外研究（アメリカ、イギリス、フランス、ドイツ）に始まるが[4]、幸い数年前から海外少年法制の研究調査の機会に恵まれて関心を懐いた北欧諸国の調査研究を続けている[5]。

　北欧諸国は、独立の少年法等を設けておらず、社会福祉機関が非常に重要な機能を果たすなど、我が国はもちろん欧米諸国とも相当に異なっているが[6]、これまでに十分な紹介がなされていないように思われる[7]。上記海外調査のうち、フィンランド、ベルギー、オランダ、オーストラリアについては、石川正興先生の調査団に参加させていただきご教示も受けた。そこで、本稿では、関連するスウェーデンの少年法制の一端を紹介するが、小稿の限界があるので詳細は後掲の拙稿[8]等を参照していただきたい。なお、スウェーデン語訳については、スウェーデン在住の公認通訳永森・ホルムグレン・早苗氏及び早稲田大学法学研究科修士課程十河隼人君のご協力による

（3）　廣瀬健二「少年法制の展望——成人年齢・他機関連携を中心として——」ケース研究330号（2017年）117頁参照。
（4）　その調査報告として、廣瀬健二「海外少年司法制度——英、米、独、仏を中心に——」家庭裁判月報48巻10号（1996年）1頁以下、浜井一夫＝廣瀬健二＝波床昌則＝河原俊也『少年事件の処理に関する実務上の諸問題——否認事件を中心として——』司法研究報告書48輯2号（1997年）8～113頁参照。
（5）　私が研究代表者として科学研究費の助成を受け、下記研究調査を展開している。2013年～2015年度は、研究分担者成瀬幸典東北大学教授、同佐藤隆之慶應義塾大学教授、同松澤伸早稲田大学教授、同柑本美和東海大学教授、同津田雅也静岡大学准教授、研究課題「少年刑事事件の総合的研究——少年の地位・責任の理論的・実務的研究」（JSPS科研費25285024）、2016年～2018年度は研究分担者に上記のほか、京明関西学院大学教授、成瀬剛東京大学准教授を加え、研究課題「少年法制の総合的研究——少年年齢・若年層設置を中心として」（JSPS科研費16H03561）として、スウェーデン、ノルウェー、デンマーク、フィンランド、スイス、台湾、アメリカ、イギリス、ドイツ、オランダ、ベルギー、オーストラリアの調査を行っている。
　　※本稿もこれらの科学研究費助成による研究成果の一部である。
（6）　私は、この点に着目して、北欧の少年法制を「福祉手続型」（廣瀬健二編著『少年事件重要判決50選』〈2010年、立花書房〉3頁、廣瀬健二「外国少年司法事情1　序説　少年法制の概観」家庭の法と裁判6号〈2016年〉152頁、同「少年法の基礎——我が国の特徴と年齢の規制」研修826号〈2017年〉4頁）、「福祉包摂型」（廣瀬健二「少年法の現在地」臨床心理学17巻6号〈2017年〉748頁）と呼んでいる。

ころが大きい。しかし、未だ研究途上で確認不十分のところも少なくない（刑法は2015年、訴訟手続法は2008年までのものによる）ことをお断りしておく。

Ⅱ　スウェーデンの概況

1　北欧諸国について

　北欧には、スウェーデン王国、デンマーク王国（自治領：グリーンランド、

（7）　注目すべきものとして、坂田仁「スウェーデンの制裁制度・2015年」法学研究88巻12号（2015年）59頁、同「スウェーデン刑法における制裁の量定」人間科学論究20号（2012年）49頁、同「スウェーデンの統治組織法の改正（2010年）について」法学研究85巻11号（2012年）89頁、同「スウェーデン『拘禁法』の制定について」法学研究84巻9号（2011年）419頁、同「スウェーデンの矯正保護組織の変更」犯罪と非行151号（2007年）142頁、同「スウェーデンの制裁制度」犯罪と非行141号（2004年）123頁、同「スウェーデン」宮澤浩一＝藤本哲也『講義刑事政策』（1984年、青林書院）28頁、坂田仁「スウェーデンの社会福祉新立法」家庭裁判月報33巻11号（1981年）157頁、同「スウェーデン王国における少年犯罪に関する人格調査について」家庭裁判月報26巻4号（1974年）129頁、同「スウェーデンの児童福祉法について」家庭裁判月報18巻2号（1966年）143頁、萩原金美『〔翻訳〕スウェーデン手続諸法集成』（2011年、中央大学出版部）、同『〔翻訳〕スウェーデン訴訟手続法』（2009年、中央大学出版部）、同『スウェーデン法律用語辞典』（2007年、中央大学出版部）、同『スウェーデンの司法』（1986年、弘文堂）、同訳・ハンス・ラーグネマルム『スウェーデン行政手続・訴訟法概説』（1995年、信山社）、藤原尚子「スウェーデン」法務総合研究所研究部報告44号（2011年）59頁、最高裁判所事務総局刑事局『陪審・参審制度　スウェーデン編』（2002年、司法協会）、鮎川潤「スウェーデン犯罪防止委員会」犯罪と非行120号（1999年）229頁、伊ħ広史「海外の矯正事情（第5回）スウェーデン」刑政108巻5号（1997年）88頁、シャスティン・ニルソン「スウェーデンの更生保護制度」犯罪と非行109号（1996年）130頁、トーマス・エクボン「スウェーデンにおける犯罪と矯正制度の現況」犯罪と非行106号（1995年）100頁、野坂明宏「スウェーデン及びイギリスにおける更生保護見聞録」同号167頁、花島政三郎「スウェーデンの青少年保護施設を訪ねて」犯罪と非行104号（1995年）137頁、澤田健一「スウェーデンの矯正の現状」犯罪と非行98号（1993年）61頁、高木俊治「スウェーデンとイギリスの矯正施設」刑政101巻5号（1990年）40頁、細井洋子「スウェーデンの青少年問題Ⅳ」犯罪と非行51号（1982年）149頁、小澤禧一「スウェーデンの矯正保護」更生保護と犯罪予防59号（1980年）1頁、Ｄ・Ａ・ワード「スエーデンおよびデンマークにおける行刑改革と収容者の権利」犯罪と非行20号（1974年）201頁、前野育三「スウェーデンの少年法制」『少年司法と適正手続』（1998年、成文堂）、同「スウェーデン」『世界諸国の少年法制』（1994年、成文堂）309頁、松澤伸『デンマーク司法運営法』（2008年、成文堂）、最高裁判所事務総局刑事局『陪審・参審制度 デンマーク編』（2003年、司法協会）などがある。

フェロー諸島）、ノルウェー王国、フィンランド共和国（自治領：オーランド諸島）、アイスランド共和国、広くはブリテン諸島、バルト三国も含まれるといわれる。その中でもスウェーデン、デンマーク、ノルウェーはスカンディナヴィアと呼ばれ、言語（北ゲルマン語）、民族（北ゲルマン系）、宗教（プロテスタント系ルーテル教会）ともに共通性があり、いずれも立憲民主制の王国で国旗もスカンディナヴィア十字（同デザインの色違い）で法制度も共通性が強い。なお、フィンランド共和国は、スウェーデンに征服された歴史もあり、法制・宗教等はスウェーデンとの類似性が強いが、民族（フィン人）も言語（フィンランド語）も異なっている。このようにスカンジナヴィア諸国は、共通した特徴があるが、高度な福祉社会である一方、犯罪少年への特則は少なく、刑罰適用比率が高いなど、一見すると違和感を覚える点も

(8) 研究報告として、廣瀬健二「海外少年司法制度──北欧調査の一部報告」刑政126巻1号（2015年）16頁、同「外国少年司法事情2 ヨーロッパ諸国の概観と北欧(1)」家庭の法と裁判7号（2016年）95頁、同「外国少年司法事情3 北欧(2) スウェーデン」家庭の法と裁判8号（2017年）147頁、同「外国少年司法事情4 北欧(3) スウェーデンの刑事司法制度」家庭の法と裁判10号（2017年）130頁、同「外国少年司法事情5 北欧(4) スウェーデンの刑罰（制裁）に対する若年者の特則」家庭の法と裁判11号（2017年）131頁、同「外国少年司法事情6 北欧(5) スウェーデンの刑事手続・処分の若年者に対する特則」家庭の法と裁判12号（2018年）114頁、同「外国少年司法事情7 北欧(6) スウェーデンの少年保護法制──LVU法（その1）」家庭の法と裁判13号（2018年）96頁、同「外国少年司法事情8 北欧(7) スウェーデンの少年保護法制──LVU法（その2）」家庭の法と裁判14号（2018年）97頁、同「外国少年司法事情9 北欧(8) スウェーデンの少年保護法制──社会事業法（SOL法）（その1）」家庭の法と裁判15号（2018年）139頁、同「外国少年司法事情10 北欧(9) スウェーデンの少年保護法制──社会事業法（SOL法）（その2）」家庭の法と裁判16号（2018年）147頁、同「外国少年司法事情11 北欧(10) スウェーデンの少年保護法制──社会事業法（SOL法）（その3）」家庭の法と裁判17号（2018年）146頁、同「外国少年司法事情12 北欧(11)スウェーデンの少年保護法制──社会事業法（SOL法）（その4）」家庭の法と裁判18号（2019年）140頁以下、同「外国少年司法事情13 北欧(12)スウェーデンの少年保護法制──触法少年の特則等」家庭の法と裁判19号（2019年）128頁以下、同「スウェーデンの少年保護法制──社会事業法を中心に──」立教法務研究12号（2019年）89頁以下、廣瀬健二＝十河隼人「スウェーデンの少年保護法制──若年者保護特別法を中心にして」立教法務研究11号（2018年）45頁などがある。なお、研究分担者によるものとして、松澤伸「スウェーデンにおける刑罰の正当化根拠と量刑論──いわゆる「均衡原理」の基礎──」罪と罰51巻3号（2014）76頁、同「デンマークにおける少年犯罪への法的対応」立教法務研究9号（2016）159頁がある。

多く、国情・制度の差が大きい⁽⁹⁾。しかし、その実情は、教育・保護的な処遇によって立ち直りを目指すという少年法制の基本理念（保護・教育主義）を実質的には相当実現しており、他国にも少なからぬ影響を及ぼしている。

以下、北欧の盟主を自認しているスウェーデンについて、その少年保護法制の刑事手続・処分等の特則に関する部分を中心に紹介することとする。

2 スウェーデンの行政・司法組織等
(1) 行政機構等

スウェーデンの行政機構としては、政府に直属する政策決定（法案準備・作成、予算準備・作成）を行う省、一般的な行政事務（法の執行）を行う庁がある⁽¹⁰⁾。地方は21の行政区画である州（県）があり、県には、国の出先機関であるレーン（län）が21、議会を擁するランヅティング（landsting）が20ある。その下に基礎自治体である市町村に相当するコミューンが290ある。コミューンは、中世の教会の教区が行政単位となり、小規模なものが統合されて5,000人程度の規模となっているようである。コミューンは、児童福祉、社会福祉、教育、警察、消防を始めとした行政権限を持ち、住民の直接選挙によるコミューン議会の下にある執行機関がその業務を執行しており、後述する社会福祉委員会もその一つとなる。また、国と地方の政治・行政は棲み分け・分権化されており、例えば、児童福祉行政は州庁と社会庁（国）の監督に服する。

(2) 司法制度の特徴

民事・刑事事件等の一般的な裁判制度については、開かれたキャリアシス

---

(9) 例えば、スウェーデンでは1962年の刑法改正で責任能力に関する規定を全廃しており、刑法典には制裁と保護が規定されている（坂田・前掲注(7)）「スウェーデンの制裁制度・2015年」60頁、同「スウェーデンの制裁制度」139頁参照）。各国の面積・人口は、スウェーデンが約45平方キロメートル（日本の約1.2倍）・約1012万人（2017年12月）、ノルウェーが約38.6万平方キロメートル（日本とほぼ同じ）・約526万人（2018年1月）、デンマークが約4.3平方キロメートル（九州とほぼ同じ）・約578万人（2018年）であるが、人口はいずれも増加傾向にある。

(10) 大臣は所管法令の改廃や政府からの指示を求めるだけで、省・庁への指揮権はなく、省・庁は独立行政委員会に準じたもののようである。萩原・前掲注(7)『スウェーデンの司法』6頁参照。

テムを基本としつつ、国民参加の制度として参審制・陪審制が設けられていること⑾、行政裁判制度が非常に充実していることが特徴と思われる。

　すなわち、民事・刑事事件を扱う裁判所（通常裁判所）として、地方裁判所、高等裁判所、最高裁判所の三審制が設けられているが、刑事裁判は参審制が基本とされていること、行政事件を扱う裁判所（一般行政裁判所）として、行政地方裁判所、行政高等裁判所、行政最高裁判所が通常裁判所の半分ほどの規模で別の系統として設けられている。また、行政最高裁判所は、最高裁判所とほぼ同規模のものとされていること、行政事件には、地方組織も含む公的機関の措置・不措置に対する国民の要求・不服申立てなどが幅広く含まれ、少年・若年者の保護措置等についても、行政裁判所が幅広く関与していることが指摘できる。

　(3)　**少年保護の法制度**

　スウェーデンにおいては、社会福祉全般の基本法である社会事業法（SOL法）⑿のもとに、刑事裁判手続に関する若年犯罪者特別規制法（LUL法）⒀及び福祉的な強制処分等の特則を定める若年者保護特別法（LVU法）⒁があり、これらが実質的な少年保護の法制度を構成しているといえる。そして、その運用に当たって重要な役割を担っているのが、各コミューンの社会福祉委員会⒂及びその執行機関である社会事業局（ソーシャル・サービス）である。

---

(11)　裁判官の任命・養成制度は、他職経験を前提としたキャリアシステムであり、「開かれた」と呼ばれている。萩原・前掲注(7)『スウェーデンの司法』129頁参照。同書は、法曹養成制度に焦点を当てたものであるが、司法制度の概要を要領よく紹介している貴重な業績である。また、国民の司法参加の観点からの調査報告として最高裁判所事務総局刑事局・前掲注(7)『陪審・参審制度　スウェーデン編』がある。詳細は、これらを参照していただきたい。
(12)　正式名称はSocialtjänstlag (2001：453) であり、SOL法と略称されている。坂田教授は「社会サービス法」と訳しておられるが、私は「社会事業法」の語を当てている。
(13)　正式名称はLag (1964：167) med särskilda bestämmelser om unga lagöverträdareであり、本稿では「若年犯罪者特別規制法」と訳すが、LUL法と略称されている。
(14)　正式名称は、Lag (1990：52) med särskilda bestämmelser om vård av ungaであり、本稿では「若年者保護特別法」と訳すが、LVU法と略称されている。
(15)　社会福祉委員会となるまでの歴史的経緯等については、廣瀬・前掲注(8)「外国少年司法事情3」147頁以下参照。

(4) 少年・若年者の意義

スウェーデンでは刑事成年年齢は15歳、成年年齢は18歳とされており、本稿では、15歳～17歳を少年、18歳～21歳未満を若年者と呼ぶこととするが、いずれも基本的に行為時の年齢が基準とされている。

Ⅲ 刑事手続の概要

1 捜査手続

捜査機関として警察と検察官があるが、警察が捜査のほとんどを行っており、被疑者の身柄拘束（警察による拘束、検察官の逮捕、裁判所による勾留）、強制処分（捜索、差押え等）、被疑者段階からの国選弁護人が認められている。また、捜査の結果に基づいて、検察官が起訴・不起訴を決定するが、起訴法定主義が原則とされている[16]。

2 刑罰（制裁）制度

犯罪に対する処分（制裁）として、罰金、拘禁、条件付判決、保護観察、特別保護への委託が規定されている[17]。

(1) 罰金

罰金は、被告人の資力による不公平を避けるため日数（30日～150日）×金額（50～1000SEK[18]）で定められる日数罰金が原則とされている。なお、罰金の換刑処分としての拘禁（14日～3月）も設けられている[19]。

(2) 拘禁（自由刑）

拘禁には有期と終身があるが、いずれも労働義務が科され、処分中で最も重く位置付けられている。終身拘禁に仮釈放はないが、10年以上刑の執行が

---

[16] 捜査手続の概要については、廣瀬・前掲注(8)「外国少年司法事情4」130頁以下参照。
[17] 前述のように責任能力不要とされているため「制裁」と呼ばれているが、本稿では「刑罰」とも表記する。制度の概要については、廣瀬・前掲注(8)「外国少年司法事情4」132頁以下参照。
[18] SEK＝スウェーデンクローナ・1クローナ約12円（2019年1月時）。
[19] 他に定額罰金、標準化罰金がある。罰金の概要について、廣瀬・前掲注(8)「外国少年司法事情4」132頁参照。

終わったとき裁判所に刑期を定めるように申請できる[20]ほか、外泊制度の適用がある。有期拘禁の上限は10年であるが、併合罪や再犯の場合には18年まで加重され得る。拘禁は矯正施設に収容するのが原則であるが、3か月以下のものは施設外での電子監視による執行が行われる。有期拘禁は、1か月以上で刑の3分の2以上の執行終了時に仮釈放され、残刑期相当期間が観察期間となる。仮釈放者は、善行保持等の遵守事項の遵守義務があるが、必要に応じて保護担当者と接触し指示等を受ける監督（原則1年）に付すこともできる。仮釈放者の遵守事項等の不遵守には監督期間の延長、再犯に対しては仮釈放の取消しができる[21]。

(3) **条件付判決**

条件付判決は罰金では不十分な場合に科され、拘禁・罰金を含む制裁を条件付きで猶予するものであり、宣告猶予の実質を持つものである。2年間の善行保持、能力に応じた自活が義務付けられるが、保護担当者の指導などは行われない。条件付判決には、罰金（200日以内）、社会奉仕命令（40時間～240時間）を併科できる。遵守事項として損害賠償義務の履行・損害の回復を図ることも定めることができる。遵守事項違反などの場合に遵守事項の追加・変更、条件付き判決の取消しなどができる。再犯があった場合には、同判決を取り消し、他の制裁を課すことができる[22]。

(4) **保　護　観　察**

保護観察は、拘禁に当たる罪で罰金では不十分な場合に保護担当者による監督に付すものであり、監督による再犯防止の有効性が考慮要素とされる。保護観察には14日～3か月以下の拘禁か、社会奉仕命令・罰金を併科することができ、一定の治療義務を課すこともできる。期間は3年であるが、遵守事項違反などがなければ、保護担当者による指導・監督は1年で終了する。対象者が義務に従わない場合、警告、監督期間延長のほか、保護観察を取り

---

(20) 「終身拘禁の転換に関する法律」（Lag（2006：45）om omvandling av fängelse på livstid）．3条。坂田・前掲注(7)「スウェーデンの制裁制度・2015年」69頁以下参照。
(21) 拘禁と仮釈放・保護観察などは双方の業務を所管する矯正保護庁（Prison and Probation）が担当している。概要について、廣瀬・前掲注(8)「外国少年司法事情4」132頁以下参照。
(22) 条件判決の概要については、廣瀬・前掲注(8)「外国少年司法事情4」133頁参照。

消し、別の処分を定めること、再犯の場合、保護観察を取り消すことができる[23]。

(5) **特別保護への委託**

薬物乱用者に対する保護、司法精神医学的保護（精神治療施設への引渡し）のほか、後述する21歳未満の犯罪者に対する社会事業局（ソーシャル・サービス）への委託、18歳未満の犯罪者の閉鎖少年施設への委託（閉鎖的少年保護）がある。

(6) **刑罰命令等**

刑罰命令は、検察官が起訴に代えて被疑者に罰金、条件付判決、あるいはその併科を命じ、被疑者が承諾した場合、確定判決と同様の効力を持つ。私的請求の支払も含めて命じることができる。日本の略式命令に類似し、裁判所での有罪人員とほぼ同じくらいの件数（刑法犯では約3割）を占める。更に、軽微な窃盗、交通違反等には警察官が被疑者に罰金を科す秩序罰金命令（日本の交通反則切符に類似）が、刑罰命令や有罪判決の2.5倍以上活用されている[24]。

Ⅳ 少年・若年者に対する刑事上の特則

1 刑法上の特則

(1) **量刑上の特則**

若年者・少年への科刑にも成人同様に、拘禁の補充性、罪刑の均衡、被告人の発達・経験・判断能力の不足の影響などが考慮される。また、少年には科刑の回避が大原則とされ、若年者には拘禁の科刑が制限されており、18歳～21歳未満の間に犯した犯罪には、行為の刑罰価値（罪質・情状等）[25]との均衡上の必要性、その他の特別な理由がある場合にのみ拘禁を科すことが

---

(23) 保護観察の概要について、廣瀬・前掲注(8)「外国少年司法事情4」133頁参照。
(24) 刑罰命令、秩序罰金命令の概要については、廣瀬・前掲注(8)「外国少年司法事情4」133頁参照。
(25) 刑罰価値については、坂田・前掲注(7)「スウェーデン刑法における制裁の量定」54頁以下参照。

できるとされ、若年者には重大悪質な犯罪に限定された科刑が目指されている。更に、18歳未満で犯した犯罪には、拘禁が相当な場合でも、それに代えて後述する閉鎖的少年保護を選択することが義務付けられており、拘禁はそれでは賄えない特別な理由がある場合に限定されている[26]。

(2) 司法精神医学的保護への委託

前述のように制裁に責任能力は不要であることから精神疾患の影響などが強い場合にも起訴され、実際にも若年犯罪者でADHD、発達障害の者などが散見され、通常の法廷での審理・聴聞が行われている。

少年については、その年齢・成熟度等を考慮し、その最善の利益が探求されるが、少年の精神障害の影響を考慮し、精神病院への収容処分(司法精神医学的保護への委託)とされる場合もある[27]。

(3) 若年者減軽の実情

21歳未満で犯した犯罪には、原則、その犯罪者の若さを量刑上個別的に考慮することが義務付けられ、法定刑より軽い刑にすることができるとされているが、そのガイドラインが定められ、これに基づく運用が定着している。

すなわち、21歳以上の者への科刑を基準(1/1)とし、年齢が下がるほど減軽率が大きくなる。拘禁の期間では20歳が4/5(5分の1減)、19歳が2/3(3分の1減)、18歳が1/2(2分の1減)、17歳が1/3(3分の2減)、16歳が1/4(4分の3減)、15歳が1/5(5分の4減)と少年・若年者への減軽基準が設けられている。また、制裁の中では罰金がもっとも軽く位置付けられ、日数罰金で1日50SEK以下とされ、それを超える制裁が相当な場合には後述する少年社会奉仕に切り替えられる。更に、罰金にも拘禁の減軽基準と類した年齢に対応する減軽ガイドラインが設けられている[28]。

また、21歳未満で犯した罪には原則として10年を超える拘禁を科すことはできず、法定刑に10年を超える長期拘禁又は終身拘禁が定められている場

---

(26) 量刑上の特則については、廣瀬・前掲注(8)「外国少年司法事情5」131頁以下参照。
(27) 司法精神医学的保護への委託については、廣瀬・前掲注(8)「外国少年司法事情5」132頁参照。
(28) このガイドラインについては、廣瀬・前掲注(8)「外国少年司法事情5」132頁以下参照。

合、複数の拘禁の併合加重の場合にも最高14年までに制限され、終身拘禁は科せないとされている。更に、21歳未満で犯した犯罪については、拘禁についての再犯の加重、複数犯罪による加重の理由とすることはできないとされている[29]。

(4) 若年者に対する特別保護への委託等

前記Ⅲ2(5)として、裁判所は、21歳未満時の犯罪には①若年者に対する保護の措置、②少年社会奉仕を課すことができる。①はSOL法、LVU法による保護の措置等[30]とすることができる。また、その犯罪により損害が生じ、社会への適応を促進する場合、損害を受けた者の同意の下で、保護の宣告と併せて損害回復・限定等の作業を遵守事項として定めることもできる。②は、対象者が奉仕命令に同意し、適切である場合、20〜150時間の無報酬作業と特別活動への参加義務を課すことができるが、18歳を超える者に奉仕を命じるには特別な理由が必要である。この処分賦課には犯罪の刑罰価値・種類、前歴、処分の実効性などが考慮され、更に必要があれば、①に②、または200日以下の日数罰金を併科することができる。対象者が①の保護の遵守事項、②の社会奉仕を実行しない場合、裁判所は、検察官の申立てにより、課されている罰金以外の制裁を取り消し、新たな制裁を定め、あるいは警告することができる。

裁判所は、18歳未満時の犯罪について拘禁が相当な場合には、それに替えて定期の閉鎖的少年保護に付すことが義務付けられている。その期間は14日〜4年以下である。なお、閉鎖的少年保護は拘禁の執行として扱うことができ、罰金、少年社会奉仕も拘禁の一部執行と解釈することができる。

Ⅴ 刑事手続上の特則等（LUL法）

1 少年に対する調査

検察官は、少年の起訴前に刑事事件に関する調査報告書を取り寄せること

---

(29) 若年者の科刑制限等について、廣瀬・前掲注(8)「外国少年司法事情5」132頁参照。
(30) 収容処分等の強制的なものも含む保護の措置であるが、内容については、廣瀬・前掲注(8)「外国少年司法事情7」96頁以下、同「外国少年司法事情8」97頁以下参照。

ができる。また、検察官は、18歳になる前に犯罪を犯したと疑われる者が自白するか、合理的な疑いがあるのに、上記意見書を取り寄せていない場合、ソーシャル・サービスから意見書を求めなければならない。拘禁に当たり得る犯罪の捜査の場合、捜査指揮者は、可能である限り、遅くとも犯罪の嫌疑の通告の際に、期限を明示して、ソーシャル・サービスの意見書の申請をしなければならない。この意見書には、社会福祉委員会がこれまで少年に対してとった措置についての説明、少年の発育の不良化・阻害等の防止を目的とする措置の特別な必要性、社会福祉委員会がとろうとする措置（少年契約、保護計画等も含む）についてその措置の種類、範囲、期間などが記載される。また、少年の個人的発達・環境上の問題点についても、必要に応じて触れ、後述する少年社会奉仕が適切な制裁であるかについての判断も示される。

　この意見書が提出される場合、裁判所は、社会福祉委員会に公判の日時を通告する。社会福祉委員会は、申請された意見書を後述する公判期間の制限内に提出しなければならないが、事案の性質によっては、裁判所の同意を得て期限以降に提出することもできる[31]。

2　少年に対する身柄拘束の特則

　18歳未満の少年が拘束され、検察官が犯罪の合理的な嫌疑を認めながら逮捕しない決定をする場合、警察当局は、その少年をその両親、その他の保護者、ソーシャル・サービスの職員、その他の適当な成人に少年を引き渡すためその身柄を一時拘束（留置）することができる。警察当局は、18歳未満の少年が尋問のために連行され、犯罪の合理的嫌疑が認められる場合にも同様の留置ができる。留置は秩序と保安を考慮し必要性が認められる場合に許容されるが、その拘束は、検察官の決定又は尋問後3時間が限度とされている。

　また、ソーシャル・サービスの代表者は18歳未満の少年の勾留の聴聞審査に出席できる。犯罪少年にも強制処分は可能であり、検察官による少年の逮捕、裁判所の勾留もできるが、18歳未満の少年に対する勾留は強い特別な理

---

(31)　少年に対する調査に関しては、廣瀬・前掲注(8)「外国少年司法事情6」114頁参照。

由がある場合に限られ、成人よりも高度の必要性が要求される。少年を適した場所に収容するため、逮捕・勾留の代替措置として、SOL法による強制収容を行政裁判所に申請し、検察官が捜査を行うこともある。なお、18歳以上の若年者に対する勾留も拘禁に当たる罪の場合などに限定された運用がなされている。

罪証隠滅、逃亡、捜査遂行の妨害のおそれがあるときに検察官の申請により裁判所の許可を得て接見交通（面会・手紙）の制限ができることは、成人の場合と同様である[32]。

3　国選弁護人

18歳未満の被疑者に対しては、原則として捜査指揮者の申請により裁判所が国選弁護人を選任する。なお、訴追されたことのある者に関しては、訴訟手続法により国選弁護人が選任され、捜査指揮者の裁判所への通知などが義務付けられている[33]。

4　取調べへの立会い等

18歳未満の少年に犯罪の合理的嫌疑が生じた場合、直ちにその保護者等にそれを通知し、その取調べにその保護者等を呼出すことが義務付けられている。また、その少年が犯罪の嫌疑により、身柄を拘束され、逮捕・勾留されている場合には、犯罪の嫌疑の通告と同時か身柄拘束された直後に、上記保護者等にその身柄拘束等の事実及びその理由を通知することが原則として義務付けられている。但し、少年の最善の利益に反するなど特別な理由がある場合の通知等は禁止されている。

ソーシャル・サービスの代表者も少年の取調べに立ち会うこととされているため、18歳未満の少年に拘禁の可能性ある犯罪の合理的嫌疑が生じた場合、社会福祉委員会への通知が義務付けられている。また、少年が犯罪の嫌疑で身柄拘束され、逮捕・勾留された場合、犯罪嫌疑の通知と同時又は身柄

---

(32)　少年に対する身柄拘束の特則については、廣瀬・前掲注(8)「外国少年司法事情6」114頁以下参照。
(33)　国選弁護人については、廣瀬・前掲注(8)「外国少年司法事情6」115頁参照。

拘束直後に、身柄拘束等の事実、その被疑事実、身柄拘束の理由の社会福祉委員会への通知が義務付けられている。但しソーシャル・サービスの代表者の立会いは、捜査に支障がある場合は行われない[34]。

5 被害者等との調停手続

少年には取調べの通知で被害者との調停手続への参加希望の確認が義務付けられ、被害者との調停・和解が励行されている。その手続の流れは、重大犯罪以外は、検察官が少年に対して、被害者との調停（和解）を促し、応じる場合にはソーシャル・ワーカーが被害者等との面会の場所などを調整して少年と被害者が会い、少年は被害者に謝罪し、被害者は犯罪によって被った損害や種々の負担等の状況、被害感情などを少年に伝え、会合の結果、被害者の納得が得られれば少年の処分が軽減されるというものである。調停・和解は捜査と併行して行うほか、裁判の前後にも行われる。なお、被害者は国選の補佐人を選任することができる[35]。

6 刑罰命令の特則

刑罰命令は、法定刑の中に罰金を含む犯罪が対象とされ、標準化罰金を除くとされているが、18歳未満の少年には訴追されても罰金相当な場合には検察官が刑罰命令を発することができる。その際、法定刑よりも軽い処罰ができるという特則を考慮することが義務付けられている[36]。

7 刑罰警告

検察官は、嫌疑が認められる限り訴追が義務付けられ、訴追猶予とできるのは、罰金相当、条件付き判決相当で相当な理由がある場合などに限定されている。しかし、少年に対しては刑罰警告による訴追猶予ができる。

---

(34) 取調べへの立会い等の特則について、廣瀬・前掲注(8)「外国少年司法事情6」115頁参照。

(35) 被害者等との調停手続について、廣瀬・前掲注(8)「外国少年司法事情6」115頁以下参照。

(36) 刑罰命令の特則については、廣瀬・前掲注(8)「外国少年司法事情6」115頁以下参照。

刑罰警告の決定は、犯罪の軽微性、社会福祉的な措置の有効性、被害者への弁償等のほか、公共の関心等が考慮され、①ソーシャル・サービスによる保護等、LVU法による特別保護等、その他の援助・支援措置がとられていることが最も適切と思われる場合、②いたずらや軽率な行動から犯罪が行われたことが明白な場合、に決定される。その際、少年の犯罪被害者への弁償等、前記調停手続での調停成立への協力意思が特別に考慮される。刑罰警告は、公共・個人の重要な利益の軽視になる場合には行えず、その判断には、少年の有罪歴の有無が特に考慮される。

検察官は、刑罰警告の決定後2週間以内に少年との個別面談において刑罰警告を告知するのが原則である。その際、少年の保護者等も呼び出され、ソーシャル・サービスの代表者も出席の機会が与えられる。検察官は、この面談で刑罰警告の意味、正しい生活が求められることの趣旨を十分に説明し、更に法律違反を犯した場合の制裁について告知するが、インフォーマルな雰囲気の下での説明は、少年に自分の問題点を理解させるため有益であり、説明とともに説諭をしたり、萎縮している少年には励ましも与えている。刑罰警告の決定について社会福祉委員会の措置が必要とされる場合には同委員会への通告が義務付けられている。

刑罰警告を受けた者は、誠実に正しい生活態度を守ることが義務付けられる。刑罰警告の決定は、特別な事情があれば取り消されるが、取消しの判断では同決定後6か月以内の再犯の有無が特別な考慮要素とされる。刑罰警告決定後に、それ以前に犯した別の犯罪（余罪）が発覚した場合、その余罪について捜査を開始せず、捜査中の場合には中止することができるが、その際、公的・私的な利益に支障が生じないように考慮することが義務付けられている[37]。

8 訴追猶予等

成人には軽い罪以外は訴追が原則義務付けられているが、18歳未満の少年に対しては、検察官は犯罪の嫌疑があっても起訴せず訴追猶予とすることが

---

(37) 刑罰警告については、廣瀬・前掲注(8)「外国少年司法事情6」116頁以下参照。

できる。少年に対する訴追猶予は20％程度（2011年度）で窃盗、器物損壊等、重大事件ではないこと、初犯であること、少年が自白していること、捜査が十分であることなどが考慮されることから、重大な事件、否認事件、再犯の場合などには起訴されることになる。

訴追猶予は原則として判決と同様の効果を持ち、犯罪の処分歴として記録に残される。なお、犯罪の嫌疑が不十分である場合には中止処分とされる。また、LVU法12条による措置を受け施設に収容されている少年が、その措置終了前に起訴相当の犯罪を犯したと疑われる場合、検察官は、訴追の必要性についてホームの代表者に事情を聞き、その訴追の可否を審査することが義務付けられている[38]。

9 公判・裁判の特則

(1) 担当者の専門化

地方裁判所、高等裁判所においては、21歳未満の者に対する事件は、支障がない限り、特に選任された職業裁判官及び参審員によって担当される[39]。

(2) 手続の迅速化

21歳未満の者に対する事件は常に迅速に扱うこと、18歳未満の者に対する6か月以上の拘禁が規定されている罪の起訴事件は被告人が勾留されている事件と同様の期限を定められ、その期限の延長は認められないとされている[40]。

(3) 保護者等への通知等

18歳未満の少年が起訴された場合、地方裁判所は特別な支障がない限り、保護者等に起訴と公判の日時を通知することが義務付けられている。その起訴事件が拘禁となり得る罪の場合には上記保護者等の尋問が原則として義務付けられる。また、18歳未満の少年の事件は罰金となる事件でも公判を開くことが義務付けられている[41]。

---

(38) 訴追猶予については、廣瀬・前掲注(8)「外国少年司法事情6」117頁参照。
(39) 担当者の専門化については、廣瀬・前掲注(8)「外国少年司法事情5」133頁、同「外国少年司法事情6」117頁以下参照。
(40) 手続の迅速化については、廣瀬・前掲注(8)「外国少年司法事情5」133頁参照。

(4) **公開の制限等**

　裁判所の公判の公開原則は憲法（統治組織法2章11条）に明記されているが、21歳未満の若年者が犯した拘禁となり得る罪の事件について、裁判所は、できるだけ注目を浴びないような方法で取扱うことが求められ、その事件の公開裁判が被告人に対する注目の結果、明白な障害となる場合、非公開の裁判とすることができる。この非公開の必要性があるが、21歳以上の被告人もいる場合、裁判所は、事実審理が相当困難とならない限り、21歳未満の被告事件を特別に扱うことが求められている。また、裁判所は、非公開とされる場合でも被告人の親族の同席は許可することができる。

　公開制限の必要性については、上記のように裁判所の裁量判断であり、少年の情操保護、人格の尊厳尊重のため、プライバシー保護、被告人や関係者の精神状態、家族等の事情から必要が認められれば、弁護人の申請がなくても、裁判所が職権で行うことができる。制限の例として、傍聴による被告人への否定的影響が考えられる場合、マスメディアや悪い友人等の傍聴などが挙げられている。また、個人的な事情に関する証拠、ソーシャル・サービスによる調査報告書などの取調べの際には傍聴人を排除することができる。なお、成人でも性犯罪などでは公開制限が可能とされている[42]。

　更に、マスコミの自主規制による報道倫理綱領があり、被疑者・被告人・受刑者等の氏名等は政治家、大企業役員等、社会的に明白な重要性がない限り、公表されない。違反に対してはプレス・オンブズマンがチェックし、違反事実の報道をその報道機関に義務付け、報道評議会に罰金を支払わせる[43]。

(5) **処分決定の特則**

　裁判所は、社会福祉委員会の処分・措置を提案する意見書がある場合に限り、少年保護の処分等とすることができる。21歳未満の者に対して、3か月以上の拘禁を科す場合には、特別な事情がない限り、その刑を相当とする社

---

(41) 保護者等への通知等については、廣瀬・前掲注(8)「外国少年司法事情6」117頁参照。
(42) 憲法原則の合理的な例外として許容されているものと思われる。公開の制限等については、廣瀬・前掲注(8)「外国少年司法事情6」117頁以下参照。
(43) 報道評議会は、新聞協会（経営者団体）、記者組合、ペンクラブで構成されている。最高裁判所事務総局刑事局・前掲注(7)23頁以下参照。

会福祉委員会の意見書が必要である。21歳未満の若年者に対する事件においては、特段の支障がなければ、公判の際に判決を即決することが求められている。その際に裁判官による訓戒、教育的指導が行われる[44]。

10　損害の補修・限定の要求

警察官は、少年（15歳～17歳）が犯罪を自白した場合、又は状況から少年が犯罪を犯したことが明らかな場合、少年に犯罪による損害の補修又は被害拡大を止める措置を講じるように、被害者の同意の下で勧告することができる[45]。

Ⅵ　関係機関との協力義務

コミューン及び少年犯罪者の問題を扱う公共機関には、少年の犯罪に関する全体的な問題に関して包括的に、コミューンの代表者と関係機関の代表者との間の地域的協力が定期的に行われるように働きかけることが義務付けられている[46]。

Ⅶ　触法少年に対する手続の特則

1　15歳未満の少年

スウェーデンの刑事制裁適用年齢は15歳であり、我が国の触法少年に当たる犯罪行為時15歳未満の少年に対しては専ら社会福祉委員会が対応するが、下記のように限定的に行われる犯罪捜査（調査）に関しては、以下の特則がある。

---

(44)　処分決定の特則については、廣瀬・前掲注(8)「外国少年司法事情6」118頁参照。
(45)　損害の補修等については、廣瀬・前掲注(8)「外国少年司法事情6」118頁参照。
(46)　関係機関との協力義務については、廣瀬・前掲注(8)「外国少年司法事情6」118頁参照。

2 調査の対象

(1) 15歳未満の者に1年の拘禁以上に当たる犯罪（未遂・予備を含む）の嫌疑がある場合、犯罪の調査が行われる。

(2) 他の事件でも、社会福祉委員会が、その介入の必要性を判断するために意義があると認める場合には、その要請に基づく調査が行われる。上記判断の際、社会福祉委員会は、その犯罪の少年自身の健康・発達への危険性、その犯罪が繰り返し犯した犯罪の一環であるかを、特に考慮することが求められている。

(3) 以下の理由がある場合には、それ以外の事件でも犯罪の調査を行うことができる。

① 15歳未満の者の犯罪関与の有無を明らかにする必要がある場合
② 犯罪により得た物、没収の対象となり得る物を調べる必要がある場合
③ 公共又は私的な利益に関して特別な意義がある場合

なお、12歳未満の少年の事件の上記(2)(3)の調査は、特に強い理由がある場合に限って許容される（LUL法31条）。

3 調査の実施方法

上記調査には、捜査に関する諸規定[47]が可能な限度で準用される。上記調査は、特に迅速に行い、可及的速やかに、特別な事情のない限り、最大3か月で終了しなければならない。

犯罪の調査は検察官又は警察当局が選任した職員により指揮されるが、捜査指揮者は、支障がない限り、少年犯罪者に関する業務への関心・能力において、特に適した者であることが求められている。少年が以前調査対象となっていた場合、可能な限り、前回と同一の検察官・職員が新たな調査の指揮・遂行を担当するものとされている（LUL法32条）。

---

[47] 訴訟手続法23章3条（捜査機関）・4条（捜査の原則）・6～14条（関係者の尋問）・18条（嫌疑の通知等）・19条（被疑者の要望による尋問等）・21～21条d・24条（調書等）である。

4　司法補佐人

前記2(1)の調査に際して少年に補佐が不必要であることが明白でない場合、前記2(2)(3)の調査に際して補佐の特に強い理由がある場合、少年には司法補佐人の選任が義務付けられている。その補佐の申立ては、検察官又は少年の保護者が地方裁判所に対して行うものとされている（LUL法32条 a ）[48]。

5　保護者等への通知等

少年が15歳になる前に犯罪行為をしたと疑われる場合及び前記犯罪の調査が開始された場合には、少年の保護者、その保護・養育に責任を有する者又は少年との関係で養育上の役割を果たす者には、その事実が直ちに通知されるうえ、通知を受けるべき者を少年の尋問に呼出すことが義務付けられている（LUL法33条）[49]。

6　社会福祉委員会への通知等

ある者が15歳になる前に拘禁に当たる犯罪行為をしたと疑われる場合及びその者に前記犯罪調査が開始された場合には、社会福祉委員会にその事実が直ちに通知されるものとされており、社会福祉委員会は、上記調査における尋問にその代表者を出席させる[50]。また、前記2(2)の調査においては、社会福祉委員会の申請前には、特別な理由がない限り、少年の尋問以外の措置をとることはできないとされている。少年の尋問等の後に犯罪の嫌疑が残る場合には、その尋問等の記録を速かに社会福祉委員会に送付することが義務付けられている（LUL法34条）。

7　身体の拘束及び強制処分等

15歳未満の少年が拘禁に当たり得る犯罪行為をし、犯行の現場又はその現

---

[48]　司法補佐に関しては、国選弁護人に関する規定（訴訟手続法21章5〜8条・9条3項・10条）が準用されている（LUL法32条 a 第2項2文）。
[49]　この通知義務は、調査に障害が生じる場合、その他特別な事情がある場合には適用除外とされている（LUL法33条3項）。
[50]　支障がある場合には代表者の出席は行われないが、前記2(1)(2)の調査では出席すべきでない特別な理由が必要とされている（LUL法34条2項）。

場から逃走するところを発見した者は何人もこれを逮捕することができる。私人が逮捕した場合には迅速にその少年を最寄りの警察官に引き渡すことが義務付けられている。少年を受け取った警察当局及び検察官は、少年を釈放するか、尋問のためその場に留めるかを直ちに決定することが義務付けられている。

15歳未満の者は、勾留できず、前記Ⅴ2の一時拘束は行えるが、釈放の決定又は尋問終了後3時間が限度とされている（LUL法35条）。

犯行時15歳未満の者の犯罪行為についても、尋問のための呼出し・勾引・同行・留め置きなどのほか、特別な理由があれば、押収、家宅捜索、身体捜索、写真、指紋採取、身体検査を行うことができる（同法36条～36条f）。

上記調査が終了したときは、その記録をできるだけ速やかに社会福祉委員会に送付することが義務付けられている（同法37条）。

また、検察官は、公益の観点から必要がある場合、15歳未満の触法行為の嫌疑について、社会福祉委員会、その少年の監督権者又は国家健康福祉委員会による申立てを受けて、その少年がその犯罪行為をしたかどうかについての審査を裁判所に申請することができる（同法38条）。

Ⅷ　少年・若年者に対する保護の措置等について

1　社会福祉委員会の役割

社会福祉委員会及びその実働部隊であるソーシャル・サービスのソーシャルワーカーは、①行為時15歳未満の者の犯罪行為については警察等の上記の調査の結果も踏まえて、専属的に対応しており、②犯行時15歳から18歳未満の時に犯罪を犯した犯罪少年については、警察、検察、裁判所と共に対応している。更に、③18歳から21歳未満の時に犯罪を犯した若年者については、警察、検察、裁判所の対応に相当程度関与している。

この少年・若年者に対する保護の措置等は、SOL法の下でLUL法とLVU法に基づいて行われているが、以下、SOL法とLVU法についてその要点のみに触れる。

2 SOL法について(51)
(1) 社会事業の目的

　SOL法は、社会福祉関係の基本法として、社会事業の目的、コミューンの責任、社会事業の内容、支援を受ける権利、種々の対象者に応じた特則、家庭外での保護、私的活動と報告義務、委員会組織、事件の処理手続、情報の取扱い、監督等、虐待等の報告・救済等、守秘義務などについて、その枠組みを定めている。その対象者としては、少年と若年者のほか、老年者、障害を有する者、薬物乱用者、近親者の保護・扶助をする者、犯罪被害者、負債を抱える者というように、社会的弱者が幅広く掲げられている。また、社会事業を実施する側の権限・義務と支援を受ける対象者の権利・不服申立てというように双方の観点から規定されている。

　その目的として、社会事業は、個人に対する扶助・給付にとどまらず、生活の平等や社会的な参加の促進、個人等の保有する資源などを引き出し、その力を発揮させることを目指すと共に、各人の社会的責任への留意、自己決定権及び人格の統合性が基礎とされることなどが明記され、対象者の人間性の尊重とその人格の発達、地域社会への参加・共生などが目指されている。

(2) 少年に関する措置・処遇

　SOL法における少年は、18歳未満とされ、その措置等に際しては、少年の利益を特に考慮すること、保護的介入・処遇的介入に関する決定・措置等に際して行われるものが、その少年に最善のものであることが最も重視されることが規定されている。

　処遇として、開放的援助供与、助言・支援者となるコンタクトパーソンの選任などが規定されている。また、少年及び若年者に対する特則として、社会福祉委員会及びコミューンの活動義務・配慮義務などが規定されている。

(3) 同意に基づかない保護の措置

　社会事業における保護の措置は、対象者の同意に基づくのが原則であり、

---

(51) SOL法については、廣瀬・前掲注(8)「外国少年司法事情9」139頁以下、同「外国少年司法事情10」147頁以下、同「外国少年司法事情11」146頁以下、同「外国少年司法事情12」140頁以下、同「スウェーデンの少年保護法制——社会事業法を中心に——」89頁以下参照。

SOL法が基本的に規定しているが、薬物乱用者及び若年者については、特別法に基づいて実施されることをSOL法が規定しており、その後者の特別法がLVU法である。

3 LVU法について[52]

少年及び若年者に対する強制的な保護に関して規定するのが、LVU法である。

(1) 保護の措置

LVU法の保護の措置は、対象者を施設等に収容したうえで、ソーシャル・サービスが定期的にその施設を訪問し、少年・若年者、その施設の担当者、監護権者との個人的な面談などを行って実施されるものである。その実施に当たって、ソーシャル・サービスは、保護対象である少年・若年者の健康、成長、社会的行動、通学、その少年・若年者の親族等との関係にも特別な注意を払うことが求められている。

保護の措置は、①身体的虐待、精神的虐待、不当な搾取、監護放棄、その他の家庭の状況によって、少年・若年者の健康又は成長が阻害される明白な危険がある場合、②依存性のある薬物の乱用、犯罪的活動、その他の反社会的行動によって、少年・若年者の健康又は成長が侵害を受ける明白な危険がある場合、③拘禁の代替処分である閉鎖的少年保護の執行が終了する際、その対象者に対する②の危険を増大させないために継続的な保護の明白な必要性が認められる場合、のいずれかを満たすことが要件とされ、社会福祉委員会による申請に基づいて行政裁判所が決定し、若年者特別家庭施設に収容される。その後、少なくとも6か月に一度、保護継続の必要性、保護の方向性・計画等についての再審査が義務付けられている。

また、保護の措置において、ソーシャル・サービスは、収容されている施設への定期的な個人的訪問、対象者との個人的面談、受入れ施設担当者との面談、監護権者との面談等を行う。対象者に対する外出制限、移動禁止、そ

---

(52) LVU法については、廣瀬・前掲注(8)「外国少年司法事情7」96頁以下、同「外国少年司法事情8」97頁以下、廣瀬=十河・前掲注(8)「スウェーデンの少年保護法制──若年者保護特別法を中心にして」45頁以下参照。

の監護権者等との面会の制限等が規定されている。

(2) **即 時 観 護**

保護の緊急の必要性等がある場合の仮の措置として即時観護が実施できる。すなわち、保護の措置を受ける必要性が蓋然的にみこまれる場合で、健康・成長に対する危険があること、調査の継続が極めて困難となり得ること、今後の措置が妨げられることのいずれかの事情により、保護の措置の決定を待つことができない場合に、社会福祉委員会（緊急の場合は委員長）が即時観護の決定をすることができる。即時観護の決定をした場合、その決定及び事件記録を1週間以内に行政裁判所に送り、同裁判所の審判で承認された場合、社会福祉委員会は4週間以内に保護の措置の申請をする必要があり、申請がない場合には即時観護は終了する。

IX　スウェーデンの少年保護法制の特徴

スウェーデンの少年保護法制を紹介しようとしてきたが、今回は、その前提となる刑事司法制度等の確認に止まってしまった。保護の措置等の詳細については別稿[53]に譲るほかない。そこで、少年保護法制については、その特徴をイメージ的に記述して、むすびに変えさせていただくこととする。

スウェーデンにおいては政策の目標として、前述のように、人間の尊厳、地域社会における共生などが掲げられ、その目的実現のために、各施策が統合されており、非行や犯罪に陥る少年・若年者に対する施策もその一環とされている。非行や犯罪に陥る児童・少年・若年者については、その出生、育児、保育、就学、成育、就労など成育過程の全般において様々な問題が生じ得る。それぞれの問題解決を図り、必要な支援などを行うため、捜査関係（警察、検察）、福祉関係（地方自治体、保健所、福祉事務所、児童相談所）、医療関係（診療所・病院等）、教育関係（保育園、幼稚園、学校等）などの諸機関が関わって活動している。この点までは我が国でも同様であるが、スウェーデンにおいては、これらの諸機関を統合し、有効かつ効率的に機能させてい

---

(53) 取り敢えず、廣瀬・前掲注(8)「外国少年司法事情7」以降のものを参照されたい。

IX　スウェーデンの少年保護法制の特徴

るのが、SOL法に基づく社会福祉委員会（その実働をするのがソーシャル・サービス）である。

　ソーシャル・サービスは、少年・若年者本人及び両親、家族等に対する生活の保障・支援のための活動全般に関わるほか、本人の出生から乳児期には出産・育児等についての親への支援、幼児期には保育等の支援、虐待の防止等の親へのケア、児童・少年期には就学等の支援、少年・若年期には就労の支援等にも関わるが、その間に、少年に非行・犯罪があれば、その資質・環境等の調査を行い、警察等の取調べにも立ち会い、警察、検察、裁判所の処分決定に際して、非行・犯罪の原因、処遇についての報告書の提出、意見の陳述を行う。更に、処分決定後、社会内処遇ではその処分執行に関与するほか、刑・処分の執行終了後も再犯防止、改善更生のため必要な措置（LVU法の強制的な収容も含む）を申請し、その執行にも関与するという具合である。

　統合的な施策として特に注目すべきなのは、既に触れた閉鎖的少年保護終了後のLVU法による保護の措置（強制的施設収容）である。この措置について、我が国の制度の下で考えると、制裁（刑罰）の代替措置終了後の再度の拘束として二重処罰で許されないとの感を抱かせる。しかし、スウェーデンのように、社会復帰、共生のために統合された制度の下では、その目的に必要かつ有効な処分は可能であるのみならず、行うべきものと考えられている。この点について、福祉においても必要な限度では強制的な処分が認められる制度であること、行政裁判所の審査、幅広い不服申立ての保障等、手続が十分整備されていることが前提となっていることに十分、留意する必要があると思われる。

　スウェーデンには、独立した少年法も少年裁判所も設けられておらず、刑罰（制裁）の適用率も低くはない。しかし、上記のように、SOL法の保護・支援の対象には少年・若年者のほか、老年、犯罪被害者、経済的な困窮者などが幅広く掲げられ、それぞれの特性に応じた支援・保護の措置がとられており、少年・若年犯罪者等に対する実質的に保護・教育的な運用も上記のような諸制度に包摂されて行われている。また、スウェーデンにおいては、人間尊重の理念が政策全般の基礎とされている[54]。犯罪者の処遇においても、これが貫かれており、犯罪者を社会的な弱者、種々の困窮者ととらえ、その

339

社会復帰のための支援が種々実施されている。少年・若年者に対する規制・処遇も、その一環として、少年等の特性に合わせた特則が行われているものと思われる。

　比較法制的な研究は、異なる民族・文化の下で歴史的に形成されてきた異なる法制度をその運用も含めて正確に把握し、比較・検討するという極めて困難な作業である。北欧諸国の場合には、我が国にはない制度も多く、法改正も頻繁であり、少年保護法制については、教育、福祉という他分野にも深く関わるなどしており、作業を進めるほど容易には把握・理解できないことにぶつかり「日暮れて道遠し」との感を深くする。その一方で、新たな制度を知るに連れ徐々に、不明な鎖の輪が繋がり、全体像が見えてくることは大きな励みともなる。

　本稿はそのような調査研究における制度把握の部分的、中間的な報告に過ぎないが、スウェーデンの刑事司法・少年法制への理解、我が国の少年法制に資するところがあれば幸いである。

(ひろせ・けんじ)

---

(54)　憲法に相当する統治組織法2条1項にも「公権力は、すべての人々の平等な価値並びに個々の人々の自由及び尊厳に対する尊敬をもって、行使されなければならない。」と規定されている（坂田仁「スウェーデンの統治組織法（試訳）」法学研究67巻8号（1994年）73頁）。

責任主義と保護主義

――中国における犯罪少年の扱いの過去・現在と未来を考える視座として――

李　　　　程

　はじめに
Ⅰ　責任の固守と保護の考量
Ⅱ　責任主義を考える意義
Ⅲ　保護的試み
Ⅳ　保護主義の徹底から見る今後の方向
　むすびにかえて

は じ め に

　「責任なければ刑罰なし」という責任主義の基本的要請は、刑罰を科すには必ず責任の存在を前提とすることを意味している。この意味で、責任があることは刑罰の条件である。一方で、責任の量は刑罰の量を限定する[1]。責任主義の確立は結果責任の排除や個人責任の原則を前提とする。結果責任を認めた面がありながら、個人責任の原則を採用しなかった古代の中国は、なお刑事司法において、犯罪少年の扱いに柔軟さが見られる。現代刑法は責任主義を確立し、それを堅持しながら、犯罪少年の扱いに特別な配慮をした上で保護的試みを行ってきた。保護主義の観点から見ると、これまでの試みではまだ足りない。制度上、機能的に刑罰に代替できる保護処分の導入が必要である。

（1）　山中敬一『刑法総論［第3版］』（2015年、成文堂）622頁。

I　責任の固守と保護の考量

古代の中国では、応報的刑法思想を取りながら、一方で、犯罪少年に対して特別な保護の思想が各時代の律法[2]に見られている。犯罪少年の責任を認めないか、認めるにしても、刑罰の緩和という扱いを行った。

1　『周礼』

『周礼・秋官・司寇』の「司刺」篇にある「司刺は三刺、三宥、三釈の法を管掌するとし……一釈の対象は幼弱、再釈は老年、三釈は愚痴であり、爵位ある者及び満七十歳の者、または歯が変わっていない者は、すべて奴にしない」[3]との記述が示している「三宥三釈之法」により、幼弱者、年配者および精神障害者に対して責任を問わないものとされた。『周礼』は西周の官僚制度と政治制度を定め、律法の役割も果たしていたと思われる。夏、商、周の時代は中国の奴隷社会で、戦国時代は奴隷社会から封建社会へ転換期であるため、多くの思想家が治国方策をめぐって、各自の主張を提出してきた。戦国時代では、魏の国の政治家である李悝が制定した『法経・具法』[4]に、犯罪少年を特別な処遇の対象とし、刑罰の緩和という扱いを適用していた。秦の時代では、厳しい律法を用いて国民を統制するという法家の主張が秦の国の立法を指導する思想となったが、この時代でも「老小減刑」の刑法思想を継受し、その内容を『睡虎地秦墓竹簡』、『秦律雑抄』と『法律答問』に記載している。

2　『唐律』

『唐律』は唐の時代にある『武徳律』、『貞観律』、それに『永徽律』の内容を含む律法の総称である。そのうち、『永徽律』の立法精神を明らかにすることを目的とし、「律疏」という形式で法解釈の作業が行われた。「律疏」は

---

(2)　古代の中国では、法律は「法」ではなく「律」・「律法」という名を使うのが一般的であった。
(3)　林尹（注訳）『周礼今注今訳』（1984年、書目文献出版社）380頁。
(4)　何勤華「法経新考」『法学』1998年第2期18頁。

「律」の後に付され、同じ法的効力を有する。こうした形式になったものは『永徽律疏』と言う名称を使われるようになり、後世の人々はそれを『唐律疏議』とも称した。『唐律疏議』は現存する最も完備した古代の法典であり、中国の封建律法の集大成でもあって、中華法系の代表作と褒められ、アジア諸国にも影響を与えた。『唐律』の立法を指導する思想は唐初の統治者が提唱した「寛仁」であるため、「徳」と「礼」を統治の根本と位置づけ、刑罰はそれを補充する手段として、律法の条文の内容をなるべく簡潔に規定し、刑罰の執行を厳格または慎重に行うようになっていたわけである。『唐律』の形式は律、令、格、式という四つの形となっている。そのうち、律は主に犯罪を処理する刑事実体法の規定で、民事および訴訟法の内容も若干入っている。令は、国の組織制度に関する規定である。格は、皇帝が具体的な事件に対して出す命令、指示などとなっており、律、令と式の重要な補足でもあり、最高の効力を有する。式は、国家機関の公文定式や行政活動にかんする規定で、行政法規に相当する。律、令、格、式の形で違う場面の社会関係を調整し、封建秩序の維持に努めようとしていた。

　律には、刑事責任年齢の区分、犯罪の性質の認定、いわゆる公罪と私罪の区分、故意と過失の区分、共犯の扱い、自首、累犯、併合罪または外国人犯罪の扱いなどに関して、かなり成熟した立法技術があると見られる。いわゆる「矜老恤幼」という精神のもとで、『唐律』は犯罪少年に対して、成人（壮年）の犯罪と比べて緩和した刑を用いていた[5]。

　『唐律』は秦、漢の時代以来の立法と司法の経験を吸収して、律疏の形で詳しく内容を解釈し、中国の古代社会において非常に完備した法典である。唐以降の時代は、『唐律』の影響を深く受けており、律法の精神から条文の内容まで大きな変化が見られなかった。例えば、宋の時代は『唐律』および律疏がともに『宋刑統』に収められ、直ちに自らの律法としていた。元の『至元新格』、明の『大明律』は形式のみならず、内容も『唐律』を踏襲しているところが多く、清の初・中期までの律法には『唐律』を超越したものがほとんどない。

（5）　劉俊文『唐律疏議』（1999年、法律出版社）89〜94頁。

歴史的観点から見れば、古代の中国は漢の時代から、「儒教」の精神を尊重しながら、厳しい刑罰を用いて国民を統制することも固守し、いわゆる「外儒内法」という統制思想を採用している。犯罪少年の扱いには、社会秩序を破壊したにもかかわらず、道徳の容認できる範囲を遥かに超えないかぎり、刑の緩和が認められた。

Ⅱ　責任主義を検討する意義

　責任主義は近代刑法が確立したものである。責任主義は人間を人間として尊重し、人間を意思決定できる自由な存在として捉えた上で、結果責任を否定し、個人責任を前提とする。犯罪少年の扱いでは、責任主義は保護主義の対立面にあるものではない。責任主義を考える過程において、犯罪少年ないし人間を尊重する保護的要素・要因を理解することができる。犯罪少年の扱いを責任主義の視点から考えるなら、刑事政策の観点を離れて論じることはできない。

　犯罪少年の扱いを含む刑事政策はそもそも犯罪防圧を目的とする国の活動であり[6]、その中心的部分をなすのは犯罪者対応策である[7]と解される。石川正興教授は、犯罪者対応策に関する法的規制につき、制度論としてそれを支配する主要な原理には法治国家原理および社会国家原理があげられると論じられる。法治国家原理は国家と個人との関係を「対立ないし敵対の相」において把握し、個人に対する国家の介入を必要最小限度に押し止めることを要請し、刑事法の領域では、罪刑法定主義の原則がその具体的な表現である[8]。それに対して、社会国家原理は、国家と個人との関係を「統合・調和の相」において捉え、個人の福祉を増進するために国家の積極的な関与を求めるに止まらず、国家だけでなく、社会もまた個人の社会的生存に対して責任を持つことを求めるように要請する[9]。日本において、戦前から法治国家

（６）　須々木主一『刑事政策』（1969年、成文堂）１頁。
（７）　石川正興「犯罪者対応策に関する法的規制の在り方」早稲田法学78巻３号（2003年）２頁。
（８）　石川・前掲注(7)５〜12頁。

原理との親和性を示す応報刑論および社会国家原理との親和性を示す改善刑論との間の論争があったが[9][10]、その端緒は犯罪実証学派の提言した犯罪者の改善・社会復帰理念にたどることができる。改善・社会復帰理念を根拠とする犯罪者対応策には、刑罰による再犯防止策もあるが、さらに刑罰以外の手段であるいわゆる広義の意味における（保護処分を含む）保安処分による再犯防止策も含まれ、こうした対応策は国家・社会的利益をストレートに追求するのではなく、犯罪者の福祉をも考慮しつつ犯罪予防という刑事政策の目的を間接的に追求する[11]。少年司法の場合には、社会国家原理の強調する改善・社会復帰理念は犯罪少年に刑罰・保護処分二元主義を採用する一つの重要な理論的根拠であると考えられる。

　一方、法治国家原理の強調する罪刑法定主義に基づき、犯罪者対応策の在り方に関しては、とりわけ刑罰規定の適正（手続面における適正および実体面における適正）という原理が要求されると論じられる[12]。そして、実体面における刑罰規定の適正という原理においては、さらに罪刑の均衡という原則が重要な問題となるが、それを検討する際に、近代刑法の採用している責任主義、具体的に言うと、「責任―刑罰」といった道筋を看過することはできない[13]。この問題について、道義的責任論、人格責任論、または社会的責任論の観点はそれぞれ異なっている。

　道義的責任論、いわゆる個別行為責任論は、責任概念の内実を回顧的・規範的視点からの否定的価値判断である非難可能性に限定する上、「責任―応報」の道筋を堅持しているのに対して、人格責任論は、過去における人格形成および行為に限らず、犯罪後の人格形成または将来にわたる人格形成、いわゆる人格形成責任というものを考えて、刑罰は過去に対する関係では非難の意味を持ちながら、そこから将来に対する関係では受刑者の改善を目的とする[14]。そして、人格責任論の観点と同様に、社会的責任論のいう「責任」

（9）　石川・前掲注(7)10〜15頁。
（10）　石川・前掲注(7)17頁。
（11）　石川・前掲注(7)11頁。
（12）　石川・前掲注(7)5頁。
（13）　石川・前掲注(7)9頁。

は責任主義の本来的に主張するところの回顧的・規範的視点からの否定的価値判断である非難可能性という責任概念の内実を越え、展望的・経験科学的視点から強調する犯罪的危険性の意味合いをも含むもの[15]とされる。人格責任論と社会的責任論は、このような観点から、犯罪論と刑罰論とを結びつけ、ひいては展望的な刑罰理論、たとえば、改善・社会復帰処遇の理論的基礎を責任に求めるものを考えようとした[16]。それに対して、石川正興教授は否定的な見解を示し、法治国家原理の徹底を図るには、責任非難の対象を将来方向へ及ぼすべきではないということは重要であって、道義的責任論、あるいは個別行為責任論の「責任─応報刑」という道筋の確保は重要である[17]と論じている。したがって、石川教授の論によれば、改善・社会復帰処遇の理論は犯罪者に対して、過去における非難可能性にではなく、将来における再犯可能性にしか求められないと理解してよいであろう。また、前述したように、改善・社会復帰理念を理論的根拠とする犯罪者対応策には、刑罰以外の手段、いわゆる広義の意味における（保護処分を含む）保安処分による再犯防止策も含まれるとされる。そのため、犯罪少年の場合を考える際にも、展望的視点から、再犯可能性はもちろん、それより広い意味合いを持つ概念である要保護性を根拠に、保護処分を課すことが可能となるわけである。

III 保護的試み

保護主義を確立していない中国はこれまで、刑法の責任主義の下で、実務及び制度上様々な保護的試みを行ってきた。

1 実務上の試み

実務において、刑事訴訟手続における犯罪少年に対する特別な取扱いを行

---

(14) 石川正興「受刑者の改善・社会復帰義務と責任・危険性との関係序説」早稲田法学57巻2号（1982年）19頁。
(15) 石川・前掲注(7)9頁。
(16) 石川・前掲注(14)19頁。
(17) 石川・前掲注(7)10頁。

いはじめたのは、少年法廷の設置以降のことである。

(1) 少年法廷の設置

1984年に上海市長寧区裁判所が中国初の少年法廷を設置したことは、中国において少年司法の誕生を告げた出来事である。この時期の少年法廷は、刑事審判廷に所属するもっぱら少年の刑事事件を審理する合議廷という組織であり、1988年から、長寧区少年法廷は刑事審判廷から分離されて、編制上それと並列関係にある組織となった。2006年から、犯罪少年の事件に限らず、少年の利益にかかわる民事事件と行政事件も少年法廷で受理されるようになった。こうした影響を受けながら、全国各地において、少年法廷を設置する試みが始まった。2010年までに、中国最高人民法院の統計によると、全国各省の裁判所に少年法廷は合わせて約2,200か所が設置されたといわれている[18]。そのうち、刑事審判廷に属する形で設置されたものは1,800か所であり、それに、刑事・民事・行政審判廷と並列関係に設置されたものは約400か所であった[19]。

審判実務に関して、上海市長寧区裁判所の少年法廷を例として考察してみたい。1980年代からは、改革開放の政策に伴い中国経済が急速な発展を遂げていた一方、犯罪率も高くなりつつある時期となった。中でも、とりわけ経済の発展が進んでいる大都市では、少年犯罪事件が全ての犯罪事件に占める割合はこれまでの約1％〜2％から6％〜7％までに急激に増加し、上海市長寧区では一時期10％の割合まで上がった[20]。刑事事件の審理が量的に増大したのみならず、被告人である少年は未熟性と可塑性に富むが故に、少年刑事事件を審理する際に、成人の場合と異なる方針と方式を定めて審理することが必要となった。これが少年法廷を設置した背景である。1984年に少年法廷を設置した当初は、教育と感化を基本方針としている。審判方式について、さまざまな試みを行っていた。

第一に、円卓審判の方式を試みている。すなわち、審判に参加する裁判

---

(18) 李兵「少年法廷工作的現状、改革と発展」人民司法2010年1月15頁。
(19) 李兵・前掲注(18)15頁。
(20) 王建平「少年保護審判三十年的実践と思考」青少年犯罪問題2014年第6期91頁。

官、少年被告人、検察官、弁護人など全員が丸いテーブルを囲んで座り、和やかな雰囲気の中で審判を進行する。円卓審判は刑事訴訟の職権主義審判構造を採りながら、国家刑罰権の正しい行使を唯一の目的とするのではなく、少年に対する教育・感化をも求める[21]。

　第二に、社会調査制度を導入している。調査前置主義を採っており、審判を開始する前に、犯罪少年の生育歴や犯罪の原因などについて調査を行う。なお、少年法廷には専門的な調査官を設けていないため、たとえば、心理学や教育学を専門とするソーシャルワーカー、青少年保護組織、または犯罪少年の地域矯正を担当する機関などに調査を委託するのが一般的となった[22]。一方、捜査機関による調査もあり、検察段階から行ったこともあったが、最近に至っては、ほぼ警察段階からすでに調査が始まることになり[23]、審判段階に入ってそれらの調査結果を直ちに使うことも認められている。

　第三に、法廷教育を行っている。教育的措置を行う対象者は、犯罪事実に対する異議のない少年被告人に限られているので、有罪判決を言い渡された後、それを行うのが一般的である。法廷教育の具体的な内容として、①過去に犯した罪に対する反省、②遵法意識に関する教育、③刑罰を受けるにあたっての心構え、④正しい人生観の形成に関する教育などが挙げられる[24]。法廷教育を行う際に、少年被告人の保護者その他の成年親族、所属する学校の先生、少年被告人に対する社会調査を行ったソーシャルワーカー、または心理カウンセラーなどを審判廷に招くことも認められる。

　第四に、保護者を審判に同席させている。上海市長寧区裁判所少年法廷は1988年から審判廷に法定代理人席を設けている。少年被告人の保護者を審判に出席させることによって、少年被告人に訴訟上の権利を十分に行使できることを保障しながら、審判廷で萎縮しないように彼らに心理的なケアを行いつつ、法廷教育に協力させるようになっている。なお、保護者が審判に参加できないあるいは参加を拒絶するといったことも実際にありうることから、

---

(21)　趙国玲『未成年人司法制度改革研究』(2011年、北京大学出版社) 251頁。
(22)　王建平・前掲注(20)92頁。
(23)　王建平・前掲注(20)92頁。
(24)　王建平・前掲注(20)92〜93頁。

2006年、適切な大人（たとえば、学校の生徒指導を担当している教員、法律援助センター[25]のスタッフ、またはソーシャルワーカーなど）を同席させるという新しい制度が導入されることになった[26]。

第五に、修復的司法の試みを行っている。2008年に、少年法廷は審判段階において、刑事和解ミーティングを開く形で、少年被告人と被害者とが直接面会する機会を設けることによって、被害賠償などに基づく刑事和解を積極的に促すという試みを始めた[27]。少年被告人と被害者との刑事和解は量刑の判断要素となるから、それによって、犯罪少年に対する非拘禁刑の適用率を上げることが期待できる。

(2) **少年検察機関の設置**

少年法廷設置の影響を受けて、1980年代から少年検察機関の設置が始まった。まず、上海市長寧区検察院は1986年に起訴審査科の中に少年刑事事件起訴組を設置し、もっぱら少年の刑事事件に関する起訴の審査と公訴の提起が行われている。この影響を受けて、1990年までに、上海市にある20か所の区検察院に少年刑事事件起訴組が設置された。2009年には、上海市検察院に少年刑事検察処が設置され、それは全国初の省レベルの少年検察機関となった。北京の少年検察機関の設置については、2010年の北京市海淀区検察院における少年検察処の設立が最初であった[28]。その後、犯罪少年の扱いに関して、さまざまな新しい制度を開拓しており、全国的にも非常に特色のある少年検察機関であるといわれる。検察段階における犯罪少年の特別な取り扱いについて、海淀区検察院の「4＋1＋N」といわれる少年検察実務を具体例として考察してみたい。

「4」は、少年の刑事事件について、検察段階の①勾留の許可、②起訴の判断、③拘置所業務の監督、④犯罪の予防といった4つの機能をすべて少年検察処に集中させることを指す[29]。中国刑事訴訟法は令状主義を採ってお

---

(25) 日本の「法テラス」のような社会組織である。
(26) 王建平・前掲注(20)93頁。
(27) 王建平・前掲注(20)93頁。
(28) 張寒玉＝陸海萍＝楊新娥「未成年人検察工作的回顧与展望」予防青少年犯罪2014年5月40頁。

ず、勾留を許可する権限は裁判所ではなく検察院にあるため、勾留の許可と起訴の審査は検察院における主要な職責である。1999年に、中国最高検察院は刑事検察庁を勾留審査庁と起訴審査庁（2000年に、それぞれ捜査監督庁と公訴庁に名称を変更した。）という２つの機関に分けることによって、勾留の許可と起訴の審査という２つの職責を異なる機関に分担させることを明らかにした。ここで、海淀区少年検察処が上述した４つの職責を合わせて果たすこと、とりわけ「勾・訴合一」は最高検察院の提示した職責分担、いわゆる「勾・訴分離」の意見と抵触しているのかとの指摘があった。これまで、そもそも「勾・訴合一」自体の合理性と弊害について、理論上見解の対立が存在していた。「勾・訴合一」に反対する見解には、主に次の理由が挙げられる。まず、検察権の内部における制約を弱めるという弊害をもたらす可能性がある。勾留を許可する権限、ないし捜査活動を監督する権限と起訴を審査する公訴権とは質的に異なっているものであるとされ、前者は警察の立件と捜査活動に対する監督権であり、後者は国家の刑事審判権の行使を促す権限である。もしそれらの権限を一つの部門に集中させるなら、たとえば、捜査段階における勾留許可の決定などが適法かどうかを起訴審査の段階でチェックすることは困難となり、勾留を許可する権限の濫用をもたらす恐れがありうるので、検察権内部の制約は期待しがたいものとなるだろう[30]。次に、上述したように勾留の許可を含む捜査監督権と公訴権とは質的に異なる権限であるから、「勾・訴合一」の枠組みは検察事務の専門化に適応できないし、適切に事件を処理することが困難である[31]。これに対して、「勾・訴合一」に賛成している見解には、その合理性として次の点が述べられている。まず、検察段階において、「勾・訴合一」は事件処理の効率を高めるということである。検察段階に入ってから、捜査記録の閲覧・審査や被疑者の取調べなどが繰り返し行われないことで、事件処理の効率を高めるとともに、被疑者の身柄拘束の期間を短縮することも期待できる[32]。次に、警察段階の捜査

---

(29) 王振峰＝席小華『４＋１＋Ｎ：社会管理創新語境下少年検察工作』（2011年、中国検察出版社）161頁。
(30) 夏継金「質疑捕訴合一」人民検察2003年第９期50頁。
(31) 元明「捕訴合一解決不了案多人少矛盾」検察日報2005年４月13日。

Ⅲ　保護的試み

活動を指導することができるという点である。具体的に言うと、「勾・訴合一」の場合、勾留の審査をはじめとする捜査監督と起訴審査を同一検察部門あるいは検察官に担当させることで、起訴判断の基準をもって、必要である捜査と必要でない捜査を区分することができる。さらに、必要である捜査について、証拠能力を具備するために、捜査活動をどこまで進めるかなども指導できるということである[33]。海淀区少年検察処が実務において「勾・訴合一」の方式を採用したのは、上述した点のほか、少年刑事事件の特性に基づく特別な配慮を主な要因としている。犯罪少年に対する教育・感化・救助という方針および教育を主とし懲罰を補とする原則が定められていることから、捜査の段階では、犯罪事実の究明とともに、犯罪少年に対する教育も考えるべきであるとされる。勾留許否の審査と起訴の判断のみならず、海淀区少年検察処には未決拘禁をする場所である拘置所の拘禁業務に対する監督と少年犯罪の予防という権限も集められることによって、捜査活動の初めから、少年被疑者に対する継続的な教育活動の実施を保障することができる。

　「1」は、一つのソーシャルワーカーのチームに委託するということである。少年刑事事件について、起訴判断をする際に、犯罪事実や犯罪の性質、被害の状況などを判断要素とするだけではなく、犯罪の原因と動機、犯罪少年の年齢、家庭環境、生育歴、悔悛の状といったものも十分に考慮することが実務において要請されている。すなわち、行為に関する要素とともに、行為者に関する要素も重要視すべきとされているのである。前者は捜査活動のみによって明らかにすることが期待できるが、後者については、捜査のほか、社会調査という措置も必要不可欠である。このような考慮に基づいて、海淀区少年検察処は設立されるとすぐに、社会調査を担当するソーシャルワーカーとの連携を求め始めた。2010年に首都師範大学少年司法ソーシャルワーク研究センターと契約を結ぶ形で、長期的・持続的な社会調査のサービスの提供を受けることに合意した。ソーシャルワーカーの構成員として、主に、専任の研究者、大学院生および大学生からなるボランティアチームのス

---

(32)　尹東華＝劉暁山「未成年人刑事検察応独立建制」検察日報2008年10月26日。
(33)　王振峰＝席小華・前掲注(29)158頁。

タッフといったメンバーが含まれる。社会調査活動を規制するために、海淀区検察院は『少年検察にソーシャルワーカーを導入する上での規則』（2010年）を制定した。規則はソーシャルワーカーの職責について、次のように定めている。第一に、少年被疑者の性格・素行にかかわる社会調査を実施する。第二に、リスク・アセスメントを行う。前項の調査結果に基づいて、少年被疑者の社会的危険性、人格的危険性および再犯可能性等についてアセスメントを行い、その結果は勾留許否と起訴を判断する際に参考とする。第三に、少年被疑者に補導援助を行う。第四に、必要に応じて、他の機関との連携を求める。たとえば、特別なニーズがあると判断される場合に、少年被疑者に臨床心理士などを紹介する。第五に、不起訴処分の場合に、定期的に少年の行動を観察することによって、社会復帰のための助言などに関し協力を行う。

「N」は、他機関との連携を通じて、さまざまな社会的資源を調整し活用することを指す。たとえば、全国少年科学教育センターという組織の協力を得て、主に少年被疑者および少年被害者の保護者を対象に、家族関係の修復や思春期教育などを内容とする講座を設けている。また、北京市少年心理相談・研究センターや北京市海淀区少年心理健康教育センターなどの機関と連携して、必要に応じて少年被疑者または少年被害者に心理的なケアを行っている。

2　制度上の試み

中国の少年保護に関する立法の歩みが始まったのは1978年の改革開放政策を実施した後のことである。1985年に、中国共産党中央委員会が『青少年の教育および青少年による違法犯罪の予防を一層力強く行おう』という政策を定め、少年保護に関する立法について早期にかつ着実に着手するよう呼びかけを行った。

(1) 未成年者保護法

地方レベルで、1987年に上海市は全国において初めて青少年保護の地方的法規である上海地区未成年者保護条例を公布した。その後、全国各省・直轄市・自治区がそれぞれ地方の未成年者保護条例を制定した。国レベルでは、

1988年に、『中華人民共和国未成年者保護法（草案）』が起草されて、この法案は1989年から、中央政府の各部・委員会および地方政府の意見が求められた上で、1991年に通された。

　1992年施行の未成年者保護法については、法律自身にある適用可能性の乏しさがしばしば指摘されており、2006年に改正されるに至った。2006年の法改正は、1992年に未成年者保護法を施行してから最初の改正であった。改正法は、まず総則においてこれまで明らかにしていなかった未成年者の生存権、発達権、保護を受ける権利、自己決定権等の権利を定めている。未成年者保護の専門立法として、1992年施行の未成年者保護法には保護対象である未成年者の権利さえ明確化していなかったことは、時代を踏まえた立法の大きな欠陥と言わざるをえない。次に、各章において、保護費用の政府予算やインターネットに溺れる不良行為の予防、親が出稼ぎする場合の後見義務の履行、未成年者を物乞いさせる誘拐行為の禁止、司法的保護の強化などについて改正を行った。

　未成年者保護法は7章、72条からなっている。総則と附則のほか、「家庭による保護」、「学校による保護」、「社会による保護」、「司法による保護」に「法律上の責任」といった5つの部分からなっている。立法の趣旨として、第1条に「未成年者の心身の健康を守り、未成年者の合法な権益を保障し、未成年者の品行道徳、知力、体質等全面的発達を促進し、未成年者を理想あり、道徳あり、文化あり、また規律のある社会主義の建設者と後継者に育成するため、憲法に基づき、本法を制定する」と定める。

　未成年者を保護する主体として、国家機関、軍隊、政党、社会団体、企業・事業組織、都市と農村の群衆的自治組織、未成年者の後見人およびその他の成年公民およびその他の社会団体が挙げられる。保護の対象である未成年者は、18歳未満の国民であるとされている。未成年者保護法の各章において、それぞれ家庭での18歳未満の子ども、学校・幼稚園・託児所での18歳未満の学生と乳幼児、社会で活動している18歳未満の者、司法活動（刑事事件に限らない。）に関わっている18歳未満の者と具体化されている。これらの対象のうち、司法活動（刑事事件に限らない。）に関わっている18歳未満の者という司法保護の対象を除く一般保護の対象については、どのような場合に家

353

庭外の力である政府と社会団体からの保護が必要であるかに関し、すべて行政機関の裁量によって判断を行うことになる。司法保護の対象となる未成年者は刑事訴訟法と民事訴訟法上の保護対象となるため、司法手続上の権利の確保は問題とならない。

　保護の措置として、政府の全般的な組織の下で各権限機関である教育局、衛生局、民政局、それに学校、社会団体が各自の権限の範囲内において環境の整備や未成年者への教育、未成年者の安全の保護などを行うことが規定されている。法律上の責任には、国家機関、後見人、学校、ネットバーの経営者などの企業、または児童福祉機関等が、犯罪、違法行為、不法行為による刑事責任、行政責任、または民事責任を負うべきことが挙げられている。ここでは行政処分と行政処罰を受ける場合の規定がほとんどであり、行政法的色彩が強い。

　⑵　未成年者犯罪予防法

　未成年者犯罪予防法は1999年6月に制定され、そして1999年11月から施行された。この法律の施行は、未成年者の心身健康の確保、また未成年者の良好な品行の養成および未成年者による犯罪の減少と予防に重要な役割を果たしていたとも評価されていた。中国の経済、社会の発展にともない、2010年に、未成年者犯罪予防法が改正された。

　未成年者犯罪予防法は総則と附則を含めて、合わせて8章、57条からなっている。その内容は、①未成年者犯罪の予防教育、②未成年者の不良行為の予防、③未成年者の重大な不良行為の矯正、④犯罪からの未成年者の自己保護、⑤未成年者による再犯の予防と⑥法律上の責任という6つの部分に分けられている。

　未成年者犯罪予防法にも政府をはじめとする司法機関、社会団体、学校、家庭など多くの責任主体が規定されている。具体的には、①未成年者犯罪の予防教育については、主に家庭と学校がその責任主体となっているが、②未成年者の不良行為の予防、③未成年者の重大な不良行為の矯正、④犯罪からの未成年者の自己保護については、工読学校、警察の他、社会団体などが責任主体となっており、そして⑤未成年者による再犯の予防については、司法機関、地域の社会団体などが主体となる。

この法律の中心となる部分は、②未成年者の不良行為の予防、③未成年者の重大な不良行為の矯正および⑥法律上の責任の部分である。②未成年者の不良行為の予防という部分には、⑴怠学、深夜徘徊、⑵規制されている刃物を携帯する行為、⑶殴り合い、他人を罵る行為、⑷強盗、恐喝行為、⑸窃盗、器物損壊行為、⑹賭博もしくは偽装している賭博に参加する行為、⑺わいせつな文書又は映像の閲覧又は視聴、⑻法律、法規に未成年者の入場が不適切と規定される音楽・演劇等を営業する施設に入場する行為、⑼その他の厳格な社会の公徳に違反する行為などが挙げられており、親その他の後見人また学校は不良行為をした未成年者に対して、教育的な措置を講じるべきであり、また不良行為をしている未成年者に対しては制止すべきであると規定されている。そして、③未成年者の重大な不良行為の矯正には、⑴人を集めて争いを起こし、治安をかき乱す行為、⑵規制される刃物を携帯する行為（数回の教育を経ても改めない場合に限る。）⑶繰り返し人を殴る、又は強盗・恐喝行為、⑷わいせつな文書又は映像を頒布する行為、⑸わいせつ、又は売春行為、⑹常習窃盗行為、⑺賭博に参加する行為（数回の教育を経ても改めない場合に限る。)⑻薬物を吸食、注射する行為、⑼その他の厳格な社会に危害を与える行為といった重大な不良行為が挙げられており、これらの行為をした未成年者に対して、工読学校または政府の収容型教養機関に送致する措置が規定されている。⑥法律上の責任の部分には、後見人や企業、国家機関に対して訓戒などの行政罰が規定されているほか、犯罪になる場合には刑罰を科すことになると規定されている。

　未成年者保護法および未成年者犯罪予防法の制定は、少年司法に関する国際規則からの影響を受けていたことが原因だと考えられる。「少年司法運営に関する国連最低基準規則」（北京ルールズ）（1985年）、「少年非行の防止に関する国連ガイドライン」（リヤド・ガイドライン）と「自由を奪われた少年の保護に関する国連規則」（1990年）といった国際規則に反映されている少年保護の精神が当時改革開放の政策を実施している中国政府に大きな示唆を与えた。それに、1992年に中国政府は「子どもの権利条約」（1989年）にも加入することになった。未成年者保護法と未成年者犯罪予防法という２つの法律は中国における少年保護に関する基本法と位置づけられる。中国には日

本の少年法のような法律は定められていないため、現段階で犯罪少年の事件は、刑法および刑事訴訟法の規定によって取り扱われている。

(3) **刑法上の特別な扱い**

中国刑法には、犯罪少年の特別な取り扱いに関して、以下の規定がある。

第一に、刑事責任年齢の規定である。少年の刑事責任能力について、①満16歳以上の者は罪を犯した場合、刑事責任を負うべきであり（中国刑法17条1項）、②満14歳以上16歳未満の者は、故意殺人、故意致傷の結果として人を重傷または死亡させた場合、また強姦、強盗、薬物販売、放火、爆発、毒品投入といった犯罪行為を行った場合に、刑事責任を負うべきである（中国刑法17条2項）と定められている。すなわち、14歳未満の者は、いかなる犯罪行為を行っても一切刑事責任を負わない。

なお、刑事訴訟実務においては、14歳以上18歳未満（犯行時）の者の刑事事件を少年刑事事件としている(34)。それは刑法上の刑事責任年齢の規定を基にしながら、18歳未満の被疑者・被告人に対して、訴訟手続上特別な保護を行うためである。

第二に、再犯の認定に関する規定である。中国刑法65条1項によって、有期懲役以上の刑を処せられた者は、刑の執行が終了し、もしくは、その執行の免除を得た日から5年以内に再び有期懲役以上の刑を科されるべき罪を犯したときは、再犯としている。ただし、過失犯罪および犯行時18歳未満の者による犯罪の場合は、この限りではない。同項によって、再犯と認定された場合、科刑上その刑を重くすると定められている。したがって、罪を犯したとき、18歳未満であるなら再犯と認定されないのは、犯罪少年に対する科刑の緩和を求める趣旨であると考えられる。

第三に、犯罪少年の科刑の緩和に関する規定である。①14歳以上18歳未満

---

(34) 2007年1月9日最高検察院『人民検察院の少年刑事事件処理に関する規定』の46条の規定によって、少年刑事事件とは、被疑者・被告人が満14歳以上18歳未満の間に行った犯罪事件をいうとされる。ただし、刑事訴訟手続、とりわけ少年の訴訟上の権利および手続上の少年の特別保護に関する条文で言われる少年とは、訴訟進行中に満14歳以上18歳未満の者をいう。また、2001年4月12日最高人民法院『少年刑事事件の審理に関する規定』10条は、少年法廷の事件管轄について、被告人が18歳未満の時に行った犯罪事件と定めている。

の者による犯罪について、より軽い刑種を選択し、もしくは、刑を減軽すべきであるとされる（中国刑法17条3項）。②罪を犯した時、18歳未満の者に対して、死刑を適用しない（中国刑法49条1項）。③執行猶予適用の緩和として、18歳未満の犯罪少年は、拘役[35]または3年以下の有期懲役を言い渡される場合に、刑の執行猶予を言い渡されるべきであるとされる（中国刑法72条1項）。

以上のように、中国現行刑法は刑事責任の判断および再犯の認定、また科刑上の緩和という3つの面から、犯罪少年の特別な取り扱いを規定している。日本の少年法にあたる法律は制定されていないため、犯罪少年の処遇が成人犯罪の場合と同じように刑罰一元主義で対応していることは明らかである。

⑷　刑事訴訟法上の特別な扱い

2012年3月に中国刑事訴訟法が改正され、犯罪少年の事件に関する特別訴訟手続が新設された。具体的な内容を以下に挙げる。

第一に、犯罪少年の事件を処理するにあたって、教育、感化および救助を方針として立て、教育を主とし懲罰を補とすることを原則とする（刑事訴訟法266条）。この方針と原則は、すでに未成年者保護法54条に定められている条文をそのまま刑事訴訟法に新たに加えたものである。2012年の刑事訴訟法の改正は人権保障の強化を目指し、被疑者と被告人の訴訟法上の権利強化に焦点を当てている。その一方で、刑法を正しく適用することを通じて、罪を犯した人を処罰すること、すなわち、国家刑罰権行使の確保という従来から定められてきた刑事訴訟法の任務（刑事訴訟法2条）もなお改めて強調している。起訴法定主義を基本とする中国刑事訴訟法では、検察官の起訴裁量権は厳格に制限されている。司法効率の上昇を目指すものとして、相対的不起訴制度は認めているが、その適用率は低かった。新設した犯罪少年を対象とする条件付き不起訴制度について、その適用条件から見ると、相対的不起訴制度の条件より一層厳しく定められていることが分かる。そこからも、教

---

(35)　拘役とは、受刑者を住居地または裁判地に近接する場所に拘禁し、場合により、労働に参加させる刑である。最寄りの警察機関がその執行を行い、執行期間は1ヶ月以上6ヶ月以下とする。甲斐克則＝劉建利『中華人民共和国刑法』（2011年、成文堂）82頁を参照。

育、感化および救助の方針と、教育を主とし懲罰を補とする原則が、刑事訴訟の枠組みの下で、国家刑罰権行使の確保という刑事訴訟法の任務より優位に置かれているとは言い難い。

　第二に、弁護人を依頼していない少年の被疑者および被告人に対して、指定弁護を行うものとしている（刑事訴訟法267条）。指定弁護制度について、最高検察院と最高人民法院において、それぞれ関係する規則を定めている。検察院は事件を受理してから、少年被疑者およびその法定代理人に弁護人依頼の有無について確認し、弁護人依頼の権利を告知すべきものとされ、少年被疑者が弁護人を依頼していない場合、書面をもって法律援助機関に通知し、そこから法律援助業務を担当している弁護士を派遣させ、少年被疑者の弁護人を担当させるとしている（2013年1月1日最高検察院『人民検察院刑事訴訟規則（試行）』485条）。また、裁判所は少年被告人に対し弁護を受ける権利を保証すべきものとされ、審判時18歳未満の者に弁護人が付いていない場合、法律援助業務を担当している弁護士を指定し、少年被疑者の弁護人を担当させるとしている（2001年4月12日最高人民法院『関於審理未成年人刑事案件的若干規定』15条）。

　第三に、必要に応じて、少年の被疑者および被告人に対する調査を行う（268条）。警察、検察、裁判所は事件を処理するにあたって、必要に応じて、少年の被疑者および被告人の生育歴、犯罪に至った原因、後見または教育を受けている状況等について調査を行うことができるとされる。調査について、公安部および最高検察院は警察段階と検察段階における調査に関してそれぞれ規則を定めた。警察段階では、警察は少年刑事事件を処理するにあたって、場合により、少年被疑者の生育歴、犯罪に至った原因、後見または教育を受けている状況等について調査を行い、また調査報告を作成することができるとされる（2013年1月1日公安部『公安機関処理刑事案件程序規定』311条）。検察段階でも、検察は少年刑事事件を処理するにあたって、場合により、少年被疑者の生育歴、犯罪に至った原因、後見または教育を受けている状況等について調査を行い、また調査報告を作成することができ、それを事件処理および少年に対する教育の参考資料とするものとされている（2013年1月1日最高検察院『人民検察院刑事訴訟規則（試行）』486条）。

第四に、少年被疑者に対する勾留措置の適用を制限している（刑事訴訟法269条）。中国刑事訴訟法には、連行、立保証、居住監視、逮捕、勾留[36]という５つの身柄拘束措置を定めている。そのうち、身柄拘束の度合いが最も強い勾留措置については、検察院の許可もしくは裁判所の決定がなければ、警察はそれを執行できない（刑事訴訟法78条）。中国刑事訴訟法は令状主義を採らず、捜査段階では、被疑者を勾留する決定権限は検察院にあるとされている。検察官は勾留するかどうかを判断する際に、次の要件に照らして考量することになる。罪を犯した事実を証明できる証拠があり、また懲役以上の刑に処する可能性がある被疑者・被告人に対して、立保証の措置だと、①新たな罪を犯すおそれがある場合、②国家安全、公共安全または社会秩序に危害を及ぼすおそれがある場合、③証拠を隠滅し、または偽造し、証人の立証を妨げ、もしくは供述の口裏合わせをするおそれがある場合、④被害者や告発人、告訴人に報復を加えるおそれがある場合、⑤自殺もしくは逃亡をしようとする場合といった社会的危険性をもたらすことを防ぐために十分でない場合には、勾留をすべきであるとされている（刑事訴訟法79条１項）。特別訴訟手続では、少年の被疑者および被告人に対する勾留は、厳格に適用すべきであると定められており、加えて、検察院が勾留の許可を審査する際または裁判所が勾留の決定をする際には、少年の被疑者または被告人に訊問すべきものとされ、また弁護士である弁護人の意見を聴取すべきものともされている（刑事訴訟法269条）。なお、実務において、とりわけ捜査段階で、少年被疑者に対する勾留措置適用の制限はなかなか実現しにくい面もある。なぜなら、刑事訴訟法の上述した規定に関して、最高検察院は少年被疑者が犯した罪の軽重や社会的危険性、後見人の監督状況といった要素から、勾留措置を適用しない場合を厳格に限定しているからである。たとえば、最高検察院『人民検察院刑事訴訟規則（試行）』487条および488条の規定には、少年被疑者の犯した罪が軽く、社会的危険性も小さければ、後見人の監督によって訴訟の進行を妨げる可能性がないと判断される場合に限って、検察院は勾留不許可

---

(36)　法務省法務資料第463号『中華人民共和国刑事訴訟法（2013年１月１日施行）』24頁を参照。

の決定をすべきであるとされている。結局、少年被疑者に対する勾留措置を適用しない場合はかなり限られることになっており、法改正によっては少年被疑者に対する勾留の適用率を引き下げることは期待しがたいものと考えられる。

第五に、捜査段階から適切な大人を同席させることを制度化している（刑事訴訟法270条）。少年被疑者に対する訊問または少年刑事事件の審判にあたって、少年の法定代理人に通知して少年と同席させるべきであり、通知できない場合、または法定代理人が同席できない場合、もしくは法定代理人が共犯者であると判明した場合には、少年のその他の成年親族、所属学校、勤務先、居住地の基礎行政組織（役所）または地域の未成年者保護組織の代表者に通知して同席させることができるとされる。同席する法定代理人は少年被疑者または少年被告人の代わりに、彼らの訴訟上の権利を行使することができる。適切な大人を同席させる制度の目的として、まず、少年の被疑者および被告人は訴訟能力の欠如が考慮されることから、彼らの訴訟法上の権利を十分に行使させた上で、司法機関の違法行為によって、彼らの訴訟法上の権益が侵害されるのを防ぐといったことが挙げられる。それと同時に、取調べと審判の段階において、少年被疑者・被告人に恐怖感や抵抗感などを引き起こさせないようにし、訴訟の適切な進行を保障することも目指している[37]と解される。そのために、同席する大人は少なくとも事件と少年被疑者の基本的な情報に詳しいこと、それに少年被疑者とうまく交流できることが必要である。実務において、少年の法定代理人が最も適切な大人であると考えられるのが一般的であり、それ以外の場合、適切であるかどうかに対する判断は検察院あるいは裁判所の裁量によることになる。

第六に、条件付き不起訴制度の導入である（刑事訴訟法271条～273条）。条件付き不起訴制度は少年刑事事件を対象とする不起訴制度であり、少年刑事事件に関する特別訴訟手続の中核となる制度であると言える。この制度は、刑法上に定められる特定の罪を犯した疑いがあることで、1年以下の懲役の刑を科される可能性があり、かつ、起訴の要件を満たす少年刑事事件につい

---

(37) 郎勝『中華人民共和国刑事訴訟法修改と適用』（2012年、新華出版社）469頁。

て、少年被疑者に悔悟の状があることから、検察官が一定の条件を付して訴追を猶予することが適切であると判断した場合に、訴追を猶予すると同時に、一定の観察期間を設けて、その期間内に、少年被疑者が遵守事項の違反や新しく罪を犯すことなどがなければ、訴追をしないとする不起訴制度である。

第七に、非公開審理の原則（刑事訴訟法274条）と少年の犯罪記録を封印する制度である（刑事訴訟法275条）。審判時、被告人が18歳未満である刑事事件について、審判を公開しないとされる。そして、犯行時18歳未満の者が5年以下の懲役の刑に処せられた場合に、関係する犯罪記録を封印した上で保存すべきであるとされる。

以上の制度において、条件付き不起訴制度が最も中核的なものとなっている。犯罪少年を扱うに際して、条件付き不起訴処分をする場合には、以下の4つの要件を備えることが必要である。

第一に、少年が刑法各則第4章、第5章および第6章に定められる罪を犯した疑いがあることである。まず、条件付き不起訴処分の対象者は犯罪少年に限られている。犯罪少年の年齢の上限について、法律上に明確な規定がなく、実務において、14歳以上18歳未満の者を対象としているのが一般的であるが、場合によっては、犯罪の嫌疑がある23歳未満の大学生を対象としたこともある。次に、少年の犯罪行為が刑法各則第4章、第5章および第6章に定められる罪、すなわち、国民の身体の権利および民主的権利を侵害する罪、財産を侵害する罪ならびに社会管理の秩序を乱す罪のいずれかにあたると判断されることが必要である。逆に言うと、国家の安全に危害を及ぼす罪（刑法各則第1章）、公共の安全に危害を及ぼす罪（刑法各則第2章）、社会主義市場経済の秩序を破壊する罪（刑法各則第3章）、国防利益に危害を及ぼす罪（刑法各則第7章）、横領賄賂の罪（刑法各則第8章）、汚職の罪（刑法各則第9章）、また軍人の職責違反罪（刑法各則第10章）にあたる犯罪行為、たとえば、放火や重大交通事故、テロ組織結成・指導・参加、著作権侵害、不法経営などの行為については、条件付き不起訴処分が適用できない。

第二に、1年以下の有期懲役の刑を科す可能性があることである。中国刑法に定められる刑罰は、主刑と付加刑に分けられている。主刑は、管制[38]、

拘役、有期懲役、無期懲役、死刑となっている。1年以下の有期懲役の刑を科す可能性とは、具体的に、①刑法各則に定められる法定刑が1年以下の有期懲役である場合と、②刑法各則に定められる法定刑は1年以上の有期懲役であるが、被疑者に刑罰を減軽すべき事由があるため、1年以下の有期懲役の刑を科す可能性のある場合が含まれている。なお、刑法各則に定められる法定刑が1年以下の有期懲役である罪はきわめて少なく、また、実務においても、1年以下の有期懲役の刑を科す可能性のある事件の数も相当少ないものと指摘されている[39]。

第三に、訴訟条件を満たすことである。すなわち、犯罪事実を証明するのに、確実かつ充分な証拠が備えられている必要がある。検察段階では、公訴提起の判断にあたって、被疑者に犯罪事実がないと認められた場合および刑事訴訟法15条に掲げられる事項[40]にあたる場合に、検察官は不起訴の決定をしなければならない。これがいわゆる法定不起訴制度である（刑事訴訟法173条1項）。この制度とともに、2回にわたり補充捜査をした事件について、証拠がなお不十分で、起訴の要件を満たさないと認められる場合に、検察官は不起訴の決定をすべきであるとする、いわゆる証拠不足不起訴制度も定められている（刑事訴訟法171条4項）。法定不起訴制度と証拠不足不起訴制度の運用には検察官の自由裁量権が認められない。

検察官の自由裁量権を認めているのが相対不起訴制度である。これは、犯罪の情状が軽く、刑法の規定に基づいて、刑を科す必要がない事件または刑を免除する事件について、検察官の裁量で不起訴を決定できる不起訴制度である（刑事訴訟法173条2項）。2012年の刑事訴訟法の改正で導入した条件付

---

(38) 管制は、受刑者の身柄を拘束せずに、その政治的権利の行使などに一定の制限を加え、地域矯正という社会内処遇を受けさせる刑である。警察がその執行を行い、執行期間は3ヶ月以上2年以下とされる。甲斐＝劉・前掲注(35)80～82頁。
(39) 黃太雲「刑事訴訟法修改釈義」人民検察2012年4月63頁。
(40) 1．情状が著しく軽微であり、行為による危害が大きくなく、犯罪と認められない場合。2．訴追の時効期間が満了している場合。3．特赦令によって刑が免除されることになる場合。4．刑法に基づいて、告訴を起訴条件とする罪について、告訴がないまたは告訴が撤回された場合。5．被疑者または被告人が死亡した場合。6．その他法律の規定によって刑事責任を免除される場合。

き不起訴制度も検察官の自由裁量権を認めている。もっとも、条文から見ると、条件付き不起訴処分の適用要件を満たす事件は同時に相対不起訴処分の適用要件を満たすことが可能である。実際の運用では、相対不起訴処分にすべきか条件付き不起訴処分にすべきかに関し、ケースごとの検察官の自由裁量権行使の在り方が問題となっていた。それについて、最高検察院は、犯罪少年の事件に関して相対不起訴処分の適用要件と条件付き不起訴処分の適用要件とをともに満たしている場合には、相対不起訴処分の適用を優先するものと規定した（最高検察院2012年『関於進一歩加強未成年人刑事検察工作的規定』21条）。なお、この2つの不起訴制度は立法の趣旨および適用した場合の法律効果が異なっていることから、相対不起訴処分の適用を優先するのではなく、ケースごとに判断するのが適切であると思われる。相対不起訴制度は起訴便宜主義に基づくものであり、新しい証拠がなければそれまでの訴訟手続を終結する効力がある。しかし、条件付き不起訴制度は、短期自由刑の弊害を避けた上で、犯罪少年の権利を保護することを目指し、一定の観察期間を設けて、適切な判断を行うために訴訟手続を一旦中止するものである。未熟性および可塑性に富む犯罪少年に対して、観察期間中に再犯防止の教育を行うこと、すなわち処遇することは単なる不起訴処分の決定より意義があり、条件付き不起訴制度の価値を表すものでもあると考えられる。一定期間の観察が必要と判断される犯罪少年の事件について、たとえ同時に相対不起訴処分の適用要件を満たしているにしても、条件付き不起訴処分にするべきであろう。

第四に、少年被疑者またその法定代理人が条件付き不起訴の決定について異議がないことである。被疑者が刑事訴訟手続において、公開かつ公平な裁判を受ける権利を有するのは人権保障の要請である。少年被疑者またその法定代理人において条件付き不起訴の決定について異議がある場合に、検察官は公訴を提起しなければならない。これは少年被疑者の訴訟法上の権利を保障するためである。また、少年被疑者の同意を得るのは条件付き不起訴処分所期の社会的効果を達成するためにも有利なことであり、不起訴処分に付けられる条件は少年の自覚的な遵守を前提にして定められているからである。

第五に、少年被疑者には悔悟の情があることである。悔悟の情とは、犯し

た罪に対する反省また今後再び犯罪行為をしないという主観的意識であろうと思われる。実務において、少年被疑者に悔悟の情が認められるかどうかは、自首や自白、被害賠償などの有無から判断されている。

不起訴処分に付けられる条件とは、6か月以上1年以下の観察期間を設けて、その期間内に、少年被疑者が一定の遵守事項を守らなければならないとするものである。検察官は少年被疑者の観察について、指揮と監督の責務を負うとされる。

それに、条件付き不起訴となった少年被疑者について、観察期間中に、①新たに罪を犯した場合、または条件付き不起訴決定の前に犯した他の罪が発覚した場合で、訴追が必要とされる場合、②治安の管理に関する法令の違反、また観察期間が定められている遵守事項について違反があって、その情状が重い場合、のいずれかに該当するときに、検察官は条件付き不起訴の決定を取り消し、公訴を提起することになる。もし該当することなく、観察期間が満了した場合には、検察官は不起訴の決定をしなければならない。

社会調査とは、心理学、医学、精神医学、社会学、教育学などの専門知識を有している者が、それらの専門知識および経験を利用して、犯罪少年の基本的な状況、たとえば、生育歴、家庭環境や教育を受けている状況などについて全面的な調査を行い、犯罪少年と犯罪行為に対して客観的に評価をし、犯罪に至った原因および犯罪少年の人格的危険性と社会的危険性について科学的な分析を行い、その上で書面による社会調査報告を作成するという活動である。社会調査報告は、検察官また裁判官が少年の刑事事件を処理する際の重要な参考資料となる。社会調査報告は事実と評価との2つの部分に分けられると解されている。その位置づけについて、審判実務では、社会調査報告の事実の部分を量刑の判断に際しての伝聞証拠としたことがある[41]。前述したように、2012年の刑事訴訟法改正前から、社会調査はすでに各地の検察院または少年法廷において試行されていたが、刑事訴訟法の改正によって、少年の特別訴訟手続においてその必要性が明確に強調された。なお、その具

---

(41) 山東省高級人民法院刑事第一法廷「少年審判制度若干問題研究」『山東審判』2008年第6期19頁。

体的な運用、たとえば、調査の主体、調査の内容、また調査手続について、明確な規定は設けられていない。

実務において、①警察、検察または裁判所、②司法行政機関（法務省に相当する行政機関）、③社会組織という3つの調査の主体が存在している。まず、公安部の規定によって、警察は調査の主体として認められている（公安部1995年『公安機関処理未成年人違法犯罪案件的規定』10条および2013年『公安機関処理刑事案件程序規定』311条）。次に、最高検察院の規定によって、検察も調査の主体として認められている（最高検察院2006年『人民検察院処理未成年人刑事案件的規定』16条）。裁判所が調査の主体として社会調査を行いはじめたのは、1984年に上海市長寧区少年法廷が成立してからのことである。その後、最高人民法院の規定によって、裁判所も調査の主体として定められるようになっている（最高人民法院1991年『関於処理少年刑事案件的若干規定（試行）』12条）。そして、最高人民法院は調査の主体に裁判所の委託を受けている社会組織を加えた（最高人民法院2001年『関於審理未成年人刑事案件的若干規定』21条）。しかしながら、調査の専門性、科学性および中立性の視点から、こうした警察、検察また裁判所が直接に調査を担当することの適切さについては疑問視されてきた。

調査の内容について、刑事訴訟法268条には、「……少年の被疑者または被告人の生育歴、犯罪に至った原因、後見・教育などの状況について調査することができる」と定めている。そこで、少年刑事事件の社会調査は次の内容が含まれる。すなわち、①少年の被疑者または被告人の基本的な状況、②犯罪事実にかかわる状況、③少年の被疑者または被告人の犯罪前後の行動、④家庭環境、⑤就職または就学の状況、⑥居住環境、近隣の状況、⑦性格の特徴、趣味、知能の状況という7つの内容からなっている[42]と論じられている。加えて、犯罪被害者の状況も社会調査の内容に含まれるべきであるとの見解が見られる[43]。また、少年刑事事件の社会調査は、その内容を人格に関する

---

(42) 馮衛国「未成年人刑事事件的審前調査制度探析」『青少年犯罪問題』2007年第1期50頁。
(43) 呉宗憲「論少年犯罪案件審前調査制度的建立－以『刑法修正案（八）対社区矯正制度的確立為視角』」『山東警察学院学報』2011年第5期15頁。

調査と環境に関する調査とに大きく分けられる。

　前に述べたように、条件付き不起訴処分になった少年被疑者に対して、6か月以上1年以下の観察期間を設けて再犯防止の教育を行う。観察期間中、少年被疑者は一定の遵守事項を守らなければならないとされる。帮教観察は少年被疑者に対する新たな処遇形態である。検察官が帮教観察の指揮と監督の責務を負うとされている。そこで、指揮と監督は検察官の権限が延長されたものとなる。実務では、検察から帮教観察をソーシャルワーカーに委託するやり方もあれば、司法行政機関、警察、区民委員会、婦人連合会や青少年保護組織などを帮教観察に参加させるやり方もある。しかし、実務では、帮教観察を実施する主体が特定していないこと、各自の権限が明確にされていないこと、情報共有のメカニズムが構築されていないことなどで、帮教観察は有効に実施するのが困難な状況にある。それに、帮教観察の内容について、法律上規定が設けられていないため、実務において、専門性を有しない機関また組織が帮教観察を担当する場合に、立てられる処遇計画の適切性や充実化が問題となる。

Ⅳ　保護主義の徹底から見る今後の方向

　以上の犯罪少年に対する特別処遇は、あくまでも刑事法という枠組みの中で行われていたものであり、犯罪少年の扱いに関して中国では刑罰一元主義が採用されている。刑罰の枠組みを超えて、犯罪少年に対する非刑罰的処遇の試みをはじめたのは、アメリカで行われていた少年裁判所運動と1899年イリノイ州少年裁判所法の制定である。イリノイ州少年裁判所法の指導理念はイギリス衡平法に由来する国親（パレンス・パトリエ）思想であるとされ、扶助を要する少年と遺棄された少年はもちろん、犯罪性のある少年に対しても、なるべく刑罰の観念を払拭し、保護処分を行うことによって彼らを改善矯正することを図り、その上で、社会正義の実現と社会秩序の維持を図ることが要請されている。その中において、伝統的な刑事司法の枠組みにおける応報や社会防衛の目的を従目的とし、犯罪少年を保護・教育することを主目的とするように考えられている。なお、保護・教育という目的を実現するた

めには、手続または処遇の場面で各少年の資質と育てられた家庭環境、社会環境といった要素を科学的に、客観的に把握し、個別処遇、いわゆるケースワークに基づく保護処分を行うことがもっとも適切な方法とみなされる。その指導理念は保護主義と呼ばれる。

　保護主義の下でも、犯罪少年の扱いについて、刑罰を科す道が完全に閉ざされているわけではない。機能的に保護処分が刑罰に代替できるといった形で、犯罪少年の扱いに刑罰・保護処分二元主義を採用する国が多い。

　保護主義の観点から考えると、中国では、犯罪少年の扱いに、現段階の非刑罰化するという方法のみならず、新たな非刑罰化の道を開くこと、すなわち刑罰に代替する保護処分の導入も必要であると考えられる。本来、刑罰であっても保安・保護処分の機能を持っているのであり、また保安・保護処分も一般予防的・応報的な効果を持っていることから、両者の差は質的なものではなく、量的なものと考えるべきものであろうとする見解もあるかもしれない。だが、刑罰について応報性が強調されることが到底否定できないかぎり、保護処分はもっぱら犯罪少年の教育または再犯防止とする特別予防の機能を持つことが重要である。それに、保護処分を導入する際に、処遇を担当する機関の設置や人員の育成、手続上の配慮なども考えなければならない。

むすびにかえて

　以上は中国における犯罪少年の扱いについて、現段階の制度と実務を中心として、回顧的・展望的視点から、その歴史と今後の発展可能な方向性を考察した。犯罪少年の扱いについて、これまでは責任主義の下で、刑事司法制度と実務において保護的試みを行ってきた。今後は、保護主義の観点を重視する上で、保護処分制度の導入とともに、審判機関の設置から調査、処遇機関の専門化にまで及ぶ実体・手続上の問題が新たな課題である。

(LI, CHENG)

責任能力に問題のある少年に対する精神科医療処分
―― 保護処分の多様化と医療観察制度 ――

柑 本 美 和

　Ⅰ　はじめに
　Ⅱ　少年法における保護処分と精神科医療
　Ⅲ　責任能力に問題のある少年と第3種少年院
　Ⅳ　責任能力に問題のある少年と精神保健福祉法の医療・医療観察法の医療
　Ⅴ　責任能力に問題のある少年と医療観察法
　Ⅵ　おわりに

Ⅰ　はじめに

　「心神喪失等の状態で重大な他害行為を行った者の医療及び観察等に関する法律」（平成15年法律第110号。以下「医療観察法」という）が施行され、14年が経過しようとしている。医療観察法は、重大な他害行為を行った者のうち（医療観察法2条1項）、責任能力に問題があり、不起訴処分になったり、無罪判決が確定したり、自由刑の執行を免れた者に対し（同法2条2項）、手厚い医療を行い、再び同様の行為を行うことなく社会に復帰させる目的で制定された。医療観察法の施行後、2017年12月31日までの地方裁判所における終局処理人員総数は4,494名で、このうち入院決定が出された者は3,007名、通院決定は596名であった[1]。この数値から、精神障害が原因で重大な他害

（1）　厚生労働省 社会・援護局障害保健福祉部 精神・障害保健課 医療観察法医療体制整備推進室が、2005年7月15日から2017年12月31日までの状況について犯罪白書の各年のデータを集計したものである。https://www.mhlw.go.jp/stf/seisakunitsuite/bunya/hukushi_kaigo/shougaishahukushi/sinsin/kettei.html を参照。

行為を行った多数の者が、きめ細やかな治療・ケアを受けていることが分かる。

ただ、医療観察法の対象者は原則として成人である。家庭裁判所への全件送致主義のもと、少年については、検察官が「公訴を提起しない処分」を行うことはないため、少年は、少年法20条により、家庭裁判所から検察官に事件が送致され、起訴され、刑事裁判で心神喪失による無罪等の裁判が確定した場合に対象となるにとどまる。そして、少年を正面から医療観察法の対象者に含めなかった理由について、立法関係者は以下のように説明している。

「少年については、家庭裁判所において、その健全育成の観点から適切な保護処分を判断することとされ、その中で医療的な処遇の必要性も考慮される上、成人と異なり、一般に親等の親族による適切な保護が期待でき、また、その精神障害もいまだ初期の段階であって不確定である場合も少なくないと考えられることから、このような少年を親等の保護者から引き離し、他の成人と同様に指定入院医療機関への入院を含む本法による処遇の対象とするまでの必要はなく、仮に医療の必要性が認められる場合でも、医療少年院への送致のほか、精神保健福祉法に基づく措置入院、医療保護入院等により処遇することが適当であると考えられ」たためである[2]。

しかしながら、医療観察法制定の際の議論においては、重大な他害行為を行ったが責任能力に問題ありと認められた者の中には、再び同様の行為を行うことなく社会復帰を図るために、一般の精神科医療よりも手厚い医療を保障する必要がある者が存在するということが強調されていた[3]。そして、より一層円滑な社会復帰を促進するために、入院による医療(医療観察法42条

---

(2) 白木功=三好圭=今福章二=稗田雅洋=松本圭史『「心神喪失等の状態で重大な他害行為を行った者の医療及び観察等に関する法律」及び「心神喪失等の状態で重大な他害行為を行った者の医療及び観察等に関する法律による審判の手続等に関する規則」の解説』(2013年、法曹会) 29頁注(5)。この立法関係者の説明は、責任無能力の少年について、仮に医療の必要性が認められる場合には、処遇として医療少年院への送致が考えられるとしていることから、保護処分の言渡しに関する責任能力不要説を前提としているように思われる。柴田雅司「犯罪少年と責任能力の要否についての一考察——医療観察法と関連付けて」植村立郎判事退官記念論文集『現代刑事法の諸問題 第1巻 第1編 理論編・少年法編』(2011年、立花書房) 439頁。

1項1号）だけでなく、入院によらない医療（同42条1項2号）をも規定したのである[(4)]。同様の配慮は、犯罪を行った少年にもなされるべきであり、少年であることを理由に、例外的な場合にのみ医療観察法の対象とされることには疑問も提起されていた[(5)]。

　そのような中、犯行当時、統合失調症に罹患していたため、心神喪失の状態にあったと認められる少年に係る殺人未遂保護事件において、少年鑑別所の医務課長らに対する事実の取調べの結果等を踏まえて、医療保護入院先での入院治療を継続させることが再犯防止にとって最良であるとして、審判開始決定を取り消し、審判不開始決定をしたという事例が報告された[(6)]。この決定は、「少年法3条1項1号にいう『罪を犯した』の意義として、少年に責任能力があることを要するとは解されない」と明言した。その上で、保護処分として第3種少年院送致も検討したものの、当該少年に対して十分な精神科治療や矯正教育を実施することが望めないと判断し、仮に成人になった後、医療観察法の手続にのせても、治療反応性が欠けるといった少年の主治医の意見をとり入れ、結論として医療保護入院先での入院治療を継続させることが再犯防止にとって最良であるとして、審判不開始決定（少年審判規則24条の4、少年法19条1項）をしたのである。

　この決定は、「罪を犯した」少年の要件として責任能力は必要ないと明言

（3）　最決平成19年7月25日刑集61巻5号563頁は、「医療観察法の目的、その制定経緯等に照らせば、同法は、同法2条3項所定の対象者で医療の必要があるもののうち、対象行為を行った際の精神障害の改善に伴って同様の行為を行うことなく社会に復帰できるようにすることが必要な者を同法による医療の対象とする趣旨であって、同法33条1項の申立てがあった場合に、裁判所は、上記必要が認められる者については、同法42条1項1号の医療を受けさせるために入院をさせる旨の決定、又は同項2号の入院によらない医療を受けさせる旨の決定をしなければならず、上記必要を認めながら、精神保健及び精神障害者福祉に関する法律による措置入院等の医療で足りるとして医療観察法42条1項3号の同法による医療を行わない旨の決定をすることは許されないものと解するのが相当であ」ると述べ、医療観察法の医療と精神保健福祉法の医療とは異なるものであることを明示している。

（4）　柑本美和「心神喪失者等医療観察法における社会内処遇」町野朔編『精神医療と心神喪失者等医療観察法』（2004年、有斐閣）162頁以下。

（5）　岩瀬徹「少年と医療観察法」町野朔＝岩瀬徹他編『刑法・刑事政策と福祉──岩井宜子先生古稀祝賀論文集』（2011年、尚学社）136頁。

（6）　横浜家決平成30年2月23日家庭の法と裁判17号（2019年）138頁。

しつつ、そのような少年に対する精神科治療のあり方につき3つの問題を示唆した。

まず、責任能力に問題のある少年の処遇の場として、第3種少年院は適切か否かという問題、次に、責任能力に問題のある少年の処遇として精神保健福祉法による医療は適切か否かという問題、最後に、責任能力に問題のある少年への医療観察法の適用の問題である。

本稿は、本決定が示唆したこれらの問題を検討しながら、責任能力に問題のある少年に対する精神科治療処分の望ましいあり方を考察する。結論を先に申し述べれば、保護処分の多様化を図り、保護処分の一つとして医療観察処分を加えるべきだというものである。

以下では、まず、大正少年法時の保護処分、現行少年法における医療少年院創設時の議論を踏まえつつ、治療に特化した保護処分の必要性を確認する。次に、第3種少年院と責任能力に問題のある少年との関係について概観する。さらに、精神保健福祉法上の医療が、責任能力に問題のある少年に適したものといえるのかについて、医療観察法における医療と対比させながら検討を行う。そして最後に、少年への医療観察法の適用について考察を行う。

Ⅱ　少年法における保護処分と精神科医療

1　大正少年法の対応——病院送致・委託処分——

大正少年法は、犯罪を行った少年への対応に関し、大審院の特別権限に属する内乱罪等を除外した上で（大正少年法3条、26条）、行為時14歳以上で死刑、無期又は短期3年以上の懲役若しくは禁錮に当たる罪を犯した者、16歳以上で罪を犯した者（同法27条）については検察官に先議権を与え、検察官が不起訴処分をした場合で、保護処分に付すのが相当と考えた事件を少年審判所に送致することになっていた（同法62条）。そして、検察官が心神喪失と判断し起訴しない場合には、事件は少年審判所に送致されていたようである。では、少年達にはどのような保護処分が言い渡されていたのだろうか。

大正少年法は、4条1項に「刑罰法令ニ触ルル行為ヲ為シ又ハ刑罰法令ニ

触ルル行為ヲ為ス虞アル少年ニ対シテハ左ノ処分ヲ為スコトヲ得」として、感化院送致、矯正院送致のみならず、「病院ニ送致又ハ委託スルコト」（9号）も規定していた。そして、これらの処分は、23歳まで継続可能とされていた（大正少年法5条）。送致とは収容の義務のある官公立病院への入院、委託とは収容の義務なき私立病院へ院長の承諾を得て少年を引き渡すことであった[7]。病院送致又は委託の規定が設けられた趣旨は、「少年法に於ては保護措置の一方法として官公私立の病院に少年を送ることを認めたり蓋し少年の不良性と爲りたる原因を探究するときは身體又は精神の生理的缺陷より其の不良性を誘起したることあるべく此の場合に於ては生理的缺陷を治癒して其の不良性を除去することが少年を保護して善良なる國民たらしむる所以なればなり」と説明されている[8]。また、「精神的疾病は多くの場合不良行爲の直接原因となるものであるが、……直接原因を爲す疾病は之に治療を施す以外に適切なる保護處分はないのであるから是非共病院に引渡すの處分を爲さなければならない」との説明からすると[9]、責任能力に問題がある場合には、この病院送致・委託処分を言い渡すことが想定されていたと思われる。そして、当時、心神喪失者一般に対して、裁判官が命じる何らの治療処分も存在せず治療を確保できないこととの対比において、このような少年に対し、少年審判所の審判により、保護処分の一つとして病院に送致又は委託を可能とする制度を認めたことは、「刑事政策上の一大改革」だと評されていたのである[10]。しかしながら、その趣旨とは裏腹に、この保護処分は、少年審判所と官公私立の病院との間で、少年法の運用に関する協調連絡の関係が成立しなかったため、殆ど言渡しがなされておらず[11]、大正12年から昭和21年まで

（7） 日本少年保護協会編『少年審判所及矯正院の概要』（1933年、日本少年保護協会）27頁。公立病院は少年審判所から送致したものを拒むことは出来ないが、私立病院はそれでは非常に迷惑するので委託即ち承諾を得て送致することにしたと説明されている。山岡萬之助「少年法矯正院法に就て」東京府社会事業協会報20号（1922年）23頁。
（8） 宮城長五郎「我が少年法に於ける少年の保護措置」中央法律新聞第1年(13)（1921年）5頁。
（9） 宮城長五郎「少年法釈義(13)」輔成会会報12巻2号（1928年）191頁。
（10） 宮城・前掲注(9)193頁。
（11） 宮城・前掲注(9)189〜190頁。

の間に、主たる処分として病院送致・委託処分が言い渡されたのは12名に過ぎなかった(12)。その代わりに、身体的疾患の治療を目的とした医療設備を持つ少年保護団体が組織され、病弱少年についてはこれらの少年保護団体に委託されていたのである(13)。とはいえ、この時代に、心神喪失とされた少年への治療の必要性を重要視し、保護処分として（精神科）病院への送致・委託処分を規定していたことは特筆に値しよう。

2 戦後の少年法と少年院法における対応

しかしながら、戦後、少年法改正作業が進められる中で、保護処分は整理され、病院への送致・委託処分は削除されることとなる。

司法大臣官房保護課が1947年1月にGHQ民間情報局公安部行刑課長ルイス博士に提出した「少年法改正案（1947年1月7日）」では、保護処分として病院送致・委託処分（4条1項9号）は存置され、「病院に送致又は委託する保護処分においては、送致又は委託を受けた病院をして、その施設において、本人を療養監護させるものとする」（12条）として、治療に専念させるための規定であることが明示されていた(14)。そして同じ頃、司法大臣官房保護課は、矯正法の改正案である「矯正院法第一草案（1947年1月14日）」もルイス博士に提出した(15)。この第一草案に対して、GHQ民間情報局公安部行刑課（以下「GHQ」という）は「矯正院法案（第一草案に対する総司令部修正案）」（以下「GHQ修正案」という）を示し、このGHQ修正案の中に初めて「医療矯正院」という概念を登場させた(16)。そして、GHQ修正案は、「医療矯正院は、少年審判所若は他の裁判所より送致する十八歳以上二十六歳未満の精神に異常、欠陥ある者（下線筆者）又は、少年審判所若は裁判所が言渡した刑期若は矯正院収容期間の満了前若は満了後法律若は所轄省の定める合

---

(12) 坂田仁「舊少年法における保護處分について」法学研究33巻4号（1960年）54頁。
(13) 司法保護研究所『司法保護事業年鑑．昭和13・14年』（1942年、司法保護協会）302〜303頁。
(14) 法務省刑事局『少年法改正資料第1号　少年法及び少年院法の制定関係資料集』（1970年）15〜16頁。
(15) 法務省刑事局・前掲注(14)171頁。
(16) 法務省刑事局・前掲注(14)176頁。

法的規則若は規程に従い刑務所若くは他の矯正院より送致せられる年令性格前同様の者を収容する。」（1条）との考えを示したのである⑰。さらに、「医療矯正院に於いては、適切に計画された教育計画に基き即ち、学習に当っては努めて視力、聴力等を働かしめ小学校程度、中学校程度、一般常識的、職業的、専門的、芸術的、実際的又は其の他の特殊的の教育を行う」（3条）として、教育を行う施設であることを強調するとともに、医療矯正院では、精神に異常若は欠陥ある在院者に矯正教育及び訓練を行うこと、さらには研究を実施することも明記していたのである⑱。その一方、医療に関しては、「矯正は矯正院の職員、教官及在院者の心身の健康を維持するため医療及其の他の処置を施さねばならない」（4条2項）というのみで、医療矯正院独自の医療のあり方については特別な規定を置かなかった。GHQ修正案が、医療矯正院の対象を「精神に異常、欠陥ある者」に限定し、精神の問題に特化していた点、そして、「医療矯正院」という名称にもかかわらず、そこでは特別な医療ではなく、教育を提供すべきと考えていた点は極めて興味深い。

ところが、GHQ修正案を受けた後、司法大臣官房保護課は、「矯正院法第二改正草案（1947年5月9日）」を提出したが、「医療矯正院には精神的又は肉体的に異常又は欠陥があるため、特別の医療を必要とする者を収容する。」（3条5項）として、医療矯正院の収容対象に身体的な疾患を有する者も含ませたと同時に⑲、医療矯正院では「特別の医療」が提供されることを明示した。GHQ修正案に従うことなく、精神的又は肉体的な欠陥の双方を収容対象としたのは、おそらく、大正少年法の病院送致・委託処分においても、

---

(17) 法務省刑事局・前掲注⑭176頁。
(18) そうすると、少年院法案の立案過程では、「医療矯正院」の英訳は、ずっと「medical institutes」であり、法案が国会に提出された最後の最後に「medical reformatories」に変更されたということの説明がつく。Public Health and Welfare Section, Memorandum for Record, Subject : Reformatory Law, 14 June 1948, by Donald V. Wilson, GHQ/SCAP Record Sheet No. PHW-00706――国立国会図書館所蔵、Public Health and Welfare Section, Memorandum for Record, Subject : Reformatory Law, 2 July 1948, by Donald V. Wilson, GHQ/SCAP Record Sheet No. PHW-00706――国立国会図書館所蔵。
(19) 法務省刑事局・前掲注⑭183頁。

身體又は精神の生理的欠陥の双方を対象としていたこと、戦後の荒廃した状況では、双方の疾患対策が必要だったこと[20]を理由としていたのではないかと思われる。そして、「医療」矯正院との名称のもとでは、やはり一般の矯正院とは異なる医療の提供が必要だと考えられたため、「特別な医療」との文言を明記したものと推測される。

ただ、その後、保護課立法部が立案した「少年法第三改正草案（1948年1月20日）」では[21]、保護処分が5種類に減らされて病院送致がなくなり、治療に付するための処分としては「少年を寺院、教会、病院その他適当な者に委託すること」（7条1項2号）という、病院委託の処分だけが残されることになった[22]。既に述べたように、矯正院法改正作業においては、医療矯正院の創設が既定路線となり、身体・精神の疾患に対して特別な医療を提供することが検討されていたことを踏まえると、おそらく、この段階では、医療矯正院送致処分を、病院送致の代替処分とすることが考えられていたのではないかと思われる。

ところが、その直後、司法大臣官房保護課がGHQに提出していた「矯正院法第5改正草案（1947年12月15日）」[23]に対して、GHQから「矯正院法第5改正草案に対する総司令部公安課の修正（1948年2月20日）」（以下「GHQ第二次修正案」という）が提示されるに至った[24]。GHQ第二次修正案は、収容の対象を、「医療矯正院は、感情不安定その他の欠陥のある十六歳以上二十六歳未満の者で、少年裁判所その他の裁判所から送致され、又はこの法律で規定する手続に従って移送された者を収容する。」（2条4号）とした[25]。

そして、医療矯正院での処遇については、

(20) 八塩弘二「第3種少年院発想の源流」時の法令1578号（1998年）83頁。
(21) 法務省刑事局・前掲注(14)45頁。
(22) さらに、その後、少年矯正局立法部が立案した「少年裁判所法第一次案（1948年4月5日）」では、保護処分から病院委託が削除され、「適当な施設、団体、又は個人に委託すること」（29条1項3号）という規定に変更がなされた。法務省刑事局・前掲注(14)82頁。
(23) 法務省刑事局・前掲注(14)199頁。
(24) 森田宗一「少年法制定過程覚え書き⑦　少年法に関連する法律の制定——保護三法ということ」ジュリスト941号（1989年）84頁。
(25) 法務省刑事局・前掲注(14)204頁。

「㈢医療矯正院は、適当な学習教程又は学習指導計画により教育を授け、又は小学校、中等学校、前期職業教育、職業教育、専門教育、実践教育、その他特殊の学校若しくは学科に適した学習の補助となる視覚などの特殊な方法による教育を授ける。

医療矯正院は必要な実用的教科を授け適当な教授方法を行い又は<u>医療的訓練と教育的訓練との総合を実行するため</u>（下線筆者）、自己の立案で進むことができ、又教育、医療、その他の訓練に適当な専門家を得て学習計画を作成する補助をさせ、又は第二条第四号に掲げるものの教授方法を作成する補助をさせることができる。」

と定義した[26]。

　GHQ第二次修正案は、身体的疾患をも対象としたいという日本側の希望を採り入れ、GHQ修正案で対象とされていた「精神に異常、欠陥ある者」から、「感情不安定その他の欠陥のある」者へと対象を拡大した。だが、この段階でも、「感情不安定」という文言をあえて明示し、精神的な問題のある少年への特別なこだわりを示していた。そのことは、「裁判所が本人に特に精神的欠陥があると認めて許可する場合には、本人は二十六歳に達するまで、監護収容のため、医療矯正院に送致されなければならない」（9条6項但書）として、精神的欠陥がある場合にのみ26歳まで長期収容を義務づける規定を設けたことからも明らかである[27]。他方、医療矯正院での医療については、GHQ修正案のように他の矯正院と横並びにするのではなく、「医療的訓練」という文言を用いてではあるが、独自の地位を与えるに至った[28]。

　そして、このGHQの提案を受け、法務庁少年矯正局立法部が立案した「矯正院法改正法案（1948年5月20日）」は、医療矯正院の対象者を、「心身に著しい故障のある十四歳以上二十六歳未満の者で、少年裁判所その他の裁判所から送致され、又は他の矯正院から移送された者」（2条1項4号）として、身体疾患を有する者も対象となることを改めて明確化させた[29]。また、

---

(26)　法務省刑事局・前掲注(14)205頁。
(27)　法務省刑事局・前掲注(14)208頁。
(28)　法務省刑事局・前掲注(14)205頁。
(29)　法務省刑事局・前掲注(14)215頁。

矯正教育を、「在院者を社会生活に適応させるため、その自覚に訴え紀律ある生活の下に、左に掲げる教科並びに職業の補導、適当な訓練及び医療を授けるものとする。」（4条1項本文）とし、医療矯正院における教科とは、「養護学校その他の特殊教育を行う学校で必要とする教科」と定義づけた（4条1項3号）。このように、矯正教育の中に、GHQの提案する医療的訓練ではなく、あえて「医療」の文言を組みこんだことは[30]、医療矯正院における独自の医療を規定せず、教育の提供のみにこだわり続けたGHQに対する戦略的抵抗だったように思われる[31]。これにより、矯正教育の一環としてではあるが、医療が矯正院での処遇において重要な地位を占めることが宣言されたといえよう。

他方、矯正教育に含まれたことで、医療矯正院での医療は、いわゆる病院で提供される純粋な治療とは異なるものとされ[32]、医療矯正院送致は、純粋に治療を目的としていた大正少年法上の病院送致・委託処分の完全な代替処分とみなすことはできなくなってしまった。

その後、1948年6月16日に、内閣は、矯正院法案を「少年院法案」と改め、国会に提出し、「少年院法案」は1948年6月23日に衆議院司法委員会に付託された[33]。「少年院法案」では、名称が矯正院から「少年院」へと変更され、医療少年院は、「心身に著しい故障のある、おおむね十四歳以上二十

---

(30) 法務省刑事局・前掲注(14)211頁。
(31) 旧少年院法の矯正教育に関する条文は次のように英訳されていた。"Reformatories shall give correctional education which includes courses of study as stated hereinafter, vocational guidance, proper training and medical treatment so that the inmates may prepare for life in society with self-consciousness and in a disciplined manner." "Medical Reformatories shall provide courses of study required in schools for the handicapped or other schools conducting special education." Public Health and Welfare Section, Memorandum for Record, Subject : Reformatory Law, 2 July 1948, by Donald V. Wilson, GHQ/SCAP Record Sheet No. PHW-00706——国立国会図書館所蔵。
(32) 当時、GHQのルイス博士のもとで精神衛生行政に参与していた早尾博士は、「少年の収容機関に於ては専門医師は治療（矯正目的のため）を分担せねばならない。……其の方法は所謂医療とは違い教育医療に属」すると述べていた。早尾虎雄『児童と精神衛生』（1949年、童友書房）100頁。
(33) 矯正協会『少年矯正の近代的展開』（1984年、矯正協会）754頁。

Ⅱ　少年法における保護処分と精神科医療

六歳未満の者を収容する。」（2条5項）とされた。そして、少年院法（案）の趣旨説明では、政府委員から、医療少年院に関して、「心身に著しい故障のある者は、特に設けた施設で特殊の矯正教育を授けなければ矯正の目的を達することができないので、医療少年院を設けそこで特殊な教育を授けることにした」との説明がなされ、あくまでも教育重視であることが明言された[34]。しかし、この言葉には、既に述べたような経緯から、特殊な教育と同時に、その特殊な教育に含まれる特別な医療の提供も含意されていたのである。そして、最終的に、少年院法は、ほぼ原案通りに成立し[35]、1948年7月15日に公布された。

このように、当初、GHQは、精神に問題のある者のみを対象とする「医療矯正院」という概念を提示しながらも、そこで特別な医療を提供する意図はなかったものと思われる。それを、我が国は、大正少年法の病院送致・委託処分の代替処分として、身体・精神疾患を有する少年に対し、その非行の原因となった疾患を除去するための治療処分と位置づけようとした。そのために、教育の提供のみに固執していたGHQに配慮し、立案作業の過程で、医療を教育の中に滑り込ませる戦略をとり、矯正教育の一環と位置づけたのではないかと考えられる。そして、その結果、世界的に見ても類がないといわれる、専門的医療と矯正教育を同時に行う、我が国独自の矯正施設である医療少年院が誕生したのである[36]。

しかしながら、矯正教育の一環として位置づけられた「医療」では、その治療に限界があることは明らかであった[37]。そのため、かつての少年院処遇規則（昭和24年9月12日法務府令第60号）は、「少年院内で適当な医療を施す

---

(34)　第2回国会衆議院司法委員会議録42号2頁（1948年6月26日）〔佐藤藤佐（政府委員）発言部分〕。

(35)　旧少年院法の医療少年院についての規定は、"Medical reformatories shall receive those persons who are seriously defective mentally or physically and generally fourteen years of age or over but under twenty six." と英訳されていた。Public Health and Welfare Section, Memorandum for Record, Subject : Reformatory Law, 1 July 1948, by Donald V. Wilson, GHQ/SCAP Record Sheet No. PHW- 00706──国立国会図書館所蔵。

(36)　遠藤季哉「第3種少年院における精神科医療」精神科治療学33巻8号（2018年）979頁。

ことができないときは、在院者を一時病院に入れ、又はその自宅その他適当な場所において、医療を受けさせることができる。」(49条)との規定を設けたのであろう。そうすると、犯行時に弁識能力または制御能力を欠くほどの精神障害に罹患した少年達には、より手厚い医療が施される場所が必要だったということになる。

2014年の少年院法改正で、矯正教育の定義が整理され、矯正教育から「医療」という文言は削除された。しかし、それは、従来の医療少年院の医療提供のあり方に変革をもたらすものではなく[38]、したがって、手厚い医療を提供する場が必要であることに変わりはないのである。

Ⅲ　責任能力に問題のある少年と第3種少年院

立法過程から明らかなように、第3種少年院は、矯正教育と医療を行う施設であり、医療に特化した施設ではない。「医療少年院は病院である前に司法目的で収容している少年院だ」という言葉が、その状況を見事に表現している[39]。しかし、非行少年達の中で、精神科医療を必要とする者の割合は増加しており、第3種少年院の存在は極めて重要である。平成30年版の犯罪白書によれば、2017年(平成29年)における少年院入院者2,147人のうち、精神障害を有すると診断された者は451名(21.0％)を占めるに至っている[40]。そして、少年院入院者の矯正教育課程別人員中、第3種少年院の医療措置課

---

(37)　医療観察法100条3項は、「指定入院医療機関の管理者は、第42条第1項第1号又は第61条第1項第1号の決定により当該指定入院医療機関に入院している者が<u>精神障害の医療以外の医療を受けるために他の医療施設に入院する必要がある場合には</u>（下線筆者）、その者を他の医療施設に入院させることができる。この場合において、厚生労働大臣は、第81条第1項の規定にかかわらず、当該入院に係る医療が開始された日の翌日から当該入院に係る医療が終了した日の前日までの間に限り、その者に対する同項に規定する医療を行わないことができる。」として、精神障害の医療以外についてのみ、他の病院への入院を想定している。すなわち、精神障害の医療については指定入院医療機関であらゆる医療が提供可能であることを前提としている。
(38)　法務省矯正局編『新しい少年院法と少年鑑別所法』(2014年、矯正協会)74～75頁。
(39)　西口芳伯「少年法における司法目的と医療手段の矛盾」法と精神医療23号(2008年)22頁。

程[41]に分類された者は39名、第１種少年院における支援教育課程Ⅰ（知的障害[42]）は97名（4.5％）、支援教育課程Ⅱ（情緒障害・発達障害）は94名（4.4％）、第２種少年院支援教育課程Ⅴ（情緒障害・発達障害）は１名とのことである[43][44]。

では、どのような少年達が第３種少年院送致を言い渡され、あるいは第３種少年院に移送されてくるのだろうか[45]。

例えば、医療措置課程が置かれていた関東医療少年院では、収容定員は124名で、内訳は男子96名、女子28名であったが、平成29年の入院者は、男子21名、女子６名であり、年齢の内訳は、14歳以下が１名、15—19歳が26名で、平均17.6歳であった。入院経路は、家庭裁判所から第３種少年院送致を言い渡された者が70％、他の少年院からの移送者が30％であった。非行名の

---

(40) 法務総合研究所『平成30年版 犯罪白書』（昭和情報プロセス株式会社、2018年）186頁。このうち最も多いのが「その他の精神障害」で310名（14.0％）であり、この中には、精神作用物質使用による精神及び行動の障害、統合失調症、気分障害、発達障害等が含まれる。

(41) 2014年６月に新たな少年院法が制定され、少年院の種類の見直し、これまでの年齢区分の撤廃、新たな矯正教育課程の整備等が行われた。専門的に医療を行う少年院を第３種少年院として、そこに医療措置課程を置かれた。現在、東日本少年矯正医療・教育センターと京都医療少年院が、その指定を受けている。「少年院種類表」（平成27年法務省告示第299号。最終改正令和元年５月30日法務省告示第21号）参照。

(42) 1950年に制定された「精神衛生法」では、「精神障害者」を、「精神病者（中毒性精神病者を含む）、精神薄弱者及び精神病質者」と定義していた（３条）。その後、「精神保健法」、「精神保健及び精神障害者福祉に関する法律」でも、「精神薄弱者」が定義として用いられてきたが、「精神薄弱の用語の整理のための関係法律の一部を改正する法律（平成10年９月28日法律第110号）」により、「精神薄弱」は、現在の「知的障害」に改められた。

(43) 法務総合研究所・前掲注(40)119頁。知的障害・情緒障害若しくは発達障害又はその疑いのある者等を収容する矯正教育課程を支援教育課程とし、それのみを行う少年院として宮川医療少年院と中津少年院が指定されている。

(44) 医療措置課程、支援教育課程に、グレーゾーンの少年達は含まれていないことから、現実にはもっと多数存在すると思われる。ここ数年の間に発達障害の診断のある少年が入院していると30施設で回答しているとの調査結果を報告するものとして、内藤千尋・髙橋智・法務省矯正局少年矯正課「少年院における発達障害等の特別な配慮を要する少年の実態と支援に関する調査研究：全国少年院職員調査を通して」東京学芸大学紀要・総合教育科学系66巻２号（2015年）107〜150頁。

(45) これらの統計情報は、2018年12月10日に関東医療少年院を訪問させて頂いた際にご説明頂いたものである。

大まかな内訳は、殺人・強制性交等・放火・傷害・暴行が３分の１強、財産犯が３分の１強、残りが虞犯と薬物関係である。少年達の疾患の内訳は、精神科疾患が85.2％（23名）、身体科疾患14.8％（４名）であり、精神科疾患が圧倒的に多かった。従来、医療少年院では身体科疾患を有する少年が多数を占めていたが、1997年（平成９年）を境に割合が逆転したとのことである(46)。なお、診断名の内訳については、公刊されている2016年（平成28年）の入院者統計によれば、精神疾患を理由として入院した少年のうち、自閉症スペクトラム障害が44.4％、統合失調症、不安障害、精神遅滞、AD/HDが各11.1％、物質関連障害、その他が各5.56％であり、発達障害圏が多数を占める(47)。そして、この内訳から明らかなように、精神科疾患に罹患している収容少年の多くは発達障害などに罹患し、刑事裁判であれば完全責任能力と判断される者のようである(48)。

　このように、第３種少年院に、そもそも責任能力に問題のある少年達が送致(49)・移送されてくる可能性はそれほど高くない(50)。第３種少年院に送致・移送されるためには、まず、家庭裁判所による保護処分の言渡しが行われなければならないが（少年法24条１項）、「罪を犯した少年」（少年法３条１項１号）に保護処分を言い渡すために「有責性」が必要か、とりわけ「責任能力」が必要かの議論に関し、実務上は、必要説に立つ審判例が多いと評されているからである(51)。そして、そのような流れの契機となったのは、1968年（昭和43年）に最高裁判所で開催された少年係裁判官会同で、家庭局が示した「現行法の解釈としては犯罪少年と認めるのに責任能力など責任要件を具備

---

(46)　遠藤季哉「第三種少年院における処遇ガイドラインについて〜医療職の立場から〜」刑政129巻12号（2018年）32頁。京都医療少年院でも同様の状況とのことである。
(47)　井口英子「少年矯正医療の現状と課題」司法精神医学13巻１号（2018年）97頁。
(48)　遠藤・前掲注(36)981頁。
(49)　家庭裁判所は、少年院送致決定をするには、送致すべき少年院の種類を指定しなければならない（少年審判規則37条１項）。
(50)　非行少年の中には、一定数、責任能力に問題がある者も存在することは疑いがない。そして、近年では、捜査段階で責任能力鑑定が実施されるか、又は、家庭裁判所送致後に責任能力鑑定が行われることが多くなってきている。ただ、そもそも心神喪失と認められる少年達がどれほど存在するのかは、公式統計上、明らかにされてはいない。
(51)　岩瀬・前掲注(5)137頁。

Ⅲ　責任能力に問題のある少年と第3種少年院

することが必要である」[52]との見解であったと指摘されている[53]。家庭局は、その根拠として、大正少年法は犯罪少年と触法少年を区別せず「刑罰法令に触れる行為」をした少年（大正少年法4条1項）と規定していたが、現行少年法では触法少年と「罪を犯した少年」とを区別していること[54]、有責な行為でなければ少年の人格を十分表しているとはいえないことを挙げている[55]。また、必要説の主張者は、保護処分も制裁の一種であり、少年の自由の制限、不名誉性などの不利益性を持つことは否定できないから、その正当化根拠として非難可能性が要求されること[56]、責任のない者には、審判において内省、納得を得ることも困難などといった点も、その主張の根拠とする[57]。そして、その主張の帰結は、限定責任能力の少年であれば保護処分の言渡しが可能であるが、責任能力に問題のある少年に対しては審判不開始決定、不処分決定を言い渡し、可能であれば、精神保健福祉法上の医療につなげるということになるのである。

これに対し、保護処分の言渡しに責任能力は不要との主張は、保護処分は、少年の要保護性に基づく保護、教育的な処分であって、非行に対する非難・制裁ではない、触法少年、虞犯少年に保護処分を認めるのであれば、犯罪少年についてのみ保護処分の不利益性を強調して責任を要件とするのは一貫性に欠ける[58]といった点に加え、第3種少年院は「心身に著しい障害があ

---

(52)　最高裁判所事務総局家庭局「昭和43年3月開催少年係裁判官会同協議概要」家月20巻11号（1968年）81頁。
(53)　丸山雅夫「少年に対する保護処分と責任要件――裁判例の分析を中心として――」南山法学32巻1号（2008年）36～37頁。
(54)　内藤文質『実務本位　少年法概要』（1949年、警察時報社）3頁、柏木千秋『改訂新版　新少年法概説』（1951年、立花書房）40頁。
(55)　最高裁判所事務総局家庭局・前掲注(52)81頁。
(56)　佐伯仁志「少年法の理念――保護処分と責任――」猪瀬慎一郎ほか編『少年法のあらたな展開』（2001年、有斐閣）41頁。
(57)　その他、必要説を主張するものとして、船山泰範「犯罪少年と責任要件」別冊判タ6号（1979年）81頁、松田昇「少年法第3条第1項第1号の『犯罪少年』及び同条第1項3号の『ぐ犯少年』と責任能力の関係」警察学論集35巻3号（1982年）157頁、内園盛久他『少年審判手続における非行事実認定に関する実務上の諸問題』司法研究報告書37輯1号（1987年）18頁、平場安治『少年法［新版］』（1987年、有斐閣）101頁、東海林保「少年保護事件における責任能力をめぐる諸問題」家月48巻5号（1996年）13頁。

る」者を対象としているので（少年院法4条1項3号。改正前は、「心身に著しい故障のある」であった）、対象には責任能力に問題のある者も含まれるといった理論的根拠を背景になされていた[59]。さらに、必要説に従うと、責任無能力を理由に少年達が審判不開始、不処分とされ、精神保健福祉法上の医療につながらなければ社会に放置される可能性が高く、治療を確実なものとするためには医療少年院に送致せざるをえないという実質的な配慮も存在していた[60]。実際、裁判例の中には、その時点で、病院での医療の予定が立っていない少年に対して、不要説をとり医療少年院送致としたものも存在した[61]。

　既に述べたように、実務は、保護処分を言い渡すためには責任能力が必要との立場が強い。しかしながら、必要説の立場を貫けば、本来、検察官は、少年の被疑事件について捜査を遂げた結果、心神喪失と思われる少年については、犯罪の嫌疑があるものと思料できないため、家庭裁判所への送致義務はないはずである（少年法42条）。それにもかかわらず、実務上は、全件が家庭裁判所に送致され、家庭裁判所において、何が少年にとって最善の処遇であるかが判断されている[62]。それは、あくまでも検察官が少年法の目的である「少年の健全な育成を期し、非行のある少年に対して性格の矯正及び環境の調整に関する保護処分を行う」という趣旨に則った運用を行っているから

---

(58)　岩井宜子「犯罪少年と責任能力」廣瀬健二＝多田辰也編『田宮裕博士追悼論集 下巻』（2001年、信山社）682〜683頁。
(59)　その他、不要説を主張するものとして、阿部純二「少年法3条1項1号の犯罪少年及び同項3号のぐ犯少年と責任能力との関係」家月35巻1号（1983年）169頁、多田周弘「少年保護事件におけるデュー・プロセスの実現のための覚書（中）――少年法の実務上の論点」判タ634号（1987年）15頁、高内寿夫「現行少年法における「責任」概念について」新潟法学法政理論35巻4号（2003年）97頁、廣瀬健二「少年法の理論と実務3　非行少年(1)――犯罪少年」判タ1200号（2006年）89頁、丸山・前掲注[53]50頁、渡邊一弘「少年の刑事責任能力」法と精神医療23号（2008年）18頁、小西暁和「『非行少年』と責任能力(2)」早稲田法学85巻4号（2010年）11頁、柴田・前掲注(2)440頁、川出敏裕『少年法』（2015年、有斐閣）82頁、吉中信人『少年刑法序説』（2017年、渓水社）91頁。
(60)　町野朔「保護処分と精神医療」猪瀬ほか編・前掲注[56]89頁。
(61)　東京家決昭和60年1月11日家月37巻6号96頁。
(62)　丸山雅夫「少年法における保護処分と責任要件」中谷陽二編集代表『精神科医療と法』（2008年、弘文堂）101頁。

である。もし、検察官が家庭裁判所に事件を送致しなければ、そのような少年に関しては、検察官は、精神保健福祉法上の通報を行うか（精神保健福祉法24条2項）、少年本人、少年の家族に働きかけを行うしかない。

だが、家庭裁判所に送致されれば、必要説をとって責任能力がないとした事例でも、その大半で精神科医療の実施・継続といった事後の処遇の見通しが考慮され、保護処分の必要性を具体的に検討した上で判断がなされているという[63]。つまり、重要なのは、全件が家庭裁判所に送致されることであり、家庭裁判所が少年犯罪に関する政策決定の第一次的主体であることだといえる[64]。そうであるならば、家庭裁判所送致前から保護処分言渡しまで一貫した対応を図るために、不要説をとるべきだと考える。

その上で、家庭裁判所が少年にとって適切な処遇を検討するに際し、留意しなければならないのは、第3種少年院は少年院であり、精神科医療だけを行う施設ではないという点である[65]。第3種少年院は、他の少年院と同様に、「矯正教育その他の必要な処遇を行う」施設であり（少年院法3条）、矯正教育は、「在院者の犯罪的傾向を矯正し、並びに在院者に対し、健全な心身を培わせ、社会生活に適応するのに必要な知識及び能力を習得させること」を目的としている（少年院法23条1項）。すなわち、生活指導、職業指導、教科指導、体育指導、特別活動指導といった矯正教育（少年院法24条から29条）と、その他の必要な処遇の実施を通じて、少年達の要保護性に働きかけ、非行性を除去し、社会的適応能力を身につけさせ、改善更生・社会復帰させるための施設である。精神科疾患を有する少年に対しては、医療を行うと同時に、その犯罪的傾向を除去する教育・訓練を行うことが重要なのであり、その関係については「矯正医療と矯正教育は車の両輪」とも評されている[66]。そうした特別な体制で運営される少年院だからこそ、精神障害に罹患し重大な事件を起こした少年達の改善更生に多大な貢献を果たしてきたということ

---

(63) 田宮裕・廣瀬健二編『注釈少年法［第4版］』（2017年、有斐閣）75頁。
(64) 町野・前掲注(60)89頁。
(65) 町野・前掲注(60)1頁。
(66) 桝屋二郎「精神障害を抱えた非行少年の矯正――医療少年院の立場から」青少年問題657号（2015年）31頁。

ができる⁽⁶⁷⁾。

　しかし、少年院であることからくる治療施設としての限界が存在することは認めざるをえないだろう⁽⁶⁸⁾。例えば、第3種少年院は、「保護処分の執行を受ける者であって、心身に著しい障害があるおおむね12歳以上26歳未満のもの」を対象とすることから、他の少年院とは異なる特別な医療の提供が行われうる。とはいえ、矯正教育との兼ね合いから診療は制限されたものとなり、できる治療は診察と投薬等に限られているという⁽⁶⁹⁾。また、少年院は矯正施設であるため、規律秩序が適正に維持されなければならず（少年院法83条1項）、保安の観点を軽視することはできないため、治療的な雰囲気を阻害することもありうるだろう。さらに、精神科病院での入院医療を行う際に適用される、精神保健福祉法の第5章「医療及び保護」の各規定は、第3種少年院での医療には適用がないため（精神保健福祉法43条2項）、隔離・身体的拘束など行動の制限は必ずしも臨床的観察のもとに行われるわけではない⁽⁷⁰⁾。そして、治療だけではなく健全育成に向けた矯正教育を行う施設であるため、静穏な環境を求めることが難しい場合もあるだろう。

　ただ、だからといって、第3種少年院を純粋な治療施設に転化すること

---

(67)　神戸少年A事件、佐賀バスジャック事件、愛知豊川事件など重大な事件を起こし医療少年院に送致された少年達が、誰一人として再犯していないということは、社会内処遇とともに、医療少年院での処遇が極めて有効であったことの証左であろう。
(68)　例えば、関東医療少年院は、1951年（昭和26年）に医療法上の「病院」として承認され、病床数は82床で、そのうち精神病床数は65床であったが、医療法上の病院であることは、「医師又は歯科医師が、公衆又は特定多数人のため医業又は歯科医業を行う場所であつて、二十人以上の患者を入院させるための施設を有するものをいう。病院は、傷病者が、科学的でかつ適正な診療を受けることができる便宜を与えることを主たる目的として組織され、かつ、運営されるものでなければならない。」（医療法1条の5）ことを意味するにすぎない。
(69)　井口・前掲注(47)97頁。
(70)　なお、精神保健福祉法には、患者から治療への同意を得られない場合に行いうる強制治療についての規定は置かれていない。患者が少年である場合には、親権者から治療の同意を得ているものと思われるが、どの範囲で強制治療を行うかは医師の裁量に任されている。この点、少年院法では、負傷し、又は疾病にかかっている等の在院者への医療的措置は、その者の心身に著しい障害が生じるおそれがないときは、その者の意思に反しない場合に限るとして、強制治療の実施は極めて狭い範囲に限定されている（54条1項）。

III 責任能力に問題のある少年と第3種少年院

は、とるべき道ではないように思われる。既に見たように、戦後の少年法改正、矯正院法改正の過程で、日本は、非行少年処遇において医療と教育とを共存させるという重大な政策決定を行ったのである。それは、GHQに対する戦略に加え、成長発達途上の少年にとっては、医療のみならず教育も必要だという優れた見識に基づくものであったといえる。だからこそ、医療少年院での医療提供を超える部分については、外部病院での医療を可能とする規定を少年院処遇規則に置き、現在でも、少年院法の中に、外部病院・診療所への入通院、指名医による診療の規定を置いている（少年院法54条2項、55条）。もちろん、第3種少年院に送致・移送される少年の疾患・障害に応じて、提供される治療技法等は拡充させる必要があるし、そのためには、多職種の人員配置が不可欠である。さらに、保護局と密に連携した上で[71]、障害を抱えた少年達の社会復帰支援策の強化も図らねばならない[72]。だが、第3種少年院の価値は、医療だけを提供する病院にはない「医療と教育が共に少年に働きかけること」にこそある[73]。

ただ、第3種少年院のような処遇体制に適した少年もいれば、「専門的な医療を行う病院」での治療が必要な少年も存在する。そして、そのような者の中に、重大な他害行為を行った責任能力に問題のある少年が含まれている可能性は否定できず、そうした少年のためには、治療に専念させることのできる場所が必要なのである。だが、それが精神保健福祉法上の医療でいいのかは検討の余地がある。

(71) 廣瀬健二「少年院法・少年鑑別所法成立の意義」法律のひろば67巻8号（2014年）38頁。
(72) 井口・前掲注(47)99〜100頁。
(73) この点については、よりよい処遇を実施するために、「少年矯正を考える有識者会議提言」を受け、その後開催されるようになった「少年矯正の処遇等に関する専門家会議」の議論を踏まえ、精神科疾患に焦点を当てた「第3種少年院における処遇ガイドライン」が発出されるなどの改革が推進されている。さらに、2019年4月から関東医療少年院と神奈川医療少年院は統合され、東日本成人矯正医療センターに近接した場所に移転し、東日本少年矯正医療・教育センターとして運用が開始されてもいる。そこで得られた知見が一般の少年院での処遇に還元されることが期待されている。工藤弘人「第三種少年院における処遇ガイドラインについて〜作成の経過及び教育の立場から〜」刑政129巻12号（2018年）30頁。

Ⅳ　責任能力に問題のある少年と精神保健福祉法の医療・医療観察法の医療

　これまで、責任能力必要説をとってきた実務は、審判不開始決定、不処分決定とした上で、責任無能力の少年を精神保健福祉法上の医療に任せてきた。しかし、一般精神科医療には、重大な他害行為を行ったが責任能力に問題がある者の処遇につき、以下のような問題が存在すると指摘されてきた。

　まず、「自傷他害のおそれ」ありとして措置通報がなされても、必ずしも措置入院に結びつくわけではないという点である。次に、措置入院となっても、不十分な治療のまま早期退院あるいは脱院するケースや[74]、退院後に、地域で継続的に医療を提供するシステムが存在しないため、服薬を中断し、症状を再発させ、再犯に至るケースがあるという点である[75]。さらに、措置入院は、自治体により運用されるものであり、地域差があると同時に、自治体を越えた連携が難しいという点も挙げられていた[76]。そして、これらは成人にのみ該当する問題ではなく、以下に見るように、責任能力に問題のある少年にも該当しうるのである。

　まず、2017年度（平成29年度）の衛生行政報告例によれば、申請通報届出数は26,782件であったが、調査により診察の必要がないと認められた者は16,755件であり、実際に診察を受けた者は9,536件であった。そして、そのうち措置入院が認められた者は6,899件に過ぎなかった[77]。これらの数値から明らかなように、措置入院が行われる数は、申請通報数に比べ極めて少ない。もちろん、措置入院の必要性が認められない場合であっても、精神障害に罹

---

(74)　山上皓「触法精神障害者について考える──国際社会の中での日本の位置づけ──」精神医学レビュー29号（1998年）60頁。
(75)　井上俊宏「触法精神障害者の再犯についての多角的研究──触法精神障害者946例の11年間に亘る追跡調査結果の分析──」犯罪学雑誌第62巻6号（1996年）180頁。
(76)　山本輝之「精神医療と重大な犯罪行為を行った精神障害者」ジュリスト1230号（2002年）7頁。
(77)　平成29年度衛生行政報告例 統計表 年度報。https://www.e-stat.go.jp/stat-search/files?page=1&layout=datalist&toukei=00450027&tstat=000001031469&cycle=8&tclass1=000001120396&tclass2=000001120397&tclass3=000001120398&second2=1を参照。

IV 責任能力に問題のある少年と精神保健福祉法の医療・医療観察法の医療

患し医療及び保護の必要が認められれば医療保護入院はでき（精神保健福祉法33条1項）、本人に病識があり入院の必要性を理解していれば任意入院も行いうる（精神保健福祉法条20条）。ただ、医療保護入院は、原則として、「家族等のうちいずれかの者の同意」を要件とするが、少年の場合、攻撃が家族に向かっていたり[78]、親からの虐待を受けているなど、家庭環境に問題がある場合が多く、それに加えて、親の監護能力が不十分な可能性もあり、同意の取得に困難が伴うことが想定される。さらにいえば、患者の利益と家族の利益とは対立しうるのであり、家族が患者の権利擁護者であるとの考え方そのものに問題がある[79]。そして、このような少年に、自ら治療を求めることを期待するのは難しいであろう。そうすると、継続的な医療が必要な場合に、精神保健福祉法上の医療では、それらが提供されない可能性が高くなるのである。

次に、措置入院となっても、早期退院となる、退院後の地域での医療継続システムが存在しないという点についてである。措置入院の要件である「自傷他害のおそれ」は、精神保健福祉法28条の2の規定に基づき厚生労働大臣が定める基準によると、「当該者の既往歴、現病歴、及びこれらに関連する事実行為等を考慮するものとする」とされている（昭和63年4月8日 厚生省告示第125号第1項第2号）。これは、あくまでも短期的スパンで判断されるものであり、入院を継続しなくても「自傷又は他害のおそれ」が消失したと認められるに至った時は、都道府県知事は直ちにその者を退院させなければならない（精神保健福祉法29条の4第1項）。その結果、措置入院の平均在院日数は87.5日（平成25年）と短く[80]、退院後に適切な医療継続措置が図られることが極めて重要になってくる[81]。現在、措置入院者に行われうる退院支援

---

(78) 岩瀬徹「少年に対する医療観察法の適用について」青少年問題657号（2015年）9頁。
(79) 柑本美和「精神科入院制度の改革に向けて──法律の立場から」臨床精神医学44巻3号（2015年）328頁。
(80) 平成29年2月16日（木）平成28年度第2回精神障害者の地域移行担当者等会議「措置入院制度に係る医療等の充実について」厚生労働省社会・援護局障害保健福祉部　精神・障害保健課　課長補佐　九十九　悠太氏報告資料12枚目による。http://www.mhlw.go.jp/file/06-Seisakujouhou-12200000-Shakaiengokyokushougaihokenfukushibu/0000155616.pdfを参照。

は、精神保健福祉法47条の相談支援業務の一環として、自治体が中心となって退院後支援計画を作成して行うものであり、同意が得られた者に限られており、期間も原則として6ヶ月、最長で1年とされている[82]。本人の同意が前提であるため、同意が得られなければ支援は開始されないし、同意が撤回された時点で計画に基づく支援は終了となる。それ以外に、退院後に医療から離脱させないための強制通院制度のような仕組みは、我が国には存在しない[83]。もちろん、措置入院が解除された後、家族等の同意を得て医療保護入院で医療を継続することも可能である。しかし、医療保護入院には前述のような問題が存在し、退院促進・地域移行支援の措置は講じられてはいるものの（精神保健福祉法33条の4〜6）、どこまで機能しているかは、病院ごと、自治体ごとに異なるため、医療継続に困難が生じる可能性が高いのである。

　最後に、自治体を越えた連携についてであるが、そもそも措置入院は自治体ごとに行われるものであるため、退院支援についても、支援を要する者の判断が自治体ごとに異なる。そのため、居住地を移した場合、継続的な支援を受けられないことが危惧されているのである[84]。こうした問題を克服するために、医療観察制度は構築されたのであり、これらの問題が少年にも同様に妥当しうる以上、立法関係者が、少年に医療観察法の適用は原則としてないとした理由が説得力を持つものではないことは明らかである。

　それに加え、精神保健福祉法上の医療と医療観察法の医療とでは、以下のように大きな違いが存在する。

---

(81)　「津久井やまゆり園」事件後に、厚生労働省が行った検証及び再発防止策検討においても、退院後の医療等の継続支援の実施の重要性と枠組み構築の必要性が重要項目として掲げられている。相模原市の障害者支援施設における事件の検証及び再発防止策検討チーム『報告書〜再発防止策の提言〜』（2016年）7〜12頁。
(82)　「地方公共団体による精神障害者の退院後支援に関するガイドライン」について（平成30年3月27日障発0327第16号）
(83)　措置入院制度の問題点を踏まえ、刑務所からの釈放者への強制通院制度の必要性を主張するものとして、柑本美和「刑事司法と精神科医療—矯正から更生保護へのcontinuity of care アメリカの取り組みを参考に」高橋則夫＝只木誠＝田中利幸・寺崎嘉博編『刑事法学の未来—長井圓先生古稀記念』（2017年、信山社）772頁以下。
(84)　報道発表資料「措置入院者等の退院後支援に係る法改正について」http://www.metro.tokyo.jp/tosei/hodohappyo/press/2018/12/10/02_01.htmlを参照。

医療観察法においては、入院処遇の目標・理念に、他害行為について認識し自ら防止できる力を獲得すること、被害者に対する共感性を養うことが掲げられており、手厚い医療が、再び同様の行為を行わないためのものであることが明確化されている[85]。

　そして、指定入院医療機関における医療提供は、可能な限り、1991年に国連総会で採択された「精神疾患を有する者の保護及びメンタルヘルスケアの改善のための諸原則」（以下「国連原則」という）[86]に沿う形で定めた入院処遇ガイドラインに則って行われ、人権に配慮した医療が提供されている。それは、医療観察法による医療は、対象者にとっては、手厚い医療の享受という利益処分である反面、自由の制限を含む不利益な面も有しているからである。特に、本人の同意によらない治療については、医療観察法自体に規定が置かれているわけではないが、入院処遇ガイドラインにおいて、「病棟倫理会議」の設置を義務化し、会議には精神医学の専門家の外部委員1名以上を招聘することとし、強制治療や隔離拘束の妥当性判断を行わせている[87]。そして、強制治療に不服がある者は、処遇改善請求の申立てを行うことで、その適否が審査されることになる（医療観察法95条、96条）[88]。この点、一般精神科医療においては、精神保健福祉法41条が厚生労働大臣に策定を義務づけた「良質かつ適切な精神障害者に対する医療の提供を確保するための指針」（平成26年厚生労働省告示第65号）に、インフォームド・コンセントに努めるべきとの規定が置かれてはいる[89]。しかし、インフォームド・コンセントが得られないときの強制治療の仕組みについては何も規定されておらず、不透明なままである[90]。

---

(85)　「入院処遇ガイドライン」（平成17年7月14日障精発第0714002号）Ⅰ12）(1)。

(86)　Principles for the protection of persons with mental illness and the improvement of mental health care, adopted by General Assembly resolution 46/119 of 17 December 1991. 原文、和文ともに、http://www.mhlw.go.jp/stf/shingi/2r9852000001y6gv-att/2r9852000001y6mo.pdf参照。

(87)　「入院処遇ガイドライン」・前掲注(85)Ⅱ1。

(88)　処遇改善請求の審査を行う社会保障審議会医療観法部会については、https://www.mhlw.go.jp/stf/shingi/shingi-hosho_126733.html を参照。なお、精神保健福祉法も、精神科病院に入院中の者又はその家族等に、処遇改善請求の権利を保障し（同法38条の4）、処遇の適否の審査権限を精神医療審査会に与えている（同法38条の5）。

そして、こうした医療が手厚い人的体制のもとで提供されることで、重大な他害行為の累積発生率及び自殺率は、3年目でそれぞれ推定1.8％、2.4％と低く抑えられていることが明らかになっている。参考までに、平均入院処遇期間は951日であり、平均通院処遇期間は969日である[91]。

さらに、対象者のスムーズな社会復帰を促進するために、「指定通院医療機関での医療」と、「社会復帰調整官による精神保健観察」とで構成される「入院によらない医療」のシステムが構築されている（医療観察法42条1項2号）[92]。対象者は、入院中から、指定入院医療機関の職員による付添いのもと外出・外泊を行い（医療観察法100条1項、2項）、通院処遇移行への準備を進める。そして、地域での医療を継続させ、再び他害行為を行わないようにするため、社会復帰調整官には、医療機関、居住地の自治体関係者と協議の上、木目細かな処遇の実施計画を策定する義務が課され、それに基づき処遇が行われる（医療観察法104条、105条）。精神障害に罹患し重大な他害行為を

---

(89) 医療観察法附則3条2項には、医療観察法による専門的な医療の水準を勘案して、精神医療全般の水準の向上を図るものとすると明記されているが、インフォームド・コンセントが指針に掲げられたことも、その水準向上の一つであるといえる。その他、医療保護入院についての退院支援システムの創設など、医療観察法の医療が、精神科医療の底上げに果たしている役割は極めて大きい。

(90) 柑本・前掲注(79)330頁。さらに、患者に対する隠し飲ませとインフォームド・コンセントの問題を論ずるものとして、町野朔「患者の自己決定権と医療のパターナリズム」生命倫理6巻1号（1996年）32～34頁。

(91) 「入院処遇ガイドライン」前掲注(85) I 2 2)では、おおむね18ヵ月以内での退院が目標とされているが、手厚い医療の提供と、退院後の生活に向けた入念な準備のため、そのような短期間では退院に至らないようである。厚生労働省 https://www.mhlw.go.jp/file/05-Shingikai-12201000-Shakaiengokyokushougaihokenfukushibu-Kikakuka/shiryou2_15.pdfを参照。

　参考までに、我が国の一般精神科医療における精神病床の平均在院日数は274.7日であり、さらに、近年の新規入院患者の入院期間は短縮傾向にあって、約9割が1年以内に退院するとのことである。平成30年12月18日（火）第1回精神保健福祉士の養成の在り方等に関する検討会「最近の精神保健医療福祉施策の動向について」厚生労働省提供資料25枚目資料による。https://www.mhlw.go.jp/content/12200000/000462293.pdfを参照。

(92) 「通院処遇ガイドライン」（平成17年7月14日障精発第0714002号）、「地域社会における処遇のガイドライン」（平成17年7月14日 法務省保総第595号／障精発第0714003号）を参照。

Ⅳ 責任能力に問題のある少年と精神保健福祉法の医療・医療観察法の医療

行ったという二重のハンデを背負った者の社会復帰には、こうした手厚い体制が不可欠なのである。

付け加えていえば、少年達が責任能力に問題があると認定されたとしても、重大な他害行為を行っている以上、被害者への対応についても検討する必要がある。

まず、医療観察法では、全ての決定が司法関与のもとで行われ、密室で議論されるわけではないことから、被害者の納得が得られやすい。それに加え、医療観察法では、裁判官は、検察官の申立てに係る審判の決定に限ってではあるが、被害者や遺族等（以下、被害者等という）の傍聴を許可し、決定事項を通知することが可能である（医療観察法47条、48条）。さらに、被害者等の希望があれば、加害者の処遇段階（入院処遇、地域社会における処遇、処遇終了）に関する事項、地域社会における処遇中の状況に関する事項等の情報を提供できるようにもなっている[93]。医療観察法においても刑事裁判、少年審判同様に被害者への配慮がなされているのである。他方、一般の精神科医療では、守秘義務に阻まれ、こうした情報を入手することは極めて難しいと思われる。

これらのことに鑑みれば、少年であるという理由で、責任能力に問題のある少年を正面から医療観察制度の対象としないことは、少年にとっても、さらには被害者にとっても刑事政策的に妥当とはいえないであろう[94]。

既に、少年についても、医療に特化した保護処分が必要との主張を行ったが、彼らに関して医療観察法の申立ての道を開くことが、まさにその答えとなるように思われる。

----

(93) 法務省保護局「医療観察制度における被害者等の方へ」 http://www.moj.go.jp/hogo1/soumu/hogo07_00002.htmlを参照。
(94) 少年に医療観察法を適用する必要性があるという立法事実が存在するのかという問いに対して、そのような事例は1件生じただけでも社会的に深刻な問題の提起となるため、裁判所による法的な処分を受け皿として用意しておくべきだと主張するものとして、岩瀬・前掲注(78)9頁。このことは、神戸の少年Aの事件を振り返れば明らかであると思われる。

V 責任能力に問題のある少年と医療観察法

　責任能力不要説は、家庭裁判所が判断主体となって、当該少年にとって何が最適な処遇かを判断すべきであり、そのためには責任能力に問題のある少年も家庭裁判所に送致される必要があるという主張である。家庭裁判所に送致されれば、当該少年の要保護性に応じて、処遇の必要なしを含め、児童福祉法上の福祉的措置、少年法上の保護処分（少年院送致、児童自立支援施設・児童福祉施設送致、保護観察）、刑事処分等から、最適な処遇が選択されることになる[95]。そうすると、医療観察法の充実した処遇内容が明らかになっている現在、責任能力に問題のある少年にも医療観察法による医療をとの声が挙がるのは不思議ではない[96]。実際、そのような立場から、岩瀬名誉教授は、少年法20条の「刑事処分を相当と認めるとき」を、「刑事処分又は医療観察処分を相当と認めるとき」に改めるという立法論を提示された[97]。さらに、そのような立法が容易ではないことを踏まえ、解釈・運用による解決策も示されている。すなわち、検察官は、家庭裁判所から逆送された事件においては、不起訴処分にして医療観察法33条1項の申立てが許されることを認めるべきだというものである[98]。それが認められれば、「家庭裁判所は，検察官送致に当たり，刑事処分相当ということと併せて，その理由中で，検察官において責任能力がないと判断するときは，刑事処分に代えて医療観察処分に付するのが相当とする意見をいうことも是認されることにもなるのではないか」とも提言されている[99]。そして、さらに進んで、現行法のもとで、医療観察処分を相当として検察官送致することも許されるのではないかとも主張されるのである[100]。

　確かに、このような解釈により、責任能力に問題のある少年に医療観察処

---

(95) 丸山雅夫「精神障害が疑われる犯罪少年に対する法的扱い――刑法、少年法、心神喪失者等医療観察法、鑑定」社会と倫理30号（2015年）79頁。
(96) 岩瀬・前掲注(5)141頁。
(97) 岩瀬・前掲注(5)143頁。
(98) 岩瀬・前掲注(78)8頁。
(99) 岩瀬・前掲注(5)145頁。

分への道を開くことは、現行法上、全く無理なこととは思われない。実際、「刑事処分を相当と認めるとき」には、実務上、保護不能・保護不適の場合と、総合的な処遇の有効性から刑事処分が相当と判断できる場合（例えば、罰金見込送検など）とがあるとされ[101]、「処遇の有効性」の観点から医療観察処分を相当とする検察官送致を行うことも想定できなくはない。しかし、いくら処遇として総合的に有効と考えられても、「刑事処分相当」という判断の中に、「刑事処分に代わる医療観察処分」をもとりこむことには疑問がある。医療観察処分は刑事処分ではないし、立法時の激しい議論を踏まえれば、医療法として定着している制度に[102]、批判の口実を改めて与える必要はないからである。

　それに加え、家庭裁判所段階で責任能力鑑定を行い、責任無能力ゆえに医療観察処分の申立てをとの処遇意見をつけて検察官送致をしたとしても、検察官はその判断に拘束されるわけではなく、医療観察処分の申立てを行わずに公訴が提起される可能性は大きい。成人に関しては、検察官の裁量権行使による刑事政策的判断に期待するところが大きい一方[103]、少年については、やはり家庭裁判所が少年の処遇決定の主体であるべきではないだろうか。検察官には、少年鑑別所、家庭裁判所調査官といった科学的調査機関はなく、そうした機関から得られる科学的・社会的データを用いて、少年にとって最適な処遇を多角的に判断できるのは家庭裁判所しかないと思うからである。

　そして、このような解釈・運用上の困難を考えれば、ここは立法によらざるを得ないのではないか、さらに、検察官送致による医療観察法申立てのための立法を行うのであれば、むしろ、一歩進んで、医療観察処分を保護処

---

(100)　岩瀬・前掲注(5)146頁。これに対し、「心神喪失者等医療観察法の運用を目的とする検送」は、『刑事処分相当』の文言解釈として無理があるし……、家裁がそのような実務の導入に踏み切るとも思われない」と述べるものとして、丸山・前掲注(62)102頁注(44)。
(101)　田宮＝廣瀬・前掲注(63)231頁。
(102)　町野朔「日本における司法精神医療の現状と課題」司法精神医学2巻1号（2007年）32頁。
(103)　例えば、柑本美和「児童虐待と刑事政策」罪と罰55巻2号（2018年）15〜18頁では、条件付き起訴猶予処分を法定化し、児童虐待加害者に対して治療・プログラムを義務づけるべきとの主張を行っている。

の一つとして位置づける立法を行うべきではないだろうかとも思うのである(104)。これにより、責任能力に問題がある少年に特化した処遇選択肢にはなるが、入院医療処分と通院医療処分の道が開かれ、これまでに主張されてきた保護処分の多様化が実現することにもなる(105)。そして、家庭裁判所が判断主体となることで、限定責任能力の少年にも手厚い医療が必要と考えた場合に、医療観察処分が広く適用される可能性も生じてくるように思われる(106)。

Ⅵ　おわりに

　本稿は、医療観察処分を保護処分とすることで、家庭裁判所の判断により、責任能力に問題のある少年に対して、医療観察法の医療を受けられる機会を保障するべきだと主張するものである(107)。ただ、そのためには、既存の成人の枠組みに少年をはめ込むのではなく、少年の特性を踏まえた体制作りが不可欠となろう。少年達が医療観察法の既存の指定入院医療機関に入院したとしても、入院対象者の平均年齢は46.4歳であり(108)、その中で少年達が医

---

(104)　最高裁家庭局は、1968年当時に、精神障害に罹患した少年の処遇という点では、医療少年院（当時）では処遇困難な面があり、また精神衛生法（当時）上の措置にすべて委ねるのが適当かどうかは多分に問題があるので、立法論としては保護処分多様化の一環として精神障害者施設送致処分という新たな保護処分を設けることが考えられるとの見解を示していた。最高裁判所事務総局家庭局・前掲注(52)281頁。

(105)　澤登俊雄「保護処分と責任の要件」平場安治他編『団藤重光博士古稀祝賀論文集　第3巻』（1984年、有斐閣）164頁。

(106)　裁判所がイニシアチブを握ることで、受刑者に対しても精神科医療を確保する方向に動きだしたイギリスの状況については、柑本美和「イギリスにおける犯罪を行った精神障害者への治療優先主義の変化——Vowles判決を契機として」立教法学97号（2018年）39頁以下。

(107)　岩瀬・前掲注(78)9頁は、家庭裁判所の裁判官に、医療観察処分の相当性の判断を求めることについては、過剰な期待ではあるかもしれないが、「裁判所としては、真に必要であることが認められれば、研修のほか、地方裁判所と家庭裁判所との間での交流等によって、これに対処することに向かうべきであろう。」と述べる。そうであるならば、さらに進んで、家庭裁判所で医療観察処分の審判を行うことも可能ではないだろうか。

(108)　厚生労働省・前掲注(91)。

VI　おわりに

療を受けることには困難を伴う可能性が高い。また、少年には、少年に適した入院処遇プログラム、通院処遇プログラムが必要となる。

そう考えると、第3種少年院の敷地の一画に少年専用の医療観察法病棟を設ける、あるいは、病床を確保することは、一つの案として考えられるのではないだろうか。実際、北海道では、札幌刑務所敷地内に北海道大学病院の分院として、道内初の指定入院医療機関が整備されることになり、指定入院医療機関と刑務所との連携により、精神障害を有する犯罪者への新たな精神医療的介入の可能性が期待されている[109]。それが可能であるなら、少年についての矯正医療と医療観察法医療の連携も実現不可能ではないように思われる[110]。

（こうじもと・みわ）

---

(109)　「法と精神医療学会第34回大会」（2019年3月9日開催）シンポジウム②『北海道における指定入院医療機関の設置について』における、田中央吾氏（厚生労働省・医療観察法医療体制整備推進室）の報告「北海道における医療観察病棟の開設について」内での発言部分。なお、「刑事責任に問えぬ人の入院施設　北大病院運営で調整　札幌刑務所の敷地に建設」北海道新聞2018年9月27日も参照。

(110)　医療刑務所でさらに治療の必要な者については、医療観察法で治療を行うための道筋をつけるべきと提案するものとして、村上優「医療観察法の存続は可能か──指定入院医療機関より」精神神経学雑誌113巻5号（2011年）475頁。

発達障害を有する非行少年に対する法的対応策の一考察

――犯罪少年の少年審判例の分析を中心に――

宍 倉 悠 太

Ⅰ　はじめに
Ⅱ　非行少年に占める発達障害者の割合
Ⅲ　発達障害を有する犯罪少年の少年審判例の分析
Ⅳ　むすび

Ⅰ　はじめに

　発達障害概念は、わが国においても少しずつ社会的認知を得るようになってきた[1]。発達障害者が障害者法制の谷間に置かれていると指摘されていた状況は[2]、2004（平成16）年の発達障害者支援法成立を契機に改められることになり、2010（平成22）年に改正された障害者自立支援法においてもようやく「発達障害者」が支援の対象として明記されることになった。その後、障害者自立支援法に代わり2012（平成24）年に成立した障害者総合支援法や、2013（平成25）年に成立した障害者差別解消法においても、発達障害者が各法の対象に含まれることが明記されている。

　現在、こうした法律に基づき、医療・保健・福祉・教育・労働といった各方面において発達障害者支援施策の充実化が目下進められているが、一方で

（1）　たとえば井出草平は著書の中で、発達障害を扱った学術論文・書籍・新聞記事数の1995年から2010年までの推移を示しているが、これによると1995年にはいずれも0から1桁台であった数が、2010年近くになるとほぼ3桁台になっている。井出草平『アスペルガー症候群の難題』（2014年、光文社新書）42頁。
（2）　内閣府『平成29年版　障害者白書』29頁。

その支援体制は未だ不十分との指摘もある。たとえば、総務省が2017（平成29）年1月に発表した「発達障害者支援に関する行政評価・監視＜結果に基づく勧告＞」においては、「発達障害の早期発見」「適切な支援と情報の引継ぎ」「専門的医療機関の確保」のそれぞれに不十分な点があり、その結果、発達障害の見逃し、支援計画の未作成、進学先への情報の引継ぎ不足、専門的医療機関の未公表、初診待ちの長期化といったことが問題となっていることが指摘されている[3]。

ところで、発達障害概念の登場は、犯罪や非行を行った者への対応の場面においても少なからぬ影響を与えることになった。この点、国の運用政策レベルでは、2014（平成26）年以降、少年矯正や更生保護の領域を中心に発達障害者を対象とした新たな施策が行われ始めている[4]。そして立法政策レベルでも、2016（平成28）年の発達障害者支援法の改正において新たに「12条の2」が設けられ、刑事事件や少年保護事件の対象になった発達障害者に対し、その権利を円滑に行使できるようにするため、個々の発達障害者の特性に応じた意思疎通の手段の確保のための配慮その他の適切な配慮をする旨の規定が設けられた。これらの運用・立法上の展開は、今後も犯罪や非行を行った発達障害者の処遇のあり方を変えていく可能性があろう。

こうした罪を犯した発達障害者への法的対応策に関して、私はかつて別稿において、成人の刑事事件に関する裁判例の分析を通じた考察を行った[5]。その結果、刑事裁判においては、2000（平成12）年以降、発達障害者の刑事責任能力が争われる事件が次第に現れるようになったほか、量刑の場面においても発達障害の影響を考慮する判決が現れ始めていることが判明した[6]。

（3） 総務省ウェブサイト「発達障害者支援に関する行政評価・監視〈結果に基づく勧告〉」http://www.soumu.go.jp/menu_news/s-news/110614.html参照（2018年8月2日閲覧）。
（4） この点について、拙稿「発達障害を有する非行少年、不良行為少年の再犯防止に関する考察：実態調査結果をもとに」国士舘法学49号（2016年）49〜51頁。
（5） 拙稿「罪を犯した発達障害者に対する法的対応策の考察：刑事司法システムにおける対応を中心に」早稲田大学社会安全政策研究所紀要7号（2015年）141〜201頁。
（6） 拙稿・前掲注(5)「罪を犯した発達障害者に対する法的対応策の考察：刑事司法システムにおける対応を中心に」166〜188頁。

I　はじめに

しかし、「行為—責任—応報」原理に基づき、事実認定を重視し、犯罪行為を中心とした刑事責任の大小を刑事処分の主たる適用基準とする刑事司法システムにおいては、行為者の犯罪的危険性に基づく経験科学的観点からの処分決定や処遇実施には限界があり、発達障害者やその再犯防止のための対応は後手に回らざるを得ないという課題があった。そして、発達障害臨床の現場ではしばしば、発達障害に対する早期発見・早期療育の重要性が説かれていることから[7]、二次障害としての犯罪傾向が悪化した発達障害者に成人段階で対応するのでは遅きに失するということも指摘した。

　罪を犯した発達障害者の改善・社会復帰のためには、犯罪傾向が悪化する前の少年段階における対応こそが非常に重要である。この点、少年保護司法の場合は刑事司法とは異なり、少年の健全育成という目標を達成するために、家庭裁判所への全件送致主義が採られ、家庭裁判所裁判官の職権主義の下で、非行事実の認定ばかりでなく、「行為者—危険性—予防」原理を主とした経験科学的判断を中心に要保護性の認定が行われる。具体的には少年鑑別所の技官や家庭裁判所の調査官が、行為者の素質や環境を医学・心理学・社会学・教育学等の経験科学的観点から分析し、その結果等から認定された要保護性に応じて、少年の健全育成のための保護処分や各種保護的措置が行われることになる。したがって、発達障害に関しても、少なくとも罪を犯した成人に比べ年齢的にも早い段階で介入することができ、さらに障害へ配慮した健全育成のための処遇もより率先して実施することが可能になる。

　ただし、犯罪現象は基本的に「加害者の加害（I－b）・被害者の被害（V－d）・それに対する社会からの反動（S－r）[8]」の複合体であることから、罪を犯した発達障害者の問題を刑事政策論的観点から解決する際にも、当該犯罪現象から生じた社会的葛藤の解決が求められることになり、それは非行少年の場合も例外ではない。少年の健全育成を目標として非行少年に対応す

（7）　杉山登志郎『発達障害の子どもたち』（2007年、講談社現代新書）173〜174頁。平岩幹男『自閉症スペクトラム障害—療育と対応を考える—』（2012年、岩波新書）109頁。
（8）　b・d・rのダイナミクスについて、小川太郎『刑事政策論講義 第二分冊』（1968年、法政大学出版局）14〜15頁。須々木主一＝森下忠『刑事政策—重要問題と解説』（1975年、法学書院）23頁参照。

る少年保護司法の現場においても、加害者たる非行少年の健全育成だけに配慮した対応が常に許されるとも限らない。また、「発達障害」という要素がどの程度まで考慮されるべきなのかも、検討される必要があろう。では、少年保護司法において、罪を犯した発達障害者はどのように扱われるべきであろうか。本稿では、この問題を解決するための作業の一つとして、少年保護司法システムにおける処分決定において、発達障害がどのように扱われているのか、特に犯罪少年を中心に少年審判例を分析し、考察を行いたい。

なお、本稿で「発達障害」というときは、広義として、医学上・法令上の診断名双方が含まれる「自閉症」「アスペルガー症候群」「広汎性発達障害」、および前三者を総称した「自閉症スペクトラム障害（あるいは自閉スペクトラム症）」と、「注意欠陥多動性障害」を指すものとする。なお、「学習障害」については、本稿との関係において単独で問題となることは無いことからその対象から外し、また「知的障害」については、現在の少年院における矯正教育課程において、「知的障害」と「発達障害」の用語を使い分けていることから[9]、本稿における「発達障害」の意義には含まないものとする[10]。

II 非行少年に占める発達障害者の割合

分析の前提として、非行少年の中に発達障害者がどの程度いるのかについて確認しておきたい。

わが国における発達障害者の割合については、神尾陽子らによる厚生労働科学研究の調査結果がある[11]。この研究によると、わが国で顕著なPDD（広汎性発達障害）の特性を示す層（有病率）の割合は人口の0.9～1.6％であるといわれている[12]。また、文部科学省が2012（平成24）年に行った調査結果で

---

(9) 平成27年5月14日法務省矯少訓第2号「矯正教育課程に関する訓令」参照。
(10) これらは拙稿・前掲注(4)(5)「発達障害を有する非行少年、不良行為少年の再犯防止に関する考察：実態調査結果をもとに」「罪を犯した発達障害者に対する法的対応策の考察：刑事司法システムにおける対応を中心に」で設定した定義と同様の定義である。
(11) 2008～2010年度厚生労働科学研究「1歳からの広汎性発達障害の出現とその発達的変化：地域ベースの横断的および縦断的研究」（研究代表者：神尾陽子（国立精神・神経センター精神保健研究所　児童・思春期精神保健部）。

は⒀、学習面又は行動面で著しい困難を示すとされた児童生徒の割合は6.5％（推定値）となっている。こうした割合の違いは、調査方法の違いもさることながら、「DSM-5」以降の診断基準として採用された「自閉症スペクトラム障害」（圏丸筆者）の概念が示すように、知的能力や症状において「連続性（高さ・低さや強さ・弱さ）」があることが現象として現れている証左の一つともいえるだろう⒁。

　他方、非行少年に占める発達障害者の割合に関しては、2016年以降、少年矯正に関連する統計においてその割合を呈示するものが現れ始めた。この内容を確認したい。

　2016年に少年鑑別所や少年院に収容された者のうち、発達障害を有する者がどの程度いるかについて、図1・図2を見ると、新規収容者の約10％弱に発達障害があることが分かる。無論、非行を行った全ての者が少年鑑別所や少年院に収容されるわけではないことから、これらの数字が直ちに非行少年に占める発達障害者の割合を示すものでないことは注意すべきであるが、この割合を上記の神尾の研究と比較すると、一般人口における発達障害者の割合よりもはるかに高い割合で少年鑑別所や少年院収容者の中に発達障害者がいるといえる。さらに、発達障害者が占める割合が高い非行名を見ると、彼らに特有の非行の類型として、「虞犯」「窃盗や住居侵入・暴行等の軽微な非

---

(12)　調査時の国際的診断基準（DSM-IV-TR）に基づき調査検証した結果とされている。また、この有病率は年代による差が小さく、どの年代でも同様の有病率であることが想定されるという。前掲注⑾「1歳からの広汎性発達障害の出現とその発達的変化：地域ベースの横断的および縦断的研究」参照。

(13)　文部科学省「『通常の学級に在籍する発達障害の可能性のある特別な教育的支援を必要とする児童生徒に関する調査』調査結果」（2012年）3頁。なお、この調査は2012年2月から3月までにかけて全国（岩手、宮城および福島の3県を除く）の公立小中学校の通常学級に在籍する児童生徒を対象として実施した調査であり、「担任教員が記入し、特別支援教育コーディネーター（学校における特別支援教育の推進のため、主に、校内委員会・校内研修の企画・運営、関係機関・学校との連絡・調整、保護者の相談窓口等の役割を担う教員）又は教頭（副校長）による確認を経て提出した回答に基づくもので、発達障害の専門家等による判断や、医師による診断によるものではない」調査である。

(14)　自閉症スペクトラムについて、平岩、前掲注(7)『自閉症スペクトラム障害』44頁のイメージ図や、千住明『自閉症スペクトラムとは何か』（2014年、ちくま新書）9～51頁参照。

図1　2016年の少年鑑別所新収容者のうち、発達障害者が占める割合および人数が多い非行名[15]

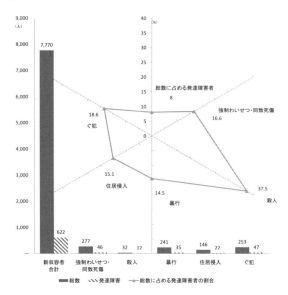

図2　2016年の少年院新収容者のうち、発達障害者が占める割合および人数が多い非行名[16]

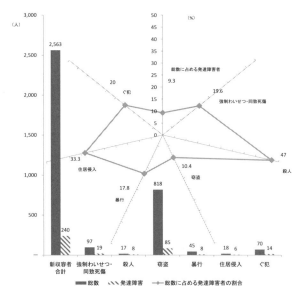

行」「殺人や強制わいせつ等の重大悪質な非行」の3種類に大別されよう。

なお、これらの統計から、直ちに発達障害者が非行や犯罪を行いやすいという結論になるわけではない。彼らが非行や犯罪に至るまでには、素質的要因ばかりでなく環境的要因も絡み合った多元的な過程があることが予想され、そうした過程の客観的な検証を経なければ、発達障害と犯罪・非行の関係について安易に明言してはならないであろう[17]。ただし、これらの統計からは、非行少年の中に一定の割合で、また特定の非行については比較的高い割合で発達障害者が含まれていることは確かであり、そうした者への対策が必要であることは指摘できると思われる。

Ⅲ 発達障害を有する犯罪少年の少年審判例の分析

1 分析の視座

では、こうした発達障害を有する非行少年は、どのような判断に基づき処分が適用されているのであろうか。以下では、発達障害を有する非行少年のうち、犯罪少年を対象に、少年審判例の中で発達障害がどのように扱われているかについての分析を行いたい。

第一に、分析の視座として本稿では、前稿でも用いた罪を犯した発達障害者に対する「価値的・規範学的な評価」と「事実的・経験科学的な評価」が矛盾するという視点、および刑事政策論的な方法論としての「理念の矛盾とその解決」という考え方に留意しながら検討したい[18]。

第二に、少年審判における処分決定のメルクマールとしては、「非行事実」と「要保護性」が存在する。したがって、両者の意義について検討したうえ

---

(15) 法務省「少年矯正統計表」に基づき作成。「発達障害者の占める割合が10%以上で、かつ、人数が10名以上」のものを抽出した。
(16) 法務省「少年矯正統計表」に基づき作成。「発達障害者の占める割合が10%以上で、かつ、人数が5名以上のもの」を抽出した。
(17) 拙稿・前掲注(4)「発達障害を有する非行少年、不良行為少年の再犯防止に関する考察:実態調査結果をもとに」426頁。
(18) 拙稿・前掲注(5)「罪を犯した発達障害者に対する法的対応策の考察:刑事司法システムにおける対応を中心に」152～154頁参照。

で、それらを基に、少年審判例の分析をする際の要素を呈示したい。

そのうえで第三に、発達障害を有する犯罪少年について、少年審判例の分析を行うこととする。

2 少年審判の対象

少年審判例を分析する前提として、少年審判の対象との関係で、非行事実と要保護性の意義について確認しておきたい。

(1) 非行事実の意義

非行事実は、少年法17条4項但書において、「犯行の動機、態様及び結果その他の当該犯罪に密接に関連する重要な事実を含む。」と定義されている。

これを少年法3条に規定される家庭裁判所の審判に付する少年の3類型に対応させると、非行事実は犯罪事実・触法事実・虞犯事実のそれぞれを指すことになる[19]。この点、非行少年について有責性を必要とするかどうかは、必要説・不要説で見解が分かれているところではあるが[20]、少なくとも本稿で検討の対象とする犯罪少年においては構成要件該当性、違法性充足の必要性については異論がないとされている[21]。したがって、この限りにおいては、非行事実は「価値的・規範学的な評価」に基づき認定される要素であるといえる。

なお、非行事実については、少年審判の対象か否かという点について争いがあり、従来は、少年審判の対象となるのは後述の要保護性のみで、非行事実は「裁判権や管轄権などと並んで審判条件の一つにすぎない」という考え（人格重視説）が有力であった[22]。しかし、(ア)保護処分といえど少年の自由を拘束するものであり、これが許されるのは少年に非行があるからであり、非行事実を少年審判の実体的要件として位置づけることではじめて少年の人権が保障される、(イ)非行事実は少年の人格の現実的表現たる行為であり、この

---

(19) 裁判所職員総合研修所監修（「総研」と称す。以下同じ）『少年法入門［七訂補訂版］』（2017年、司法協会）25頁。
(20) 総研・前掲注(19)22頁。田宮裕＝廣瀬健二『注釈少年法［第4版］』（2017年、有斐閣）74～76頁。
(21) 田宮＝廣瀬・前掲注(20)74頁。
(22) 総研・前掲注(19)25頁。

非行に至る経緯を解明することで将来の再犯危険性の有無が判断できる。さらに、再犯危険性の予測能力は未だ不完全である中、その手掛かりとして非行事実はもっとも確実なものであり、少年の要保護性も非行が存在して初めて推定される、㈦複数の非行事実により少年が家庭裁判所に送致された場合、そのいずれかが認められれば調査、審判を行うことができ、その他の非行の存否の確定をしなくてよいことになるが、それは少年の人権保障上問題である、㈢少年自身の納得や社会の信頼確保の見地からも非行事実の認定が必要である、といった理由から、非行事実も少年審判の対象とすべきであるという考え（非行事実重視説）が現在では通説となっている[23]。実際の少年審判においても、「まず非行事実についての審理を行い、その存在について、心証を得た上で引き続き要保護性の審理に入る運用が一般的[24]」ということが指摘されており、上記の点と合わせ確認しておきたい。

(2) 要保護性の意義

一方、要保護性は、「非行の人格的、環境的要因とその解決策、すなわち少年の要保護状態の存否及び程度[25]」などと定義されるが、「累非行性」「矯正可能性」「保護相当性」の三要素から構成されるというのが通説的見解であり、実務の立場でもある[26]。

このうち累非行性は、「処分判断時における、少年の人格や環境からみた将来の犯罪的危険性（再び非行に及ぶおそれがあること）」を、矯正可能性は、「性格の矯正及び環境の調整という少年法上の処分を通じた犯罪的危険性除去の可能性（保護処分を加えることにより、非行性が除去される見込みのあること）」をそれぞれ指しているとされ[27]、これらは「人間行動科学を活用した

---

(23) 総研・前掲注(19)26頁。田宮＝廣瀬・前掲注(20)47～48頁。なお、非行事実重視説といっても、人格重視説に比べて非行事実を重視するものであり、非行事実と要保護性の双方を審判対象としたうえで特に非行事実のみを重視する考えではない。この点について、総研・前掲注(19)27頁。
(24) 総研・前掲注(19)27頁。
(25) 総研・前掲注(19)25頁。
(26) 総研・前掲注(19)27頁。田宮＝廣瀬・前掲注(20)48頁。河原俊也編著『少年事件──実務の技』（2017年、青林書院）168頁〔河畑勇〕。武内謙二『少年法』（2015年、日本評論社）110頁。川出敏裕『少年法』（2015年、有斐閣）95頁。
(27) 武内・前掲注(26)110頁。

事実判断」とされている[28]。したがって、これらは「事実的・経験科学的な評価」に基づき認定される要素であるといえる。しかし、三番目の要素である「保護相当性」については、「社会的反響や影響、社会感情からみて、少年法上の処分が保護手段として最も適切か否かを問うもの（保護処分が最も有効適切な手段であること）[29]」とされ、「規範的な価値判断である[30]」とされている。要保護性判断に保護相当性のような価値判断に基づく基準が含まれることには、批判的な学説も多くあるが[31]、本稿との関係で、ここでは要保護性の判断要素として挙げられているという点の確認のみにとどめたい。

3 発達障害を有する犯罪少年の少年審判例の分析
(1) 分析上考慮すべき要素

上述のとおり、少年審判例において分析の対象とするのは非行事実と要保護性であるが、さらに要保護性のうち、次に、そのいかなる要素を分析の俎上に乗せるのかについて検討する。

処遇選択の要素に関して少年法は、調査に関する規定である9条において「少年、保護者又は関係人の行状、経歴、素質、環境等」を挙げ、また少年審判規則11条において、「家庭及び保護者の関係、境遇、経歴、教育の程度及び状況、不良化の経過、性行、事件の関係、心身の状況等審判及び処遇上必要な事項（第1項）」「家族及び関係人の経歴、教育の程度、性行及び遺伝関係等（第2項）」を挙げているが、これらは処遇選択上の考慮事情を調査の方針として例示するだけで、統一的な基準を規定していないとされる[32]。しかし処遇選択上考慮すべき要素に全く共通の指針がないと、審判例の統一的な分析ができない。そこで本稿では、実務家による論考を参考にその要素を抽出してみたい。

この点、実務において累非行性（犯罪的危険性）の有無、程度を判断する

---

(28) 武内・前掲注(26)111頁。
(29) 武内・前掲注(26)111頁。
(30) 武内・前掲注(26)111頁。
(31) 武内・前掲注(26)111頁。
(32) 丸山雅夫『少年法講義［第3版］』（2016年、成文堂）272頁。

に当たっては、「非行事実の態様と回数，原因・動機，共犯事件における地位と役割分担，非行初発年齢，補導歴・非行歴の有無，保護処分歴の有無，心身の状況，知能・性格，反省の有無，保護者の有無及び保護能力，職業の有無・種類や転職回数，学校関係，交友関係，反社会集団との関係の有無，家庭環境，地域環境，行状一般等の事情が総合的に考慮されている[33]」とされる。そして、これらの中でも、「非行事実の態様，結果，原因・動機の分析は犯罪的危険性の判断に欠かすことができ」ず、また、「非行歴・保護処分歴の有無」や「保護者の有無及び保護能力」が最も重視される一であるとされている[34]。そこで本稿ではまず、(イ)累非行性について、(a)非行の態様、(b)資質上の問題、(c)環境上の問題の３つの項目に分けることにした。そのうえで、さらに(a)については、上記の事情および本稿の目的との関係を基に、(i) 非行事実の態様・結果と回数、(ii) 発達障害の非行の原因・動機への影響、(iii) 共犯事件における地位と役割分担、(iv) 非行初発年齢、(v) 補導歴・非行歴、(vi) 保護処分歴、の項目を設定した。次に (b) については、(vii) 心身の状況、(viii)（発達障害も含めた）知能・性格の問題、(ix) 反省の程度、の項目を設定した。そして最後に (c) については、(x) 保護者の有無および保護能力の問題、(xi) 職業の有無・種類や転職回数、(xii) 学校関係の問題、(xiii) 交友関係の問題、(xiv) 反社会集団との関係の有無、(xv) 家庭環境の問題、(xvi) 地域環境の問題、(xvii) 行状一般の問題、の項目を設定することとした。

次に、(ロ)矯正可能性については、「一般的には，少年は人格的に可塑性に富んでいるので，保護処分による矯正可能性があるといってよい……。例外的に，保護処分による矯正の見込みのない精神病者，やくざの世界につかりきっているような犯罪性の強い者などについて，矯正可能性がないと考えればよいであろう。……少年自身に処遇に関わろうとする意識が乏しく，想定される保護処分継続中にその意識を醸成し保護処分の有効性を発揮し得ないと見られる場合にも矯正可能性が否定されると考えられる。[35]」とされるこ

---

(33)　河原編著・前掲注(26)169頁〔河畑〕。
(34)　河原編著・前掲注(26)169頁〔河畑〕。
(35)　河原編著・前掲注(26)169～170頁〔河畑〕。

とから、保護処分の有効性（非行性除去の見込み）という視点の下、保護処分の種類を施設内処遇（児童自立支援施設又は児童養護施設送致、および少年院送致）と社会内処遇（保護観察）の２つの視点に分けて考え、(xviii) 施設内処遇による矯正可能性、(xix) 社会内処遇による矯正可能性、(xx) 自律的立直りの可能性、の３つの項目を設定した。

最後に、(ハ)保護相当性については、「法は，少年審判の基本原理として，非行に及んだ少年に対し，できるだけ刑罰によらず，保護処分その他の教育的手段によって非行性の除去に努めなければならないという保護処分原則主義を採用する……。保護相当性が否定されるのは例外的な場合であり……(36)」というように、保護相当性が否定される事情がある場合が例外的に存在するかどうかという点のみに着目し、単に保護相当性の有無という視点で項目を立てることとした。

そして、これらの項目に基づき、○（十分認定できる要素）、△（十分ではないが認定できる要素）、×（認定できない要素）の３つの評価によって少年審判例を分析することとした。

(2) **分析の対象とした審判例**

次に、分析の対象は、発達障害の認知が浸透し始めた2000年前後以降から現在に至るまでの審判例とした。そのうえで、LEX/DBのほか、『家庭裁判月報』『家庭の法と裁判』に掲載されたもののうち、少年審判において発達障害の存在に言及している審判例を選定・抽出した（なお、LEX/DBに記載のあるものは文献番号を掲載）。

(3) **少年審判例の全体的分析**

(2)の基準に基づき審判例を選定したところ、13例が該当した（以下、審判例１～13と記載。表の番号と対応）。以下ではまず、全体的観点からの分析を行いたい。

第一に、処分決定についてだが、少年院送致が８例、児童自立支援施設送致が１例、保護観察が１例、審判不開始が２例、取消差戻が１例であった。特に少年院送致のうち、医療少年院（第３種少年院）送致としているものは

---

(36) 河原編著・前掲注(26)170頁〔河畑〕。

Ⅲ　発達障害を有する犯罪少年の少年審判例の分析

3例存在した。また、審判不開始はいずれも心神喪失により非行事実が認定できないことを理由としていた。

　第二に、累非行性に関連して、(a)非行の態様の中にある、「(ⅱ) 発達障害の非行の原因・動機への影響」については、13例中8例が言及しており、特に5例についてはその影響が要保護性判断および保護処分決定のために大きく取り上げて検討されていた。

　次に、(b)資質上の問題に関して、13例中11例は「(ⅷ) 知能・性格の問題」へ言及しており、いずれもその問題が要保護性判断において大きく影響することを指摘していた。

　さらに、(c)環境上の問題に関しては、「(ⅹ) 保護者の有無及び保護能力の問題」、「(ⅹⅴ) 家庭環境の問題」への言及が多かった。前者に関しては9例、後者に関しては8例において検討されていた。

　第三に、矯正可能性についてだが、明確に「矯正可能性」の文言を出している審判例は審判例12を除いて存在しなかったものの、保護処分の有効性の点から、「(ⅹⅷ) 施設内処遇による矯正可能性」と「(ⅹⅸ) 社会内処遇による矯正可能性」の比較が行われている審判例は多く、8例存在した。いずれも、その両者のいずれがより適正・有効な処遇かを検討したうえで、審判決定を行っていた。

　最後に、保護相当性へ言及する審判例は無かった。

(4)　**少年審判例の個別的分析**

　次に、発達障害が犯罪少年の要保護性判断の中でどのように扱われているか、個別的観点から分析を行いたい。

　(3)で指摘した、発達障害の非行の原因・動機への影響を要保護性判断や保護処分決定のために大きく取り上げて検討していた5例は、処分決定が「児童自立支援施設送致（審判例5）」「保護観察（審判例8）」「審判不開始（審判例10）」「中等少年院送致（審判例11）」「第3種少年院送致（戻し収容）（審判例12）」となっており[37]、いずれも別々の処分となっている。したがって、これらの審判例を分析することは、発達障害の要保護性判断における取り扱われ方を検討するうえで示唆に富むものと思われる。以下個別に分析のうえ、考察を行いたい。

411

① 各審判例の概要

(ア) 審判例5 （平成19年10月30日東京家庭裁判所：注意欠陥多動性障害（疑い））[38]

本審判例は、傷害（同級生に対する傷害）、窃盗、盗品等無償譲受（オートバイ等の窃取および譲受）の非行事実により試験観察中であった15歳の少年が、そのわずか1か月後に決闘罪に関する件違反および窃盗の再非行を繰り返したというものである。

決定ではまず、決闘罪に関する件違反について、「少年らなりのルールに従って、凶器も使用せず行われたものであり、罪名から受ける印象ほどには悪質性は高くない事件ではあるが……少年の暴力に対する抵抗感の希薄さという問題性は高い[39]」としている。また、窃盗についても、規範を軽視していることの問題性の高さを指摘している。

次に発達障害に関して、少年鑑別所において注意欠陥多動性障害の疑いという診断が出されており、「そのいらだちを抱えていたことが問題行動の背景あるいは遠因となっていたと理解できる。そのような中、多動性／衝動性を有することから、欲しいと感じる気持ちや怒りを抑えられずに第1（オートバイの無償譲受）ないし第3（オートバイ1台ほか1点の窃盗）の各非行に及んでいた[40]」と指摘している。他方、少年が少年鑑別所においては自らの行動をよく振り返り、反省を深めていることから、落ち着いた環境の中では自己の行動を反省できるということも認めている。

しかし、少年の家庭環境については、父親が服役中であり、母親は会社経営をしていることから少年に十分に目を配ることができておらず、さらに少年と母親との関係は悪化していることを指摘している。

そして処分決定ではこれらを総括し、社会内処遇は困難だが、落ち着いた

---

(37) なお、中等少年院送致は2014年の少年院法改正後は「第2種少年院送致」であり、「第3種少年院送致」は2014年の少年院法改正前は「医療少年院送致」の名称で呼ばれていたものだが、本稿では保護処分決定の文言についてはいずれかに統一することなく、審判例記載の文言に従っている。
(38) 最高裁判所事務総局家庭局編『家庭裁判月報』60巻4号（2008年）104〜109頁。
(39) 最高裁判所事務総局家庭局編・前掲注(38)106〜107頁。
(40) 最高裁判所事務総局家庭局編・前掲注(38)107頁（カッコ内筆者加筆）。

環境の中であれば反省できるとし、施設内処遇で衝動を抑えて行動していく力をつけさせることが最善の処遇であるとして施設内処遇を選択した。具体的には、少年院も十分に考えられるが、少年の非行性の背景を考慮し、家庭内における愛情不足を補い、自主性が期待できる処遇ができるということや、施設退所後も注意欠陥多動性障害に対する指導が必要であり、その役割を児童相談所へ期待できるという理由などから、児童自立支援施設送致を相当とした。

　(イ)　審判例 8 （平成26年 9 月11日広島家庭裁判所：アスペルガー症候群（疑い））[41]

　本審判例は、17歳の少年による窃盗（たばこの窃取）・傷害（後輩への傷害）事件である。

　はじめに、非行の態様のうち傷害について審判例では、少年が「自分たちを暴走族だと人に話したことが気に入らないなどという理由を付け，『タイマン』と称して一対一のけんかの体裁を取りながら，……一方的に殴る蹴るなどの暴行を加えたのであるから，その態様は悪質であり，安静加療 1 週間という結果も決して軽微ではない。[42]」として、非行の悪質性や結果の重大性を指摘した。

　次に発達障害に関して、少年は小学 6 年生のときにアスペルガー症候群の疑いを指摘されており、「協調性が乏しく周囲とうまく意思疎通ができないことから，共にふざけ合い逸脱行動をすることで関わりを持てる相手とばかり交友し，その中で非行に対する抵抗感を弱めてきた[43]」と認定している。そして、少年にとっての課題の一つは、健全な人間関係の構築であるが、自力で交友関係を律することは容易ではないと指摘している。また、自己の内省を深められていないことに関連して、事実の一部を否認していることについて「他者の供述や自己の以前の供述とのつじつまを合わせるというようなことができず，不合理とも思えるような否定・断定をしがちであることなど

---

(41)　家庭の法と裁判研究会編『家庭の法と裁判』vol. 2 （2015年）100〜109頁。また、LEX/DB文献番号25540474。
(42)　家庭の法と裁判研究会編・前掲注(41)108頁。
(43)　家庭の法と裁判研究会編・前掲注(41)108頁。

発達障害を有する犯罪少年の要保護性判断　少年審判例一覧

	審判決定日 (LEX/DBの番号)	裁判所名	非行時年齢	非行事実あるいは抗告事由	非行時の身分	審判における精神障害の判断	要保護性判断に当たり考慮された事由					
							(イ) 累非行性					
							(a) 非行の態様					
							(i) 非行事実の態様・結果と回数	(ii) 発達障害の非行の原因・動機への影響	(iii) 共犯事件における地位と役割分担	(iv) 非行初発年齢	(v) 補導歴・非行歴	(vi) 保護処分歴
1	平成11年7月28日	新潟家裁佐渡支部	14	窃盗		軽度精神遅滞(IQ58) 注意欠陥多動性障害(疑い)	×	△			○	×
2	平成16年9月30日 (28105089)	東京家庭裁判所	17	窃盗 銃砲刀剣類所持等取締法違反	保護観察中(2号観察)	妄想性障害(疑い) てんかん 解離性障害(疑い) 注意欠陥多動性障害 行為障害(小児期発生、重症型)	○	△				
3	平成17年11月30日 (28135124)	東京家庭裁判所	18	①住居侵入 ②わいせつ目的誘拐・準強制わいせつ	①保護観察中 ②試験観察中	特定不能の広汎性発達障害(疑い)						
4	平成18年11月17日	東京高等裁判所	19	仮退院中の保護観察遵守事項違反による戻し収容申請	保護観察中(2号観察)	注意欠陥多動性障害 てんかん						
5	平成19年10月30日	東京家庭裁判所	15	傷害 窃盗 盗品等無償譲受決闘罪に関する件	試験観察中	注意欠陥多動性障害(疑い)		○				
6	平成24年9月27日 (25500185)	青森家裁八戸支部	10代後半	建造物侵入		統合失調症 高機能広汎性発達障害						
7	平成26年9月9日	広島家庭裁判所	19	保護観察中の遵守事項違反による施設送致申	保護観察中(1号観察)	広汎性発達障害 注意欠陥多動性障害		△				
8	平成26年9月11日 (25540474)	広島家庭裁判所	17	窃盗 傷害		アスペルガー症候群(疑い)		○			○	
9	平成26年11月13日 (25540487)	東京家庭裁判所	10代後半	窃盗	保護観察中(1号観察)	自閉症スペクトラム障害(類似特性)	○	○				○
10	平成27年2月17日	東京家庭裁判所	10代後半	傷害		自閉症スペクトラム障害 中等度知的障害		○				
11	平成27年7月3日 (25542128)	福岡高等裁判所(抗告審)	中学生	住居侵入・窃盗保護事件の保護処分決定に対する抗告事件		広汎性発達障害(疑い)	○	○				
12	平成28年10月14日 (25548159)	水戸家庭裁判所	21	仮退院中の保護観察遵守事項違反による戻し収容申請	保護観察中(2号観察)	自閉症スペクトラム障害		○				
13	平成29年7月19日	大阪高等裁判所(抗告審)	高校生	窃盗		広汎性発達障害(疑い)	○					×

※発達障害の診断名は、審判例が使用している文言で掲載した。
※LEXDBに掲載されているものは、その番号を掲載した。
○は十分認定できる要素、△は十分ではないが認定できる要素、×は認定できない要素を意味する。なお、それぞれの判断は、審判例の文言を基に筆者が行ったものである。

III 発達障害を有する犯罪少年の少年審判例の分析

要保護性判断に当たり考慮された事由														決定
(イ) 累非行性											(ロ) 矯正可能性		(ハ) 保護相当性	
(b) 資質上の問題			(c) 環境上の問題											
(vii)心身の状況	(viii)知能・性格の問題	(ix)反省の程度	(x)保護者の有無および保護能力の問題	(xi)職業の有無・種類や転職回数	(xii)学校関係の問題	(xiii)交友関係の問題	(xiv)反社会集団との関係の有無	(xv)家庭環境の問題	(xvi)地域環境の問題	(xvii)行状一般の問題	(xviii)施設内処遇による矯正可能性	(xix)社会内処遇による矯正可能性	(xx)自律的立ち直りの可能性	決定
	○	×	○		○			○			○	△		初等少年院送致
○	○		○					○			○			医療少年院送致 比較的長期の処遇勧告
	○		○		○			○			○	×		中等少年院送致
	○		○					○			○	×		医療少年院に戻し収容 医療措置終了後は中等少年院送致
	○	○	○		○			○			○	×	△	児童自立支援施設送致
○	○												×	審判不開始
			△								○	×		中等少年院送致
	○	×	×		×			×					○	保護観察
	○					○		○			○	×		中等少年院送致
	○												×	審判不開始
	○	×	×								○	×		抗告棄却 再抗告（後再抗告棄却） 中等少年院送致
	○		○					○						第3種少年院戻収容 環境調整命令
	○				△			△			×	△		取消差戻

に照らすと、少年の否認については、非行性の深化の表れというよりは、資質上の問題が強く疑われる。[44]」として、発達障害との関係に言及している。

他方、保護環境について、母親は少年の資質上の課題について理解しており、関係機関に相談しながら少年を指導してきており、少年との関係は良好であること、非行後は障害者療育支援センターに支援計画を立ててもらっているほか、少年のような資質上の問題を抱える生徒の指導に経験を有する学校長と協力し、母親と校長の連携による支援体制が構築されていることを評価した。そして処分決定においては、こうした計画的・継続的支援があれば徐々にでも社会の中で適切な感情統制や対人関係のスキルを身に付け、社会のルールや規範意識を涵養していくことが期待できるとして、保護観察を選択した。

(ウ) 審判例10（平成27年2月17日東京家庭裁判所：自閉症スペクトラム障害、中等度知的障害）[45]

本審判例は、10代後半の少年が、所持した包丁を被害者の頭に押し付け、右肩を1回突き刺すなどして、被害者に全治約2週間の傷害を負わせた事案である。

本審判例ではまず、発達障害の存在について、少年には生来の精神障害として自閉症の症状があり、さらに中程度の知的障害があることも認定した。そしてその影響により、他人との交流が上手くできないことからストレスを溜め、心を許せる家族に対して体当たりをしたり、引っ掻いたりするといった衝動的行動を取ることはあったが、見ず知らずの他人相手に暴力を振るうことはなく、通常はおとなしいタイプであることを指摘している。

次に、発達障害と非行との関係について、上記の特性にもかかわらず本件非行に及んでいるものの、「その動機はもちろん、当時の自己の思考、感情については何も供述できていない。またA（被害者）については、『Aが大好きです。』と述べ、怒りの感情を示すものはない。[46]」ことを指摘してい

---

(44) 家庭の法と裁判研究会編・前掲注[41]109頁。
(45) 家庭の法と裁判研究会編『家庭の法と裁判』vol.4（2016年）128～131頁。
(46) 家庭の法と裁判研究会編・前掲注[45]131頁（カッコ内筆者加筆）。

III 発達障害を有する犯罪少年の少年審判例の分析

る。そして、裁判所が実施した鑑定による自閉症スペクトラム障害および中等度知的障害の存在を認めたうえで、鑑定人による「Ａの声掛けにより過剰な言語刺激が与えられ……，突然パニック状態となり，興奮してＡに対し暴力的な攻撃行動に出たなどの可能性があるが，いずれにしても，その攻撃行動の背景に上記の障害特性が大きく関与していたことは間違いない。[47]」という見解を支持し、「少年は、本件当時、自閉症スペクトラム障害及び中等度知的能力障害に起因するパニック状態に陥っていたため、事物の理非善悪を弁識し，その弁識に従って行動する能力が著しく減退していたことは明らかであり、さらにこれを失っていた疑いがあるというべきである。[48]」として、心神喪失の状態にあることを認定、結果、非行事実は認定できないことから審判不開始決定をした。

エ　審判例11（平成27年7月3日福岡高等裁判所（抗告審）、広汎性発達障害）[49]

本審判例は、当時中学生だった少年が、同級生の女子生徒2名の家の鍵を盗み、住居侵入を行った事案の抗告審である。

本審判例では第一に、非行事実の態様および結果に関して、住居侵入の動機は女性に対する性的関心に基づくものであるとして、その性的関心を満たすための非行であることを認定した。そのうえで、1人目の被害者の家の鍵を盗んでその住居に侵入し、相手に気付かれ、自らの非行であることが発覚して警察から取調べを受けたにもかかわらず、さらに2人目の被害者の鍵を盗み、住居侵入を行ったことは、「自制心の乏しさが顕著に表れた非行に至る経緯及び動機に酌むべき点はなく，各鍵の窃盗の態様も巧妙であり，……各住居侵入の態様も悪質である。……（被害者が）受けた精神的打撃は大きく……精神的な負担が解消されておらず，被害結果は深刻である。[50]」として、その非行の悪質性や結果の重大性を指摘している。

次に、発達障害について、「鑑別結果で広汎性発達障害の疑いを指摘され

---

(47)　家庭の法と裁判研究会編・前掲注(45)131頁。
(48)　家庭の法と裁判研究会編・前掲注(45)131頁。
(49)　家庭の法と裁判研究会編『家庭の法と裁判』vol.14（2018年）86〜96頁。また、LEX/DB文献番号25542128。
(50)　家庭の法と裁判研究会編・前掲注(49)95〜96頁（カッコ内筆者加筆）。

ており、……対人コミュニケーション、情緒的交流能力、共感能力の低さが窺え、物の見方、とらえ方が極めて自己本位で他罰的であり、相手の立場で物を見たり、相手の気持ちや感情を推察したりすることも不得手で、自己の欲求や衝動に固執しがちであること、性格、行動傾向には発達障害の特徴と重なるものがあり、内省がなかなか深まらず、自分の感情や思考を見つめて言語化することが元来不得手なうえ、そのような作業に取り組む姿勢も持っていないなど、その資質上、多くの根深い問題点を抱えていることが認められる。[51]」としている。そして、「このような問題点が本件各非行に至ったことと密接に繋がっていることは明らか[52]」と認定し、発達障害と非行の間に強い相関関係があることを指摘した。そのうえで、本人は犯行を否認しており、現時点では自己の犯した各非行事実のいずれについても全く向き合えていない状況にあること、犯行前後から父母による説諭や心理カウンセリング、警察官による取調べ等を受けていたにもかかわらず非行に及んだことから要保護性は極めて高いとしている。

　そして環境上の問題に関して、保護者が少年の非行そのものに向き合うことが難しい状況にあり、「再犯させないために少年に心を開かせることが大切だとは述べるが、自らの力では難しいと考えており、少年が高校に進学し、臨床心理士によるカウンセリングを受けて少年が変わることに期待している。[53]」ことに触れ、少年には保護処分歴がないことを十分考慮しても、資質上の問題が根深いことから、「少年の資質に合った方法で、ある程度の期間をかけて、自らが犯した非行に向き合わせ、その非行が自身の問題に端を発しているということを自覚させるなど、自分の問題に正面から向き合わせる教育をするためには、在宅処遇では不十分であり、少年を施設に収容し、強い枠組みの中で、専門的かつ系統的な矯正教育を受けさせることが必要」として、中等少年院送致の原処分が不当とはいえないと判示した。

　㋔　審判例12（平成28年10月14日水戸家庭裁判所、自閉症スペクトラム障害）[54]
　本審判例は、少年院仮退院中の21歳の者に対する戻し収容申請の事案であ

---

(51)　家庭の法と裁判研究会編・前掲注(49)96頁。
(52)　家庭の法と裁判研究会編・前掲注(49)96頁。
(53)　家庭の法と裁判研究会編・前掲注(49)96頁。

る。戻し収容申請の理由は、保護観察中に収容されていた施設におけるテレビ１台の損壊と、他人の住居兼店舗に侵入し、同所において２名の被害者に対し、顔面等を手拳で数回殴打する暴行を加えて傷害を負わせたという２点（いずれも一般遵守事項違反と認定）であった。

　はじめに、裁判所に対する申請の理由の趣旨においては、少年が少年院でおよそ５年９か月にわたる矯正教育を受けてからの仮退院後、「知的能力や自閉症スペクトラム障害等本人の特性を十分理解し、医療を確保しながら処遇がなされたにもかかわらず、上記遵守事項違反に及んでおり、矯正教育により感情と行動を統制する力を高めたものの、社会で生活するのに十分な程度その力を身につけることができていなかったと言わざるを得ない。[55]」として、「これ以上社会内処遇を続ければ、本人において粗暴行為を繰り返すおそれが強く、また強い衝動性から他害行為だけではなく自らの生命にも重大な結果をもたらすことが懸念される[56]」という点が指摘されていた。

　そのうえで、裁判所では、仮退院後４日後に遵守事項違反に及んだことに関して、前提として「幼少期からの不適切な養育を背景として、愛着形成に問題を抱え、不安等の不快な感情を自分でコントロールする力や、他者への基本的な信頼感の獲得につまずいた[57]」「知的な制約や、自閉症スペクトラムなどの障害特性によって、……物事に柔軟に対処することが苦手で、行動がパターン化されやすい傾向も見受けられる。[58]」ということを認定している。さらに、少年が「不安が生じると、問題行動によって周囲の関わりを求めたり、問題行動によるカタルシスによって発散を図ろうとしたりすることがパターン化された。とりわけ新奇場面で不安が高まり、問題行動につながりやすく……自らの問題行動によって見捨てられるかも知れないと再び不安が生じ、更なる問題行動につながる[59]」として、「このような本人の問題点は、長

---

(54)　家庭の法と裁判研究会編『家庭の法と裁判』vol. 11（2017年）116〜119頁。また、LEX/DB文献番号25548159。
(55)　家庭の法と裁判研究会編・前掲注(54)118頁。
(56)　家庭の法と裁判研究会編・前掲注(54)118頁。
(57)　家庭の法と裁判研究会編・前掲注(54)118頁。
(58)　家庭の法と裁判研究会編・前掲注(54)118頁。
(59)　家庭の法と裁判研究会編・前掲注(54)118頁。

年にわたる矯正教育を経てもなお改善されていないということが、本件遵守事項違反の行動によって明らかとなったといわざるを得ない[60]。」と指摘した。そして要保護性に関して、「親権者として本人の監護に当たっていた実父に本人の受入れ意思はなく、実母との面会もなく、他に本人を受け入れることが可能な帰住先も見当たらないことも併せ考慮すれば、本人を現状のまま放置するときは、再び犯罪に及ぶおそれが極めて高い[61]」と指摘した。

他方、矯正可能性については、矯正教育の効果に触れ、問題行動を起こす前にその危険を予告する行動がみられる、鑑別所内で職員を配慮する発言もみられるという点に触れ、「本人なりに自らの現状に問題意識を持ち、改善への意欲を述べている[62]」ことから、矯正可能性がないとはいえないと指摘している。

そしてこうした事情から、障害特性に応じた配慮を行いつつ、投薬治療等医療措置を継続して本人の問題性の改善を図ることが必要かつ相当として、第3種少年院送致の決定をした。なお決定に際しては、「初等少年院も含めて7年以上の長期間にわたって矯正教育を受けながら、なお社会適応に十分な改善が見られないことを踏まえると、矯正教育の期間として更に1年6か月間は要する[63]」とし、医療措置終了後に第1種少年院で社会適応力を養わせることの処遇勧告を出し、さらに社会復帰後の帰住先確保に係る環境調整命令も発した。

② 分　　析

上記5つの審判例を基に、以下、発達障害を有する犯罪少年の要保護性判断に関する分析を行いたい。

第一に、要保護性中の累非行性判断においては、非行態様の重大性・悪質性等の価値的・規範学的判断を介入させることなく判断していることが指摘できる。この点、審判例8および審判例11はいずれも非行の悪質性や結果の重大性に触れているが、そのことをもってただちに累非行性の大小を判断し

---

(60)　家庭の法と裁判研究会編・前掲注(54)118頁。
(61)　家庭の法と裁判研究会編・前掲注(54)118〜119頁。
(62)　家庭の法と裁判研究会編・前掲注(54)119頁。
(63)　家庭の法と裁判研究会編・前掲注(54)119頁。

Ⅲ　発達障害を有する犯罪少年の少年審判例の分析

ているわけではない。現に、双方とも非行の悪質性や結果の重大性を判断しつつも、審判例11では不利益性があり、最も強力な保護処分とされる少年院送致が選択されているのに対し[64]、審判例8では社会内処遇である保護観察が選択されている。むしろ、双方の審判例とも、非行事実に関連する事情を手掛かりの一として累非行性の大小を判断しており、発達障害と非行との関係についても、累非行性判断との関係において検討されているといえる。すなわち、累非行性判断においては非行事実を関連する事情とともに、あくまで「事実的・経験科学的な評価」という点から検討の対象に載せているといえ、こうした傾向は、Ⅲの2(1)で確認したように、「非行に至る経緯を解明することで将来の再犯危険性の有無が判断できる」「再犯危険性の予測能力が不完全な中、その手掛かりとして非行事実はもっとも確実なものであり、少年の要保護性も非行が存在して初めて推定される」という、非行事実重視説の根拠とも一致する判断であるといえよう。

　第二に、発達障害を有する犯罪少年に対する保護処分の決定、とりわけ要保護性中の矯正可能性判断においては、その最も適正・有効な手段を現実的に担保できる処遇を選択・決定しているといえる。

　この点、審判例5では児童自立支援施設送致、審判例8では保護観察、審判例11では中等少年院送致、審判例12では第3種少年院送致が選択されているが、いずれの審判例とも累非行性の判断において、少年の資質上の問題のみならず環境上の問題にも言及しており、さらに処分決定にあたっては保護環境、特に保護者との関係や社会内での支援体制が整備されているかどうかという点を検討している。そのうえで、保護環境が良好であり、健全育成という目標を達成するために社会内での処遇が可能であれば保護観察を選択しているが、それが難しい場合に初めて施設内処遇を選択するという判断方法を採っているといえる。

　そして、発達障害の療育という点については、まずは累非行性を除去し、健全育成を達成することが可能かという点が主たる処分決定のメルクマール

---

(64)　少年院送致の性質について、田宮＝廣瀬・前掲注(26)316頁。武内・前掲注(26)357頁参照。

であることから、あくまで累非行性除去という目的達成との関係において従たる要素として考慮されている。すなわち、累非行性を除去するうえで発達障害の療育の必要性があれば、次にその療育可能性という要素が考慮されるという判断方法になっている。そしてその療育を達成する手段としては、審判例5では児童相談所、審判例8では障害者療育支援センター、審判例11では中等少年院、審判例12では第3種少年院（医療少年院）というように、当該少年にとって現実的にどの機関が適正・有効に療育を実施可能かという点から検討されており、殊更にいずれかの機関に限定した選択をすることはしていない。

さらに、判断の順序とは別に、矯正教育と療育のいずれを優先するかという処遇の順序については、審判例5・8・11においてはほぼ同時並行であるが、審判例12については投薬を含めた医療措置を優先し、後に一般の少年院で矯正教育を実施するというように、健全育成という目標を達成するうえで最も合理的な方法が採られているといえる。

以上、処分決定に関しては、「事実的・経験科学的な評価」に基づき、基本的に上記のような検討が行われているといえる。ただし、審判例12のように、既に少年院の矯正教育を十分に尽くしたものの保護観察の遵守事項違反に及んだケースについて、もはや社会において矯正教育も療育も実施可能な機関が存在しない場合、まさに社会における「受け皿」が存在しない場合に、消極的観点から矯正教育や療育を実施する手段としての少年院戻し収容および環境調整命令が選択されざるを得ない事案も存在することは指摘しておきたい。

第三に、発達障害を有する犯罪少年の少年審判においては、発達障害に基づく責任無能力を理由に規範的評価としての非行が成立しないとして、審判不開始の判断を行うケースがあった。ただし、そうしたケースでも、単に当該少年に対する「価値的・規範学的な評価」による非行の不成立だけが強調されているわけではなく、「事実的・経験科学的な評価」との調整の観点から責任無能力とし、非行の不成立を認定している。

この点、Ⅲの2(1)において、犯罪少年に責任能力が要求されるかについては、学説により見解が分かれていることを指摘したが、審判例11について

Ⅲ　発達障害を有する犯罪少年の少年審判例の分析

は、後に同事案について審理された少年補償事件の審判例（平成27年3月26日東京家庭裁判所決定）において、「少年審判の対象となる非行事実には実質的な責任能力が必要と解すべきものであるところ(65)」と指摘されており、少なくとも当該審判例に関しては、行為の是非弁別能力程度の実質的責任能力が要求されているといえる。

　しかし、審判不開始の判断を行っているといっても、少年の処遇について全く考慮せず判断をしているわけではない。実際に、審判不開始決定を行ったもう一つの審判例である審判例6では、「本件非行が軽微であること、これまで少年の治療に協力してきた父や祖父母が今後も病気の治療に協力する意向を示しているといったことなども踏まえれば、少年に対しては保護処分ではなく適切な治療等が必要であると考えられるところ、少年は……当裁判所により観護措置が取り消された上、精神保健及び精神障害者福祉に関する法律29条1項に基づく入院措置がとられており、この点からも審判を開始する必要はない。(66)」としている。また、審判例11についても、詳しい状況の言及はないが、事件は被害者宅で起きており、事件直前には被害者と「夕食を摂った後、居間でテレビを見たり、寝室に敷いてある布団の上で泳ぐまねをするなどして、平穏に過ごしていた。(67)」とあるように、被害者は少年に近しく、保護者的な立場にあることが推測され、審判不開始決定を行ったいずれの審判例においても、保護処分の他に少年の健全育成のための何らかの手段が担保されていることを考慮に入れているといえよう(68)。その意味では、当該少年に対して実質的責任能力を要求しているとはいえ、処遇の有効性の観点から機能的に少年の責任能力を捉えたうえで、少年保護司法システムの

---

(65)　家庭の法と裁判研究会編・前掲注(45)132頁。
(66)　青森家庭裁判所八戸支部平成24年9月27日決定（LEX/DB文献番号25500185）参照。なお、本審判例は心神喪失判断の前提としての精神障害については、発達障害よりも統合失調症の影響を特に認定している。
(67)　家庭の法と裁判研究会編・前掲注(45)131頁。
(68)　なおこの点について、田宮＝廣瀬・前掲注(20)75頁では、「必要説をとって責任能力がないとしているものは、既に精神病院に入院中の少年や措置入院が予定されている少年の場合が大半あり、……実務上は保護処分の必要性を具体的に検討したうえで判断がなされているものといえよう。」という点が指摘されている。本件も同様の判断が行われていると思われる。

みにとらわれないより幅広い見地から処分を決定しているという見方もできよう。

Ⅳ　む　す　び

　以上、発達障害を有する犯罪少年に関する少年審判例を抽出し、その処分決定方法についての分析を行った。
　分析から、少年審判においては、犯罪態様や結果はあくまで「事実的・経験科学的な評価」の前提として考慮されており、発達障害と非行との関係についても、要保護性の中の累非行性判断との関係において検討されることが判明した。また、発達障害の療育という視点についても、「事実的・経験科学的な評価」に基づき、累非行性の除去に次いで、現実的な療育可能性の観点から検討が行われることが判明した。さらに、少年の責任能力に関して、価値的・規範学的観点から非行の成立が検討されたうえで審判不開始となる場合もあるが、その際にも少年保護司法システムにとらわれない、より幅広い見地に基づく事実的・経験科学的観点からの評価をも考慮したうえで、その決定をしていることも判明した。
　罪を犯した発達障害者の処遇を考えるならば、発達障害についてこうした検討が行われることが望ましいことはいうまでもないが、少年審判においてこうした検討が行われている一方で、刑事裁判においては発達障害が責任能力判断において考慮されても、限定責任能力や責任無能力が認定されることはほとんどない[69]。また、近年では量刑上考慮される裁判例も現れ始めているものの、あくまで「行為─責任─応報」原理に基づく刑罰賦課の枠組みを超えることはできておらず、未だ処遇に結びつくような検討は十分とはいえない。その意味では、少年と成人という年齢の違いを境目に、罪を犯した発達障害者の処遇に大きな亀裂が生じてしまっているのが現状である。そしてこのことは、障害が幼少期に発見されず、二次障害が進んで成人となってか

---

(69)　拙稿・前掲注(5)「罪を犯した発達障害者に対する法的対応策の考察：刑事司法システムにおける対応を中心に」166〜188頁。

IV むすび

ら初めて犯罪に及んだ発達障害者については、より大きな問題となることを意味する。しかし、発達障害者の療育は成人に至る前の段階で行う方が効果が大きいことや、ライフステージに応じた切れ目の無い支援が重要であることを考えると[70]、発達障害から生じた二次障害を理由に犯罪傾向が改善されない発達障害者に対しては、刑事司法システムの中で、少なくとも若年成人程度の段階の者までを対象にその療育が行える体制が整備されることが望ましいともいえる。現在、少年法適用年齢引下げと、それに伴う刑罰や犯罪者処遇のあり方を巡る議論が行われている法制審議会の動向に注目し、今後さらに研究を続けていきたい。

　また、少年審判で発達障害者の療育可能性を考える際には、可能な限り現実的に療育を実施できる機関が検討されていると思われるが、上述の審判例12のように、一度矯正教育を尽くしたものの療育効果を上げることができず、社会における「受け皿」が無いことを理由に再び少年保護司法システムに係属せざるを得ないようなケースはなおも存在する。この点、近年の少年鑑別所や少年院における発達障害者への対応施策には相当の充実化がみられることは確かである。しかし、発達障害の療育は本来、矯正教育が主として行うものではないことから、こうした状況は少年自身にとっても、障害者福祉という観点からも必ずしも望ましいものではなく、少年保護司法システム以上に、発達障害者に対する特別な教育・福祉・医療等の社会化システムのさらなる充実化に期待したい。それらのシステムが充実化すれば、社会における発達障害者の「受け皿」が増えることで、彼らが不適応を起こして非行に手を染める可能性はより減少するであろうし、非行を行った者に対しても、その再社会化のための社会資源が増加する可能性があろう。一方で、そ

---

(70)　2004年の成立時の発達障害者支援法第1条の文言は「発達障害者の心理機能の適正な発達及び円滑な社会生活の促進のために発達障害の症状の発現後できるだけ早期に発達支援を行うことが特に重要であることにかんがみ……」であったが、2016年の改正発達障害者支援法第1条ではこの文言が改められ、「発達障害者の心理機能の適正な発達及び円滑な社会生活の促進のために発達障害の症状の発現後できるだけ早期に発達支援を行うとともに、切れ目なく発達障害者の支援を行うことが特に重要であることに鑑み……」となった（圏丸筆者）。この点からも、発達障害者の切れ目の無い支援が重視されているといえる。

425

れでもなお非行に陥った者に対しては、そうした社会資源と少年保護司法システムとの連携体制のさらなる充実化と維持とが、彼らに対する処遇の選択肢を拡大することにつながりうる。家庭裁判所がどの程度そうした資源との多機関連携ネットワークを開拓・確保できるかが、よりよい処遇選択のうえで重要になろう。折しも、2016年に成立した再犯防止推進法では、4条において地方公共団体に対する再犯防止施策の実施責務が明記され、さらに5条において再犯防止活動を行う民間の団体その他の関係者との緊密な連携協力の確保が国と地方公共団体に求められているが、まさにこれを現実化していくことが重要である。そのためには例えば、既に存在している子ども・若者育成支援推進法19条や障害者総合支援法89条の3に基づく協議会の枠組みに少年保護司法の関係機関が積極的に関わることや、少年鑑別所法131条に基づく地域援助による好事例の検証・抽出[71]、さらに既に10年近い運用実績のある、地域生活定着促進事業による罪を犯した障害者へ対応するノウハウの検証・抽出を行い[72]、それらを少年保護司法の各機関や地域の関係機関の中で蓄積・展開していくことが、そうした多機関連携による対応策のさらなる充実化と維持へつながるであろう。

　なお、本稿の分析では、発達障害を有する触法少年と虞犯少年に関する分析は実施できなかった。これらの類型の少年については児童福祉機関先議主義との関係も分析しなければならないことから、検討については他日を期し

---

(71) 例えば、大阪家庭裁判所と大阪少年鑑別所では、少年法16条2項の協力依頼、少年鑑別所法131条の地域援助を根拠として、「コラボ」による在宅試験観察を充実化させた処遇を行っている。事例紹介では、発達障害を有する犯罪少年への対応事例も紹介されているほか、地域における機関連携に参加することによる家庭裁判所調査官の調査スキルや少年鑑別所技官の鑑別スキルの向上などの効果が紹介されている。柏原啓志＝古川輝「大阪家庭裁判所と大阪少年鑑別所との新たな連携・協働―在宅試験観察の充実に向けて」刑政128巻10号（2017年）32～43頁。
(72) なお、地域生活定着促進事業による少年院出院者への対応について、拙稿「特殊教育課程の少年院収容者に対する社会復帰支援の展望：少年保護司法の『入口』段階における支援の展開可能性に着目して」司法福祉学研究13号（2013年）27～44頁。また、地域生活定着促進事業の方向性について、宍倉悠太＝岸恵子＝木内英雄＝岡部眞貴子＝酒寄学＝高村正彦＝益子千枝「司法福祉学会第16回大会分科会報告 第2分科会 地域生活定着促進事業の現状と課題：事業開始からの6年を振り返って」司法福祉学研究17号（2017年）118～123頁。

IV　む　す　び

たい。また、要保護性判断のうち、「保護相当性」に関する検討についても実施できなかった。少なくとも、今回確認した審判例の分析に基づけば、「価値的・規範学的な評価」と「事実的・経験科学的な評価」をバランスよく位置づけるうえでは、第一に「事実的・経験科学的な評価」に基づき累非行性や矯正可能性が検討され、その後に「価値的・規範学的な評価」に基づき保護相当性を検討し、双方を比較衡量する形で処分を決定していくことが望ましい方法と考えられるが、この点に関しては本稿の分析からは十分な結論を得るに至っていない。この問題の解決についても、他日を期したい。

　最後に、2019年3月をもって早稲田大学をご退職される恩師石川正興先生に、これまでの温かい御指導への深甚の感謝を申し上げ、本稿を閉じることとする。

（ししくら・ゆうた）

児童虐待事案への警察の刑事的介入とその統制

田　村　正　博

　はじめに――石川プロジェクトと田村プロジェクト――
　I　児童虐待事案への警察の刑事的介入の変化
　II　刑事的介入の判断構造と児童虐待の場合の特徴
　III　個人保護型捜査の統制
　おわりに

はじめに――石川プロジェクトと田村プロジェクト――

　筆者は、2009年3月から2002年3月まで、警察庁から、石川正興先生が所長を務めていた早稲田大学社会安全政策研究所に客員教授[1]として派遣され、研究に当たるとともに、犯罪学の講義を担当した[2]。あわせて、2009年10月から2002年3月まで、石川先生が代表を務めたプロジェクト「子どもを犯罪から守るための多機関連携モデルの提唱」(石川プロジェクト)に参加し、大学院生(当時)の望月茜氏とともに、警察を対象とした調査研究に当たった。このプロジェクトは、科学技術振興機構(JST)の社会技術研究開発センター(RISTEX)の研究開発領域「犯罪からの子どもの安全」の研究開発プロジェクトの一つで、「主に中学生の加害者化・被害者化防止に焦点を当て、三政令市(北九州市・札幌市・横浜市)における学校・教育委員会、警察

---

(1)　早稲田大学における制度変更により、2011年10月以降は研究院教授(社会安全政策研究所上級研究員)となった。
(2)　法学部で「犯罪学I」及び「犯罪学II」、大学院法務研究科(ロースクール)で「犯罪学」の講義を3年間行った。なお、大学院法務研究科では、警察大学校に在籍していた2005年度から2007年度まで、客員教授として警察行政法の講義を担当している。

（少年サポートセンター）、児童相談所の三機関の連携の仕組みを中心に調査し、適正かつ有効な多機関連携のあり方に関する提言を行うもの」[3]であった。筆者が担当した部分の研究結果として、他機関の側で少年サポートセンター以外の警察の行動を理解し、予測することが困難であることから、インターフェースとして機能し得る存在を設けることが相互理解と連携を図る上で有益であること、人事交流、少年サポートセンター等がインターフェース役となり得るものであることなどを明らかにし、非行系少年立ち直り支援の重視と少年サポートセンターの役割の明確化、警察の実情と行動特性・可能な対応に関する関係機関への丁寧な説明、少年相談系機関による共同利用施設の設置などを提言している[4]。

筆者は、警察庁に復帰して警察大学校長となった後、2013年に退官して京都産業大学法学部教授となり、翌年から同大学の社会安全・警察学研究所所長を兼務することとなった[5]。本研究所は、2013年4月に発足したわが国で唯一の「警察学」の名を冠した研究所で、警察についての学問的研究と、社会安全の担い手の協働の促進に当たっている。2015年11月からは、社会技術研究開発センター（RISTEX）の研究開発領域「安全な暮らしをつくる新しい公／私空間の構築」において、筆者を代表とする研究開発プロジェクト「親密圏内事案への警察の介入過程の見える化による多機関連携の推進」（田村プロジェクト）を開始し、研究所のメンバーを中心に、実務家等の参加を得て、2019年3月までの間、調査研究に当たってきた。本プロジェクトは、警察の刑事的介入（犯罪に対する捜査権限の行使又は14歳未満の少年の触法行為に対する調査権限の行使）が他機関にとって理解されにくいことが警察を含めた多機関連携の円滑な遂行に支障となっているという認識に立って、児童虐待などの親密圏内における犯罪的事象に対する警察の刑事的介入がどのようなものであり、どのような場合にどのような要素を考慮して判断がなされ

（3）　石川正興編著『子どもを犯罪から守るための多機関連携の課題と現状』（2013年、成文堂）4頁。プロジェクトの報告書は、下記のアドレスで公表されている。http://www.jst.go.jp/ristex/result/criminal/pdf/20121022_2.pdf
（4）　石川プロジェクト報告書69頁以下参照。
（5）　研究所発足当初は副所長であったが、初代所長の渥美東洋法務研究科教授が2014年1月に急逝したのを受けて、同年4月に所長となった。

るのかを解明し、他機関に理解可能なものとしてまとめるほか、規範的な研究を行って、関係機関の認識の共通化を図ることを目的としたものである[6]。刑事的介入の判断構造を解明した上で、児童相談所側の認識や疑問を踏まえて、警察と刑事手続に関する基礎知識、Q&A、被害者学からの知見(刑事手続が、被害児童に与える「プラスの影響」について)、用語集で構成する『児童福祉に携わるひとのための「警察が分かる」ハンドブック』を作成した[7]ほか、シンポジウムの開催等を通じた対話の場の設定にも努めている[8]。

　本研究の必要性を認識するに至ったのは石川プロジェクトの調査研究によってであり、また、児童相談所の調査において重要な役割を担った児童相談所長経験者の岡聰志、清水孝教の両氏と知り合ったのも、石川プロジェクトがきっかけであった。そのような機会を与えていただいたことに感謝しつつ、以下では、田村プロジェクトによって明らかになった警察の児童虐待事案への刑事的介入の実態とそれを踏まえた統制のあり方について述べることとしたい。

I　児童虐待事案への警察の刑事的介入の変化

1　検挙件数の変化

　児童虐待の検挙件数は、2003年に212件であったものが、2013年に514件になり、その後逐年増加して2017年には1,138件と、4年前に比較して2.2倍になった。特に暴行罪の検挙は、2003年にわずか6件だったものが、2013年に89件となり、その後も急増を続け、2017年には347件と、4年前の4倍近く

---

(6)　プロジェクトの調査研究結果の全体像は、研究開発実施終了報告書としてRISTEXのウェブサイトに掲載される。あわせて、田村正博「親密圏内事案における警察の刑事的介入(研究報告)」社会安全・警察学5号(2019年、社会安全・警察学研究所)参照。
(7)　印刷したハンドブックは全国の児童相談所や警察本部に配布したほか、関係論文等とともに、研究所のウェブサイトからダウンロードできるようにしている。
(8)　2018年2月に「児童虐待事案への刑事的介入における多機関連携」を警察関係者、福祉行政関係者など約350人の出席を得て、東京都内で開催した。2019年2月には、「児童虐待対応のための警察と福祉の対話を目指して」を同様に約180人の出席を得て、京都市内で開催し、シンポジウムと合わせて3つのテーマでのワークショップを行った。

になっている。また、心理的虐待は、2010年までは検挙はゼロであったが、2017年は44件とネグレクトの検挙の2倍となった（ネグレクトはほとんど変わっていない。）。多くは、凶器を示した脅迫（暴力行為処罰法違反）である。

　この間の児童虐待以外の親密圏内事案の変化をみると、配偶者間暴力の検挙件数は、2010年に2,346件であったものが、2013年に4,300件、2014年に5,387件に増加した。法改正で同居交際者間の事案が配偶者間暴力件数に計上にされるようになったが、これを含めると2014年の6,875件が、2017年には8,342件にまで増加している。一方、学校内事案に関しては、同じ期間内に刑事的介入は一時増加したが、近時は逆に減少傾向にある。具体的には、校内暴力事件[9]の検挙・補導件数[10]は、2010年の1,211件が徐々に増えて2012年に1,309件、2013年に1,523件になったが、その後は減少し、2017年は717件と半減している。

2　件数増減の背景

　児童虐待事件の検挙は、児童虐待防止法の制定以前は極めて少数であり、被害者が死亡するなど重篤なものに限られていた（統計を開始した1999年の検挙は120件であったが、身体的虐待とネグレクトの被害児童90人のうち半数の45人の児童は死亡していた事件であった。）。2000年代初期の増加は、児童虐待防止法の制定により、児童虐待に係る暴行罪、傷害罪等について、親権を行う者であることを理由に罪を免れないことが明白になったことを受けた変化（当罰性に対応した変化）であるといえる。

　一方、近年の児童虐待事案（及び配偶者間暴力事案）の検挙の増加は、「人身安全関連事案」（恋愛感情等のもつれに起因する暴力的事案、行方不明事案、児童・高齢者・障害者虐待）への対処体制の確立を求める2013年12月6日付の警察庁生活安全局長及び刑事局長の通達「人身安全関連事案に対処するた

（9）　校内暴力事件とは、小学生、中学生及び高校生によって起こされた学校内における教師に対する暴力事件・生徒間の暴力事件・学校施設、備品等に対する損壊事件のほか、犯行の原因、動機が学校教育と密接な関係を有する学校外における事件を含む。
（10）　14歳未満の少年による触法事件については、少年法に基づいて調査が行われるが、検挙ではなく、「補導」件数となる。検挙・補導件数は、刑事訴訟法に基づくものと、少年法に基づくものの合計（警察の刑事的介入の全体数）である。

めの体制の確立について」（以下「人身安全関連事案対処通達」という。）が大きく影響を与えていると思われる。より詳細にみると、配偶者間暴力事案は、2011年から2012年にかけて[11]と、2013年から2014年にかけての伸びが大きく、それ以降はそれほど大きな増加にはなっていない。児童虐待事案は、2013年から2014年と並んで2015年から2016年にかけても大きく増加している。この点については、人身安全関連事犯対処通達が、「まず恋愛感情等のもつれに起因する暴力的事案を対象とした体制を確立し、その運用状況等を踏まえて対象事案を拡大することとして差し支えない」としていて、配偶者間暴力への取組みの強化がすぐに行われたのに対し、児童虐待事案を対象とした強化の取組みが一部で遅くなっていた（取組みの時期が都道府県によって異なっていた）ことと、近年の児童虐待事案に対する社会的な関心の高まり（とそれを受けた関係機関を含めた取組みの強化）を受けたことによるものと思われる。

　これに対し、学校内事案については、人身安全関連事案に含まれておらず、2013年をピークとしてその後は大きく減少している。非行少年の検挙・補導が大幅に減少している[12]ことからすれば、校内暴力の検挙・補導が2013年まで一時的に増加していたことの方が特筆されることである（2004年と2013年を比較すると、非行少年の検挙・補導が半減以下になる中で、校内暴力事件は8割も増加している。）。2013年に至る増加は、警察の刑事的介入を増大させる方向での学校側の考え方の変化が反映されたものだと思われる[13]。一方、2014年以後の減少は、対応方針の変化等ではなく、犯罪行為として取り扱われるべき子どもの事案全体が減少したことが反映している可能性が高いと思われる。

---

(11)　2011年から2012年にかけ7割増加しているが、これは2012年3月5日付の警察庁生活安全局長及び刑事局長の通達「恋愛感情等のもつれに起因する暴力的事案への迅速かつ的確な対応について」を受けたものであると思われる。
(12)　刑法犯少年と触法少年（刑法）の検挙・補導数は、2010年に10万3,573人であったものが、2013年には6万9,061人と3分の2の水準になり、2017年には3万5,108人とさらに半減し、2010年の3分の1となっている。

II 刑事的介入の判断構造と児童虐待の場合の特徴

1 被害者の意思

　個人被害の犯罪に関して、警察が刑事的な介入をするかどうかは、被害者の意思、証拠状況、事件捜査価値判断という三つの側面で決められている。

　通常の事件の場合、被害者の意思（事件を刑事手続で処理することを求めるものであり、被害届（又は告訴状）の提出によって示される。）を受けて捜査が開始され、被害届が撤回された場合には捜査は中止されるのが通例である。法益主体の判断を尊重することが基本にあるが、被害者の協力がなければ証拠の収集が困難であることと、後述する被害者の不利益の問題に関する判断を回避できる（被害者の意思に解消できる）ことが背景にある。子どもが被害者の場合、保護者が被害届を提出することが一般的である。

　被害者の意思によって事件化するかどうかが決まることが多いといっても、相談の段階（申告意思を確認する段階を含む。）における警察の対応（届け出るよう説得する、届出をした方がいいと勧める、特段の意見を言わない、様々な状況を考慮することを促すなど）が被害届の提出・不提出に大きな影響を与えている（被害者に働きかける主体は警察に限られない。学校内事案の場合は、前述のとおり学校側の対応が大きな影響を与えている。）のであって、警察が受動的なだけの存在であるわけではない。

　児童虐待事案の場合には、保護者の被害届は期待できないし、児童相談所が保護者に代わるものにはならない。このため、警察は、被害者の意思に基づくものとしてではなく、自らの責任で介入の判断をしなければならないことになる（もっとも、供述を得ることは必要であり、「話せない子ども」から被害

---

(13)　文部科学省国立教育政策研究所の生徒指導・進路指導研究センターが2013年1月に発行した「生徒指導リーフ　学校と警察等との連携」は、「学校内で起こったことに関して警察の介入を求めることを『教育の放棄』と受け止める考え方が根強いのも事実です。」としつつ、「学校だけではもはや対処できない事態に陥りながら抱え込みを続け、更に悪化させてしまう事例も見受けられます。」と述べ、「『被害届』は、加害者の行為を止め、被害者を守るとともに捜査という観点からの実態の解明につながる可能性を高めます。そうした意義を踏まえれば、関係する保護者の理解を得ながら『被害届』の提出について警察と相談し、前向きに検討を行うことも大切と言えます。」との見解を示している。

の開示を受けることは実務上の課題となる[14]。)。

2 証拠状況

犯罪があったことが一応うかがえる程度の証拠（となり得る資料）があることによって捜査が開始され、特定の者の犯行であることを証拠によって明らかにでき、かつその者の出頭を確保できた段階で捜査は終結する（事件が送致される。）。合理的な疑いを超える立証ができなければ有罪とはされないので、公判でいかなる弁解・主張が被告人から行われても十分に有罪とできるだけの証拠を収集することが求められる。

児童虐待の場合には、犯罪があった疑いがあるということと誰の犯行であるのかの特定とが非常に近い関係にあることから、事実上捜査を行っていても、十分な根拠となるだけの証拠が得られていない段階では、「犯罪ありと思料」していると対外的に明らかにできない。一方、刑事上の措置をとるには十分な証拠がない場合であっても、子どもの安全のためには、児童相談所は行政上の措置を講じることが求められる。求められる証拠の程度と措置の考え方に大きな違いがあることは、刑事手続に関する知識のある者にとっては当然のことであるが、児童相談所や事案の当事者にとってはそうでないため、「虐待であるのに警察が動いてくれない」、「警察が問題としていないのに児童相談所が子どもを取り上げた（警察にかけられた疑いが不当なものだったことが検察によって示されたのに、児童相談所が子どもを返してくれない）」といった疑念や主張を招くことにつながっている。

3 事件捜査価値判断

刑事事件としての当罰性、警察目的達成上の必要性、捜査の制約要因の考慮という三つの判断軸が存在する。警察の事件捜査価値の判断は、被害者への働きかけを通じて被害届に影響を与え、被害届を要しない事件では事件化の判断に直結するものとなる。

---

(14) 外国の例の紹介として、仲真紀子「実務における司法面接の課題：非開示にどう取り組むか」心理学評論60巻4号（2018年、心理学評論刊行会）がある。

当罰性の高さは、犯罪に対する刑事法運用・国家刑罰権行使の評価である。罰条の重さ、結果の重大性と行為の悪質性が基本的な考慮要素となり、行為者の属性（前歴）等が加味される。過去においては、家庭内の事案は当罰性が低いという評価をされがちであったが、児童虐待防止法が「親権を行使する者であることを理由に罪を免れない」ことを定めた以降は、他の場合と区別されるべきものではないものとされている[15]。

　警察目的達成上の必要性は、個人の生命・身体・財産の保護と公共の安全秩序の維持の実現にどの程度の必要性があるか、という価値判断であり、ⅰ被害者の被害の回復・軽減、ⅱ同一人の再被害防止・被害拡大防止、ⅲ他者に対する危害防止、ⅳ学校内秩序や家庭内秩序の回復、ⅴ地域の社会不安の解消[16]、ⅵ犯罪の抑止[17]その他の警察上の目的（暴力団対策、暴走族対策等）の達成、といったものがある。警察が判断すべきものであって、他の機関や被害者の判断に任せてはならないことが強調されている。この評価は、治安情勢や社会的なニーズ、さらには警察の官僚集団の意識等によって変化している。児童虐待の場合には、再被害の防止が近時重視され、強調されている。

　制約要因の考慮は、警察の資源上の問題と被害者の受ける不利益とに分けられる。資源上の問題とは、実質的に警察が捜査できるものは限られること

---

(15)　ドイツにおいても、子どもに対する身体傷害罪は正当化されないとされている（マーティン・ベーゼ［中村邦義訳］「両親や教師には、正当化事由としての懲戒権があるか」社会安全・警察学4号〈2018年、社会安全・警察学研究所〉参照。）。一方、カナダでは、「教師、親、又は親の立場にある者は、合理的な範囲を超えなければ、correctionのための有形力の行使を正当化される」という規定が刑法に存在している（43条）が、判例において、武器を使用した暴行や身体的危害を生じさせた暴行、correctionから学習する能力のない児童に対する有形力の行使、侮辱的、非人間的、又は有害な行為は正当化されず、フラストレーションや腹をたてて行った場合や親の虐待的な性格から生じた有形力は同条による正当化の範囲外であるとされている（岡本昌子「児童虐待とカナダ刑法43条」社会安全・警察学5号〈2019年、社会安全・警察学研究所〉参照。）。

(16)　器物損壊でも、連続犯行によって地域に不安感が広がっている場合には、検挙によって不安感を解消することは重要な課題と位置づけられることになる。

(17)　「街頭犯罪及び侵入犯罪の発生を抑止するための総合対策の推進について（依命通達）」（平成14年11月11日付け、警察庁乙生発第5号ほか）において、「刑事部門にあっては、犯罪の発生抑止に資する検挙活動を一層推進する」としていたのが典型である。

を踏まえ、どのような事件を重視することが国民の要請に応えるものになるか、という問題である。警察組織のリーダー層が何を重点にするかを示す（国民の期待に応えるものとして具体化する）ことによって、資源分配に対する現場組織責任者の判断を統制している。児童虐待事案を含む人身安全関連事案については、人身安全関連事案対処通達により、特に重視すべきものとされ、事案発覚時の応援態勢の整備等も図られたことにより、資源上の限界の考慮をそれほど要しないようになったことが、近年の検挙の急増につながったといえる。

　被害者の受ける不利益については、捜査・公判過程における二次被害、社会的な関係性の中での不利益、私生活上の不利益などがある[18]。被害届を受けて行われる捜査の場合には被害者（子どもの場合はその保護者）が不利益を容認して被害届を提出したものとみなすことが可能であるといえるが、児童虐待の場合には、被害者の意思に問題を解消することはできないのであって、警察の責任で判断をすべきものとなる。警察大学校入校生を対象とした調査では、被害者の受ける不利益を考慮要素とすることに否定的ないし反発する発言が多く存在したが、都道府県警察の担当部署調査ではこの面も考慮要素に含まれていることが明らかとなっている。もっとも、当罰性の高い事案や危険性・切迫性のある事案では、それらの必要性が優先的に位置づけられ、その他の事案で不利益面が考慮されるというのが一般的なものとなっている。

4　当罰性の高い事案への対処

　児童虐待の事案のうち、重篤な被害を与えたもの及び性的虐待については、当然に事件化の対象であり、起訴・有罪の獲得を第一の目標とする捜査（司法警察型捜査）が展開されている。児童虐待は、加害者がその場に居ること自体は当然のことであり、DNA型鑑定や指紋といったものが決め手にな

---

(18)　児童虐待事案ではないが、暴行等で被害者として申告している者が、ある場面では加害者と位置づけられ、事件化をするのであれば双方が被疑者となることがあり得る場合（相被疑者となる場合）には、本人にとっての明確な不利益であり、その可能性が認識されれば被害申告が取り止められることにつながる。

らないのに加え、密室内の犯行であり、目撃者がいても実質的に加害者の支配下に置かれているなど、証拠が乏しい場合が多いのが特徴である。被害者が死亡又は意識不明の状態の場合や幼児の被害の場合には、被害者の供述を得ることができないことから、立証が容易でないことが実務上の最も大きな問題となっている。

　性的虐待の場合には、継続的な暴力、支配関係にあることから、行為の時点での暴行脅迫がない場合も多く、強姦罪や強制わいせつ罪に当たらない（そのため児童福祉法違反で立件せざるを得ない）ものも多く存在した。2017年の刑法改正（同年7月13日施行）によって、監護者に係る罪が新設され、「現に監護する者であることによる影響力があることに乗じて」行っていれば、暴行脅迫を要しないこととされたことを受けて、2018年上半期の検挙は、強制性交等が3倍（前年同期の12件が38件に）、強制わいせつが2倍（前年同期の19件が39件）に増え、児童福祉法違反は半減している。改正法の効果が示されたものといえる。もっとも、繰り返しの犯行の場合、日時を含めた事実の特定が困難である（直近の事実を立件するのが通常であるが、被害と発覚との時間的な間が長い場合には、日時の特定が容易でない。）ことで起訴されない事案があるという問題は残っている。

5　危険性・切迫性のある事案への対処

　警察が認知した段階で、危険性・切迫性があると判断された事案については、罪名や被害程度が軽くとも、次の事案を防止するために被疑者を逮捕する運用が近年一般的なものとなっている。その多くで、検察官が勾留を請求し、裁判官によって容認されている。逮捕・勾留で直接安全が確保される期間は限られているが、行為者本人の当該行為が「犯罪」と扱われることの認識、取調べを受けることを通じた自らの行為の反省、次に行った場合により重い刑事処分の対象となることの意識化といったことを通じて、高い抑制効果が得られている。もとより、再度の犯行に至ったケースがないわけではないが、それが少ないということは警察にとって明白な事実である。

　危険性・切迫性については、過去の加害行為の有無とそのときの状況、犯行後の状況・態度、本人の一般的な遵法態度と自己コントロール能力[19]、周

囲の防止能力といった点から判断される。被害児が３歳未満の場合には、危害を受けると重大な事態に至るものとなることから、危険度がより高いものとして評価される。事件自体は警察署の判断対象である[20]が、警察本部の人身安全関連事案対処のための責任機関において、危険性・切迫性の評価に誤りがないかどうかの点検を受ける扱いとなっている。

　危険性・切迫性のある事案の場合には、その後の再被害を防止する（安全を確保する）ことが第一の目的とされ、刑事罰が実際に科されるかどうかは重要なこととされていない。個人保護型捜査という近年の新たな捜査理念[21]に基づく実務といえる[22]。

6　その他の事案への対処

　当罰性が高い事案（重大・悪質な事案）、危険性・切迫性のある事案（次の被害防止の必要性が高い事案）のいずれにも該当しない事案については、刑事的介入をするかどうかは、総合的な判断の対象となる。危険性・切迫性がないかどうかを十分に調べた上で、児童相談所通告をするにとどめ、捜査を保留する扱いも多い[23]が、放置できない事案として事件化がなされることもある。「事件化が被害者及び被害関係者に与える影響」への考慮は、主として、この種の事案においてなされているといえる。

---

(19)　精神的な疾患による自己コントロール力の低下は、刑事責任の評価の上では軽減事由となり得るが、危険性・切迫性の面ではより高いとの評価につながり得るものとなる。
(20)　警察では、重要な事件については、逮捕等について警察本部長（又はその委任を受けた刑事部長等）の判断を受けることとされているが、児童虐待の暴行や傷害はそれに該当しておらず、警察署長の判断で行われる。
(21)　警察における捜査理念と変遷については、田村正博「警察の刑事的介入の基本的な考え方と近時の変容」社会安全・警察学４号（2018年、社会安全・警察学研究所）及び同「警察の個人保護型捜査の課題」警察政策21巻（2019年、警察政策学会）参照。
(22)　筆者自身、警察大学校長在任時に「命に関わる可能性がある事案」は刑罰法上の評価としては重大なものでなくとも、被害防止の観点から重大なものと受け止めなければならないこと、捜査の重要度の判断も事後的な評価も刑事責任の追及という観点からのみ行われるべきはないことを強調していた（田村正博『新しい警察幹部の在り方―知的警察幹部のために―』〈2013年、立花書房〉94頁以下）が、実務が必ずしもそうでないことを認識していた。今回の調査で警部任用科の学生が一様に「児童虐待事案などでは安全が確保されることが大事で、起訴されるかどうかは関係がない」と発言をしていたのは、短期間での大きな変化を実感させるものであった。

児童虐待事案の検挙状況は、都道府県ごとの差異が大きい。虐待の実態に関する地域差もあることは否定できないとはいえ、どの程度の可能性があれば「危険性・切迫性のある事案」に該当するかどうかの判断と、その他の事案での検挙の要否の判断の違いが反映していることが伺える。児童相談所等が関わっていたのに死亡に至った事案が起きたことがある都道府県では、危険性等があるとする判断がより積極になる傾向がある。

Ⅲ　個人保護型捜査の統制

1　指導理念の確立

　これまでの警察の犯罪捜査に関する言説は、専ら起訴、刑事罰を志向する「司法警察型捜査」を念頭に置いたものであった。司法警察型捜査の場合には、刑事責任の追及（国家刑罰権の行使）を目的として行われるものであるので、他の行政とはかかわりをもたない。この考えを徹底すると、捜査自体が被害者のために行われるとはいえないものとなる。最高裁が、「犯罪の捜査及び検察官による公訴権の行使は、国家及び社会の秩序維持という公益を図るために行われるものであって、犯罪の被害者の被侵害利益ないし損害の回復を目的とするものではなく、また、告訴は、捜査機関に犯罪捜査の端緒を与え、検察官の職権発動を促すものにすぎないから、被害者又は告訴人が捜査又は公訴提起によって受ける利益は、公益上の見地に立って行われる捜査又は公訴の提起によって反射的にもたらされる事実上の利益にすぎず、法律上保護された利益ではないというべきである。したがって、被害者ないし告訴人は、捜査機関による捜査が適正を欠くこと又は検察官の不起訴処分の違法を理由として、国家賠償法の規定に基づく損害賠償請求をすることはできないというべきである」と述べている[24]のは、司法警察型捜査を念頭に置いたものといえる。

---

(23)　2017年中に、身体的虐待として児童相談所に通告したのは1万2,343人であったのに対して、検挙は904件であった。プロジェクトの調査でも、様々な経路で警察が分かった事案のうち、検挙されるのは数％にとどまっていた。
(24)　最判平成2・2・20裁判集民159号161頁。

これに対し、近年の個人保護を主たる目的とした捜査の場合には、被害者を保護することが目的であるから、同じ対象者を保護する行政機関がある場合には、その行政機関と連携をとりつつ、共通する目的の実現に努めることになる。行うべき捜査を行わなかった場合には、一般の行政権限の不行使と同じく、国家賠償の対象となる。前記の最高裁の判例がありながら、捜査の不実施をめぐる国家賠償訴訟が容認される例がある[25]ことは、司法警察型捜査と異なる個人保護型捜査があることを前提としたものといえる。

個人保護型捜査には、司法警察型捜査とは異なる面がある以上、これを統制する新たな指導理念が必要となる。プロジェクトの調査研究の一環として、研究所員の増井敦准教授によって、児童虐待における多機関連携に関して、①子どもの最善の利益・福祉を第一に考えるべき、②問題解決のための負担・責任は加害者が負うべき、③加害者の権利保障は弱めてはならない、④多機関連携は包括的な問題解決に不可欠である、という基本的な考え方が提示されている[26]が、重要な意味があるといえる[27]。

2 刑事手続による被害者の利益と不利益の明確化

犯罪として刑事手続の対象とすることは、加害親に自らの行為が犯罪であることを認識させ、次の同種行為をすることを抑制する契機となる。逮捕勾留されている間は、被害者の安全を確実に確保することができる。また、その間に、加害親のいない状態で、他の保護者ないしその関係者が、福祉機関の助力を得つつ、新たな状況を作っていくことにもつながることとなる。年

---

(25) 訴えを容認した例として、神戸大学院生殺害事件判決（大阪高判平成17・7・26裁判所ウェブサイト）や石橋事件判決（東京高判平成19・3・28判時1968号3頁）がある。
(26) 前注(8)のシンポジウム「児童虐待事案への刑事的介入における多機関連携」社会安全・警察学5号（2019年、社会安全・警察学研究所）のパネルディスカッションにおける増井敦発言コメント（52頁）。
(27) 関係する研究として、検察の訴追裁量に関して、増井敦「検察による児童虐待事案解決のための多機関連携の促進」社会安全・警察学4号（2018年、社会安全・警察学研究所）がある。また、公共政策的な観点から、虐待事案の解決・予防の観点から多様な対応手段の中で刑事的介入がどのような役割を果たすべきかを論じたものとして、稲谷龍彦「公共政策としての刑事司法」社会安全・警察学4号（2018年、社会安全・警察学研究所）があり、示唆に富む。

間数十件の事件化をしている県警察では、再加害が行われたのは、年間に1件あるかないかにとどまっていたとのことであり、現実に加害行為を抑止する効果が高いことがうかがえる。そして、刑事手続によって、被害者にとっては、加害者が悪いのであって、自らが悪いわけではないのだということを、明確にすることができる。このことは、加害者の支配下に置かれ、「お前が悪い」と言われ続けてきた被害者に、自尊心を回復させ、心の立ち直りをする上で極めて重要なことである。刑事手続が被害者の尊厳を回復させるものであることは、付随効果ではなく、本質的なものということができる[28]。

一方、捜査による被害者の不利益は、既に述べたようにⅰ捜査・公判過程における二次被害、ⅱ社会的な関係性の中での不利益（職場内事件を申告した場合における職場での立場の悪化など）、ⅲ個人としての不利益（加害者と経済的基盤を共通する場合における収入の喪失、家庭内の対立の激化など）、といったものがある。このうち、ⅰは警察としてその不利益を軽減するようにすることはある程度は可能であるが、ⅱとⅲは警察として軽減することはほとんどできない[29]。児童相談所を含めた関係機関との連携の中で、不利益をより小さなものとすることに向けた努力が求められる。

児童相談所関係者を含む福祉関係者には、刑事手続による児童への不利益を強く主張する者が存在し、被害児童が望まないのであれば重篤な事案も含めて刑事的介入に反対する者も少なくない。しかし、不利益を過大に見積もり、利益を評価しないのは誤りである。特に、事件化をした場合の本人の二

---

(28) 刑罰を非難のコミュニケーションととらえる立場からは、刑罰が加害者に対するものであると同時に、被害者に対するコミュニケーションでもあるとし、他者の行為によって被害者が傷つけられたことが単なる自然災害によるものではなく「不当に扱われた」という判断を下し、しかもそのように取り扱われるべきではなかったという判断を表明するものであるとされる（瀧川裕英『責任の意味と制度　負担から応答へ』〈2003年、勁草書房〉197頁参照）。

(29) 虐待で加害者が逮捕されたことが報道されると、匿名であっても被害者が推知される。逮捕の公表において被逮捕者の氏名を明らかにすることは、警察自身が不利益を与える行為であり、厳しく抑制されなければならない（個人保護型捜査の場合には正当化される余地はない。）。被害者が生存している場合には、虐待事件の逮捕を広報しない（又は加害者の氏名を公表しない）という扱いをする都道府県警察が一般的なものとなっている。

次被害が甚大だとする見解については、一次被害が表面化したものを二次被害と見誤っている部分が大きいことを指摘しなければならない。被害児童が被害の影響をそれほど表面化させていないときに、一次被害がその段階で小さいものになっているという認識が誤りである。犯罪による被害は被害者の心に永続的に残っているのであって、事件化しないことによってそれが消えずに残り、成人になった後に至るまでさらに悪化させる場合が少なくないことを認識しなければならない。

　このプロジェクトにおける被害者学の研究を基に、研究所の新恵理准教授が、「刑事手続が、被害者に与える「プラスの影響」について」をまとめている[30]。それによれば、刑事手続を経ることは、被害者にとって、「自分の身に起きていたことを客観的に理解することができる、被害の認識ができる。」、「被害について自分の言葉で語り、それを真剣に耳を傾けてもらえる機会が得られる。」、「「悪いのは加害者であって、自分ではない」ということを認識できる。」、「被害児童が、刑事司法手続に関与する中で、「選択」が与えられる。」、「自分自身の力で、問題を解決することができたと実感できる。自尊心の回復につながる。」、「自分自身の身体や心を大切にすることができる。」、「加害者が刑事処分を受けることによって、自分自身が受けた苦痛の代償を加害者が払っている、加害者が責任をとった、という認識が得られる。」、「大人や社会、周囲に対する信頼感を取り戻すことができる。」という8点が挙げられている。特に注目すべきなのは、サポートを受けながら子どもが刑事手続に参加することは、その後に加害者が刑事訴追に至らなかったケースでも、本人の立ち直りへの大切なプロセスになるということが指摘されていることである。これに対し、「そっとしておこう」といったことで事件化がされなかった人が、成人になっても、自尊心の回復ができず、社会に信頼を置くことができなくなってしまっているというケースに、心理臨床の場で遭遇し、その場合の回復が極めて困難であることを述べている[31]。

---

(30)　前掲注(7)『児童福祉に携わるひとのために「警察が分かる」ハンドブック』56頁以下。
(31)　前掲注(8)のシンポジウム「児童虐待対応のための警察と福祉の対話をめざして」のワークショップ1における同氏の発言。

被害者の最善の利益が追求されることが望まれ、かつ多機関の連携が求められる中で、児童相談所関係者を含めて、事件化の影響に関する知識を共有化し、不利益をより小さなものとするための努力が並行的に行われることが必要であるといえる。

3 公安委員会による統制

司法警察型捜査では、裁判官が令状審査等で適法性の面からの統制を行うだけでなく、検察官が刑事訴追の決定権の行使を背景として、事実上の統制機能を及ぼしている。これに対し、個人保護型捜査の場合には、身柄の拘束の面では、裁判官の逮捕状審査及び勾留の裁判を通じた統制を受けることにはなるが、刑事訴追につながらなくても問題ではないとされているため、刑事訴追の決定権を背景とした検察官の事実上の統制機能は及ばない（児童虐待について勾留請求をしないとする判断はしづらいので、その面からの統制は限定的なものにとどまる。）。

警察の個人保護型捜査の統制は、公安委員会（捜査の実施主体である都道府県警察を管理する機関である都道府県公安委員会）が行うことが望まれる。公安委員会については、「警察の運営の官僚化と独善化を防ぐために設置されたものである」ことが法の解説の中で語られているものの、同時に、「管理」が「個々の事務執行を含まず、大綱方針を定めてこれによる事前事後の監督を行うこと」にとどまるものであって、個別の事件への関与を想定するものではないことが繰り返し説かれてきた[32]。迅速性が求められる警察行政において、非常勤の者で構成される公安委員会に個別の事件対処の判断を求めるわけにはいかない。伝統的な司法警察型捜査を念頭に置けば、重要度の評価基準である当罰性は明確であるし、証拠の評価等は専門的な事項であり、かつ検察による実質的な統制が及ぶところから、公安委員会による統制は必要でもなく、適当でもなかったといえる。これに対し、児童虐待事案についてどれだけの捜査資源を投入するべきか、個人の危害が生ずるリスクがどの程

---

(32) 例えば、警察庁長官官房編『全訂 警察法解説』（1977年、東京法令出版）52頁、175頁。

度のレベルであれば介入をすべきなのか、不利益をどのように考慮するべきなのか、関係行政機関とどのように連携を図っていくべきか、といったことは、警察組織の専門的な知見を踏まえつつ、国民・住民の代表で構成される公安委員会の判断が及ぶべき事柄である[33][34]。

　個々の事案に関しては、迅速さが求められるため、個別に公安委員会の判断を受けることができないとしても、全体的な対処方針につき公安委員会の判断を仰ぎ、その実施状況を報告する（対処方針を言語化して公安委員会に説明する、一定期間ごとに事件化し、又は事件化しなかった事案の内容を説明し、全体的な対処方針に沿ったものであるかどうかの評価を受ける。）といったことは十分に可能なはずである。国民・住民に対する説明責任を果たすことにもつながるものとなる。

おわりに

　社会の安全とそのための政策の在り方を学問的に研究することは、極めて重要であるにもかかわらず、日本ではほとんど行われていない。早稲田大学社会安全政策研究所における研究はその意味で大変貴重である。われわれ京都産業大学社会安全・警察学研究所も、社会の安全と警察についての研究に取り組んでいきたい。

(たむら・まさひろ)

---

(33)　現行法制上、他の行政機関との関係については、公安委員会が実質的な判断を行うことが期待されている（警察官職務執行法4条2項が、警察官が危険な事態において避難等の措置をとったときは公安委員会に報告し、公安委員会は他の機関に対して、その後の処置について必要と認める協力を求めるため適当な措置をとらなければならないと定めているのは、その例である。）。

(34)　実質的に司法的統制が及びにくいものについて公安委員会による行政的統制を及ぼすことが重要であることは、情報の取得・管理の場面と同様である（情報の取得と管理に関する公安委員会の統制の重要性について、田村正博「犯罪捜査における情報の取得・保管と行政法的統制」高橋則夫ほか編『曽根威彦先生・田口守一先生古稀祝賀論文集 下巻』〈2014年、成文堂〉参照）。

高齢犯罪者への対応

――万引き被疑者の類型化からみた常習化予防策――

辰 野 文 理

I 問題の所在
II 調査の概要
III 分析結果
IV 考　　察
V 結　　論

I 問題の所在

1 高齢者犯罪の状況

　本研究の目的は、万引きを行った高齢者の意識調査をもとに、万引きを行った高齢者の類型化を試みたうえで、類型に応じた対応策を検討することにある。

　わが国の犯罪状況をみると、1990年代に入り少年非行が減少する一方、高齢者の犯罪が増加している。刑法犯の年齢層別検挙人員の推移をみると、他の年齢層が減少傾向であるのに対し、65歳以上の検挙人員は高止まりの状況にある（図1）。人口比でみても同様の傾向がある。また、罪名をみると、65歳以上においては、窃盗の割合が高く、72.3％を占める（図2）。さらにその手口をみると、万引きが79.3％を占める（図3）。

高齢犯罪者への対応（辰野 文理）

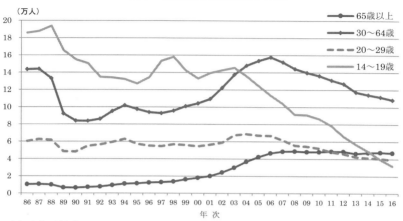

図1　刑法犯年齢層別検挙人員

平成29年版犯罪白書による。

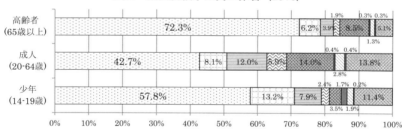

図2　刑法犯検挙人員の罪名（2016）

平成29年版犯罪白書による。

Ⅰ　問題の所在

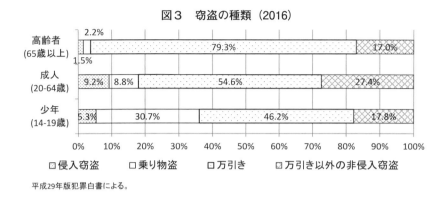

図3　窃盗の種類（2016）

平成29年版犯罪白書による。

　高齢者の万引きに関しては、検挙人員が多いということだけでなく、再犯が多いことも問題とされる。都内の統計ではあるが、万引きで検挙された人が過去に同一罪種（窃盗）の犯歴を有していた割合をみると、高齢者の値は53.3％と高く、また、ここ数年上昇傾向にある（**図4**）。高齢者の再犯を抑止する有効な手立てが見出せていないことの表れともいえる。

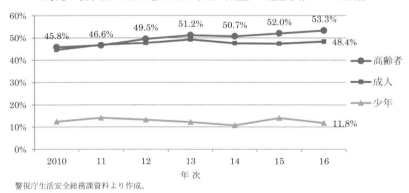

図4　高齢万引き被疑者の再犯者率（都内）

警視庁生活安全総務課資料より作成。

　こうした高齢者による万引きの要因として、これまでの研究や調査等において、生活困窮などの経済的要因、認知症のような身体的要因、孤立などの社会的要因が挙げられている。

(1) **経済的要因**

　高齢期は、定年退職や世帯構成の変化などにより世帯収入が減少することが多い。統計上も高齢者世帯は、世帯の年間収入が300万円未満の割合が57.5％であり、全体の29.3％に比較して高い[1]。また、長寿化に伴い、退職後の期間が長くなり、将来の生活設計に不安を抱える高齢者も少なくない。

　警視庁生活安全部の資料によると、65歳以上の高齢万引き被疑者の約8割が無職であり、万引きの犯行の動機・原因として、「お金を払いたくないから」と「生活困窮」がそれぞれ約3割を占めている[2]。一方で、高齢万引き被疑者のうち生活保護受給者は2割程度であり、実際の生活が「生活困窮」状態にある者は多くはないと思われる。

(2) **身体的要因**

　高齢期は、加齢に伴い、視覚や聴覚などの感覚器官の老化や記憶に関する一部の機能低下など、認知機能の変化や障害が進行する。

　認知症の一つとして「前頭側頭型認知症（脳の前頭葉と側頭葉が萎縮して血流が低下することにより様々な症状が引き起こされる病気）」がある。症状として、抑制が効かず衝動的な行動が増えることがあげられるが、物忘れなど他の症状は少なく、本人や周囲が認知症と気づかないままに万引きに至る事例もある[3]。

---

(1) 平成28年度東京都福祉保健基礎調査「都民の生活実態と意識」による。
(2) 警視庁生活安全部の資料に基づいて作成された東京万引き防止官民合同会議『万引き被害者等に関する実態調査分析報告書（平成26年度調査）』28、33頁による。同調査は、平成26年4月から1年間に都内で検挙・補導した万引き被疑者1,856件を対象とする。
(3) 万引き窃盗で3年前に罰金刑に、1年前に執行猶予判決を受け、その執行猶予期間中に、スーパーでリンゴなど5点（販売価格合計797円）を万引きした（商品を上着のポケットや脇に隠して店外へ持ち出す手口）事件の判決では、万引きをした被告人（60代女性）が「前頭側頭型認知症」を患い、その影響を受けて罰則があっても報酬に対する衝動を抑制しづらい状態にあったことを理由に、保護観察付きの執行猶予判決が言い渡されている（神戸地決平成28・4・12）。遡ると、2006年2月、当時市役所の課長であった男性がスーパーでカップ麺とチョコレートを万引きしたとして逮捕された事件において、その男性がピック病（前頭側頭型認知症の一種）と診断され、ピック病という認知症が知られるようになった。男性自身はお金を払わずに商品を持ち出した覚えがないと否認し続けた（平成19（2007）年2月26日朝日新聞）。

(3) 周囲との関係性

65歳以上の高齢者の世帯の状況をみると、核家族化、少子化等による家族形態の変化に伴い高齢者のみの世帯が増加している。また、高齢期は子の独立やパートナーとの死別などにより、独居となる高齢者も少なくない。『平成30年版 高齢社会白書』（内閣府）によると、一人暮らしの高齢者は増加傾向にあり、2015年の65歳以上人口に占める一人暮らしの者の割合は、男性13.3％、女性21.1％となっている。

周囲とのつながりを考えたとき、地域コミュニティの中心である町会、自治会などの地縁的なネットワークは衰退傾向にある[4]。一方で、若い世代を中心にインターネットコミュニティが活発であるが、高齢者はSNSなどを利用しない者も多い。スポーツクラブなど、同じ目的で集まる機能的なコミュニティは、高齢者世代においても活性化している。

しかし、これらのコミュニティのいずれからも外れる人も少なくない。警視庁の調査によると、65歳以上の高齢万引き被疑者のうち、交友関係「いない」が46.5％である[5]。家族や友人だけでなく、自らをサポートしてくれる人が身近にいないことも考えられ、社会関係性の欠如が孤独や不満、ストレスなどにつながり、問題行動へと発展するケースもあるのではないかと思われる。

以上のとおり、高齢者の万引きの背景として、経済的要因、身体的要因、社会的要因が考えられる。しかし、万引きに至る背景として困窮や孤立があり得るとしても、これらが犯行を引き起こす直接の原因となるわけではない。例えば、万引きをした高齢者の半数近くには一定程度の所持金があったとの報告[6]や、検挙された高齢者の7割は支払い能力があったとの報告[7]もある。また、同報告によると、検挙された高齢者のうち、41.8％は親族と同

（4）　一例として、東京都町田市における町内会・自治会の加入率は、2004年の60.2％から2018年の52.8％に年々低下している（町田市のサイト内「データで見る町内会・自治会」による）。
（5）　東京万引き防止官民合同会議・前掲注(2)29頁。
（6）　法務総合研究所による、前科のない万引き事犯者を対象とした調査において、検挙時の所持金額が5,000円以上の者の割合が49.4％であった（『平成26年版 犯罪白書』291～292頁）。

居であり、独居の者は56.4％であった[8]。

　さらに、高齢者は身体機能や意識など様々な面で個人差が大きいため、同じ境遇にあっても違ったものの見方や意識が生じる。万引きの原因を明らかにするためには、本人の内面に焦点を当て、要因を探ることが必要となる。加えて、万引きを繰り返しているうちに、習慣化してしまい当初の原因がはっきりしない場合や、刑罰の影響が重なることで置かれた状況が悪化している場合も考えられる。そうなると、当初の万引きの背景や原因を特定することが難しくなる。

　そこで、本研究では、比較的万引きの初期段階と考えられる微罪処分[9]となった者を対象とした質問紙調査を行い、一般高齢者の状況と比較するとともに類型化を行い、類型に応じた対応策を検討する。

Ⅱ　調査の概要

1　調査方法及び対象

　①警視庁管内における万引きによる微罪処分者（20歳以上）と、②都内の65歳以上の男女（住民基本台帳に基づく無作為抽出）の2群に対し、質問紙調査を実施した[10]。調査は2016年9月から17年3月にかけて実施され、回収結果は、①の万引きによる微罪処分者が195（うち65歳以上は83）。また、②の一般高齢者（65歳以上）の回収数は、1,336（回収率66.8％）であった。

　質問紙の主な調査項目は、属性の他、経済状況、家族や周囲との関係、規範意識、社会に対する意識（不公平感、不平等感）、セルフコントロール、自

（7）　警視庁の調査によると、検挙時の所持金と被害額を基準に算定すると70.3％が「支払い能力有り」であった（東京万引き防止官民合同会議・前掲注(2)32頁）。
（8）　東京万引き防止官民合同会議・前掲注(2)28頁。
（9）　刑事訴訟法246条ただし書に基づき、検察官があらかじめ指定した犯情の特に軽微な窃盗、詐欺、横領等の成人による事件について、司法警察員が検察官に送致しない手続を執ることをいう。平成28年の刑法犯検挙人員のうち、6万7,340人（29.7％）が微罪処分とされている（『平成29年版　犯罪白書』29頁）。
（10）　「万引きに関する有識者研究会」（東京都）による調査研究の一環として実施された。実態調査分科会のメンバーは、齊藤知範氏と筆者、オブザーバーとして、矢島正見氏、鈴木隆雄氏である。

己効力感などである。

2 分析の手順

まず、質問項目に関する基礎集計を行い、主な項目について、65歳以上の万引きの微罪処分高齢者（以下、万引き被疑者という）と65歳以上の一般高齢者（以下、一般高齢者という）の比較を行う。

次に、万引き被疑者群について、クラスタ分析を用いていくつかの特徴ごとにグループに分け、65歳以上の万引き被疑者に関する類型化を試みる。

Ⅲ 分 析 結 果

1 万引き被疑者群と一般高齢者群の比較

基本集計の結果について、一般高齢者と比較しつつ、万引き被疑者群の特徴をみていく。

① 暮らしぶり（表1）

まず、生計面については、世帯月収は高くないものの、持家所有が54%、生活保護受給なしが85%、借金無しが95%である。しかし、暮らしぶりを「苦しい」と感じる人が45%、日本社会で「下」の層に位置すると思う人も47%と、ともに一般（18%、17%）より高い。将来への生活不安（64%）も、一般（49%）より高い。

表1　万引き被疑者群と一般高齢者群との差異（構成比）①

			被疑者 （65歳以上） N=83	一般 （65歳以上） N=1,322
ア	属性など			
	性別	男性	45.1	50.9
		女性	54.9	49.1
	婚姻関係	独身（理由未記入）	8.6	-
		独身（未婚）	8.6	5.6
		独身（離婚）	13.6	4.0
		独身（死別）	29.6	16.3
		既婚	39.5	74.2
	住居	持家（家族所有含）	54.2	
		借家	33.7	
		その他	12.0	
	同居人	なし	44.6	14.1
		あり	55.4	85.9
	生活保護受給	受給なし	85.4	
		受給あり	14.6	
イ	暮らしについて			
	あなたは、自分自身の現在の暮らしを、どう感じていますか。	大変苦しい	13.3	3.6
		やや苦しい	28.9	14.1
		普通	43.4	55.0
		ややゆとりがある	10.8	23.0
		大変ゆとりがある	3.6	4.4
	あなた自身は、日本の社会でどの層に入ると思いますか。	上	0.0	1.0
		中の上	13.3	27.8
		中の下	27.7	39.2
		下の上	26.5	13.9
		下の下	20.5	2.9
		わからない	12.0	15.3
	電気代、ガス代、水道代の支払いをやりくりするのが大変である	まったくそう思わない	36.1	46.5
		あまりそう思わない	21.7	29.9
		どちらともいえない	18.1	11.7
		ややそう思う	14.5	8.6
		とてもそう思う	9.6	3.4
	将来、生活が苦しくなるのではないかと不安だ	まったくない	16.0	14.0
		あまりない	19.8	36.9
		時々ある	25.9	33.4
		よくある	38.3	15.7

（注）　斜線箇所は、調査項目から除外した項目（質問していない）であることを示す。

② 身体面（表2）

次に身体面については、被疑者は、一般高齢者と比較して、認知機能の低下が疑われる割合が高い[11]。また、同年代との比較において身体の衰えを実感している割合は、一般より高い（59%。一般は39%。）。

表2　万引き被疑者群と一般高齢者群との差異（構成比）②

			被疑者 （65歳以上） N=83	一般 （65歳以上） N=1,322
ウ	認知機能、体力面			
	周りの人から「いつも同じ事を聞く」などの物忘れがあるといわれる（ア）	はい	37.0	11.2
		いいえ	63.0	88.8
	自分で電話番号を調べて、電話をかけることをしている（イ）	はい	58.0	85.5
		いいえ	42.0	14.5
	今日が何月何日か分からない時がある（ウ）	はい	50.6	16.5
		いいえ	49.4	83.5
	同年代の人と比べて体力の衰えを感じる	まったくない	11.1	11.6
		あまりない	29.6	49.5
		時々ある	28.4	26.7
		よくある	30.9	12.2
エ	万引き時の意識など			
	万引きをするときに捕まると思った	思った	38.8	／
		思わなかった	61.2	／
	万引きをするときに、防犯カメラの位置や向きを確認した	確認した	4.9	／
		確認しない	95.1	／
	これまで万引きを思いとどまったことがある	ある	43.0	／
		ない	57.0	／

（注）　斜線箇所は、調査項目から除外した項目（質問していない）であることを示す。

③ 万引き時の意識等（表3）

「捕まると思わなかった」が61%、「カメラの位置や向きを確認しない」が95%、「万引きを思いとどまったことが無い」が57%であった。規範意識に関する項目に関しては、被疑者群と一般高齢者とで差異はみられなかった。

---

(11)　表中の（ウ）は認知機能の低下を図る項目である。

表3　万引き被疑者群と一般高齢者群との差異（構成比）③

			被疑者 (65歳以上) N=83	一般 (65歳以上) N=1,322
オ	家族等との交流			
	家族とどのくらい会話をしたり、連絡（メール、電話、対面など）をとったりしているか	ほとんど毎日	42.1	62.4
		週に数回	11.8	12.8
		週に1回程度	5.3	8.3
		月に1、2回	3.9	10.4
		年に数回	1.3	4.1
		ほとんどない	21.1	1.2
		家族はいない	14.5	0.7
	近所付き合いをどのくらいしているか	活発な付き合いをしている	15.7	13.9
		立ち話程度	26.5	48.9
		あいさつ程度	34.9	32.7
		ほとんどしていない	22.9	4.6
	一日中、誰とも話さないことがある	ある	43.4	13.6
		ない	56.6	86.4
	普段、メールをする	する	15.9	62.1
		しない	84.1	37.9
	インターネットやSNS（フェイスブック、ライン、ツィッターなど）を利用する	利用する	9.6	38.1
		利用しない	90.4	61.9

④　家族等との交流（表4）

　独居の割合が45％と高い（一般は14％）。「家族との会話がほとんど無い／家族はいない」が36％、近所付き合いを「ほとんどしていない」が23％、「一日中誰とも話さないことがある」が43％であった（一般は、2％、5％、14％）。メールやSNSなどを利用する者も少ない（それぞれ16％、10％。一般は、62％、38％。）。話を聴いてくれる、相談にのってくれる、病気や介護など身の回りの世話を頼めるなどサポートに関しては、「誰もいない」の割合が一般高齢者と比べて高い（それぞれ25％、27％、40％。一般は、2％、2％、6％。）。

表4 万引き被疑者群と一般高齢者群との差異（構成比）④

			被疑者 (65歳以上) N=83	一般 (65歳以上) N=1,322
カ	支援などをしてくれる相手			
	話しを聴いてくれる	妻・夫・パートナー	32.5	65.6
		その他の家族	24.1	54.8
		友人・知人	25.3	61.3
		医者・ケアマネージャーなどの専門家	6.0	6.4
		誰もいない	25.3	1.6
	相談にのってくれる	妻・夫・パートナー	26.5	62.0
		その他の家族	24.1	55.4
		友人・知人	24.1	49.3
		医者・ケアマネージャーなどの専門家	8.4	6.7
		誰もいない	26.5	2.1
	生活費を出してくれる	妻・夫・パートナー	18.1	58.8
		その他の家族	16.9	15.4
		友人・知人	2.4	0.2
		医者・ケアマネージャーなどの専門家	0.0	0.1
		誰もいない	60.2	23.7
	お金を一時的に貸してくれる	妻・夫・パートナー	13.3	48.9
		その他の家族	12.0	30.9
		友人・知人	6.0	4.6
		医者・ケアマネージャーなどの専門家	1.2	0.1
		誰もいない	65.1	19.1
	病気や介護など身の回りの世話を頼める	妻・夫・パートナー	22.9	64.6
		その他の家族	22.9	53.3
		友人・知人	3.6	4.3
		医者・ケアマネージャーなどの専門家	9.6	7.2
		誰もいない	39.8	6.0
	気持ちの支えになってくれる	妻・夫・パートナー	33.3	64.2
		その他の家族	24.7	58.5
		友人・知人	17.3	38.6
		医者・ケアマネージャーなどの専門家	3.7	4.0
		誰もいない	28.4	4.0
	必要な情報を教えてくれる	妻・夫・パートナー	20.7	58.8
		その他の家族	22.0	59.0
		友人・知人	24.4	57.7
		医者・ケアマネージャーなどの専門家	4.9	10.0
		誰もいない	30.5	4.2

2　万引き被疑者群の意識面からみた類型化

1の基本集計において、万引き被疑者群と一般高齢者群の比較を行ったところ、万引き被疑者群は一般群に比べ、認知機能の低下や高齢化に対する不安、セルフコントロールなどの項目において違いがみられる。ただし、万引き被疑者群の中でも、ばらつきがある。

そこで、こうした意識に関する変数を用い、万引き被疑者群をいくつかの特徴ごとにグループに分け、そのグループの特徴を探ることとする。その方法としてまず、クラスタ分析[12]を用いて変数のグループ化を行い、類似した変数を加算して加算得点を算出する。次に、これらを新たな変数としてクラスタ分析を行い、万引き被疑者を分類する。

(1)　変数のグループ化

万引きに対する意識、公正世界信念、規範意識、セルフコントロールなどに関する変数を用い、65歳以上の万引き被疑者の類型化を試みた。クラスタ分析（Ward法）を行った結果、三つの変数群に集約することができた（図5）。

図5　Ward法を使用するデンドログラム

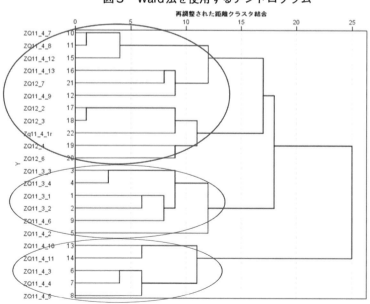

注　ZQ11_4_7等は、標準化した調査変数を示す。

Ⅲ　分析結果

　一つ目のクラスタには、万引きについて「店にも原因がある」「社会にも原因がある」「お金を払えば、許されると思っていた」といった項目や「罰を逃れきれるならば、規則をやぶっても構わない」、「出世している人間のほとんどは、悪いことを行っている」、「ほとんどの万引きは見つからない」、「罰を逃れきれるならば、規則をやぶっても構わない」、「お金のためなら、他人をだましてもかまわない」、「だまされやすい者は、利用されて当然である」、「私はどんなに努力しても、悪い状態から抜け出すことができない」などの項目が含まれる。「他への転嫁」の変数群といえる。

　二つ目のクラスタには、「私の人生は、能力のわりに活躍できる地位を与えられてこなかった」、「社会から必要とされていないと感じるようになった」、「この世の中では、努力や実力が報われない人が数多くいる」、「(万引きは)家族や周りの人にも原因がある」、「家庭での生活で幸せを感じることは少ない」、「電気代、ガス代、水道代の支払いをやりくりするのが大変」が含まれる。「不幸せ・疎外感」の変数群とする。

　三つ目のクラスタには、「今の日本は、お金や試算の格差が大きすぎる」、「今の日本は、家柄や学歴によって人生が決まってしまう」、「万引きが起きるのは、あくまで盗む人に原因がある」「万引きは、出来心でしてしまうものだ」、「気付いたら万引きをしていたということがあるものだ」などの項目が含まれる。「不公平感」の変数群とする。

(2)　ケースの類型化

　次に、(1)で集約した変数群（合計点を標準化）を用いて、ケース（65歳以上の万引き被疑者）に対してクラスタ分析（平方ユークリッド距離／Ward法）を行い、三つのクラスタ（図6のクラスタ1、クラスタ2、クラスタ3）を得た（デンドログラムの距離15で線を引くと三つの塊が得られる）。

---

(12)　クラスタ分析は、ケースまたは変数を、類似性に基づいてグルーピングする統計的分析の方法である。問題点として、どの段階でいくつのグループに分けるかという判断の基準が恣意的であるということがあげられる。そこで、できるだけ誤った解釈を避けるために、分析によって分けられたグループを一つの結果ととらえ、種々の変数とのクロス集計を行ってグループ間で差異がみられる変数を確認した上で、グループの特徴に関する解釈を行った。分析にはSPSS Ver.22を用いた。

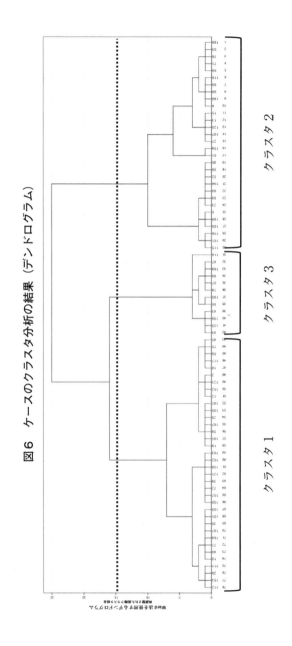

図6 ケースのクラスタ分析の結果（デンドログラム）

次に、他の変数への回答をもとに各クラスタの特徴をあげると以下のとおりである。また、変数群を軸に三つのクラスタを散布図で示したものが**図7～9**である。

クラスタ1

「万引きが起きるのは、盗む人に原因がある」が低い。「私の人生は、能力の割に活躍できる地位を与えられてこなかった」が低い。「この5年間で社会から必要にされていないと感じるようになった」が低い。「家庭での生活で幸せを感じることは少ない」が低い。「電気代、ガス代、水道代の支払いをやりくりするのが大変である」が低い。「今の日本は、お金や資産の格差が大きすぎる」が高い。「同居家族あり」が高く68.4%である。

以上のことから、クラスタ1の群は、万引きの原因は本人にあるとする、評価されていないとは感じていない、生活が苦しいとは感じていない、同居家族がいる割合が高い、といった特徴がある。

クラスタ2

「同居家族なし」が高く66.7%である。
「万引きが起きるのは、家族や周りの人にも原因がある」、「万引きは出来心でしてしまう」、「気付いたら万引きをしていたということがあるものだ」、「若い頃のような体力がないような感じがする」、「若い頃と比較して容姿の衰えを実感する」、「私の人生は、能力の割に活躍できる地位を与えられてこなかった」、「この5年間で社会から必要にされていないと感じるようになった」、「私は、家庭での生活で幸せを感じることは少ない」、「電気代、ガス代、水道代の支払いをやりくりするのが大変である」、「今の日本は、家柄や学歴によって人生が決まってしまう」、「暮らしが苦しい」、「自身は「下」に入る」といった項目が高い。

以上のことから、クラスタ2の群は、気付いたら万引きをしていたということがあるものだ、生活面では苦しいと感じ、社会の中でも報われていないと感じている、同居家族がいない割合が高いといった特徴がある。

クラスタ3

「万引きが起きるのは、店にも原因がある」、「万引きが起きるのは、社会にも原因がある」、「万引きを思いとどまったことがある（店員の声かけによる）」が高い。「容姿の衰えを実感する」が低い。「同居家族あり」が高く75.0％である。

以上のことから、クラスタ3の群は、万引きの原因は店や社会にもある、店員の声かけで万引きを思いとどまったことがある、容姿の衰えを感じるは少ない、といった特徴がある。

図7

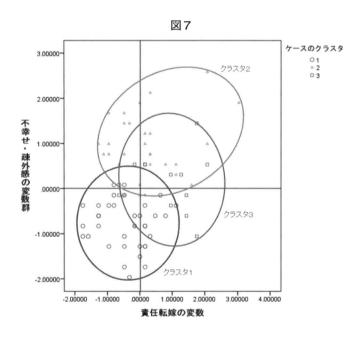

Ⅲ 分析結果

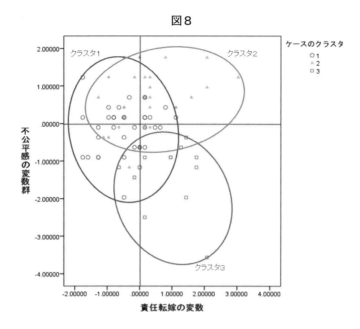

図8

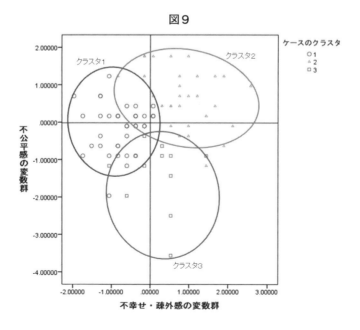

図9

Ⅳ 考　　察

(1) 各群の特性に応じた対応策

本研究においては、高齢者の万引きの原因や背景を分析するために調査から得られたデータに基づき、65歳以上の万引き被疑者の類型化をおこなった。そこで得られた各クラスタの特徴をもとに対応策を検討する。

クラスタ1の群は、万引きの原因は本人にあるとしており、家族や生活などに具体的な要因は見当たらない。理由がなく万引きを繰り返している可能性がある。すなわち、それほど大きなことにはならないと思っていたり、漠然と刑務所に入るほどのことにはならないと思っていたりする可能性がある[13]。

こうした群には、初期の対応が重要であると考えられる。比較的早期に万引きが見つかった場合、このまま繰り返すとどのような不利益があるかについて、具体的に認識させる必要がある。また、本人も確固たる万引きの動機を持っていない可能性もあることから、動機を探って働きかけるよりも万引きをやりにくくする状況や万引きを思いとどまる状況を作ることが万引きの予防策として重要となる。予防の方策については、(2)で検討する。

クラスタ2の群は、気付いたら万引きをしていたということがあるものだと答え、生活面は苦しく、社会の中でも報われていないと感じている。同居家族がなく、ものごとや生活がうまくいかないといった社会への不満もあることから、万引きも仕方ないと感じている可能性がある。

家族の抑止力を期待するのは難しいことから、生活を維持するためのサポートが必要と考えられる。

クラスタ3の群は、万引きの原因は店や社会にもあると答え、責任の転嫁や自己を正当化する意識が高いと考えられる。そのため、自尊心を尊重しつつも、当初から言い訳を許さない態度で接する必要がある。

以上、類型化された群の特徴に応じた対応を検討した。ただし、類型化の

---

[13] 万引きにおける身柄措置別の検挙人員をみると、身柄不拘束が81.2％と多い。また、送致別人員では微罪処分が44.1％と最も多く、次いで書類送致が34.1％である（警察庁『平成28年の犯罪』）。

Ⅳ　考　察

課題として、中間的な対象や特殊な事案への対応が抜け落ちる可能性がある。

(2)　**万引きの発生を抑える方策と課題**

今回の調査対象は微罪処分となった者であるが、多くは捕まる前に数回の万引き経験があると考えられる。中には、生活困窮などの直接的な理由はなくとも、万引きの成功体験を繰り返すことで万引きが常態化している可能性のある群（クラスタ１）があり、万引きを繰り返すきっかけを作らないような対応が重要となる。一方、店や社会に原因を転嫁しがちな群（クラスタ３）もあり、万引きが発覚した際の対応も重要と考えられる。具体的には、次の対応が求められる。

第一は、「万引きの予防」である。習慣化を防ぐためにも重要である。万引きを思いとどまらせる方法の一つとして、店舗における店員による声掛けは効果があるとされる[14]。また、習慣化への対応として、レジ周りに置く商品を変えたりレイアウトを変更したりするなど、いつもと違う環境を作ることが考えられる[15]。もう一つは、万引きの動機自体を解消することである。自分の境遇では万引きもやむを得ないと受け止めている場合には、周囲も自分と同じく問題や不満を抱えていると知ることを通じて自己に関する主観的な認識を変えることも必要となる。そのための交流の場や機会を作っていくことが課題となる。

第二は、「万引き初期の段階での対応」である。万引き被疑者は、万引き自体を軽く考えているというより、むしろ、その結果が自分にとってどのような事態になるのかを甘く考えている可能性がある[16]。その一方、一般に比

---

[14]　東京万引き防止官民合同会議『万引き被疑者等に関する実態調査（平成27年度調査）分析報告書』によると、被疑者が万引きをあきらめる要因は、各世代（少年、成人、高齢者）共通して「店員の声掛け」が60％を超えてもっとも多かった。なお、高齢者の場合は、店員の声掛けが63.3％、警備員の巡回が20.4％と続き、何があっても諦めないが7.5％、万引き防止システムと防犯カメラがともに0.7％であった。

[15]　本研究の一環として実施した万引きを繰り返している人へのインタビュー調査では、「毎回、レジ前にある電池をポケットに入れていた」という発言があった。

[16]　万引きを繰り返している人へのインタビュー調査では、「万引きで刑務所に入ることになるとは思っていなかった。次は刑務所に入るという段階になって、なんとかしなければと思った」という発言があった。

べ規範意識が低いわけでもなく、万引きが犯罪であることや法に触れる行為であることの自覚はある。そのため、行為を非難するだけではその後の防止には十分とはいえず、自身の行為を重ねることでやがてどのような結果につながるのかを、より説得的に指導する方法を見出す必要がある。また、他の群よりも同居家族がいる割合の高い群（クラスタ3）もあり、高齢者の万引きに戸惑う家族が相談できる場を整備することも有効と考えられる[17]。

第三は、「繰り返し万引きを行う者への対応」である。今回の調査対象には含まれていない可能性が高いが、自分の意志によるコントロールが効かず、万引きが習慣化している者が存在する。この段階では、治療的なプログラムを課すことが対策の一つであるが、あわせて受け皿となる治療機関の拡充にも取り組む必要がある。

(3) 調査対象者の特徴

本研究においては、万引きの微罪処分となった65歳以上の高齢者を対象として質問紙調査を行った。そのため、逮捕事件や住所不定の者、万引きを計画的かつ組織的に行う者は、今回の調査対象から抜けている。また、調査実施の手続上、調査に対して拒否的な者や明らかに回答が不能な者、外国人の場合は調査の対象となっていない可能性が高い。その結果、調査対象者の数が限られることになり、類型化後の各群に含まれるデータ数も限られたものとなった。

以上のようにある程度限定されたデータであるものの、万引きがあまり常習化していない高齢者群のデータという特徴があり、万引きの常習化を防ぐための対策を得るためには有用なデータといえる。

V 結　論

本研究では、万引きにより微罪処分となった高齢者を対象とした調査結果をもとに、その背景や対応策を探った。万引きの比較的初期段階である微罪

---

(17) 東京都では、2018年6月に「高齢者万引き相談」を開設し、万引きを繰り返してしまう高齢者本人やその家族を対象に、社会福祉士や精神保健福祉士が相談を受ける事業を実施した。

V 結　　論

処分となった者を対象とした調査によると、一般に比べ、生活が苦しいと感じている、他との交流が少ない、などの特徴がみられた。その一方、規範意識は一般と大きな差はみられず、規範意識を高めようとする働きかけが難しいことがうかがわれた。

高齢者の万引きの背景について、これまで生活の困窮や孤立があげられており、本調査においても、一般高齢者との比較において同様の傾向が確認された。そこで本研究では、生活困窮や一人暮らしといった外から確認できる要因の他に、より内的な要因を抽出するために、万引きを行った高齢者について、その意識から類型化を行った。

その結果、生活が苦しいと感じ万引きをやむを得ないと捉えている群のほか、社会に対する不満を抱いて自己の行為を正当化している群や、外的な問題が見受けられないが万引きを行う群が存在することが明らかとなった。万引き対策として、そうした類型に応じた対策が必要であり、初回を防ぐ方策と繰り返しを防ぐ方策がともに重要となる。

高齢者の万引き対策として一般に、経済的援助や独居対策といった広汎で一律な対応策が取られがちである。しかし、今回の調査は、経済的な問題状況や孤立の状態を一律の基準で判断することの難しさや、外からの働きかけの届きにくさをうかがわせる結果となった。

今後、高齢者をめぐる支援として、経済的な支援や相談・助言を行う体制整備などが進むと考えられる。サポートに関しては、「誰もいない」とする割合が一般高齢者と比べて高いことから、万引き被疑者の生活の立て直しや新たな人間関係の構築には支援が必要であり有効と考えられる。しかし、支援の受け手側の意識がそうした機会を遠ざけたり妨げたりする可能性もあり、万引きを行う高齢者への働きかけが容易ではないことも示唆された。受け手側の意識が一様でないことを前提とした支援の在り方を検討していくことが課題となる。

〔付記〕

本報告では、万引きに関する有識者研究会（東京都）の一環として実施された調査データを用いた。調査に同意の上でご協力頂いた方々、調査に際し

て尽力頂いた警視庁生活安全部、東京都青少年・治安対策本部（安全安心まちづくり課）の関係各位に謝意を表する。

　本稿は、同研究会報告書及び日本犯罪社会学会第44回大会におけるテーマセッション「行政・実務と連携した犯罪研究——施策の市民への還元のために——」での発表をもとに加筆・修正したものである。ただし、調査データの回収期間の違いから、同報告書に記載された調査結果とデータ数や集計結果に若干の違いがある。

〈参考文献〉
・石川正興「触法障害者・触法高齢者に対する刑事政策の新動向」作業療法ジャーナル48巻11号（2014年）1093〜1100頁。
・江﨑徹治「東京都内の高齢万引き被疑者の現状」早稲田大学社会安全政策研究所紀要4号（2012年）167〜199頁。
・大久保智生＝堀江良英＝松浦隆夫＝松永祐二＝江村早紀「万引きに関する心理的要因の検討——万引き被疑者を対象とした意識調査から——」科学警察研究所報告62巻1・2号（2013年）41〜51頁。
・太田達也「高齢者犯罪の対策と予防——高齢者犯罪の特性と警察での対応を中心として」警察學論集67巻6号（2014年）3〜17頁。
・太田達也「高齢犯罪者の実態と対策——処遇と予防の観点から」ジュリスト1359号（2008年）116〜127頁。
・尾田清貴「高齢者による万引きの防止に向けた一考察」日本法學80巻2号（2014年）139〜177頁。
・小長井賀與＝村田輝夫＝古川隆司＝今野由紀＝臼井郁夫「大会シンポジウム　生きづらさを抱える高齢者の社会統合」司法福祉学研究18号（2018年）114〜120頁。
・齊藤知範「一般緊張理論の観点から見た高齢者犯罪：東京都における高齢者の万引きの研究」犯罪社会学研究43号（2018年）25〜41頁。
・生島浩ほか「大会企画セッション　窃盗更生支援プログラム〜システムズ・アプローチの実践〜」更生保護学研究12号（2018年）98〜100頁。
・鈴木隆雄『超高齢社会の基礎知識』（2012年、講談社現代新書）。

・竹村道夫＝吉岡隆編『窃盗症 クレプトマニア』（2018年、中央法規出版）。
・田中智仁「万引きの被疑者に対するセレクティブ・サンクション：文化的側面と保安警備業務に着目した考察」犯罪社会学研究43号（2018年）42〜56頁。
・中尾暢見「激増する高齢者犯罪」専修人間科学論集社会学篇4号（2014年）101〜117頁。
・浜井浩一「高齢者犯罪の増加」老年社会科学31巻3号（2009年）397〜412頁。
・藤本哲也「時報サロン 犯罪学の散歩道（303）高齢者の犯罪の特徴と処遇の現状」戸籍時報765号（2018年）81〜84頁。
・古川隆司「高齢者犯罪に関する研究動向 犯罪社会学研究41号（2016年）98〜104頁。
・星周一郎「高齢犯罪者対策と法的対応のあり方」犯罪社会学研究43号（2018年）57〜70頁。
・細井洋子「高齢犯罪者の概要と課題」犯罪と非行173号（2012年）6〜36頁。
・万引きに関する有識者研究会（東京都）『高齢者による万引きに関する報告書──高齢者の万引きの実態と要因を探る──』（2017年）。
・矢島正見「社会経済状況の変化と高齢者万引き・万引き高齢者」犯罪社会学研究43号（2018年）15〜24頁。

（たつの・ぶんり）

預金通帳内薬物犯罪収益の没収に関する比較研究

——台湾法と日本法を中心として——

李　傑　清

Ⅰ　問題の所在
Ⅱ　台湾における預金通帳内薬物犯罪収益の没収に関する法制度と事例
Ⅲ　日本における預金通帳内薬物犯罪収益の没収に関する法制度と事例
Ⅳ　台湾において預金通帳内薬物犯罪収益の剥奪が抱える困難性
Ⅴ　結　語

Ⅰ　問題の所在

　薬物犯罪はすでに世界中の国々に認められる犯罪であり、各国政府（特に、アジア近隣諸国）は大麻をはじめとする薬物の提供者に対し、厳しい刑事政策や重罰化を図る犯罪対策をとることが多いと思われる。台湾では長年このような刑事政策や犯罪対策が採用されてきたにもかかわらず、過去に取り締まられた薬物では外国から輸入したものが多く、また近年には台湾で製造、販売（転売）される薬物を日本、韓国、フィリピン、インドネシア等の国々へ輸出する事案もよくみられる。それに、台湾国内では新規の向精神薬や幻覚剤のような成分を含む危険ドラッグ（脱法・違法ドラッグ）の入手や乱用の状況も悪化している。これに対して、司法当局が一斉に検挙しても、なかなか改善される兆しがみえないといった窮地に置かれている。

　このような台湾における薬物犯罪の近況は、台湾の治安に悪い影響を与えるだけではなく、台湾の国際的な名声を損なうことにもなるだろう。そして、本稿では、台湾がいかにして預金通帳にある薬物犯罪の資金を剥奪してきたのかに着目して、まず、台湾で改正された没収制度が預金通帳にある薬

物犯罪の預金債権を適正に剥奪しているのか否かを検討する。次に、日本の麻薬特例法がどのようにして預金通帳にある薬物犯罪の預金債権を剥奪しているのかといった点を比較しながら、台湾法にとって参考となる点を確認しておきたい。さらに、台湾において預金通帳にある薬物犯罪の預金債権を剥奪することの困難性を確認及び分析する。最後に、上述の検討、比較及び分析の結果に基づいて、いくつの提案をまとめて提示して、台湾における薬物犯罪の犯罪収益が今後より適正かつ有効に剥奪できるようになることを期待して閉じることにしたい。

II　台湾における預金通帳内薬物犯罪収益の没収に関する法制度と事例

1　台湾における薬物問題の現状

密売される麻薬の種類が多く、それにより得た不法収益も莫大である。

台湾の薬物危害防止法2条により、「麻薬」は依存性、乱用性、危害性の特性を持つ化学物質とされる。それを4つの級に分けており、またその対象の項目には(1)覚せい剤、(2)大麻、(3)あへん、(4)麻薬、(5)向精神薬、シンナー・トルエンが含まれている。その他にも、近年特に危険ドラッグの問題が深刻になっている。そして、法務省と衛生福祉省は共同で審議委員会を構成し、3か月ごとに定期的に検討しており、新しい成分を指定薬物とすることで取締りを強化しようとしている。

現在台湾で製造、販売される薬物は、伝統的な第1級や第2級のヘロイン、モルヒネ、アヘン、コカイン、覚せい剤のほかに、危険ドラッグの乱用が特に深刻になっている。その原因は、次の点にある。(1)危険ドラッグの入手が容易であるし、コストが低い、種類も多く、混合して使い易い、また価格も比較的安い。(2)密売者はフェイスブック、ツイッター等の通信ソフトウェアを運用して交互に連絡し、きわめて容易にネットワークを通じて危険ドラッグを販売している。その密売行為の機動性や秘密性を増進させている。そして、(3)危険ドラッグの供給者はすでに迅速に社会の騒動・流行に結び付けることができており、簡単に危険ドラッグを人気商品のように包装し

元気を回復させるとして興味を持たせるものになっている。それは危険ドラッグから薬害を受ける意識を緩和させてしまっていると同時に、更に危険ドラッグの需要を拡大している。

2　薬物犯罪収益没収の必要性

　薬物犯罪で得た収益を本人や他人名義の預金通帳に預ける可能性が高い。薬物危害防止法4条及び5条には、主に第1〜4級麻薬の製造、運送、販売及び販売意図での所持行為を厳しく処罰する規定がある。また、その行為の遂行は極めて秘密性を持っていることから、検挙されていない暗数が多いと言われている。それに関して、薬物犯罪者が最初に麻薬の製造に投じるコストは合法又は違法な行為に由来する財産である虞があるが、麻薬取引で得た犯罪収益は必ずしも預金通帳に預け入れるとは限らない。しかし、長期的には取引現場で検挙されない犯罪収益が資金利用の普遍性、便宜性と安全性からみると、最終に一つあるいは複数の預金通帳に流入する可能性が高くなる。また、このような預金通帳の利用は本人の名義だけではなく、他人名義のものを利用することもよくあるし、預け入れられる財産も合法又は違法な行為に由来する財産が混同している。そして、このような混同される財産の中において、どの部分又は範囲でいかにして没収又は追徴ができるかということは重要な問題であろう。

3　刑法改正後の没収・追徴

　2016年7月に施行された刑法の没収・追徴はもはや付加刑としての刑罰の性質がなくなり、「準不当利得の衡平措置」の性質として変わった。刑法38条及び38条の1により没収の対象物は「物（件）」及び「犯罪利得」の二つに分けて、その全部または一部を没収することができないとき、または、没収に適しないときは、その価額を追徴すると規定されている。なお、刑法38条の2第1〜2項により、前二条の犯罪利得及び追徴の範囲と価額の認定が困難である時、その価額を推算するものとしている。なお、マネーロンダリング法18条1項により、14条の罪（マネーロンダリング罪）を犯して、その移転、変更、隠匿、収受、所持、所有又は使用される財物あるいは財産上の

利益は没収される。同法15条の罪（借名・偽名等の不法な行為で入手した預金通帳内にある出所不明又は個人的な収入に相当する財産上の利益の保持）を犯して、その収受、所持又は使用される財物あるいは財産上の利益も没収される。同法18条２項により、集団性や常習性を有する方法で14条あるいは15条の罪を犯して、行為者が支配した前規定以外の財物あるいは財産上の利益は、他の違法行為に由来する事実を十分に証明できれば、没収されることになる。

4　事例分析

台湾刑法、刑訴法の没収・追徴に関する実体法、手続法及び特別刑法が改正されてから、理論的には、取り締まられた薬物犯罪以前の未発覚である薬物犯罪又は他犯罪の収益、薬物輸出入や譲渡で得た報酬、対価をも没収・追徴できる。しかし、裁判所の事例を調べると、薬物の密売代金、また航空機旅客（あるいは小型漁船や国際郵便小包）により薬物を輸入した報酬に関する判決では、一定期間の有期懲役や薬物の焼却処分が言い渡され、その資金源、収益、未発覚薬物犯罪又は他犯罪の収益を追及した事例が少ない[1]。ここでは薬物密売者の預金口座の取引明細を解明して、一部分の犯罪収益が没収・追徴される事例[2]を紹介し分析する。

(1) **事実の概要**

甲は金門島で何度も高雄にいる乙、丙と連絡を取り、甲から乙と丙に資金を提供し、覚せい剤の購入と郵送を約束した。そして、甲は金門で機会を待って覚せい剤を販売しようとした。2014年10月24日に、高雄にある小港国際空港で金門島へ郵送する小包が検査された時、第２級薬物に属するメチルアンフェタミン１包が発見された。その後、警察はこの小包を配達する会社の人員に同行して、金門島でそれを受け取った甲を逮捕した。

甲は今回麻薬を郵送した乙について自供し、残る部分は警察の取調べによ

---

(1)　台湾高等裁判所105年上訴字2623號刑事判決、台湾高等裁判所106年度上訴字第3212號刑事判決、台湾高等裁判所107年度上訴字第367號刑事判決、台湾高等裁判所106年度上訴字第2168號刑事判決。
(2)　台湾高等裁判所高雄分所105年度上訴字第700號刑事判決。

り分かってきた。乙は捜査や審理に際して以上の事実を認めた。

(2) 資金の流れ

ア　密売代金の流れ

（あ）　甲は2014年6月31日にその母の口座を利用して、丙の預金通帳に2万元を振り込んだ。乙、丙2人は高雄で知らない第三者からメチルアンフェタミンを購入してから、偽りの署名で屏東にあるコンビニエンスストアから小包を配送した。甲はそれを受け取った（小包内にはメチルアンフェタミン1包（18.5グラム）あり）。

（い）　甲は同年7月19日にその弟の口座を利用して、丙の預金通帳に2万元を振り込んだ。乙、丙2人は高雄で知らない第三者からメチルアンフェタミンを購入した。

（う）　甲は同年7月28日に本人の口座を利用して、乙の預金通帳に2万元を振り込んだ。乙、丙2人は高雄で知らない第三者からメチルアンフェタミンを購入した。

（え）　甲は同年9月3日及び4日にその本人の口座から乙の預金通帳にそれぞれ3万元及び7万元を振り込んだ。乙、丙2人は屏東で知らない第三者からメチルアンフェタミンを購入した。

（お）　甲は同年10月7日及び8日に本人の口座とその母の口座を利用して、それぞれ1万5,000元及び2万2,000元を丙の口座に振り込んだ。

（か）　甲は同年10月22日に本人の口座とその母の口座を利用して、それぞれ3万元及び7,000元を丙の口座に振り込んだ。乙、丙二人は同日屏東で知らない第三者からメチルアンフェタミンを購入した。

イ　共犯における犯罪収益の流れ

（あ）　甲は同年8月29日、9月14日、9月19日に本人の口座からそれぞれ2,000元、3,000元及び2,000元を乙の口座に振り込んだ。

（い）　甲は同年10月10日に本人の口座から3,700元を乙の口座に振り込んだ。

（う）　甲は同年10月13日にその弟の口座を利用して、6,300元を丙の口座に振り込んだ。

(3) 証拠及び犯罪収益

ア　証　　拠

（あ）　甲、乙、丙３名が所有・所持する各口座とその取引の記録。

（い）　宅急便会社からの引受と配達の資料。

（う）　甲が自らの携帯電話を使って、乙、丙とフェイスブック上で通信した記録。

（え）　各共犯者の自供書。

以上の関連した内容の共通点を再度確認して、事実を解明する。

イ　犯罪収益の算出

（あ）　上述(2)イ（あ）のルートにより、乙の口座に合計7,000元がある。それは乙、丙が甲のためにメチルアンフェタミンを購入・郵送した報酬である。それを案分して１人ずつ得た犯罪収益は3,500元である。

（い）　上述(2)イ（い）及び（う）のルートにより、乙は得た犯罪収益が3,700元である。しかし、甲が乙に代えて直接丙への債務1,300元を弁済することが認められたことから、乙は実際に得た犯罪収益が5,000元になる。それに関連して、丙は甲から得た犯罪収益6,300元から、乙への債権1,300元が返済されるわけで、実際に得た犯罪収益が5,000元しか認められない。

(4) 判決の没収、追徴

被告人乙と丙は共同して行った犯罪でそれぞれ得た犯罪収益が8,500元であって、刑法38条の１第１項の規定に基づいて没収する。それが押収されていない場合、刑法38条の１第３項の規定に基づいて、その全部又は一部を没収することができないときは、その価額を追徴する。

5　検　　討

当事例では、甲、乙、丙の自供とその他の証拠を参照して、一致した部分だけを犯行の事実とした。甲は何度も本人と家族の口座を使って、乙、丙にメチルアンフェタミンの購入代金とその報酬を送金した。しかし、判決では甲の各行為に対し、６罪名合計で懲役20年を言い渡したが、他の積極的な証拠がなかったことから、甲から得た他犯罪の収益を認めることができなく

なった。これは、論理則と経験則に照らして、甲がよく使う本人又は家族名義の口座に、頻繁な異常とみえる取引やその収入に相応しくない高額の預金がある時、一定の条件（例えば、業としての常習犯）において、それを犯罪収益として推定できる可能性があるのだが、組織犯罪防止法７条２項、マネーロンダリング法15条及び18条２項等に立証責任を転換したり減軽したりする規定がある[3]ものの、薬物危害防止法だけにはそのような規定が設けられていないからである。

　当事例における共犯の乙と丙からは、刑法38条の１第１項前段に基づいて、甲から得た犯罪収益を没収することができる。しかも、共犯間は各々実際に得た犯罪収益しか没収や追徴されていない[4]。当事例において、甲は乙、丙にそれぞれに支払った3,500元（(2)イ（あ）のルート）を別として、甲は乙に支払うべき報酬（(2)イ（い）と（う）のルート）の一部分（1,300元）を直接丙への債務として弁済したが、乙は債務（1,300元）の履行と3,700元の報酬を得た。そして、乙は実際に得た犯罪収益が5,000元と認められることから、判決でこの5,000元を含めて没収額8,500元が言い渡された。これは乙が得た金額に一致していないが、実際に得た犯罪収益に合致している。それに共犯間は各々実際に得た犯罪収益を没収・追徴すべきという趣旨に沿うと思われる。

　また、この場合において、丙は実際に得た犯罪収益が合計6,300元であるが、判決で言い渡された没収額が5,000元しかない。これは上記の趣旨と一致しないし、丙は乙から受け取るべき薬物犯罪に由来する財産を受け取ったことが明らかになったし、マネーロンダリング罪により、その犯罪収益6,300元を没収すべきではないかという疑問が残っている。なお、その犯罪収益は乙が甲に代えて薬物を買って得た報酬である。丙はその事実を知っていてその報酬を受け取ったことが、マネーロンダリング法２条３項に違反する。従って、その報酬を没収・追徴すべきであろう。しかし、当事例の検察官はそのマネーロンダリング法の違反行為を起訴せず、裁判所は不告不理の原則により、それを審理することもできなかった。最終的に、当事例で疑われる

（３）　徐昌錦「新改正マネー・ロンダリング法の解析と評釈──刑事裁判からの視点──」司法周刊（別冊）1851期、2017年５月26日、15、16、20頁参照。
（４）　台湾最高裁判所104年度台上字第3937、3864號刑事判決参照。

犯罪収益がまだ没収・追徴されていない結果となっている。

Ⅲ　日本における預金通帳内薬物犯罪収益の没収に関する法制度と事例

1　麻薬特例法に基づく薬物犯罪収益を没収できる主な規定

日本の刑法19条1項においては裁量的没収規定がある。それは依然として「物」に限り、犯罪行為の組成、供用、産出、取得、報酬又は対価による物件を含めている。また、このような物件の全部又は一部を没収することができないときは、19条の2によりその価額を追徴することができる。それにもかかわらず、薬物犯罪収益の没収に関して、やはり特別法の麻薬特例法がよく適用されていて、その主な規定が次のとおりである。

(1)　薬物犯罪収益等隠匿、収受罪及びそれに由来する財産の義務的没収・追徴

麻薬特例法6条及び7条はそれぞれ薬物犯罪収益等隠匿、収受罪を規定している。その犯罪収益又は薬物犯罪収益に由来する財産とこれらの財産以外の財産とが混和した財産に係る場合においては、同法11条1項により全部又は一部を没収する。また、同条2項により、前項の規定で没収すべき財産について、当該財産の性質、その使用の状況、当該財産に関する犯人以外の者の権利の有無その他の事情からこれを没収することが相当でないと認められるときは、これを没収しないことができる[5]。なお、同法13条により、薬物犯罪収益等を上述の義務的又は裁量的没収規定で没収することができない場合や没収しない場合は、その価額を犯人から追徴する。

(2)　組織的犯罪処罰法14条及び15条の準用

麻薬特例法12条は同法11条に関する没収について、組織的犯罪処罰法14条及び15条を準用できる規定である。その両者とも組織的犯罪処罰法13条に掲げる財産に係るものである。前者（14条）では、その財産が不法財産以外の

---

(5)　山口厚「わが国における没収・追徴の現状」町野朔＝林幹人編『現代社会における没収・追徴』（1996年、信山社）30頁。

財産と混和した場合において、当該不法財産を没収すべきときは、当該混和により生じた財産のうち当該不法財産の額又は数量に相当する部分を没収することができる。後者（15条）では、その財産の没収は、不法財産又は混和財産が犯人以外の者に帰属しない場合に限る。ただし、犯人以外の者が、犯罪の後、情を知って当該不法財産又は混和財産を取得した場合（法令上の義務の履行として提供されたものを収受した場合又は契約（債権者において相当の財産上の利益を提供すべきものに限る。）の時に当該契約に係る債務の履行が不法財産若しくは混和財産によって行われることの情を知らないでした当該契約に係る債務の履行として提供されたものを収受した場合を除く。）は、当該不法財産又は混和財産が犯人以外の者に帰属する場合であっても、これを没収することができる。

(3) **薬物犯罪収益の推定**

麻薬特例法14条により、同法5条の罪に係る薬物犯罪収益については、同条各号に掲げる行為を業とした期間内に犯人が取得した財産であって、その価額が当該期間内における犯人の稼働の状況又は法令に基づく給付の受給の状況に照らし不相当に高額であると認められるものは、当該罪に係る薬物犯罪収益として推定することができる。

2　預金通帳内薬物犯罪収益の没収に関する事例

(1) **事実の概要**[6]

甲、乙2人は暴力団幹部であり、2007年9月頃から2008年10月11日までの間、20数名の客に対し、宅急便を利用して数度覚せい剤を発送し、甲、乙名義の4つの預金口座に多額の密売代金を預け入れた。

(2) **密売代金の流れ**

　ア　営利の目的で、2008年3月17日から同年10月9日までの間、3回にわたり、Aらに約16グラムの覚せい剤を代金合計45万円で譲り渡した。

　イ　覚せい剤を譲り渡す目的をもって、2008年2月5日から同年10月4日

---

(6) 田中博史「必要的没収の対象となり得る預金債権に占める薬物犯罪収益の特定方法について」捜査研究60巻8号（2011年）31～37頁。

までの間、23回にわたり、覚せい剤様の結晶合計約241グラムを譲受人Bらに代金合計514万4,000円で譲り渡した。

ウ　2007年9月1日から2008年10月11日までの間、東京都、兵庫県とその周辺において、多数にわたり、譲受人Bらに代金合計1,461万4,000円で、みだりに覚せい剤を譲り渡した。

エ　2008年9月26日、東京都で、Cから覚せい剤結晶約100グラムを代金350万円で譲り受けた。

オ　2007年9月1日から2008年10月11日までの間、東京都とその周辺において、多数回にわたり、数人から有償でみだりに覚せい剤を譲り受けた。

(3)　**主な争点**

検察官の起訴状記載の公訴事実により、その犯罪収益は、合計2,020万9,000円であった。しかし、公判請求時点において、被告人らが使用した4つの口座に残っていた残高は次のとおりであった。A口座（H名義X銀行）の預金残高586円、B口座（H名義Y銀行）の預金残高519円、C口座（O名義X銀行）の預金残高1,995円、D口座（I名義Z銀行）の預金残高852円であった。この残高全額を没収してもわずか2,952円である。この時点において、麻薬特例法を適用すると次の争点が問題となる。

ア　4つの口座の預金残高が余りにも少額であることで、没収に代えて直接に追徴できるか

麻薬特例法13条1項により没収に代えて追徴できるのは、「没収すべき財産を没収することができないとき」又は「没収すべき財産を没収しないとき」である。また、当事例は麻薬特例法11条2項を根拠に、前記口座内の預金債権を没収することなく、2,020万9,000円全額を追徴することが可能であろうと考えられた[7]。

また、学説では、麻薬特例法において没収と追徴の関係は補充的な関係よりも並列的なものになっており、場合によって「好きな方」の選択を可能に

---

(7)　今井將人「薬物密輸事件の判決において、薬物犯罪収益由来財産について被告人の供述に基づいて検察官の求刑よりも広く認めて没収を言い渡した事例［千葉地裁平成28.7.1判決］」研修823号（2017年）21頁。

していると考えられている[8]。しかし、実務上では多数の見解により、恣意的に没収や追徴を選択するのはその規定の「相当性」に合わないし、没収よりも追徴の方が立証し易いからといって安易に没収を追徴に代えないであろうとされる[9]。

なお、麻薬特例法11条2項の立法趣旨に鑑み、一身専属的な利益や権利関係が複雑な財産等を没収しても相当でないことがよくあるので、例外的規定と考える。したがって、当事例は「金額がわずかである」「手数料がもったいない」などの理由では没収を追徴に代えることが到底できないであろう。

イ　預金債権内の混合財産についてはどのようにして薬物犯罪収益を特定し没収するのか

麻薬特例法の没収は義務的没収であるし、全部没収ができないとき、一部没収の規定もある。したがって、薬物犯罪収益とそれ以外の財産が混合した際に、検察官は混じり合った犯罪収益の額や数量が判明している限り、その部分だけが没収の対象財産となる。当事例は中間最低残高を用いた方法で次の例（**表1**）を挙げて立証されている。

（あ）　原則：中間最低残高

表1　中間最低残高を用いた方法の例

日付	入金／出金金額	残高	備考
1月1日	①密売代金　入金14万円	15万円	元の金額1万円
1月3日	出金12万円	2万円	(A)
1月5日	②密売代金　入金1万円	3万円	-
1月7日	出金2万円	1万円	(B)

ルールa：

1月1日に①密売代金14万円をそのまま預け入れて、1月3日の(A)時点に、残高2万円しか残っていない。そして、犯罪収益はその中間最低残高2

（8）　清水一成「麻薬特例法における没収・追徴」町野＝林編・前掲注(5)135〜136頁。
（9）　田中・前掲注(6)33、34頁。

万円を上限として没収する。

ルールｂ：

１月５日に②密売代金１万円を預け入れて、残高は３万円である。しかし、１月７日の(B)時点に、残高は１万円である。また、その金額は①と②の密売代金を含めるので、それぞれ中間最低残高が２万円及び１万円である。そして、その中間最低残高の割合で案分し、①の密売に係わる収益が6,667円となるのに対して、②の密売に係わる収益は3,333円となる。

ルールｃ：

案分した際に生じる１円未満の金額（端数）を四捨五入する。

(い) 例外：同日、同一口座に現金を預け入れてから、それを引き出した現金は密売代金として認められる。

ルールｄ：

薬物密売者の主観的な意図をよく考慮し、同日に入金と出金が同額になる場合において、それを特別の事情として薬物犯罪収益の特定性と認める。その犯罪収益の現金を追跡できれば、没収すべきであろう。それが不可能であれば、追徴に代えることができる。

(4) 没収・追徴

上記のルールに基づいて、被告人甲、乙が使用した４つの口座の預金残高に占める薬物犯罪収益の総額を計算した結果は次の**表２**である。

表２　本事例において口座預金残高に占める薬物犯罪収益の総額を計算した結果

	口座	薬物犯罪収益	預金残高
A	（H名義Ｘ銀行）	562円	586円
B	（H名義Ｙ銀行）	517円	519円
C	（O名義Ｘ銀行）	1,988円	1,995円
D	（I名義Ｚ銀行）	205円	852円

合計3,272円を没収することとなった。なお、公訴事実の薬物犯罪収益2,020万9,000円との差額2,020万5,728円を追徴することになる。

(5) **検　討**

日本の刑法の没収規定は依然として「物」に限るが、この特定物の全部又は

III 日本における預金通帳内薬物犯罪収益の没収に関する法制度と事例

一部の没収ができないとき、その価格を追徴する。また、1991年10月に制定された麻薬特例法はすでに1988年の麻薬及び向精神薬の不正取引の防止に関する国際連合条約（The United Nations Convention against Illicit Traffic in Narcotic Drugs and Psychotropic Substances）、1990年の金融活動作業部会（Financial Action Task Force（FATF））による40の勧告（FATF 40 Recommendations）及び2000年の国際的な組織犯罪の防止に関する国際連合条約（The United Nations Convention against Transnational Organized Crime）等の影響を受けている。そして、麻薬特例法には組織犯罪処罰法を準用する規定があって、その中には薬物犯罪収益等隠匿罪、薬物犯罪収益等収受罪、薬物犯罪収益等の没収・追徴、薬物犯罪収益等が混和した財産の没収等及び薬物の不法輸入等行為を業とした期間内に犯人が取得した財産を一定の条件下で薬物犯罪収益として推定する規定が設けられている。その処罰される行為は組織犯罪やマネーロンダリング罪を含めて、かなり薬物犯罪収益等を剥奪することができると考える。

預金通帳内の薬物犯罪収益に対し、麻薬特例法において没収の対象は「物」に限らず、預金債権も含めている。それに、没収は付加刑であるから、それを適用するとき、厳格な証明が必要だと考えられる。しかし、理論上及び事実上、没収・追徴の要件事実（対象物件の存在と没収事由の具備）は犯罪事実である場合だけ厳格な証明を必要とする。そして、没収・追徴の要件事実は犯罪事実に係わりなく、補強証拠を必要としないことにおいて、自白によってのみ認定することができる[10]。当事例の各通帳の預金残高は少ないが、それを没収しても採算に合わないことは十分あり得る。しかし、それを没収しない相当性があるとまで言えないことから、実務の多数の見解により没収と追徴の選択を恣意的に適用することはできないであろう。当事例は預金通帳内の混和した債権に関して、その少額の預金残高をそのまま没収せず、中間最低残高の方法で薬物犯罪収益を算定してから没収している。そして、証拠により確認された薬物犯罪収益等に足りない金額を追徴額として宣告することになる。

---

(10) 今井・前掲注(7)21、22頁。

以上、薬物犯罪収益等を特定する方法はかなり複雑で精力がかかる作業であるが、憲法に保障される財産権と刑罰の性質を持つ没収の相当性を考慮した結果である。そこで比較的精緻に薬物犯罪収益等を算定し、没収・追徴できるということは正義に合致し、被告人の合法の財産を保障することもできる。

Ⅳ　台湾において預金通帳内薬物犯罪収益の剥奪が抱える困難性

　台、日の実例からみると、両国の麻薬取締法に関する法制や捜査・審理にはいろいろな差異があるが、預金通帳内の薬物犯罪収益をいかに特定するか、又は没収・追徴をどのように適用するかに関しては、しばしば困難に直面する。特に、台湾の実例では被告人の自白と薬物犯罪収益等の証拠が十分ではない場合において、没収・追徴が適用されないことがよくある。また、台湾の薬物危害防止法は日本の麻薬特例法14条のような推定規定がないので、薬物犯罪に由来する財産の疑いが高くても、その財産を没収・追徴することができないであろう。本稿では台湾において預金通帳内薬物犯罪収益を剥奪する困難について、以下のように論じていく。

1　薬物危害防止法等の没収は預金通帳内薬物犯罪収益を徹底的に没収・追徴できるか

　薬物危害防止法において没収の沿革は大体次のような3つの時期に分けることができる。まず、(1)財物没収期（1955年5月から）である。この時期には、没収の対象は「財物」だけであるが、没収される財物は直接国庫に帰属して、薬物の危害を防止するために利用された。次に、(2)追徴、抵償[11]及び保全差押期（1997年10月から）である。この時期には、没収すべき財物を没収することができないときは、その価額を追徴してあるいは他の財産で償うこととされた。その価額の追徴または財産の償いのため、必要範囲内でその

---

(11)　「抵償」とは旧（特別）刑法の用語であり、原物が紛失や使用のため没収できないとき、その物の価値に相当な他の財産で償う処分である。

財産を差し押さえることができた。そして、(3)刑法没収の適用期（2016年7月から）である。この時期には、薬物危害防止法には薬物犯罪収益の範囲を認定できる特別の規定がなく、刑法の没収・追徴を適用することになった。

以上のように、台湾における薬物犯罪の初期においては、現金で薬物を買う場合が多く、没収の客体は供用又は対価物件としての財物であった。その財物については、直接的又は間接的に時価に換算した金額を国庫に納付させて、薬物犯罪を防止するための経費として利用されていた。その後、経済の発展が進んでいた際に、各名目の金融商品又は債権の種類は多くなったが、密売組織の構成員は現金で薬物を譲渡したこともよくあった。その中では、薬物常用者が偽名口座の送金で薬物を買うとか、組織下層部の構成員が近日中に密売収益を上層部の主謀者等の偽名や他人名義の口座に振り込ませるとか、段々と密売組織は他の財産での取引や組織内部の資産を外部へと移転・投資するなどの傾向がみられた。その際に、押収された財産利益はおそらく預金債権、投資中の金融商品等の無形財産や混和財産であった。そして、それを一部又は全部没収することができない時に追徴、抵償する規定が設けられた。

しかし、2005年1月に刑法の改正があったのだが、立法者はドイツ、日本の立法例を誤解し、追徴、抵償を没収のような付加刑の性質として規定することになった(12)。そして、没収、追徴及び抵償の間の区別及びその執行ができなくなり、困難に直面していた。それをきっかけに、2015年に刑法の没収規定に関して全面的に法改正を行った。改正された没収や追徴は付加刑のような刑罰の性質がなくなり、独立の処分として認められた。それは以前からの没収・追徴が適用されないという問題を大部分克服したが、薬物犯罪の隠匿性、組織性と常習性を考慮すると、その犯罪収益を薬物危害防止法や刑法の没収規定だけで剥奪できるのかという疑問が持たれる。特に、預金通帳内薬物犯罪収益について、被告人が自白した犯罪から得た薬物犯罪収益以外に、他の薬物密売行為の犯罪収益との関連を厳格な証明で確認できるかどうかは重要な点である。また、未発覚の一連の薬物犯罪や他犯罪の収益を一定

---

(12) 立法院「院會紀錄」立法院公報94巻5号（2005年）171頁。

の要件に基づき一括して剥奪できることも考えられる。

2　薬物犯罪の捜査はマネーロンダリング罪や組織犯罪のような資金の流れを主な捜査手段として運用すべきであろう

　台湾において薬物犯罪を捜査する警察機関は伝統的に人（麻薬常用者、麻薬密売者）から物（麻薬）を追跡する捜査法を採用している。それは薬物自体に依存性があって、一旦刑務所に入ると処遇も困難であり再犯率が高くなるからである。また、伝統的な薬物や危険ドラッグの密売者は犯罪化や社会的風潮の影響で取り締まられるリスクが高いが、莫大な利益も得られる。なお、薬物犯罪が取り締まられる現場からみると、一回だけの検挙に終わることが多いであろう。それは薬物犯罪を取り締まる際に、取引中の薬物や密売収益（現金）の一つを押収すれば、警察官の検挙や検察官の起訴が奨励されるからである。

　近時は、薬物や危険ドラッグの種類も多く、またその成分の相互作用による化学的効果は危険性が増加しているものとされる。それにもかかわらず、法制度面では、薬物危害防止法11条5項・6項に基づいて、純粋な質で正味重量20グラムに足らない量の第3、4級薬物を所持する者に対しては、同条項の刑事処罰の対象にはならない。したがって、その者も、薬物危害防止法17条1項に基づいて、その薬物の出所や共犯を自供して、その刑を減軽したり又は免除したりすることも望まないことになる。それは警察や検察の突き上げ捜査を阻害している。また、越境した又は遠距離での薬物取引者は人・物・資金の流れを分けて利用していることが多く、その真相を解明するのが非常に困難であること[13]で、警察側は通信保障及び監察法11条の1に基づいて、検察官の許可を得て裁判所に傍受令状の発付を請求することも多い。それにより、得られた通信の記録はまさしく重大な薬物犯罪への捜査が主流になっている。

　なお、台湾においては、捜査機関は取締りの効果をあげるために、国連の

---

(13)　呉志鐘「薬物犯罪資金の捜査と押収の実務上の問題に関する研究」104年毒品防制工作年報（2016年、法務部調査局）137、140頁参照。

「麻薬及び向精神薬の不正取引の防止に関する国際連合条約（United Nations Convention against Illicit Traffic in Narcotic Drugs and Psychotropic Substances、1988年）」等を参考して、2003年6月に薬物危害防止法32条の1にコントロールドデリバリー（Controlled Delivery）の規定を導入した。それは「人から物へ」の捜査方法を一新して「物から人へ」に転換することになる。しかし、それを執行する際に次の難点がある。⑴法律に基づいて薬物を監視しても、それを紛失する恐れがある。⑵薬物が紛失しないことを確保するため、偽の薬物とすり替えて流通させ、買い手に渡った時点で逮捕すれば、障害未遂[14]や不能犯になる恐れがあることから、実施されてもそれなりの効果がみられない。

3　薬物共犯の犯罪事実とその所得の範囲を証明して、それぞれ厳格な証明や自由な証明を適用しなければならない

　台湾の最高裁判所は以前から薬物の犯罪収益を剥奪するために、没収が刑罰と保安処分を兼ねる性質に着眼して、共犯全員に共同連帯責任で犯罪収益を没収することを認めてきた。それに、各共犯に犯罪収益の総額を重複して没収することができない[15]のは、各共犯や共同正犯に総収益を超えて没収・追徴することが罪刑均衡の原則又は残虐な刑罰の禁止に違反するということを回避するためである[16]。しかし、2015年に最高裁判所の第13回刑事法廷会議で以下の決議が採択された。それは、過去に採用された共同連帯責任で犯罪収益を没収する見解が罪刑法定主義及び責任主義に反するため、賄賂罪の共犯に対して今後はそうした見解を採用せず参考にもしないことにしたというものであった。この見解に関して、共犯とは共同正犯に限られるかまたは広義の共犯（共同正犯、教唆犯と幇助犯）まで広げるのかについては明確ではないし、更に詳しい説明にも欠けている。

---

(14)　洪世昌「わが国におけるコントロールドデリバリーの研究」國防大學國防管理學院法学修士論文（2009年）119頁。
(15)　台湾最高裁判所94年台上字第7421號刑事判決、台湾最高裁判所95年台上字第6673號刑事判決参照。
(16)　花滿堂「『共同正犯犯罪利得の連帯沒収』の理論について」司法周刊1763号（2015年）2頁。

台湾の最高裁判所の決議とは別に、日本では、民法の不真正連帯債務のような共犯連帯責任としての没収に関する立論に対しては疑問が投げ掛けられ始めた。日本の最高裁判所の判決は麻薬犯罪の幇助犯に科する必要的没収・追徴の範囲を以下のように判示した。(1)正犯の犯罪収益と区別して、共同連帯責任で犯罪収益を没収する見解が採用されないことにする。(2)没収・追徴の範囲は幇助行為により得た財産や報酬に限る[17]。なお、論者には、賄賂罪と薬物犯罪の罪質には差異があるものの、没収・追徴の趣旨は犯罪収益の剥奪にあるし、二罪では共犯の犯罪収益の帰属を解明しにくいことがあるから、賄賂罪の共同正犯に実際に得た犯罪収益を追徴する論理を薬物犯罪の共同正犯の犯罪収益にも適用することが妥当であると考える者もいる[18]。

　また、台湾現行法の没収は刑罰あるいは保安処分の性質を持たず、犯罪事実とそれによる犯罪収益があるかどうかについて、厳格な証明を要する。犯罪収益の範囲とその価額の推算については、刑法38条の2に基づいて自由な証明を適用すればよいものと思われる[19]。しかし、薬物犯罪の現場において犯人及び取引ごとの犯罪収益のすべてが警察に把握されている訳ではない場合がよくあるので、その犯罪収益の総額を合理的に確認し、それを没収・追徴するというのは十分考慮する余地がある。これに関して、日本法では、単に犯人の犯罪構成要件の事実に関わらない自白で犯罪収益を認定できる場合に、補強証拠を要しない。それに、判例では、それが日本国憲法38条3項における「何人も、自己に不利益な唯一の証拠が本人の自白である場合には、有罪とされ、又は刑罰を科せられない。」とした規定に違反しないと認めている[20]。また、日本は薬物犯罪収益の価額を追徴する時、「客観的に適正と

---

(17) その判決は、最三小判平成20・4・22刑集62巻5号1528頁。大野正博「薬物犯罪の幇助犯から『国際的な強力の下に規制薬物に係る不正行為を助長する行為等の防止を図るための麻薬及び向精神薬取締法等の特例等に関する法律』11条1項、および13条1項により、没収・追徴できる薬物犯罪収益等の範囲」朝日法学論集37号（2009年）96頁、佐川友佳子「薬物犯罪の共犯者に対する没収・追徴：最高裁平成20年4月22日判決を中心として」龍谷法学42巻3号（2010年）1365頁。
(18) 水野智幸「麻薬特例法の共犯事件における没収・追徴について」法政法科大学院紀要9巻1号（2013年）24頁。
(19) 林鈺雄「利得没収新法の審査体系と解釈適用」月旦法學251号（2016年）17頁。
(20) 最三小判昭和26・3・6刑集5巻4号486頁。今井・前掲注(7)22頁。

認められる価額によるべきである」という基準を採用している(21)。それは、台湾刑法38条の2により犯罪収益の価額を推算する時にも参考になる。以上のように、台湾において預金通帳内薬物犯罪収益としての混和財産を確認することは犯罪事実に係わることであり、厳格な証明を要する他に、「疑わしきは被告人の利益に」の原則をもとることになる。なお、薬物犯罪収益の推算は犯人の犯罪構成要件の事実に関わらない部分において、単に自白により、自由な証明及び「疑わしきは被告人の利益に」の原則を採用して、客観的に適正と認められる価額を追徴すべきであろう。

V 結　語

　薬物犯罪は、人類が薬物を使う習慣を持つことから始まる。その習慣が広範に乱用されて、社会の安全に悪影響をもたらすことで、各国では極めて安易に薬物乱用の関連行為を犯罪化してきた。一方で、薬物自体には依存性や興奮作用等の効果がある。それは人々の一時的な需要や社会的な風潮に結び付くことで、人々の薬物に対する生理や社会上の需要を創りだすことになる。他方で、薬物が犯罪化されてから、麻薬密売者が犯罪収益を得るために、一般な消費者に危険ドラッグの利用を誘うなどの行動で薬物乱用を拡大している。

　台湾では、従前通り、薬物犯罪の密売者に対して、依然として重い刑で厳しく罰する刑事政策を採用している。その中でも、薬物犯罪収益を効果的に剥奪できるか否かは重要な課題である。そして、薬物犯罪を捜査する際に犯罪行為とその収益との関連性は優先的に立証される必要がある。特に、一連の薬物に関わる犯行の中で使用されていた預金通帳の入出金明細や残高記録を参照して、積極的に解明する必要がある。また、立法政策に関して、薬物危害防止法では、当該事件以前の薬物犯罪や他事件に由来する財産を高度に疑われるとき、日本の麻薬特例法14条のような立証責任を転換し、その財産を犯罪収益として認めて没収・追徴できる規定が重要となる。その他には、

---

(21)　今井・前掲注(7)21頁。

薬物犯罪行為の中では、マネーロンダリング罪の構成要件に合致する場合において、マネーロンダリング法18条２項のような立証責任の負担を減軽する規定が適用されるべきと考えられる。

　なお、刑法改正後の没収・追徴は過去の大部分の欠点を克服したが、今後薬物犯罪捜査において資金の流れ、国内外の情報の交流及び国際捜査共助等に重点を置いた突き上げ捜査が欠かせないであろう。しかも、警察、検察及び裁判所等の犯罪白書、統計年報には薬物犯罪の件数、人数と焼却された薬物の種類と重量が掲載されているが、押収や没収・追徴された犯罪収益の価額に関する統計資料をも公表すべきであろう。そうした統計は、検察・警察に必要な予算を割り当てる上での根拠になるし、また薬物犯罪に対する刑事政策を再検討する際にも役立てられる。

（LEE, JYE-CHING）

サイバー犯罪の実態と犯罪の転移について

―― サイバー犯罪被害実態調査の結果から ――

金 山 泰 介

Ⅰ　は じ め に
Ⅱ　サイバー犯罪被害実態調査結果
Ⅲ　先行調査研究
Ⅳ　考　　　察
Ⅴ　結　　　論

Ⅰ　は じ め に

　日本の刑法犯認知件数は、平成14年の285万件余をピークに毎年減少し、平成28年は100万件を下回るに至った。その一方で、サイバー犯罪（高度情報通信ネットワークを利用した犯罪やコンピュータ又は電磁的記録を対象とした犯罪等の情報技術を利用した犯罪）[1]は平成14年の検挙件数1,600件余であったのが、平成28年には8,000件を上回っている。ただ、これは検挙件数であるので、そのまま刑法犯認知件数と比較するわけにはいかない。そこで、サイバー犯罪の認知件数を推定してみると、刑法犯では検挙件数は概ね認知件数の３分の１であることから、３倍すると約２万5,000件となるが、これが果たしてサイバー犯罪の実態を反映しているといえるか疑問である。すなわち、サイバー犯罪について警察が受理した相談件数が平成28年は13万件を上回っているからである。
　別の統計からは、大きな被害が生じていることがうかがわれる。総務省が

（１）『平成28年版 警察白書』120頁。

行っている通信利用動向調査(2)によれば、平成28年中にインターネット利用中に何らかの被害を受けた世帯は、65.3％にのぼっているのである。全国の世帯数にインターネットの普及率及び被害率を掛けると全国の約2,740万世帯がインターネット利用時に何らかの被害を受けていることとなる。ただし、この調査の内容を見ると、「ウィルス発見したが感染なし」や「迷惑メール・架空請求メールを受信」が含まれていることから、これもサイバー犯罪被害の実態を適切に反映しているというには疑問が残る。

また、平成29年に内閣府が実施した治安に関する世論調査(3)では、治安全体に対する意識としては、過去の調査結果と着実に改善しており、「日本は安全・安心な国か」との設問には、80.2％の回答者が「そう思う」と回答している。一方、不安に感じる場所として「インターネット空間（61.1％）」が「繁華街（54.3％）」を上回り、不安に感じる犯罪も「インターネットを利用した犯罪（60.7％）」が、「振り込め詐欺や悪質商法などの詐欺（50.2％）」を上回り、それぞれ最も不安に感じるとの結果が示されている。

そこで、サイバー犯罪被害実態調査（以下「本調査」という。）に基づきサイバー犯罪の規模を推計したところである。本稿では「本調査」を分析した結果を紹介するとともに、刑法犯認知件数の継続的な減少の陰に犯罪の転移が生じているのではないかとの仮説の検証を行うものである。刑法犯の罪種間、手口間における転移については、拙稿(4)で述べたところであるが、今次はサイバー犯罪との間での転移について分析するとともに、今後とるべきサイバー犯罪対策について提言を試みるものである。

なお、「本調査」は、日工組社会安全研究財団の助成を受け平成28年4月から29年9月にかけて行われた調査研究の一環として実施されたものである。

（2） 総務省『平成28年版 情報通信白書』14頁。
（3） 内閣府「治安に関する世論調査（平成29年9月調査）」5～11頁。https://survey.gov-online.go.jp/tokubetu/h29/h29-chiang.pdf（平成30年9月15日参照）
（4） 金山泰介「刑法犯の減少と犯罪の転移」早稲田大学社会安全政策研究所紀要8号（2016年）17～41頁。

Ⅱ　サイバー犯罪被害実態調査結果

1　概　　要

　インターネット経由のアンケート調査を平成29年２月に実施した。抽出方法は、有意抽出法でエリアサンプリング及び年齢性別のサンプリングを行い、日本全国の男女比・年齢構成比に近いサンプルを得る試みを行った。調査実施機関は楽天リサーチ株式会社（現　楽天インサイト株式会社）で、サンプル数は、１万3,000人である。

　設問は、全25問でサイバー犯罪被害の内容に加え、警察等への届出・通報の有無、届出・通報しなかった理由等選択肢方式を用いて回答を求めた。

2　回答者の属性

⑴　性別、年齢、地域

　対象は、全国の16歳以上のパソコン、タブレット、スマートフォンユーザーで、男女比、年齢別（10歳代から60歳以上）の人口比に概ね対応するように抽出した。

　性別では、男性6,439人、女性6,561人、年齢別では10代771人、20代1,656人、30代2,072人、40代2,362人、50代1,984人、60代以上4,155人であった。地域別では、各都道府県から258人〜322人のサンプルを抽出した。

⑵　職　業　別

　職業別では、**図表１**のとおりで就業者の割合は60.6％で平成28年の15歳以上人口に占める就業者の割合60.0％[5]とほぼ一致している。

（5）「労働統計年報　平成28年」https://www.mhlw.go.jp/toukei/youran/index-roudou-nenpou2016.html（平成30年９月15日参照）。

図表1　回答者の職業別人数割合

職業	人数	割合
会社員（派遣社員も含む）	4,016	30.9%
公務員、教職員、団体職員	942	7.2%
専門職（医師、弁護士、会計士等）	368	2.8%
自営業	844	6.5%
自由業、フリーランス	264	2.0%
パート、アルバイト	1,530	11.8%

(3) **IT習熟度**

IT習熟度は、**図表2**のとおりであるが、他者の支援を受ける必要のある者が回答者の2割強である。

図表2　回答者のIT習熟度別人数割合

IT習熟度	人数	割合
ITについて高度な知識・技能を有している	427	3.3%
ITを業務で利用するに足りる知識・技能を有している	2,348	18.1%
ITを生活で利用するに足りる知識・技能を有している	7,301	56.2%
他者から援助を受けながらITを利用している	2,924	22.5%

(4) **インターネット利用時間**

サンプルの一日当たりの平均インターネット利用時間（オンライン時間）は、191.6分であった。1時間ごとに区切ったオンライン時間別の回答者の数は、**図表3**のとおりである。

図表3　回答者のオンライン時間別人数割合

オンライン時間	人数	割合
0～1時間	658	5.1%
1～2時間	2,929	22.5%
2～3時間	3,024	23.3%
3～4時間	2,710	20.8%
4～5時間	1,002	7.7%
5～6時間	1,241	9.5%
6～7時間	496	3.8%
7～8時間	130	1.0%
8～9時間	304	2.3%
9～10時間	48	0.4%
10時間以上	455	3.5%

3　サイバー犯罪被害状況

　「本調査」の設問においては、サイバー犯罪被害の有無といったような抽象的な聞き方ではなく、具体的な被害の類型に当たるか否かの回答を求めた。したがって、「だます」という違法要素は回答者の主観に基づくものであるので、捜査の結果詐欺に当たらないものも含まれているとみられるが、具体的な損害を被った者を抽出できるよう設問を作成した。

(1)　被害の類型

　被害の類型は、**図表4**のとおり15類型である。「迷惑メール」、及び「OSのアップデート絡みによる動作支障」は犯罪被害には当たらないが、以前の調査で自由回答に多く見られたところから除外の便のため、あえて設問に盛り込んだところである。

図表4　サイバー犯罪被害の類型別被害率

被害類型	割合
現金、電子マネー等をだまし取られた	1.07%
現金等以外のものをだまし取られた	0.28%
脅迫又は恐喝された	1.07%
名誉棄損、誹謗中傷された	0.66%
いじめをされた	0.29%
ストーカーをされた	0.15%
ＩＤやパスワードをだまし取られた	0.39%
コンピュータ又はスマートフォンの情報を流出させられた	0.28%
メールやSNSのアカウントに不正アクセスされた	2.31%
知的財産権を侵害された	0.09%
コンピュータ又はスマートフォンの動作に支障が生じた	4.10%
利用していたサイトから自分の情報が流出した	0.17%
その他	0.28%
サイバー犯罪被害には遭わなかった	87.52%

(2) **被　害　率**

　回答者が、「サイバー犯罪被害には遭わなかった」と答えた割合は、87.52％で、総被害率は、12.48％あった。その類型別の被害率の一覧が、**図表4**である。ただし、上記2類型に加えて各項目の自由記載欄から明らかに直接的な被害ではないとみられるものが存在するので、現実の被害率はその分低くなる。詳細な分析結果については、Ⅳ1で述べる。

(3) **被　害　内　容**

　金銭的被害における形態は、**図表5**のとおり、金銭と物品がほぼ同じ割合であった。現金被害の最高額は500万円、19.5％が10万円以上の被害を訴えているが、その中央値は1万円台前半で、比較的少額な被害が多い。

Ⅱ　サイバー犯罪被害実態調査結果

図表5　被害の形態

被害形態	割合
現金	10.4%
電子マネー、仮想通貨	3.3%
物品	13.0%
分からない	15.6%
現金、物品等の被害はなかった	69.4%

4　被害の届出・通報の状況

(1)　警察への届出・通報

警察への届け出た割合は、**図表6**のとおり相談を含めても、窃盗等他の犯罪と比べて相当低いことが判明した。後述Ⅳ3参照)。

図表6　警察への届け出状況

届出の有無	割合
警察に被害届を出した	6.7%
警察で相談したが被害届は出さなかった	11.7%
警察には届けなかった	81.5%
警察以外の機関に届けた	32.0%
どこにも届けなかった	68.0%

届け出た及び届け出なかった理由はそれぞれ**図表7**及び**8**のとおりであるが、届け出なかった理由の筆頭が被害の小ささである。

図表7　警察に届け出た理由

理由	割合
被害を少しでも取り戻すため	36.0%
犯罪は警察に届けるべきだから	32.7%
犯人を捕まえて欲しいから	33.0%
再発を防ぐため(被害が広がらないように)	34.7%
対処方法が知りたかったから	27.0%
その他	1.0%
分からない	3.7%

図表8　警察に届け出なかった理由

理由	割合
大した被害ではなかったから	55.9%
手続が面倒で時間もかかりそうだったから	21.2%
届け出ても検挙できそうにないから	24.0%
警察とは関わりたくないから	7.6%
その他	10.7%
分からない	10.8%

(2) **警察以外の機関への届出・通報**

　警察以外の機関への届出・通報状況は**図表9**のとおりであるが、警察以外の機関への届出・通報も被害者の3分の1程度で、その多くが金融機関、インターネット関係企業と、公的機関への届出・通報は低調である。

Ⅱ　サイバー犯罪被害実態調査結果

図表9　警察以外の機関への届出・通報状況

警察以外の通報先	割合
クレジットカード会社	10.4%
銀行等金融機関	4.3%
ネットショップ運営会社	6.7%
コンピュータセキュリティ会社	3.4%
ブログ、掲示板、SNS等運営会社	5.5%
消費生活センター（ネット詐欺等）	4.7%
インターネットホットラインセンター（違法有害メール）	2.6%
情報処理推進機構情報セキュリティ安全相談（マルウェア）	1.5%
法務省インターネット人権相談（いじめ等）	1.0%
JPCERT／CC（マルウェア等）	0.5%
フィッシング対策協議会（フィッシング）	1.2%
政府模倣品・海賊版対策総合窓口	0.4%
その他	4.1%
どこへも届けなかった	68.0%

(3)　**サイバー犯罪通報システムの利用**

「サイバー犯罪被害をネット上だけで届出・通報できるシステムがあったとしたら利用したと思いますか」との問いについての回答状況は**図表10**のとおりである。「匿名なら利用したと思う」を含めると50%を超えている。

図表10　サイバー犯罪被害をネット上だけで届けられるシステムについての利用意思

意思の有無	割合
利用したと思う	36.7%
匿名なら利用したと思う	19.7%
利用しなかったと思う	8.9%
分からない	34.7%

III　先行調査研究

1　犯罪被害実態（暗数）調査
(1)　調 査 方 法

　法務省は、平成16年以降4年ごとに国連の国際犯罪被害実態調査（International Crime Victimizations Survey:ICVS）に参加する形で「犯罪被害実態（暗数）調査」を、全国から選んだ16歳以上の男女を対象としたアンケート調査として実施している。犯罪全般を対象としているが、我が国独自の調査として、第3回調査[6]（平成20年）及び第4回調査[7]（平成24年）ではインターネットオークションに係る被害についても調査を行った。

　平成20年の第3回調査は、同年1月から3月にかけて、層化二段無作為抽出法により全国から選んだ16歳以上の男女6,000人（男女同数）を対象として、平成19年以前の犯罪被害について、質問紙を用いた調査員による聞き取り方式及び調査対象者の自記式を併用して実施された。回答が得られた者は3,717人、回答率は62.0％であった。

　平成24年の第4回調査は、同年1月層化二段無作為抽出法により全国から選んだ16歳以上の男女4,000人を対象に郵送による質問票調査行い、回答が得られた者は2,156人、回答率は53.9％であった。

(2)　調 査 結 果

　第3回調査では3,717人が回答し、第4回調査では2,156人が回答した。結果は、**図表11**のとおりである。

　「捜査機関に届け出ましたか」との問いに対しては、第3回調査では「はい」が3人、「いいえ」が25人、「わからない」が人であった。届け出なかった理由の筆頭は、「それほど重大ではない」14人であった。第4回調査では、1人が「届け出た」と回答した。届け出なかった理由で最も多かったのは、

---

(6)　法務総合研究所研究部報告41「第3回犯罪被害実態（暗数）調査」（2008年）221頁。http://www.moj.go.jp/housouken/housouken03_00011.html（平成30年9月15日参照）
(7)　法務総合研究所研究部報告49「犯罪被害に関する総合的研究――安全・安心な社会づくりのための基礎調査結果（第4回犯罪被害者実態（暗数）調査結果）――」（2012年）80～81頁。http://www.moj.go.jp/housouken/housouken03_00066.html（平成30年9月15日参照）

「損失がない、大したことではない」(6人)であった。

図表11　インターネットオークションによる被害(法務省調査)

	被害率	捜査機関への通報率
平成19年	0.78%	10.3%
23年	0.28%	5.0%

(「法務総合研究所研究部報告41及び49」より著者が作成)

2　平成28年通信利用動向調査

(1)　調査方法

総務省では、毎年行っている通信利用動向調査の質問項目に平成14年から「インターネットの利用の際受けた被害」を盛り込んでいる。

平成28年度調査は、平成28年1～2月の間に全国の20歳以上の世帯主がいる40,592世帯を対象に質問票を郵送する形で行われ、郵送及びオンライン(Eメール)によって17,765世帯から回答を得た。

(2)　調査結果

過去1年間に自宅パソコン、携帯電話、スマートフォン及びその他の機器でインターネット利用をしたことのある世帯を対象に過去1年間にインターネットを利用する際に被害を受けたか否か利用手段ごとの複数回答を求めた。集計世帯数は2,030(比重調整後)で世帯員数は$6,043+a$である。$+a$としたのは、統計表には単身から7人以上世帯まで個別に世帯数が記されており、これを積算して世帯員総数を算出したためである。7人以上世帯は29世帯であるのでaは、総世帯員数の1％未満と推測されることから切り捨てることとし、図表12においては総世帯員数を6,043名とした。

結果は図表12のとおり、世帯を調査対象とし、かつ、実質的被害が生じていない「ウィルスを発見したが感染なし」及び「迷惑メール・架空請求メールを受信」を被害体験としていることから被害率は、65.3％と極めて高いものとなっている。

図表12　インターネット利用に伴う被害体験（総務省調査）

被害の類型	世帯割合	世帯員割合
何らかの被害を受けた	65.30%	30.17%
ウィルスを発見したが感染なし	16.60%	5.58%
ウィルスに1度以上感染	4.40%	1.47%
迷惑メール・架空請求メールを受信	60.30%	20.25%
フィッシング	4.40%	1.47%
不正アクセス	2.70%	0.91%
その他（個人情報の漏洩、誹謗中傷など）	1.40%	0.48%
特に被害はない	21.00%	56.03%
無回答	13.80%	13.80%

（「通信利用動向調査 平成28年報告書」より著者が作成）

そこで、1世帯の被害を世帯員1人の被害であると仮定して、被害率を算出してみたところ、26.12%との結果を得た。その中で、「本調査」で除外した「ウィルスを発見したが感染なし」及び「迷惑メール・架空請求メールを受信」を除き、実質被害とみられる「ウィルスに1度以上感染（1.47%）」、「フィッシング（1.47%）」、「不正アクセス（0.91%）」及び「その他（個人情報の漏洩、誹謗中傷など）（0.48%）」を加え合わせると4.33%という数値が得られた。

3　Crime Survey for England and Wales（CSEW）[8]
(1)　調査方法

CSEWとは、英国統計局（Office for National Statistics）が、毎年実施している犯罪被害実態調査のことで、2012年まではBritish Crime Surveyと称していた。英国のうち、EnglandとWales に所在する35,000世帯（2016—17調査）の16歳以上の男女を対象として、過去1年間の犯罪被害について面接により実施されている。2009年から、10〜15歳の少年も一部対象としている。

調査対象のサイバー犯罪は、詐欺、不正アクセス、マルウェア等コン

---

(8)　http://www.crimesurvey.co.uk/（平成29年9月15日参照）

ピュータの不正使用（Computer misuse）で脅迫、わいせつ図画頒布、知的財産権侵害等は含まれていない。

(2) **調査結果**

2016年におけるサイバー犯罪を含む犯罪被害発生状況の推計は**図表13**のとおりである。

図表13　CSEWにおける犯罪被害の推計（2016年）

罪種	被害率
総被害率	21.0%
粗暴犯(Violence)	1.8%
強盗(Robbery)	0.2%
窃盗(Theft)	9.7%
器物損壊等(Criminal Damage)	3.5%
サイバー犯罪以外の詐欺(Fraud)	2.7%
サイバー犯罪(Cybercrime)	6.3%
金融口座詐欺(Bank and credit account fraud)	2.1%
投資以外の詐欺（Consumer and retail fraud）	1.2%
マルウェア（Computer virus）	2.1%
不正アクセス（Unauthorised access to personal information）	1.0%

（「Crime in England and Wales:year ending Dec. 2016」より著者が作成）

Ⅳ　考　察

1　サイバー犯罪被害率の精度

(1)　**回答結果の精査**

サイバー犯罪の被害は、生データでは12.48％であったが、分析する際の除外の便のため、あえて設問に盛り込んだ実質的被害といえない「迷惑メール」及び「OSのアップデート絡みによる動作支障」の項目を除外し、さらに各項目のその他自由記載欄を精査し明らかに犯罪被害と認められないものを除外したところ、総被害率は、10.92％となった（**図表16**参照）。

(2) サンプルの属性と被害率

性別では、平成28年中何らかのサイバー犯罪被害を受けた者のうち女性が占める割合は、42.0％と平成28年の刑法（身体）犯被害者[9]に占める女性の割合36.0％に比べて高いことが判明した。

年齢別では、10歳代が最も高く21.7％、以下20歳代（18.9％）、30歳台（14.1％）と年齢が高くなるにつれて低下している。

IT習熟度別では、習熟度が高まると被害率も高まる傾向にあり、「ITについて高度な知識・技能を有している」者26.93％、「他者から援助を受けながらITを利用している」者8.77％と3倍以上の開きがあった。また、オンライン時間が長くなるほど被害率が高まる傾向にあり、「1日当たり1時間未満」が2.89％、「9～10時間」で27.8％と10倍近い開きがあった。

そこで、オンライン時間別の被害率を算出した結果は、**図表14**のとおりである。

図表14　オンライン時間別のサイバー犯罪被害率

オンライン時間	被害率
0-1h	2.7％
1-2h	7.8％
2-3h	10.0％
3-4h	11.4％
4-5h	11.6％
5-6h	16.5％
6-7h	13.7％
7-8h	17.7％
8-9h	18.4％
9-10h	25.0％
10h以上	18.5％

つまり、サイバー犯罪被害を受ける確率は、ITの習熟度が高ければ高く

（9）　警察庁「平成28年の犯罪」第53表。https://www.npa.go.jp/toukei/soubunkan/（平成30年9月15日参照）

Ⅳ 考　　察

なり、オンライン時間が長い方が高くなるということになる。

　このサンプルの属性と母集団である全国のインターネットユーザーの属性を鑑みると、サンプルは、インターネットリサーチ会社の登録モニターであることから、いわゆるインターネットのヘビーユーザーであることが推認できる。したがって、母集団に比べて平均的にオンライン時間が長いことから、調査結果の被害率は母集団の被害率よりも高くなっていると考えられる。

　そこで、母集団の被害率を把握するため比較分析の手がかりを調査したところ、総務省が、主要メディアの平均利用時間を調査しており、これによると平成28年の平均オンライン時間は、平日で99.8分間、休日で120.7分間である。これを平成28年の土、日曜及び祝日の総数121日を休日として加重平均したところ、平成28年の平均オンライン時間は、106.7分であった。

　この平均オンライン時間から全体の被害率を算出するため、**図表14**のサイバー犯罪被害率をy軸に、オンライン時間をx軸とした散布図から、近似式y=0.0171x+0.037を得た（**図表15**）。このxに平均オンライン時間1.78（時間）＝106.7（分）を代入すると、6.74％という被害率が得られた。R^2値は、0.8533で相関度は高い。

図表15　サイバー犯罪被害率とオンライン時間

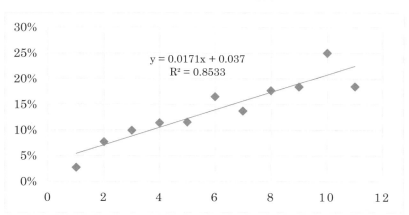

ちなみに、オンライン時間が6分増えると、0.171ポイント被害率(%)が高まる計算となる。この分析結果の6.74%という被害率は、インターネット利用者についてのものであるので、下記数式のとおり全国民ベースで換算すると、5.36%という数字が得られた。これが、平成28年中のサイバー犯罪被害発生率といえるものである。

　6.74%×100,840,000（インターネット利用者総数）÷126,933,000（総人口）＝5.36%

上記に基づき、類型別の被害率を補正したものが、**図表16**である。

図表16　サイバー犯罪被害の類型別被害率（補正表）

被害類型	当初補正	オンライン時間補正	総人口比
現金、電子マネー等をだまし取られた	1.07%	0.66%	0.52%
現金等以外のものをだまし取られた	0.28%	0.17%	0.14%
脅迫又は恐喝された	1.04%	0.64%	0.51%
名誉棄損、誹謗中傷された	0.66%	0.41%	0.32%
いじめをされた	0.29%	0.18%	0.14%
ストーカーをされた	0.23%	0.14%	0.11%
ＩＤやパスワードをだまし取られた	0.39%	0.24%	0.19%
コンピュータ又はスマートフォンの情報を流出させられた	0.28%	0.18%	0.14%
メールやSNSのアカウントに不正アクセスされた	2.18%	1.35%	1.07%
知的財産権を侵害された	0.09%	0.06%	0.05%
コンピュータ又はスマートフォンの動作に支障が生じた	3.98%	2.46%	1.95%
利用していたサイトから自分の情報が流出した	0.17%	0.1%	0.08%
その他	0.25%	0.15%	0.12%
総被害率	10.92%	6.74%	5.36%
サイバー犯罪被害には遭わなかった。	89.08%	93.26%	94.64%

　この被害率の数値を先行調査研究と比較して、その信頼性の検証を試みた。

　まず、総務省調査と比較するに、総務省調査の全体被害率としては、「本

調査」では被害として取り扱わなかった「ウィルスを発見したが感染なし」（5.58％）及び「迷惑メール・架空請求メールの受信」（20.25％）を除外すると、その世帯員ベースの被害率は、4.33％であった（**図表12**参照）。

　これは、インターネット利用者を対象とした調査であるので、「本調査」の被害率は、オンライン時間補正後の6.74％と比較することになる。2ポイント以上異なっているが、この4.31％の被害率に含まれているのは、「ウィルスに1度以上感染」、「フィッシング」、「不正アクセス」、「その他（個人情報の漏洩、誹謗中傷等）」であるので、その他の内容不明を除いて、これら5つの類型手口に該当する「本調査」の項目（「名誉棄損、誹謗中傷された」「コンピュータ又はスマートフォンの情報を流出させられた」、「メールやSNSのアカウントに不正アクセスされた」、「コンピュータ又はスマートフォンの動作に支障が生じた」及び「フィッシング[10]」それぞれの被害率を合計すると4.45％となった。これは、総務省調査の4.33％とほぼ一致する。

　次に、CSEW（2016）におけるサイバー犯罪被害率は6.3％（**図表13**参照）と「本調査」5.36％と約1ポイント異なるが、内訳を見ると「マルウェア（Computer virus）」2.2％は「本調査」の「コンピュータ又はスマートフォンの動作に支障が生じた」1.95％に、「不正アクセス（Unauthorised access to personal information）」1.0％は、「本調査」の「メールやSNSのアカウントに不正アクセスされた」1.07％にそれぞれ近似するものであった。ただし、詐欺についてはCSEWの方が大幅に高いものであった。

　最後に法務省調査のインターネットオークション詐欺についての比較では、**図表17**のとおり平成23年の結果（0.29％）と総人口比で補正した結果（0.28％）は、ほぼ一致している。平成19年調査の被害率は、0.78％と突出しているが、警察庁の統計[11]を見るとインターネットオークション詐欺被害に関する相談の受理件数は、平成23年5,905件、平成28年5,440件であるが、平成19年は1万2,707件と2倍以上にのぼっていることから、19年は被害が相当多かったことが推認される。したがって、平成19年の相談受理件数が、平

---

(10)　「IDやパスワードをだまし取られた」のうちフィッシングのよるものを抽出（0.05％）した。
(11)　警察庁「サイバー空間をめぐる脅威の情勢等について」

成28年の相談件数と同数であったと仮定して被害率を求めてみると 0.78％ × 5,440件 ÷ 12,707件 ＝ 0.33％と近似する値が得られた。

図表17　インターネットオークション詐欺被害率

	年	被害率	相談件数
「本調査」	平成28年	0.29％	5,440
法務省調査	19	0.78％	12,707
	23年	0.28％	5,905

　以上から、「本調査」結果の被害率は、いくつかの統計と比較しても信頼に足る精度を有しているものと考える。この5.36％という数値は、法務省の第4回犯罪被害実態（暗数）調査では平成23年中の総被害率が11.9％であるので、その約半分に当たり、相当高いといえる。また、算出された被害率にインターネット利用者数を掛けると、推計被害者総数は、約679万9,000人となる。

2　窃盗からサイバー犯罪への転移について

　サイバー犯罪の被害率が相当程度高いことが判明したところであるが、減少傾向にある窃盗被害との関係から、その転移の可能性について分析を試みた。

　具体的には警察庁の犯罪統計[12]より暗数も含めて窃盗の個人被害者の年間減少数を推計し、サイバー犯罪の推計被害者の年間増加数との比較を行った。窃盗の個人被害者の年間減少数は、警察が認知した被害者数及び法務省の第4回犯罪被害実態調査における「個人に対する窃盗の被害」にかかる「捜査機関への届出率」34.8％を用いて算出した。サイバー犯罪の年間増加数は、各年のインターネットの普及率及び利用時間[13]を**図表15**の数式に代入して算出した。両者の比較が**図表18**である。インターネット利用時間の調査が平成25年から開始されていることから、比較できたのは、平成26〜28年

---

(12)　警察庁「平成28年の犯罪」第54表。httpa://www.npa.go.jp/toukei/soubunkan/（平成30年9月15日参照）
(13)　総務省『平成28年版 情報通信白書』331頁。

であるが、窃盗被害者の年間減少数の推計値とサイバー犯罪被害者の年間増加数の推計値は近似している。

図表18　年間の窃盗被害者の減少数とサイバー犯罪被害者の増加数の比較

	窃盗減少数	サイバー犯罪増加数
平成26年	229,759	248,029
27年	202,052	274,313
28年	170,727	290,217

3　捜査機関への通報率について

サイバー犯罪被害に関する警察等捜査機関への通報率について英国及び法務省の調査結果と比較したのが、**図表19**である。

サイバー犯罪被害に関しては、日本、英国ともに捜査機関への届出・通報率が相当低いことがわかる。ちなみに、一般犯罪と比べても、法務省の第4回犯罪被害実態（暗数）調査では、自動車盗や車上盗の通報率は50％を超えており、一般的に低いといわれている性的犯罪においても、18.5％である[14]。

届出・通報しなかった理由の筆頭は、「大した被害ではなかったから」が、半数以上を占めており、「手続が面倒で時間もかかりそうだったから」が約2割を占めている（**図表8**参照）。被害額10万円以上の被害届出率が45.9％であるのに対し、被害額1万円以下では19.1％に過ぎない。届出・通報にかける時間や手間を考えると、被害金額の多寡によって通報率が上下することはある意味当然ともいえるのであるが、低コストで不特定多数に犯罪企図を可能とするサイバー犯罪の特性をまさに悪用されているといえるのである。サイバー犯罪者にこの特性を悪用させないためには、一人一人の被害者が届出・通報等犯罪対処のための行動を起こすことから始めなければならないのである。

---

(14)　法務総合研究所研究部報告49・前掲注(7)14頁。

図表19　捜査機関への届出・通報率の比較

	届出・通報率	備考
「本調査」	6.7%	
	18.4%	警察への相談のみを含む
法務省調査	8.2%	2回の調査の平均
CSEW	7.4%	サイバー犯罪の認知件数を推計値で除したもの

　また、警察以外の通報先としては、クレジットカード会社が筆頭であり、以下金融機関、ネットショップ運営会社等が続き、複数回答ながら消費生活センター等公的機関への通報率は、全体としてもさほど高くないのである（**図表9**参照）。これは、サイバー犯罪の罪種や手口別に通報・相談の窓口が細分化されており、分かりにくいことも理由の一つと考えられる。

　この種犯罪を把握、検挙するためには被害者の積極的な被害の届出・通報が不可欠であることはいうまでもないが、被害が僅少であると被害回復の欲求及び犯人への処罰意識が一般的に低く、手続の煩雑性も加わって、届出・通報が低調なのである。これを打開し、サイバー犯罪被害の届出・通報を促すためには、被害者の認識を改めるとともに簡便な届出・通報システムの整備することが必要と思料される。ちなみに、「本調査」では「サイバー犯罪被害をネット上だけで届出・通報できるシステムがあったとしたら利用したと思う」と半数以上の被害者が答えているのである。（**図表10**参照）。そこで、諸外国で導入されている、オンラインでのサイバー犯罪等の被害届出・通報システムを紹介する。

(1) **Action Fraud**
　ア　概　　要

　Action Fraud（AF）はイギリス全土で発生した詐欺及びサイバー犯罪に関する事案を協調的かつ全国的に一貫した対応を提供するための通報窓口及び通報記録を統括するセンターとして、ロンドンシティ警察（City of London Police）[15]によって運用されている。

　英国では、2000年代前半、耳目を集めるような複数の大型詐欺事件で有罪判決を得られなかったことなどを背景に、詐欺防止法（the Fraud Act 2006）

が制定され、内務省（Home Office）に詐欺に関する情報を集約するNational Fraud Report Center（NFRC）が、ロンドンシティ警察には、詐欺情報を分析、捜査するNational Fraud Intelligence Bureau（NFIB）がそれぞれ設置された。

NFRCが、AFの前身である。2008年にはNational Fraud Strategic Authority（NFSA）がAttorney General's Office（検事局）の執行機関として設立され、2009年にはNational Fraud Authority（NFA）と改名されるとともに、NFRCの名称もAFと改められた。

2010年、AFの運用主体が内務省へ移管された後、国際組織犯罪等に対する国家捜査機関であるSerious Organized Crime Agency（SOCA）がNational Crime Agency（NCA）へと増強改編されたのを機にNFAも統合・廃止されたことから、AFの運用主体はロンドンシティ警察へと移管され現在に至っている。

2011年以降、詐欺事件統計については、AFが担当することとされ、2013年からは詐欺事件統計は警察ではなくAFがその全てを記録している。

イ　システムの内容

通報の対象となる犯罪は、NFIB国家不正詐欺情報局管轄の詐欺事案及びコンピュータ不正使用法（Computer Misuse Act）に規定されているサイバー犯罪である[16]。

AFは、受理した情報の犯罪性が明らかな場合は、管轄の警察に通報され捜査が開始される。それ以外の通報については情報として調査分析の対象となる。

受理の対象となる情報は、犯罪者又は被害者が英国に所在している場合に限られ、通報はオンライン又はコールセンターで受け付けられている。匿名の通報はオンラインでは受け付けていないが、AFのコールセンターで匿名

---

(15)　ロンドンの中心部の一部を管轄する警察本部。ロンドンの他の地域を管轄する、いわゆるロンドン警視庁（Scotland Yard）とは別の独立した組織。

(16)　通報対象犯罪のコード・分類は62種からなり、「詐欺事案における刑法犯件数内務省集計規則」(Home Office Counting Rules For Recorded Crime-Fraud)によって詳細に記載されている。

511

通報も受理している。

　　ウ　被害通報受理状況

　AFには月に平均して約2万件の犯罪が通報され、さらに約1万2,000件の情報が寄せられており、2016年中25万500件が受理された。情報報告は、一般市民又は企業からの通報で、犯罪としては成立しないものの詐欺行為として申し立てられた事案であるが、この情報通報も分析対象とされている。これにより作成されたデータベースは、「Know Fraud」システムと呼ばれ、英国内の捜査機関の利用に供されている。

(2)　**Internet Crime Complaint Center**[17]（IC3）

　　ア　概　　要

　IC3は、米国連邦捜査局（Federal Bureau of Investigation:FBI）の組織であるが、2000年に発足し、当初は、捜査機関の支援等を行っている公益法人であるNational White Collar Crime Centerと共同で運用されていた。発足時は、Internet Fraud Complaint Centerと呼ばれていたが、サイバー犯罪の多様化に伴い、2003年に現在の名称に改められた。

　IC3の任務は、インターネット上の犯罪行為をFBIに通報するための信頼性が高く簡便なシステムを一般に提供するとともに、法執行機関と関係企業との効果的な協力関係の構築を図ることである。受理された通報は、分析され捜査等のため法執行機関に共有されるとともに、インターネット利用者等への注意喚起に用いられている。

　　イ　被害通報の受理状況

　2016年中IC3は、29万8,728件のサイバー犯罪被害通報を、米国を含む世界21か国から受理しており、米国内からの通報は全体の95.4％であった。

(3)　**Australian Cybercrime Online Reporting Network**（ACORN）

　　ア　概　　要

　Australian Cybercrime Online Reporting Network[18]（ACORN）は、2014年にオーストラリア政府設置した、連邦及び地方の警察機関（All Australian

---

(17)　Internet Crime Complaint Center 14頁
(18)　Australian Cybercrime Online Reporting Network. https://www.acorn.gov.au/
　　　（平成30年9月15日参照）

Police)、犯罪情報局（Criminal Intelligence）及び司法局（Attorney General's Department）等の合同による機関（National policing initiative）である。サイバー犯罪を簡便にオンラインで通報できるようにするとともに、犯罪予防等のための情報を提供するためのシステムで、受理された被害通報は、内容に応じ適切な連邦、州警察等の捜査機関に転送される。また、匿名での被害通報も受理されている。

　　イ　被害通報受理状況
　ACORNは、2016年中オーストラリア国内から4万6,975件の被害通報を受理しており、その約50％を売買を除くネット詐欺が、約20％を売買に係るネット詐欺が占めている。

Ⅴ　結　　論

　我が国における平成28年中のサイバー犯罪の被害実態は、推計被害件数679万8,531件（人口比被害率5.36％）、詐欺、脅迫等のネットワーク利用犯罪だけでも222万1,492件（人口比1.74％）と平成28年の刑法犯認知件数99万6,120件と比較するまでもなく深刻な実態にあることは明白である。さらに、考察Ⅳ1で明らかになったように、サイバー犯罪の被害率は、オンライン時間の長さと正の相関関係がある。言い換えれば、国民のオンライン時間が長くなればなるほど被害率が高くなっているのである。そこで、平成26年から28年にかけての国民の平均オンライン時間及びインターネットの普及率から算出したサイバー犯罪の推計値から、各年のサイバー犯罪の増加件数を抽出したところ、犯罪統計から算出した該当する年の窃盗犯の推計減少件数と近似する結果が得られた（Ⅳ2参照）。データが限られているため、3年間の比較ではあるが、この間の窃盗犯減少数の約1.1倍から約1.7倍のサイバー犯罪が増加していることが明らかになった。これはまさしく、窃盗犯がサイバー犯罪に転移しているとの仮説を裏付けるものと考えられる。しかしながら、この現象は警察統計上からは読み取ることができないのである。すなわち、窃盗犯認知件数は、警察統計上毎年数万単位で減少しているのであるが、統計上明らかなサイバー犯罪件数は検挙件数であり、増加傾向を示してはいるも

のの、毎年の増加件数は千〜数百件でしかないからである。犯罪統計のメソッドを大きく変更することは、その一貫性維持の観点等から好ましいことではないが、こうした犯罪の転移の現状を認識するためには、次に述べるようなサイバー犯罪被害を幅広く把握するための方策を検討することが喫緊の課題であると思料する。

　「本調査」により我が国におけるサイバー犯罪被害の深刻な状況が明らかになったところであるが、犯罪被害実態調査では、個別の事件の解決は困難なのである。したがって、捜査機関に対する被害者の積極的な届出・通報が求められるところであるが、その被害の届出・通報率も一般犯罪と比べてかなり低いことが判明している。被害を届出・通報しなかった理由の筆頭は、「大した被害ではなかったから」である。これは、まさにサイバー犯罪者の思うつぼにはまっているといえる。すなわち、ITの発展は、架空請求詐欺、ワンクリック詐欺に代表されるように不特定多数者に対して低コストで犯罪を企図することを可能としたのである。この種犯罪は、1件当たりの被害額が僅少であっても、ITの悪用で大量の犯罪を敢行することによって大きな犯罪収益をもたらしているのである。言い換えれば、寸借詐欺[19]のようなローリスクローリターンの犯罪を、ITの発展がローリスクハイリターンの犯罪に変化させてしまったのである。

　この種犯罪を把握、検挙するためには被害者の積極的な被害の届出・通報が不可欠であることはいうまでもないが、被害が僅少であると被害回復の欲求及び犯人への処罰意識が一般的に低く、手続の煩瑣性も加わって、届出・通報が低調なのである。これを打開し、サイバー犯罪被害の届出・通報を促すためには、被害者の認識を改めるとともに簡便な届出・通報システムの整備が必要なのである。具体的には、英、米、豪で導入されているようなインターネット上で完結するサイバー犯罪被害通報システムを導入することである。その場合、現在の手続上オンラインで被害届を受理することは困難であるが、サイバー犯罪情報として受理し、犯罪捜査に活用することは十分可能であると考えられる。既に、「匿名通報ダイヤル[20]」という一定の犯罪に対

---

(19)　財布を紛失したなどの理由で交通費等小額の金銭を他人から騙し取ること。

する匿名通報システムが導入されていることから、サイバー犯罪被害にあっても、被害届を個別に受理せずとも捜査を展開していくことは十分に可能であると思料される。また、匿名での通報を可能とすれば、さらに届出・通報が促進する効果も期待されるのである。

　サイバー犯罪の被害実態の深刻な状況を把握するとともに、積極的な検挙活動を展開するためには、サイバー犯罪被害情報をその形式にこだわらず、迅速かつ広範に収集することが肝要なのである。

〈参考文献〉
・Australian Cybercrime Online Reporting Network https://www.acorn.gov.au/（平成30年9月15日参照）
・Doyle,Charles"Cybercrime: An overview of the Federal Computer Fraud and Abuse Statute and Related Federal Criminal laws"Congressional research Service（2014）
・Goodman,Mark"Future Crime"松浦俊介訳（2016年、青土社）
・Internet Crime Complaint Center「2016 Internet Crime Report」https://pdf.ic3.gov/2016_IC3Report.pdf（平成30年9月15日参照）
・Office for National Statistics「Crime in England and Wales:year ending December 2016」
・岡部正勝「サイバー空間における危機管理」『現代危機管理論　現代の危機の諸相と対策』（2017年、立花書房）
・総務省『平成28年版　情報通信白書』
・総務省情報通信政策研究所「平成28年情報通信メディアの利用時間と情報行動に関する調査」http://www.soumu.go.jp/menu_news/s-news/01iicp01_02000064.html（平成30年9月15日参照）

---

(20)　暴力団が関与する犯罪等、犯罪インフラ事犯、薬物事犯、拳銃事犯、特殊詐欺、また、少年福祉犯罪、児童虐待事案、人身取引事犯等の潜在化しやすい犯罪の検挙、また、被害者となっている子どもや女性の早期保護等を図るため、警察庁の委託を受けた民間団体が、市民から匿名による事案情報の通報を、電話やウェブサイト上で受け、これを警察に提供して、捜査等に役立てるシステム。匿名で報奨金の支払いも行っている。

- 総務省「通信利用動向調査 平成28年報告書（世帯編）」http://www.soumu.go.jp/johotsusintokei/statistics/statistics05b1.html（平成30年9月15日参照）
- 金山泰介「サイバー犯罪被害実態調査（第1回）の結果」危機管理学研究創刊号（2017年）101〜111頁
- 金山泰介「刑法犯の減少と犯罪の転移」早稲田大学社会安全政策研究所紀要8号（2016年）17〜41頁
- 警察庁「サイバー空間をめぐる脅威の情勢等について」各年版 https://www.npa.go.jp/publications/statistics/cybersecurity/data/（平成30年9月15日参照）
- 警察庁「平成25年の犯罪」「平成26年の犯罪」「平成27年の犯罪」「平成28年の犯罪」https://www.npa.go.jp/toukei/soubunkan/（平成30年9月15日参照）
- 内閣府「治安に関する世論調査（平成29年9月調査）」https://survey.gov-online.go.jp/tokubetu/h29/h29-chiang.pdf（平成30年9月15日参照）
- 法務総合研究所研究部報告41「第3回犯罪被害実態（暗数）調査」（2008）http://www.moj.go.jp/housouken/housouken03_00011.htm（平成30年9月15日参照）
- 法務総合研究所研究部報告49「犯罪被害に関する総合的研究――安全・安心な社会づくりのための基礎調査結果（第4回犯罪被害者実態（暗数）調査結果）――」（2012）http://www.moj.go.jp/housouken/housouken03_00066.html（平成30年9月15日参照）

（かなやま・たいすけ）

中国における医療従事者などの
収賄に対する刑法的対応

于　　佳　　佳*

Ⅰ　概　　観
Ⅱ　公務員などの収賄に関する犯罪
Ⅲ　非公務員の収賄に関する犯罪
Ⅳ　結　　語

Ⅰ　概　　観

　中国において、2000年代末期から、医療従事者などの収賄が頻発し社会問題となっている。中国国営中央テレビのニュース専門チャンネル（CCTV―新聞）が2013年7月23日に放映した番組「新聞1+1」において、福建省漳州市規律検査委員会のおよそ半年に渡った調査から、全市域の73病院は一つの例外もなく汚職の疑いがあり、併せて1,088の医療従事者と133の行政職に従事する職員が堕落的行為をしていたことがわかったと報道された[1]。この一斑を見れば全豹が知れるであろう。
　製造販売者らは、自社の医療機器、医療用消耗品と医薬品を売り出し競争相手を押し退けるために、販売活動において公平な競争の原則に違反し、院長、診療科部長ないし医師などに賄賂を提供する。例えば、医療機器の仕入れは一定の金額を超えると、一般競争入札が導入されなければならないが、

　　＊　上海交通大学ロー・スクール准教授、東京大学博士（法学）。
（1）　CCTV―新聞は2013年7月23日に放送した番組「新聞1+1」において「なぜ漳州全域の医療が全面的に汚職にかかわったのか（漳州医疗腐败、何以全线失守？）」と題するニュースを報道した（http://tv.cntv.cn/video/C10586/ab09cfeee9bc430e971ba6a06cb20930）。

多くの事例で、院長は請託を受け、特定のメーカーの医療機器の性能を示す数値やパラメーターに準じ競争入札の基準を指定した結果、一般競争入札は指名入札になってしまった。医療機器、医薬品などは購入されていても、治療に使われなければ追加の仕入れが不可能となることから、医師は、処方権という独占的職務を利用し特定のブランドの薬品を勧め、あるいは必要以上の薬品と検査を処方することによって、処方量に応じリベートを収受することも多い。また、医療領域において、収賄と対向する贈賄も蔓延している。近年、最も有名な贈賄刑事事件は「GSK社贈賄事件」である。イギリスの製薬大手企業グラクソ・スミスクライン社（以下、「GSK社」と略称する）の中国法人は医薬品の売上げ拡大を狙い、中国の医療従事者や政府関係者に数年間にわたって総額30億元をばらまいたことに対して、中国湖南省長沙市中級人民裁判所は2014年9月19日に贈賄罪で30億元の罰金を言い渡した[2]。このように、医療従事者などの収賄は、医療機器・医薬品販売における公正な競争秩序を乱すばかりでなく、過剰な検査と投薬などの患者の福祉から外れる不正な診療行為を助長し、また、リベートの存在により医薬品の価格を実勢価格より高く設定させ、その結果、患者の医療費の自己負担額が不合理に高額なものとなる[3]。

　法的対応として、医薬品などの販売にかかわる収賄は、まず、1993年12月1日から施行された「不正競争防止法」により禁止される「商業賄賂」（不正競争防止法8条1項）に属するとされている[4]。「商業賄賂」とは、ビジネ

（2）　この事件と判決の紹介について、李建華など「海外企業による商業賄賂の原因と対策に関する研究（在華跨国商業賄賂的根源与治理対策研究）」東南学術2014年2月66頁以下、王羽「中国は贈賄した英グラクソに対し経済事件では過去最大の罰金30億元を科した（中国開出最大罰単、葛兰素史克行賄被罰30亿元）」上海企業2014年10号88頁以下参照。
（3）　CCTV―新聞は2016年12月24日に放送した番組「新聞30分」において「高価なリベートによる薬価の高騰（高回扣下的高药价）」と題するニュースを報道した（http://tv.cctv.com/2016/12/24/VIDEmBKxzLZsGh6ulk4aAE4q161224.shtml）。CCTV―新聞の記者は、8か月間で上海市と湖南省の6つの大規模総合病院を対象として調査を行っていた。その調査から、医薬品販売代理行者においてリベート率が10%に、処方した医師においてリベート率が30〜40%に達したことが分かった。李富永「医療世界における汚職が高価薬品より恐ろしい（医疗腐败猛于昂贵药价）」中華工商時報2013年9月6日A01版によって、商業賄賂がなければ、薬価は20〜30%引き下がると指摘されている。
（4）　同法は2018年1月1日に改正された。

Ⅰ　概　　観

ス活動において公平な競争の原則に違反し、ビジネスチャンスまたはその他の経済利益を提供または獲得するために、財物あるいはほかの利益の贈与、収受などの手段をとる行為を指す(5)。公務員の収賄だけでなく、民間企業の役員の収賄も商業賄賂として取り扱われ得る。

　次に、医事法においても、医療領域における不正な請託および金品等の収受を禁止する規定がある。1999年5月1日から施行された「医師法」によって、医師は医業に従事するにあたって職務上の便宜を利用し、患者から財物を違法に収受し、あるいは、ほかの不当な利益を要求する場合には、行政処分を受け、さらに、上記の行為は犯罪とされると、刑事責任も問われるべきであるとされている（医師法37条）。また、2001年2月28日に改正された「薬品管理法」によって、医療機関のトップ、医薬品の仕入れ責任者、医師などは、医薬品製造販売業者または販売代行者から財物あるいはほかの利益を収受する場合には、行政処分を受け、さらに、上記の行為は犯罪とされると、刑事責任も問われるべきであるとされている（薬品管理法91条2項(6)）。

　最後に、処罰根拠は「刑法典」にしか求められない。なぜかというと、「不正競争防止法」、「医師法」と「薬品管理法」はどちらも行政法であり、「犯罪とされると、刑事責任も問われる」ことを示唆しているが、どのような刑罰を科すかの明確な基準を規定していない（中国においては、行政刑法は存在しないからである）ことから、行政上の義務違反に対して、刑法典における条文によって構成要件該当行為と認められる場合に限り、刑罰が科されるようになるからである。

　したがって、以下、医療従事者などの収賄に対する刑法的対応に関する説明は、刑法典における条文および条文適用に関する最高人民裁判所と最高人民検察庁（以下、「両高」と略称する）の司法解釈など(7)に基づき、展開する。

（5）　中国の国家政府は2006年2月に商業賄賂の取扱いを指導する特別委員会を設置した。この特別委員会は、2007年5月28日に「商業賄賂を取り扱う専門的作業における政策上の限界の正確な把握についての意見」を発布して、この意見で商業賄賂を定義している（3条）。
（6）　「薬品管理法」は1985年7月1日にはじめて施行された後、2001年2月28日に第一回、2013年12月28日に第二回、2015年4月23日に第三回の改正が行われた。現行の「薬品管理法」において、同じ内容は90条2項に定められている。

説明を始める前に、「賄賂」というキーワードの意味を明らかにしておきたい。現行刑法典において、条文上、収賄は「財物を要求・収受する」という言葉遣いで表現されているが、刑法の解釈において、両高によって、条文に書かれた財物は、金銭と現物のほか、金銭に換算され得る財産上の利益（例えば、建造物の飾付け、債務の免除、有料会員サービスと旅行など）をも含めているとされている[8]。これに対して、昇進、転籍[9]、性的サービスは財産上の利益の範疇から除外されるべきである。医療領域において、最も多く提供される賄賂がリベートである。財産上の利益はよく別の名目に隠される。例えば、某製薬企業は某公立医院の病院構内で薬局を開設するために、同病院の院長に許可を求めて、許可を得た後に、5万元の株式を贈与して、25万元の配当金を獲得させた[10]。某医薬品株式会社は、競争者を退けて某公立医院に医薬品と消耗品を独占的に提供するために、ローンを借りた病院のために利息を返済した[11]。最後に、医療機器・医薬品製造販売企業は各種業界・学術団体の会議（特に国際的会議）の開催に対して、巨額の協賛金を支払い、病院のトップや医師の旅費、手当と接待費をわれ先にと負担するという奇妙

（7）　両高の司法解釈は法律ではないが、実務上、裁判官と検察官の判断に決定的な影響力を与えていることから、中国の刑法と犯罪を研究する際に両高の司法解釈をどれだけ重要視してもしすぎることはないといえよう。中国の司法解釈について、粟津光世「中国における『司法解釈』と『案例指導制度』の展開」産大法学40巻3・4号（2007年）124頁以下参照。
（8）　2007年7月8日に発布された両高の「収賄刑事事件を取り扱う際に適用される法律に関する若干の問題についての意見（以下、「2007年の両高意見」と略称する）」（7条）と2016年4月18日から施行された両高の「公務員の横領・贈収賄刑事事件を取り扱う際に適用される法律に関する若干の問題に対する解釈（以下、「2016年の両高解釈」と略称する）」（12条）。
（9）　中国において、すべての国民は戸籍を持っている。戸籍は農村戸籍と都市戸籍に分けられている。どの戸籍を持つかで受けられる医療、教育などが異なる。この現象は戸籍格差と呼ばれる。北京、上海、広州などの大都市の戸籍への変更は大きな利益と思われている。「中国の戸籍制度とは」日本経済新聞夕刊2018年6月20日参照。
（10）　安徽省阜陽市中級人民裁判所（2015）阜刑初字第00087号刑事判決。
（11）　「孟津公療病院が特定の医薬品卸企業から仕入れて、60万元以上の賄賂を収受したと訴えられた（医薬購銷且独家供応孟津公療医院，被指受賄60余万）」中国消費者報（湖北日報網（http://health.cnhubei.com/jsbg/201707/t20170719_124510.html）に転載されている）。

な気風が盛んになっている⁽¹²⁾。協賛は商業賄賂と認められ行政処分が科される事例が出たが、犯罪の成否はまだ明らかではない。

Ⅱ　公務員などの収賄に関する犯罪

　公務員などの収賄に関する犯罪は、現行刑法典の「公務員の横領と贈収賄に関する犯罪」と題する第八章において定められている。公務員の収賄罪、公務員の斡旋収賄罪と単位の収賄罪の適用は問題になる。

1　公務員の収賄罪

　公務員の収賄罪は、公務員の職務の公正と公務員の職務に対する社会一般の信頼を守ることを目的とし、二種類に分けられている。公務員として他人のために利益を得ようと企て、自らの職務上の便宜を利用し、他人の財産を要求・収受する場合には、刑法385条1項の罪が成立し得る。公務員としてビジネスの取引において国家の規定に違反し様々な名目でリベートや手数料を収受し自分のものにする場合には、刑法385条2項の罪が成立し得る。

　構成要件該当性の判断において、「他人のために利益を得ようと企て」という要件は、日本の刑法典に定められた「請託を受ける」という要件に大体相当するが、近時の司法解釈によって広義的に解釈されている。即ち、2016年の両高解釈[13]によって、次の場合にこの要件は満たされる（2016年の両高解釈13条）。他人のために利益を得ようと企て自らの職務上の便宜をすでに利用した場合、他人のために利益を得ようと企て自らの職務上の便宜を利用することを承諾した場合、頼まれた事項の詳細をすでに知っている場合、または事前に頼まれていないが事後に自らの職務執行につながる賄賂を収受した場合である。現行刑法典において、日本の刑法典の197条1項前段に規定

---

(12)　例えば、天津中新薬業株式会社は2012年に様々な会議の開催を協賛するために、年間収益の8％を占める4.6億を、上海恒瑞医薬株式会社は年間収益の9.7％を占める大金を支払った。和静鈞「商業賄賂犯罪の構造を立て直し、医療における汚職を取り締まる（重构商业贿赂罪、打击医疗腐败）」検察風雲2014年1号（上）14頁参照。

(13)　前掲注(8)。

された「単純収賄罪」に相当する罪名が設けられていないが、四番目の場合において一部の単純収賄を犯罪化させる両高の態度が示されているとする意見は学説において存在する[14]。

公務員の収賄罪は真正身分犯であり、医療従事者の収賄に適用され得るかが最も議論されている。この問題に答えるために、両高は2008年11月20日に「商業賄賂に関する刑事案件を取り扱う際に適用される法律に関する若干の問題についての意見」（以下、「2008年の両高意見」と略称する）を発布し、「医療機関勤務の公務員と認められる者は医薬品、医療機器、医療用消耗品などを仕入れるにあたって、販売者のために利益を得ようと企て、自らの職務上の便宜を利用し、賄賂を収受・要求する場合には、刑法385条の罪で刑事責任を問われる」、と示している（2008年の両高意見4条1項）。

医療従事者はどのような条件で公務員と認められるかが、核心的な問題である。現行刑法典によって、公務員は四種類に分けられている（93条）。①は、国家機関（立法、司法、行政機関をはじめ、軍事組織と地方自治体の行政事務を行う機関も含める）で公務に従事している役員である。②は、国有組織体（国家の所有する、営利を目的とする「会社」と「企業」および営利を目的としない「事業体[15]」と「人民団体[16]」を含める）で公務に従事している役員である。③は、非国有組織体（国家の所有しない「会社」、「企業」、「事業体」と「社

---

(14) 拙文「アメリカの連邦法における公務員収賄の処罰根拠の多元性とその示唆（美国联邦法律对公务人员受贿犯罪的"多点打击"及启示）」蘇州大学学報（法学版）2018年1号113頁、陳興良「他人のために利益を得ようと企てることの性質および認定――両高の司法解釈を中心に（为他人谋取利益的性质与认定――以两高贪污贿赂司法解释为中心）」法学評論2016年4号4～6頁。

(15) 事業体は中国語で「事業単位」と呼ばれている。事業単位の紹介について、朱曄「中国法人制度中の『事業単位』に関する考察」静岡大学法政研究14巻2号（2009年）1～26頁、毛桂栄「『事業単位』と公務員制：中国行政の一側面」明治学院大学法学研究（菅野忠教授退職記念号）102号（2017年）241～274頁参照。

(16) 陳家林「中国刑法の理論と実務の現状」ノモス26号（2010年）39頁は、「『団体』について、中国では一般的にある目的で自由意識によって集まり、独立した経費や規則を持ち、政府に認可され登録できる合法組織のことを指している。例えば、労働組合、婦人連合会などが挙げられる。」と説明している。人民団体の紹介について、毛桂栄「『人民団体』と公務員制：中国政治の一側面」明治学院大学法学研究97号（2014年）31～59頁も参照。

会団体」を含める）に派遣されてそこで公務に従事している②である。④は、法律に基づき公務に従事している①、②と③以外の役員である。厳密にいえば、①は狭義の公務員であり、②、③と④はみなし公務員であるが、普通、公務員は広義に捉えられみなし公務員も含めている。このように、公務員は、必ずしも国家機関または国有組織体で働いているわけではないけれども、公務に従事している者でなければならない。言い換えれば、国家機関または国有組織体で働いていても、公務に従事していない者なら、公務員にあたらない。最高人民裁判所によれば、「公務に従事する」こととは、国家機関または国有組織体を代表して、統括、指導、監督と管理などの職務上の責任を果たすことを意味し、「公務」は職権につながる、公的事務および国有財産の管理と監督を内容とする職務執行を指し、職権に関係しない労務的・技術的な業務とは分別されるとされている[17]。公務員として「自らの職務上の便宜を利用する」こととは、本人の職権範囲内の権力を利用すること、または本人の職権、地位により形成された有利な状況を利用することを意味するとされている[18]。

　裁判例において、まず、国立・公立病院で院長を務めていた者は、普通、公務員と認められる。例えば、某県人民病院の院長であった被告人は、医療機器と医薬品の仕入れ、病院の増改築工事と人事異動・昇進に関して、請託を受けて、併せて85万5,320元の金銭と5,300元の買い物券を収受したとして、公務員の収賄罪で処罰された[19]。

　国立・公立病院の診療科部長も常に公務員と認められ得る。ただ、診療科部長は、院長よりよく医療現場に立ち会い、行政的管理と診療行為の両方を担当するものである。公務員の収賄罪の適用は前者により形成された便宜を利用する場合に限られる（後者により形成された便宜、つまり、処方権を利用する場合には非公務員の収賄罪の適用が問題になる。後文で詳しく紹介する）。例

---

(17)　2003年11月13日に発布された最高裁判所の「経済犯罪事件の審理に関する、全国裁判所向けの座談会での紀要」。
(18)　このことは、1989年11月6日から施行された両高の「『公務員の横領・受賄罪の処罰に関する補足規定』の執行に関する若干の問題についての解答」において示されている。
(19)　安徽省宿州市埇橋区人民裁判所（2016）皖1302刑初458号刑事判決。

523

えば、被告人は、某市中病院に雇われた外科専門医であったが、手足顕微外科部長を務めていた間に、同科の管理と業務の管理も担当していた。被告人は、部長としての職務上の便宜を利用し、病院に特定の会社のインプラント製品を仕入れさせるよう、インプラント製品の臨時的な追加購入を許可したこと、市場調査会で同会社のインプラント製品を勧め、また、競争入札において最高の得点を与えたことにより、病院の仕入れ量に応じ52万9,876元のリベートを収受したとして、公務員の収賄罪で処罰を受けた[20]。もう一つの事例において、被告人は某県人民病院の外科部長を務めていた間に、外科専門医と外科の医業活動・行政的事務を管理する公務員の二重身分を持っていた。被告人は、請託を受けて、外科部長の職権を利用し、特定のブランドの薬品を治療に使うことを同科の医師らに指示したことと、同科の医師らの病院ネットシステムにアクセスするための登録IDと暗証番号を管理する権限を利用し、ほかの医師の名前で同ブランドの薬品を処方したことにより、23万2,000元の金銭を収受したとして、公務員の収賄罪で処罰を受けた[21]。

次に、看護師には医師の診療行為を行う際の補助的な役割のほかに、患者への看護ケアについて独自の権限と業務も有している。看護師らの仕事を監督、管理する権限を持つ看護部長は、臨床現場において要となる管理者である。例えば、被告人は某大学付属病院で看護部長を務めていたことから、どのブランドの医療用消耗品を使用するかについて看護師らの意思決定に大きな影響力を与え得て、また、院内医療用消耗品管理委員会の委員としてどの医療用消耗品を選択し仕入れるかの決定権も持っていた。被告人は、医療機器会社から輸液セットの使用量を増加させることを頼まれていて、この請託を受け、20万4,000元の謝礼を収受したとして、公務員の収賄罪で罪に問われた[22]。もう一つの事例において、被告人は某市母子保健院の児童保健科で看護部長を務めていた間に、自費ワクチンの仕入れを勧めて、仕入れ量に応じ10万6,000元のリベートを収受してほかの関与した看護師らとこっそりと分け取ったとして、公務員の収賄罪で罪に問われた[23]。看護部長として、そ

---

(20)　浙江省紹興市中級人民裁判所（2016）浙06刑終548号刑事裁定。
(21)　雲南省怒江傈僳族自治州中級人民裁判所（2018）云33刑終2号刑事裁定。
(22)　広東省広州市中級人民裁判所（2012）穂中法刑二終字第677号刑事裁定。

もそも自費ワクチンを仕入れるかどうかを決定する権限を持っていないが、その決定に大きな影響力を与え得ただけで処罰を科された。

　最後に、医薬品や医療機器の使用量や臨床効果などのデータが製造販売業者と販売代行者にとって重要なビジネス情報であり、それらの情報を漏らすことにより賄賂を要求・収受する行為も、刑法上禁じられる収賄にあたり得る。例えば、被告人は、事業体である某地域保健衛生センターに雇われて、情報管理部門管理員を務めていた間に、データベースの使用を監督し、データベースへのアクセス権限を付与し、医療保険に関するデータを統計、送信するなどの情報管理上の大切な役割を果たしていた。被告人は、職務上の便宜を利用し、請託を受けて、医薬品の臨床投与に関する情報を提供したことにより、医薬品販売代行者からおよそ4万7,000元の謝礼を収受したとして、公務員の収賄罪で刑事責任を問われた[24]。

2　公務員の斡旋収賄罪

　公務員として、他人のために不正な利益を得ようと企て、自らの職権ないし地位により形成された便宜を利用し、ほかの公務員に職務上の行為（作為または不作為）をさせ、他人の財産を要求・収受する場合には、刑法388条の公務員の斡旋収賄罪が成立し得る。刑法385条の罪は成立するために「他人のために利益を得ようと企て」が、本罪は成立するために「他人のために不正な利益を得ようと企て」が要求されていることに注意すべきである。

　典型的な事例の一つをあげてみる。被告人甲は、貴州省人民政治協商会議[25]に設置された社会・法制委員会で副主任を務めていた。Xは貴州水町鉱業株式会社に付属する民間病院（社員とその家族向けの病院である）と共同経営をしたいと思っていて、このことを甲に頼んだ。甲は、昔、貴州水町鉱業株式会社の社長乙と一緒に貴州省の某地域行政機関で仕事していたときに、

---

(23)　広東省湛江市赤坎区人民裁判所（2017）粤0802刑初279号刑事判決。
(24)　「上海市嘉定区人民検察庁の丁利康を収賄罪で訴えた事案（上海市嘉定区人民検察院訴丁利康受賄案）」は『最高人民法院公報』2014年9号に掲載されている。
(25)　「人民政治協商会議」の機能と性質などについて、日本語版の紹介は中国人民網のウェブサイト（http://www.peoplechina.com.cn/zhuanti/node_24339.htm）に載せられている。

同僚としての親密な関係を築いた。甲は、乙との親密な関係および、現職上の職権と地位により形成された便宜を利用して、乙の職権行使を通じて、共同経営を達成させたことにより、Xから高価な不動産を収受したとして、公務員の斡旋収賄罪で罪に問われた[26]。

しかし、なお、院長または診療科部長は、管理職により形成された便宜を利用し、主治医に特定のブランドの薬品を処方させる場合には、斡旋収賄は問題にならない。例えば、被告人は某区人民病院の内科統括部長兼脳神経内科部長を担当していた間に、管理に関する職権を利用し、特定のブランドの医薬品の臨床使用量を増加させるよう、同医薬品の処方を同科の医師らに勧めていて、高額のリベートを収受した事例において、刑法385条の罪が成立した[27]。医師の処方は医療行為であり、「ほかの公務員に職務上の行為をさせる」という条件は満たされないことから、刑法388条は適用できない。

3　単位の収賄罪

現行刑法典において、国家機関ないし国有組織体として他人のために利益を得ようと企て、賄賂を要求・収受する場合、またはビジネスの取引において様々な名目でリベートと手数料を収受して、その金額を帳簿に正しく記入しない場合には、単位の収賄罪が成立し得るとされている（刑法387条1項・2項）。「単位」は、会社、企業、事業体、機関と団体を含めている（刑法30条）。また、最高人民裁判所によって、単位の支部または単位の内部に設置された機関ないし部門は法人ではないが、その支部、機関ないし部門の名義で犯罪を実施し、違法な所得をその支部、機関ないし部門に所有させる場合にも、単位犯罪は成立するとされている[28]。単位の中身は法人より広いことから、立法者は法人犯罪を使わず、単位犯罪という表現にしている。したがって、「単位犯罪」は日本の法人犯罪に相当するとはいえない[29]。

---

(26)　貴州省銅仁市中級人民裁判所（2017）黔06刑初24号刑事判決。
(27)　江蘇省常州市武進区人民裁判所（2011）武刑初字第772号刑事判決。
(28)　2001年1月21日に発布された最高裁判所の「金融犯罪事件の審理に関する、全国裁判所向けの座談会での紀要」。
(29)　単位犯罪の紹介について、周振傑「中国における『単位犯罪』の範囲——比較法的視座からの一考察——」〔特集・国際私法〕企業と法創造19号（2009年）265～277頁参照。

Ⅱ　公務員などの収賄に関する犯罪

　立法者が単位犯罪の罪名を設けてはじめて、単位は処罰の対象になれる。現行刑法の387条によって、国家機関ないし国有組織体の収賄しか犯罪にされていない。医療機関は国家機関ではないが、国有組織体に当たることが可能であることから、刑法387条の適用余地はある。単位の収賄罪が成立するためには、単位の名義で賄賂を要求・収受し、賄賂が単位の利益のために使われることが要求されている。裁判例において、医療機関が単位の収賄罪で罪に問われる事例はもう多数出ている。

　例えば、某市第一人民病院の内科統括部長兼心血管内科部長は、同科副部長と一緒に心臓治療用のステントを提供する企業からリベートを収受した。リベートのほとんどは、外部専門家の労務費、同科従業員の出張費、放射線治療専門医の手当のために使われていたことから、リベートの収受は被告人の個人的な利益のためではなく心血管内科の発展のためになされたと認められた。そのため、本件では、単位の収賄罪として処罰された[30]。また、某区人民医院の麻酔科部長が、収受した賄賂を同科従業員の福祉厚生費に使っていた事件において、単位の収賄罪が成立した[31]。某県人民医院病棟部の薬局部長が、手続費の名目で賄賂を収受しその金額を帳簿に記入していなかったが、賄賂を薬局従業員に配った事例においても、単位の収賄罪が成立した[32]。

　単位の収賄罪が成立するためには、リベートの全額を単位の利益のために使うことは必要ではない。例えば、某市第一人民病院の骨関節外科部長は、副科長と相談した後に、医薬品会社の医療用消耗品を使っていたために、同社から131万6,000元のリベートを収受していて、その金額を帳簿に記入していなかった。部長は131万6,000元のリベートから14万6,971元を自分のものにしたとして、公務員の収賄罪で罪に問われた。ほかの金額は骨関節外科の福利厚生費とボーナスに使われていたことから、単位の収賄罪も成立した[33]。

---

(30)　湖南省常徳市武陵区人民裁判所（2016）湘0702刑初252号刑事判決。
(31)　雲南省曲靖市麒麟区人民裁判所（2018）雲0302刑初20号刑事判決。
(32)　安徽省含山県人民裁判所（2017）皖0522刑初170号刑事判決。江蘇省豊県人民裁判所（2017）蘇0321刑初304号刑事判決、安徽省安慶市中級人民裁判所（2018）皖08刑終48号刑事裁定も参照できる。
(33)　安徽省合肥市庐陽区人民裁判所（2018）皖0103刑初78号刑事判決。江蘇省常州市金壇区人民裁判所（2017）蘇0482刑初516号刑事判決も参照できる。

Ⅲ　非公務員の収賄に関する犯罪

　近時の刑法改正において、医療従事者の収賄に適用できる新たな罰則規定が設けられたことに伴い、刑法の介入は公務員と認められる医療従事者の収賄に限られなくなっている。これに対して、非国有医療機関の収賄が単位の収賄罪にされないことは今までと変わっていない。

1　非公務員の収賄罪

　非公務員の収賄罪は中国の刑法体系においてどこに位置付けられているかについて、まず始めに説明したい。現行刑法典において、日独刑法における背任罪に相当する罪名は存在しないが、各論の「会社、企業の管理に関する秩序を妨害する罪」と題する第三章第三節において、民間企業の役員の業務活動に対する管理に関する秩序を保護法益とする会社・企業の役員の収賄罪（刑法163条）と、「財産を侵害する罪」と題する第五章において、民間企業の所有する財産を保護法益とする会社・企業の役員の横領罪（刑法271条）が、設けられている。この二つの罪名に、背任罪と概ね同じ役目を果たすことが期待されている。もう一つの意義は、汚職で刑事的制裁を受けるときに公務員と非公務員の平等を実現させることにある。ただ、「平等」といっても、公務員に対する罰則のほうが著しく重い。

　なお、会社・企業の役員の収賄罪と公務員の収賄罪は、主体、保護法益と量刑で異なるが、構成要件該当行為の類型は全く同じ文字・文句で規定されている。2006年の刑法改正（2006年6月29日から施行された）前に、医療機関（非国有医療機関も含める）は会社と企業のどちらにも属しないし、医療機関勤務の公務員と認められない医療従事者は、会社、企業の役員にもあたらないので、彼らの収賄は、いくら悪質であってもいくら大きな損害を生じさせても、会社、企業の収賄罪は成立しないとされていた。このような刑法の抜け穴を直すために、立法者は2006年の刑法改正において、処罰対象を会社、企業とほかの単位の役員にまで拡大した。翌年11月5日に、両高は「会社、企業の役員の収賄罪」の名前を「非公務員の収賄罪」に変更した。それにより、賄賂を収受した医療従事者に対する処罰は、公務員という身分に縛られ

なくなっている。

　非公務員の収賄罪が成立するために、「職務上の便宜を利用する」という要件も満たされなければならない。医療領域において、医師は処方権により形成された職務上の便宜を利用するのが、最も多い。処方は医業を独占する医師または歯科医師の権限である。薬剤師は医師の処方に基づき薬を調剤する。医薬品の売上総利益額に応じリベートを医師に提供し、これによって、特定のメーカーの医薬品を処方させることは一般化しており、不正な競争だけでなく、過剰な処方の問題も生じさせている。

　処方は医学知識と医療技術に基づく医療行為の一部として公務に当たらないことから、公務員の収賄罪は適用できない。収賄者は管理職の地位を持っていない医師であれば、2006年の刑法改正後に、非公務員の収賄罪で罪に問われることは理論上も実務上も異議のないところであろう[34]。

　病院または診療科のトップとして公務員と認められる医師の収賄には、公務員の収賄罪と非公務員の収賄罪のどちらが適用されるべきかについて、議論がなされてきたが、2008年の両高意見はそれまでの議論を終わらせた。この意見によって、国有医療機関で働いているか否かにかかわらず、また公務員と認められるか否かにかかわらず、処方権により形成された職務上の便宜を利用し、請託を受け、様々な名目で賄賂を収受し、しかも、その金額が比較的に大きい場合には、非公務員の収賄罪が成立するとされている。

　実務上、管理職の地位と処方権のどちらが利用されたかは必ずしも容易に判断できるわけではない。例えば、被告人は、某市人民病院に雇われた専門医であり、同病院の骨科部長を務めていた間に、医療機器の仕入れに関する競争入札において落札企業から併せておよそ100万元のリベートを収受した。検察官は公務員の収賄罪で被告人を起訴した。その重要な理由は、国有病院で骨科部長として管理職にある者は、「国有組織体で公務に従事している公務員」に属することと、競争入札評価委員会の委員として評価や議論などに参加したり、落札後に病院と落札企業とで締結した契約書にサインしたりし

---

(34) 湖北省黄石市鉄山区人民裁判所（2018）鄂0205刑初6号刑事判決と四川省閬中市人民裁判所（2015）閬刑初字第104号刑事判決参照。

たことにある。これに対して、弁護人は、被告人は公務員と認められているが、行政的職権より主治医の医療技術と専門家としての影響力を利用して違法な所得をもらったことから、非公務員の収賄罪が成立すべきであるとして、下記の理由を述べた。落札企業を決めるのが病院と病院のトップであり、被告人は個人的な職権をもってこのことができない。被告人は、骨科部長としての管理職により形成された権限と地位をもって、競争入札評価委員会の委員として評価や議論などに参加したり、落札後に病院と落札企業とで締結した契約書にサインしたりしたわけではなく、骨科専門家として、落札企業を決める権限を持つ病院のトップに、競争参加企業の販売しようとする医療機器に関する技術資料を説明し、相談を受けて意見を述べるために関与していたのである。裁判官は、弁護人の意見を受けて、被告人に対して、主治医として特定のメーカーの医療機器を自分の手術と自分の参加した同僚医師の手術に使っていたことにより、100万元のリベートを収受したとして、非公務員の収賄罪で処罰を下した[35]。

　非公務員の収賄罪の成立に要求される「職務上の便宜」は処方権により形成された便宜に限られない。例えば、被告人は、某市第一人民医院の検査科部長として、院長と副院長の指導の下で臨床検査、臨床検査分野の教育・科学研究とほかの行政的事務を担当していた。医療機器販売企業は自社の化学分析装置を同病院に賃貸して、同病院と装置用試薬を排他的、独占的に提供することを内容とする契約を締結した。同企業は謝礼として被告人に10万元を贈与した。判決において、被告人は装置用試薬のブランドと販売企業を決める権限を持っておらず、検査科部長として、毎月、検査科の検査技師らからの報告に基づき、翌月に必要となる試薬などの消耗品の見積を確定し、見積書にサインして病院の仕入れ係に提出したことは、「公務」ではなく、検査科で働く際の仕事上の便宜を得てそのことができたにすぎないことから、非公務員の収賄罪が成立する、とされている[36]。

---

(35)　本件の紹介について、焦陽、唐燕「医療衛生領域において商業賄賂犯罪にあたる仕入れ活動と処方権による行為の特徴（医療卫生领域商业贿赂犯罪采购活动与处方权行为特征）」中国検察官2010年9号26〜28頁参照。
(36)　湖北省漢江中級人民裁判所（2016）鄂96刑再3号刑事裁定。

最後に、医師は患者または親族から、手術をはじめ医療行為につながる「赤い封筒」を収受する場合には、罪に問われるかが、2006年の刑法改正後に問題になっている。「赤い封筒」は、中国語で「紅包（ホンパオ）」と呼ばれて、その中にお金を入れ、相手に対して感謝の意味を込めて手渡す。確かに、患者がよい治療とケアを受けさせてもらえるよう、事前または事後に医師に赤い封筒を手渡す場合には、医師は患者と家族を安心させるためか、遠慮なく受け取るという風習が、長い間存在している。だが、医療機器や医薬品などの取引における不正な競争を生じさせる恐れはないし、人情の世界において決して容認され得ないわけでもないことから、刑法の介入は必要ではないと一般に思われている[37]。実務上も、適切な医療行為を行う医師が「赤い封筒」の収受で刑事責任を問われた事例は見当たらない。

　しかし、なお、医療資源が足りないにもかかわらず患者数が多いという状況下では、「赤い封筒」を渡すかどうか、その中に入れた金額が高いかどうかということにより、受けられる医療の水準、入院の優先順、また治療順位などが異なることもあり得る。「赤い封筒」の存在は、不正な医療行為と医師に対する不信感を招く恐れがある[38]。それゆえに、ごく最近では、少数の地方自治体が、医師として「赤い封筒」を収受する行為を行政上の義務違反として取り扱い、違反者に対して最も重い免許取り消し処分を下すという厳正な態度を取り始めた[39]。

2　影響力の利用による収賄罪

　影響力の利用による収賄罪は、2009年の刑法改正（2009年2月28日から施

---

(37)　曲新久「商業賄賂犯罪の取締りに関する基本的考え方（懲治商業賄賂犯罪的基本思路）」華東政法学院学報2006年5号107頁。
(38)　黄驥「中国における医療ソーシャルワークの可能性に関連する考察」龍谷大学社会学部紀要44号（2014年）91頁。
(39)　浙江省衛生部の発布した「公立医療衛生機関の役員の『赤い封筒』・リベートの収受を取り扱うための規定」（2018年3月1日から施行された）；寧夏回族自治区衛生部の発布した「医療従事者の廉潔性を堅持し業務に従事するための仮規定」（2018年5月3日から施行された）と黒龍江省衛生部の発布した「医療従事者の『赤い封筒』の収受を取り扱うための仮規定」（2018年8月31日から施行された）。全国の衛生部の名前は、2018年3月に「衛生健康委員会」に変更されたことに注意すべきである。

行された)によって現行刑法典の388条に規定された公務員の斡旋収賄罪の後に加えられているが、公務員による犯罪ではなく、公務員の影響力を利用できる者による犯罪である。

立法上、この新たな罪名が設けられた必要性を、まず始めに説明したい。この説明は、公務員と特別な関係のある者(以下、「特別関係者」と略称する)の収賄に対する刑法的対応から始めるべきであろう。2007年の両高意見において、特別関係者は、「親族」、「愛人」と「ほかの共同利益で結ばれている者」の三種類に限定されている(40)。同意見によって、特別関係者と公務員との間に収賄に関する共謀がなければ、公務員のみが収賄罪で刑事責任を問われるが、共謀があれば、特別関係者は公務員の収賄罪の共犯として罪に問われ得るとされている。この両高意見は、特別関係者への処罰は、公務員の収賄罪の成立と共謀の立証を前提としている。しかし、多くの事件において、公務員の親族をはじめ特別関係者は、公務員の影響力を利用できることを贈賄者に見せて、賄賂を供与させる。特別関係者が公務員とそもそも共謀していない場合はあるし、共謀の存在が合理的な疑いを超えて証明できない場合もある。

不正なことをする者が法の網から逃れられないよう、立法者は2009年の刑法改正において、公務員の影響力を利用できる者の収賄罪(以下、「影響力の利用による収賄罪」と称する)を新たに設けている。即ち、公務員の親族または公務員と親密な関係にある者として、他人のために不正な利益を得ようと企て、この公務員の職務上の行為を利用して、あるいはこの公務員の職権ないし地位により形成された便宜を通じてほかの公務員の職務上の行為を利用して、賄賂を要求・収受する場合には、犯罪が成立する(刑法388条の一)。管理職から離れた公務員の親族あるいは管理職から離れた公務員と親密な関係にある者は、この公務員の過去の職権ないし地位により形成された便宜を利用して、上記の行為をする場合にも、犯罪が成立する(刑法388条の一)とされている。新たな罪名は医療領域においても適用され始めた。

例えば、被告人の長兄は某市衛生局のトップであり、4番目の兄は同市に

---

(40) 前掲注(8)。

範囲は「親密な関係」の意味に対する裁判官の柔軟な解釈によって拡大されている[44]。

　一つの事例において、被告人の配偶者の姉（つまり、義姉）は、某県人民病院の薬剤局副部長兼薬事委員会副理事長であり、新しいブランドの薬品の仕入れを確認し院内の薬品使用を管理する職権を持っていた。被告人は、義姉の職権により形成された便宜を利用し、医薬販売代行者らの販売しようとする薬品を同病院の薬品目録に入れさせたことによって、事後に薬品の売却による収入金額に応じ32万7,959元のリベートを収受したとして、影響力の利用による収賄罪で刑事責任を問われた。また、本件において、被告人の義姉も最初から協力していたことから、公務員の収賄罪として処罰を受けた[45]。

　もう一つの事例において、被告人が医学部で勉強していたときに、甲は同医学部の部長を務めていた。被告人は卒業後、某学術会議ですでに某病院の院長になった甲と知り合うようになってから、甲の弟子として自称し同窓会の場を利用し甲と深く関係を築き、甲の信頼を得て、甲の子供を学校まで送り迎えすることを頻繁に引き受けた。その後、被告人は同病院の健康管理センターに就職して、甲の下で勤務し、甲と一層深く付き合うことができるようになった。以上の状況に基づき、控訴審裁判所は、被告人に対し、院長と親密な関係にある者だと認めた上で、影響力の利用による収賄罪で処罰を下した一審判決を是認した[46]。

Ⅳ　結　　語

　医療従事者などの収賄に対する刑法的対応は、一言でいうと、頻繁な刑法の改正と司法解釈などの発布を経て、刑法による保護範囲の精密化と処罰範囲の拡大化という趨勢を呈している。実務上、検察官と裁判官は、新たな罰則規定と司法解釈などに基づき、より一層、厳正な取締りの姿勢で医療従事

---

(44)　鐘文華、王遠偉「司法実務上どのように影響力の利用による収賄罪の主体を判断するか（司法实践中如何把握利用影响力受贿罪的主体）」中国刑事法雑誌2012年6号54頁。
(45)　浙江省永嘉県人民裁判所（2017）浙0324刑初426号刑事判決。
(46)　北京市第三中級人民裁判所（2018）京03刑終260号刑事裁定。

属する村の共産党委員会書記であった。被告人は医薬品と医療用品販売企業の請託を受けた。同市の複数の国有病院の院長、検査科部長とほかの仕入れ責任者は、被告人は特別な社会的身分の持ち主であることを配慮して、入札競争と入札基準に関する情報を被告人に提供した。被告人は、それらの情報を落札医療用品販売企業に伝えたことにより、39万元を収受したとして、影響力の利用による収賄罪で刑事責任を問われた。被告人の兄らは最初から収賄事件に関わっていない[41]。

仮に、上記の事件において被告人と兄らとの間に収賄に関する共謀があったのであれば、2007年の両高意見によると、兄らは公務員の収賄罪で刑事責任を問われるとともに、被告人は公務員の収賄罪の共犯者として取り扱われるようになった。だが、新たな罪名が設けられた後に、被告人の収賄に新たな罪名の適用が認められるべきである。そして、近時の実務において、公務員の影響力を利用できる者が、事前に公務員と共謀しておらず、事後に賄賂を収受したことを公務員に伝えて黙認を得た場合にも、公務員は黙認した金額の限度で公務員の収賄罪に問われ得る。

例えば、被告人は、設備の仕入れ契約と工事の請負契約に関して請託を受けて、某市人民医院の院長である父の職務により形成された便宜と父の影響力を利用したことによって、併せて490万5,755元の賄賂を収受したとして、影響力の利用による収賄罪で刑事責任を問われた。被告人の父は、事後に被告人の収賄を知って黙認していて、被告人の渡し191万9,518元を受け取ったので、公務員の収賄罪として191万9,518元の賄賂の限度で処罰を受けた[42]。

影響力の利用による収賄罪の適用の前提として、収賄者は「親族」と「親密な関係にある者」とのどちらかに当たらなければならない。「親族」と「親密な関係にある者」は、血縁関係のある者の範疇を超えて、2007年の両高意見により定義された「特別関係者」をカバーできるが、「特別関係者」に限られないとする意見が有力である[43]。影響力の利用による収賄罪の適用

---

(41) 貴州省福泉市人民裁判所（2015）福刑初字第156号刑事判決。
(42) 湖南省祁東県人民裁判所（2017）湘0426刑初260号刑事判決。
(43) 高銘暄＝陳冉「影響力の利用による収賄罪の司法認定に関する若干の問題（论利用影响力受贿罪司法认定中的几个问题）」法学雑誌2012年3号3〜4頁。

者などの収賄に臨んでいる。その結果、2014年以降、医療従事者などの収賄が起訴され有罪とされた事件数は、激増している。この刑法的対応のやり方は、下記の二つの図で纏めているが、四つの点で注目に値する。

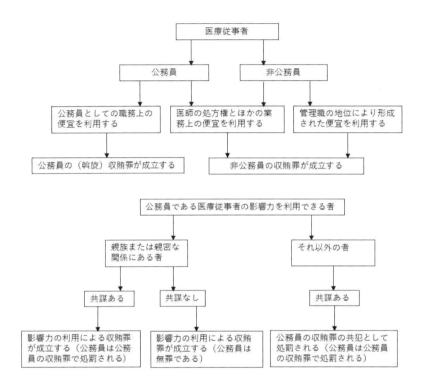

　第一に、中国において、国立・公立医療機関が法人化されていない状況下で、医療機関または診療科のトップからほかの管理職にある役員まで、公務員であれば、公務員の収賄罪により処罰され得る。
　第二に、公務員の身分は、公務に従事するかどうかによって決められるので、管理職にある医師については、処方権により形成された便宜を利用する場合には、非公務員の収賄罪が適用されるべきである。
　第三に、医療従事者が、公務員と認められない場合に、処罰を便宜的に免除される可能性は、2006年以降、非公務員の収賄罪の適用により無くなっている。

第四に、中国社会は、従来、人と人の関係でつながっている社会であり、人間関係は、ビジネス活動においても大きな役割を果たし得ることから、公務員の影響力を利用できる者の収賄を犯罪化させ、また、主体の定義を柔軟に解釈することは、十分に根拠付けられる。

　最後に追加したいのは、前文で紹介したあらゆる犯罪とされる収賄と対向する贈賄も犯罪であることである[47]。中国で経営をしている海外医療機器・医薬品製造販売業者は、イギリスのGSK社贈賄事件から教訓を学んで、医療領域における商業賄賂に巻き込まれないよう、刑法で医薬品部門の汚職と不公平な競争を厳しく取り締まるという中国政府の強硬姿勢を知る必要があると思われる。

　筆者は、東京大学法学政治学研究科博士課程在学中、日工組社会安全研究財団の助成によって実施された「日中組織犯罪共同研究」が進んでいたおよそ三年間に、日本側の研究代表者である石川正興先生の出席された共同研究報告会で研究助手として、また、その間に毎年開催された日中犯罪学学術シンポジウムで通訳者として付き添いをさせていただき、学問自体だけでなく学問的な態度に関しても石川先生から薫陶を受けさせていただいた。2017年10月から石川先生を所長とする早稲田大学社会安全政策研究所で招聘研究員を務めさせていただいている。これまで石川先生に大変お世話になり心より感謝申し上げるとともに、先生の古稀をお祝いして、本稿を捧げたい。

　※ 本稿は、中国の国家哲学社会科学研究プロジェクト（課題番号17CFX021）による研究成果の一部である。本稿の日本語を丁寧に校正していただいた早稲田大学の小西暁和先生に厚く御礼申し上げる。

（YU, JIAJIA）

---

(47)　現行刑法典において、公務員を対象とする贈賄罪（389条）、単位（国家機関と国有組織体に限る）を対象とする贈賄罪（391条）、公務員の影響力を利用できる者を対象とする贈賄罪（390条の一）と、非公務員を対象とする贈賄罪（164条）が定められている。

石川正興先生　略歴・主要業績目録

石川正興先生　略歴

昭和24年（1949年）3月3日	静岡県清水市（現在の静岡市清水区）に生まれる
昭和42年（1967年）3月	千葉県立千葉高等学校卒業
昭和47年（1972年）3月	早稲田大学法学部卒業
昭和50年（1975年）3月	早稲田大学大学院法学研究科公法学専攻修士課程修了
昭和50年（1975年）4月	早稲田大学大学院法学研究科公法学専攻博士課程入学
昭和52年（1977年）4月	早稲田大学法学部助手嘱任
昭和55年（1980年）4月	早稲田大学法学部専任講師嘱任
昭和57年（1982年）4月	早稲田大学法学部助教授嘱任
昭和59年（1984年）9月	早稲田大学法学部教務副主任（学生担当）（昭和61年［1986年］9月まで）
昭和63年（1988年）3月	英国ハル大学客員研究員（平成元年［1989年］12月まで）
平成元年（1989年）4月	早稲田大学法学部教授嘱任
平成5年（1993年）3月	早稲田大学学生部長（平成10年［1998年］2月まで）
平成6年（1994年）4月	早稲田大学ハンドボール部長（平成30年［2018年］3月まで）
平成11年（1999年）5月	早稲田大学総務部管理課 総務部参与（平成15年［2003年］3月まで）
平成16年（2004年）4月	早稲田大学大学院法務研究科教授嘱任（法学部との併任教授）
平成18年（2006年）10月	早稲田大学総合研究機構プロジェクト研究所「社会安全政策研究所」所長嘱任
平成21年（2009年）4月	早稲田大学法学学術院教授嘱任（大学院法務研究科と法学学術院との合併による。）
平成31年（2019年）4月	早稲田大学名誉教授称号授与

石川正興先生　略歴

〈学外におけるご活動〉

- 公益財団法人樫山奨学財団 奨学生選考委員会 選考委員（平成5年［1993年］～平成31年［2019年］）
- 財団法人内外学生センター 理事（平成9年［1997年］～平成16年［2004年］）
- 千葉市青少年問題協議会 委員（平成14年［2002年］～平成24年［2012年］）
- 更生保護法人更新会 理事（平成15年［2003年］～平成31年［2019年］）
- 公益財団法人矯正協会 刑事政策意見交換会（旧称「矯正茶話会」）委員（平成15年［2003年］～現在）
- 日中犯罪学学術交流会 会長（平成19年［2007年］～現在）
- 日中組織犯罪共同研究審議会 委員（副会長）（平成19年［2007年］～平成23年［2011年］）
- 来日外国人組織犯罪受刑者調査研究会 委員長（平成21年［2009年］～平成23年［2011年］）
- 神奈川県・横浜市地域連携研究会 委員長（平成21年［2009年］～平成26年［2014年］）
- 独立行政法人日本学生支援機構 評価委員会 委員（平成22年［2010年］～平成24年［2012年］）
- 独立行政法人日本学生支援機構 市場化テスト評価委員会 委員（平成23年［2011年］～平成24年［2012年］）
- 一般社団法人全国地域生活定着支援センター協議会 平成23年度社会福祉事業推進事業中央検討委員会 委員（平成23年［2011年］～平成24年［2012年］）
- 日本更生保護学会 理事（平成24年［2012年］～現在）
- 一般財団法人警察大学校学友会 評議員（平成24年［2012年］～現在）
- 社会福祉士試験委員（平成25年［2013年］～平成31年［2019年］）
- 更生保護法人両全会 評議員（平成25年［2013年］～現在）
- 日本司法福祉学会 理事（平成27年［2015年］～平成30年［2018年］）
- 公益財団法人矯正協会 評議員（平成28年［2016年］～現在）
- 公益財団法人日工組社会安全研究財団 理事（平成29年［2017年］～現在）
- 更生保護法人更新会 評議員（平成31年［2019年］～現在）

石川正興先生　主要業績目録

著　書

平成31年（2019年）

犯罪者処遇論の展開　　　　　　　　　　　　　　　　　　　　　　（成文堂）

編　著

平成22年（2010年）

犯罪学へのアプローチ――日中犯罪学学術シンポジウム報告書――　　（成文堂）

平成25年（2013年）

子どもを犯罪から守るための多機関連携の現状と課題　　　　　　　（成文堂）

平成26年（2014年）

司法システムから福祉システムへのダイバージョン・プログラムの現状と課題

（成文堂）

共編著

平成13年（2001年）

非行少年と法［曽根威彦・高橋則夫・田口守一・守山正との共編著］　（成文堂）

平成19年（2007年）

確認刑事政策・犯罪学用語250［小野正博・山口昭夫との共編著］　（成文堂）

平成22年（2010年）

確認刑事政策・犯罪学用語250〔第2版〕［小野正博・山口昭夫との共編著］

（成文堂）

共同執筆

昭和53年（1978年）

法曹入門［田山輝明編著］　　　　　　　　　　　　　　　　　　　（成文堂）

昭和55年（1980年）

監獄法演習［重松一義編著］　　　　　　　　　　　　　　　　　　（新有堂）

石川正興先生　主要業績目録

昭和56年（1981年）
基本マスター刑事政策——基礎から応用までの108選［八木國之ほか著］
　　　　　　　　　　　　　　　　　　　　　　　　　　　　（法学書院）
昭和57年（1982年）
犯罪・非行と人間社会——犯罪学ハンドブック——［菊田幸一・西村春夫編］
　　　　　　　　　　　　　　　　　　　　　　　　　　　　（評論社）
昭和62年（1987年）
刑法演習Ⅰ〔総論〕［岡野光雄編］　　　　　　　　　　　　（成文堂）
刑法演習Ⅱ〔各論〕［岡野光雄編］　　　　　　　　　　　　（成文堂）
平成5年（1993年）
現代法講義・刑法総論［野村稔編］　　　　　　　　　　　　（青林書院）
平成22年（2010年）
日本大百科全書［渡邊靜夫編］　　　　　　　　　　　　　　（小学館）

論　文

昭和52年（1977年）
受刑者処遇制度における治療共同体論　　　　（早稲田法学会誌27巻）
昭和53年（1978年）
再社会化行刑に関する考察　　　　　　　　　（早稲田法学会誌28巻）
昭和54年（1979年）
改善・社会復帰行刑の将来——アメリカ合衆国と日本の場合——
　　　　　　　　　　　　　　　　　　　　　　（比較法学14巻1号）
犯罪化・非犯罪化に対する学生および一般人の態度——刑法的違法性の限界［守山正・西村春夫との共著］　　　（科学警察研究所報告防犯少年編20巻1号）
昭和57年（1982年）
受刑者の改善・社会復帰義務と責任・危険性との関係序説　（早稲田法学57巻2号）
昭和63年（1988年）
犯罪および犯罪者処遇に関する早大生の意識調査　　（犯罪学研究会誌11号）
平成4年（1992年）
刑の執行猶予制度（『刑法基本講座 第1巻 基礎理論／刑罰論』（法学書院）所収）

平成13年（2001年）
死刑の犯罪抑止効果　　　　　　　　　　　　　　　　（現代刑事法3巻5号）

平成15年（2003年）
犯罪者対応策に関する法的規制の在り方　　　　　　　　（早稲田法学78巻3号）

平成18年（2006年）
和諧社会の建設と犯罪者矯正制度――非行少年に対する法的対応システムの最近の改正動向――　　　　　（『調和社会の建設と犯罪予防』（成文堂）所収）

平成19年（2007年）
道路交通事犯に対する自由刑の展開――自由刑単一化に関連して
　　　　　　　　　（『交通刑事法の現代的課題 岡野光雄先生古稀記念』（成文堂）所収）
日本における非行少年に対する法的対応システム
　　　　　　　　　　　　　　　　　（早稲田大学社会安全政策研究所紀要1号）

平成21年（2009年）
触法少年に対する施設内処遇方法に関する考察――2007年少年法等の一部を改正する法律に関連して――　　　　　　　　　　　　　　（警察政策11巻）

平成24年（2012年）
『平成24年版犯罪白書 第7編 刑務所出所者等の社会復帰支援』を読んで～就労や住居等の安定を促進する施策を中心に～　　　　　　　　　（罪と罰50巻1号）
多機関連携事例あれこれ　　　　　　　　　　　　　　　（更生保護63巻3号）

平成25年（2013年）
平成24年版犯罪白書「特集」部分を読んで　　　　　　　（法律のひろば66巻1号）
非行防止に関する多機関の連携　　　　　　　　　　　　（青少年問題651号）
子どもを犯罪から守るための多機関連携モデルの提唱（5・最終回）子どもを犯罪から守るための多機関連携の現状と課題：総括・提言　　　　（刑政124巻11号）

平成26年（2014年）
触法障害者・触法高齢者に対する刑事政策の新動向
　　　　　　　　　　　　　　　　　　　　　　　（作業療法ジャーナル48巻11号）

監　訳

平成27年（2015年）
創生期のアメリカ少年司法［デビッド・S・タネンハウス著］　　　　（成文堂）

石川正興先生　主要業績目録

翻　訳

昭和54年（1979年）

刑法解釈学と行刑学——接点、共通性と相違——［ハインツ・ミュラー・ディーツ著］　　　　　　　　　　　　　　　　　　　　　　（比較法学13巻2号）

昭和63年（1988年）

女性犯罪と女性に対する行刑［ハンス・ヨアヒム・シュナイダー著］

（比較法学21巻2号）

書　評

昭和63年（1988年）

吉田敏雄著『行刑の理論』　　　　　　　　　　　　（法律時報60巻2号）

ギュンター・カイザー著、山中敬一訳『犯罪学』　　　（ジュリスト913号）

平成29年（2017年）

生島浩編著『触法障害者の地域生活支援　その実践と課題』（更生保護学研究11号）

報告書

平成20年（2008年）

精神障害者による危害行為の対策——第1回日中犯罪学学術シンポジウム報告書——（編著）　　　　　　　　　　　　　　　　　　　　（財団法人社会安全研究財団）

交通犯罪に対する法的対策——第2回日中犯罪学学術シンポジウム報告書——（編著）　　　　　　　　　　　　　　　　　　　　　（財団法人社会安全研究財団）

触法少年・虞犯少年に対する少年法・児童福祉法の二元的保護システムに関する考察——実態調査結果報告書——（編著）

（平成17～19年度科学研究費補助金（基盤研究(C)一般）報告書）

平成21年（2009年）

少年非行に対する法的対応——第3回日中犯罪学学術シンポジウム報告書——（編著）　　　　　　　　　　　　　　　　　　　　　（財団法人社会安全研究財団）

平成23年（2011年）

薬物犯罪の現状と対応——第4回日中犯罪学学術シンポジウム報告書——（編著）　　　　　　　　　　　　　　　　　　　　　　（財団法人社会安全研究財団）

中学生を犯罪から守るための多機関連携──学校・児童相談所・警察を中心に──（編著）　　　　　　　　　　　　　　（早稲田大学社会安全政策研究所）
社会内処遇活性化の拠点としての更生保護施設の活用の方向性に関する多角的検討（編著）　　（平成20～22年度科学研究費補助金（基盤研究(C)一般）報告書）

　　平成24年（2012年）

JST石川プロジェクト「子どもを犯罪から守るための多機関連携モデルの提唱」シンポジウム（第二次）報告集──三政令市（北九州市・札幌市・横浜市）における子どもを犯罪から守るための多機関連携の仕組みの現状と課題──（編著）
　　　　　　　　　　　　　　　　　　　　（早稲田大学社会安全政策研究所）

　　平成25年（2013年）

日中における犯罪被害者対策──第５回日中犯罪学学術シンポジウム報告書──（編著）　　　　　　　　　　　　　　　　（財団法人社会安全研究財団）

その他

　　平成３年（1991年）

日本の行刑は進んでいますか？［刑政時評］　　　　　　　（刑政102巻５号）
［論点整理ノート］第１講 刑事政策の活動内容──刑事政策の概念(1)
　　　　　　　　　　　　　　　　　　　　　　　　　　（受験新報41巻10号）
「人間的な温かみをもって被収容者に接すること」雑感［刑政時評］
　　　　　　　　　　　　　　　　　　　　　　　　　　（刑政102巻11号）
［論点整理ノート］第２講 刑事政策の主体と公衆参加──刑事政策の概念(2)
　　　　　　　　　　　　　　　　　　　　　　　　　　（受験新報41巻12号）

　　平成４年（1992年）

［論点整理ノート］第３講 刑事政策の客体としての犯罪の意義──刑事政策の概念(3)　　　　　　　　　　　　　　　　　　　（受験新報42巻２号）
［論点整理ノート］第４講 刑罰の意義と目的──その１──刑事制裁(1)
　　　　　　　　　　　　　　　　　　　　　　　　　　（受験新報42巻４号）
「外国人犯罪の増加」の実像とその背景［刑政時評］　　（刑政103巻５号）
［論点整理ノート］第５講 刑罰の意義と目的──その２──刑事制裁(2)
　　　　　　　　　　　　　　　　　　　　　　　　　　（受験新報42巻５号）
［論点整理ノート］第６講 保安処分──刑事制裁(3)　　（受験新報42巻６号）

［論点整理ノート］第7講 死刑——刑事制裁(4) （受験新報42巻8号）
［論点整理ノート］第8講 自由刑の単一化——自由刑（その１）——刑事制裁(5)
（受験新報42巻9号）
［論点整理ノート］第9講 不定期刑——自由刑（その２）——刑事制裁(6)
（受験新報42巻10号）
高齢化社会における犯罪［刑政時評］ （刑政103巻11号）
［論点整理ノート］第10講 財産刑——刑事制裁(7) （受験新報42巻11号）
［論点整理ノート］第11講 起訴猶予——猶予制度（その１）——刑事制裁(8)
（受験新報42巻12号）

平成５年（1993年）

［論点整理ノート］第12講 宣告猶予——猶予制度（その２）——刑事制裁(9)
（受験新報43巻１号）
［論点整理ノート］第13講 刑の執行猶予——猶予制度（その３）——刑事制裁(10)
（受験新報43巻２号）
［論点整理ノート］第14講 刑の執行猶予——猶予制度（その４）——刑事制裁(11)
（受験新報43巻３号）
［論点整理ノート］第15講 犯罪者処遇の目的——犯罪者の処遇(1)
（受験新報43巻５号）
［論点整理ノート］第16講 刑の量定——犯罪者の処遇(2) （受験新報43巻６号）
［論点整理ノート］第17講 判決前調査制度——犯罪者の処遇(3)
（受験新報43巻７号）
［論点整理ノート］第18講 拘禁と処遇——施設内処遇（その１）——犯罪者の処遇(4) （受験新報43巻９号）
［論点整理ノート］第19講 分類と累進——施設内処遇（その２）——犯罪者の処遇(5) （受験新報43巻12号）

平成６年（1994年）

［論点整理ノート］第20講 刑務作業——施設内処遇（その３）——犯罪者の処遇(6) （受験新報44巻１号）
「都市型」として甦った更新会を語る——ある更生保護会と大学との連携のかたち——［座談会］ （犯罪と非行102号）

平成10年（1998年）
飲酒事故予防キャンペーン　　　　　　　　　　　　　　　（大学時報258号）

平成14年（2002年）
少年法（21世紀を読み解くキーワード　教育を学問する最前線！！）　（新鐘66号）

平成16年（2004年）
第81回法学会大会シンポジウム「21世紀の法と社会」［資料］

（早稲田法学79巻2号）

平成19年（2007年）
刑事政策における一大転換期［巻頭言］　　　　　　　　（季刊社会安全66号）

平成20年（2008年）
矯正・保護の新機軸［巻頭言］　　　　　　　　　　　　　（更新会だより50号）
地域社会における新たな少年非行対応ネットワークの構築の可能性——杉並区の取り組みを中心に——［シンポジウム記録］　　　　（警察学論集61巻8号）
［なお、本シンポジウム記録の全文については早稲田大学社会安全政策研究所紀要1号（平成21年（2009年））に掲載］

平成21年（2009年）
更生保護施設参観記（その一）——刑事政策と福祉政策との架橋

（更新会だより52号）
「早稲田大学社会安全政策研究所紀要第1号」の発刊にあたって［巻頭言］

（早稲田大学社会安全政策研究所紀要1号）
少年保護司法システムにおける犯罪被害者等への配慮［資料〔講演〕］

（早稲田法学85巻1号）

平成22年（2010年）
刑事司法システムと社会福祉システムとの架橋の構築［巻頭言］

（季刊社会安全77号）

平成23年（2011年）
高齢・障害のある刑務所出所者等に対する社会復帰支援の課題と展望［日本犯罪社会学会第37回大会テーマセッションF開催記録］

（早稲田大学社会安全政策研究所紀要3号）

石川正興先生　主要業績目録

平成24年（2012年）
悪質ないじめ　毅然たる態度で——子どもを犯罪から守る多機関連携
　　　　　　　　　　　　　　（WASEDA ONLINEオピニオン2012年8月13日）
早稲田大学社会安全政策研究所（WIPSS）の研究活動について
　　　　　　　　　　　　　　　　　　　　　　　（更新会だより57号）

平成25年（2013年）
日新館童子訓「ならぬことはならぬものです」に想う　　（かしの芽Vol. 73）
子どもを犯罪から守るための多機関連携モデルの提唱(1)連載に当たって
　　　　　　　　　　　　　　　　　　　　　　　　　（刑政124巻7号）

平成27年（2015年）
無責任な書き込みが晒す、少年法とネット規制の落とし穴
　　　　　　　　　　　　　　（WASEDA ONLINEオピニオン2015年3月23日）

平成28年（2016年）
早稲田大学社会安全政策研究所企画セッション・基調講演・シンポジウム概要（日本司法福祉学会第16回大会　インクルージョンを促進する社会的条件）
　　　　　　　　　　　　　　　　　　　　　　　　（司法福祉学研究16号）

平成29年（2017年）
日本更生保護学会第5回大会報告（大会報告）・主催者挨拶・シンポジウム「『犯罪を行った者』を雇用するソーシャルファームの日本における展開可能性」（学会企画シンポジウム）　　　　　　　　　　　　　　　　（更生保護学研究10号）
子どもを犯罪から守るための、有効で持続可能な機関連携の仕組み
　　　　　　　　　　　　　　　　　　　　　　　　（かしの芽Vol. 82）

執筆者紹介

蘇　　明　月	（SU, MINGYUE）	北京師範大学刑事法律科学研究院准教授
高　橋　則　夫	（たかはし・のりお）	早稲田大学法学学術院教授
松　澤　　　伸	（まつざわ・しん）	早稲田大学法学学術院教授
島　田　貴　仁	（しまだ・たかひと）	科学警察研究所犯罪予防研究室長
内　藤　大　海	（ないとう・ひろみ）	熊本大学法学部准教授
川　出　敏　裕	（かわいで・としひろ）	東京大学大学院法学政治学研究科教授
丸　山　泰　弘	（まるやま・やすひろ）	立正大学法学部准教授
吉　開　多　一	（よしかい・たいち）	国士舘大学法学部教授
小　西　曉　和	（こにし・ときかず）	早稲田大学法学学術院教授
佐　伯　仁　志	（さえき・ひとし）	東京大学大学院法学政治学研究科教授
生　島　　　浩	（しょうじま・ひろし）	福島大学大学院人間発達文化研究科教授
小長井　賀　與	（こながい・かよ）	立教大学特定課題研究員・元立教大学コミュニティー福祉学部教授
石　田　咲　子	（いしだ・さきこ）	早稲田大学法学学術院助手
廣　瀬　健　二	（ひろせ　けんじ）	立教大学大学院法務研究科特任教授
李　　　　　程	（LI, CHENG）	中国政法大学法治政府研究院青少年法治教育研究センター助理研究員・『行政法学研究』編集者
柑　本　美　和	（こうじもと・みわ）	東海大学法学部教授
宍　倉　悠　太	（ししくら・ゆうた）	国士舘大学法学部専任講師
田　村　正　博	（たむら・まさひろ）	京都産業大学法学部教授
辰　野　文　理	（たつの・ぶんり）	国士舘大学法学部教授
李　　傑　清	（LEE, JYECHING）	国立台北科技大学知的財産権研究所教授兼所長
金　山　泰　介	（かなやま・たいすけ）	日本大学危機管理学部教授
于　　佳　佳	（YU, JIAJIA）	上海交通大学ロー・スクール准教授

（掲載順）

編者紹介

吉開　多一（よしかい・たいち）　国士舘大学法学部教授
小西　暁和（こにし・ときかず）　早稲田大学法学学術院教授

刑事政策の新たな潮流
―― 石川正興先生古稀祝賀論文集 ――

2019年5月30日　初版第1刷発行

編集委員　吉開　多一
　　　　　小西　暁和

発行者　阿部　成一

〒162-0041　東京都新宿区早稲田鶴巻町514
発行所　株式会社　成文堂
電話03(3203)9201(代)　FAX03(3203)9206
http://www.seibundoh.co.jp

製版・印刷・製本　恵友印刷　　　　Printed in Japan
©2019　T. Yoshikai, T. Konishi
☆乱丁・落丁本はおとりかえいたします☆
ISBN978-4-7923-5281-3
定価（本体15,000円＋税）